Beiträge zur altbayerischen Kirchengeschichte

Begründet von Martin von Deutinger
als „Beyträge zur Geschichte, Topographie und Statistik
des Erzbisthums München und Freysing"

Herausgegeben
vom Verein für Diözesangeschichte
von München und Freising e.V.
durch Franz Xaver Bischof

Band 61
2021

MÜNCHEN IM VERLAG DES VEREINS

Den Mitgliedern des Vereins
als Jahresgabe überreicht

Verein für Diözesangeschichte von München und Freising e.V.
Postfach 33 03 60, 80063 München
Layout: Maria Hildebrandt
Gesamtherstellung: VDS VERLAGSDRUCKEREI SCHMIDT
91413 Neustadt an der Aisch
ISBN: 978-3-96049-099-9

Inhalt

Autoren

Univ.-Doz. PD Dr. Adelheid Krah
Institut für Geschichte/IOeG, Universität Wien
Universitätsring 1, A-1010 Wien

Prof. Dr. Johannes Merz
Archiv und Bibliothek des Erzbistums München und Freising
Karmeliterstraße 1, 80333 München

Dr. Stephan Mokry
Auweg 82, 85375 Neufahrn

Mag. Theol. Ferdinand Josef Müller
Katholisch-Theologische Fakultät, LMU München
Geschwister-Scholl-Platz 1, 80539 München

Prof. Dr. Alois Schmid
Listweg 8, 93455 Traitsching

Prof. Dr. Manfred Weitlauff
Hermann-Löns-Straße 9, 86161 Augsburg

Helmut Zenz
Gerolsteiner Straße 62, 54550 Daun

Sozialer Wandel und pragmatische Schriftlichkeit

Beobachtungen zu den Personennamen im Freisinger Zensualenbuch

von Adelheid Krah

Die folgenden Ausführungen basieren auf meiner Edition des Freisinger Zensualenbuches, einem im 12. Jahrhundert angelegten Freisinger Amtsbuch, das aus zwei Teilen besteht: Teil 1 wird im Bayerischen Hauptstaatsarchiv in München unter der Sigle HL Freising 6 (neue Sigle wird BayHStA, HL Freising 4, sein) aufbewahrt; Teil 2 in der Herzog August Bibliothek in Wolfenbüttel unter der Sigle Cod. Guelf. 9.7. Aug. 4°.[1] Für Teil 1 habe ich zusammen mit Kollegen des Teams der Bavarika-Abteilung und des Münchner Digitalisierungszentrums an der Bayerischen Staatsbibliothek eine online-Edition vorgelegt, die 2010/11 im Portal der bayerischen Staatsbibliothek, Bayerische Landesbibliothek Online, freigeschaltet wurde und eine der frühesten online-Editionen weltweit war. Diese Daten werden derzeit in ein anderes Format migriert und stehen dann langzeitarchiviert an der Bayerischen Staatsbibliothek mit eigener URL zur Verfügung. Für Teil 2 habe ich die Edition im Manuskript abgeschlossen, die als gedrucktes Buch in der Reihe Quellen und Erörterungen zur bayerischen Geschichte, Neue Folge, erscheinen wird.[2]

Parallel zu meinen Arbeiten an der digitalen Edition der Materialien von Teil 1 des Freisinger Zensualenbuches, die überwiegend urkundliche Einträge, Geschäftsvorgänge und Listen von Personennamen im Zusammenhang mit dem Freisinger Domkapitel enthalten und insgesamt 49 Folia umfassen, erfolgten die kodikologische Beschreibung der Handschrift durch mich am aufgebundenen Kodex und die Restaurierung der Folia durch die Restauratorin des Bayerischen Hauptstaatsarchivs. Wir kamen überein, die Folia nicht mehr in den neuzeitlichen Buchdeckel einzubinden, sondern das Amtsbuch wieder in den Originalzustand zurückzuführen, so wie es im mittelalterlichen Bistumsarchiv in Freising über viele Jahrhunderte mit derlei Material gehandhabt wurde, nämlich als zusammenhängende Akte in einer Holzkassette. Diese wurde von der Restauratorin angefertigt. Die Ergebnisse unserer Arbeit haben

---

1 Im Zuge meiner in den letzten Jahren vorgelegten Arbeiten an der Freisinger Amtsbüchern wird nun im Bayerischen Hauptstaatsarchiv auch eine Provenienzbereinigung des Bestandes Freisinger Amtsbücher durchgeführt werden mit folgender Gliederung: Cozroh-Codex, HL Freising 1 (bisher HL Freising 3a), Codex Commutationum, HL Freising 2 (bisher HL Freising 3b), Traditionscodex des Conradus Sacrista, HL Freising 3 (bisher HL Freising 3c), Liber Censualium (1187) des Freisinger Domkapitels, HL Freising 4 (bisher HL Freising 6). – Im Folgenden werden noch die bisherigen Signaturen angegeben, die neuen sind in Klammern dazugesetzt.

2 Vgl. die Einleitung zur digitalen Edition, Link: Liber...censualium (1187) (BayHStA HL Freising 6) (bayerische-landesbibliothek-online.de), abgerufen am 7.10.2021.

wir im Jahr 2010 auf der ArgeAlp-Tagung des Bayerischen Hauptstaatsarchivs präsentiert, und zwar sowohl die digitale Edition im Portal Bayerische Landesbibliothek Online an der Bayerischen Staatsbibliothek München als auch das Aktenmaterial mit der neuen Holzkassette in einer hierfür im Tagungsraum aufgestellten Vitrine. Auf diese Weise konnten wir den Teilnehmern der internationalen Tagung einen medialen Zeitstrahl vermitteln, der vom Beginn der Aufzeichnungen und der kopialen Einträge der Dokumente über die Rekonstruktion der historischen Aufbewahrungsform der Originale bis zur modernen, digitalen Edition reichte: Durch die neuen Methoden war es möglich, dem Ursprung dieses spannenden Materials, das die Erfassung von vielen Arbeitskräften im Bistum Freising während des Hochmittelalters dokumentiert, wesentlich näher zu kommen, als es bisher der Forschung möglich war.[3]

Der zweite Teil des Freisinger Zensualenbuches umfasst 70 Folia und wird in Wolfenbüttel in einem schwarzen Einband neuzeitlicher Bindung als Kodex aufbewahrt.[4] Dadurch entstand der Charakter eines Amtsbuches in zwei Teilen, dessen Anlage in der Freisinger Kanzlei zwar um 1187 bei der Kopie der Einzeldokumente auf vorgefertigten Pergamentlagen geplant war, jedoch nicht abgeschlossen wurde. Ein gebundenes Zensualenbuch, etwa auch in Form von zwei Amtsbüchern, war im Freisinger Archiv nie vorhanden gewesen; der heute in der Herzog August Bibliothek in Wolfenbüttel aufbewahrte zweite Teil dürfte sich im Mittelalter ebenfalls ungebunden in einer Holzkiste oder Lade im bischöflichen Archiv befunden haben.

Worum handelt es sich?

Die im Freisinger Zensualenbuch in großer Anzahl registrierten sowie durch zahlreiche, überlieferte Geschäftsvorgänge namentlich bekannten Freisinger Zensualen bildeten eine Gemeinschaft von Menschen, die sich im Laufe des Hochmittelalters durch deren soziale, wirtschaftliche und rechtliche Anbindung an das Bistum und seine Patrone formiert hatte. Diese Menschen lebten und arbeiteten über Jahrhunderte als geschlossene Kommunität, die sich in spiritueller Abhängigkeit von den Bistumspatronen, der hl. Maria und des hl. Korbinian, verstand. Zu dieser Freisinger familia zu gehören, war das Kriterium für Identität mit besonderem Rechtsstatus. Hierauf wird noch zurückzukommen sein.

Die Freisinger Zensualen sind ab der Mitte des 10. Jahrhunderts in dem heute in Wolfenbüttel aufbewahrten Teil der Materialien namentlich dokumentiert; sie waren vor allem Arbeitskräfte auf den geistlichen Grundbesitzungen des Bistums, aber nicht nur. Im Lauf des 11. und 12. Jahrhunderts wuchs die Gemeinschaft der Freisinger familia beständig an und entwickelte sich zu einer transparenten Gesellschaftsform,

---

3 Adelheid KRAH/Stefan KELLNER, Vom digitalen Faksimile zur online-Edition. Das Projekt der Digitalisierung und Neuerschließung der wertvollsten Freisinger Amtsbücher im Bayerischen Hauptstaatsarchiv, in: Digitale Unterlagen und Digitalisierung in den Archiven des Alpenraumes, ArgeAlp Fachtagung der Archivgemeinschaft der Alpenländer (Archive in Bayern 6), München 2010, 149-164.

4 Vgl. das Digitalisat, Beginn der Handschrift Herzog August Bibliothek Wolfenbüttel Cod. Guelf. 9.7. Aug. 4°, fol. 2, Link: WDB - Wolfenbütteler Digitale Bibliothek - mss/9-7-auf-4f (hab.de), (7.10.2021).

der Ministerialinnen und Ministerialen mit ihren Bediensteten ebenso wie freigelassene Arbeitskräfte und unfreie Arbeitskräfte angehörten. Ihr soziales und spirituelles Oberhaupt war der jeweilige, in der Nachfolge des hl. Korbinian amtierende Bischof von Freising. Mit der Entstehung des Freisinger Domkapitels im 11. Jahrhundert und seiner Besitzungen ist auch die Unterscheidung von Zensualen des Bistums von denen des Domkapitels verbunden. In den einzelnen Dokumenten ist entweder von Zensualen des Bistums die Rede oder von Zensualen des Domkapitels. Die unterschiedliche Besitzzugehörigkeit bezieht sich auch auf die Arbeitskräfte auf den geistlichen Besitzungen.

Es ging den Freisinger Bischöfen mit diesem von ihnen sukzessiv ausgebauten Sozial- und Wirtschaftssystem vor allem darum, die neuen Methoden landwirtschaftlicher Nutzung für den geistlichen Grundbesitz effizient umzusetzen und schrittweise ein Pachtsystem zu entwickeln; gleichzeitig war auch der Wechsel im Abgabenmodus von den Naturalabgaben zur Geldwirtschaft durchzuführen.

Jahreszinszahlungen durch Freisinger Zensualen scheinen seit der Mitte des 10. Jahrhunderts in den Urkunden der Freisinger Geschäftsvorgänge auf. Die Gründe hierfür sind sowohl im progressiven Handel des Hochmittelalters als auch im Ausbau der agrarischen Bewirtschaftung des geistlichen Grundbesitzes zu sehen. Ab dem 11. Jahrhundert, jedoch besonders gegen Ende des 12. Jahrhunderts und nach dem Neubau des Freisinger Domes stellten die Lieferungen von Wachs und Öl für die Beleuchtung der Domkirche einen wesentlichen wirtschaftlichen Faktor dar, der durch die Jahreszinszahlungen und Schutzgelder der Freisinger Zensualen, also der Arbeitskräfte auf den geistlichen Grundbesitzungen des Bistums und des Domkapitels, finanziert wurde. Ferner musste der Unterhalt des Freisinger Domkapitels abgesichert werden, das sich im Investiturstreit zu einer mächtigen Institution entwickelt hatte und sein Sondervermögen ausbauen konnte.[5] Die Verwendung dieser Zinszahlungen zur Beleuchtung wurde beispielsweise gegenüber dem Kürschner Liupold, der im 13. Jahrhundert ein Freisinger Zensuale war, folgendermaßen festgehalten: „Notum sit omnibus Christi fidelibus quod Liupoldus pellifex est censualis sanctae Mariae sanctique Corbiniani Frisingensis ecclesiae ad V denarios ad lumen.“[6]

5 Hierzu grundlegend Rudolf SCHIEFFER, Die Entstehung von Domkapiteln in Deutschland, Bonn 1976. Vgl. auch Joachim WILD, Zur Geschichte der Archive von Hochstift und Domkapitel Freising, in: Roland Götz (Hg.), Vom Domberg nach München. Beiträge und Quellen zu Geschichte und Beständen der Freisinger Archive (Schriften des Archivs des Erzbistums München und Freising 18), Regensburg 2014, 47-83. Das Sondervermögen des Freisinger Domkapitels entstand lange vor der spätmittelalterlichen schriftlichen Fixierung des Bestandes in BayHStA, HL Freising 565, 566, Beschreibung der Obleygüter des Domkapitels Freising 1379-1523.

6 Vgl. Wolfenbüttel Cod. Guelf. 9.7. Aug. 4°, fol. 31v-32r; Text 194 meiner Edition des Freisinger Zensualenbuches Teil 2; Theodor BITTERAUF (Bearb.), Die Traditionen des Hochstifts Freising 2 (926-1283), (Quellen und Erörterungen zur bayerischen und deutschen Geschichte NF 5), München 1909, 1315i (b), ein Nachtrag (künftig Bitterauf TF).

Das System der Zensualität ist nicht neu; es wurde in anderer Form schon in der Spätantike als Wirtschaftssystem verwendet, allerdings auch mit großen, lokal bedingten Unterschieden.[7] In den bayerischen Bistümern hat es während des Hochmittelalters eine eigene Ausprägung und einen spirituellen Charakterzug erhalten, indem in den Dokumenten des Bistums Freising eine Formalsprache verwendet wurde, mit welcher die mentale Anbindung des gesamten geistlichen Besitzes an die Bistumspatrone, vorrangig an die Gestalt der hl. Maria, verwaltungstechnisch erfasst wurde.[8] In den Dokumenten ist erkennbar, dass die hl. Jungfrau und Gottesgebärerin Maria von den Bischöfen bereits damals zur Schutzpatronin des gesamten Bistums erhoben worden war und als spirituelle Muttergestalt für Frauen und Mädchen eine große Anziehungskraft verkörperte.[9] Ebenso implizieren die bei Selbstübereignungen von Frauen in den Stand einer Zensualin sowie die bei Schenkungen von unfreien, weiblichen Arbeitskräften verwendeten, erweiterten Formeln, dass es offenbar ein großer Anreiz für Frauen und ihre überwiegend weiblich strukturierten Sippen war, in den Dienst der hl. Maria von Freising zu wechseln, um nach ihrem Vorbild für das Bistum dienend und abgabenpflichtig zu arbeiten. Die geschilderte mentale Haltung überliefert eine undatierte Urkunde Bischof Ottos I. von Freising (1138-1158) mit der Begründung des Rechtsaktes innerhalb der Publicatio-Formel, mit welcher festgehalten wurde, dass sich Liubirch und ihre vier Schwestern mit allen Nachkommen, deren Namen im Dokument etwas später aufscheinen, aus freien Stücken in Freisinger Zensualität zu körperlicher Arbeit begeben haben, denn es heißt hier: „[...]pro Dei amore et beatae virginis et genitricis domini ingenita sibi libertate, censuales se fecerint et corpora sua ad serviendum tradiderunt [...]".[10] Diese Urkunde Ottos I. ist nach einem Muster für die amtliche Vorgangsweise bei Standeswechsel von Frauen in die Zensualität aufgebaut, denn sie enthält nach der Nennung der Personennamen und der Zeugenliste auch den abschließenden Vermerk, dass die Zinszahlungen an das Amt der bischöflichen Verwaltung nach dem Recht des Kustos zu erfolgen habe: „Census vero qui ab his persolvetur ad ius custodis pertinet."[11]

---

7 Hierzu einige Anregungen bei Stefan ESDERS, Die Formierung der Zensualität. Zur kirchlichen Transformation des spätantiken Patronatswesens im frühen Mittelalter, Ostfildern 2010. Die Studie nimmt allerdings nur einen kleinen Ausschnitt der Entwicklung in den Blick. – Einige Strukturen des Systems der Zensualität haben sich im Bereich des Stiftes Kempten bis in die Neuzeit gehalten; vgl. Rudolf WIEDEMANN, Der „Allgäuische Gebrauch" einer Gerichtsbarkeit nach Personalitätsprinzip, München 1932, wobei es dem Autor weniger um die Zensualität ging, sondern um die speziellen Folgen, die sich für die gerichtlichen Zuständigkeiten aufgrund regionalen Gewohnheitsrechts daraus ergaben; freundlicher Hinweis von Herrn Dr. Gerhard Immler, BayHStA.

8 Egon BOSHOF, „Unfreie Freiheit". Zensualität und Ministerialität im Hochstift Passau (bis ins 13. Jahrhundert), in: Passauer Jahrbuch 58 (2016) 31-56.

9 Die Verehrung der hl. Maria beruht auf dem Einfluss des Marienkults der Spätantike vom karantanischen Bereich in den Westen des bayerischen Herzogtums. Die Schutzfunktion der Gottesmutter für die Diözese Freising, also als Patronin des gesamten geistlichen Landschaftsraumes der Diözese, lässt sich anhand der Dokumente des Zensualenbuches bereits für das Hochmittel nachweisen.

10 Vgl. Wolfenbüttel Cod. Guelf. 9.7. Aug. 4° fol. 25r; Text 147 meiner Edition des Freisinger Zensualenbuches Teil 2, sowie die Edition des Textes bei BITTERAUF, TF 1549e.

11 Ebd.

Die geschätzten, demütig erbrachten und zu erbringenden Arbeitsleistungen von Frauen spiegeln sich auch in damaligen Vorlieben der Namensgebung weiblicher Zensualinnen wider, etwa wenn in einem Eintrag der Namen von Arbeitskräften aus der Amtszeit von Bischof Gerold (1227-1230), in Teil 2 des Zensualenbuches auf fol. 55v der Name Dietmuot/Diemut/Diemudis für mehrere Personen in die Liste eingetragen wurde: „Notum sit omnibus Christi fidelibus quod homines isti sunt censuales ecclesiae sanctae Mariae frisingensis: Diemuot, Willeburc, Cuonrat, Cuonrat, Rudeger, Cuonrat, Rudeger, Mattilht, Cunegunt, Diemut et Diemut. – Alheidis de Uriluigen. – Luokardis, Diemudis, Alheidis.“[12]

Die Freisinger Zensualenbücher – Materialität und Inhalt

Der im Bayerischen Hauptstaatsarchiv aufbewahrte Teil 1 der Materialien beinhaltet auf fol. 2-34 Einträge und Dotationen zu Freisinger Zensualen an das Domkapitel in geschlossener Form.[13] Das Ende der um 1187 in der bischöflichen Kanzlei angelegten Handakte ist durch ein Randkreuz auf fol. 34 vermerkt. Dem Manuskript wurde vor der vierten Lage ein geknickter Pergamentzettel neuzeitlich beigebunden, heute als fol. 26 und fol. 33 nummeriert, sowie am Ende eine Sammlung von Einzelblättern und Zetteln, die überwiegend – aber nicht nur – Geschäftsvorgänge mit Zensualen enthalten, neuzeitlich mit den laufenden Nummern 35 bis 49 in der oberen rechten Ecke beschriftet. Auf den Inhalt des erwähnten Pergamentzettels, der offenbar wie ein Trennblatt ein Kompendium von drei Doppelblättern zu einer Akte umschließen sollte, werde ich später zurückkommen.

Teil 2 der Materialien ist inhaltlich ein Kompendium von Verträgen und Geschäftsvorgängen mit Freisinger Zensualinnen und Zensualen, die auf den geistlichen Grundbesitzungen des Bistums als Arbeitskräfte tätig waren oder sich in freiwillige, soziale Abhängigkeit zum Bischofssitz begeben hatten, sowie von einigen Schenkungen. Aufgrund des paläografischen Befundes ist festzuhalten, dass die Abschrift dieser Dokumente gleichzeitig zur Anlage des kopialen Zensualenbuches für das Domkapitel erfolgte, also während der Amtszeit des berühmten Freisinger Sakristars Conradus, der das Wirtschaftssystem der Zensualität im Bistum Freising vorantrieb und

12 Vgl. Wolfenbüttel Cod. Guelf. 9.7. Aug. 4°, fol. 55v; BITTERAUF, TF 1591c; Text 314, Abschnitt 4 in meiner Edition. Die Identifikation des Ortes Uriluigen wird in heute Ullading, Gde. Unterreit, Lkr. Mühldorf am Inn, oder Urtlfing, Gde. Dorfen, Lkr. Erding, vermutet.

13 Hermann-Joseph BUSLEY, Die Geschichte des Freisinger Domkapitels von den Anfängen bis zur Wende des 14./15. Jahrhunderts, ms Diss. München 1956; Christof PAULUS, Investiturstreit, Interim und Domkapitel. Zur Ausprägung institutioneller Verantwortlichkeit, in: Rolf Große/Gerhard Lubich (Hg.), Diocèses en interim. Le temps de la vacance épiscopale (France et Allemagne, Xe - XIIIe siècle). Bistümer im Übergang. Vom Ende einer Bischofsherrschaft zur Nachfolge (Frankreich und Deutschland, 10.-13. Jahrhundert), (Revue belge de philologie et d'histoire 97), Bruxelles 2019, 359-376.

zu einer lukrativen Einnahmequelle ausbaute. Auch ist das Pergament des Haupttextes von Teil 2 im gleichen Format zugeschnitten wie für Teil 1 und die Schriftzüge der sehr unterschiedlichen Schreiber der späteren Nachträge sowie der Randmarginalien sind in beiden Teilen des Materials nachzuweisen.

Die Wirtschaftsform der Zensualität bestimmt den Inhalt der Dokumente; sie sind formal unterschiedlich aufgebaut und wurden nach Vorlagen gefertigt. Inhaltlich geht es um Schenkungen von Besitz und Personen, Selbstübereignungen, Einträge von Namenslisten zur Personenregistrierung und um Prozessprotokolle im Zusammenhang mit erfolgreich beendeten Streitfällen. Bemerkenswert ist, dass kein Dokument anderen Inhalts beigebunden oder versehentlich kopiert wurde.

Der Rechtsstatus der Freisinger Zensualen war eindeutig festgelegt; dadurch sollte der Zugriff weltlicher Herren auf bischöfliche Zensualinnen und Zensualen als Arbeitskräfte verhindert werden. Andererseits ging es den Bischöfen um die Sicherstellung der regelmäßigen Geldeinnahmen durch die Zinsleute und um den Bestand des Arbeitspotenzials zur Bewirtschaftung der geistlichen Grundbesitzungen; dieses stellten im Überlieferungszeitraum der Materialien vor allem die Frauen mit ihren vielen Nachkommen. Für viele Frauen und weiblich strukturierte Familien, die während der Zeit der Kreuzzüge auf sich allein gestellt waren, bot es sich an, den Schutz des Freisinger Bischofs in Anspruch zu nehmen, der ohnehin aufgrund der von den Bistümern geführten Bevölkerungsstatistiken über Taufen und Begräbnisse einen Sicherheitsfaktor für das Leben der Menschen darstellte. Es kann davon ausgegangen werden, dass in Freising ähnliche Strukturen zur Registrierung von Personen vorhanden waren, wie sie aus den kommunal strukturierten gallorömischen Bistümern nach den Mustern der spätantiken Verwaltung der *gesta municipalia* bekannt sind.[14]

Im Bistum Freising bestand der für das Mittelalter selten nachweisbare Fall einer Identitätsanbindung weiblicher Arbeitskräfte wie auch für Frauen der Oberschicht, die freiwillig in den Stand der Freisinger Zensualität wechselten. Letztere scheinen in den Dokumenten oftmals als Tradentinnen von Grundbesitz auf, die sich mit ihren Kindern und Bediensteten aus gutem Grund in unsicheren Zeiten eine neue soziale Identität gaben. Durch diesen Schritt unterstanden solche Familien fortan dem bischöflichen Schutz, hatten die Nutzungsrechte an ihren an das Bistum oder das Domkapitel verschenkten Besitzungen weiterhin über Generationen inne und bezahlten hierfür pro Kopf jährlich einen Zins, welcher in Geld an dem festgelegten Zahltag in Freising abzugeben war. Dieser war im Bistum Freising das Fest von Mariä Geburt.[15] Die Zinsgelder waren in der Sakristei einzubringen; einige Dokumente aus der Zeit

---

14 Vgl. mit weiterführender Literatur Adelheid KRAH, Das Archiv als Schatzhaus? Zur Aufbewahrung von Verwaltungsschriftgut im frühen Mittelalter, in: Francia. Forschungen zur westeuropäischen Geschichte 43 (2016) 1-19.

15 Vgl. im Überblick und kaum auf die Situation in Freising bezogen Jörg MÜLLER, Zensualen, publiziert am 20.7.2020; in: Historisches Lexikon Bayerns, URL: http://www.historisches-lexikon-bayerns.de/Lexikon/Zensualen (12.10.2021). Zum Zinszahltag Mariä Geburt vgl. etwa Texte 123, 179, 180, 332 in meiner Edition; BITTERAUF, TF 1315o, 1522a, 1522b, 1566a.

des Sakristars Conradus belegen sogar die auf diese Weise sicher gestellte Finanzierung seiner Verwaltungstätigkeit.[16]

Conradus Sacrista war unter den Freisinger Bischöfen Otto I. (1138-1158), Albert (1158-1184) und noch Otto II. von Berg (1185-1220) tätig gewesen. Die Nachweise finden sich in den großen Dokumenten im zweiten Teil der Materialien. Bischof Otto I. von Freising war bekanntlich der Sohn des Babenbergers und österreichischen Markgrafen Leopold III. und der Tochter Kaiser Heinrichs IV., Agnes von Waiblingen; er war hochgebildet, hatte in Paris studiert und er war gewählter Zisterzienserabt von Morimond, was ihn in besonderer Weise dann zur Reform der Agrarwirtschaft und der Verwaltung im Bistum Freising nach der damals europaweit anerkannten, modernen Wirtschaftsform der Zisterzienser befähigt hat.[17]

Daher verwundert es nicht, dass unter seiner Bischofsherrschaft das „ius custodis“ in den hier behandelten Dokumenten in Teil 2 des Zensualenbuches als neuer Terminus für die Rechtskompetenz des Freisinger Sakristars und Küsters eingesetzt wurde, wodurch der Nachweis erbracht ist, dass Bischof Otto I. die Verwaltungsfunktion des Sakristars und Freisinger Küsters in der Person des Conradus Sacrista auf eine andere, neue Rechtsbasis gestellt hat.[18]

Diese verwaltungstechnischen Veränderungen im Bistum Freising waren bisher der Sozial- und Wirtschaftswissenschaft unbekannt, weil die Materialien erst jetzt durch meine Arbeiten erschlossen und ausgewertet wurden.[19] Die neu geschaffene Rechtsposition des Freisinger Sakristars hatte beträchtliche Auswirkungen auf die gesamte Verwaltung des Bistums. Seine umfassenden Kompetenzen als Leiter der Finanzverwaltung bevollmächtigten ihn zur Einnahme der festgelegten Zinszahlungen der eigenwirtschaftenden Arbeitskräfte und von Personen der bayerischen Oberschicht, die im Schutz des Freisinger Bischofs lebten. Damit Hand in Hand erfolgte die sukzessive Erweiterung des bestehenden Sozialsystems der Freisinger familia und dessen Umstrukturierung zu einem großen Personenverband von Männern, Frauen, deren Kindern und Verwandten.

Es wurde bereits angesprochen, dass durch dieses System vor allem Frauen und ihre Nachkommen als Arbeitskräfte des Bistums erfasst wurden und deren weibliche Verwandtschaft, die oft über drei bis vier Generationen in den Dokumenten namentlich aufgeführt ist. Die Initiative für den Standeswechsel in die bischöfliche Abhängigkeit ging meistens von einer Frau aus, die bereits erwachsene Kinder, vor allem Töchter hatte, die für ihre Kinder sorgen mussten. Ein solcher Standeswechsel einer

---

16 Vgl. Wolfenbüttel Cod. Guelf. 9.7. Aug. 4°, fol. 59v, sowie BITTERAUF, TF 1574; Text 330 in meiner Edition; Inhalt: Auflistung der vom Kustos Conradus Sacrista erworbenen Besitzungen mit Jahreszinszahlungen.

17 Vgl. Joachim EHLERS, Otto von Freising: Ein Intellektueller im Mittelalter. Eine Biographie, München 2013, dem Thema entsprechend ohne Beachtung der sozialen und wirtschaftlichen Fähigkeiten Bischof Ottos I.

18 Wie Anm. 10f.

19 An dieser Stelle möchte ich Herrn Kollegen Prof. Dr. Michael Mitterauer für seine Bereitschaft zu einem fachlichen Austausch in dieser Frage herzlich danken.

Frau mit ihren Kindern und Enkeln schloss häufig aber auch ihre Mutter und ihre Schwestern ein, so dass durch die Anbindung an die Freisinger familia die Versorgung einer größeren, überwiegend weiblich strukturierten Sippe von vier Generationen gewährleistet wurde. Auch ist zu beobachten, dass die vereinbarte Höhe der Zinszahlung gleich blieb, wenn es sich um die Summe von fünf Denaren handelte. War die Summe aufgrund der Bedeutung der Frau innerhalb der Oberschicht – weil sie etwa Ministerialin war – geringer, konnte es für die nachfolgenden Generationen zu einer Erhöhung und auch zum Streit mit dem Kustos oder Vogt kommen.

Bis zum Ende der Amtszeit von Bischof Egilbert im Jahr 1039 war die Zinszahlung in der Höhe von einem Denar üblich und sie begegnet in wenigen Einzelfällen in dieser Form noch gegen Ende des 12. und im 13. Jahrhundert. Auch ist ein erhöhter Jahreszins zu 10 Denaren aus der Amtszeit des Conradus Sacrista überliefert, den ein Ehepaar für die Bewirtschaftung seines zuvor tradierten Besitzes in Milbertshofen zu zahlen hatte. Diese Steigerung zur doppelten Höhe des üblichen Zinssatzes von fünf Denaren könnte damit erklärt werden, dass in diesem Dokument auch die künftige Bewirtschaftung durch den Schwager nach dem Tod der Ehepartner, die offenbar dem Adel angehörten, geregelt wurde und dass durch ihren Wechsel in die Freisinger familia eine Altersvorsorge für Pflege bei möglichem Siechtum möglicherweise so entgolten wurde. Die im Dokument genannten Zeugen sind alle Mitglieder des Adelsstandes.[20]

Auch ist zu beobachten, dass Bischof Otto I. im Streitfall schützend eingriff und sozial-karitative Entscheidungen auch mit Hilfe eines Ordals fällte oder sie durch Androhung des Kirchenbannes nachdrücklich öffentlich inszenieren ließ; er tat dies selbst dann, wenn er gegen einen freisingische Arbeitskräfte beanspruchenden Pfarrer in seiner Diözese vorgehen musste.[21]

Das Sozialsystem der familia bestand im Bistum Freising schon in der zweiten Hälfte des 10. Jahrhunderts, wie Dokumente im zweiten Teil des Freisinger Zensualenbuches belegen, die während der Amtszeit von Bischof Abraham (957-994) ausgestellt wurden. Die Mitglieder dieser sozialen Gemeinschaft waren Menschen, die sich durch ritualisierte Freilassung öffentlich in die Abhängigkeit des Bistums begaben und dadurch aus ihrer sozialen Unfreiheit in den Stand der Freigelassenen wechseln konnten.

So tradierte der „nobilis vir Adalperht" am Hauptaltar des Domes in Anwesenheit von Bischof Abraham seine frühere „ancilla Irmigard" mit ihrer gesamten Nachkommenschaft – „cum omni posteritate sua" – unter der Bedingung einer jährlichen Zinszahlung durch sie und alle ihre Nachkommen von einem Denar. Auch bei Säumnis über drei Jahre sollte sie die Schuld noch im vierten Jahr begleichen können, ohne die

20 Vgl. Wolfenbüttel Cod. Guelf. 9.7. Aug. 4°, Einbindung VI, fol. 68r-v; Text 359 in meiner Edition; BITTERAUF, TF 1576.

21 Wolfenbüttel Cod. Guelf. 9.7. Aug. 4°, fol. 17v-18r; Text 99 in meiner Edition; BITTERAUF, TF 1546a.

erlangte Freiheit wieder zu verlieren.[22] – Es hat den Anschein, dass nach den Ungarneinfällen ein Mangel an Arbeitskräften auf den geistlichen Besitzungen bestand, den Bischof Abraham mit Hilfe von Schenkungen von Arbeitskräften durch die adelige Oberschicht auszugleichen versuchte. Durch die damit verbundene Freilassung innerhalb der Bischofskirche erhielt die gegebene wirtschaftliche Notwendigkeit eine soziale Komponente. Solche Schenkungen von Arbeitskräften an Freising wurden gebündelt an hohen Festtagen im öffentlichen Raum der Bischofskirche getätigt und man kann davon ausgehen, dass viele Einzeldokumente hierüber verloren gingen, weil sie inhaltlich in das ohnehin spröde und kopial verkürzt im Freisinger Zensualenbuch vorliegende Quellenmaterial nicht mehr aufgenommen wurden. Oft sind aber ganze Kompendien von Dokumenten erhalten geblieben, wobei der Kontext auf die zeitgleich erfolgte Ausstellung der Originale schließen lässt.

Ein Beispiel: Es tradierten am selben Tag der adelige Uodalrich und ein Anzo, der ebenfalls zur Oberschicht gehörte, namentlich genannte Hörige und ihre Nachkommen; Anzo tat dies in Hinblick auf sein künftiges Seelenheil. Der Jahreszins betrug für jede Arbeitskraft einen Denar, wobei die von Uodalrich tradierten Personen bei Säumnis des Zinses über drei Jahre die Summe im vierten Jahr noch begleichen konnten, für die von Anzo tradierten Personen und ihre Nachkommen galt eine Frist von nur zwei Jahren. Uodalrich scheint einer höheren Adelsschicht angehört zu haben, Anzo einer niedrigeren, denn im ersten Text wurden die Namen der Zeugen genannt, im zweiten genügte der Verweis, dass es sich um die gleichen, vorgenannten Personen handelte: „Testes praescripti". Klar unterscheidet die Zeugenreihe zwischen Personen der Oberschicht und einem Mitglied der Freisinger familia, denn es heißt in der Urkunde des Uodalrich: „Testes Ruotperht, Puobo, Isingrim, de familia Waltman."[23] Die Reihung der beiden Urkunden und die Abstufung bezüglich der zeitlich begrenzten Fristen bei Säumnis, von denen ein möglicher Verlust der Freiheit abhing, überliefern ein soziales Gefälle innerhalb der Oberschicht, denn während in der Urkunde des Uodalrich die Zeugen genannt werden mussten, genügte im nachgereihten Geschäftsvorgang der Hinweis auf dieselbe Gruppe der Zeugen, deren Namenseinträge sich die Kanzlei ersparte.[24]

So frühe Zeugnisse fehlen im ersten Teil des Zensualenbuches, in welchem die überlieferten Dokumente in der Amtszeit von Bischof Meginward (1078-1098), also der Zeit des Investiturstreits und der Entstehung des Domkapitels, beginnen. Damals wurde die Freisinger familia massiv durch Arbeitskräfte vergrößert und das System

---

22 Vgl. Wolfenbüttel Cod. Guelf. 9.7. Aug. 4°, fol. 2r; Text 1 in meiner Edition; BITTERAUF, TF 1315a (b).

23 Vgl. Wolfenbüttel Cod. Guelf. 9.7. Aug. 4°, fol. 31r-31v; die Texte 190 und 191 in meiner Edition; BITTERAUF, TF 1315l (b) und 1315m.

24 Adelheid KRAH (Hg.), Gemeinschaft-Zeugen-Vernetzungen. Inszenierte Gemeinschaften im frühmittelalterlichen Bayern, in: Quellen, Nachbarschaft, Gemeinschaft: Auf dem Weg zu einer gemeinsamen Kulturgeschichte Zentraleuropas, Wien-Köln-Weimar 2019, 14-46, mit weiterführender Literatur, sowie Reinhart HÄRTEL, Urkunden und Zeugen im Rechtsleben des Hochmittelalters, in: Archiv für Diplomatik 65 (2019) 15-46.

der Zinszahlungen für die Nutzung des Bodens stark ausgebaut. Die hiervon erhaltenen, auf Pergamentzetteln verschriftlichten Authentica wurden in der Freisinger Kanzlei ausgefertigt und anlässlich des Rituals des Standeswechsels am Altar der hl. Maria und des hl. Korbinian, in Anwesenheit der betroffenen Personen vor den Freisinger Klerikern und der Freisinger familia öffentlich verlesen.[25] – Es versteht sich von selbst, dass es dann notwendig wurde, für die in großer Anzahl erstellten Einzeldokumente, die dem Bistum für die abhängigen Arbeitskräfte und Familienverbände als Nachweis dienten, „Sicherungskopien" auf vorbereiteten Pergamentlagen herzustellen.

Im Folgenden sollen einige Beispiele aus dem Material vorgestellt werden: Zunächst aus dem ersten Teil das bereits erwähnte Trennblatt und sein Inhalt sowie einige weitere Dokumente zur Entwicklung der sozialen Gemeinschaft in Freising; aus dem zweiten Teil werden die Texte und Listen der fünften Einbindung auf Blatt 67 als Beispiele von Namenlisten im Kontext analysiert werden.

Das „Trennblatt" Folia 26 und 33 im ersten Teil des Zensualenbuches

In der bischöflichen Kanzlei in Freising wurden die Namen von Zensualinnen und Zensualen des Bistums und deren Übereignung an das Bistum oder das Domkapitel über Jahrhunderte als Geschäftsvorgänge auf kleinen Zetteln im Kontext eingetragen. Ein schönes Beispiel hierfür ist in Teil 1 des Freisinger Zensualenbuches durch die Eintragungen auf dem vor der vierten Lage häftig eingebundenen Zettel überliefert, heute fol. 26, dessen zweiter Teil vor fol. 34 als fol. 33 aufscheint. Es handelt sich um ein gefalztes Blatt. Das Material ist Ausschussware mit maximaler Breite von 15,5 Zentimetern und einer Höhe von 9 Zentimetern am Bug von fol. 26, weil es schräg zugeschnitten wurde. Das hintere Ende dieses schmalen Pergamentstreifens wurde neuzeitlich als fol. 33 nummeriert. Es ist anzunehmen, dass das Pergamentstück ein Abschnitt bei der Herstellung von Pergamentbögen war und daher als Makulatur für kleinere Notizen in der Kanzlei aufgehoben wurde, bevor es als Beschreibstoff die überlieferte Funktion eines Authenticums mehrerer Geschäftsvorgänge der bischöflichen Kanzlei bekam, vermutlich deshalb, weil gerade kein besseres Material für diese Aufzeichnungen zur Verfügung stand. Bekanntlich wurde mit Pergament sparsam

25 Das Ritual des Standeswechsels mittels eines Freikaufes wurde seit der Spätantike in den Kirchen des Römerreiches und seiner westlichen Nachfolgestaaten vollzogen („Manumissio in ecclesia"). Dabei kam es meistens zur Zahlung von einem Denar durch den weltlichen Herrn. Der Beginn der von Zensualen zu leistenden Zinszahlungen könnte also auch als eine Zahlung der Freigelassenen für die erhaltene Freiheit verstanden werden, wobei in der Folgezeit der Rechtsstatus jährlich durch Zinszahlung zu erneuern war, woraus sich im Laufe der Zeit dann ein regelmäßig zu erbringendes Schutzgeld als Rechtsinstitut entwickelte. Im Investiturstreit entwickelte das System eine Eigendynamik.

umgegangen und die Nachweise solcher Geschäftsvorgänge wurden ohnehin nur im bischöflichen Archiv aufbewahrt.

Auf der Vorderseite von fol. 26 sind von verschiedenen Händen zwei Dotationen von Arbeitskräften eingetragen. Sie sind auf den 23. Mai 1272 und den 11. Oktober 1275 datiert und fallen daher noch in die Amtszeit von Bischof Konrad II. (1258-1279).[26] Im ersten Text ist festgehalten, dass M. von Hohenwaldeck – „M. dictus dominus des Waldekke" – und seine Frau Mechthild dem Domkapitel in Freising eine Frau namens Kunigunde in Form einer gemeinsamen Seelgerätstiftung tradiert hatten und dass Kunigunde die Witwe des Hirten H. war; der zu begleichende Jahreszins sollte für sie fünf Denare betragen.[27] Aus gleichem Grund hatten auch „Gottfried, dictus de Diengen", der im heutigen Ober- oder Niederding im Landkreis Erding ansässig war, und seine Schwester Hilta die Tochter des Müllers Isengrim namens Mechthild übergeben, deren jährliche Zinszahlungen dem Domkapitel zugutekommen sollten.[28]

Auf der Rückseite von fol. 26 finden sich von späteren Händen waagrecht fortlaufende Einträge von Namen in Form eines Listentextes. Die Namen sind nicht nach Geschlecht getrennt, wohl aber im Wechsel von weiblichen und männlichen Vornamen geschrieben, so dass vermutlich auch Partner zusammen eingetragen wurden. Auch wenn es nicht ausdrücklich in diesem Textbeispiel vermerkt wurde, waren sie alle Freisinger Zensualinnen und Zensualen, denn solche Listen des späten 13. und beginnenden 14. Jahrhunderts überliefert das Material vielfach und häufig mit dem Zusatz „isti sunt censuales sanctae Mariae" im Kontext der Namenreihungen.[29] Folgende Frauennamen werden hier in mehrfacher Wiederholung der Einzelnamen genannt: „Macthild, Leukart, Chunigunt, Gedrut, Jeuta, Hiltigunt, Irmigart, Alheit, Friderun, Gisel, Diemut, Herburch, Hilta, Gerburgis"; sehr beliebt war der Name Alheit in verschiedenen Schreibvarianten, was offenbar seit der Heiligsprechung der Kaiserin Adelheid durch Papst Urban II. von 1097 und auch schon zuvor mit ihrem großen, in allen Bevölkerungsschichten im süddeutschen und burgundischen Raum verbreiteten Prestige zusammenhing.[30] – Die Männer heißen: „Waltman, Heinrich,

---

26 Vgl. zur Person: Detlev SCHWENNICKE, Die Wildgrafen und ihre Verwandten im Freisinger Domkapitel im 13. Jahrhundert, in: Genealogie B 40 (1991) 737-740.

27 Hohenwaldeck, heute Burgruine bei Schliersee; vgl. auch bei Franz ANDRELANG, Landgericht Aibling und die Reichsgrafschaft Hohenwaldeck, München 1967; Liber…censualium: Digitale Edition, Nachträge und Einbindungen, erstellt von Adelheid KRAH, fol. 26, Text 1, Link: Liber...censualium: Digitale Edition - Nachträge und Einbindungen fol. 26r - 26 v (bayerische-landesbibliothek-online.de), (14.10.2021); BITTERAUF, TF 1813.

28 Ebd. Text 2; BITTERAUF, TF 1815.

29 Ebd. Text 3; BITTERAUF, TF 1814. Vgl. beispielsweise in meiner Edition die Marginalie zu Text 157 mit folgendem Eintrag: „Isti sunt censuales de Chelhaim: Aviweich, Leukart." Bitterauf subsummiert den Text unter Nr. 1598 unter verschiedenen Marginalien.

30 Vgl. Herbert PAULHART, Zur Heiligsprechung der Kaiserin Adelheid, in: Mitteilungen des Instituts für österreichische Geschichtsforschung 64 (1956) 65-67; Stefan WEINFURTER, Kaiserin Adelheid und das ottonische Kaisertum, in: Frühmittelalterliche Studien 33 (1999) 1-19.

Engildich, Chunrat, Leupolt, Albrecht, Wernherus, Perhtoldus, Otto, Ulrich, Richer, Eberhardus, Sighart, Periht, Othalm".

Die drei Texte auf fol. 33 Vorder- und Rückseite, also auf dem vor fol. 34 eingebundenen, geknickten Ende des gleichen Zettels, sind inhaltlich ähnlich den eben besprochenen. Es geht um Schenkungen von Personen an das Domkapitel von Freising und ihren Standeswechsel von der Unfreiheit in den Stand der Freigelassenen durch ihre Herren aus der weltlichen, bayerischen Oberschicht. Die drei hier niedergeschriebenen Texte sind aber Kopien der Originale, was durch Anbringung des Zusatzes „scriptum inspecturi" explizit betont wird.

Zum Inhalt der Texte im Einzelnen: Ekbert von Reichersbeuern tradierte einen Wernher, den er „iure proprietatis" besaß, zu fünf Denaren Jahreszins, Heinrich von Salmdorf den Münchner Hutmacher Albert mit gleichem Jahreszins, und Irmingard von Hohenbachern und ihr Sohn übergaben zu diesen Konditionen den Münchner Kürschner Friedrich – „Fridericus Phanzelt pellificem de Monaco". Die Übereignungen dieser Personen, darunter zwei, die ein spezialisiertes und gefragtes Handwerk in der Bürgerstadt München damals ausgeübt haben, dürften aufgrund der genannten Zeugennamen am selben Tag vollzogen worden sein, unter ihnen sind ein Heinrich, Vogt des Kanonikerstiftes Moosburg, der Freisinger Küster Perhthold, Rudolf von Scheyern, ein Kellermeister namens Eberhard sowie Münchner Bürger und ein Abt aus München angegeben. Die Texte werden der Amtszeit von Bischof Konrad II. von Freising zugeordnet, der 1271 der Münchner Liebfrauenkirche das Pfarrrecht verlieh, somit der zweiten Hälfte des 13. Jahrhunderts. Die Datierungen dieser Schenkungsurkunden wurden in der Kopie nicht übernommen. Dies ist eine übliche Vorgehensweise der Freisinger Kanzlei im Prozess der kopialen Verschriftlichung von Geschäftsvorgängen, wobei die Texte kanzleimäßig reduziert und verkürzt wurden. Die Übereignungen dieser Personen an Freising dürften jedoch an einem hohen Festtag stattgefunden haben, was naheliegend wäre.[31] An den äußeren Rändern von fol. 33r und fol. 33v finden sich Einträge über erfolgte Zinszahlungen in Form von graphischen Zeichen.

31 Liber…censualium: Digitale Edition, Nachträge und Einbindungen, erstellt von Adelheid KRAH, fol. 33, Texte 15-17, Link: Liber...censualium: Digitale Edition - Nachträge und Einbindungen fol. 32-38 (bayerische-landesbibliothek-online.de), (14.10.2021); BITTERAUF, TF 1812a-c; Datierungen bei Bitterauf auf 1266-1278. – Vgl. Helmuth STAHLEDER, Bischöfliche und adelige Eigenkirchen des Bistums Freising im frühen Mittelalter und die Kirchenorganisation im Jahre 1315, in: Oberbayerisches Archiv 104 (1979) 117-188, sowie Hermann TÜCHLE, Art. Konrad II., in: Neue Deutsche Biographie 12, 1980, 503 Link: https://www.deutsche-biographie.de/sfz44341.html (15.12.2021).

Die Freisinger Kanzlei um 1187

Der Basistext des Freisinger Zensualenbuches entstand um das Jahr 1187 aus dem Bedürfnis, das Verwaltungsschrifttum innerhalb der Kanzlei neu zu ordnen; diese Intuition lässt sich sehr gut anhand von mehreren erhaltenen Freisinger Amtsbüchern nachweisen, die um diese Zeit angelegt wurden. Auch der berühmte, monumentale Freisinger Traditionscodex aus der Feder des Conradus Sacrista, der die von Kaisern und Königen für Freisinger Bischöfe ausgestellten Privilegien in Form einer neu geschaffenen, geschlossenen Sammlung enthält sowie zahlreiche Illuminationen der Freisinger Bischöfe mit ihren königlichen und kaiserlichen Wohltätern, gehört zu den Ergebnissen dieser Ordnungsarbeiten und ist wohl das beste Produkt. Er diente vor allem für Repräsentationszwecke, denn er war zugleich auch als ein Geschichtswerk in Dokumenten angelegt worden, mit Illuminationen und kleineren Zwischentexten versehen. Möglich erscheint es, dass er bei Prozessionen in Freising öffentlich mitgeführt wurde und vermutlich auch Kaiser Friedrich Barbarossa vorgelegt worden war.[32]

Einen wesentlichen Anteil am wirtschaftlichen Reichtum des Bistums hatten aber seit dem 8. Jahrhundert die vielen kleinen Besitztraditionen, die durch die Oberschicht und die Menschen aus dem Stand der Freien ab dem 8. Jahrhundert an das Bistum kamen. Auf diesen Usus folgte eine ab der zweiten Hälfte des 9. Jahrhundert einsetzende Phase von wirtschaftlichen Transaktionen in Form von Tauschgeschäften und seit der Mitte des 10. Jahrhunderts werden Traditionen von Arbeitskräften überliefert, die einen wesentlichen Teil der sozialen Gemeinschaft der sogenannten familia des Bistums bildeten und diese Gemeinschaft geprägt haben.

Während im 8. und 9. Jahrhundert Arbeitskräfte kaum mit ihren Namen genannt wurden, sondern als „mancipia“ eine dingliche Gruppe bildeten, gewann der Personenname in Form von spezifischen Vornamen ab dem Ende des 10. Jahrhunderts für abhängige, freie, frei gelassene und unfreie Menschen, die auf dem geistlichen Grundbesitz in Freising lebten, bei der Verschriftlichung der Traditionen Priorität. Die Vornamen der von Freising abhängigen Personen dienten als Identifikationsmerkmal, sowohl für einzelne Personen als auch für ihre aufgrund der Registrierung kalkulierbar gewordene wirtschaftliche Leistung.

Wie erwähnt erfolgten die Einträge der Personennamen meistens im Kontext von Standeswechseln oder in Form von Namenlisten im Kontext von Ortsnamensnennungen in Verbindung zu dem Ort, an dem die Personen lebten und arbeiteten. In

32 Vgl. bei Adelheid KRAH, Verwaltung und Repräsentation. Freisinger Fernbesitz zwischen Bischofsherrschaft, Königen und Kaisern, den Herzögen von Österreich und der böhmischen Krone. Ein Amtsbuch zum Freisinger Fernbesitz mit einer Handakte aus dem 13. Jahrhundert, in: Beiträge zur altbayerischen Kirchengeschichte (BABKG) 60 (2020) 33-144, Abschnitt „Bischöfliche Verwaltungstätigkeit zwischen monumentaler Repräsentation und handlichen Kopien“, 41-49. Der Traditionscodex des Conradus Sacrista gehört zu den wertvollsten Freisinger Amtsbüchern und wird unter der Sigle BayHStA, HL Freising 3 (HL Freising 3c) im Bayerischen Hauptstaatsarchiv aufbewahrt.

der Zeit des Sakristars Conradus und bis zur Mitte des 13. Jahrhunderts wurden überwiegend Namen von weiblichen Arbeitskräften und Frauen, die sich freiwillig in den Stand der Freisinger Zensualen begaben, aufgezeichnet. Die Materialien der beiden Teile des Zensualenbuches überliefern aber auch spätere Nachträge bis ins 14. Jahrhundert von Personennamen oder Registrierungsbelege von abhängigen Freisinger Arbeitskräften. Durch das Erstarken der Wittelsbacher Herzöge sowie der bayerischen Landstände zu Anfang des 14. Jahrhunderts kam das System der Freisinger Zensualität jedoch ins Wanken, vielleicht sogar hier ganz zum Erliegen. Zu erinnern ist an die Entstehung der Landstände in Bayern, die in der Schnaidbacher Urkunde von 1302 und der Ottonischen Handfeste von 1311 manifestiert wurde.[33] Jedenfalls fehlen die Zeugnisse für das Spätmittelalter. Blenden wir aber zurück zu den Anfängen der Freisinger Zensualität, für welche die Texte der heute in Wolfenbüttel aufbewahrten Handschrift zahlreiche Indizien enthalten.

Die Freisinger familia im Spiegel einiger Dokumente

Von den Anfängen zum Sozialsystem des 12. Jahrhunderts

Bereits im ersten Dokument der Materialien der Handschrift der Herzog August Bibliothek Wolfenbüttel Cod. Guelf. 9.7. Aug. 4° über einen während der Amtszeit von Bischof Abraham (957-993/4) getätigten Freikauf gegen Jahreszinszahlung von einem Denar wurde der Konsens der Freisinger familia in der Zeugenreihe vermerkt, wo es heißt: „Testes: Pabo comes, Uogo comes, Altuoni, Diethrich, Erchenger. De familia Fredam, Humperht, Asinar, Reginhart, Walto, Diethoh."[34] Dabei zeigt sich, dass der Einfluss der bischöflichen familia des Bistums Augsburg gegeben war, von dem bereits unter Bischof Ulrich im 10. Jahrhundert in seiner durch Gerhard von Augsburg verfassten Vita die Rede ist. Es ist anzunehmen, dass es im Bistum Freising zur Entwicklung einer ähnlichen Sozialstruktur gekommen ist, weil sich der Raum der beiden Diözesen damals teilweise überlappte und nicht von festgelegten Diözesangrenzen ausgegangen werden kann.[35] Auch als während des 11. Jahrhunderts ab dem Beginn des Investiturstreits der Jahreszins von fünf Denaren beim Standeswechsel in die Freisinger familia üblich wurde, musste hierfür dennoch der Konsens durch die familia eingeholt werden, so beispielsweise während der Amtszeit von Bischof

33 Wilhelm VOLKERT, Entstehung der Landstände in Bayern, in: Walter Ziegler/Elisabeth Lukas-Götz/Martin Ott (Hg.), Der Bayerische Landtag vom Spätmittelalter bis zur Gegenwart. Probleme und Desiderate der Forschung (Beiträge zum Parlamentarismus 8), München 1995, 59-80.

34 Vgl. in meiner Edition Text 1; BITTERAUF, TF 1315a (a).

35 Vgl. Rolf SCHMIDT, Legitimum ius totius familiae, in: Hubert MORDEK (Hg.), Aus Archiven und Bibliotheken (Festschrift für Raymund Kottje zum 65. Geburtstag), Frankfurt am Main u. a. 1992, 207-222, und Adelheid KRAH, Der Transfer von Urkundenbeständen in das Monasterium Sancti Corbiniani auf dem Freisinger Burgberg. Ursachen und Bedeutung anhand der Überlieferungen im Freisinger Traditionsbuch des Cozroh, in: BABKG 60 (2021) 5-32, hier 11-14.

Meginhard (1078-1098) geschehen, als Adolt seine „ancilla Meginhilt“ mit ihren Nachkommen dem Freisinger Altar zu fünf Denaren Jahreszins übereignete. Bei Säumnis der Zinszahlung sollte sie die erhaltene Freiheit sofort wieder verlieren.

Die Zeugenreihe nimmt klar Bezug zur Patronin der Bischofskirche: „Huius rei testes sunt nobiles viri Heinrich de Mitpach, Heinrich de Vuneistorf et Herchinger. De familia sanctae Mariae Volfher et Uogo et Reginmar et Penno.“[36] Und als im 11. Jahrhundert, gegen Ende der Amtszeit von Bischof Meginward, Berthold von Dellnhausen in der Hallertau neun Angehörige aus seiner „mancipia“ am Altar der Freisinger Bischofskirche ihren Patronen, der hl. Maria und dem hl. Korbinian, als spirituelle Stiftung für sein künftiges Seelenheil übergab, waren die Zeugen aus dem Kreis der Freisinger familia bereits drei Ministeriale, nämlich Sigihart von Haindlfing, Uodalscalch von Weilbach, ein Luduwich und Aribo von Wolfertshausen.[37] Die Namen dieser Hörigen aus Bertholds „mancipia“ lauten im Kontext: „Perhtolt de Tellenhusen delegavit novem mancipia post mortem suam quorum nomina hec sunt: Regenperht, Routperht, Uota, Meginswint, Sigirat, Ita, Tuota, Izila, Hazacha“; es waren zwei Männer und sieben Frauen.[38]

Unter den Schutz des Bischofs begaben sich aber auch Ministerialinnen, die in die Freisinger familia wechselten, so etwa eine Diezza – „mulier de ministerialibus maioris ecclesiae frisingense Dietpirch baptizata, sed vulgariter Dieza nominata“ –, die noch zur Amtszeit von Bischof Heinrich (also vor 1137) Besitz in Pfaffing an Freising tradiert hatte, den sie zur Bewirtschaftung gegen den hohen Preis von 12 Denaren Jahreszins für sich und ihre nächsten Erben zurückerhielt. Er wurde in zweiter Generation von ihrer Nichte Imiga bewirtschaftet.[39] Der Text ist auf fol. 23v-24r überliefert; am unteren Blattrand von fol. 23v findet sich einer der typischen Nachträge, mit welchen neue Arbeitskräfte auf Freisinger Domänen erfasst wurden: Es ging um Zensualen in Egenhofen (Lkr. Fürstenfeldbruck), in der Einöde Mainbach, (Gde. Dorfen, Lkr. Erding), und in Billingsdorf (Gde. Wolfersdorf, Lkr. Freising), als in den Einträgen Folgendes notiert wurde: „Isti sunt censuales de Egnhueb: Albreich, Wernhart, Leutwein. Hainrich, Willibirch, Gervirgis, Hainrich. Wernhardus, Jeuta, Dietricus, Waltherus, isti sunt censuales sanctae Mariae ad V denarios de Mainpach. De Pillumchstorf Gebehardus censualis sanctae Mariae ad V denarios.“

Das Material von Teil 2 des Freisinger Zensualenbuches in der Handschrift Wolfenbüttel Cod. Guelf. 9.7 Aug. 4°, weist eine Reihe eingebundener Zettel auf, die heute nummeriert als Folia 10, 13, 48 und 62-70 dem Kodex beigebunden sind. Aus diesem Kompendium sollen im Folgenden die Texte auf fol. 67r-v näher betrachtet werden. Es handelt sich wiederum um Einträge aus der Zeit Bischof Konrads II., der

36 Vgl. Wolfenbüttel Cod. Guelf. 9.7. Aug. 4°, fol. 9r-v; in meiner Edition Text 49; BITTERAUF, TF 1486c.

37 Vgl. Wolfenbüttel Cod. Guelf. 9.7. Aug. 4°, fol. 14r in meiner Edition Text 68; BITTERAUF, TF 1501c.

38 Ebd.

39 Vgl. Wolfenbüttel Cod. Guelf. 9.7. Aug. 4°, fol. 23v-24r; in meiner Edition Text 141; BITTERAUF, TF 1518.

bekanntlich ein hochpolitischer Bischof war und dem Bistum Freising seinen Fernbesitz im heutigen Wien und in Niederösterreich von den Königen Ottokar Przemysl und Rudolf von Habsburg in einer Zeit politischer Unsicherheit urkundlich bestätigen ließ.[40]

Es handelt sich um die Texte 354 bis 358 meiner Edition, die hier beispielhaft zum Verständnis der Quelle und zur Arbeit in der Freisinger Kanzlei vorgestellt und analysiert werden sollen.

Namenlisten im Kontext: Zensualenbuch Teil 2

Das Einzelblatt hat eine Größe von 15 x 12 cm und weist auf der Vorderseite fünf kleinere Texte auf, die von verschiedenen Händen des 13. Jahrhunderts in größerem Abstand zueinander und in einer Länge von vier bis neun Zeilen geschrieben wurden. Sie beinhalten Übertragungen von Arbeitskräften an das Bistum Freising. Im ersten Text wird festgestellt, dass die Frau Diemuodis und ihre Kinder Freisinger Zensualen zu fünf Denaren Jahreszins sind, wobei diese Eintragung als Beweisstück der Eigentumsverhältnisse im Streitfall vorzuweisen sei. Der Eintrag ist in feiner Kanzleischrift geschrieben wie auch die beiden folgenden, die den Wechsel der Richgardis von Steinhausen mit ihren sechs Kindern in die Freisinger Zensualenschaft sowie des Chunradus von Moshaim überliefern. Die Kinder der Richgardis waren noch nicht mündig und mussten daher bis zum Erreichen der Volljährigkeit keine Zinsen zahlen. Der dritte Eintrag ist im linken Teil stark verderbt; es wird betont, dass der Wechsel in die Freisinger Zensualenschaft aus freien Stücken erfolgte, was der hier aufscheinende bischöfliche Notar Hainricus bezeugte.

Die folgenden beiden Texte sind von ungeübteren Händen geschrieben worden; inhaltlich wurde die mit der Nennung des Freisinger Notars Hainricus begonnene rechtliche Transparenz der Geschäftsvorgänge fortgesetzt:

Das vorliegende Protokoll ist das abschließende Schriftstück einer prozessualen Auseinandersetzung, die in den Bereich der Konkurrenz im Tuchhandel zwischen dem Hochstift und den weltlichen Herren der Region greift, und wurde daher datiert. Denn mit 28. April 1261 konnte sich der Weber Ulrich, ansässig im heutigen Münchner Stadtteil Daglfing, von Wolfcrim von Willing (Gde. Bad Aibling, Lkr. Rosenheim), der sein Herr war, freikaufen und in den Stand der Freisinger Zensualenschaft mit der üblichen Zinszahlung von fünf Denaren Jahreszins wechseln. Im Protokoll wurde vermerkt, dass auch Wolfcrim zugestimmt habe, und die Formulierung im Text „quod praedictus Wolf libere tradidit praedictum Uol[ricum] secundum arbitrium suum" lässt auf ein Schiedsgerichtsverfahren schließen. Erkennbar ist an diesem Beispiel, dass sich im Großraum der Stadt München – wie in der Stadt ja auch –

40 KRAH, Verwaltung und Repräsentation (wie Anm. 32), 91, 96f., 102, 126, 131, 133-138.

Handwerksbetriebe angesiedelt hatten, um deren Anbindung sich die weltlichen Herren mit dem Bischof von Freising stritten, wobei es offenbar angenehmer war, im Schutz des Bischofs zu leben und zu arbeiten. Ob und inwieweit dies mit einer Vorphase des Zunftwesens zusammenhängen könnte, lässt sich anhand des Beispiels nicht klären. Die Entwicklung läuft aber in diese Richtung. Sicherlich spielte hier auch die große Politik herein mit der Aufteilung der Machtverhältnisse zwischen dem Herzog von Oberbayern und dem Freisinger Bischof, seit München 1255 Residenzstadt geworden und ein Wettstreit zwischen Herzogshof und Bischofsherrschaft um spezialisierte Arbeitskräfte entstanden war.[41]

Der letzte Text auf fol. 67r ist ganz im formelhaft aufgebauten, traditionellen Stil der Schenkungsurkunden erstellt, der in den Freisinger Traditionen seit dem 8. und 9. Jahrhundert Verwendung findet. Nach einer kurzen Publicatio-Formel wurde der Sachverhalt skizziert und die Zeugenreihe gliedert sich in Kleriker und weltliche Zeugen. So verwundert es nicht, dass die Tradentin, die Witwe Offemia, mit dem Devotionsadjektiv „humilis vidua" bedacht wurde, als sie ihren Hörigen, „mancipium suum Chunradum", mit Zustimmung ihrer drei Söhne dem Bistum übergab. Dem Zeitgeist des 13. Jahrhunderts entsprechend, mussten freilich auch ihre drei namentlich genannten Töchter dieser Schenkung des offenbar wichtigen Bediensteten der Familie zustimmen, vielleicht weil nach dem Tod des Vaters der Unterhalt für Chunrad nicht mehr gesichert war. Denkbar ist aber auch, dass mit der Tradition des Chunrad und der von ihm an Freising zu leistenden Jahreszinsen von fünf Denaren die Familie ein Seelgerät für den Vater eingerichtet hatte, wobei im Text der meist formelhafte Hinweis auf eine solche Stiftung vergessen wurde, oder eben für die kopiale, retrospektive Verschriftlichung nicht mehr relevant erschien. Die Passage der Zustimmung durch die Söhne und Töchter der Offemia lautet: „[...] aspirantibus et consentientibus tribus filiis suis Chunrado, Hainrico et Uolrico et tribus filiabus suis Frideruna, Perhta, Diemuoda [...]".[42] Die Töchter sind hier zwar nachgereiht genannt, doch durfte das Ausscheiden des Bediensteten aus der Hausgemeinschaft der Familie nicht ohne ihre Zustimmung vollzogen werden.

Spannend ist, dass der hier verwendete, formelhafte Textaufbau für kleinere Schenkungen, der durchgängig über viele Jahrhunderte in der bischöflichen Kanzlei in Freising Verwendung fand, nun den rechtlichen Kompetenzen der Frauen des 13. Jahrhunderts angepasst werden musste.[43]

---

41 Vgl. bei Claudia SCHWAAB, Herzog Ludwig II. der Strenge und die Königswahl von 1273, in: Alois Schmid/Hermann Rumschöttel (Hg.), Wittelsbacher-Studien. Festgabe für Herzog Franz von Bayern zum 80. Geburtstag (Schriftenreihe zur bayerischen Landesgeschichte 66), München 2013, 59-80.

42 Vgl. fol. 67r; in meiner Edition Text 357; BITTERAUF, TF 1597a.

43 Vgl. hierzu mit weiterführender Literatur: Adelheid KRAH, Bemerkungen zur Entstehung des monastischen Konvents in Aldersbach sowie zu einer denkwürdigen Tat im Streit um die Zugehörigkeit der Pfarre Thaya am Ende des 13. Jahrhunderts, in: Robert Klugseder (Hg.), Beiträge zur mittelalterlichen Geschichte Aldersbachs (Studien und Mitteilungen zur Geschichte des Benediktinerordens 43), St. Ottilien 2021, 123-136.

In den zunächst unbeschriebenen Zwischenräumen der ersten drei Texte auf fol. 67r finden sich spätere Nachträge von Personennamen, die sicherlich einen historischen und sozialen Kontext bildeten, der aber nicht mehr rekonstruierbar ist. Denn wäre der Kontext nicht relevant gewesen, hätten sie bequem auf der Rückseite des Schriftstückes eingetragen werden können, wo ausschließlich Namenlisten Freisinger Zensualinnen und Zensualen stehen, die hier amtlich registriert wurden. Diese Personennamen sind gereiht und wurden teilweise mit den Bezeichnungen der Orte, an denen sie arbeiteten und lebten, eingetragen, so etwa die Zensualin „Gedrut de Hehing" (Eching, Lkr. Freising) oder die Zensualen in Treidlkofen (Gde. Bodenkirchen, Lkr. Landshut), in der Pfarrei Binabiburg (Gde. Bodenkirchen, Lkr. Landshut) und ein Heinrich in Badendorf (Gde. Wolfersdorf, Lkr. Freising): „Chuonrad et Siboto de Trutelchoven in parrochia Punnerbiberch sunt censuales uterque ad V denariorum et Hainricus de Petindorf."

Diese rückseitigen Namenlisten auf fol. 67v sind als originale Einträge der Personenregistrierung zu verstehen, ebenso die auf der Vorderseite in den Zwischenräumen zu den größeren Texten eingetragenen Namenreihen. Auf fol. 67v sind insgesamt 13 verschiedene Einträge überliefert, wobei auch Sterbefälle notiert wurden. Die Kontextualisierung der Personennamen ist hier äußerst spärlich und wird lediglich durch eine von geübter Hand geschriebene Formel zur Publicatio des Rechtsinhalts in der Blattmitte unterbrochen, deren Inhalt allerdings bedeutend war, denn es steht hier: „Noverint universi Christi fideles quod Ulricus dictus cervus ab antiquis progenitoribus suis existat liber censualis sanctae Mariae ad unum denarium praebendere."

Der besondere Inhalt erklärt auch den geübteren Schreiber, denn der im Text genannte „Ulricus dictus cervus" hatte offensichtlich auf das ihm zustehende Recht gepocht, nur einen Denar Jahreszins zahlen zu müssen, weil er es von seinen Vorfahren ererbt hatte.[44] Eine solche Situation zugunsten einer niedrigeren Zinszahlung ist selten und war auch nur bei besonderem Personenstand möglich. Hinter „Ulricus dictus cervus" könnte sich eine uns unbekannte, adelige Person verbergen, die den Hirsch im Wappen führte; jedenfalls aber drückt der Beiname aus, dass dieser Ulrich an der Spitze einer sozialen Gemeinschaft stand, kämpfend und mythisch wie ein Hirsch.[45]

Die Auswertung des Namensmaterials auf fol. 67v zeigt eine ausgewogene Arbeitswelt zwischen weiblichen und männlichen Arbeitskräften auf den bischöflichen Besitzungen in Freising im 13. Jahrhundert: Es sind 72 Frauennamen und 74 Männernamen. Ein Ergebnis, mit dem eine moderne, gegenderte Statistik des Berufslebens heute zufrieden wäre. Warum ist das so? – Wir befinden uns mit diesen Texten in der nachstaufischen Zeit und am Ende der Kreuzfahrerzeit, als sich viel verändert hatte und der im 12. Jahrhundert erkennbare Frauenüberhang sich wieder auf eine

44 Vgl. den Quellentext im Anhang.

45 Vgl. bei Georg SCHEIBELREITER, Tiernamen und Wappenwesen (Veröffentlichungen des Instituts für Österreichische Geschichtsforschung 24), Wien u. a. 1976.

paritätische Verteilung der Arbeitsleistungen zwischen Männern und Frauen im Bistum Freising eingependelt hatte. Doch bietet das untersuchte Material dieses Blattes nur einen kleinen Einblick in die tatsächlichen Verhältnisse. Die Geschäftsurkunden der Vorderseite betreffen drei Rechtsvorgänge, die von Frauen getätigt wurden, zwei von Männern. Man gewinnt auch den Eindruck, dass dieses Blatt eine Palette der in der Freisinger Kanzlei um die Mitte des 13. Jahrhunderts tätigen Schreiber paläografisch überliefert. Es gab geübtere, die die Einzeldokumente der Geschäftsurkunden herstellten und es gab Hilfskräfte, die Namenseinträge offenbar unter Aufsicht eines professionellen Schreibers tätigten. Möglicherweise wurde die Rückseite bei Visitationen von bewirtschaftetem geistlichem Grundbesitz beschrieben. Einen Hinweis hierauf könnten die eingetragenen Sterbefälle sowie die Dotation einer Kuh durch ein Paar geben, das vielleicht den Jahreszins nicht mehr in Geld bezahlen konnte.[46]

Resümee

In der vorliegenden Studie habe ich bewusst Beispiele aus der Spätzeit der Freisinger Zensualität gewählt, als das System bereits den Zenit überschritten hatte. Die Besonderheit ist aber, dass seit dem 10. Jahrhundert Einzelpersonen als Arbeitskräfte mit ihren Namen in den Vordergrund treten und so auch registriert werden mussten, bei einzelnen Traditionen durch ihre Herrschaften oder auch summarisch bei Visitation der Freisinger Besitzungen, wenn die Namen der Arbeitskräfte den Ortsnamen zugeordnet wurden, so etwa im oben angeführten Beispiel „Isti sunt censuales de Egnhueb: Albreich, Wernhart, Leutwein." Der Begriff der dinglichen Mancipia ist kaum noch anzutreffen, sondern es sind jetzt die Individuen, die arbeiten und dem Schutz des Bischofs unterstanden und hierfür Zinsen – auch in Form eines Kopfgeldes bezahlten; der Begriff „capitalis censum" wird ab der Amtszeit von Bischof Meginward in den Texten verwendet und meint ein Schutzgeld, das jährlich zu zahlen ist.

Die Form der Registrierung von Personen oblag seit der Spätantike den Bischofssitzen und wurde immer in der Sakristei vorgenommen aufgrund der Tradition der Verwaltungskenntnisse und des römisch-kanonischen Rechts. Eine solche Form der Registrierung sind auch die Personenlisten der Libri Memoriales, die eine Registrierung für das Buch des Lebens und das Leben im Jenseits am Ende der Zeiten vornahmen, oder die Totenbücher für die Seelenmessen. Auch dürfte die Assoziation zur berühmten Stelle des Alten Testaments Jesaias 43,1 „et nunc haec dicit Dominus creans te Iacob et formans te Israhel noli timere quia redemi te et vocavi nomine tuo, meus es tu" den eingetragenen Personen wie den Schreiber der bischöflichen Kanzlei in Freising geläufig gewesen sein.

46 Vgl. den Quellentext im Anhang.

Im behandelten Material begegnen auch Personen mit sprechenden Namen oder Beinamen wie „Muotliebheit“ oder „Vreumderina“ für Frauen, also mit Emotionen versehen, für Männer wird eher die äußere Erscheinungsform oder ihre Funktionen und Berufe betreffend angegeben, wie etwa bei der Nennung des „Ulricus dictus cervus“ oder des „Hainricus de[r] crassat“, für den Sämann des Ortes. Die Bezeichnung des Handwerks erfolgt sehr zurückhaltend bei Frauennamen. Doch wissen wir bereits aus einer Tauschurkunde von Bischof Dracholf aus dem Jahr 908, dass es im heutigen Oberhummel ein Gynaeceum, also eine Werkstätte zur Stoff- und Kleidungsproduktion gab, in der nur Frauen arbeiteten. Im Text scheint die Bezeichnung leicht verballhornt als „geneticum“ auf; diese Werkstätte war jedoch eine hochspezialisierte, in der auch gestickt wurde.[47]

Die Statistiken und Lohnzettel der Neuzeit formten aus Arbeitskräften wieder eine Menge, in der Individuen nicht mehr sichtbar werden. In den Stahlfabriken in Detroit unterschied man beispielsweise nach labour groups englischer, italienischer, spanischer oder jüdischer Herkunft. Ein Rückschritt, wenn man bedenkt, dass sich in der Diözese Freising bereits im Hochmittelalter die Registrierung der auf geistlichem Grundbesitz arbeitenden Personen nach ihren Namen durchgesetzt hatte und dass diese Personen in der sozialen Gemeinschaft der Freisinger familia damals zumindest im Status von Freigelassenen lebten.

---

47 Vgl. BITTERAUF; TF 1045, „de genetic ancillas XII“; dazu mit weiteren Ausführungen Michael BANZHAF, Unterschichten in bayerischen Quellen des 8. bis 11. Jahrhunderts (Materialien zur bayerischen Landesgeschichte 9), München 1991.

Anhang

Freisinger Zensualenbuch Teil 2

Herzog August Bibliothek Wolfenbüttel, Cod. Guelf. 9.7. Aug. 4°, Einbindung 5, fol. 67r-v.[48]

Folium 67r

Text 1

Diemuod und ihre Kinder sind Freisinger Zensualen zu fünf Denaren Jahreszins.

Fol. 67r; Bitterauf datiert auf das Jahr 1261; (TF 1597).
Ort und Person im Kontext: Gedrut de Hehing (Eching; Lkr. Freising).

Noverint universi praesentem paginam respecturi quod Diemuodis cum suis liberis, Chuonrado, Hainrico et Sibotone et Adelheide ad altare beatae virginis pertinent in frisinga. Hec ad dicta condicionem, ut singulis annis quinvis praedictorum V denarios teneatur offere beatae virginis ad altare. Ne autem quispiam praefatas personas praesumat inpeteret iure proprietario vel gravare ipsos commendavimus testimonio scripturarum.
Daneben von anderer Hand: Gedrut de Hehing.

Text 2

Richgard von Steinhausen schließt sich mit ihren Kindern der Freisinger familia an unter der Bedingung, dass jedes Kind nach Erreichen der Volljährigkeit fünf Denare Jahreszins erlegt.

Fol. 67r; Bitterauf datiert auf das Jahr 1261 (TF 1597a).
Ort und Person im Kontext: Riechardis de Sarstenhusen (unbekannt; eventuell Schlacht-Steinhausen an der Glonn, heute Steinhausen an der Glonn; Gde. Glonn, Lkr. Ebersberg; vgl. Chorographia Bavariae, Philipp Apian, Jost Amman, Hieronymus Wolf, Blatt 18; Mapp. XI, 25f).
Kommentar: Der „annus diseretionis", also die Mündigkeit, wurde mit Vollendung des 14. Lebensjahres erreicht; der Doppelname unter den Kindern der Richgard, lässt auf eine besitzende Familie schließen; vgl. Werner OGRIS, Art. Mündigkeit, in: Handwörterbuch zur deutschen Rechtsgeschichte 1, Teil 3, Sp. 738-742.

Noverint omnes et singuli ad quos praesens scriptum provenerit quod Riechardis de Sarstenhusen mulier libere conditionis se cum liberis Chonrado, Eberhardo, Heinrico, Siffrido-Heinrico, Chunrado et Liukharda ad altare beatae virginis tradidit in frisinga tali condicione, ut quinque denarios quivis liberorum dum ad annos diseretionis

48 Vgl. in meiner Edition die Texte 354-358.

pervenerit ad praefatum altare persolvere nomine census debeant annuatim ita tamen ut una reddatur denarium pro expensis.

Darunter von anderer Hand:
Orte und Personen im Kontext: Chuonrad et Siboto de Trutelchoven (Treidlkofen; Gde. Bodenkirchen, Lkr. Landshut), in parrochia Punnerbiberch (Binabiburg; Gde. Bodenkirchen, Lkr. Landshut), Hainricus de Petindorf (Badendorf; Gde. Wolfersdorf, Lkr. Freising).

1. Chuonrad et Siboto de Trutelchoven in parrochia Punnerbiberch sunt censuales uterque ad V denariorum et Hainricus de Petindorf.
2. Maethilt, Gerdrudis.
3. Hainrich et uxor eius Hailka, Ulrich, Alheit, Hainrich, Alhait.
4. Ellis, Heinrich, Diemuot, Diemuot.

Text 3

Chunradus von Moshaim wechselt in den Stand der Freisinger Zensualen.

Kommentar: Der weitere sich anschließende Text ist in der Handschrift großenteils am linken Rand aufgrund von Wasserflecken verderbt und wurde daher im Kontext der Edition von Bitterauf erschossen. Sprechender Name für Funktionsträger der agrarischen Bewirtschaftung: Hainricus de[r] crassat. Die Zinszahlungen sollen dem Domkapitel zu Gute kommen.

[Notum sit omnibus pre] sens scriptum intuentibus, quod Chunradus de Moshaim libere condicitione se [tradidit ad altare sancte Mariae beatae v] irginis in Frisinga, tali conditione ut quinque denarios ad prefatum altare persolvere [deberet singulis annis in com]munem usum fratrum. Huius traditionis testes sunt: H. cellerarius, Hainricus notarius episcopi.
Darunter von anderer Hand: Hainricus de[r] crassat.

Text 4

Der Weber Ulrich aus Daglfing wird von Wolfcrim von Willing nach Freikauf der Freisinger Zensualenschaft zu fünf Denaren Jahreszins übergeben.

Fol. 67r; Datierung: 28. April 1261; TF 1597a.
Orte: Ulricus textor de Tagolfingen (Daglfing, Stadtbezirk von München), Wolfcrimmo de Willingen (Willing; Gde. Bad Aibling, Lkr. Rosenheim), Hainricus plebanus de Lerin et Mainhardus de Lerin (Berglern, Gde.; Lkr. Erding) et Wichnandus et Pertoldus de Engelschalching (Engelschalling; Gde. Dorfen, Lkr. Erding).

Noverint universi tam praesentes quam futuri quod Ulricus textor de Tagolfingen redemit se a domino suo Wolfcrimmo de Willingen tali condicione, quod traderet eum ad altare sanctae Mariae frisingensis annuatim solvere V denariorum ad lumen. Haec acta sunt anno incarnationis domini M.CC.LX.I., IIII kalendas Mai; quod praedictus Wolf libere tradidit praedictum Uol[ticum] secundum arbitrium suum. – Huius rei testes sunt: C[huonradus] decanus, Otto Sappo, Hainricus plebanus de Lerin et Mainhardus de Lerin et Wichnandus et Pertoldus de Engelschalching, et alii quam plures.

Text 5

Die Witwe Offemia tradiert mit Zustimmung ihrer Söhne und Töchter ihren Hörigen Konrad zu fünf Denaren Jahreszins.

Fol. 67r; Datierung in die Amtszeit von Bischof Konrad II. (1258–1279); TF 1597 a Orte und Personen im Kontext: Freisinger Kanoniker, H. de Peutelpach (Außer-, Innerbittlbach; Gde. Lengdorf, Lkr. Erding), Uolricus de Gilchingen (Gilching, Lkr. Starnberg), Sighardus de Kolpach (Kollbach, Gde. Petershausen, Lkr. Dachau). Kommentar: Der Eintrag steht im inhaltlichen Kontext zum vorherigen; mehrere Textlücken; sprechende Beiname: " Offemia humilis vidua dicta Paeimpergarinna de [...]ge".

Sciant omnes praesentes quam futuri quod quaedam Offemia humilis vidua dicta Paeimpergarinna de [...]ge[49] mancipium suum Chunradum tradidit libere ac solute aspirantibus et consentientibus tribus filiis suis Chunrado, Hainrico et Uolrico et tribus filiabus suis Frideruna, Perhta, Diemuoda ad altare beatae Mariae perpetuae virginis tali condicione ut V denarios persolvere debeat annuatim. – Huius traditionis testes sunt canonici frisingensis: Decanus H. de Peutelpach, Eberhardus, Pertoldus de [...][50], Uolricus de Gilchingen, Sighardus de Kolpach, Uolricus presbiter dictus custos, Hainricus custos. Vuol. dux de [...]dorf,[51] Vuol huobarius, Hainricus villicus de Kreinacher, Weinhardus de Cl[...]lingen, F[...][52] de Ebersperch et alii quam plures.

Folium 67v
Namentliche Erfassung von Freisinger Zensualen, von Schenkungen und von Sterbefällen.
Fol. 67v; Bitterauf datiert auf ca. 1261 (TF 1595b).

[49] Textlücke.
[50] Textlücke.
[51] Textlücke.
[52] Textlücken.

Orte im Kontext: De Chunrichingen (Kienraching, Gde. Steinkirchen, Lkr. Erding, oder Kienraching, Gde. Taufkirchen an der Vils, Lkr. Erding) de Waltgerspach X (Walkersbach, Gde.; Lkr. Pfaffenhofen an der Ilm).

1. Diemot et V filii eius et una filia Maerchhilt et Wentel, Ludwicus, Wernhart, Alhait, Mahthilt, Diemot.
2. Alhaidis et Alhaidis dederunt ad communem usum fructum unam albam.
3. Otto dederit vaccam ad opus et lumen, obiit, et uxor sua Rickardis, Alhaidis obiit.
4. Alheit, Alheit, Albreht, Friderich, Diemuot, Hainrich, Rihza, Alheit, Maethilt, Arnolt, Hainricus, Chunigunt, Hainrich, Hartwich, Chunigunt, Periht, Periht, Alheit, Alheit, Wendel, Hainricus, Alheit, Perhtoldus, Albreht, Hainricus, Diemuot, Perhta, Pertoldus, Ulschalcus, Maethilt, Ulschalcus, Alheit, Chunrat, Diemuot, Hainricus, Hainricus, Chunradus, Jeuta, Chunrat, Chunrat, Rihza.
5. Gisil quae dedit XXXa denariorum.
6. Noverint universi Christi fideles quod Ulricus dictus cervus ab antiquis progenitoribus suis existat liber censualis sanctae Mariae ad unum denarium praebendere.
7. Uolrich, Hiltpurch, Alheit, Uolrich, Maethildis et Uolricus Hainricus, Uolricus, Gervvirgis, Gerdrudis, Diemuot, Irmigart, Hainricus, H. H. Maethilt, Pertoldus, Jeutta, Irmigart, Chunradus, Ulricus, Alheit et Papo et Maethilt et Mathilt, Hainrich, Goezwinus, Chunradus, Ratoldus, Gerdrudis, Gisila, Chunigunt, Hailca, Fridericus, Chunrat, Perihta, Chunrat, Arbo, Macthilt, Liukart, Perihta, Maecthilt, Alheit, Otto, Papo, Ulricus, Alheit, Sifrit, Ita, Ulrich, Alheit.
8. Willibirch, Pertoldus, Ulricus, Hailka, Benedicta, Gedrut, Hainrich, Walther.
9. Alheit, Peritha. Alheidis censualis sanctae Mariae.
10. Reichkart, Perhta, Friderich, Alteman, Ch., Hilkart, Chunrat, Hainrich.
11. Pericta, Wolvram, Mathilt, Hainrich, Eizi, Marchart, Alhait, Chunrat, Geut, Marchart, Ceut, Hainrich, Ruet, Chunrat, Wernhart, Weurat, Peritolt, et Haedweig.
12. Maethilt, Alheit, Alheit.
13. De Chunrichingen XII de Waltgerspach X. Alheit.[53]

[53] Darunter: Tintenkleckse.

Friedrich II. von Parsberg, Bischof von Regensburg (1437-1449)

von Alois Schmid

Verfassungswandel

Das Hochmittelalter erhält in Deutschland seine entscheidende Kennzeichnung von einem tiefgreifenden Verfassungswandel. Die Rechtsgeschichte hat ihn in idealtypischer Zuspitzung lange mit der Formel des Übergangs vom Personenverbandsstaat zum institutionellen Flächenstaat umschrieben. Die Verschiebungen betrafen alle Bereiche des gesellschaftlichen Lebens. In besonderer Weise erfassten sie auch die Welt des Adels. Er musste sich im umgebauten Herrschaftsgefüge einen neuen Standort verschaffen.

Ein wesentliches Merkmal der Neuordnung war der Aufbau neuer Einrichtungen zur Organisation des herrschaftlichen Lebens. Es lag nahe, dass der Adel in den aufsteigenden Territorien sich um die neu gebildeten Institutionen bemühte und viele Stellen der entstehenden Landesverwaltungen besetzte. Das betrifft die drei Ebenen der Zentralverwaltung, der Mittel- und Unterbehörden in gleicher Weise. Sie wurden das bevorzugte Betätigungsfeld der Adeligen. Auf dem Wege der Bewährung in diesen Tätigkeiten gelang es mehreren Familien, in die durch das auffallende Grafensterben hinterlassenen Lücken einzurücken. Das späte Mittelalter ist vom Austausch der Führungsschicht gekennzeichnet. Dessen Hauptmerkmal war die Etablierung eines aus der Ministerialität aufsteigenden Landadels, der sich im Verlauf der frühen Neuzeit zum Hof- und Beamtenadel weiterentwickelte.

Freilich boten die entstehenden Landesverwaltungen kein hinreichendes Stellenreservoir, um allen männlichen Mitgliedern dieses Personenkreises standesgemäße Versorgungsmöglichkeiten zur Verfügung zu stellen. Ein Teil musste sich andere Tätigkeitsfelder suchen. Wichtig wurde der militärische Dienst. Auch wenn noch keine dauerhaften Truppen unterhalten wurden, die beständigen Streitfälle, die in Scharmützeln bis hin zu Kleinkriegen ausgetragen und mit dem Faustrecht entschieden wurden, boten laufend Beschäftigungsmöglichkeiten. Sie wurden bereitwillig ergriffen, weil sie dem herkömmlichen Betätigungsfeld weithin entsprachen. Vor allem darauf war die Adelserziehung ausgerichtet, in der Kämpfen und Turnieren, Reiten und Fechten im Mittelpunkt standen.

Ein drittes Betätigungsfeld bot der Kirchendienst. Auch auf diesem Gebiet war der Adel schon bisher vielfach tätig gewesen. Davon machte er vermehrt im Spätmittelalter Gebrauch. Die Kirche wandelte sich immer mehr zur Adelskirche, die ihre

Führungsämter mit Vorliebe mit Personen von Stande besetzte. Auf die Bischofs- und Abtsstühle wurden fast durchgehend Adelige berufen, die den Kurs im religiösen Alltagsleben vorgaben. Auf der oberen Ebene kam eine ausgeprägte fürstliche Reichskirchenpolitik in Gang, an der sich gerade die Wittelsbacher mit großen Erfolgen beteiligten.

Freilich gelang es nicht allen Adelsfamilien, sich im sich wandelnden gesellschaftlichen Gefüge des Spätmittelalters einen standesgemäßen Standort zu verschaffen. Vor allem der Ortsadel in zentrumsfernen Regionen sank seit dem Interregnum (1245-1273) verschiedentlich zum Raubrittertum herab, das sich sein Auskommen mit den Praktiken des Faustrechtes zu verschaffen suchte.

Für diese vielgestaltigen Wege des Verfassungswandels liefern die Herren von Parsberg bezeichnende Beispiele. Auch wenn ihnen als einem der wenigen Geschlechter der Aufstieg in die höheren Ränge der Barone und Grafen versagt blieb und sie nicht über den Status von untitulierten Rittern hinauskamen, sind Mitglieder dieser Familie in den genannten Funktionsbereichen nachzuweisen. Das gilt für den Verwaltungsdienst im Heiligen Römischen Reich sowie in den Wittelsbacher Territorien in Bayern und in der Pfalz; während des kurzen Königtums Christophs III. (1440-1448) in Dänemark, Schweden und Norwegen wurden mehrere sogar in den nordischen Königreichen tätig. Das gilt ebenso für das Kriegswesen. Dass einzelne Mitglieder auch vor Gewalttaten nicht zurückschreckten, zeigt das Beispiel des Regensburger Domherrn Heinrich im beginnenden 16. Jahrhundert, der wegen eines Tötungsdeliktes in einen Kriminalfall verwickelt und mit Verbannung aus der freien Reichsstadt bestraft wurde.

Eine besondere Anziehungskraft übte der Kirchendienst aus. Mitglieder der Ritterfamilie der Parsberger sind in unterschiedlichen Bereichen der kirchlichen Hierarchie nachzuweisen. Sie waren vor allem am Stammsitz des Geschlechtes im Pfarrklerus tätig. Sie begegnen weiterhin in der Ordensgeistlichkeit der Männer- wie Frauenkonvente gleichermaßen. Bevorzugtes Kloster wurde die nahe Niederlassung der Zisterzienserinnen zu Pielenhofen, die fast das Attribut eines Hausklosters verdient. Die Vorliebe galt aber mehr den Domkapiteln. Entsprechende Bemühungen der Familie lasen sich – mit und ohne Erfolg – in allen Diözesen der Umgebung, in Augsburg, Bamberg, Eichstätt, Freising, Passau und Regensburg, nachweisen. Der Höhepunkt der kirchlichen Karrieren wurde mit zwei Bischofsstühlen erreicht. Das ist verglichen mit den großen Adelsfamilien eigentlich wenig. Zudem betrafen diese Würden nur Diözesen, die in der Hierarchie des Heiligen Römischen Reiches wegen ihrer beschränkten wirtschaftlichen Ertragskraft weit unten rangierten. Dennoch sollten diese Erfolge nicht unterschätzt werden. Beide Bischöfe aus der Familie der Parsberger haben ihre Ämter mit Erfolg und bemerkenswerter Außenwirkung ausgeübt. Der eine dieser zwei Diözesanvorstände war Bischof Friedrich II. in Eichstätt (1237-1246). Der andere war der gleichnamige Bischof Friedrich II. von Regensburg. Er wird im Mittelpunkt der folgenden Untersuchung stehen. Noch nie war er Gegenstand einer eigenen Abhandlung. Sie lohnt sich, weil er doch ein bezeichnender Vertreter des Episkopats des 15. Jahrhunderts in Deutschland war.

Herkunft und Anfänge

Die Quellenlage zu Bischof Friedrich II. von Parsberg ist nicht besonders günstig. Da ein Familienarchiv der Herren von Parsberg infolge des frühen Aussterbens des Geschlechtes (1730) nicht erhalten ist, sind die Hauptquellen am Amtssitz im Bischöflichen Zentralarchiv zu Regensburg aufzusuchen. Aber auch dort gibt es keinen geschlossenen Überlieferungsblock zu seiner Amtsführung. Die einschlägigen Dokumente sind auf unterschiedliche Bestände zerstreut. Die Urkundenreihe bietet nur einzelne Nummern. Doch hat im beginnenden 19. Jahrhundert, um 1809/10, ein Freiherr von Seyboltsdorf aus dem Domkapitelsarchiv die wichtigsten Dokumente herausgesucht und in sehr sauberen Abschriften zusammengestellt. Seine Aktensammlung (BZAR, OA Generalia 4401-4404) bietet in geordneter kopialer Überlieferung einen hilfreichen Zugang zum Episkopat dieses Bischofs.

Friedrich wurde als ältester Sohn des angesehenen Ritters Hans I. des Älteren von Parsberg geboren.[1] Das genaue Geburtsdatum ist nicht bekannt; es wird zwischen 1375 und 1385 angesetzt. Der Vater († 1398) war eines der bedeutendsten Mitglieder seines Geschlechtes. Er bekleidete das Amt eines Pflegers zu Lupburg, Hemau und Hersbruck. In der bayerischen Landesverwaltung war er auf der unteren Ebene tätig; seine Funktion ist am ehesten einem heutigen Landrat zu vergleichen. Da auch die Mutter Margarethe von Aichberg einer rittermäßigen Familie zugehörte, entstammte Friedrich von beiden Elternteilen her dem niederadeligen Milieu.[2] Er war Mitglied einer regional bedeutenden Familie, die nur in frühwittelsbachischer Zeit vereinzelt

1 Die maßgebliche Literatur: Ferdinand JANNER, Geschichte der Bischöfe von Regensburg III, Regensburg 1886, 451-486; Alfred SPITZNER, Parsberger Chronik, Neumarkt i. d. OPf. 1950, 18, 37-45; Romuald BAUERREISS, Kirchengeschichte Bayerns V, St. Ottilien 1955, 26, 31; Josef STABER, Kirchengeschichte des Bistums Regensburg, Regensburg 1966, 84-86; Manfred JEHLE, Parsberg (Historischer Atlas von Bayern ([HAB], A 51), München 1981, 387; Karl HAUSBERGER, Geschichte des Bistums Regensburg I, Regensburg 1989, 164, 210-213, II, 285f.; DERS., Parsberg, Friedrich von, in: Erwin Gatz (Hg.), Die Bischöfe des Heiligen Römischen Reiches 1448 bis 1648. Ein biographisches Lexikon, Berlin 1996, 517-518; DERS., Das Bistum Regensburg. Seine Geschichte, Regensburg 2004, 50, 73; Walter BRANDMÜLLER (Hg.), Handbuch der bayerischen Kirchengeschichte I, St. Ottilien 1998, 387, 394, 396, 417f., 431; Peter SCHMID (Hg.), Geschichte der Stadt Regensburg, Regensburg 2000, 700, 909f.; Eckard FRUHMANN, Von der Bronzezeit ins 21. Jahrhundert. Eine kurze Geschichte der Stadt Parsberg, Parsberg 2018, 8; DERS., 800 Jahre Parsberger Ritter und ihre Nachfahren 1224-2024, Parsberg 2019, 119, 123-125.

2 Repertorium Germanicum. Verzeichnis der in den päpstlichen Registern und Kameralakten vorkommenden Personen, Kirchen und Orte des Deutschen Reiches, seiner Diözesen und Territorien vom Beginn des Schismas bis zur Reformation, hg. v. Deutschen Historischen Institut in Rom, Berlin 1916ff., hier V.1.1, 326 Nr. 1948: „ex utroque parente de (nobili) militari genere".

in bayerischen Zentralbehörden, dann mehrfach im mittleren Verwaltungsdienst der Viztume, im späteren Mittelalter aber überwiegend auf der unteren Ebene der Land- und Pfleggerichte tätig war.[3]

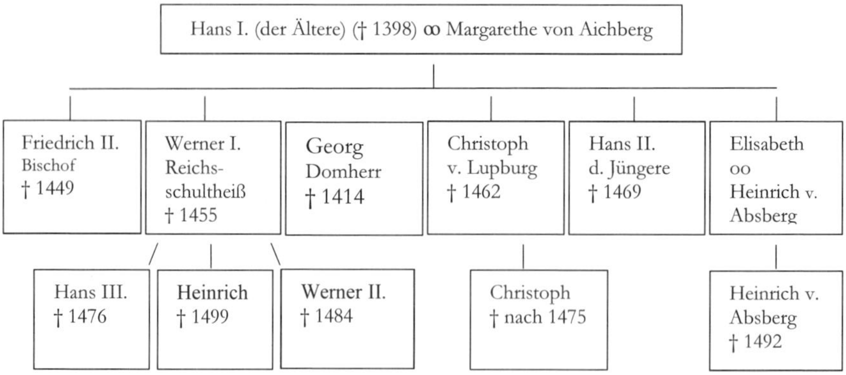

Dieser Ritter Hans von Parsberg hatte insgesamt 12 Kinder (von denen nur die wichtigsten in obige genealogische Skizze aufgenommen werden können). Die Söhne brachte er in den genannten Tätigkeitsbereichen des Verwaltungs-, des Militär- und des Kirchendienstes unter. Die Töchter wurden zielgerichtet in der Adelswelt der Umgebung verheiratet. Einzelne der Söhne begegnen in bemerkenswerten Funktionen. Der bedeutendste war Hans II., der Jüngere († 1469), über den der Familienstammbaum weiterführte. Werner I. († 1455) bekleidete ab 1442 das hohe Amt eines Reichsschultheißen in Nürnberg. Christoph († 1462) folgte dem gleichnamigen Unionskönig sogar nach Skandinavien und wurde dort eine der Stützen seiner Herrschaft:[4] Nach dem baldigen Tod des Monarchen († 1448) kehrte er in die Heimat zurück und wurde Landrichter in mehreren Gerichten mit schließlichem Hauptsitz in Lupburg. Der Älteste war Friedrich. Es fällt auf, dass er als Erstgeborener gleich in eine geistliche Laufbahn geschickt wurde und die Aufgabe der Fortpflanzung der Familie dem Zweitgeborenen zufiel. In der Regel wurden die Pflichten innerhalb der Geschlechter in umgekehrter Reihenfolge festgelegt.

Entsprechend den Lebensformen der Epoche ließ der zeitaufgeschlossene Vater dem Ältesten Friedrich einen aufwendigen Bildungsgang zukommen. Auch er ist ein

---

3 Zur Familie im Überblick: Wiguläus HUNDT, Bayrisch Stammen-Buch II, Ingolstadt 1598, 201-208 (202f.: Friedrich); Ernst Heinrich KNESCHKE, Neues allgemeines Deutsches Adels-Lexikon VII, Leipzig 1867 [ND Hildesheim 1970], 58; Alois SCHMID, Die Herren von Parsberg, Parsberg (Eigenverlag) 2011; in erweiterter Form in: Zeitschrift für bayerische Landesgeschichte [ZBLG] 78 (2015) 437-480.

4 Alois SCHMID, Christoph III. von Pfalz-Neumarkt, König in den skandinavischen Unionsreichen und Pfalzgraf im Teilfürstentum Pfalz-Neumarkt (1416-1448), in: ZBLG 80 (2017) 37-70, hier 51; DERS., Der skandinavische Unionskönig Christoph III. (1440-1448) und die Herren von Parsberg, in: Verhandlungen des Historischen Vereins für Oberpfalz und Regensburg [VHVO] 158 (2018) 25-51, hier 45-48 (auch Parsberg Eigenverlag 2018, 21-23).

Beispiel dafür, dass derartige Bemühungen gerade für die Familie der Parsberger über die Jahrhunderte hin ein kennzeichnender Grundzug waren. Wie die Grunderziehung und die frühe Beschulung organisiert wurden, ist unbekannt. Als Jugendlicher begann Friedrich die reguläre Klerikerausbildung im Bistum Regensburg. 1396 erhielt er die niederen Weihen.[5]

Die Stationen seiner anschließenden Universitätsstudien sind in den Matrikelbüchern mehrerer großer europäischer Universitäten belegt. Da es in seinem Heimatland Bayern damals noch keine Hohe Schule gab, musste er auf jeden Fall ins Ausland gehen. Der Fünfzehnjährige begann sein Studium an der Hohen Schule zu Wien im Wintersemester 1400/01.[6] In die Universitätsmatrikel wurde er als „Fridricus Parsperger, canonicus ecclesie Ratisponensis" aufgenommen. Sein Eintrag erfolgte gemeinsam mit drei weiteren Kommilitonen aus dem Regensburger Umland; zusammen hatten sie die überdurchschnittliche Gebühr von 12 Groschen zu entrichten. In Wien erwarb Friedrich als Mitglied der rheinischen Nation 1403 den ersten Grad eines Baccalaureus artium. Im Sommersemester 1405 wechselte er an die kurpfälzische Universität Heidelberg.[7] In der Folge muss er, anscheinend ohne förmliche Immatrikulation, an der damals in ihrer Blüte stehenden norditalienischen Universität Padua bei dem berühmten Juristen Francesco Zabarella (1360-1417) gehört haben. Der Dekretalenkommentar des Kardinals hat den Parsberger so sehr beschäftigt, dass der Text in einem seiner Codices Aufnahme fand.[8] Der Schlusspunkt der Studienzeit wurde an der Universität Bologna gesetzt, wo sich Friedrich 1411 immatrikulierte und im Jahr 1414 den höheren Titel eines Licentiatus decretorum erwarb.[9] Dieser entspricht heute dem akademischen Grad eines Doktors des Kirchenrechts. Friedrich verbrachte die Studienjahre sowohl in Wien und Heidelberg als auch in Bologna gemeinsam mit seinem Bruder Georg; derartige Kumulativimmatrikulation war aus praktischen Gründen durchaus üblich. Friedrich von Parsberg absolvierte einen Stu-

---

5 Repertorium Germanicum (wie Anm. 2) II, 713: 1396 XII 22: „clericus Ratisponensis".

6 Die Matrikel der Universität Wien I: 1377-1450, hg. v. Franz Gall, Graz-Köln 1954, 58; Paul UIBLEIN, Acta Facultatis Artium Universitatis Vindobenensis I: 1385-1416, Graz-Wien-Köln 1968, 512.

7 Gustav TOEPKE, Die Matrikel der Universität Heidelberg I: Von 1386 bis 1553, Heidelberg 1884 [ND Nendeln 1976], 98.

8 Überliefert im Reiß-Museum Mannheim (ohne Signatur). Mit Illuminationen des Lohnschreibers Laurencius Wschierobecz aus Regensburg. Vgl. Georg LEIDINGER (Hg.), Andreas von Regensburg, Sämtliche Werke (Quellen und Erörterungen zur bayerischen Geschichte NF 1), München 1903 [ND Aalen 1969], 279 Anm. 3; Helga MÖHRING-MÜLLER u. a., Prosopographie. Autoren und Publikum der untersuchten zweisprachigen Geschichtsschreibung, in: Rolf Sprandel (Hg.), Zweisprachige Geschichtsschreibung im spätmittelalterlichen Deutschland (Wissensliteratur im Mittelalter 14), Wiesbaden 1993, 317-384, hier 383; SCHMID, Geschichte der Stadt Regensburg II (wie Anm. 1), 909f. mit Anm. 6 [Franz Fuchs/Claudia Märtl]. Zabarella verließ 1410 die Universität Padua.

9 Acta nationis Germanicae universitatis Bononiensis, hg. v. Ernst Friedländer und Carlo Malagola, Berlin 1887, 163: „Federicus Sparsberghe de Reinburg de Bavaria de Alamania". Vgl. Gustav KNOD, Deutsche Studenten in Bologna (1289-1562). Biographischer Index zu den Acta nationis Germanicae universitatis Bononiensis, Berlin 1899 [ND Aalen 1970], 397 Nr. 2716, vgl. 2717; Repertorium Germanicum (wie Anm. 2) III, 121: 1414 VI 4: „licentiatus in decretis".

diengang, der bis hin zur Graduierung in Bologna nachvollziehbare Stationen durchlief. Mit seiner Dauer von fast eineinhalb Jahrzehnten und dem dafür erforderlichen Aufwand war er freilich eine ungewöhnlich teure Angelegenheit. Sogar das führende Handelsgeschlecht der Runtinger in Regensburg wurde zur standesgemäßen Ausstattung des Studiosen herangezogen.[10] Der Ausbildungsgang erfuhr seine Krönung im sehr hochwertigen Universitätsabschluss, der Friedrich zu einem der herausragenden Mitglieder der Familie der Parsberger machte. Vor allem der sehr ausgeprägte Italienkontakt kennzeichnet seinen akademischen Werdegang.

Ein entscheidender Schritt im Leben eines graduierten Theologen war die Bewerbung um kirchliche Pfründen zur Sicherung des Lebensunterhaltes. Friedrich erhielt die Pfarreien Arnstorf und Pilsting, die er aber von Hilfspriestern betreuen ließ. Denn die Ambitionen der Familie gingen weiter. Sein ständiger Begleiter, der ihm sehr vertraute Bruder Georg, wurde 1400 Domherr zu Freising. Friedrich bemühte sich mit größerem Erfolg in mehreren Nachbardiözesen. Er wurde Kanoniker in den Domkapiteln zu Eichstätt (1394)[11] und Passau (1431).[12] Obwohl die energischen Bemühungen um eine Kapitularstelle in Bamberg vergeblich waren[13], wurde er mit einer entsprechenden Würde in Regensburg schon am 8. Februar 1394 ausgezeichnet.[14] Er war damals ein Knabe von ungefähr zehn Jahren. Somit verdankte er die Aufnahme nicht seiner Qualifikation, sondern allein dem Status seiner Familie. Diese stand in Regensburg schon immer in hohem Ansehen. Von ihren Anfängen an hatte sie Bindungen an die Bischofsstadt am Donaubogen gesucht. Diese Bemühungen werden erstmals deutlich bei Konrad von Parsberg, Domdekan in den Jahren 1293 bis 1316, der sich als Stifter der abgebrochenen Willibaldskapelle in der Domdechantei und eines der Domfenster Verdienste erwarb.[15] Von einem weiteren Domfenster des Ritters Hans von Parsberg mit den Wappenbildern seiner sieben Söhne berichtet Wiguläus Hundt.[16] Vor allem hier vollzog sich die weitere Karriere Friedrichs, obwohl

10 Franz BASTIAN, Das Runtingerbuch 1383-1407 und verwandtes Material zum Regensburger-südostdeutschen Handel und Münzwesen, 3 Bde., Regensburg 1935-1944, hier II, 209, 211, III, 418.

11 Nicht verzeichnet bei: Julius SAX, Geschichte des Hochstiftes und der Stadt Eichstädt. Ein Versuch, Nürnberg 1857, 519f.; DERS., Geschichte des Hochstiftes und der Stadt Eichstätt, Eichstätt 1927, 153-167.

12 Ludwig Heinrich KRICK, Das ehemalige Domstift Passau und die ehemaligen Kollegiatstifte des Bistums Passau, Passau 1922, 44f.; DERS., 212 Stammtafeln adeliger Familien, denen geistliche Würdenträger (Bischöfe, Domherren, Äbte etc.) des Bistums Passau entsprossen sind, Passau 1924, 273.

13 Johannes KIST, Die Matrikel der Geistlichkeit des Bistums Bamberg (1400-1556) (Veröffentlichungen der Gesellschaft für fränkische Geschichte IV/7), Würzburg 1965, 17 Nr. 194. Die Angaben zur Frühzeit basieren auf Feststellungen von Herrn Eckard Fruhmann, für die ich danke.

14 Repertorium Germanicum (wie Anm. 2) II, 713; III, 121; IV, 354, 739; V.1.1, 326 Nr. 1948.

15 Gabriela FRITZSCHE, Die mittelalterlichen Glasmalereien im Regensburger Dom, 2 Bde. (Corpus vitrearum medii aevi Deutschland 13), Berlin 1987, hier I, 92, 94f.; Martin HÖRNES, Domdekan Konrad von Parsberg als Stifter der Willibaldskapelle in der Regensburger Domdechantei, in: Martin Angerer/Heinrich Wanderwitz (Hg.), Regensburg im Mittelalter. Beiträge zur Stadtgeschichte, Regensburg 1995, 401-408. Die Inschriften der Stadt Regensburg II: Der Dom St. Peter (1. Teil bis 1500), bearb. v. Walburga Knorr und Werner Mayer (Die Deutschen Inschriften 74), Wiesbaden 2008, 30f. Nr. 37.

16 HUNDT, Stammen-Buch (wie Anm. 3), 205. Vgl. Hugo Graf von WALDERDORFF, Regensburg in seiner Vergangenheit und Gegenwart, Regensburg ^{4}1896 [ND Regensburg 1973], 154.

er auch in Eichstätt 1420/21 in den Rang des Domdekans und Offizials aufstieg.[17] Im Umkreis der Regensburger Kathedrale erreichte er der Reihe nach hohe Leitungsämter. 1416 wurde er Domscholaster, also zuständig für die Organisation des Bildungswesens. 1430 wurde er dann auch hier Domdekan und erhielt somit eine Leitungsstelle im Domkapitel. 1436 wurde er zum Dompropst gewählt und übernahm damit die Führung des Kapitels.[18] Damit war er in der Diözese einer der wichtigsten Männer nach dem Bischof. Diese Stellung verdankte er nun aber ausschließlich seiner Qualifikation und seiner Bewährung über Jahre hinweg in den innegehabten Leitungsämtern des Bistums.

Schon wenige Jahre nach seinem Studienabschluss zog der ausgewiesene Kirchenrechtler auch außerhalb der Diözese Regensburg Aufmerksamkeit auf sich. Erstmals erscheint er auf dem Konzil von Konstanz (1414-1418) als Abgesandter des Regensburger Bischofs von Soest (1428-1437) auf der Bühne der großen Politik. Nach wie vor wurde er von seinem bewährten Gefährten, dem Bruder Georg, begleitet; freilich verstarb dieser noch in Konstanz († 1414). Hier begann der frisch Promovierte, sich überörtliche Geltung zu erwerben.[19] Im März 1415 legte er einen theoretischen Traktat vor, der in der grundsätzlichen Auseinandersetzung um den Rang der Kirchenversammlung, ganz in der Tradition von Kardinal Zabarella, für die Superiorität des Konzils eintrat.[20] Mit Entschiedenheit sprach er sich für die Gegner des Jan Hus aus. Die unnachsichtige Verfolgung aller Kirchenfeinde war ihm eine Selbstverständlichkeit. In diesem Sinne trat er sogar für den Tyrannenmord ein. Durch diese Stellungnahmen zu Kernproblemen der Zeit verschaffte sich Friedrich von Parsberg bereits auf dem Konzil zu Konstanz erstes Profil, ohne freilich wegweisend in den Vordergrund zu treten.[21]

Das frühe Ansehen wurde auf dem bald folgenden Konzil zu Basel (1431-1449) ausgebaut.[22] Auf der sich über eineinhalb Jahrzehnte hinziehenden Versammlung der Kirchenleitung wurde er in ausgeweiteten Funktionen tätig. Er war hier außer als Berater und Vertreter seines Diözesanbischofs als Abgesandter des Herzogs von Bayern-München Wilhelm III. (1397-1435) aktiv.[23] Da die Dienstherren am Tagungsort nur zeitweise persönlich anwesend sein konnten, musste der Dompropst de facto

17 Ingrid BUCHHOLZ-JOHANEK, Geistlicher Richter und geistliches Gericht im spätmittelalterlichen Bistum Eichstätt (Eichstätter Studien NF 23), Regensburg 1988, 185f.

18 Bischöfliches Zentralarchiv Regensburg [BZAR], Archiv des Domkapitels BDK 13552: Adam-Ernst von Bernclau, Episcopatus Ratisponensis in suis praesulibus S. R. I. praepositis, decanis atque canonicis exhibitus, [Regensburg 1776], 51f., 104; Repertorium Germanicum (wie Anm. 2) IV, 739.

19 Allerdings kein Bezug bei: Heribert MÜLLER/Johannes HELMRATH (Hg.), Die Konzilien von Pisa (1409), Konstanz (1414-1418) und Basel (1431-1449): Institutionen und Personen, Ostfildern 2007.

20 BRANDMÜLLER (Hg.), Handbuch der bayerischen Kirchengeschichte (wie Anm. 1), 387.

21 Deswegen keine Erwähnung bei: Walter BRANDMÜLLER, Das Konzil von Konstanz, 2 Bde. (Konziliengeschichte), Paderborn 1991/97; I ²1999; Ansgar FRENKEN, Das Konstanzer Konzil, Stuttgart 2015.

22 Johannes HELMRATH, Das Basler Konzil 1431-1449, Köln-Wien 1987.

23 Werner MÜLLER, Bayern und Basel. Studien zu Herzogshaus, Kirche und Konzil (1431-1449), in: Archivum Historiae Conciliorum 29 (1997) 1-164, 335-500, hier 487f.

deren Vertretung übernehmen und ihre Geschäfte in entscheidenden Phasen führen. Rasch gelang es ihm, sich eine außergewöhnliche Vertrauensbasis zu verschaffen. Er wurde bald geschätzt als „Mann, in dem die Päbste und die Väter des Conciliums ein unbegränztes Vertrauen gesetzt hatten".[24] Schon in der ersten Phase des Konzils wurde er wiederholt mit Sonderaufgaben betraut.[25] 1436 erscheint er als procognitor rote. Seine Aufträge betrafen meist das Kernproblem des Verhältnisses von Papst, Konzil und Kaiser. Gerade für diese Materien des Kirchenrechts war Dompropst Friedrich ein hochkompetenter und hilfreicher Zuarbeiter.

Eine Hauptfrage auf dem Konzil war nach wie vor die Behandlung der Hussitenproblematik. Auch mit dieser war der Parsberger wegen der Grenzlage seines Lebensbereiches unmittelbar befasst. Fast jedes Jahr stießen hussitische Abteilungen in die Oberpfalz vor und richteten bis vor die Tore Regensburgs Verwüstungen an. Die Diözese wurde von der großen Geißel der Zeit schlimm betroffen; gerade sie war gezwungen, einen Weg aus der Misere zu finden.[26] Der Dompropst engagierte sich bereits seit seinen frühen Jahren in dieser Angelegenheit besonders, und zwar aus zwei Gründen: Sowohl in religiöser als auch in politischer Hinsicht war ihm die Hussitenabwehr eines der großen Probleme seiner Zeit.[27] Ihm wurde ein Beitrag zur Lösung zugetraut. Schon im Jahr 1432 wurde ihm die ehrenvolle Aufgabe übertragen, eine böhmische Verhandlungsdelegation von Vorberatungen zu Eger an den Konzilsort Basel und dann auch wieder zurück zu geleiten.[28] Als orator generalis wurde der Rechtskundige auch in die Arbeit der *Deputatio pro pace* einbezogen, die dem Konzil den Weg zu den *Prager Kompaktaten* von 1433/36 mit dem zumindest temporären Ausgleich ebnete.[29] In den Auseinandersetzungen mit der böhmischen Kirche betätigte er sich als Wegbereiter, dessen Wort Gewicht hatte.

Wegen der erfolgreichen Bemühungen um die Hussitenfrage wurde der geschäftskundige Dompropst von den Konzilsvätern auch mit der anderen großen Aufgabe des Konzils beschäftigt: der nicht minder schwierigen Frage des Ausgleichs mit der

---

24 Carl Theodor GEMEINER, Regensburgische Chronik, 4 Bände, Regensburg 1800-1824; Neuausgabe von Heinz Angermeier, München ²1987, hier III, 41 Anm. 96.

25 GEMEINER, Regensburgische Chronik III (wie Anm. 24), 28, 77.

26 Franz MACHILEK, Jan Hus und die Hussiten in der Oberpfalz, in: Ders. (Hg.), Die hussitische Revolution: Religiöse, politische und regionale Aspekte (Forschungen und Quellen zur Kirchen- und Kulturgeschichte Ostdeutschlands 44), Köln-Weimar-Wien 2012, 181-222; DERS., Jan Hus (um 1372-1415): Prediger – Theologe – Reformator (Katholisches Leben und Kirchenreform im Zeitalter der Glaubensspaltung 78/79), Münster i. W. 2019, 175-178.

27 LEIDINGER (Hg.), Andreas von Regensburg (wie Anm. 8), 426, 703. Vgl. MACHILEK, Hussiten in der Oberpfalz (wie Anm. 26) 191; Michaela BLEICHER, Das Herzogtum Niederbayern-Straubing in den Hussitenkriegen, Diss. phil. Regensburg 2006, 89.

28 GEMEINER, Regensburgische Chronik III (wie Anm. 24), 28; Christian Gottlieb GUMPELZHAIMER, Regensburg's Geschichte, Sagen und Merkwürdigkeiten I, Regensburg 1830 [ND Regensburg 1984], 434. Vgl. František ŠMAHEL, Die Hussitische Revolution III (Monumenta Germaniae Historica, Schriften 43/3), Hannover 2002, 1542, 1583.

29 Helmut RANKL, Das vorreformatorische landesherrliche Kirchenregiment in Bayern (1378-1526) (Miscellanea Bavarica Monacensia 34), München 1971, 35, 86, 185-193.

Ostkirche. Der Regensburger Dompropst wurde gerade für die zentralen Verhandlungsmaterien herangezogen, gewiss nicht als Verhandlungsführer in leitender Funktion, aber als ausgleichsversprechender Gesprächspartner mit zuarbeitenden Diensten im zweiten Glied.

Die Bischofserhebung

Während das Konzil mit derartigen Kernfragen beschäftigt war, starb am 16. April 1437 der Regensburger Diözesanbischof Konrad von Soest (1428-1437).[30] Zu seinem Nachfolger wurde ex gremio bereits am 24. Mai 1437 Dompropst Friedrich von Parsberg gewählt. Die Bestätigung durch den Metropoliten, Johann von Reisberg, Erzbischof von Salzburg (1429-1441), erfolgte am 28. Juni.[31] Daraufhin wurde ihm die Bischofsweihe am 30. Juni im Hohen Dom zu Salzburg erteilt. Die Nachfolgeregelung ging innerhalb von zwei Monaten ungewöhnlich schnell über die Bühne. Die zeremoniellen Modalitäten der Erhebung wurden innerhalb einer Woche vollzogen.

Mit seiner Wahl entschied sich das Domkapitel für einen Mann, der über eine akademische Ausbildung auf höchstem Niveau verfügte und sich in seinen unterschiedlichen Funktionen über ein Vierteljahrhundert hinweg vielfach sowohl innerhalb als auch außerhalb der Diözese bewährt hatte. Er empfahl sich für die Nachfolge außer durch persönliche Integrität vor allem durch seine wissenschaftliche Kompetenz hauptsächlich in Rechtsfragen und große Gewandtheit im Geschäftsbetrieb auch auf hoher politischer Ebene.[32] Die Salzburger Konfirmationsurkunde rühmt ihn als Mann mit großer Weitsicht und Urteilskraft, den wissenschaftliche Fertigkeiten, ethisches Verantwortungsbewusstsein und ein tadelloser Lebenswandel gleichermaßen auszeichneten: „virum providum et discretum, sciencia litterarum, moribus et vita merito commendandum". Deswegen ging der Wahlvorgang so rasch und ohne Schwierigkeiten über die Bühne. Friedrich war das angesehenste Mitglied des Kapitels. Es ist nicht ersichtlich, dass es zu irgendwelchen Auseinandersetzungen gekommen wäre. Namen von Gegenkandidaten werden nicht fassbar.[33] Die Wahl erfolgte einstimmig und unter ganz anderen Umständen als beim Vorgänger. Dieser war nicht gewählt, sondern von Papst Martin V. (1417-1431) aufgrund des kurialen Provisionsrechtes ins Amt berufen worden.

---

30 Die Inschriften des Regensburger Doms (wie Anm. 15), 129f. Nr. 186.

31 LEIDINGER (Hg.), Andreas von Regensburg (wie Anm. 8), 496. Die Urkunde: Thomas RIED, Codex chronologico-diplomaticus episcopatus Ratisbonensis II, Regensburg 1816, 1011 Nr. MLVI.

32 Zu seinem anspruchsvollen Werdegang maßgeblich: Rainald BECKER, Wege auf den Bischofsthron. Geistliche Karrieren in der Kirchenprovinz Salzburg in Spätmittelalter, Humanismus und Konfessionellem Zeitalter (1448-1648) (Römische Quartalschrift, Supplementband 59), Rom-Freiburg i. Br.-Wien 2006, 409 Nr. 96 u. ö.

33 GEMEINER, Regensburgische Chronik III (wie Anm. 24), 83: „einmüthige Wahl".

Freilich muss es im Kapitel eine Parsberg-Partei gegeben haben, die den Blick auf Friedrich gelenkt und seine Angelegenheit mit dem nötigen Nachdruck betrieben hat. In diesem Sinne ist vor allem ein anderes Familienmitglied tätig geworden. Ein Johannes von Parsberg, ebenfalls hochgebildeter Jurist, verfügte seit 1418 über Kapitelsstellen in den Diözesen Regensburg und Freising († 1440). In der Regensburger Diözesanverwaltung bekleidete er die hochwertigen Ämter des custos und officialis. Er ist genealogisch nicht genau einzuordnen: War er ein Bruder oder Onkel Friedrichs? Vielleicht gehörte er doch der Generation des Vaters an. Er war an den Wahlverhandlungen nachweislich beteiligt und hat die Weichen offensichtlich im Sinne seiner Familie gestellt.[34]

Im Wahlvorgang von 1437 wirkte sich die langfristige und zielvolle Domkapitelspolitik der Herren von Parsberg sehr positiv aus. Immerhin brachten sie im Lauf der Zeit in Regensburg zwölf Familienmitglieder in dieses Leitungsgremium, wo diese immer eine einflussreiche Sympathisantengruppe zugunsten der Familie darstellten.[35] Beim Wahlakt von 1437 erreichte sie ihren größten Erfolg. Gewiss ist ein Zusammenwirken mit dem Haus Wittelsbach vorauszusetzen. Vor allem in dessen Händen lag die Landesherrschaft in den Territorien im Umkreis des Donaubogens. Deswegen musste gerade diese Dynastie in ihren verschiedenen Linien an einem kooperationsbereiten Vorstand im Bistum interessiert sein; damals setzten die wittelsbachischen Bemühungen um den Stuhl des heiligen Wolfgang ein. Das galt vor allem für den Pfalzgrafen Christoph, den das Angebot der Krone in den skandinavischen Unionskönigreichen bald auf Dauer außer Landes führen sollte. Der Parsberger auf der cathedra des heiligen Wolfgang war ein Garant der angestrebten Zusammenarbeit von Landesherrschaft und Diözesanleitung. Es war alles andere als Zufall, wenn gerade ihm für die Zeit der Abwesenheit des Monarchen die vertraulichen Papiere und Wertgegenstände zur Verwahrung anvertraut wurden.[36]

In der Reihe der Regensburger Bischöfe führt Friedrich von Parsberg nach Friedrich I. von Zollern (1340-1365) die Ordnungszahl II. Er war der 45. Nachfolger des seligen Gaubald. Bischof Friedrich II. zählte zum Zeitpunkt der Wahl 52 Jahre. Seine Amtszeit währte von 1437 bis 1449.

Bischöfe bekleideten in damaliger Zeit ein Doppelamt als Fürst-Bischöfe. Sie waren einerseits geistliche Vorstände, die den kirchlichen Verwaltungsbereich einer Diözese leiteten. Die Diözese Regensburg hatte im Wesentlichen auch damals den heutigen Umfang, schloss aber die Reichspfandschaft des Egerlandes mit dem Mittelpunkt der Freien Reichsstadt Eger ein. Sie waren aber zugleich weltliche Herrscher,

---

34 Zum Domherrn Johannes von Parsberg († 4. IX. 1440): Die Inschriften des Regensburger Doms (wie Anm. 15), 130f. Nr. 188. Er gehörte zu den Unterzeichnern der Wahlkapitulation. Wappengrabplatte aus Rotmarmor im Domkreuzgang.

35 BZAR, Archiv des Domkapitels ADK 5137-5142 u. ö.

36 BZAR, Ordinariatsarchiv [OA] Generalia 4402, fol. 94; Archiv des Domkapitels BDK Urk. 1449 II 11. Vgl. SCHMID, Christoph III. und die Herren von Parsberg (wie Anm. 4), 45-48. Schon als übernächster Diözesanleiter folgte mit Ruprecht von Pfalz-Mosbach (1457-1464) der erste Wittelsbacher auf dem Regensburger Bischofsstuhl.

die den Bistümern zugeordneten Hochstiften vorstanden.[37] Dort waren sie zugleich Reichsfürsten, die als Verfassungsorgane neben den Landesherrn in den umliegenden Territorien in der Landesverwaltung tätig waren. Dabei waren Bistum und Hochstift keineswegs deckungsgleich. Die wichtigsten Bestandteile des Hochstifts Regensburg machten neben der Domimmunität innerhalb der Bischofsstadt die Reichsherrschaften Donaustauf und Wörth am Nordufer der Donau unterhalb Regensburgs fast bis hinunter nach Straubing aus. Dazu kam die Zwergherrschaft Hohenburg auf dem Nordgau im Tal der oberpfälzischen Lauterach. In diesem vergleichsweise kleinen Hochstift regierte Friedrich von Parsberg als geistlicher Reichsfürst. Im Folgenden soll in diesem Sinne ein Blick einerseits auf den Bischof, andererseits auf den Territorialfürsten geworfen werden.

Lange wurde der geistlichen Tätigkeit der Fürstbischöfe des Spätmittelalters kaum Beachtung geschenkt, weil man sie als wenig bedeutsam einstufte. Die Niederadeligen hätten den kirchlichen Belangen ihres Doppelamtes nur begrenzte Wertschätzung entgegengebracht; sie hätten sich mehr als Landesfürsten verstanden und betätigt. An dieser generellen Feststellung setzte vor allem die protestantische Kirchenkritik an und verhängte über den vorreformatorischen Episkopat ein scharfes Verdikt. Dieses belastet die Gesamtbeurteilung der vortridentinischen Bischöfe bis in die Gegenwart.[38] Heutzutage muss es um eine differenzierte Sicht und die Würdigung des Einzelfalles auf tragfähiger Quellenbasis gehen. Der genaue Blick in die einzelnen Diözesen sowie auf die an ihrer Spitze stehenden Persönlichkeiten zeigt oftmals ein anderes Bild. In mehreren Fällen ergeben sich deutliche Hinweise auf ernstgemeinte und erfolgreiche Reformansätze auch in der geistlichen Leitung. Schon vor der Reformation Martin Luthers entwickelte sich eine eigenständige altkirchliche Reformbewegung oder auch katholische Reformation. Bereits im 15. Jahrhundert bemühten sich einzelne Fürstbischöfe nicht nur um die zeitgemäße Führung ihrer Hochstifte, sondern zudem ernsthaft um eine Verbesserung der kirchlichen Zustände in ihren Diözesen. In dieses Spektrum gilt es den Regensburger Bischof Friedrich II. einzuordnen.

37 Erwin GATZ (Hg.), Die Bistümer des Heiligen Römischen Reiches von ihren Anfängen bis zur Säkularisation, Freiburg i. Br. 2003, 918: Bistum und Hochstift Regensburg um 1500.

38 Georg MAY, Die deutschen Bischöfe angesichts der Glaubensspaltung des 16. Jahrhunderts, Wien 1983.

Der Diözesanbischof

Bereits am Beginn seines Episkopats steht das bemerkenswerteste Dokument seiner Amtszeit: die erste Wahlkapitulation eines Bischofs in der Diözese Regensburg.[39] Bevor ihm das Domkapitel seine Stimme gab und damit den entscheidenden Schritt tat, legte es dem Kandidaten am 23. Mai, also am Vortag des förmlichen Wahlvorganges, eine Liste mit 28 in lateinischer Sprache formulierten Punkten vor, die er anerkennen und eidlich beschwören musste. Sie waren von einem Gremium ausgehandelt worden, dem außer ihm als Dompropst folgende sechzehn Domkapitulare angehörten: Degenhard Salchinger, Dekan; Johannes von Parsberg, Leonhard Brobst, Senior; Friedrich Plankenfelser, Wolfhard Ebner, Nikolaus von Rädwitz, Georg Eyber, Johannes von Ramsberg, Johannes Frankengrüner, Konrad Reickershofer, Jodok Gäßler, Heinrich von Streitberg, Nikolaus von Kinsberg, Christian von Stingelheim, Konrad Konhofer und Wilhelm von Suntheim.

Die Wahlkapitulation schrieb die Rechtsansprüche des Domkapitels gegenüber dem Ordinarius fest und verpflichtete diesen in entscheidenden Punkten zur Zusammenarbeit. Das galt vor allem für die Vermögensangelegenheiten. Das Kapitel traf Vorsorge gegen die übermäßige Inanspruchnahme des infolge der Ausgabenpraxis der Vorgänger ohnehin verschuldeten Hochstiftes durch den Diözesanvorstand. Es sah sich veranlasst, weiteren finanziellen Belastungen vorzubeugen, die nach bisheriger Erfahrung auch vom neuen Amtsinhaber drohten. Dieser wurde verpflichtet, die immer üppiger gewordene bischöfliche Hofhaltung einzuschränken; er sollte nicht mehr als 24 Personen in seinem Hofstaat beschäftigen, höchstens 12 Pferde auf Kosten des Hochstifts halten und sich mit maßvoller Amtskleidung bescheiden. Zum ersten Mal stellte das Domkapitel Bedingungen für die Wahl, die nun sogar schriftlich fixiert wurden. Dieses Ergebnis von Vorverhandlungen wurde in einem förmlichen Vertrag niedergelegt.

Dieses Verfahren schuf völlig neue Grundlagen für den Vorgang der Bischofserhebung. Es hatte sich freilich in anderen Diözesen längst durchgesetzt und sollte bis zum Ende des Alten Reiches 1806 Gültigkeit behalten. Entscheidende Impulse gingen von den rheinländischen Bistümern aus.[40] Doch traten ihnen die süddeutschen Bistümer bald zur Seite. In Würzburg wurden entsprechende Vereinbarungen erstmals 1225 getroffen, in Eichstätt 1259, in Bamberg 1328, in Passau 1342, in Freising 1359. Mit der Wahl Friedrichs II. von Parsberg schloss sich nun auch Regensburg – vergleichsweise spät – dieser Praxis an.[41] Die Abgrenzung der Zuständigkeiten in

39 Überliefert in: BZAR, Archiv des Domkapitels ADK 5204: Codex diplomaticus e documentis originalibus in archivo archicathedralis ecclesie Ratisbon[ensis] capituli hodiedum asservatis conscriptus MS II, fol. 304ff. Ausführliche Zusammenfassung: JANNER, Bischöfe von Regensburg (wie Anm. 1), 451-454; HAUSBERGER, Geschichte (wie Anm. 1), 164.

40 Michael KISSENER, Ständemacht und Kirchenreform: Bischöfliche Wahlkapitulationen im Nordwesten des Alten Reiches 1265-1803, Paderborn-München 1993.

41 Norbert FUCHS, Die Wahlkapitulationen der Fürstbischöfe von Regensburg (1437-1802), in: VHVO 101 (1961) 5-108, hier 22-29; danach HAUSBERGER, Geschichte (wie Anm. 1), 164, 210f. Mit dem

schriftlicher Form gab neue Bedingungen für die bischöfliche Amtsführung vor. Die geistlichen Staaten verstärkten ihren Charakter als Wahlstaaten. Die Bekräftigung der ausgehandelten Bedingungen erfolgte zu Regensburg in mehrfacher Form: durch Unterschrift und Besiegelung eines förmlichen Reverses vom 6. Juni 1437 sowie einen Eid.

Eine wichtige Frage ist: Musste der künftige Amtsinhaber zu dieser Maßnahme, die eine spürbare Beschneidung der bischöflichen Kompetenzen darstellte, gedrängt werden oder ging die Anregung dazu von ihm aus? Wer war der Initiator? In der Literatur wird übereinstimmend diese Rolle eindeutig dem Parsberger Elekten zugesprochen. Wenn dies zutrifft, würde er sich damit als sehr zeitaufgeschlossener und zukunftweisender Bischof erweisen, dem es weniger um seine Person, sondern mehr um Ausgleich und Kooperation mit dem Kapitel, somit das Wohl des Bistums ging. In diesem Sinne wird die Vereinbarung im Allgemeinen bewertet. Doch ist hier Vorsicht geboten. Dazu gibt schon der Blick auf die vorgestellten vorausgehenden Kapitulationen Anlass; Regensburg trat sehr spät in diese Reihe ein. Diese Zurückhaltung wird durch die Einbettung in die eigene Zeit bekräftigt. Die Wahlkapitulation entsprach auch dem damaligen Zeitgeist, der in gleicher Weise in anderen Bereichen zu derartigen dualistisch organisierten Regierungsformen führte. Die Beteiligung der komplementären Gegenkräfte an der Herrschaftsausübung lag im Zug der Zeit. Nur die unangebrachte Beschränkung des Blickes auf die Diözese Regensburg lässt die Kapitulation als fortschrittliches Dokument erscheinen. Wer sie in größere Zusammenhänge der Verfassungsentwicklung hineinstellt, muss sie als späten und im Grunde überfälligen Schritt einordnen, der nun endlich auch in dieser Diözese getan wurde.

Nachdem mit der Wahlkapitulation eine zukunftweisende Weichenstellung erfolgt war, trat Bischof Friedrich II. sein neues Amt an. Mit offensichtlichem Stolz nahm er das Wappen der Familie in das Bischofswappen auf.[42] Die vorgegebene Hauptaufgabe war die Weiterführung des Dombaues. Seit eineinhalb Jahrhunderten wurde an der Kathedrale gebaut, man befand sich mitten in den Arbeiten, das Ende war in weiter Ferne. Damals standen der Ausbau des nördlichen Seitenschiffes sowie die Errichtung des Nordturmes an. Der Neugewählte stellte sich der Vorgabe und führte die epochale Baumaßnahme mit Einsatz weiter.[43] Sie durchzieht das Dutzend seiner Amtsjahre ohne Unterbrechung. Die Arbeiten schritten kontinuierlich, wenngleich im Vergleich zu früher etwas verlangsamt voran. Die nachhaltigste Maßnahme des

---

betonten Hinweis auf einen sehr schwach bezeugten Vorläufer des Jahres 1253: Max SPINDLER (Begr.), Handbuch der bayerischen Geschichte II, hg. v. Andreas Kraus, München ²1988, 670 [Hubert Glaser].

42 BERNCLAU, Episcopatus Ratisponensis (wie Anm. 18), fol. 49ff.

43 Achim HUBEL/Peter KURMANN, Der Regensburger Dom (Große Kunstführer 165), München-Zürich 1989, 34; Achim HUBEL/Manfred SCHULLER (Hg.), Der Dom zu Regensburg, 5 Bde., Regensburg 2010-2016, bes. I, 251.

Bischofs war die Indienstnahme des Konrad Roritzer, der ab 1446 die ununterbrochene Mitarbeit seiner Familie am Dombauunternehmen einleitete.[44] Die Kräfte wurden so sehr beansprucht, dass für die pastoralen Aufgaben nur mehr begrenzter Raum blieb.[45]

Dem Dombau standen die Gebäude des traditionsreichen Kanonikerstiftes an der alten Taufkirche St. Johann im Wege; sie mussten verschoben werden. Diese Notwendigkeit stellte einen schwer wiegenden Eingriff in die Sakraltopografie im Herzen des Stadtareals dar; sie war im Allgemeinen von großer Stabilität bestimmt. Nach Kräften beförderte der nunmehrige Diözesanvorstand den Neubau der Stiftsgebäude auf dem westlichen Nachbargrundstück.[46]

Eine dritte große Baumaßnahme in der Stadt betraf die Alte Kapelle, wo die Erweiterung der romanischen Basilika nach Osten durch den Choranbau anstand. Auch hier hat sich der Bischof engagiert. In großer Feierlichkeit legte er unter Assistenz der Äbte von St. Emmeram und St. Jakob 1441 den Grundstein zum Neubau des Ostchores.[47] Mit einem Ablassbrief vom 27. Mai 1444 unterstützte er die Bauarbeiten, die von Seiten des Bischofs von Bamberg wegen befürchteter Beeinträchtigungen des angrenzenden Bamberger Hofes mit dem zugehörigen Turm behindert wurden.[48]

Das Stadtzentrum war also zur Zeit Bischof Friedrichs II. eine große Baustelle, deren Betreiber mehrere Institutionen der Kirche waren. An den drei Unternehmungen war der Bischofshof beteiligt. Sie erforderten Geld. Der Bischof hatte dafür Sorge zu tragen, dass die benötigten beträchtlichen Geldmittel beigebracht wurden. Vor allem das vordringliche Dauerprojekt des Dombaues machte ihm die Bedeutung des Finanzwesens als nervus rerum seiner Amtsführung klar. Mit Einsatz widmete sich der neue Diözesanvorstand dieser Aufgabe. Notwendigerweise setzte er einen Schwerpunkt in den Wirtschaftsbereich. In diesem Sinne tätigte er mannigfache Güter- und Geldgeschäfte.[49] Die wenigen von ihm im Original erhaltenen Urkunden haben die Förderung der Domkirche zum Grundziel.[50] Eine Urkunde belegt die Geldleihe des Parsbergers zur Förderung des Dombaues. Sie trifft weiterhin die Verfügung, dass die Summe im Falle seines Todes beim Dombaufond zu verbleiben

44 Peter MORSBACH, Die Erbauer des Doms. Die Regensburger Dombaumeisterfamilie Roriczer-Engel, Regensburg 2009, 53-55.

45 Paul MAI, Predigtstiftungen des späten Mittelalters im Bistum Regensburg, in: Beiträge zur Geschichte des Bistums Regensburg [BGBR] 2 (1968) 7-33.

46 Karl ZAHN, Der Dom zu Regensburg (Deutsche Kunstführer 19), Augsburg 1929, S. 28-34.

47 WALDERDORFF, Regensburg in seiner Vergangenheit und Gegenwart (wie Anm. 16), 256; Die Kunstdenkmäler von Bayern II/23: Stadt Regensburg II, bearb. von Felix Mader, München 1933 [ND München-Wien 1981], 15; Rolf SCHMIDT, Hans Engl von Köln der Parlierer und sein Bruder Andreas der Dombaumeister zu Regensburg, in: VHVO 112 (1972) 131-156, hier 134-136.

48 Joseph SCHMID, Die Urkunden-Regesten des Kollegiatstiftes U. L. F. zur Alten Kapelle in Regensburg, 2 Bde., Regensburg 1911/1912, hier I, 152 Nr. 791, 154 Nr. 797, 158 Nr. 815. Vgl. SCHMIDT, Hans Engl von Köln (wie Anm. 47), 135.

49 Stadtarchiv Regensburg, AHO Urk. 241. Weitere Nachweise bei: Diethard SCHMID, Regensburg II (HAB.A 66), München 2014, 239, 265, 268.

50 BZAR, Archiv des Domkapitels BDK Urkunden 1429 IV 22; 1440 III 21; 1449 IV 23.

hatte. Zugleich sollten im Dom für ihn im Schein von vier Kerzen entweder eine gesungene oder drei gesprochene Messen gefeiert werden.[51] Auch diese Vereinbarung belegt den Eifer und das Bemühen des Geistlichen, alle denkbaren Geldquellen zur Förderung des Großprojektes auszuschöpfen, ohne dabei freilich seine Person zu sehr in den Hintergrund zu rücken. In gleicher Gesinnung ging er einem Konflikt mit Herzog Albrecht III. von Bayern-München nicht aus dem Wege und bestand, sehr zu dessen Verärgerung, auf der Erstattung aller anfallenden Unkosten anlässlich der Übernahme eines Auftrages.[52] Und er nutzte sofort die günstige Gelegenheit, um zugleich die Befreiung von Grundholden des Hochstifts von Abgaben an den Landesherrn durchzusetzen.[53] Auffallend oft schaltete er sich in die Hammerwirtschaft in der Oberpfalz ein, um auch daraus Gewinne zu erzielen; das gilt vor allem im Umkreis von Hohenburg.[54] Offensichtlich entwickelte er ein Gespür für das entstehende Montangewerbe in der Oberpfalz, dem die Zukunft gehörte. In seinem Finanzgebaren legte Bischof Friedrich II. eine sehr ausgeprägte Zielstrebigkeit und beachtliche Findigkeit an den Tag, auch vor außergewöhnlichen Maßnahmen scheute er nicht zurück. „Cupidus fuit pecuniarum" fasste der Bistumshistoriker Laurentius Hochwart im Rückblick seine Feststellungen zusammen.[55]

Zur kontinuierlichen Beibringung und zum zweckgerechten Einsatz der benötigten Gelder legte Bischof Friedrich in einer Verbesserung der Verwaltung die Grundlagen. Vom ersten Tag seines Episkopates an sorgte er sich um eine straffe und geordnete Amtsführung. Als in Italien geschulter Jurist wusste er um die Wichtigkeit einer an den Prinzipien verlässlicher Schriftlichkeit ausgerichteten Behördentätigkeit. Ein schönes Zeugnis der an der Bischofskurie gepflegten Schriftkultur ist das in einen Codex mit einem Werk des Konrad von Megenberg als letztes Pergamentblatt eingebundene Einzelfolio, das in sehr sauberer Kursivschrift eine Bischofsurkunde schon des Jahres 1438 überliefert.[56] Ein Grundzug seines Episkopats ist die zunehmende Beurkundungstätigkeit, um verlässliche Rechtsgrundlagen zu schaffen.[57] Das gilt besonders für das in Gang kommende rege Stiftungswesen. Das gleiche Bemühen liegt

51 MORSBACH, Die Erbauer des Domes (wie Anm. 44), S. 55.

52 Reichstagsakten [RTA] ÄR XV, 538f.

53 RTA ÄR XV, 616f. Nr. 332.

54 Hans DACHS, Das Marktrecht von Hohenburg auf dem Nordgau, in: VHVO 84 (1934) 3-86, hier 75-77; Franz Michael RESS, Geschichte und wirtschaftliche Bedeutung der oberpfälzischen Eisenindustrie von den Anfängen bis zur Zeit des 30-jährigen Krieges, in: VHVO 91 (1950) 5-186, hier 120; Hans NIKOL, Die Herren von Sauerzapf, Geschichte eines Hammerherrengeschlechts der Oberpfalz, in: VHVO 114 (1974) 127-214, hier 211.

55 Laurentius HOCHWART, Catalogus episcoporum Ratisponensium, in: Andreas Felix Oefele, Rerum Boicarum Scriptores I, Augsburg 1763, 221. Entsprechend GEMEINER, Regensburgische Chronik III (wie Anm. 24), 142: Bischof Friedrich hatte das Geld lieb.

56 BZAR, Archiv des Domkapitels BDK 4891. Vgl. Ratisbona Sacra. Das Bistum Regensburg im Mittelalter (Kunstsammlungen des Bistums Regensburg – Diözesanmuseum Regensburg: Kataloge und Schriften 6), München-Zürich 1989, 80f. Nr. 53 [Paul Mai].

57 SCHMID, Urkunden-Regesten Alte Kapelle I (wie Anm. 48), 149 Nr. 777, 778, 162 Nr. 834. Weitere Beispiele bei JANNER, Bischöfe von Regensburg (wie Anm. 1), 466-471.

den vier für das vom Bischofshof mitverwaltete St.-Katharinen-Spital ausgestellten Urkunden zugrunde.[58]

Mit entsprechendem Einsatz bemühte sich der hochrangige Jurist um die Verbesserung der Leitlinien der Verwaltungsarbeit. Er sorgte für die Klarstellung der Gerichtsbefugnisse im Diözesangebiet entsprechend den Vorgaben der Ottonischen Handfeste von 1311.[59] Ein Anliegen war ihm der Erlass von Verordnungen und Vorschriften. Die regulierenden Eingriffe hat eine Untersuchung am Beispiel der Ehegerichtsbarkeit im Detail aufgezeigt.[60] Der Bischof richtete seinen Blick auf die Ehe als entscheidendes Ordnungsprinzip des gesellschaftlichen Lebens und sorgte sich gerade auf diesem Gebiet um eine leistungsfähige Rechtspflege.

Aller dieser Aufgaben der Verbesserung der organisatorischen und inhaltlichen Grundlagen nahm sich der Bistumsvorstand selber mit Einsatz an. Für einen Weihbischof mit eigenen Pontifikalzuständigkeiten ließ er neben sich kaum Platz. Nur sehr kurzfristig ist für die Jahre 1442 bis 1444 mit dem Minoriten Konrad Ströber ein einziger derartiger Funktionsträger belegt. Doch verblieben für diesen nur minimale Amtshandlungen.[61] Der Ordinarius erledigte möglichst viele Aufgaben noch immer selber und war wenig gewillt, Kompetenzen abzutreten; das Amt des Weihbischofs war erst im Entstehen.

Wohl aber holte er sich zur Durchsetzung seiner Anweisungen einen fähigen und verlässlichen Generalvikar an seine Seite. Ein solcher war unverzichtbar, weil den Ordinarius seine vielfältigen Aufgaben oftmals von der Kathedrale wegführten. Es musste Vorsorge getroffen werden, dass die Administration auch in den langen Zeiten seiner Absenz funktionierte. Diesen Vertrauensposten übertrug Bischof Friedrich II. weiterhin dem von den Vorgängern übernommenen Rudolf Volkhart von Heringen.[62] Der Kleriker war ein auf mehreren Gebieten hochbefähigter Mann, der ihm in vielfältigen Angelegenheiten zur Hand ging. Sogar als sein Leibmedicus fungierte er, nachdem er ab 1423 für wenige Jahre auch das Amt des Physicus der Reichsstadt bekleidet hatte. Volkhart, Doktor der Theologie und Medizin, war ein umfassend gebildeter, auch in den artistischen Fächern bewanderter Mann, der mehrere Ämter bekleidete. Er war auch als Dechant an den Kanonikerstiften St. Johann und an der Alten Kapelle (vor 1440-1462) tätig. Der Vielbeschäftigte verschaffte sich über

58 Archiv des St.-Katharinen-Spitals Regensburg, Urkunden Nr. 212, 311, 1771, 2085.

59 Maria Rita SAGSTETTER, Hoch- und Niedergerichtsbarkeit im spätmittelalterlichen Herzogtum Bayern (Schriftenreihe zur bayerischen Landesgeschichte [SRBLG] 120), München 2000, 81 Anm. 221.

60 Christina DEUTSCH, Ehegerichtsbarkeit im Bistum Regensburg (1480-1538) (Forschungen zur kirchlichen Rechtsgeschichte und zum Kirchenrecht 29), Köln 2005, 86-88.

61 Anneliese HILZ, Die Minderbrüder von St. Salvator in Regensburg (1226-1810), in: BGBR 25 (1991) 1-406, hier 129; Karl HAUSBERGER, Die Weihbischöfe im Bistum Regensburg vom Mittelalter bis zur Säkularisation, in: BGBR 29 (1995) 33-70, hier 50; BRANDMÜLLER (Hg.), Handbuch der bayerischen Kirchengeschichte (wie Anm. 1), 1214.

62 RIED, Codex diplomaticus (wie Anm. 31), 1014 Nr. MLX; SCHMID, Urkunden-Regesten Alte Kapelle I (wie Anm. 48), 153 Nr. 795, 154 Nr. 797, 155 Nr. 801, 156 Nr. 806. Vgl. JANNER, Bischöfe von Regensburg (wie Anm. 1), 413; BRANDMÜLLER (Hg.), Handbuch der bayerischen Kirchengeschichte (wie Anm. 1), 1215.

den Regensburger Bischofshof hinaus solches Ansehen, dass er Anfang September 1445 nach München berufen wurde, wo er zum angesehenen Stadtpfarrer der Traditionspfarrei St. Peter aufstieg und auch in der herzoglichen Verwaltung als Hofrat Karriere machte.[63] Der kenntnisreiche Bücherliebhaber, der seine inhaltsschwere Büchersammlung[64] nach seinem Tod der Öffentlichkeit zugänglich machte, gilt damit als sehr früher Begründer der wegweisenden Stadtbibliothek in München.[65] Auch weiteres Hilfspersonal wurde aus dem Kreis der Kanoniker an der Alten Kapelle geholt.

Alle diese Initiativen des Bistumsvorstandes im administrativen Bereich waren auf ein Grundziel ausgerichtet: die Vertiefung des religiösen Lebens. Er bekannte sich zur Verpflichtung zur Reform als der großen Aufgabe der Kirche bereits in seinem Jahrhundert. Als erfolgversprechende Ansatzpunkte erschienen ihm die Klöster. Nachdem die Stadt Regensburg mit monastischen Niederlassungen aller Ordensgemeinschaften überreich besetzt war, erfolgten keine Neugründungen mehr. Vielmehr stand die Erhaltung und Stärkung der überkommenen Häuser im Vordergrund. Den Weg dazu hatte Papst Martin V. bereits 1426 dem Vorgänger gewiesen, indem er ihm für diese Diözese eine verstärkte Visitationstätigkeit auftrug. Wirklich brachte Bischof Friedrich gerade dieses Mittel der Disziplinierung gezielt zum Einsatz. Mit Strenge schritt er gegen Missstände ein.

Dabei richtete er den Blick besonders auf die Augustiner-Chorherren, bei denen er parallele Bestrebungen feststellte. Der Orden verfügte auch im Bistum Regensburg über mehrere Niederlassungen.[66] Über die ausgeprägten pastoralen Aktivitäten der Chorherren konnte breit in die Gesellschaft hinein gewirkt werden. Bereits in seinen frühen Jahren arbeitete der Parsberger eng mit dem Chronisten Andreas von St. Mang in Regensburg († nach 1442) zusammen. Er ließ diesem für seine Schriften manchen Hinweis und wichtige Dokumente zukommen.[67] Der Historiograf hat dem Parsberger auch in seinen Chroniken mit Worten der Anerkennung gedankt.[68] Mit Einsatz hat sich der Bistumsvorstand um die Durchsetzung der Grundsätze der Raudnitzer Reform gesorgt.[69] Die Chorherren sollten auf die strenge Einhaltung der Ordensregel

---

63 Otto Titan von HEFNER, Die Siegel und Wappen der Münchner Geschlechter historisch-heraldisch erörtert, München 1849, 26.

64 Der Katalog seiner Büchersammlung: Monumenta Boica XXI, München 1813, 135-139 Nr. LXI, 184 Nr. LXXIV; Günter GLAUCHE (Bearb.), Mittelalterliche Bibliothekskataloge Deutschlands und der Schweiz IV/2: Bistum Freising, München 1979, 684-688 Nr. 97.

65 Alois SCHMID, Stadt und Humanismus. Die bayerische Haupt- und Residenzstadt München, in: Klaus Malettke/Jürgen Voss (Hg.), Humanismus und höfisch-städtische Eliten im 16. Jahrhundert (Pariser Historische Studien 27), Bonn 1989, 239-278, hier 245; Helmuth STAHLEDER, Chronik der Stadt München I: Herzogs- und Bürgerstadt (1157-1505), München 1995, 329, 331, 334, 386, 387, 405.

66 Paul MAI, Die Augustiner-Chorherren in Bayern – einst und jetzt (Schriftenreihe der Augustiner-Chorherren von Windesheim 4), Paring 1999, 43-31.

67 LEIDINGER (Hg.), Andreas von Regensburg (wie Anm. 8), 278-283, 293.

68 Ebd. 293, 426, 703. – Die folgenden Landeshistoriografen Hans Ebran von Wildenberg, Ulrich Fueterer, Veit Arnpeck und selbst Johannes Aventinus haben auf den Parsberger Bischof nicht mehr Bezug genommen.

69 BRANDMÜLLER (Hg.), Handbuch der bayerischen Kirchengeschichte (wie Anm. 1), 537-539.

und ihrer Gelübde verpflichtet werden. Sie wurden zu verstärkter wissenschaftlicher Arbeit und tätiger Nächstenliebe angehalten. Diese Erneuerungsbewegung nahm vom böhmischen Raudnitz im späten 14. Jahrhundert ihren Ausgang und verbreitete sich von hier aus über das südliche Reichsgebiet. Hier wurde das Stift Indersdorf ein weit ausstrahlendes Zentrum.[70]

Zumindest für die Diözese Regensburg erhielt sie entscheidende Impulse von Bischof Friedrich II. Sie werden besonders deutlich im niederbayerischen Kloster Rohr. Schon 1438 setzte er hier unter Umgehung der Wahlrechte des Konventes den vorbildlichen Chorherren Petrus Fries aus dem oberbayerischen Stift Indersdorf als Propst (1438-1455) durch. Das war ein kleiner Gewaltakt, weil er damit Rechte des Konventes in einer Phase der Schwäche und sogar eine Anweisung des Metropoliten zu Salzburg einfach negierte.[71] Dieser Eingriff verhalf der Erneuerungsbewegung nicht nur im Haus, sondern unter Einsatz des Instrumentes der Visitation auch außerhalb (etwa im nahen Stift Paring) zum Durchbruch. Fries war einer der 31 Pröpste, die Indersdorfer Impulse in andere Konvente trugen. Der Bischof zog ihn gelegentlich auch zu seinem Einsatz auf der Bühne der Reichspolitik heran.[72]

Ein anderes Druckmittel brachte er im früheren Augustiner-Chorherrenstift und nunmehrigen Kanonikerstift St. Johann in Regensburg zur Anwendung. Dort verfügte er im Rahmen der Neuerrichtung der Gebäude dem Konvent eine förmliche Bestätigung aller früheren Privilegien mit besonderer Betonung der Zehntrechte.[73] Die erneute Verbriefung durch das Diplom des Diözesanbischofs war ein wirkungsvolles Mittel, nicht nur um deren für die Baumaßnahme wichtige weitere Gültigkeit zu unterstreichen, sondern zugleich am Beginn des neuen Abschnittes in der Stiftsgeschichte die übergeordnete Position des Bischofs wirkungsvoll in Erinnerung zu rufen: „auctoritate nostra Ordinaria duximus confirmandas“. Diese Betonung der Hierarchie erschien ihm angebracht, weil Stiftspropst Degenhard Salchinger († 1453) bei den Verhandlungen zur Wahlkapitulation eine einflussreiche Rolle gespielt hatte. Ihm und seinem Stiftskapitel sollte der ihnen im Schatten der Domtürme künftig zugedachte Standort zugewiesen werden. Tatsächlich wurde die erwartete Zusammenarbeit auf den Weg gebracht.

Noch gravierendere Eingriffe hat der Bischof in der Benediktinerabtei Prüfening vorgenommen. Der Konvent war heruntergekommen, Abt Friedrich II. Bapst (1436-1442) übte ein nachlässiges Regiment. Dem versuchte der Bischof durch wiederholte

---

70 MAI, Augustiner-Chorherren in Bayern (wie Anm. 66), 58-65. Künftig sehr profund: Franz MACHILEK, Die Indersdorfer Reform [im Druck].

71 JANNER, Bischöfe von Regensburg (wie Anm. 1), 458; Johannes ZESCHIK, Das Augustinerchorherrenstift Rohr und die Reformen in bairischen Stiften vom 15. bis zum 17. Jahrhundert, Passau 1969, 3-30; RANKL, Landesherrliches Kirchenregiment (wie Anm. 29), 187f.

72 RTA ÄR XIV, 307f.; XV, 614f. Nr. 329, 330.

73 RIED, Codex diplomaticus (wie Anm. 31), 1020f. Nr. MLXVI. Vgl. JANNER, Bischöfe von Regensburg (wie Anm. 1), 467; Paul MAI (Hg.), St. Johann in Regensburg: Vom Augustinerchorherrenstift zum Kollegiatstift (1127/1290/1990) (Bischöfliches Zentralarchiv und Bischöfliche Zentralbibliothek Regensburg: Kataloge und Schriften 5), München-Zürich 1990, 40f.

Visitationen abzuhelfen; er drängte auf die freiwillige Resignation des Vorstandes, die er 1442 auch erreichte. In langwieriger Auseinandersetzung konnte er schließlich die Einsetzung eines tüchtigen Nachfolgers, P. Georg I. Garhamer (1446-1458), herbeiführen, der hier den Anliegen der benediktinischen Klosterreform Geltung verschaffte und den Konvent wieder auf Vordermann brachte.[74] Auch in diesem Fall setzte der Diözesanvorstand die bestimmenden Weichenstellungen durch und leitete damit einen neuen Abschnitt in der Klostergeschichte ein, der unter den Vorzeichen der Erneuerung stand.[75] In gleicher Absicht erließ er eine Arrestationsanweisung zugunsten der Benediktinerabtei Weltenburg, die dem Kloster zu von der Stadtpfarrei Kelheim geschuldeten Abgaben verhalf.[76]

Mit diesen mehrfachen Eingriffen erwies sich der Bischof als Diözesanvorstand, der in Klöstern mit energischer Hand Verbesserungen in die Wege leitete. Wo ihm das nötig erschien, scheute er auch vor der Beschneidung von deren Eigenrechten nicht zurück. Seine Leitidee war, dem breiten Niedergang der monastischen Welt ein Ende zu bereiten und eine Umkehr anzustoßen. Die bischöfliche Initiative sollte die ordensinternen Reformimpulse unterstützen und ihnen unter Betonung der Prärogative des Diözesanbischofs den Weg weisen. Diesen Bemühungen blieben punktuelle Erfolge nicht versagt.

Mit noch größerem Einsatz wandte sich Bischof Friedrich dem Weltklerus zu. Ein wichtiges Mittel der Diözesanleitung zu dessen Anweisung waren im 15. Jahrhundert Synoden. Sie wurden vom Basler Konzil aufgewertet. In Abständen rief der Bistumsvorstand den Klerus seiner Diözese zusammen, um ihn auf seine Vorgaben zu verpflichten. Zwei derartige Diözesansynoden sind für Regensburg für die ersten Jahre unter Bischof Friedrich II. bezeugt. Bereits für die Jahre 1440 und 1442 hat er solche Versammlungen einberufen. Freilich sind keine Unterlagen, vor allem keine Statuten, erhalten, so dass ein Einblick in die Anliegen des Veranstalters und die erzielten Ergebnisse nicht möglich ist.[77] Grundanliegen muss die reformerische Absicht gewesen sein, dem beklagten Niedergang im geistlichen Leben Einhalt zu gebieten und auch im Weltklerus Verbesserungen anzustoßen.[78] Und der Bischof beschränkte sich nicht

74 Bayerisches Hauptstaatsarchiv [BayHStA], KL Prüfening 34 (a. a. 1448).

75 Melchior WEIXER, Fontilegium sacrum, Ingolstadt 1627, 205-207. Nunmehr: Wilhelm PFAFFEL (Hg.), Das „Fontilegium sacrum" des Prüfeninger Mönchs Melchior Weixer (1627): Text, Übersetzung und Kommentar (Studien und Mitteilungen zur Geschichte des Benediktinerordens Ergänzungsband 54), St. Ottilien 2020, 302-305. Zum Vorgang: RANKL, Landesherrliches Kirchenregiment (wie Anm. 29), 191-194; Alois SCHMID, Prüfening, in: Germania Benedictina II: Die Männer- und Frauenklöster der Benediktiner in Bayern, hg. v. Michael Kaufmann u. a., St Ottilien 2014, 1681-1718, hier 1686.

76 RIED, Codex diplomaticus (wie Anm. 31), 1023 Nr. MLXX. Vgl. JANNER, Bischöfe von Regensburg (wie Anm. 1), 468.

77 BRANDMÜLLER (Hg.), Handbuch der bayerischen Kirchengeschichte (wie Anm. 1). 417f. – Bei Andreas von Regensburg (LEIDINGER, Hg. [wie Anm. 8], 500) ist von einer Synode am 25. Juni 1438 die Rede, die JANNER, Bischöfe von Regensburg (wie Anm. 1), 456, mit Hinweis auf Clm 9711, fol. 146, der Bayerischen Staatsbibliothek übernimmt. In der neuesten Literatur wird sie nicht als echte Diözesansynode anerkannt.

78 Johann Baptist ENHUEBER, Conciliorum Ratisbonensium brevis recensio, Regensburg 1768, 57f. (nach Hochwart); JANNER, Bischöfe von Regensburg (wie Anm. 1), 456-458.

auf Worte. Mit drastischen Strafen schritt er bei moralischen Verfehlungen ein; selbst vor der Verhängung der Todesstrafe schreckte er nicht zurück.[79] Vor allem ging er gegen die Konkubinarier vor. Er gab sich redliche Mühe, in seiner Diözese eine Verbesserung des Alltagslebens durchzusetzen.

Der Bistumsvorstand beließ es nicht bei derartigen Maßnahmen zur Anleitung der Diözesanen. Er ging auch an die administrativen Strukturen heran. Wenn ihm diese unzweckmäßig erschienen, scheute er auch vor Eingriffen ins Organisationsgefüge nicht zurück. Das gilt vor allem für die Stärkung der Zuständigkeiten der Pfarreien. Diese Bemühungen setzten bei den Verhältnissen in der Bischofsstadt Regensburg an, wo er unklare Zuständigkeiten feststellte und beseitigte. Er schrieb vor, dass innerhalb des Gebietes einer Pfarrei nur der dort installierte Pfarrer geistliche Funktionen vornehmen darf.[80] Damit wertete er die Ortspfarreien als organisatorische Einheiten auf. Hintergrund war der Missstand, dass vor allem Mendikantenpriester durch die Beichtpraxis die Pfarreienstruktur immer mehr unterliefen. Parallel zur Klärung der rechtlichen Lage der Pfarreien nahm er sich der wirtschaftlichen Festigung an. Viele der während seines Episkopats ausgestellten Urkunden haben die Klärung der Einkünfteverhältnisse in Pfarreien zum Inhalt und stärkten damit deren ökonomisches Fundament.[81] In diesem Sinne wurde er etwa zugunsten des Pfarrers im Edelmannshof zu Perschen tätig.[82] Grundsätzlich wollte der Jurist in seinem Bistum die Pfarreien in der Konkurrenz zu den exemten Orden deutlich aufwerten. Sein Ziel war, in der Organisation des Bistums möglichst klare Verwaltungsstrukturen zu schaffen.

An deren Spitze stand eindeutig der Diözesanbischof. Friedrich II. hatte von seiner Position eine hohe Auffassung, indem er sich von der göttlichen Vorsehung zum Nutzen aller in sein Hirtenamt berufen sah. Ihn trieb eine „pastoralis officii nobis celesti providentia crediti sollicitudo circa Subditorum salutem“ an.[83] Bemerkenswert ist die Bezeichnung der Gläubigen als Untergebene. Sie hat auch für die Kleriker Gültigkeit, denen er eine entscheidende Urkunde mit der programmatischen Publikationsformel „universis et singulis Presbyteris ... curatis et non curatis nobis subjectis“ zur Kenntnis brachte.[84] Mit Bedacht und gewiss keinesfalls zu Unrecht wählte Christophorus Hoffmann zur Kennzeichnung der Amtsführung des Bischofs das vielsagende Verbum „rexit“.[85]

---

79 Vgl. GEMEINER, Regensburgische Chronik III (wie Anm. 24), 131; JANNER, Bischöfe von Regensburg (wie Anm. 1), 458.

80 RIED, Codex diplomaticus (wie Anm. 31), 1011-1013 Nr. MLVII. Vgl. JANNER, Bischöfe von Regensburg (wie Anm. 1), 457.

81 RIED, Codex diplomaticus (wie Anm. 31), 1013 Nr. MLVIII; 1013f. Nr. MLIX; 1015f. Nr. MLXII; 1017f. Nr. MLXIII; 1023 Nr. MLXX.

82 BZAR, Pfarrarchiv Nabburg Urk. 111. Vgl. Berta RITSCHER, Zur Vorgeschichte des Edelmannshofes in Perschen: Pfarrhof – Widenhof – Erbrechtshof, in: VHVO 125 (1985) 349-371, hier 357.

83 RIED, Codex diplomaticus (wie Anm. 31), 1011 Nr. MLVII.

84 Ebd. 1020 Nr. MLXVI.

85 Christophorus HOFFMANN, Historia Episcoporum Ratisponensium, in: Oefele, Scriptores (wie Anm. 55), 563.

Am wirkungsvollsten griff er ins Pfarreienwesen in seinem Heimatort Parsberg ein. Seit alters war dieser nach dem zwei Kilometer südlich gelegenen Pfarrdorf See eingepfarrt; See war ein älterer Ort als Parsberg. Nie war daran gedacht worden, an diesen durch das Alter vorgegebenen Verhältnissen etwas zu ändern. Auf diesen Gedanken kam erst Bischof Friedrich II. Für ihn war es ein Unding, dass die Bewohner des zwischenzeitlich fest etablierten und längst zum Adelssitz aufgestiegenen Heimatortes Parsberg zu den Pfarrdiensten nach wie vor ins kleinere See auslaufen mussten. Zu einem werdenden Residenzort gehörte für ihn auch ein Pfarrsitz. In diesem Sinne verfügte er 1444 dessen Verlegung von See nach Parsberg. Ähnlich ist man an anderen Orten verfahren, womit den durch die planvolle Städtepolitik der Wittelsbacher veränderten Verhältnissen durch Anpassungen Rechnung getragen wurde. Dafür sorgte Friedrich II. auch in Parsberg durch den Transfer des Pfarrsitzes aus der Umgebung in den aufstrebenden Zentralort hinein.

Der Bischof beließ es nicht bei der Veränderung der rechtlichen Verhältnisse. Unverzüglich machte er sich an die Errichtung einer Pfarrkirche, die er unmittelbar neben das Stammschloss auf den Burgberg stellte.[86] Dabei wirkte er eng mit seinem Bruder Hans II. zusammen. Gemeinsam begründeten sie die Pfarrei Parsberg. Der Bischof nahm persönlich die Kirchweihe vor und sorgte mit einem Messbuch sowie weiteren Zuwendungen für die materielle Grundausstattung. Das Präsentationsrecht verblieb bei der Stifterfamilie, die als erste Ortspfarrer Kleriker aus den eigenen Reihen einsetzen ließ. In der neuen Pfarrkirche fanden mehrere Mitglieder der Ritterfamilie ihr Begräbnis; sie sollte das geistliche Zentrum der Herrschaft werden. Auch das Patrozinium St. Andreas ist ein Indiz des engen Zusammenhanges zwischen Burg und Pfarrei; Andreas ist Patron vieler Burgkapellen und wurde aus dieser übernommen. Die Stadtpfarrei Parsberg kann ihr Gründungsdatum am 29. März 1444 so genau benennen wie nur wenige andere Pfarreien.[87] Allerdings ist sie auch ungleich jünger als diese. Sie verdankt ihre Anfänge wesentlich Bischof Friedrich II. Auch Wiguläus Hundt sieht in dieser Verfügung eine der nachhaltigsten Leistungen des Bischofs: „hat die new Pfarr zů Parsperg gestifft und hoch erhaben".[88]

Alle diese Maßnahmen fallen bereits in die ersten Jahre des Episkopates Friedrichs. Offensichtlich hat er diesen mit dem festen Willen begonnen, sofort Reformen auf den Weg zu bringen. Dabei hat er vor den Rechten anderer oftmals nicht Halt gemacht und diese mit starker Hand zu seinen Gunsten beschnitten, wo immer ihm das möglich war. Diese Feststellung erscheint nicht unwichtig für die Beurteilung der Wahlkapitulation von 1437: Wie ernst hat es der Elekt damit wirklich gemeint? Die

86 Zu den baulichen Befunden: Die Kunstdenkmäler von Bayern II/4: Bezirksamt Parsberg, bearb. v. Friedrich Hermann Hofmann, München 1906 [ND München-Wien 1983], 187-191.

87 Matthias HOFMAIER, Kurze Geschichte der Pfarrei Parsberg (Oberpfalz), München 1924, 10-16; SPITZNER, Parsberger Chronik (wie Anm. 1), 43-45; 550 Jahre Pfarrei St. Andreas Parsberg – 70 Jahre Pfarrkirche, hg. v. Pfarrgemeinderat, Parsberg 1994, 37-39; Matrikel des Bistums Regensburg, hg. v. Ordinariat, Regensburg 1997, 491f.

88 HUNDT, Stammen-Buch (wie Anm. 3), 202f.

Frage stellte sich umso eindringlicher, je länger er im Amt war. Vor allem die letzten Jahre sind davon gekennzeichnet, dass er den Konflikt mit dem Domkapitel immer weniger scheute. Sein spätes Verhalten lässt die am Anfang stehende Vereinbarung eher als Ergebnis eines geschickten Taktierens erscheinen, das eine längst fällige und somit unumgänglich gewordene Interessenabgrenzung nur ungern und widerwillig hinnahm. Sie dürfte in diesem Sinne neu zu bewerten sein.

Diese Einstellung bekam schließlich in größter Schärfe das örtliche Domkapitel zu spüren. Trotz der Vereinbarung am Beginn seines Episkopates waren die Beziehungen von Anfang an Belastungen ausgesetzt. Denn sofort nach seiner Erhebung auf die Bischofscathedra schärfte der Ordinarius den Kanonikern die Einhaltung der Residenzpflicht ein[89], was diese natürlich als Beschränkung ihrer Freiheit betrachteten. Die Spannungen wuchsen, als der Bischof seine Generalvikare aus der Alten Kapelle holte und mit ihnen ein strenges Regiment realisierte. Dieses erreichte seinen Höhepunkt in den letzten Jahren ab 1447.[90] Es waren der Umgang mit dem Eigentum der Bischofskirche und die Vergabe von kirchlichen Ämtern sowie hochstiftischen Lehen, die nun für viel Verstimmung sorgten. Er entführte kirchliche Wertgegenstände auf seine Schlösser Donaustauf, Wörth oder Hohenburg, ohne das Kapitel einzuschalten. Auch in Finanzfragen traf er wichtige Verfügungen völlig an diesem vorbei. Er gab die hochstiftischen Rechte in der Herrschaft Eberspoint mit dem Marktort Velden in undurchsichtigem Taktieren mit der auf ihr liegenden Schuldenlast aus der Hand, zwar zum Zwecke der wirtschaftlichen Sanierung, aber ebenfalls ohne jede Rücksprache; sie gingen auf das expansionsgewillte Teilherzogtum Niederbayern über.[91]

Er förderte Günstlinge; besonders seinem Bruder Werner, dem Reichsschultheiß zu Nürnberg, erkannte er so viele Mitsprachrechte zu, dass dieser fast als Mitregent angesehen werden konnte.[92] Damit ist das Problem des Nepotismus angesprochen. Alle diese Maßnahmen standen im Widerspruch zur Kapitulation, der im Lauf der Jahre immer deutlicher sichtbar zu Tage trat. Als das Domkapitel wegen dieser Praktiken Klage führte, erklärte der Bischof das Vertragswerk kurzerhand auctoritate ordinaria für gegenstandslos und nichtig. Er fühlte sich in keiner Weise mehr an seine anfänglichen Zusagen gebunden. Unbeeindruckt setzte Friedrich sein selbstherrliches Regiment fort. Kurzerhand entmachtete er den Domdekan Christian von Stingelheim, entzog mehreren Kanonikern ihre Pfründen, schickte missliebige Personen sogar in den Kerker. Als er wieder einmal Geld brauchte, belegte er selbst-

89 RIED, Codex diplomaticus (wie Anm. 31), 1011-1013 Nr. MLVII. Vgl. JANNER, Bischöfe von Regensburg (wie Anm. 1), 456f.

90 Die Quellen zusammengestellt in: BZAR, OA Generalia 4403, fol. 269-324. Eine ausführliche Darstellung der Auseinandersetzung: JANNER, Bischöfe von Regensburg (wie Anm. 1), 478-484.

91 HUNDT, Stammen-Buch (wie Anm. 3), 202. Vgl. Bernhard GLASAUER, Herzog Heinrich XVI. (1393-1450) der Reiche von Bayern-Landshut. Territorialpolitik zwischen Dynastie und Reich (Münchner Beiträge zur Geschichtswissenschaft 5), München 2009, 296f.

92 GEMEINER, Regensburgische Chronik III (wie Anm. 24), 142: „war der geheimste seiner Räthe."

herrlich den Klerus der Diözese mit einem subsidium charitativum. Gerade derartigen Übergriffen auf die Vermögenswerte der Kirche wollte die Wahlkapitulation von 1437 entgegentreten. Immer mehr bestimmten sie die Alltagsgeschäfte.

Wie sehr selbst Nebensächlichkeiten benützt wurden, um den Konflikt in voller Schärfe auszutragen, zeigt die Affäre um einen alten Volksbrauch, der auf eine völlig unverständliche Spitze getrieben wurde. Es war lange Gewohnheit, dass an St. Peter und Paul (29. Juni) und am Kirchweihfest auf Kosten des Domkapitels ein Gebäck („certi pastelli seu panes carnibus, specibus et aliis condimentis, qui secundum aliquos Artocopi nuncupantur"), wohl eine Art Krapfen, unter der Stadtbevölkerung verteilt wurde. Aus Sparsamkeitsgründen hatten Bischof und Kapitel diese Praxis zunächst eingestellt. In der Auseinandersetzung entschloss sich aber der Bischof plötzlich, den Brauch unter seiner Regie entgegen allen Absprachen wieder aufzunehmen. Gerade diese Angelegenheit zeigt, wie selbst geringfügigste Anlässe benützt wurden, um die Stimmung anzuheizen. Der Scharfmacher war der Bischof, der damit die Absicht verfolgte, das Kapitel in den Hintergrund zu drängen und sich als Herr des Geschehens in den Vordergrund zu schieben.[93]

Gegen die zunehmende Willkür und Eigenmächtigkeiten setzte sich das Kapitel zur Wehr. Als mündliche Vorsprachen nichts nutzten, reichte es schließlich Klage bei den kirchlichen Obrigkeiten ein. Es wandte sich an den erzbischöflichen Stuhl zu Salzburg und sogar an die Papstkurie zu Rom. Letztere sah sich unter dem humanistisch geprägten Nikolaus V. (1447-1455) veranlasst, in einer Bulle vom 1. März 1448 die Gültigkeit der Wahlkapitulation ausdrücklich festzustellen und in Erinnerung zu rufen.[94] Im Juli beauftragte der pontifex maximus den Metropoliten zu Salzburg mit der Bereinigung der Angelegenheit. Aber selbst dieser Papstspruch konnte den Bischof nicht zum Einlenken veranlassen. Daraufhin wurde in Rom im Herbst 1449 ein förmlicher Prozess gegen den Diözesanvorstand auf den Weg gebracht, der bis in dessen letzte Tage andauerte.[95]

Weil die Streitigkeiten vertragliche Vereinbarungen und damit eine Rechtsangelegenheit betrafen, wurden zugleich die weltlichen Obrigkeiten eingeschaltet. Das Kapitel wandte sich auch an den Herzogshof zu München und vor allem an Kaiser Friedrich III. Als Reichsoberhaupt hatte dieser die Privilegien des Kapitels schon 1444 umfassend bestätigt.[96] Er annullierte die ungerechtfertigten Amtshandlungen des Bischofs[97]und beauftragte die Reichsstadt mit dem Schutz der Domherren vor weiteren Übergriffen.[98] Der Kaiser wandte sich an die Reichsstadt, zur Befriedung

93 JANNER, Bischöfe von Regensburg (wie Anm. 1), 482.

94 GEMEINER, Regensburgische Chronik III (wie Anm. 24), 175f.

95 Ebd. 171-182; FUCHS, Wahlkapitulationen (wie Anm. 41), 28.

96 Regesten Kaiser Friedrichs III. (1440-1493), hg. v. Heinrich Koller, bisher 35 Hefte, Wien-Köln-Weimar 1982ff., hier Heft XV, bearb. v. Franz Fuchs und Karl-Friedrich Krieger, Wien-Weimar-Köln 2002, 77f. Nr. 55.

97 Ebd. 98 Nr. 90.

98 Ebd. 100f. Nr. 95

der aufgewühlten Verhältnisse beizutragen.[99] Wirklich bemühte sich diese, die widerstreitenden Parteien an den Verhandlungstisch zu bringen. Doch erreichten alle unternommenen Maßnahmen das angestrebte Ziel nicht. Schließlich wurden die Auseinandersetzungen sogar vor das Reichskammergericht zu Wetzlar getragen.[100] Am Ausgang des Episkopats des Bischofs war das Verhältnis zwischen dem Ordinarius und seinem Kapitel völlig zerrüttet; die beiden Parteien traten sich geradezu feindselig gegenüber.

Der Fürstbischof

In enger Verbindung mit dem Bischofsamt steht die Tätigkeit des Bischofs Friedrich auf der Bühne der Politik. Die getrennte Betrachtung zerreißt diese Verflechtung allein aus heuristischen Gründen. Mit dem Privileg des habsburgischen Königs Friedrich III. vom 28. Oktober 1443 wurde der persönlich erschienene Bischof Friedrich II. förmlich mit den Regalien belehnt: dem Propstgericht, dem Friedgericht, dem großen und dem kleinen Zoll, dem Judenzoll, der Gerichtsbarkeit über die Geistlichkeit.[101] Die späte Bestätigung dieser wichtigen Rechte hängt mit den zwei vorausgehenden Wechseln auf dem Reichsthron zusammen. Die Urkunde holte die bereits im Vorjahr auf dem Reichstag zu Frankfurt erfolgte Investitur mit Verzögerung nach. Im Folgejahr bestätigte der Monarch am 28. September 1444 das seinem Rat von den Herzögen von Bayern verliehene Recht, den auf dem Gebiet des Hochstiftes Regensburg in Österreich produzierten Wein auf der Donau maut- und zollfrei durch Bayern in die Bischofsstadt heimzubringen. Bei Androhung einer Strafe von 10 Mark Gold wird allen Verwaltungsleuten aufgetragen, diese Freiheit anzuerkennen und zu beschützen.[102] Eine umfassende Rechtsbestätigung erfolgte erneut 1447 im Rahmen des einsetzenden Konfliktes mit dem Domkapitel.[103] Der Regensburger Bischof Friedrich II. von Parsberg ist in den Urkunden Kaiser Friedrichs III. mit zahlreichen Nennungen vertreten. Er gehörte zu seiner Zeit zum Kreis der wichtigen Personen im Heiligen Römischen Reich Deutscher Nation und trat mit entsprechendem Rangbewusstsein auf.[104] Er wurde auf der politischen Bühne auf vier Ebenen aktiv.

Die eine war der Reichsdienst. Im Auftrag der Reichsoberhäupter, der Könige Albrecht II. (1438-1439) und Friedrich III. (1440-1493), übte Bischof Friedrich verschiedene Reichsdienste aus und führte einzelne Missionen durch. Diese Funktionen

---

99 Ebd. 92 Nr. 78.

100 Ebd. 98f. Nr. 91, 92. Die Unterlagen werden im Editionsunternehmen *Bayerisches Hauptstaatsarchiv, Reichskammergericht*, München, aufzuarbeiten sein. Doch ist es derzeit erst bei den Buchstaben P und Q (Heft 20, 2019) angelangt.

101 Ebd. 72-74 Nr. 44.

102 Ebd. 80 Nr. 59. Vgl. RIED, Codex diplomaticus (wie Anm. 31), 1018 Nr. MLXIV.

103 Ebd. 92 Nr. 77.

104 RTA ÄR XV, 615 Nr. 330.

setzten die entsprechenden Tätigkeiten der vorbischöflichen Jahre fort. Schon während des kurzen Königtums Albrechts II. zählte er zu den königlichen Hofräten. Persönlich nahm er zumindest zeitweise am langen Reichstag zu Nürnberg im Spätsommer 1438 teil.[105] In gleicher Weise wurde ihm die Vertretung des Habsburgers auf dem Tag zu Frankfurt im Oktober 1439 anvertraut.[106] Er war Mitglied der Gesandtschaft des Königs an den Papst und das Konzil im Jahr 1439.[107]

Den nämlichen Status behielt er unter dem Nachfolger Friedrich III.[108] In mehreren Funktionen wurde er für den habsburgischen Königshof tätig.[109] Schon bei den Krönungsfeierlichkeiten zu Aachen 1442 nahm er zeremonielle Aufgaben wahr.[110] Pflichtgemäß stellte er im Reichskrieg gegen die Armagnaken das schuldige Kontingent von 20 Reitern.[111] Im Oktober 1444 wurde ihm der Auftrag erteilt, den Königshof in einem Rechtsverfahren der Reichstadt zu vertreten.[112] Der Habsburger König zog den vorzüglichen Juristen in mehreren Fällen ans Reichshofgericht, wo er in den Jahren 1442, 1445 und 1448 wiederholt als Beisitzer nachzuweisen ist.[113] Wegen seiner Aktivitäten für das Reich und dessen Oberhaupt wird sein Name in den einschlägigen Bänden der *Deutschen Reichstagsakten* oftmals genannt.[114]

Zum Zweiten wurde Friedrich II. außerhalb seines Bistums im Kirchendienst für die römische Kurie tätig. Er genoss auch im römischen Lateran Ansehen, das ihm verschiedene Aufträge einbrachte, die Vertrauen voraussetzen. Von seinen vielen Konzilsaktivitäten war bereits die Rede. Schon am 1. Dezember 1427 hatte ihn der päpstliche Stuhl zudem zum Generalkollektor (Collector apostolicae camerae) ernannt, der in der Kirchenprovinz Salzburg, die das Herzogtum Bayern weithin abdeckte, die Abgabe der sogenannten Annaten an den Heiligen Stuhl einzutreiben hatte.[115] Am 12. Januar 1428 erfolgte die Vereidigung. Bis 1435 betreute er dieses für

105 RTA ÄR XIII, 439, 442, 446, 454, 694, 695. Vgl. Günther HÖDL, Albrecht II.: Königtum, Reichsregierung und Reichsreform 1438-1439, Wien 1978, 179-184.

106 RTA ÄR XIV, 412, 414, 423-426.

107 RTA ÄR XIV, 180, 207, 221, 223, 232, 234.

108 Paul-Joachim HEINIG, Kaiser Friedrich III. (1440-1493): Hof, Regierung und Politik I, Köln 1997, 453f., 552; III, 1397, 1414, 1420, 1433.

109 Regesten Kaiser Friedrichs III. (wie Anm. 96), Heft VI, 55f. Nr. 25, 26; XII, 116 Nr. 112, 180 Nr. 204; XIV, 121 Nr. 130; XV, 82f. Nr. 62

110 RTA ÄR XVI, 199, 371, 376.

111 RTA ÄR XVII, 441f. Nr. 214.

112 Regesten Kaiser Friedrichs III. (wie Anm. 96), Heft XV, 81-83 Nr. 61, 62.

113 RTA ÄR XVI, 242, 343; Johann LECHNER, Reichshofgericht und königliches Kammergericht im 15. Jahrhundert, in: Mitteilungen des Instituts für österreichische Geschichtsforschung Ergänzungsband VII, Wien 1907, 44-185, hier 118f. Nr. 8, 10-12, 128 Nr. 40, 135 Nr. 60; Peter MORAW, Gelehrte Juristen im Dienst der deutschen Könige des späten Mittelalters (1273-1493), in: Roman Schnur (Hg.), Die Rolle der Juristen bei der Entstehung des modernen Staates, Berlin 1986, 77-147, hier 120; Jürg SCHMUTZ, Juristen für das Reich. Die deutschen Rechtsstudenten an der Universität Bologna 1265-1425 II (Veröffentlichungen der Gesellschaft für Universitäts- und Wissenschaftsgeschichte 2), Basel 2000, 436 Nr. 856. Siehe auch RIED, Codex diplomaticus (wie Anm. 31), 1022 Nr. MLXIX.

114 RTA ÄR XIII-XVII.

115 BayHStA, HU Regensburg 1427 XII 1; Regesta Boica XIII, München 1854, 131 (mit unzutreffendem Datum); Repertorium Germanicum (wie Anm. 2) IV, 739; V, Nr. 1908: 1435 XI 15: „collector in

die Kurie wichtige Amt. Es erlegte ihm die Pflicht auf, alle zwei Jahre gegenüber der apostolischen Kammer Rechnung abzulegen. Durch diese undankbare Aufgabe geriet der Bischof in manche Schwierigkeiten, unter anderem mit dem Nachbarbistum Freising. Vor allem wurde er mit dem Dilemma konfrontiert, ob die gesammelten Gelder nach Rom zum päpstlichen Stuhl oder zum Konzil nach Basel transferiert werden sollten.[116]

Häufiger nahm den Diözesanbischof der Herzogsdienst in Anspruch. Ein kennzeichnender Grundzug seiner Amtszeit ist die deutliche Anlehnung an die bayerischen Landesherren. Bischof Friedrich II. unterhielt ein enges Verhältnis zu den wittelsbachischen Herzögen in Bayern. In den innerdynastischen Auseinandersetzungen gehörte seine Präferenz eindeutig dem Teilherzogtum Bayern-München. Bereits vor seiner Wahl zum Bischof hatte Friedrich eng mit Herzog Ernst (1397-1438) zusammengewirkt. In der Angelegenheit der Agnes Bernauer, die am 12. Oktober 1435 mit dem Tode durch Ertränken in der Donau zu Straubing bestraft wurde, also auf dem Boden der Diözese Regensburg, trat der Dompropst in keiner Weise in Erscheinung; seine Inaktivität zusammen mit dem Diözesanbischof ist als Billigung des strengen Kurses des Landesherrn zu deuten. Erst nach dem Vollzug der Todesstrafe nahm er sich des Totengedächtnisses an.[117] Diese Kooperation übertrug er auch auf dessen Nachfolger Albrecht III. (1438-1460). Der Parsberger war ein wichtiges Mitglied seines Münchner Hofrates.[118] 1441 vertrat er den Herzog auf dem Mainzer Reichstag.[119] 1442 erteilte ihm dieser den Auftrag, seine Abwesenheit auf dem Frankfurter Reichstag zu entschuldigen und ihn über die dortigen Verhandlungen sowie den Fortgang des Konzils auf dem Laufenden zu halten.[120] Er ließ sich sogar auf vertraute Gespräche über die Vertauschung der Hochstiftsherrschaft Hohenburg im oberpfälzischen Lauterachtal gegen ein angemessenes Äquivalent ein, die freilich wegen des Widerstandes des Kapitels nicht zum Abschluss kamen.[121]

---

provincia Salzeburgensi". Vgl. Christiane SCHUCHARD, Die päpstlichen Kollektoren im späten Mittelalter (Bibliothek des Deutschen Historischen Instituts in Rom 91), Tübingen 2000, 309f., 317-319 (zur Diözese Regensburg); Sabine WEISS, Kurie und Ortskirche. Die Beziehungen zwischen Salzburg und dem päpstlichen Hof unter Martin V. (1417-1431) (Bibliothek des Deutschen Historischen Instituts in Rom 78), Tübingen 1994, 428f.; Christopher KAST, Der Griechenablass. Kollektoren des Basler Konzils (1431-1449) im Erzbistum Salzburg, in: Mitteilungen des Instituts für österreichische Geschichte 127 (2019) 1-34.

116 GUMPELZHAIMER, Regensburg's Geschichte (wie Anm. 28), 434.

117 RIED, Codex diplomaticus (wie Anm. 31), 1021f. Nr. MLXVIII. Vgl. Alfons HUBER, Agnes Bernauer im Spiegel der Quellen, Chronisten, Historiker und Literaten vom 15. bis zum 20. Jahrhundert. Ein Quellen- und Lesebuch, Straubing 1999.

118 Gerda Maria LUCHA, Kanzleischriftgut, Kanzlei, Rat und Regierungssystem Herzog Albrecht III. von Bayern-München (1438-1460), Frankfurt a. M. 1993, 261; MÜLLER, Bayern und Basel (wie Anm. 23), 487f. – Heinz LIEBERICH, Die gelehrten Räte. Staat und Juristen in Baiern in der Frühzeit der Rezeption, in: ZBLG 27 (1964) 120-189, berücksichtigt ihn nicht.

119 RTA ÄR XV, 538f.

120 RTA ÄR XVI, 626f. Nr. 259.

121 BayHStA, Kurbaiern Urkunden 13122. Vgl. JEHLE, HAB Parsberg (wie Anm. 1), 387.

Albrecht III. führte das von seinen Vorgängern im Amt aufgenommene landesherrliche Kirchenregiment zielstrebig weiter.[122] In diesem Rahmen nahm er seine Verantwortung als oberster Schutzherr der Kirche im Lande vor allem durch die Aktivierung des Visitationsrechtes wahr. Auch hierin ging er mit dem Diözesanbischof einig. Der Herzog und der Bischof arbeiteten gerade auf diesem Gebiet eng zusammen. In Kooperation wollten sie die Vorgabe des Konzils umsetzen. Ihr Blick richtete sich vor allem auf die Klöster. Nun war es eine alte Streitfrage, inwieweit die Klöster in diese Maßnahme einzubeziehen waren. Herzog und Bischof vertraten übereinstimmend die Ansicht, dass alle kirchlichen Einrichtungen von ihnen gemeinsam beständig überwacht werden müssten. Die Klöster aber versuchten sich dieser Beobachtung zu entziehen und pochten auf ihre Immunität und Exemtion. Sie machten ein eigenes Visitationsrecht der Ordensleitungen geltend. Dass das gemeinsame Vorgehen der Landesherrschaft und der Diözesanleitung durchaus Erfolge erreichte, wurde am Beispiel der Augustiner-Chorherren schon festgestellt.[123]

Doch benützte Albrecht III. die unbestrittene hohe Rechtskompetenz des Diözesanbischofs auch für seine politischen Zwecke. Er setzte ihn als Gesandten ein. Das war eine übliche Praxis, weil es einen diplomatischen Dienst damals noch nicht gab. In seinen eigenen Reihen verfügte der Herzog über keine Persönlichkeit von vergleichbarer Qualifikation für derartige Aufgaben. Mehrfach übernahm der Bischof für den Landesherrn Gesandtschaften. Sie führten ihn zum einen weiterhin auf das Konzil zu Basel; schon 1439 verhandelte er als Mitglied der bayerischen Mission mit den Vertretern des Konzils und der Kurie über kirchenpolitische Grundfragen.[124] Sie führten ihn zum anderen auf die Reichstage, auf denen Fragen der Kirche, der Kurie und des Konzils zu behandeln waren.[125]

Doch schaltete sich der Bischof auch in die bayerische Innenpolitik ein. In den innerfamiliären Konflikten im Hause Wittelsbach bemühte er sich um Vermittlung und Ausgleich. Trotz seiner Vorliebe für die Münchner Linie wurde er auch zu den Räten am Landshuter Hof gerechnet.[126] Er gehörte damit zu der Adelsschicht, die das Land auch in den Jahrhunderten der Herrschaftsteilung noch immer verklammerte. In den angespannten Beziehungen zwischen Albrecht III. und seinem niederbayerischen Verwandten Heinrich XVI. wurde er in ausgleichender Absicht tätig.[127]

122 RANKL, Landesherrliches Kirchenregiment (wie Anm. 29), 23-42, 184-194.

123 Siehe Anm. 66-72.

124 GEMEINER, Regensburgische Chronik III (wie Anm. 24), 88, 91, 101; BRANDMÜLLER (Hg.), Handbuch der bayerischen Kirchengeschichte (wie Anm. 1), 396.

125 RANKL, Landesherrliches Kirchenregiment (wie Anm. 29), 86.

126 Beatrix ETTELT-SCHÖNEWALD, Kanzlei, Rat und Regierung Herzog Ludwigs des Reichen von Bayern-Landshut (1450-1479) (SRBLG 97), München 1999, 417 (als Heinrich von Abensberg).

127 GLASAUER, Heinrich XVI. (wie Anm. 91), 306-311.

Im Streit um das Ingolstädter Erbe bemühte er sich um eine alle Parteien zufriedenstellende Lösung.[128] In besonderer Weise galt seine Sorge der Landfriedenswahrung.[129] Die entscheidenden Dokumente sind zwei Urkunden des skandinavischen Unionskönigs Christoph III. vom 31. Juli und 3. August 1444[130], mit denen der Monarch die Zusammenarbeit mit den wittelsbachischen Herzögen Ludwig VII. von Bayern-Ingolstadt und Albrecht III. von Bayern-München sowie Bischof Friedrich II. in der Bekämpfung von Kriminalität und Landfriedensstörung, somit die Territorien übergreifende, großflächige Organisation der Landfriedenspolitik, vereinbarte. Bischof Friedrich II. spielt im politischen Leben des Münchner Hofes unter den Herzögen Ernst und Albrecht III. eine bemerkenswerte Rolle.

Zunächst einmal war Bischof Friedrich II. aber Landesherr in seinem eigenen Hochstift. Hier wurde die Hauptaufgabe die praktische Ausgestaltung des Verhältnisses zur Reichsstadt Regensburg. Vornehmliches Ziel des Bischofs war, seinem Hochstift neben der in ihrem Glanz abnehmenden Reichsstadt verstärkte Geltung zu verschaffen. Er sah beide Reichseinrichtungen zumindest auf gleicher Höhe. Aus dieser bewusst herbeigeführten Konkurrenzsituation ergaben sich laufend Reibereien. Von diesen bietet die *Regensburgische Chronik* Gemeiners eine detailgesättigte und einprägsame Schilderung auf der Grundlage vieler heute nicht mehr erhaltener Akten.[131] Keinesfalls zu Unrecht machte der Reichsstadtbeamte Gemeiner Bischof Friedrich dafür verantwortlich, dass das bisher immer um ein Auskommen bemühte Verhältnis sofort mit dem Herrschaftsantritt des Parsbergers sich langfristig verschlechterte. Auslöser war das Bestreben des Bischofs, die Rechte des Klerus mit aufdringlichem Nachdruck aufzuwerten und die Stadt zu deren Anerkennung anzuhalten. Durch gezielte Recherchen in Quellen ließ er veraltete Rechtstitel ermitteln, um diese zu reaktivieren. Gemeiner warf dem Bischof vor, „nach einem selbst entworfenen System" dem Klerus erweiterte Befugnisse verschaffen zu wollen, um so die Position des Hochstifts zu stärken. Selbst der entschlossene Verfechter der reichsstädtischen Interessen Gemeiner konnte dem Bistumsvorstand seine Anerkennung als besorgter und fähiger Verfechter kirchlicher Positionen nicht versagen.[132] Das Reichsoberhaupt

---

128 Sigmund RIEZLER, Geschichte Baierns III (Geschichte der europäischen Staaten 20/3), Gotha 1889, 350f.; Renate KREMER, Die Auseinandersetzungen um das Herzogtum Bayern-Ingolstadt 1438-1450 (SRBLG 113), München 2000, 146, 175, 179 u. ö.

129 RIEZLER, Geschichte Baierns III (wie Anm. 128), 356; Gerhard PFEIFFER, Quellen zur Geschichte der fränkisch-bayerischen Landfriedensorganisation (SRBLG 69), München 1975, 246 Nr. 486; Max SPINDLER (Begr.), Handbuch der bayerischen Geschichte III/3: Geschichte der Oberpfalz, hg. v. Andreas Kraus, München 1995, 76 [Wilhelm Volkert].

130 Jens. E. OLESEN, Christoffer af Bayerns Breve 1440-1448 vedrørende hans bayerske hertugdømme, Kopenhagen 1986, 108-114 Nr. 28, 29. Erwähnt auch bei GEMEINER, Regensburgische Chronik III (wie Anm. 24), 136.

131 GEMEINER, Regensburgische Chronik III (wie Anm. 24), 84-182.

132 Ebd. 84f.

bemühte sich, die spannungsgeladene Lage zu entschärfen, indem es sowohl den Bischof[133] als auch die Reichsstadt[134] zur Beachtung der gültigen Regelungen aufforderte.

Das Kernproblem im Verhältnis von Reichsstadt und Bischofssitz waren herkömmlicherweise die Fragen des Rechts. Exemtion und Immunität verschafften den Einrichtungen der Kirche einen Status, der von den Kommunen natürlich bekämpft wurde. In allen Städten wurde versucht, diese Sonderstellung möglichst zu beschneiden und die kirchlichen Einrichtungen in die Stadtverfassung einzubauen. Die Schlüsselstelle in der Stadt war das Propstgericht, das in der Zuständigkeit des Bischofs war. Das musste der Kommune natürlich ein Dorn im Auge sein. Beständig hat sie versucht, die Zuständigkeit ihrer Gerichtsinstanzen auf das gesamte Stadtareal auszuweiten. Deswegen konnte es der Magistrat als großen Erfolg verbuchen, als das Propstgericht vom damaligen Inhaber aus dem Geschlecht der Tunauer 1441 an die Stadt verpfändet wurde. Damit wurden die rechtlichen Zuständigkeiten des Bischofsstuhles entscheidend geschmälert. Bischof Friedrich II. hat gegen diese ohne seine Beiziehung getroffene Vereinbarung im Rahmen seiner Möglichkeiten ein Leben lang angekämpft[135]; sogar in Rom hat er diesbezügliche Klage eingereicht. 1443 hat er der Stadt die förmliche Übertragung des Blutbannes verweigert. Während seiner Amtszeit kam es bezüglich der praktischen Ausübung der Gerichtsbarkeit zu Streitigkeiten. Besonders bezeichnend ist der Fall des Pfarrers zu Engelbrechtsmünster im Jahr 1447, der nur über die Pflastersteine der Stadt vor das geistliche Gericht gebracht hätte werden können.[136] Beide Seiten gaben sich jede erdenkliche Mühe zu verhindern, dass Straffällige dem jeweils anderen Dikasterium überstellt werden konnten.

Neben dem Rechtsbereich bereitete die Wirtschaft laufend Schwierigkeiten. Vor allem das Schankrecht kirchlicher Einrichtungen für Wein und Bier gab für das Steuerwesen der Reichsstadt beständigen Anlass zu Auseinandersetzungen. Das Verhältnis des Bischofs zu den Verwaltungsorganen der Freistadt war voller Spannungen. Diese legten eine natürliche Allianz zwischen Bürgerschaft und Domkapitel nahe. Bischof Friedrich II. schlitterte in eine unübersehbare Isolation hinein, die er jedoch in Kauf nahm.

Die zunehmenden Spannungen veranlassten den Diözesanvorstand, sich nach und nach aus der Bischofsstadt zurückzuziehen und den Hauptsitz in die Herrschaftsteile zu verlegen, wo er seine landesfürstlichen Ambitionen uneingeschränkt zur Geltung

---

133 Regesten Kaiser Friedrichs III. (wie Anm. 96), Heft XV, 70 Nr. 40, 88f. Nr. 70, 90f. Nr. 73, 74.

134 Ebd. 85 Nr. 65. Vgl. Paul-Joachim HEINIG, Reichsstädte, Freie Städte und Königtum 1389-1450. Ein Beitrag zur deutschen Verfassungsgeschichte, Wiesbaden 1983, 263.

135 Ebd. 70 Nr. 40. Vgl. Hanns MARTIN, Das Probstgericht in Regensburg bis zum Jahre 1571, Diss. jur. Erlangen, Kallmünz 1928, 38-40.

136 GEMEINER, Regensburgische Chronik III (wie Anm. 24), 169. Vgl. Karl HAUSBERGER, Leidliches Auskommen und offene Feindseligkeit. Zum Verhältnis von Bischof und Reichsstadt im spätmittelalterlichen Regensburg, in: Hans Bungert (Hg.), 1250 Jahre Bistum Regensburg (Schriftenreihe der Universität Regensburg 16), Regensburg 1989, 81-100, bes. 89f.

bringen konnte. Bischof Friedrich II. zog sich immer mehr auf seine Burgen Hohenburg, Donaustauf und Wörth zurück. Vor allem letztere wurde sein Lieblingsaufenthaltsort. Dazu musste die Reichsherrschaft aber erst einmal aus der Verpfändung an das Herzogtum Bayern-München zurückerworben werden; dafür hatte bereits der Vorgänger Konrad von Soest im Jahr 1433 gesorgt. Bischof Friedrich II. verbesserte in den folgenden Jahren die rechtliche Ausstattung der Kommune von Wörth. Vor allem ließ er Baumaßnahmen durchführen, um die Annehmlichkeit und Wohnlichkeit auf dem Burgberg zu erhöhen. Besonders hervorgehoben wird die Grabung eines Brunnens, der die Wasserversorgung verbesserte und somit die Bequemlichkeit erhöhte. Der Parsberger leitete den Ausbau der Bischofsburg zu einem kleinen Residenzschloss ein.[137] Diese Arbeiten hat dann Administrator Johann III. (1507-1538) in den Jahren 1522 bis 1525 fortgeführt und zu einem gewissen Abschluss gebracht. Damit trat er dem Vorbild mehrerer geistlicher Fürsten in der Umgebung bei, die in gleicher Weise ihre Stadtresidenzen verließen und auf auswärtigen Burgen bzw. Schlössern in ruhigerem Umfeld Quartier nahmen. Die Willibaldsburg in Eichstätt, das Oberhaus in Passau, die Marienburg in Würzburg, Hohensalzburg in Salzburg, die Hofburg in Brixen oder auch Dillingen für Augsburg belegen ähnliche Verhältnisse in umliegenden Bistümern. Am Ende seines Lebens hatte sich Friedrich von Parsberg sowohl als Diözesanbischof als auch als Fürstbischof in gleicher Weise in eine Sackgasse hineinmanöveriert. Die Fronten waren völlig verhärtet, ein Ausweg war nicht in Sicht. Sein Rückzug aus Regensburg und die Abkapselung im Burgschloss zu Wörth waren sichtbarer Ausdruck dieser Verhältnisse.

Das Ende

Hinter die völlig verfahrene Lage setzte erst der Tod einen Schlusspunkt. Nach einer Amtszeit von zwölf Jahren starb Bischof Friedrich von Parsberg wohl auf Burg Wörth. Der Todestag wird in den Quellen unterschiedlich angegeben; die größte Wahrscheinlichkeit hat der 31. Dezember 1449.[138] Der Bischof erreichte ein Alter von rund 65 Jahren. In seiner Hinterlassenschaft fand sich ein ungewöhnlicher Bestand an Wertgegenständen, den er im Laufe seines Lebens auf seiner Lieblingsresidenz zusammengetragen hatte. Zum Großteil gingen die Preziosen in den Besitz der Herkunftsfamilie über, die ihre Ansprüche durchsetzte. Es wird nach dem Gesagten

---

137 Diethard SCHMID, Regensburg I: Das Landgericht Stadtamhof, die Reichsherrschaften Donaustauf und Wörth (HAB.A 41), München 1976, 142f., 150; Peter MORSBACH, Schloß Wörth an der Donau, Regensburg 2004, 7.

138 Die Inschriften des Regensburger Doms (wie Anm. 15), 141 Anm. 2. Oftmals wird in Anschluss an HOCHWART, Catalogus (wie Anm. 55), 221, auch der 28. Februar 1450 genannt. JANNER, Bischöfe von Regensburg (wie Anm. 1), 48, verweist auf den November 1449. Der älteren Sachquelle ist der Vorzug zu geben.

nicht verwundern, dass Friedrich von seiner nächsten Umgebung und auch den Diözesanen nur wenig betrauert wurde.[139] Zu weit klafften in seinem Episkopat der Amtsanspruch und die Wirklichkeit auseinander. Immer weiter hatte sich der Bistumsvorstand vom Bischofsideal entfernt. In Einzelheiten hatte er sich geradezu ins Gegenteil gewendet. Man hat für den behaupteten Umschwung in der Amtsführung ein langwieriges Krankenlager verantwortlich gemacht: Schwere gesundheitliche Probleme hätten in den späten Jahren die Verfassung des Fürstbischofs sichtlich beeinträchtigt und schließlich geradezu zu geistiger Verwirrung geführt. Zudem habe er macht- und besitzgierigen Verwandten übergroßen Einfluss zugestanden. Deswegen hinterließ er bei seinem Tod ein Umfeld, das von einem tiefen Spalt zerrissen war. Die Kluft ging durch die Bischofsstadt und das Bistum in gleicher Weise.

Der Bischof fand seine letzte Ruhestätte in der Domkirche zu Regensburg. Der ursprüngliche Begräbnisplatz befand sich im Mittelschiff der damals im Bau befindlichen Kathedrale neben einer Statue des heiligen Petrus.[140] Nach der Fertigstellung des nördlichen Seitenschiffes wurde es dorthin westlich der Statue der heiligen Margarete an der Wand des ersten Joches verlegt. Der Bestattungsplatz wurde mehrfach versetzt. Anlässlich der Errichtung der Bischofskrypta unter dem Dom (1984-1987) wurden die Gebeine vor wenigen Jahren dorthin verbracht. Von den früheren Begräbnisplätzen stammt eine abgetretene monumentale Grabplatte in Rotmarmor (Höhe 272 cm, Breite 136 cm) außerhalb der Kathedrale an der Südwand des Südflügels des Domkreuzganges.[141] Sie zeigt den Ordinarius im Pontifikalornat mit Pedum und Buch im Viertelrelief; sein Kopf ruht auf einem mit Quasten besetzten Kissen. Zu seinen Füßen sind die Wappen des Hochstifts und der Parsberger eingemeißelt. Eine doppelzeilige Umschrift in gotischen Minuskeln mit Versalien sichert vor allem den 31. Dezember 1449 als Todestag.

Es entsprach in dieser Epoche adeliger Lebenspraxis, dass sich die Geschlechter bemühten, auch in der Folgezeit Nachkommen auf Bischofsstühle zu bringen. Sie wollten die geschaffenen Beziehungsnetze benützen, um die errungene Position im Sozialgefüge nicht nur zu behaupten, sondern im Sinne dynastischer Machterweiterung auszubauen. In diesem Sinne wurde die Familie der Parsberger auch weiterhin aktiv. Doch erreichte sie in den kommenden Generationen die cathedra des heiligen Wolfgang nicht mehr. Sie konnte nur noch kurzfristig Teilerfolge verbuchen. Bei der übernächsten Neubesetzung des Regensburger Bischofsstuhles nach dem Episkopat

---

139 STABER, Kirchengeschichte des Bistums Regensburg (wie Anm. 1), 86.

140 HOCHWART, Catalogus (wie Anm. 55), 221: „Sepultus in medio Cathedralis Ecclesiae juxta statuam S. Petri."

141 Die Kunstdenkmäler von Bayern II/22: Stadt Regensburg I, bearb. von Felix Mader, München 1933 [ND München-Wien 1981], 116; Karl HAUSBERGER, Die Grablegen der Bischöfe von Regensburg, in: BGBR 10 (1976) 365-383, hier 374; Josef MAYERHOFER, Die Bischofsgrabmäler im Regensburger Dom, in: BGBR 10 (1976) 385-397, hier 385f.; Die Inschriften des Regensburger Doms (wie Anm. 15), 140f. Nr. 200. Abb. Tafel XXVIII Nr. 84. Vgl. Fürst Thurn und Taxis Zentralarchiv Regensburg, Sammlung Resch VII, Blatt 33, s. Abb. 6.

des Friedrich von Plankenfels (1450-1457)[142] im Jahr 1457 kandidierte der Neffe Friedrichs II., Heinrich von Absberg; doch wurde seine Wahl von der Kurie zugunsten des wittelsbachischen Pfalzgrafen Ruprecht von Pfalz-Mosbach (1457-1464) als Administrator annulliert.[143] Erst beim folgenden Wahlvorgang 1466 wurde er als Heinrich IV. (1466-1492) dann wirklich gewählt.[144] Seine Amtsführung ist von wesentlich wirkungsvollerer und erfolgreicherer Reformtätigkeit gekennzeichnet als die des vorausgehenden Onkels, auch wenn er im Rahmen der Bereinigung der innerdiözesanen Auseinandersetzungen der unangebrachten Zusammenarbeit mit diesem beschuldigt wurde. Die Mutter Elisabeth von Parsberg war die Schwester Bischof Friedrichs II. und mit dem fränkischen Ritter Heinrich von Absberg zu Rumberg, Reicheneck und Dornhausen (Pfleger zu Ingolstadt 1402-1407, herzoglicher Marschall 1412, † nach 1434). Zwischen die beiden verwandten Bischöfe schob sich mit dem Plankenfelser ein dritter Bischof, der ebenfalls aus dem Mediatadel der Umgebung stammte. Dieses Trio brachte im 15. Jahrhundert eine oberpfälzische Note auf den Stuhl des heiligen Wolfgang. Sie wurde noch verstärkt von einem weiteren Neffen Bischof Friedrichs II. und Vetter Bischof Heinrichs IV., den Sohn des Nürnberger Reichsschultheißen Werner I.: Heinrich von Parsberg. Er stieg zur Zeit des Absbergers immerhin bis zum Amt des iudex ordinarius am Domkapitelsgericht auf, das er im Regensburger Ordinariat von 1459 bis 1499 innehatte.[145] In seinen engsten Umkreis gehört ein weiterer wenig bekannter Johannes von Parsberg, der zwischen 1466 und 1468 mehrfach als Ersatzrichter (iudex) auftritt; der an der Universität Leipzig promovierte Jurist ist genealogisch nicht weiter einzuordnen.[146] Gerade im 15. Jahrhundert waren die Parsberger an der Regensburger Domkirche mehrfach vertreten. Davon zeugen noch heute drei Epitaphien aus dieser Epoche im Domkreuzgang mit dem Wappen der Familie.[147] Das Geschlecht erlebte im 15. Jahrhundert den Höhepunkt seiner Geltung am Bischofssitz Regensburg.[148]

---

142 JANNER, Bischöfe von Regensburg (wie Anm. 1), 487-508; HAUSBERGER, Geschichte (wie Anm. 1), 213f.; GATZ (Hg.), Die Bischöfe 1448-1648 (wie Anm. 1), 542 [Karl Hausberger]; Die Inschriften des Regensburger Doms (wie Anm. 15), 154f. Nr. 222.

143 JANNER, Bischöfe von Regensburg (wie Anm. 1), 509-534; HAUSBERGER, Geschichte (wie Anm. 1), 215f.; GATZ (Hg.), Die Bischöfe 1448-1648 (wie Anm. 1), 604f. [Karl Hausberger].

144 JANNER, Bischöfe von Regensburg (wie Anm. 1), 535-603; HAUSBERGER, Geschichte (wie Anm. 1), 217-223; GATZ (Hg.), Die Bischöfe 1448-1648 (wie Anm. 1), 1f. [Karl Hausberger]; Die Inschriften des Regensburger Doms (wie Anm. 15), 200-202 Nr. 293.

145 Die Inschriften des Regensburger Doms (wie Anm. 15), 218f. Nr. 319; DEUTSCH, Ehegerichtsbarkeit (wie Anm. 60), 88f.; Wolfgang JANKA (Bearb.), Regesten der Urkunden des Dominikanerinnenklosters Pettendorf (1262-1672) (Regensburger Beiträge zur Regionalgeschichte 25), Regensburg 2019, 166 Nr. 263 (a. a. 1492). Vgl. Stadtarchiv Regensburg, AHO R.R. I 70 a.

146 Nachweis bei DEUTSCH, Ehegerichtsbarkeit (wie Anm. 60), 396. Vgl. Georg ERLER, Die Matrikel der Universität Leipzig I: 1409-1559, Leipzig 1895, 260, II: 1559-1809, Leipzig 1897, 212.

147 Die Inschriften des Regensburger Doms (wie Anm. 15), 130f., 140-142, 218f. Nr. 188, 200, 319. – Zum Wappen des Bistums Regensburg in der frühen Neuzeit: Erwin GATZ (Hg.), Die Wappen der Hochstifte, Bistümer und Diözesanbischöfe im Heiligen Römischen Reich 1648-1803, Regensburg 2007, 475-493.

148 GEMEINER, Regensburgische Chronik III (wie Anm. 24), 193: „aus dem edlen Geschlecht der Parsberger".

Im Übrigen blieb die Ritterfamilie bei ihren weiteren Bewerbungen um hohe Positionen im Kirchendienst erfolglos. Das gilt nicht nur für die Diözese Regensburg, sondern auch darüber hinaus. Die Gründe sind mehrschichtig und vor allem in der Randlage ihrer Herrschaft zu suchen. Diese veranlasste sie in der Folgezeit bei der Suche nach dem optimalen Kurs im Herrschaftsgefüge zu einem unentschiedenen Lavieren zwischen Landesherrschaft und Reichsbindung. Er führte sie zwischen die Häuser Wittelsbach und Habsburg als die beiden Vormächte im süddeutschen Raum. Der Blick auf die kirchlichen Karrieren deckt sich mit den Verhältnissen im Bereich der profanen Verwaltungen. Die Familie der Parsberger Ritter spielt wie in der Behördengeschichte auch in der adeligen Reichskirchenpolitik der Frühneuzeit keine besondere Rolle mehr.[149]

Würdigung

Friedrich II. von Parsberg war der einzige Bischof auf der cathedra des heiligen Wolfgang aus der niederadeligen Familie der Herren von Parsberg. Der Blick in seinen zwölfjährigen Episkopat veranlasst die meisten Betrachter zu einem zwiespältigen Urteil. Demnach sind vor allem die Anfangsjahre des hochgebildeten Juristen von ernsthaftem Bemühen um eine solide Amtsführung mit tragfähigen Neuerungen und wirkungsvollen Reformansätzen in der Diözese Regensburg bestimmt. Mit Erfolg schaltete er sich in die Gestaltung der Reichs- und Kirchenpolitik sowie der bayerischen Landespolitik ein. Auf dem wichtigen Basler Konzil spielte er eine viel beachtete Rolle. Doch ist er von diesem anerkennenswerten Weg in seinen letzten Jahren abgekommen und hat in einer schwer verständlichen Kehrtwendung in zentralen Punkten einen geradezu entgegengesetzten Kurs eingeschlagen, der fast von Altersstarrsinn geprägt war. So stellt sich das Bild Bischof Friedrichs II. in der aktuellen Geschichtsschreibung dar. Mit Berufung auf Lorenz Hochwart[150] geht sie von einem Bruch in der Biografie aus, der mit einer langwierigen Erkrankung erklärt und somit persönlich begründet wird.

Demgegenüber beobachtete schon Carl Theodor Gemeiner im Lebensweg des Bischofs eine nicht zu übersehende Kontinuität: „In der ganzen Zeit seines Hirtenamts war Bischof Friedrich sich gleich geblieben.“[151] Diese Feststellung besteht zurecht. Im Grunde durchzieht eine tragende Linie durchgängig seinen gesamten Episkopat. Von dessen Anfang war bis zum Ende die Zusammenfassung möglichst vieler Kompetenzen in seiner Hand das Hauptziel, um die Position seiner eigenen Persönlichkeit und des Geschlechtes, dem er entstammte, aber auch der Kirche, der er vorstand,

149 Rudolf REINHARDT, Die hochadeligen Dynastien in der Reichskirche des 17. und 18. Jahrhunderts, in: Römische Quartalschrift 83 (1988) 213-235.
150 HOCHWART, Catalogus (wie Anm. 55), 221: „morbo diuturno conflictatus et ratione destitutus“.
151 GEMEINER, Regensburgische Chronik III (wie Anm. 24), 175.

aufzuwerten. Dieses Bestreben zeichnet sich als die entscheidende Kennmarke seines Lebensweges ab. Es nimmt mit fortschreitendem Alter an Konsequenz zu, um die letzten Jahre in fast grotesker Weise zu bestimmen. Immer mehr treten selbstherrliche Züge in der Amtsführung hervor. Sie lenkten weg von den vielen zweckmäßigen Maßnahmen vor allem der Frühzeit, die er schließlich nicht nur aus dem Auge verlor, sondern oftmals bewusst umging, vereinzelt sogar ins Gegenteil verkehrte. Hinter allen, zum Teil schließlich fast widersprüchlichen Einzelaktionen steht als die den gesamten Episkopat durchziehende, gleichbleibende Grundlinie das Bemühen um Zentralisierung zum Zwecke der Stärkung der Autorität des Fürstbischofs. Sein Regiment mündete schließlich in völlig unverständliche Alleingänge, die eindeutig autokratische, egozentrische, geradezu vorabsolutistische Handlungsweisen verraten.

Mit diesem Leitmotiv der Konzentrierung aller Herrschaftsgewalt in seiner Hand befindet sich Bischof Friedrich II. durchaus in Übereinstimmung mit den Grundtendenzen des Verfassungslebens seiner Zeit. Derartige Zentralisierungsbestrebungen sind in gleicher Weise im Heiligen Römischen Reich festzustellen. Die Reichsreform des 15. und frühen 16. Jahrhunderts verfolgte ebenfalls das Ziel der Stärkung der monarchischen Spitze in der Auseinandersetzung mit den Einzelstaaten als Grundthema.[152] Sie begegnen auf der Ebene der Territorien in abgewandelter Form im Ringen der Landesherrschaften mit der Ständebewegung.[153] Zur gleichen Zeit hatte sich die Kirche auf der obersten Ebene mit den Grundproblemen des Papalismus und Konziliarismus[154], auf Diözesanebene mit der Synodalbewegung und Adelsansprüchen in den Domkapiteln auseinanderzusetzen.[155] Bischof Friedrich II. wurde mit diesem Problemfeld erstmals während seiner Studienjahre in Italien bekannt gemacht, wo die nämlichen Konflikte bereits in der vorausgehenden Epoche einsetzten und nach einem Jahrhundert in Niccolò Machiavellis Traktat *Il Principe* (um 1513) ihre wirkmächtige theoretische Ausformulierung erhielten. Auf diese Grundlinie des Verfassungsdisputs der Epoche „Monarchischer Zentralismus oder ständischer Dualismus“ ist auch der Episkopat Friedrichs II. von Parsberg zu reduzieren. Der Bischof hat dieses Kernproblem in obrigkeitlichem Sinne zu lösen versucht. In diese Grundlinie sind viele, auch die beim ersten Zusehen schwer verständlichen Verfügungen einzuordnen. Sie fand ihre sichtbare Umsetzung, als in Wörth der Ausbau der Bischofsburg zum Schloss begonnen und damit der Übergang zur repräsentativen Hofkultur eingeleitet wurde. Gemeiner hat wohl mit der Feststellung recht, dass Friedrich von Parsberg „von Leidenschaften hingerissen und von geistlichem Stolz aufgeblasen“ war.[156] Der Kirchenfürst hat die Lebensformen der Adelswelt, der er

152 Heinz ANGERMEIER, Die Reichsreform 1410-1555. Die Staatsproblematik in Deutschland zwischen Mittelalter und Gegenwart, München 1984.

153 Francis L. CARSTEN, Princes and Parliaments in Germany from the fifteenth to the eighteenth Century, Oxford 1959; Karl BOSL, Die Geschichte der Repräsentation in Bayern: Landständische Bewegung, landständische Verfassung, Landesausschuß und altständische Gesellschaft, München 1974.

154 Hermann Josef SIEBEN, Die Konzilsidee des lateinischen Mittelalters, Paderborn 1984.

155 Vgl. Josef MASS, Das Bistum Freising im Mittelalter, München ^{2}1988, 310-315.

156 GEMEINER, Regensburgische Chronik III (wie Anm. 24), 176.

entstammte und durch seine Tätigkeit auf der politischen Bühne lebenslang verbunden blieb, in Anwendung seiner Italienerfahrungen aufgegriffen und in den Kirchenbereich übertragen. Bischof Friedrich II. hat die Antinomie, die das 15. Jahrhundert durchzieht, auf seine Weise zu lösen versucht. Mit harter Hand führte er sein Bistum in schwierige Jahre.

Aus diesem Grund fällt das Urteil über Fürstbischof Friedrich II. von Parsberg zwiespältig aus. Der zeitgenössische Geschichtsschreiber Andreas von Regensburg hat von ihm nur mit Worten großen Respekts gesprochen.[157] Auch der rückblickende Bistumshistoriker Laurentius Hochwart kam zu einem positiven Gesamturteil: „Vir animosus erat, qui bene potenterque suae praefuit Ecclesiae."[158] Ihm schlossen sich der Emmeramer Benediktiner Christophorus Hoffmann („bene et potenter rexit")[159] und der Münchner Hofrat Wiguläus Hundt an: „ein dapfferer Mann und Beschirmer des Stiffts".[160] Marcus Hansiz sichert Friedrich von Parsberg unter Rückgriff auf die erzbischöfliche Konfirmationsbulle zu, dass er „bene, mature et utiliter" seines Amtes gewaltet habe.[161] In gleichem Sinne resümiert Johann Carl Paricius: „ein gelehrter Herr, [...] regierte löblich."[162] Von den späteren Autoren versucht am ehesten Ferdinand Janner, ihm mit Verständnis gegenüberzutreten und das Vorgehen aus dem Ultramontanismus seiner Zeit heraus verständlich zu machen: „ein eifriger, strenger Bischof, zäh in der Vertheidigung seines Hochstiftes und seiner bischöflichen Gewalt".[163] Aus einer ähnlichen Grundposition heraus urteilt das *Universal-Lexikon* von Pierer: „ein großmüthiger und tapferer Prälat, welcher seinem Bisthum selbst vom Kaiser nicht zu nahe treten ließ".[164] Für den Ortschronisten Alfred Spitzner war er in gleicher Weise „ein Mann von unbeugsamer Konsequenz, ein tapferer Beschirmer des Stiftes und der geistlichen Rechte".[165]

Zu einem völlig gegensätzlichen Urteil kam die protestantische Historiografie, die ihren Blick vor allem auf den Ausgang der Regierungszeit des Dözesanvorstandes konzentrierte und in den damaligen Verwerfungen ein bezeichnendes Beispiel für die Notwendigkeit der reformatorischen Umkehr in dieser Stadt erblickte. Für ihre Einschätzung soll der Stadtchronist Andreas Raselius (1562-1602) stehen. Er beschließt

157 LEIDINGER (Hg.), Andreas von Regensburg (wie Anm. 8), 293, 426, 703.

158 HOCHWART, Catalogus (wie Anm. 55), 221.

159 HOFFMANN, Historia Episcoporum Ratisponensium (wie Anm. 85).

160 HUNDT, Stammen-Buch (wie Anm. 3), 202.

161 Zit. bei JANNER, Bischöfe von Regensburg (wie Anm. 1), 479 Anm.

162 Johann Carl PARICIUS, Allerneueste und bewährte Historische Nachricht von allen in denen Ring-Mauren der Stadt Regensburg gelegenen Reichs-Stiftern, Haubt-Kirchen und Clöstern Catholischer Religion, Regensburg 1753, 18: „er wolte die Domherren reformiren, kunte wegen unterloffener andern Mißhelligkeiten diesen an sich lobsammen Zwecke nicht alerdings erreichen."

163 JANNER, Bischöfe von Regensburg (wie Anm. 1), 485f.

164 Heinrich August PIERER, Universal-Lexikon der Gegenwart und Vergangenheit XIII, Altenburg 1861, 925f.

165 SPITZNER, Parsberger Chronik (wie Anm. 1), 18.

seine Stadtchronik mit einem „Verzaichnuß unnd Register der Bischove zu Regensburg“[166], das für das 15. Jahrhundert nicht mehr als ein dürres Faktengerüst bietet und auf diese Weise den Tiefpunkt der Entwicklung kennzeichnet. Für Friedrich II. findet er in einem nackten Zweizeiler überhaupt die wenigsten Worte: „Fridericus der annder von Parsperg wurde bischoff im 1437. Jahr. Regiert 13 Jahr.“ Gerade diese Kürze sagt viel über sein Urteil aus. Die Begründung liefert er an anderer Stelle, wo er als einziges Faktum aus dem Episkopat den „fräventlichen“ und „gräulichen Mordt“ eines Diözesanklerikers im Jahr 1443 anführt, den der Bischof „offentlich [...] nit schlecht mit dem Schwert, sonnder mit dem Radt vom leben zum Todt richten ließ“.[167] Bei Raselius erscheint Friedrich II. von Parsberg als gänzlich verweltlichter, durch übergroße Härte gekennzeichneter Diözesanvorstand, mit dem die Bischofsreihe an einem echten Tiefpunkt angelangt war.

Die heute maßgebliche Literatur legt sich größere Zurückhaltung auf. Im Gegensatz zum gleichnamigen Vorgänger zu Eichstätt wird er in Karl Bosls *Bayerischer Biographie* nicht eines eigenen Lemmas gewürdigt.[168] Ebenso verfahren die großen Nachschlagewerke, die *Allgemeine Deutsche Biographie*, die *Neue Deutsche Biographie*, das *Lexikon des Mittelalters* oder das *Lexikon für Theologie und Kirche*. Hier wird er nicht zu den bedeutenden Persönlichkeiten gezählt. Auch die Sammlung von *Lebensbildern aus der Geschichte des Bistums Regensburg* nahm auf ihn keinerlei Bezug.[169] Das entscheidende Urteil stammt von Karl Hausberger. Er geht von einem deutlichen Bruch aus, der den Episkopat Friedrichs II. durchzieht, und gelangt so zu einer durchwachsenen Gesamtsicht mit Licht und Schatten.[170] Diesem Urteil ist beizupflichten. Wenn man die Frage der moralischen Bewertung weiter zurückdrängt und sich ausschließlich auf die erklärende Suche nach den entscheidenden Antriebskräften konzentriert, wird man Bischof Friedrich II. von Parsberg als Diözesanvorstand betrachten dürfen, der sich ernsthaft um die Verbesserung der religiösen Zustände in dem ihm übertragenen Bistum und dessen sichtbare Vertretung in der Öffentlichkeit bemühte. Dazu hat er die bestimmenden Antriebkräfte des Verfassungsdisputs seiner Zeit aufgegriffen und versucht, sie in seinem Bereich mit Zähigkeit anzuwenden. Sein Grundziel war die Stärkung der Autorität von Kirche und Bischof mit allen ihm zur Verfügung stehenden Mitteln. Dieses Bestreben lenkte ihn auf einen sehr eigenwilligen Weg, der auch

---

166 Andreas RASELIUS, Beschreibung der Statt Regenspurg mit allen darinen ligenden Stüfft vnnd Clöstern: Staatliche Bibliothek Regensburg, IP 20 Rat. civ. 268, fol. 287ff. ohne Seitenangabe. Vgl. auch DERS., Regensburg. Ein Stadtrundgang im Jahre 1599, hg. v. Peter Wolf, Regensburg 1999, 24-26 (wo er den Bischof nicht zu den weiter erwähnenswerten Persönlichkeiten zählt).

167 RASELIUS, Beschreibung (wie Anm. 166), fol. 220v. Zum Vorgang: GEMEINER, Regensburgische Chronik III (wie Anm. 24), 131.

168 Karl BOSL (Hg.), Bayerische Biographie. 8000 Persönlichkeiten aus 15 Jahrhunderten I, Regensburg 1983, 223. In Anschluss daran: Große Bayerische Biographische Enzyklopädie, hg. v. Hans-Michael Körner, 4 Bde., München 2005.

169 Georg SCHWAIGER (Hg.), Lebensbilder aus der Geschichte des Bistums Regensburg, 2 Bde. (BGBR 23/24), Regensburg 1989.

170 HAUSBERGER, Geschichte (wie Anm. 1), 210-212; DERS., Bistum Regensburg (wie Anm. 1), 73; DERS., Parsberg (wie Anm. 1).

den Konflikt nicht scheute. Das Diktum Gemeiners trifft ihn gut: „dieses eifrigen Hierarchen".[171] Die ergriffenen Maßnahmen machten ihn zu einem der stark verweltlichten Bistumsvorstände, die infolge der Verabsolutierung der säkularen Komponente ihres Doppelamtes die spätere Kirchenkritik der Reformatoren geradezu heraufbeschworen. Dadurch wurden seine Beiträge zur Reform des kirchlichen Lebens zu sehr in den Hintergrund gerückt. Doch dürfen sie keinesfalls übergangen werden. Bei aller Eigenwilligkeit war Friedrich II. von Parsberg letztlich doch ein typischer Fürst-Bischof seiner Zeit. Zusammen mit Peter I. von Schaumburg (1424-1469) zu Augsburg, Johann III. von Eich (1445-1464) zu Eichstätt, Johannes Grünwalder (1443-1452) zu Freising oder Leonhard von Laiming (1423-1451) zu Passau gehörte er einer Bischofsgeneration an, die das kirchliche Leben in Bayern in einer Phase der Neuausrichtung in sehr eigener Weise prägte.

171 GEMEINER, Regensburgische Chronik III (wie Anm. 24), 84.

„O himmlische Frau Königin"
Ein Marienlied zwischen Frömmigkeitsstrategie und „Volksfrömmigkeit"

von Johannes Merz

Am 28. Februar 1982 stand der Münchner Erzbischof Joseph Kardinal Ratzinger an der Mariensäule in München. Am symbolischen Mittelpunkt des Landes nahm er Abschied von seiner Diözese. Schon beim Antritt als Erzbischof fünf Jahre zuvor hatte er an der gleichen Stelle zu Maria gebetet: „Unsere Vorfahren haben Dich als ihre Schutzherrin erwählt, als die Herzogin dieses Landes ..."[1] Er spielte damit auf ein altes Marienlied an, das er aus dem Gesangbuch kannte: „O himmlische Frau Königin, der ganzen Welt ein' Herrscherin! Du Herzogin von Bayern bist, das Bayernland dein eigen ist."[2] Nun beim Abschied zitierte er sogar wörtlich aus der zweiten und dritten Strophe: „Dich München gar im Herzen hat: dein Dom steht mitten in der Stadt. [...] Auf hoher Säule ragt dein Bild, du Schutzfrau Bayerns wundermild [...]."[3]

Dieser Bezug auf eine vermeintlich alte Tradition, der sich auch in der Fachliteratur findet[4], auf eine Verankerung im Herzen der Münchner oder gar bayerischen Bevölkerung war sicherlich mitentscheidend dafür, dass in den nachfolgenden Jahrzehnten das Lied immer wieder zu bestimmten Anlässen vor allem im Dom und auf dem Marienplatz gesungen wurde.[5] 2006, beim Besuch Ratzingers in seiner alten Heimat, nunmehr als Papst Benedikt XVI., erklang es wiederum als Hommage an den seinerzeitigen Abschied aus den Kehlen des Domchors.[6] Bis heute findet das

---

1 Peter PFISTER (Hg.), Joseph Ratzinger und das Erzbistum München und Freising. Dokumente und Bilder aus kirchlichen Archiven, Beiträge und Erinnerungen. Redaktion Guido Treffler (Schriften des Archivs des Erzbistums München und Freising 10), Regensburg 2006, 280.

2 Gotteslob. Katholisches Gebet- und Gesangbuch. Ausgabe für das Erzbistum München und Freising, München 1975, Nr. 855.

3 PFISTER, Ratzinger und das Erzbistum (wie Anm. 1), 461.

4 August SCHARNAGL/Siegfried GMEINWIESER, Art. Khuen, Johannes in: MGG Online, hg. v. Laurenz Lütteken, Kassel, Stuttgart, New York 2016ff., zuerst veröffentlicht 2003, online veröffentlicht 2016, https://www.mgg-online.com/mgg/stable/28074. Demnach wurde das Lied von 1637 „bis in unsere Zeit" von den katholischen Kirchengemeinden gesungen.

5 Vgl. auch Bernhard M. HOPPE, München-Thalkirchen, in: Peter Pfister/Hans Ramisch (Hg.), Marienwallfahrten im Erzbistum München und Freising, Regensburg 1989, 127-135, hier 135.

6 http://www.merkur-online.de/lokales/regionen/erinnerungen-jugend-235931.html (letzter Aufruf: 13.10.2021).

Lied von der Himmelskönigin als Patrona-Bavariae-Lied in München eine gewisse Verwendung, beschränkt sich jedoch auch weitgehend auf diesen Ort.[7]

Eine Ausnahme bildete die gemeinsame Wallfahrt der bayerischen Bistümer 2017 nach München auf den Marienplatz. Es war der Höhepunkt einer 2011 gestarteten Pilgerschaft, in der sie jedes Jahr abwechselnd eines ihrer großen Marienheiligtümer aufgesucht hatten. Während die evangelischen Kirchen dem 500-jährigen Reformationsjubiläum eine Lutherdekade von 2008 bis 2016 voranstellten, bereiteten die bayerischen katholischen Bistümer sechs Jahre lang das 100-jährige Jubiläum der Erhebung Mariens zur Schutzfrau Bayerns im Jahr 1917 vor.[8] Diese gemeinsame Feier der bayerischen Bistümer verlangte geradezu nach einem gemeinsamen Patrona-Bavariae-Lied, das alle mitsingen konnten. Und tatsächlich war im Formular einer „Andacht zu Maria, Schutzfrau Bayerns" das Münchner Lied von der Himmelskönigin eingeplant.[9] Einen merklichen Schub in der Rezeption dieses Liedes hat das aber nicht ausgelöst.

Wo kommt es nun her, was ist sein Hintergrund, wann und wie wurde es in die liturgische Praxis aufgenommen? Und lassen sich daraus Schlüsse ziehen zu Akteuren und Inhalten einer eigenen altbayerischen und münchnerischen Liedtradition?

Die Münchner Urfassung von 1637 und ihre Herkunft

Im Münchner *Gotteslob*, wo das Lied von der Himmelskönigin von Anfang an im Eigenteil abgedruckt ist[10], steht als Textnachweis ein Druck von 1637, für die Melodie wird auf die Überarbeitung eines alten Münchner Rueffs durch „Johann Kuen" bzw. Johannes Khuen[11] im gleichen Jahr verwiesen. Tatsächlich erschien 1637 ein Druck mit drei neuen Marienliedern, darunter das von der Himmelskönigin mit ins-

7 Dass es gleichwohl nicht völlig darauf beschränkt ist, zeigen immer wieder einzelne Bezugnahmen. Vgl. z. B. das Geleitwort des (aus München stammenden) Regensburger Bischofs Rudolf Voderholzer zu: Josef KREIML/Veit NEUMANN (Hg.), 100 Jahre Patrona Bavariae. Marienverehrung in Bayern (Regensburger Marianische Beiträge 1), Regensburg 2017, 11.

8 Offizieller Festtag war zunächst der 14. Mai (wobei der konkrete Feiertag auf den Sonntag nach Christi Himmelfahrt gelegt wurde), ab 1927 der erste Samstag im Mai bzw. Feier am darauffolgenden Sonntag, seit 1970 am 1. Mai: Josef AMMER, 100 Jahre Fest Patrona Bavariae (1917-2017). in: Kreiml/Neumann (wie Anm. 7), 21-38.

9 Vgl. Mit Maria auf dem Weg. Mitten im Leben. Pilgerheft Wallfahrt der bayerischen Bistümer nach München 2017, ^{5}2017, 41-45, 113f.

10 Vgl. Anm. 2. Ebenso in der aktuellen Ausgabe: Gotteslob. Katholisches Gebet- und Gesangbuch. Ausgabe für die Erzdiözese München und Freising, Stuttgart-München 2013, Nr. 827.

11 Vgl. die Hinweise bei Franz Günter SIEVEKE, Khuen (Kuen), Johannes, in: Killy Literaturlexikon. Autoren und Werke des deutschsprachigen Kulturraumes, 2. Aufl., hg. v. Wilhelm Kühlmann, Bd. 6, Berlin-New York 2009, 397f.

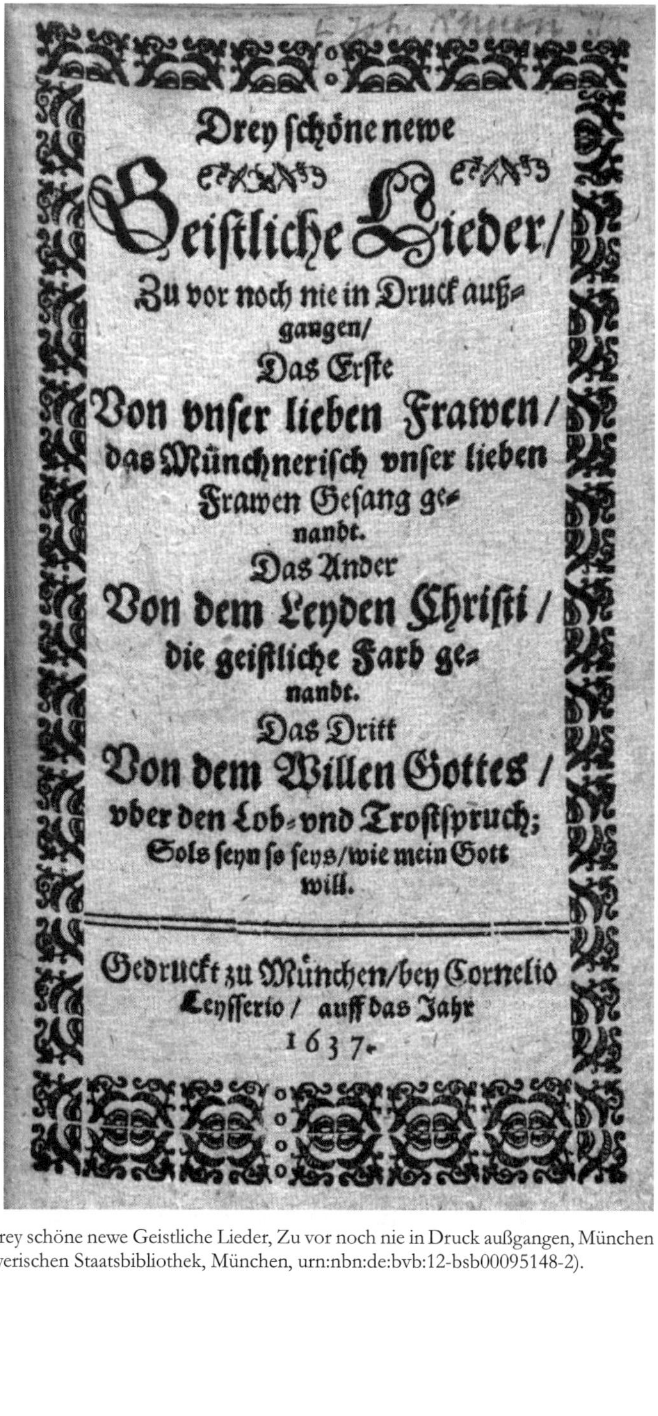
Drey schöne newe
Geistliche Lieder/
Zu vor noch nie in Druck auß-
gangen/
Das Erste
Von vnser lieben Frawen/
das Münchnerisch vnser lieben
Frawen Gesang ge-
nandt.
Das Ander
Von dem Leyden Christi/
die geistliche Farb ge-
nandt.
Das Dritt
Von dem Willen Gottes/
vber den Lob- vnd Trostspruch;
Sols seyn so seys/wie mein Gott
will.

Gedruckt zu München/bey Cornelio
Leysserio/ auff das Jahr
1637.

Abb. 1: Titelblatt aus: Drey schöne newe Geistliche Lieder, Zu vor noch nie in Druck außgangen, München 1637 (Exemplar der Bayerischen Staatsbibliothek, München, urn:nbn:de:bvb:12-bsb00095148-2).

gesamt 30 Strophen.[12] Zwei der drei Strophen aus dem *Gotteslob* finden sich im Wesentlichen schon 1637:

Fassung *Gotteslob* München 1975/2013	Entsprechungen im Druck 1637
1. O himmlische Frau Königin,	Maria HimmelKönigin
der ganzen Welt ein Herrscherin!	Der gantzen Welt ein Herrscherin
– Maria, bitt für uns! –	– Maria bitt für uns –
Du Herzogin von Bayern bist,	Du Hertzogin in Bayern bist
das Bayernland dein eigen ist.	Das Hertzogtum dein eygen ist.
Refr.: Darum, liebreiche Mutter,	Darumb liebreiche Mutter
reich uns dein milde Hand,	reich vns dein milde Handt
halt deinen Mantel ausgespannt	Halt dein Schutz-Mantl außgespant
und schütze unser Bayernland	Vber daß gantze Bayerland
2. Dich München gar im Herzen hat:	28. Dich München gar im Hertzen hat.
dein Dom steht mitten in der Stadt.	Dein Kirch steht mitten in der Statt.
– Maria, bitt für uns! –	– Maria bitt für uns –
Er ist gebaut gar stark und fest	Sie ist erbawet starck vnd vest
zu deiner Ehr aufs allerbest.	zu deiner Ehr auffs allerbest.
3. Auf hoher Säule ragt dein Bild,	– –
du Schutzfrau Bayerns wundermild.	
– Maria, bitt für uns! –	
Das liebe Kind auf deinem Arm	
des ganzen Volkes sich erbarm!	

Sieht man sich die Vorlage von 1637 insgesamt an[13], wird das Prinzip erkennbar, Erscheinungsformen katholischer Frömmigkeit in München in großer Detailtreue zu beschreiben. Von den 30 Strophen weicht nur die einleitende mit der Zuschreibung des Herzogtums Bayern an Maria und die abschließende mit der Bitte, Mutter für München zu sein, von diesem Prinzip ab. Die übrigen 28 Strophen lassen sich so zusammenfassen: Vier Strophen beschreiben die Figur der Patrona Bavariae, mit deren Aufstellung 1616 an der Westseite der Residenz Herzog Maximilian I. sein Land erstmals expressis verbis dem Patronat der Himmelskönigin unterstellte. Es folgen

12 Drey schöne newe Geistliche Lieder, Zu vor noch nie in Druck außgangen. Das Erste Von vnser lieben Frawen, das Münchnerisch vnser lieben Frawen Gesang genandt. Das Ander Von dem Leyden Christi, die geistliche Farb genandt. Das Dritt Von dem Willen Gottes, vber den Lob- und Trostspruch Sols seyn so seys, wie mein Gott will, München 1637 (vgl. Abb. 1; weiterer Druck: Augsburg 1638).

13 Wiedergabe des ganzen Textes u. a. bei: Johannes MODESTO, Ein Münchner Marienlied aus der Barockzeit, in: Sänger- und MusikantenZeitung. Zweimonatsschrift für Volksmusik 46 (2003) 206-211; Hans PÖRNBACHER, Bayerische Bibliothek, Bd. 2: Die Literatur des Barock, München 1986, 1140-1145; Rupert HIRSCHENAUER/Hans GRASSL (Hg.), Johannes Khuen. Ausgewählte Texte und Melodien, München-Zürich 1961, 1-5.

nochmals vier Strophen zu Marienbildern an und in Münchner Häusern. Dann kommen Verse zu Frömmigkeitsformen, die unter Kurfürst Maximilian I. obrigkeitlich eingeführt worden waren: das Gebet beim täglich dreimaligen Ave-Läuten und des Rosenkranzes, die Feier von sieben Marienfesten, der Rorateämter im Advent, des Frauendreißigers (Zeit zwischen Mariä Himmelfahrt, 15. August, und der Oktav von Mariä Geburt, 15. September) und zahlreicher Stiftungsmessen. Fünf Strophen beschreiben die Maria gewidmeten Bruderschaften und Sodalitäten, acht weitere schließlich die Gruft-, die Augustiner- und die Frauenkirche als Orte besonderer Marienverehrung.[14]

Die im Druck 1637 enthaltene Melodie stammt nach Ansicht der Forschung von Khuen. Er hat dabei allerdings auf ältere Vorlagen zurückgegriffen.[15] In einer Nachbemerkung gibt er an, dass der Text ohne die Zwischenrufe und den Refrain auch auf die Melodie des Liedes *Maria breit den Mantel aus* oder weitere von ihm angegebene Melodien gesungen werden könne: „NB Dies wort: Darumb liebreiche Muetter etc. könden allzeit nach einem jedwederen Gesätzlein repetiret vnd widerholet werden, oder man kan sie außlassen, vnd jetzt da jetzt dort widerholen, wie es einem jeden gefällig wird seyn. Wann man aber diese wort gantz außlast, wie auch die wort: Maria bitt für vns, so kan diß Lied gesungen werden im Thon: Maria brait dein Mantel auß, oder wie man die Kayserin singt. Widerumb so kan es auch gesungen werden im Thon: Ist das der Leib Herr Jesu Christ, doch muß man alsdann zu end eines jeden Gesätzleins dies wort hinzu setzen: Bitt für vns Gott, in aller Noth. Oder: Maria zart, vns wol bewahrt."[16]

Die alternative Verwendung der Melodie des Liedes *Maria breit den Mantel aus* weist darauf hin, dass es damals schon allgemein bekannt gewesen sein muss. Dieses Marienlied war als gegenreformatorische Maßnahme wohl nach der Schlacht am Weißen Berg zu Ehren der siegreichen Himmelskönigin verfasst[17] und gezielt durch Jesuiten verbreitet worden. Die Jesuiten und unter ihrem Einfluss der Kölner Kurfürst Ferdinand (1577-1650), Bruder des bayerischen Kurfürsten Maximilian, verhalfen der ganz jungen Wallfahrt zur Madonna von Foy (im Südosten des heutigen Belgien) zu

14 Eine detaillierte Erklärung der von Khuen beschriebenen Münchner Frömmigkeitsorte und -institutionen bietet Roland GÖTZ, „Du Herzogin von Bayern bist ...". Aus der Geschichte der Marienverehrung in Altbayern, Ms. 2015, http://www.patrona-bavariae.info/fileadmin/smb/Redaktion/Dokumente/Roland_Goetz._Die_Heilige_Maria.pdf (17.10.2021).

15 Vgl. Manfred KNEDLIK, Johannes Khuen, in: Waldemar Fromm/Manfred Knedlik/Marcel Schellong (Hg.), Literaturgeschichte Münchens, Regensburg 2019, 137-141, hier 140; Irmgard SCHEITLER, Die Rezeption der Lieder Rists im Schauspiel des 17. Jahrhunderts, in: Johann Anselm Steiger/Bernhard Jahn (Hg.), Johann Rist (1607-1667). Profil und Netzwerke eines Pastors, Dichters und Gelehrten (Frühe Neuzeit 195), Tübingen 2015, 281-298, hier 283; Werner BRAUN, Thöne und Melodeyen, Arien und Canzonetten. Zur Musik des deutschen Barockliedes (Frühe Neuzeit 100), Tübingen 2004, 237-240.

16 Drey schöne newe Geistliche Lieder (wie Anm. 12).

17 Vgl. Hermann KURZKE/Christiane SCHÄFER, Mythos Maria. Berühmte Marienlieder und ihre Geschichte, München 2014, 147-166, hier 152.

Links Abb. 2: Die Himmelskönigin als Patronin Frankens: Kupferstich (Ausschnitt) aus: Christoph Marianus, Encaenia et tricennalia Iuliana, Würzburg 1604 (Diözesanbibliothek Würzburg, HAS 174).
Rechts: Abb. 3: Die „Patrona Boiariae" von 1616 an der Westfassade der Münchner Residenz (aus: Lorenz Bauer, Münchener Renaissance vom Ende des XVI. bis Ende des XVIII. Jahrhunderts, München 1878).

ihrer überregionalen Rezeption. Dafür verbrachten sie Kopien des Gnadenbildes unter anderem nach München (hier mindestens zwei Exemplare), Innsbruck, Neuburg an der Donau und Straubing.[18] Und sie propagierten diesen Kult durch ein 1640 in Innsbruck gedrucktes Liederheft mit vier Marienliedern, darunter eben das Schutzmantellied *Maria breit den Mantel aus.*[19] Hervorzuheben ist hier der an erster Stelle genannte Ehrentitel Mariens als „Himmelkönigin", der das Lied ebenso mit dem Druck

18 Sibylle APPUHN-RADTKE, Kultförderung im 17. Jahrhundert. Die Verbreitung der „Madonna von Foy" in der Oberdeutschen Provinz, in: Franz Brendle/Fabian Fechner/Anselm Grupp (Hg.), Jesuiten in Ellwangen. Oberdeutsche Provinz, Wallfahrt, Weltmission (Veröffentlichungen der Kommission für geschichtliche Landeskunde in Baden-Württemberg B 189), Stuttgart 2012, 135-164.

19 Vier schöne newe geistliche Lieder, Von vnser lieben Frawen der Himmelkönigin Maria vnnd Muetter der Barmhertzigkeit, Gemacht vnnd gesungen zue ehren der Wunderthättigen Bildtnuß vnser lieben Frawen von Foy, welche zue Ynßprugg in der Kirchen der Societet Jesu, von jeder meniglich mit grosser Andacht verehrt wirdt, vnder dem Tittel der Muetter der Barmhertzigkeit, Innsbruck 1640.

von 1637 verbindet wie die Darstellung der Madonna von Foy als gekrönte Herrscherin und der Begriff des Schutzmantels.

Dieses Bild der Himmelskönigin hatte seit dem späten 16. Jahrhundert eine neue, zugespitzte Bedeutung erfahren. Maria wurde aus der Gruppe der Heiligen herausgehoben, als Königin überhöht und in den Himmel gerückt, wo sie am Thron Gottes das Amt einer Patronin für eine bestimmte Region wahrnahm: Zuerst des Herzogtums Franken (1604; s. Abb. 2), dann Bayerns (1616: s. Abb. 3), wenig später geschah das gleiche in Frankreich (1638), Portugal (1646), Österreich (1647) und Polen (1656)[20]. Wesentlicher Kern dieses Marienpatronats war die Einheit des Herrschers, seines Landes und seiner Untertanen, die zusammen direkt der himmlischen Herrschaft Mariens unterworfen waren. Schon Wilhelm V. hatte unter

Abb. 4: Gottesdienst vor der Mariensäule, Kupferstich von Bartholomäus Kilian (1630-1696), um 1660 (AEM, Graphiksammlung 20350).

20 Grundlegend: Damien TRICOIRE, Mit Gott rechnen. Katholische Reform und politisches Kalkül in Frankreich, Bayern und Polen-Litauen (Religiöse Kulturen im Europa der Neuzeit 1), Göttingen 2013. Tricoire hatte nicht gesehen, dass das Marienpatronat noch vor Bayern bereits in Franken etabliert wurde (wenngleich unter bayerischem Einfluss), was freilich den Ertrag seiner Forschungen nicht mindert. Vgl. Johannes MERZ, Julius Echter als Förderer von Wissenschaft und Bildung. Eine Annäherung, in: Franz Fuchs/Dorothea Klein (Hg.), Kulturstadt Würzburg. Kunst, Literatur und Wissenschaft in Spätmittelalter und Früher Neuzeit, Würzburg 2013, 233-255, hier 238-241.

dem Einfluss der Jesuiten eine ausgeprägte Marienfrömmigkeit entwickelt. Sein Sohn Maximilian steigerte das noch bis hin zur Errichtung der Mariensäule auf dem Münchner Getreidemarkt 1638 und zu seiner Blutweihe an die Jungfrau Maria.[21] Insbesondere mit der Mariensäule löste er die Himmelskönigin aus dem sakralen Raum heraus und stellte sie in die nunmehrige symbolische Mitte seines weltlichen Herrschaftsgebietes[22] (Abb. 4).

Die Veröffentlichung des Liedes von der Himmelskönigin durch den Jesuitenzögling Johannes Khuen 1637 kurz vor der Aufrichtung der Mariensäule passte somit gut in das bayerische Frömmigkeitsprogramm, für das die Jesuiten ein Arsenal an Vorstellungen und Praktiken bereitgestellt hatten, das der Landesfürst in herausragender Weise anwendete und das von der Münchner Bürgerschaft bereitwillig angenommen wurde. Freilich war das Lied keine komplette Neudichtung. Vielmehr gleicht es im Eingangsvers, im Thema insgesamt sowie in weiteren Textpassagen sehr stark einem Marienlied, das seit 1628[23] in zahlreichen fränkischen Gesangbüchern überliefert ist (s. Abb. 5). Dieses besteht aus nur acht Strophen gegenüber den 30 im Druck von 1637. Im Folgenden werden dem vollständigen Würzburger Text[24] die passenden Passagen der Münchner Fassung (jeweils ohne Wiederholung des Refrains) gegenübergestellt:

Würzburg 1628	München 1637 (Auszüge)
O Himmlische Fraw Königin	Maria HimmelKönigin
durch alle Welt ein Herrscherin	Der gantzen Welt ein Herrscherin.
du Hertzogin zu Francken bist	Du Hertzogin in Bayern bist
das Hertzogthumb dein eigen ist	Das Hertzogtum dein eygen ist
darumb O Mutter deine Händ	Darumb liebreiche Mutter
	reich vns dein milde Handt
	Halt dein SchutzMantl außgespant
halt vber vns in Franckenland	Vber daß gantze Bayerlandt.

21 Dieter ALBRECHT, Maximilian I. von Bayern 1573-1651, München 1998, bes. 292-297.

22 Damien TRICOIRE, „Sklave sein heißt herrschen“: Die Münchner und Prager Mariensäulen in ihrem religiösen und politischen Kontext, in: Marco Bogade (Hg.), Transregionalität in Kult und Kultur. Bayern, Böhmen und Schlesien zur Zeit der Gegenreformation, Köln u. a. 2016, 59-70, bes. 64-66.

23 Die fränkische Fassung des Herzoginnenliedes erscheint erstmals im Würzburger Gesangbuch von 1628. Von der Erstausgabe ist kein Exemplar mehr überliefert. Die Forschung geht jedoch davon aus, dass das älteste erhaltene Exemplar von 1630 mit dem Erstdruck 1628 vollständig übereinstimmt: Andreas SCHEIDGEN, Mainz – Würzburg – Bamberg – Fulda – Trier – Limburg – Luxemburg, in: Dominik Fugger/Andreas Scheidgen (Hg.), Geschichte des katholischen Gesangbuchs (Mainzer Hymnologische Studien 21), Tübingen 2008, 85-104, hier 87.

24 Alte vnd Newe GEistliche/ Catholische/ außerlesene Gesäng/ auff Sonn- vnd fürnehme Festäg deß gantzen Jars/ Processionen/ Creutzgängen vnd Wallfarten/ bey der H. Meß/ Predig/ Kinderlehr/ in Häusern vnd auff dem Feld sehr nützlich vnd andächtig zugebrauchen, Würzburg 1630, S. 337-339. Faksimile: https://www.digitale-sammlungen.de/de/view/bsb11105271? (31.08.2021). Maßgebliche Edition: Friedrich SPEE, „Ausserlesene, catholische, geistliche Kirchengesäng“. Ein Arbeitsbuch, hg. v. Theo G. M. Oorschot (Friedrich Spee, Sämtliche Schriften 4), Tübingen-Basel 2005, 351-353.

Abb. 5: Die älteste Fassung des Herzoginnen-Liedes im Würzburger Diözesangesangbuch: Alte vnd Newe GEistliche/ Catholische/ außerlesene Gesäng, Würzburg 1630, 337 (Exemplar der Universitätsbibliothek Regensburg, urn:nbn:de:bvb:12-bsb11105271-6).

Zu Würtzburg hastu deinen Sitz
das zeigt am Schloß die hohe Spitz
darauff dein Bild glantzt hüpsch vnd fein
wie Gold vnd wie der Sonnenschein

Von dir wie du O Jungfraw weist
Mariaeberg der Schloßberg heist
schaw Jungfraw wie auch Grund vnd Erd
dich halten hie im höchsten Werth.

Dich Würtzburg gar im Hertzen hat
dein Kirch steht mitten in der Stadt
die schöne Kirch Capell genennt
sich dein vnd dir geweyht erkennt

2. Zu München du dein Wohnung hast
Das zaiget an der schön Palast
Die newe Vest hat für ihr Schildt
Ein wunderschöns Maria Bildt.

28. Dich München gar im Hertzen hat
Dein Kirch steht mitten in der Stadt.
Sie ist erbawet starck vnd vest
Zu deiner Ehr auffs allerbest.

Maria dich liebt Würtzburg sehr wo thut ein Stadt deßgleichen mehr? Zu Würtzburg an so manchem Hauß steht ein Mariae Bild herauß.	11. Dich München liebt von hertzen sehr Thuet alls zue deinem Lob vnd Ehr [...] 6. Zu München an so manchem Hauß Steht ein Maria Bild herauß. [...]
Den Dreyssigsten dir Würtzburg hält Rorate ist da wolbestelt vnnd deine fünff fürnembste Fest fast Würtzburg auf das allerbest.	15. Dein Dreyssigst ist hie wol bestelt [...] 14. Rorate singt man im Aduent [...] 13. Die siben Fest dir München halt [...]
Auff deinen Gruß gibt Würtzburg acht zu Früh/ zu Mittag/ vnd zu Nacht den Rosenkrantz da haben all nicht wenig von Perl vnd Corall.	10. Auff deinen Grueß gibt München acht Zu Morgen/ zu Mittag vnd auch zu Nacht [...] 12. Dein Rosenkrantz hat jederman Daß kleine Kind ihn betten kan [...]
Die Bruderschafften ich nicht meld noch deine Bildstöck in dem Feld viel Kinder hie mit Hertz vnnd Mund dich grüssen schier all Vhr vnd Stund.	17. Vil Bruderschafften außerwelt [...]

Das Würzburger Lied erklärt die Himmelskönigin Maria zur Herzogin des irdischen Franken, worunter das Herrschaftsgebiet der Würzburger Bischöfe zu verstehen ist, die den Titel eines Herzogs zu Franken führten[25]. Das Marienbild auf der „hohen Spitz" des Schlosses (Strophe 2) befand sich auf dem Marienturm der über der Stadt thronenden Festung Marienberg[26] (Strophe 3). Die spätmittelalterliche Bürgerkirche auf dem Marktplatz wird nach ihrem Weihetitel seit alters als Marienkapelle bezeichnet[27] (Strophe 4). Darüber hinaus bezieht sich das Lied auf zahlreiche Hausmadonnen in der Stadt (Strophe 5), den Brauch des Dreißigers und der Rorate-Messe, wobei letztere von Fürstbischof Johann Gottfried von Aschhausen (reg. 1617-1622) eingeführt worden war[28]; zudem wird auf eine entsprechende Verehrung bei der Feier der fünf wichtigsten Marienfeste[29] verwiesen (Strophe 6). Die Frömmigkeitsformen des dreimal täglich praktizierten Englischen Grußes und des Rosenkranzes (Strophe 7) sind ebenfalls als Erscheinungen des konfessionellen Zeitalters zu charakterisieren

25 Dazu ausführlich: Johannes MERZ, Fürst und Herrschaft. Der Herzog von Franken und seine Nachbarn 1470-1519, München 2000; DERS., Das Herzogtum Franken. Wunschvorstellungen und Konkretionen, in: Johannes Merz/Robert Schuh (Hg.), Franken im Mittelalter, München 2004, 43-58.

26 Die aktuelle Marienfigur auf dem Marienturm wurde erst 1878 angebracht. Vgl. Max von FREEDEN, Die Festung Marienberg zu Würzburg (Mainfränkische Heimatkunde 5), Würzburg 1952, 122, 226.

27 Vgl. Bernhard RÖSCH, Marienkapelle, Würzburg, in: Historisches Lexikon Bayerns, www.historisches-lexikon-bayerns.de/artikel/artikel_45157 (19.04.2012) (letzter Aufruf 17.10.2021).

28 Ignatius GROPP, Collectio novissima scriptorum et rerum Wirceburgensium, Bd. 2, Frankfurt-Leipzig 1744, 70f. Während der Dreißiger inzwischen nahezu unbekannt ist, werden Rorate-Messen heute noch vielfach gehalten.

29 Die Feste sind im Einzelnen nicht genau zu identifizieren, weil das Würzburger Gesangbuch 1628/30 sieben Marienfeste gleichrangig aufzählt: Mariä Empfängnis, Mariä Geburt, Mariä Opferung, Mariä Verkündigung, Mariä Heimsuchung, Mariä Reinigung, Mariä Himmelfahrt.

wie die Bruderschaften[30]; unklar ist, ob das auch für die angesprochenen Bildstöcke gilt (Strophe 8).

Die Fachliteratur weist die Würzburger Textfassung dem bekannten Dichter Friedrich Spee zu.[31] Das war der einzige katholische Dichter seiner Zeit, der das damals moderne Prinzip von den protestantischen Autoren übernahm, strikt zwischen schwach und stark betonten Silben abzuwechseln; in diesem Fall handelt es sich durchgängig um einen vierhebigen Jambus. Bei katholischen Dichtern war dies ansonsten kein wesentliches Kriterium.[32] Schön zu sehen ist dies an – eigentlich unnötigen – Abweichungen der bayerischen Fassung gegenüber der fränkischen[33]; häufiger noch tritt dies in Strophen der bayerischen Fassung auf, die in der fränkischen keine Entsprechung haben. Diese Beobachtung bekräftigt auch die aktuell überwiegende Forschungsmeinung, dass die Würzburger Fassung die ältere sei und die Münchner eine Nachdichtung.[34] Zuvor hatte man seit der Mitte des 19. Jahrhunderts[35] bis in die jüngste Zeit das Gegenteil angenommen.[36]

Die Würzburger Melodie beruhte auf spätmittelalterlichen Überlieferungen und wurde seit der Reformationszeit für viele Lieder der verschiedenen Konfessionen herangezogen. Luther verwendete sie zuerst 1539 für sein bekanntes Lied *Vater unser im Himmelreich*.[37] Besonders verbreitet war auch Paul Ebers 1560 publiziertes Lied *Herr Jesu Christ wahr Mensch und Gott*.[38] Eine Psalmendichtung von Caspar Ulenberg mit dem Titel *Gott sei mir gnädig dieser Zeit* erschien 1586 mit dieser Melodie in München

30 Gemeint sind nicht die spätmittelalterlichen Bruderschaften, sondern die ab 1575 gegründeten fünf Marianischen Sodalitäten in der Stadt Würzburg, vgl. Ignatius GROPP, Collectio novissima scriptorum et rerum Wirceburgensium, Bd. 1, Frankfurt 1741, 37f. Außerdem gehörten wohl auch die Rosenkranzbruderschaft und die Skapulierbruderschaften dazu, vgl. Wolfgang BRÜCKNER, Das Herzoginnenlied stammt von 1626/27, aber nicht von Spee, in: Würzburger Diözesangeschichtsblätter 74 (2012) 247-253, hier 251f.

31 OORSCHOT, Friedrich Spee (wie Anm. 24), 352f. Abweichend BRÜCKNER, Herzoginnenlied (wie Anm. 30), 247, 251, allerdings ohne Bezug auf die Edition und Argumentation Oorschots.

32 Vgl. Volkhard WELS, Kunstvolle Verse. Stil- und Versformen um 1600 und die Entstehung einer deutschsprachigen Kunstdichtung (Episteme in Bewegung 12), Wiesbaden 2018, 269-295.

33 Vgl. etwa Würzburg 1628: „Auff deinen Gruß gibt Würtzburg acht / zu Früh, zu Mittag vnd zu Nacht" mit München 1637: „Auff deinen Grueß gibt München acht / Zu Morgen, zu Mittag vnd auch zu Nacht".

34 OORSCHOT, Friedrich Spee (wie Anm. 24), 353.

35 Fränkische Volkslieder mit ihren zweistimmigen Weisen, wie sie vom Volke gesungen werden, aus dem Munde des Volkes selbst gesammelt und herausgegeben von Franz Wilhelm Freiherr von DITFURTH, Bd. 1: Geistliche Lieder, Leipzig 1855, 47f.

36 Michel HOFMANN, Herzogin zu Franken und in Bayern. Wanderungen und Wandlungen eines Marienliedes, in: Würzburger Diözesangeschichtsblätter 24 (1962) 293-305, hier 300; Wolfgang BRÜCKNER, Frankenbewußtsein und Kilianspräsenz im Lied seit der Aufklärung, in: ders., Gesammelte Schriften X, Würzburg 2000, 431-451; SCHARNAGL/GMEINWIESER, Khuen (wie Anm. 4).

37 Markus JENNY (Bearb.), Luthers geistliche Lieder und Kirchengesänge. Vollständige Neuedition in Ergänzung zu Band 35 der Weimarer Ausgabe (Archiv zur Weimarer Ausgabe der Werke Martin Luthers 4), Köln-Wien 1985, Nr. 35 (114-116, 295-298, 345-351); Martin EVANG/Ilsabe SEIBT (Hg.), Liederkunde zum Evangelischen Gesangbuch, Heft 19, Göttingen 2014, 54-61 (Helmut Lauterwasser).

38 Wilhelm BÄUMKER, Das katholische deutsche Kirchenlied in seinen Singweisen, 4 Bde, Freiburg 1883-1911, hier Bd. 2, 1883, 314f.

und wanderte unter anderem über das Diözesangesangbuch von Speyer 1599 und den Katechismus Georg Voglers von 1625 auch in die Diözesangesangbücher von Mainz und Würzburg 1628.[39]

Das „Herzoginnenlied" wurde in das Würzburger Gesangbuch von 1628 nicht isoliert aufgenommen, sondern stand nach zwei weiteren neuen Marienliedern: *Von vnser lieben Frawen von Höchberg*[40], *Von vnser lieben Frawen zu Dettelbach*.[41]

Dieser Kontext, die Hervorhebung von besonderen Marien-Gnadenstätten im Frankenland, weist schon darauf hin, dass zwar der Text von Spee stammen mochte, das Lied als solches jedoch kein zufälliges, individuelles Produkt eines Dichters, sondern ein planvoller Baustein in einer weitgespannten Strategie war. Wie in München ging es darum, eine besondere Form der Marienverehrung auszuprägen. In Würzburg findet sie sich bereits seit den 1580er Jahren in der Herrschaftsikonografie von Fürstbischof Julius Echter von Mespelbrunn (1573-1617) sowohl in seinen prägenden Bauwerken als auch in programmatischen Drucken und im liturgischen Kontext.[42] Das irdische Gegenüber der Himmelskönigin ist hier stets der an der Spitze der Würzburger Kirche stehende Bischof-Herzog.

Beim Lied von der Himmelskönigin handelt es sich also sowohl in München wie in Würzburg um ein ausgeprägt konfessionelles Produkt, das die gegenüber dem Spätmittelalter in vielfältigen Formen ausgebreitete und zugespitzte Marienfrömmigkeit in Bayern und Franken beschreibt und damit vertiefen will. Es ist nicht Ausdruck einer von unten gewachsenen Volksfrömmigkeit, sondern wurde von den überterritorial vernetzten Jesuiten als Agenten der Gegenreformation zielgerichtet bereitgestellt. Diese Absicht wird schon daraus ersichtlich, dass es 1628 parallel im neuen Würzburger wie im neuen Mainzer Gesangbuch (Abb. 6) erschien, hier in der entsprechenden regionalspezifischen Ausprägung, in der Maria zur Beschützerin des zentralen mainzischen Wallfahrtsortes Marienthal und des umgebenden Rheingaues befördert wurde; nicht zufällig hatte der Jesuitenorden 1612 das Kloster und die Betreuung der Wallfahrt übernommen.[43] Ein Beispiel bietet etwa die folgende Mainzer Strophe (völlig parallel zur vierten Würzburger Strophe):

Dich Ringaw gar im Hertzen hat
Dir Kirchen bawt, gibt Sitz vnd statt
Die Kirch Mariaethal genent
Sich dein vnd dir geweyht erkent.[44]

39 Herbert HEINE, Die Melodien der Mainzer Gesangbücher in der ersten Hälfte des 17. Jahrhunderts (Quellen und Abhandlungen zur mittelrheinischen Kirchengeschichte 23), Mainz 1975, 241.

40 Alte vnd Newe GEistliche Gesäng (wie Anm. 24), 334-336.

41 Ebd. 336.

42 Vgl. MERZ, Julius Echter (wie Anm. 20), hier bes. 238-242.

43 Vgl. HEINE, Melodien (wie Anm. 39), 241. Art. Jesuitenkloster Marienthal, Gemeinde Geisenheim, in: Klöster https://www.lagis-hessen.de/de/subjects/idrec/sn/kl/id/14255 (Stand: 30.06.2021).

44 Him[m]lische Harmony Von vielerley lieblich zusammenstimmenden Frewd- Leid- Trost- vnd Klagvöglein/ Das ist/ New Mayntzisch Gesangbuch, Mainz 1628, 450-454, hier 451.

Abb. 6: Die ersten drei von insgesamt 17 Strophen der Mainzer Fassung des Liedes von der Himmelskönigin: Himmlische Harmony Von vielerley lieblich zusammenstimmenden Frewd- Leid- Trost- und Klagvöglein/ Das ist/ New Mayntzisch Gesangbuch, Mainz 1628, 450f. (Exemplar der Universitätsbibliothek Paderborn, urn:nbn:de:hbz:466:1-46957).

Doch nur in Würzburg konnte sich das Herzoginnenlied in den über 20 offiziellen und offiziösen Gesangbuchausgaben des Fürstbistums von 1628/30 bis zum Ende des Alten Reiches, sogar in einem Nachdruck bis 1827, halten.[45] In Mainz dagegen verschwindet es in der zweiten Hälfte des 17. Jahrhunderts aus dem Diözesangesangbuch. Von der Münchner Version gibt es nur eine Handvoll Drucke und Abschriften aus der Mitte des 17. Jahrhunderts.[46] Das ist in Bayern, wo es keine eigenständige Gesangbuchtradition gab[47], nicht weiter verwunderlich. Außerdem stand einer Ver-

45 Vgl. Johannes MERZ, Der Würzburger Dichter Heinrich Weigl (1884-1941) und seine Version des Liedes „O himmlische Frau Königin" (erscheint 2022).

46 Ein bislang in der Forschung weitgehend unbekannter Liederdruck von 1640 enthält eine erweiterte Fassung von *Maria Himmelkönigin* mit fünf zusätzlichen Strophen, die sich auf die Mariensäule beziehen: Alexander J. FISHER, Music, Piety, and Propaganda. The Soundscapes of Counter-Reformation Bavaria, Oxford u. a. 2014, 243.

47 Vgl. Andrea NEUHAUS, Bayern, in: Dominik Fugger/Andreas Scheidgen (Hg.), Geschichte des katholischen Gesangbuchs (Mainzer Hymnologische Studien 21), Tübingen 2008, 151-161.

wendung als Landeshymne im Weg, dass die Landespatronin als Herzogin einen formal niedrigeren Rang eingenommen hätte als das kurfürstliche Herrscherpaar selbst. Das Lied von der Himmelskönigin war kein zentraler Baustein, sondern ein Ausfluss der von oben gesteuerten gegenreformatorischen Frömmigkeitspraxis, die inhaltlich und formal in Würzburg bestens passte und auf große Resonanz stieß, in München und Mainz dagegen schnell verkümmerte.

Die Wiederentdeckung der Himmelskönigin in München

Der bekannte Volksliedsammler August Hartmann veröffentlichte 1894 eine Abschrift des Liedes *Maria Himmelkönigin*, die er an seiner Wirkungsstätte, der Bayerischen Staatsbibliothek, gefunden hatte.[48] Außer dieser handschriftlichen Überlieferung waren keine zeitgenössischen oder späteren Drucke bekannt oder gar in Gebrauch. Der frühere Hinweis auf diesen Text in der fränkischen Liedersammlung des Freiherren von Ditfurth[49] war in München nicht geläufig, obwohl August Hartmann schon seit rund drei Jahrzehnten solche alten Lieder in ganz Oberbayern gesucht, zusammengetragen und publiziert hatte. Nach der Jahrhundertwende fügte er dieses gesammelte Material in einer zweibändigen Dokumentation zusammen, wobei er nunmehr auch eine Druckausgabe des Münchner Marienliedes kannte, die aus dem früheren Jesuitenkolleg stammte.[50] Handschrift und Druck verrieten den Autor nicht direkt, und so vertiefte sich Hartmann in scharfsinnige Analysen. Er stützte seine Beobachtungen auf seine detaillierten Kenntnisse der Münchner Örtlichkeiten. Dennoch lag er in seinen Schlüssen völlig daneben. Weil der Liedtext sich gleich zu Beginn ausführlich dem berühmten, 1616 aufgestellten Standbild der Patrona Bavariae an der Residenzfassade widmet, das große Altarbild in der Frauenkirche von 1620 jedoch übergeht, musste für ihn das Lied in diesem Zeitraum entstanden sein.

Kurz darauf beschäftigte sich der katholische Kunst- und Literaturkritiker P. Ansgar Pöllmann in seinen Münchner Jahren mit dieser *Urkunde Altmünchener Marienverehrung (um 1620)*.[51] Auch er bezog seine Erkenntnisse aus der Untersuchung der Textinhalte und schloss sich den Ausführungen von August Hartmann teilweise an,

48 Aus Altmünchen. Ein Lied, mitgeteilt von Dr. August HARTMANN, in: Monatsschrift des historischen Vereins für Oberbayern 3 (1894), 40-45. Wieder abgedruckt in: Lieder und Musik zum Brauchtum in München im Jahreslauf, hg. vom Kulturreferat der Landeshauptstadt München, Red. Volker D. Laturell (Volksmusik in München 5), München 1986, 30-33. Zu August Hartmann (1846-1917) vgl. Ernst SCHUSSER, Hinweise zur Quelle, in: August Hartmann, Weihnachtslied und Weihnachtsspiel in Oberbayern (1875), neu hg. vom Bezirk Oberbayern, München 1987, XI-XVI.

49 DITFURTH, Fränkische Volkslieder (wie Anm. 35), 48.

50 August HARTMANN (Hg.), Historische Volkslieder und Zeitgedichte vom sechzehnten bis neunzehnten Jahrhundert, 3 Bde, München 1907, 1910, 1913 (ND 1972), hier Bd. 1, 111.

51 Ansgar PÖLLMANN, Eine Urkunde Altmünchener Marienverehrung (um 1620), in: Wochenblatt für die kathol. Pfarrgemeinden Münchens 11 (1918) 142f.

wich jedoch in einigen Punkten davon ab. Er glaubte nicht nur, dass die *Himmelkönigin* im Augustinerkloster entstanden sei, sondern hielt den namentlich bekannten Abschreiber für den Dichter und legte sich auf die Abfassungszeit 1616-1623 fest.

Es kam schließlich der Musikwissenschaftlerin Bertha Antonia Wallner[52] zu, die bis heute gültigen Feststellungen zu Ort, Zeit und Verfasser zu treffen. Wallner gehörte zu den wenigen Frauen, die schon vor Öffnung der bayerischen Gymnasien für das weibliche Geschlecht[53] die Abiturprüfung als Externe in München ablegten.[54] Darüber hinaus hatte sie Musikwissenschaft an der Universität München studiert und 1910 sogar den Doktortitel erworben.[55] Bis zu ihrem Tod 1956 arbeitete sie freiberuflich als Musikhistorikerin an historisch-kritischen Werkausgaben. Dank ihrer engen Einbindung in das katholische Münchner Bürgertum[56] durfte sie die musikalische Überlieferung der Münchner Pfarrei St. Peter bearbeiten.[57] Diese Pfarrei nimmt eine Ausnahmestellung unter den vergleichbaren Institutionen als Hort der Musikpflege seit dem 16. Jahrhundert ein.[58] Bei ihren Studien im Pfarrarchiv stieß Wallner auch auf Johannes Khuen. Sie entdeckte ihn als einen der führenden Dichterkomponisten des frühen Barock in Süddeutschland und identifizierte ihn als den Urheber des Liedes *Maria Himmelkönigin*.[59]

Doch ihre Veröffentlichung dazu im Pfarrkalender von St. Peter wurde kaum zur Kenntnis genommen, obwohl gleichzeitig eine Zusammenfassung ihres entspre-

---

52 Die Forschungslage zur Biographie ist mangelhaft. Grunddaten (mit einzelnen Fehlern) vermittelt: Alfons OTT, in: Die Musik in Geschichte und Gegenwart 14 (1968), 177-178. Der Taufname lautete ursprünglich Bertha Ottilie. Die Führung des Vornamens Antonia ließ sie sich 1911 amtlich genehmigen. Frdl. Mitteilung von Matthias Hinghaus, Stadtarchiv München, vom 30.6.2020 auf der Grundlage des Geburtsregistereintrags.

53 Ab 1900 gab es private Kurse zur Vorbereitung auf die externe Abiturprüfung, ab 1911 waren grundsätzlich gymnasiale Kurse an Mädchenschulen möglich, aber erst 1919 folgte die allgemeine Öffnung der Gymnasien. Vgl. Hans Jürgen APEL, Mädchenerziehung, in: Max Liedtke (Hg.), Handbuch der Geschichte des Bayerischen Bildungswesens, Bd. 4, Bad Heilbrunn 1997, 13-70, hier 27-33.

54 Bayerische Staatsbibliothek [BSB], Alter Zettelkatalog (Quartkatalog), Karteikarte zur Dissertation von Bertha [Antonia] Wallner U 12.3909.

55 Vgl. dazu ihren Nachlass: BSB, Ana 431 Nr. 10. Neben entsprechender Korrespondenz finden sich hier auch Verzeichnisse der besuchten Vorlesungen bei den Professoren Adolf Sandberger und Theodor Kroyer 1902-1906.

56 Ihr Vater Andreas Wallner wird im Sterbeeintrag als Kirchenverwalter der Pfarrei St. Anna und als „vir vere pius" bezeichnet (Archiv des Erzbistums München und Freising [AEM], CB263, M8113, Sterbefälle S. 324, 20.9.1916). Die katholische Gesinnung Berthas geht aus entsprechenden Aussagen in ihren Publikationen hervor.

57 Ihr Arbeitsergebnis ist überliefert: Bertha Antonia WALLNER, Die Noteninventare des Pfarrarchivs St. Peter, masch. Ms., in: BSB, Ana 431 Nr. 5.

58 Vgl. Bertha Antonia WALLNER, Beiträge zur Geschichte der Kirchenmusik bei St. Peter in München bis Ende des 17. Jahrhunderts, in: St.-Peters-Kalender 1917, 52-57; Johannes Alexander HAIDN, Die Corporis-Christi-Erzbruderschaft bei St. Peter in München 1609-2009. 400 Jahre Geschichte, Glaube und Tradition (Aus dem Pfarrarchiv von St. Peter in München 13), München 2010, 95-100.

59 Bertha Antonia WALLNER, Johannes Kuen, Benefiziat von St. Peter. Ein Alt-Münchener Dichterkomponist, in: St.-Peters-Kalender 1920, 37-50, hier 39.

chenden Vortrages vor der Ortsgruppe der Deutschen Musikgesellschaft an renommierter Stelle veröffentlicht worden war.[60] Noch etliche Jahre später tauchte wie aus dem Nichts ein Abdruck der *Himmelkönigin* in der Verbandszeitschrift des bayerischen Katholischen Frauenbundes auf. Fundstelle war eine bis dahin nicht bekannte Abschrift einer Nonne aus dem Kloster St. Walburg in Eichstätt, die wohl aus München stammte und alle 30 Strophen in ihrer mundartlichen Prägung in ihr persönliches Gesangbuch eingetragen hatte.[61] Auch diese Veröffentlichung gab außer einigen Texterläuterungen fast keine weiterführenden Informationen, schloss aber aus den Aussagen der Strophen auf eine Entstehung zwischen 1620 und 1623.

Mit direktem Bezug auf diesen Beitrag verfasste Wallner nochmals einen eigenen Artikel mit dem gleichen Titel *Altes Marienlied*, der im Jahr darauf in der gleichen Zeitschrift erschien. Sie fasste nicht nur die Informationen zur Herkunft und ihre Argumente für die Urheberschaft Johannes Khuens zusammen, sondern fügte auch einen von ihr bearbeiteten Notensatz bei.[62] Die Redaktion zitierte in einer Anmerkung aus einer Zuschrift, dass es in Franken eine modernisierte Umdichtung dieses alten Marienliedes gebe. Zwar sollte dieser Artikel von nahezu der gesamten späteren Forschung ignoriert werden, aber die wesentlichen Erkenntnisse Wallners waren in der Folgezeit nunmehr doch gesichert. Das lag zum einen daran, dass ihre Entdeckung Khuens in einem viel zitierten Aufsatz von 1949 rezipiert wurde.[63] Entscheidend wurde zum anderen die Übernahme ihrer Forschungsergebnisse in der Dissertation von Bernd Genz 1956 über Leben und Werk Johannes Khuens, dem bis heute wichtigsten – leider ungedruckt gebliebenen – Forschungswerk zu dieser Person[64], und in der verbreiteten Auswahldokumentation seines Werkes von 1961.[65]

60 [Alfred] EINSTEIN, Mitteilungen der Deutschen Musikgesellschaft, Ortsgruppe München, in: Zeitschrift für Musikwissenschaft 2 (1920), 445-447 (Abdruck von Wallners Zusammenfassung ihres Vortrags vom 26.3.1920). Selbst in der Neuen Deutschen Biographie ist dies die einzige einschlägige Publikation Wallners, die zur Kenntnis genommen wurde: Adalbert ELSCHENBROICH, Khuen, Johannes, in: Neue Deutsche Biographie 11 (1977), 572f.

61 Altes Marienlied, in: Bayerisches Frauenland 16 (1934) 75f. Es handelt sich um eine Papierhandschrift aus der ersten Hälfte des 17. Jahrhunderts, geschrieben von Maximiliana Labermayr OSB (1593-1670). Vgl. Hans-Otto KORTH/Jutta LAMBRECHT (Bearb.), Die Signaturengruppe Mus. ms. 40000ff. Erste Folge: Handschriften des 15.-19. Jahrhunderts in mensuraler und neuerer Notation (Staatsbibliothek zu Berlin – Preußischer Kulturbesitz, Kataloge der Musikabteilung, Handschriften 13), München 1997, 215-220, Lied Nr. 3.

62 Bertha Antonia WALLNER, Altes Marienlied, in: Bayerisches Frauenland 17 (1935) 18f.

63 Curt von FABER DU FAUR, Johann Khuen, in: Publications of the Modern Language Association of America 64 (1949) 746-770, hier 755. Allerdings wird Wallner auch hier nur über die Zusammenfassung ihres Vortrages von 1920 (EINSTEIN, Mitteilungen, wie Anm. 60) zur Kenntnis genommen. Im Wesentlichen gingen Faber du Faur und ihm folgend Teile der weiteren Forschung davon aus, dass er sich als Erster adäquat mit Khuen befasst habe.

64 Bernd GENZ, Johannes Kuen. Eine Untersuchung zur süddeutschen geistlichen Lieddichtung im 17. Jahrhundert, phil. Diss. masch., Köln 1956, hier bes. 44-46.

65 HIRSCHENAUER/GRASSL, Johannes Khuen (wie Anm. 13).

Der fränkische Traditionsstrang

In Franken blieb zwar das „Herzoginnenlied" bis ins frühe 19. Jahrhundert textlich stets unverändert. Allerdings war schon vor 1800 eine neue Melodie in Gebrauch, die auf einem Menuett des frühen 18. Jahrhunderts beruhte.[66] Dann wurde im Zuge der Aufklärung das alte Liedgut über Bord geworfen, und ein völlig neuer, zeitgemäßer Text in zehn Strophen ersetzte den hergebrachten: Das geschah im Gesangbuch des Domkapitulars Sebastian Pörtner 1830[67] (Abb. 7). Doch obwohl es ein quasi amtliches Würzburger Gesangbuch war, konnte sich die neue Textfassung nicht durchsetzen. In der überarbeiteten Neuausgabe von 1859 wurde sie zwar noch einmal abgedruckt, aber daneben ebenso die alte von 1628.[68]

Abb. 7: Die Würzburger Neufassung von Melodie (ca. 1800) und Text (1830): Sebastian Pörtner, Sammlung der Melodieen zu dem Gesangbuche für den öffentlichen Gottesdienst im Bißthume Würzburg, Würzburg 1831, 282.

Die vollständige Rückkehr zur Fassung von 1628 brachte dann das neue, 1881 eingeführte Diözesangesangbuch: Es handelt sich um eine Privatschöpfung des Priesters Joseph Mohr, eines bedeutenden Vertreters des Cäcilianismus, von dem Gesangbücher in einem halben Dutzend Bistümern eingeführt wurden; in Würzburg geschah

66 Vgl. MERZ, Heinrich Weigl (wie Anm. 45), auch zum Folgenden.

67 Sebastian PÖRTNER, Katholisches Gesangbuch für den öffentlichen Gottesdienst im Bißthume Würzburg, Würzburg 1828 [ersch. 1830], Nr. 240.
Strophe 1: „O himmlische Frau Königin! / Du aller Welten Herrscherin! / Halt' du auch deine Mutterhand / Stets über unser Vaterland, / Nimm es in deinen Schutz und Schirm! /Wend ab von ihm des Unglücks Stürm'!"
Strophe 2: „O himmlische Frau Königin! / Du aller Welten Mittlerin! / Steh' uns auch bei in jeder Noth! / Und bitt' liebreich für uns bei Gott! / Der die Schicksale dieser Welt / In seiner mächt'gen Rechte [!] hält."

68 Katholisches Gesang- und Andachtsbuch für den öffentlichen Gottesdienst im Bisthume Würzburg, Würzburg 1859, Nr. 141 und 142.

dies unter dem Namen *Ave Maria.* Die eigenen Würzburger Liedtraditionen kamen in einen Anhang ohne Noten, darunter eben auch das alte Lied von der Himmelskönigin von 1628.[69]

Abb. 8: Strophe 1 und 2 aus: Lobt den Herrn! Gebet- und Gesangbuch für das Erzbistum Bamberg, Bamberg ^{2}1936, Nr. 206 (Diözesanbibliothek München und Freising, Mag. 9-4755).

Die nächste grundlegende Neubearbeitung des *Ave Maria* erschien 1931: Seit dieser Ausgabe ist das Herzoginnenlied immer mit der „neuen“ Melodie verbunden. Allerdings erscheint seitdem auch der Text in einem neuen Gewand, in dem er bis heute verblieben ist.[70] Heinrich Weigl, ein heute unbekannter Würzburger Dichter, formte die recht altertümlichen, teilweise kaum mehr verständlichen Formulierungen zeitgemäß um.[71] Diese Fassung Weigls von 1927 schlug so schnell ein, dass schon kurz darauf das Lied ins neue Gesangbuch des benachbarten Erzbistums Bamberg 1935

69 Vgl. Ave Maria. Gebet- und Gesangbuch für das Bistum Würzburg, Würzburg ^{6}1885, Nr. 477.

70 Ave Maria. Gebet- und Gesangbuch für das Bistum Würzburg, Würzburg 1931, Nr. 233. Lediglich eine Strophe fiel nach 1945 weg, vgl. dazu unten die entsprechenden Würzburger Gesangbuchausgaben.

71 Vgl. MERZ, Heinrich Weigl (wie Anm. 45).

aufgenommen wurde[72] (Abb. 8). Der Bamberger Gemeindepfarrer Georg Albert[73], der sich als Autor von kleineren historischen Darstellungen[74] und Romanen[75] bereits einen Namen gemacht hatte, passte den Text an die örtlichen Gegebenheiten Bambergs an. Doch die Sprache Alberts, die etwas altertümlich und schwülstig wirkt, konnte nicht auf Dauer überzeugen.[76] Seit dem Erscheinen des *Gotteslob* gibt es eine nochmals völlig veränderte Fassung des Herzoginnen-Liedes im Bamberger Eigenteil, die den Text von Albert nach genau vier Jahrzehnten verdrängen sollte.[77] Sie stammt vom Franziskanerpater Paschalis Streidel[78], ging jedoch so weit, dass nur von der ersten Strophe ein Rest übrig blieb und ein Allerwelts-Marienlied mit einem Schuss Heimatbezug daraus wurde. Das konnte sich zwar im Bamberger *Gotteslob* bis heute behaupten, aber nicht verhindern, dass in der Aufführungspraxis da und dort die ältere Fassung überlebte.

---

72 Lobt den Herrn! Gebet- und Gesangbuch für das Erzbistum Bamberg, Bamberg 1935, Nr. 206: Strophe 1 sowie 5-7 unverändert,
Strophe 2: „Dir, Königin, voll Glanz und Ruhm / dient unser ganzes Erzbistum, / das immer dich in Ehren hielt / und innig liebt' als Mutter mild. / O segne mit der Mutterhand / dein gläubig Volk im Frankenland!" –
Strophe 3: „Ein Kranz von Kirchen ist geweiht, / dir Mutter, schon seit alter Zeit. / Die Bischofsstadt den Reigen führt, / und wo Sankt Ottos Stab regiert / in weiter Runde, deine Hand / Marienkirchen viel umspannt."
Strophe 4: „Und Gnadenstätten, liebe Frau, / auf Bergen und in grüner Au / schufst du dem Volk in heißer Lieb', / das immerzu dir treu verblieb. / Drin tröstest du mit sanfter Hand / dein bittend Kind aus Frankenland."
Strophe 8: „So wallet unsre treue Schar / zu deinem Herzen Jahr um Jahr / in Sehnsucht: Mann und Frau und Kind. / O Mutter, huldreich, süß und lind! / Geleite uns mit sichrer Hand / zum ewiglichen Himmelsland!"

73 Georg Albert aus Weinberg bei Aurach (1874-1943), Priesterweihe 1898, 1908 Pfarrer in Elbersberg, 1922 Pfarrer in Sterpersdorf, 1932 Pfarrer in Kemmern, 1935 Ruhestand in Bamberg (frdl. Mitteilung von Frau Archivoberinspektorin Susanne Schmidt vom 19.3.2020 nach dem Personalakt Rep. 3 Nr. 3103/616 im Archiv des Erzbistums Bamberg).

74 Georg ALBERT, Geschichte von Elbersberg (Ms. in der Universitätsbibliothek Bayreuth), 1913; DERS., Hermann, Graf von Höchstadt, Pfalzgraf bei Rhein, Kemmern und Bamberg 1930; DERS., Höchstadt im Markgrafenkrieg 1552/53, Höchstadt a.d. Aisch 1932. Vgl. auch sein späteres Werk: Der heilige Bischof Otto von Bamberg (1062-1139). Ein Lebensbild, Nürnberg 1939.

75 DERS., Die letzte Nacht. Erzählung, Regensburg, 1918; Das Bild des Ritters. Erzählung, Regensburg 1923.

76 Vgl. HOFMANN, Herzogin zu Franken (wie Anm. 36), 295.

77 Gotteslob. Katholisches Gebet- und Gesangbuch. Ausgabe für das Erzbistum Bamberg, Bamberg 1975, Nr. 892 (unverändert dasselbe 2013):
Strophe 1: „O himmlische Frau Königin, / du aller Welten Herrscherin. / Du willst uns allen Mutter sein. / Wer dir vertraut, ist nie allein. / Wir geben dir in deine Hand / die Heimat, unser Frankenland."
Strophe 2: „Du breitest deinen Mantel aus, / behütest Land und Stadt und Haus. / Du sorgst für uns in jedem Leid / am Throne der Barmherzigkeit. / Du voll der Gnad' und Liebe bist. / Ave Maria, sei gegrüßt!". – Es folgen in ähnlicher Weise drei weitere Strophen, nur die letzte wiederholt den Schlussvers der ersten.

78 P. Paschalis (bürgerlich: Martin) Streidel OFM (1921-1983), Priesterweihe 1956, lebte überwiegend in den Klöstern Vierzehnheiligen, Nürnberg, Gößweinstein. Vgl. seine Erinnerungen: Martin STREIDEL, So war das damals, München 1981.

Während die Melodie sich in den Bamberger Fassungen nur in der Tonart veränderte[79], ansonsten jedoch beim Dreivierteltakt von 1931/35 blieb, erfuhr sie in Würzburg bei der Neubearbeitung des Ave Maria 1949 eine leichte Überarbeitung[80] (s. Abb. 9).

Der Beginn einer Münchner Tradition

Dass nach einer rund 300 Jahre währenden Lücke in der liturgischen Überlieferung das Lied von der Himmelskönigin 1950 in das offizielle Gesangbuch des Erzbistums München und Freising[81] aufgenommen wurde, verdankte sich einer Kombination ganz unterschiedlicher Faktoren: Zuvorderst gab es nach dem Krieg die Notwendigkeit, das erst 1909 neu geschaffene und immer wieder neu aufgelegte Diözesangesangbuch mit dem Titel *Gottesdienst*[82] völlig neu zu konzipieren.[83] Wesentliche Zielsetzung war es, auf die Entwicklungen der liturgischen Bewegung einzugehen und die zersplitterten Gebets- und Gesangstraditionen in Deutschland stärker zusammenzuführen. Dazu dienten die sogenannten Einheitslieder, die im Auftrag der Fuldaer Bischofskonferenz entstanden, altes und neues Liedgut aus den verschiedensten Regionen in einheitlicher Bearbeitung umfassten und gerade in Altbayern gegen heftige Widerstände[84] schrittweise eingeführt wurden.[85] In der Ausgabe von 1950 waren es 74 solcher Einheitslieder unter insgesamt 185 deutschen Kirchenliedern.[86] Vorangegangen war 1948 ein eigenes Gesangbuch für die Jugend, das bereits 50 Einheitslieder enthielt und – im Nachhinein gesehen – „als Blitzableiter

---

79 Aus F-Dur 1935 wurde seit 1975 D-Dur.

80 Anpassung an den Viervierteltakt. Ave Maria. Gebet- und Gesangbuch für das Bistum Würzburg, Würzburg 1949, Nr. 328. Ebenso in den verschiedenen Auflagen des *Gotteslob*, vgl. Gotteslob. Katholisches Gebet- und Gesangbuch mit dem Eigenteil des Bistums Würzburg, Würzburg 1975, Nr. 897; Gotteslob. Katholisches Gebet- und Gesangbuch. Ausgabe für die Diözese Würzburg, Würzburg 2013, Nr. 872.

81 Gottesdienst. Gebet- und Gesangbuch für das Erzbistum München und Freising, München 1950.

82 NEUHAUS, Bayern (wie Anm. 47), 158. Details zu den Gesangbuchausgaben bietet: Kurt KÜPPERS, Diözesan-Gesang- und Gebetbücher des deutschen Sprachgebietes im 19. und 20. Jahrhundert. Geschichte, Bibliographie (Liturgiewissenschaftliche Quellen und Forschungen 69), Münster 1987, 34-36, 113f.

83 Vgl. dazu die offizielle Beschreibung: Bericht über die Diözesan-Synode des Erzbistums München und Freising am 10. Oktober 1950, München 1951, 47-55 (Referat Domkapitular Dr. Johann Fuchs zum Diözesangebetbuch) und 55-64 (Referat Prof. Heinrich Wismeyer zum Diözesangesangbuch).

84 Vgl. etwa die Diskussion (mit kontroversen Leserbriefen) in der offiziösen regionalen Kirchenzeitung vom 9.10., 23.10., 30.10. und 6.11.1949 (Münchener Katholische Kirchenzeitung 42, 1949, 427, 451, 463, 475).

85 Zum Kontext: Hermann KURZKE, Das Einheitsgesangbuch Gotteslob (1975-2008) und seine Vorgeschichte, in: Dominik Fugger/Andreas Scheidgen (Hg.), Geschichte des katholischen Gesangbuchs (Mainzer Hymnologische Studien 21), Tübingen 2008, 51-64.

86 Bericht über die Diözesan-Synode (wie Anm. 83), 56, 60.

T. Altes fränk. Lied, umged. v. H. Weigl, Wzbg. 1927
M. Würzburg, Pörtner'sches Melodienbuch

2. Hell strahlt dein Bild in gold'nem Schein vom Turm auf Würzburgs Volk herein, — das stets dich hoch in Ehren hielt und dich verehrt als Mutter mild. — Von oben grüßt die Mutterhand dein gläubig Volk im Frankenland.

3. Dir, Jungfrau, Mutter, ist geweiht der Schloßberg dort seit alter Zeit; — selbst Fels und Stein und Erd' dich liebt, der Reben Kranz dich reich umgibt, — wo segnend fließt aus deiner Hand ein Gnadenstrom ins Frankenland.

4. Dich Würzburg trägt in Herz und Sinn, drum steht dein' Kirch' auch mittendrin. — Hell fließt ein heil'ger Gnadenquell herab aus trauter Bergkapell', — drin tröstest du mit Mutterhand dein bittend Kind aus Frankenland.

5. Du gabst uns Kraft in schwerer Zeit, drum grüßt in schlichter Dankbarkeit — vor deinem Bild an manchem Haus ein Lämplein in die Nacht hinaus — und sagt, daß deine Mutterhand auch nächtens schützt ihr Frankenland.

6. Und wenn das Ave-Glöcklein klingt, dein Frankenvolk dir Lobpreis singt — im hohen Dom, im Dorfkirchlein, bei Rosenkranz und Kerzenschein. — Drum hältst du, Mutter, deine Hand treu über Frankenvolk und -land.

7. Fromm wallt der Pilger große Schar, den Kreuzweg betend, Jahr um Jahr — zum Gnadenkirchlein lieb und traut, das Frankentreue auferbaut, — bis Herz um Herz an deiner Hand, kehrt heim ins ew'ge Heimatland.

Abb. 9: Montage zu Lied Nr. 328 aus: Ave Maria. Gebet- und Gesangbuch für das Bistum Würzburg, Würzburg 1949, Nr. 328 (eigene Vorlage).

diente und allen Ärger über die ‚neuen Lieder' auf sich zog".[87] Um die Akzeptanz der neuen Kirchenlieder im Kirchenvolk insgesamt zu fördern, erschien zudem noch 1948 ein Separatdruck der Texte und Lieder aus der Ausgabe für die Jugend ebenfalls unter dem allgemeinen Titel „Gottesdienst".[88]

Von Januar bis Mai 1950 entschied eine siebenköpfige Kommission abschließend über Auswahl und Gestalt der Kirchenlieder für die Neuausgabe.[89] Den entscheidenden Anteil hatte dabei der Diözesanmusikdirektor, der seit 1945 das Werk und seine Mitarbeiter, zumeist Kirchenmusiker im Erzbistum, lenkte. Das war der Priester und Kirchenmusiker Heinrich Wismeyer (1898-1985).[90] Bereits Ende 1941 war ihm nach eigenen Worten die Leitung des gerade errichteten „Diözesanamts für Kirchenmusik" übertragen worden[91], faktisch amtierte er jedoch erst ab August 1945 als Diözesanmusikdirektor und begann sogleich mit den Vorarbeiten für die Neuausgabe des Diözesangesangbuches.[92]

Bislang ist nicht erkennbar, ob er selbst oder eine andere Person den Anstoß zur Aufnahme des Liedes von der Himmelskönigin gab. Es geschah jedoch offenkundig erst im späteren Verlauf des Jahres 1950. Darauf deutet nicht nur der Abdruck ziemlich am Ende des Liedteils, sondern auch der Verweis auf die Zudichtung zweier Strophen durch einen gewissen „P. Frz. Schrott" 1950[93] (vgl. Abb. 10). Eine Identifizierung dieses Textautors steht noch aus: Sowohl die wechselnde Angabe in den verschiedenen Gesangbuchausgaben von 1950 zwischen „P. Frz. Schrott" und „Frz. P. Schrott"[94] als auch die Tatsache, dass dieser Hinweis im *Gotteslob* von 1975 gar nicht

87 Ebd. 57.

88 Gottesdienst. Gebet- und Gesangbuch für die Erzdiözese München und Freising. Meßtexte und Lieder, München 1948 (2. Aufl. 1949). Der Zweck wurde 1948 auf der Rückseite des Titelblatts explizit formuliert: „Diese Ausgabe erscheint, um auch den Erwachsenen die Teilnahme an gottesdienstlichen Veranstaltungen zu ermöglichen, bei denen die Ausgabe für die Jugend benützt wird. Die Seitenzahlen des Liederteils stimmen mit der ‚Ausgabe für die Jugend' überein. Die Teile, die nur für die Schuljugend geeignet sind, wurden hier weggelassen."

89 Bericht über die Diözesan-Synode (wie Anm. 83), 55.

90 Hans LEITNER, Der Münchener Domorganist Heinrich Wismeyer (1898-1985), in: Hans D. Hoffert/Klemens Schnorr (Hg.), Dux et comes. Festschrift Franz Lehrndorfer zum 70. Geburtstag, Regensburg 1982, 124-135 (mit Werkverzeichnis).

91 AEM, Generalvikariat Sachakten 6059, Wismeyer an das Erzbischöfliche Ordinariat, 13.12.1941. Hier auch der Entwurf eines ausführlichen Aufgaben- und Organisationsplanes für das neue Amt von Wismeyer, 4.1.1942.

92 Vgl. z. B. die Begründung seiner Anfrage nach einschlägigen Veröffentlichungen beim Freiburger Ordinariat vom 11.2.1946: „Bei den Vorarbeiten zur Neuherausgabe des Münchner Diözesangesangbuches, dessen Liederteil ich redigiere ..." (AEM, Generalvikariat Sachakten 6059, Durchschlag; vgl. auch ebd. seine Aufzeichnungen von April/August 1946 zur Arbeitsorganisation).

93 Gottesdienst 1950 (wie Anm. 81), Nr. 158. Von Schrott stammen die Strophen 3 und 4. Vgl. den Text der ersten drei Strophen oben bei Anm. 10.
Strophe 4: „Auf Bergeshöhn, in Waldesgrund / viel Kirchen tun dein Hilfe kund. /Von jedem Turm das Ave klingt, /in Stadt und Land dein Lob man singt."
Strophe 5: „Das ganze Bayernland ist dein. / O laß es dir befohlen sein! /Wir bitten dich all, groß und klein, / du wollest unsre Schutzfrau sein."

94 Die abgekürzten Vornamen wurden während des Fortdrucks der ersten Auflage 1950 vertauscht, vgl. etwa die Lederausgabe („P. Frz.") mit der Kunstlederausgabe („Frz. P."): Diözesanbibliothek München

mehr auftaucht, lassen vermuten, dass diese Person keinen engen Bezug zum Erzbistum bzw. zu den Gesangbuch-Verantwortlichen hatte. Insofern scheint der bislang einzig bekannte „Franz Schrott" in Diensten des Erzbistums weniger in Frage zu kommen[95]; für den einzigen identifizierbaren Priester dieses Namens, der in dieser Zeit in Bayern lebte und 1952 in Bamberg starb, kann jedoch auch keine direkte Verbindung nach München gezogen warden.[96] Jedenfalls ergänzte Franz Schrott zum einen den Hinweis auf die Mariensäule, zum anderen angesichts der einseitigen Münchner Bezüge einen Vers zur Marienverehrung auf dem Land, dessen Stichwörter an die Bamberger Formulierungen erinnern. Dass tatsächlich die fränkischen Fassungen den *Gottesdienst*-Machern von 1950 vor Augen standen, unterstreicht auch die Änderung in der ersten Textzeile, die dem Lied den Titel gibt: Aus *Maria Himmelkönigin* von 1637 wurde wie in der fränkischen Tradition *O himmlische Frau Königin.* Der Kontext, in dem die Aufnahme des Liedes geschah, ist die kirchenpolitisch-dogmatische Situation 1950: Nach langem Vorlauf wurde im Sommer 1950 bekannt, dass Papst Pius XII. die „leibliche Aufnahme Mariens in den Himmel" als Dogma verkünden würde.[97] Das Lied von der Himmelskönigin passte bestens zu dieser Akzentsetzung und kam der Neigung von Diözesanmusikdirektor Wismeyer entgegen, alte Münchner Komponisten wieder ans Licht zu holen.[98] Eine in den Jahren um 1960 produzierte Schallplatte mit Orgelimprovisationen Wismeyers über dieses Lied[99] unterstreicht, dass er auch persönlich einen besonderen Bezug dazu hatte.

---

und Freising. Mag. 9-4725 und -4725a. In den späteren Ausgaben steht einheitlich „Frz. P." (vgl. etwa ebd. DBF 146 009 und DBF 212 001). Die Korrektur macht deutlich, dass das „P." nicht für „Pater" steht. Denkbar wäre auch, dass sich hinter den abgekürzten Buchstaben zwei Personen verbergen: Beide nachstehend Genannten mit Namen „Franz Schrott" hatten einen Verwandten „Paul Schrott".

95 Franz Johann Schrott (1906-1983), Chordirektor in München St. Wolfgang von ca. 1930 bis 1968. Vgl. Stadtarchiv München, Standesamt München IV, Registernr. A 646/1906 (frdl. Mitteilung von Herrn Matthias Hinghaus vom 30.6.2020); AEM, Generalvikariat Lokalia 186/1. Vgl. auch Pfarrei St. Wolfgang 100 Jahre – jung. Festschrift zum 100-jährigen Bestehen der Pfarrei St. Wolfgang München-Haidhausen 2016, 23 (frdl. Mitteilung von Herrn Dekanatsmusikdirektor Stefan Ludwig vom 7.1.2022).

96 Dr. theol. Franz Schrott (1905-1952), seit 1930 Priester des Bistums Pilsen, seit 1934 Lehrer am deutschen Realgymnasium an der Bartholomäuskirche in Pilsen und damit in Sichtweite der dortigen Mariensäule. Er wechselte 1945 ins Erzbistum Bamberg (frdl. Mitteilung von Frau Archivoberinspektorin Susanne Schmidt vom 19.3.2020 nach dem Personalakt Rep. 3 Nr. 3103/734 im Archiv des Erzbistums Bamberg).

97 Vgl. den Artikel der Kirchenzeitung „Mariä Himmelfahrt wird Dogma" vom 27.8.1950 (Münchener Katholische Kirchenzeitung 43 [1950] 434); Hirtenbrief der Fuldaer Bischofskonferenz vom 24.8.1950: Amtsblatt der Erzdiözese München und Freising Nr. 11 v. 27.9.1950, 176-180.

98 Vgl. LEITNER, Wismeyer (wie Anm. 90), 131.

99 Beschriftung: „Münchner Liebfrauendom, Seite 1: Glocken des Münchner Liebfrauendoms. Sprecher: Rüdiger Hacker. Seite 2: Domorganist Heinrich Wismeyer spielt eine Improvisation über das alte Münchner Marienlied: Oh himmlische Frau Königin. Text und Weise stammen von dem Münchner Priesterkomponisten Joh. Khuen, 1637. Best.-Nr.: Bi -31 Mono -45 UpM. Dr. Rolf Binder Dokumentar-Aufnahmen 8399 Steinberg." Die Vorderseite zeigt ein Foto des Doms vom Englischen Garten aus, die Rückseite ein Foto der 1957 eingebauten Dom-Orgel. Eine zweite Schallplatte verwendet die gleichen Bilder und weitgehend den gleichen Text. Genannt wird ein anderer Sprecher (Herbert Kromann), dafür fehlen die technischen Angaben und der Hersteller. Beide Schallplatten sind im Besitz von Monsignore Hans Leitner, München, dem ich herzlich für die Informationen danke.

Abb. 10: Montage zu Lied Nr. 158 aus: Gottesdienst. Gebet- und Gesangbuch für das Erzbistum München und Freising, München 1950, 675f. (eigene Vorlage).

Wismeyer saß ebenso in den Vorbereitungskommissionen zum neuen Einheitsgesangbuch *Gotteslob*, das 1975 erschien, und verteidigte das Lied von der Himmelskönigin gegen durchaus bestehende Widerstände und Alternativvorschläge. Der Diözesanpriester und Kirchenmusiker Joseph Loithaler[100], der 1950 an der musikalischen Bearbeitung des *Gottesdienst* beteiligt war[101], kämpfte viele Jahre lang um sein eigenes Patrona-Bavariae-Lied. Es war im Zweiten Weltkrieg entstanden, als der damalige Dompfarrer Thomas Stadler versucht hatte, ein neues „Patrona-Bavariae-Lied" anzustoßen. Dombenefiziat Ludwig Hoch (1895-1944), weithin bekannt als Priesterdichter unter dem Namen Hugin, hatte einen zu den Zeitumständen passenden martialischen Text verfasst, der Maria zu Bayerns „Ehrenschild" erklärte und ihren Schutz vor „Feindessturm und Brand" erflehte: „Jahrhundertleuchte, Morgenrot! O hilf uns jetzt in schwerer Not!" Unter den Kompositionen, die verschiedene Musiker im geistlichen Umfeld der Dompfarrei eingereicht hatten, hatte sich die Loithalers durchgesetzt. Als nach dem Krieg die Marianische Priesterkongregation, der damals die meisten Kleriker im Erzbistum angehörten[102], ein neues Andachtsheft auflegte, kam das Lied von Hugin und Loithaler unter der Überschrift *Patrona Bavariae* hinein[103] (Abb. 11). Deshalb auch Loithalers Ärger, dass es nicht in das Münchner Diözesangesangbuch übernommen wurde. Doch sein 1973 vorgebrachtes Anliegen, nun endlich das für den Gesang ungeeignete Lied von der Himmelskönigin durch sein eigenes zu ersetzen, traf auf den einhelligen Widerstand der Verantwortlichen für das *Gotteslob*. Schon die mäßige Textqualität versperrte dem Alternativentwurf jede Chance.[104]

Allerdings wurde das 1950 aufs Bayernland ausgeweitete Lied von der Himmelskönigin bis heute nur in den drei auf München bezogenen Strophen ins *Gotteslob* aufgenommen. Der Hinweis auf Franz Schrott verschwand, obwohl immerhin ein Drittel des verliebenen Textes aus seiner Feder stammt.

Aus dem Patrona-Bavariae-Lied wurde also wieder ein München-Lied. Damit blieb schon lange vor der eingangs angesprochenen Jubiläumswallfahrt zur Patrona Bavariae der Bedarf nach einem ihr gewidmeten gesamtbayerischen Lied. Auch dazu gab es Ansätze, die auch mit der fränkischen und der bayerischen Fassung des Himmelskönigin-Liedes zu tun haben und die immerhin teilweise Erfolg hatten.

100 Joseph Loithaler (1908-1979), Priester und Kirchenmusiker. Vgl. zu ihm AEM, Generalvikariat Personalakten pastoraler Mitarbeiter 1029.

101 Vgl. das Vorwort zu: Orgelbuch zum Gottesdienst, Gebet- und Gesangbuch der Erzdiözese München und Freising, München [1951].

102 Vgl. dazu AEM, Generalvikariat Sachakten 1210 und EB013.

103 Congregatio Mariana Sacerdotalis Archidioecesis Monacensis-Frisingensis, München [ca. 1950], 5f. Allerdings trat schon in der nächsten Auflage ein alternatives Lied an seine Stelle: Congregatio Mariana Sacerdotalis Archidioecesis Monacensis-Frisingensis, München [ca. 1955], 12-15, Patrona-Bavariae-Lied *O blicke mild hernieder* von Guido Görres (1805-1852) mit einer Melodie des Augsburger Domkapitulars Johann Nepomuk Ahle (1845-1924).

104 Einschlägige Korrespondenz 1973: AEM, Generalvikariat Personalakten pastoraler Mitarbeiter 1029; Generalvikariat Sachakten 4770.

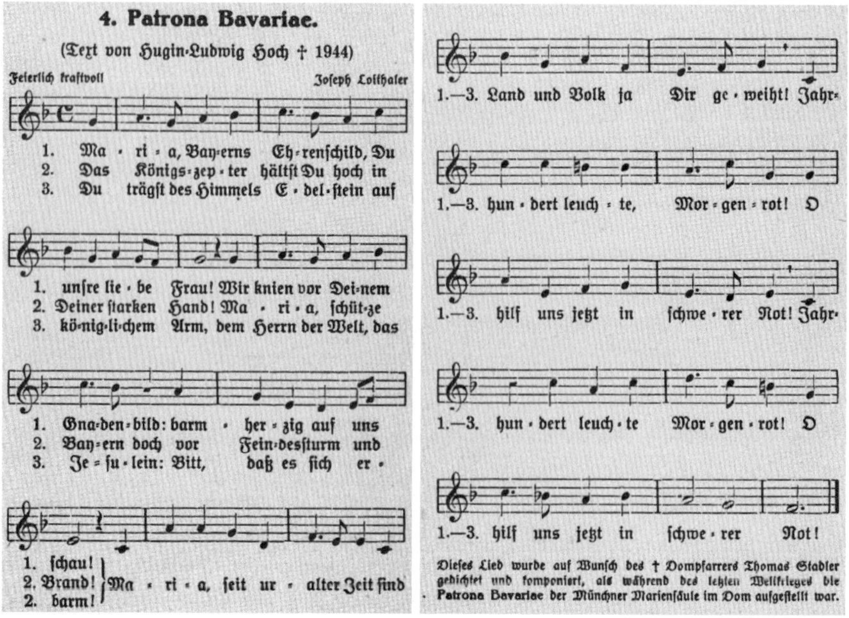

Abb. 11: Seiten 5 und 6 aus: Congregatio Mariana Sacerdotalis Archidioecesis Monacensis-Frisingensis sub titulo: Patrona Bavariae München, [ca. 1950] (Bibliothek der Katholischen Stiftungsfachhochschule München).

Die Neuschöpfung eines bayerischen Patrona-Bavariae-Liedes

1980/81 schuf Friedrich Dörr ein neues Patrona-Bavariae-Lied. Was war der Hintergrund?

Dörr war Priester und wirkte ab 1945 für rund vier Jahrzehnte als Theologieprofessor an der Hochschule Eichstätt.[105] Er trat nicht nur als Übersetzer aus dem Lateinischen und Italienischen hervor, u. a. des geistlichen Tagebuchs von Papst Johannes XXIII.[106], sondern verfasste auch hunderte von Kirchenliedern. 14 von diesen kamen dauerhaft in den Stammteil des *Gotteslob*, einige Dutzend weitere in verschiedene Anhänge, besonders seines Heimatbistums Eichstätt. Als Mitarbeiter der Gesangbuch-Kommission zur Vorbereitung des *Gotteslob* war Dörr in einer Doppelrolle:

105 Zur Leben und Werk vgl. Marco BENINI (Hg.), Gott preisen in Hymnen und Gesängen. Friedrich Dörr – Dichter für Gotteslob und Stundenbuch, St. Ottilien 2018; Veit NEUMANN, Professor Friedrich Dörr, in: Florian Trenner (Hg.), Diener im Weinberg des Herrn. Priesterpersönlichkeiten aus zwölf Diözesen, München 2008, 58-62.

106 Johannes XXIII., Geistliches Tagebuch und andere geistliche Schriften, Freiburg-Basel-Wien 1964. Vgl. dazu die Kritik von Georg DENZLER, in: Münchener Theologische Zeitschrift 20 (1969) 80f.

einerseits als Berater mit beträchtlichem Einfluss bei Auswahl und Redaktion, andererseits als Auftragnehmer für Neuschöpfungen von Liedern zu bestimmten Themen und Anlässen, für die kein brauchbares Material vorhanden schien.[107]

Die teilweise recht stürmischen Diskussionen über Auswahl und Fassung von Liedern für das *Gotteslob* ließen Dörr nicht unbehelligt. Er wurde für seine manchmal „hölzernen Verse“ genauso angegriffen wie für die „enorme emotionale Abflachung“, wenn er ältere Lieder zu modernisieren suchte.[108] Er selbst sah seinen Arbeitsprozess durchaus als schöpferischen Akt: „Vielleicht bin ich zu gründlich: ich muss mich erst mit der Materie sehr vertraut machen, darüber meditieren, und dann, nicht lange darnach, zum Schreiben kommen. Es ist ein seltsames Zusammenspiel zwischen bewußter geistiger Arbeit und unterbewußtem Ergriffensein, das immerhin ein wenig ungestörte Zeit beansprucht. Und auch dann läßt sich der gute Einfall und die glückliche Stunde nicht kommandieren. … Auch ich gestehe, daß mir manchmal die altübliche Strophenform, besonders wenn noch dazu in Text oder Weise etwas von Routine fühlbar ist, langsam zum Halse herauswächst.“[109]

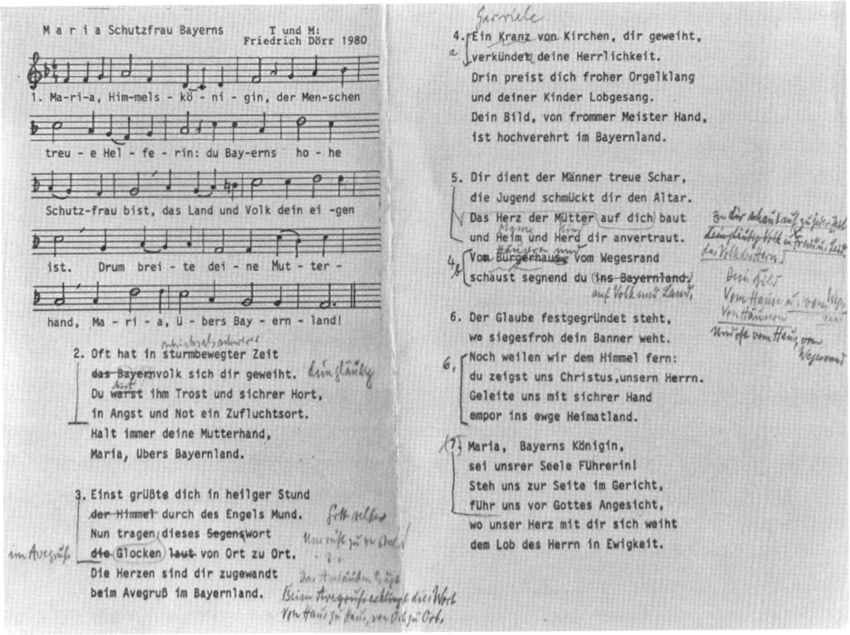
M a r i a Schutzfrau Bayerns
T und M: Friedrich Dörr 1980

1. Ma-ri-a, Him-mels - kö - ni - gin, der Men-schen treu - e Hel - fe - rin: du Bay-erns ho - he Schutz-frau bist, das Land und Volk dein ei -gen ist. Drum brei - te dei - ne Mut - ter - hand, Ma - ri - a, Ü - bers Bay - ern - land!

2. Oft hat in sturmbewegter Zeit
das Bayernvolk sich dir geweiht.
Du warst ihm Trost und sichrer Hort,
in Angst und Not ein Zufluchtsort.
Halt immer deine Mutterhand,
Maria, Übers Bayernland.

3. Einst grüßte dich in heilger Stund
der Himmel durch des Engels Mund.
Nun tragen dieses Segenswort
die Glocken laut von Ort zu Ort.
Die Herzen sind dir zugewandt
beim Avegruß im Bayernland.

4. Ein Kranz von Kirchen, dir geweiht,
verkündet deine Herrlichkeit.
Drin preist dich froher Orgelklang
und deiner Kinder Lobgesang.
Dein Bild, von frommer Meister Hand,
ist hochverehrt im Bayernland.

5. Dir dient der Männer treue Schar,
die Jugend schmückt dir den Altar.
Das Herz der Mütter auf dich baut
und Heim und Herd dir anvertraut.
Vom Bürgerhaus, vom Wegesrand
schaust segnend du ins Bayernland.
auf Volk und Land,

6. Der Glaube festgegründet steht,
wo siegesfroh dein Banner weht.
Noch weilen wir dem Himmel fern:
du zeigst uns Christus, unsern Herrn.
Geleite uns mit sichrer Hand
empor ins ewge Heimatland.

7. Maria, Bayerns Königin,
sei unsrer Seele Führerin!
Steh uns zur Seite im Gericht,
führ uns vor Gottes Angesicht,
wo unser Herz mit dir sich weiht
dem Lob des Herrn in Ewigkeit.

Abb. 12: Entwurf Friedrich Dörrs zum Patrona-Bavariae-Lied (Universitätsbibliothek Eichstätt-Ingolstadt, Nachlass 97, Materialsammlung zu Liedern und Texten G-N: Maria – Schutzfrau Bayerns).

107 Vgl. BENINI, Gott preisen (wie Anm. 105), 11f.

108 KURZKE/SCHÄFER, Mythos Maria (wie Anm. 17), 189 zur Fassung von *Maria zu lieben* des – namentlich nicht genannten – Dörr. Ganz anders dazu BENINI, Gott preisen (wie Anm. 105), 13-15.

109 Universitätsbibliothek Eichstätt-Ingolstadt, Nachlass 97 (Friedrich Dörr), Materialien zum Gotteslob Nr. 1, Brief Dörrs vom 9.3.1964.

Als einer der renommiertesten zeitgenössischen Kirchenlied-Dichter erhielt er 1980 einen Auftrag aus seinem Heimatbistum: Er sollte ein Patrona-Bavariae-Lied für Maiandachten im Bistum Eichstätt entwerfen und arbeitete im Anschluss den Text in Inhalt und Umfang immer weiter aus. Dabei bediente er sich vor allem in den ersten Entwürfen in Titel, Motivik und einzelnen Formulierungen bei den vorliegenden Ausformungen des Liedes von der Himmelskönigin (vgl. Abb. 12): Dies ist besonders offensichtlich beim Vergleich mit der Bamberger Fassung von 1935.

Auszüge aus: Bamberg 1935 (vgl. Anm. 72)	Friedrich Dörr – Entwurf 1980 (vgl. Anm. 110)
O himmlische Frau Königin, du aller Welten Herrscherin! Du Herzogin von Franken bist, das Herzogtum dein eigen ist. Darum, o Mutter, deine Hand halt über uns im Frankenland!	1. Maria, Himmelskönigin, der Menschen treue Helferin: du Bayerns hohe Schutzfrau bist, das Land und Volk dein eigen ist. Drum breite deine Mutterhand Maria, übers Bayernland!
Du gabst uns Kraft in schwerer Zeit Drin tröstest du mit sanfter Hand	2. Oft hat in sturmbewegter Zeit das Bayernvolk sich dir geweiht. Du warst ihm Trost und sichrer Hort in Angst und Not ein Zufluchtsort. Halt immer deine Mutterhand Maria, übers Bayernland.
Und wenn das Ave-Glöcklein klingt	3. Einst grüßte dich in heilger Stund der Himmel durch des Engels Mund. Nun tragen diese Segenswort die Glocken laut von Ort zu Ort. Die Herzen sind dir zugewandt beim Avegruß im Bayernland.
Ein Kranz von Kirchen ist geweiht auf Bergen und in grüner Au Den Bildstock schmückt manch frischer Strauß	4. Ein Kranz von Kirchen, dir geweiht, verkündet deine Herrlichkeit. Drin preist dich froher Orgelklang und deiner Kinder Lobgesang. Dein Bild, von frommer Meister Hand ist hochverehrt im Bayernland.

So wallet unsre treue Schar
zu deinem Herzen Jahr um Jahr
in Sehnsucht: Mann und Frau und Kind

5. Dir dient der Männer treue Schar,
die Jugend schmückt dir den Altar
Das Herz der Mütter auf dich baut
und Heim und Herd dir anvertraut.
Vom Bürgerhaus, vom Wegesrand
schaust segnend du ins Bayernland.

Für die titelgebende erste Zeile verwendete Dörr das unverbrauchte *Maria Himmelskönigin* von Johannes Khuen. Die verschiedenen Überarbeitungen in seinem Nachlass[110] verdeutlichen, dass er ihm vorliegende und weitere assoziierte Versteile in mehreren Stufen in einer Art virtueller Klebetechnik zusammenfügte. Nachdem er es anfänglich mit einer eigenen Melodie versucht hatte, griff er wie schon Khuen mit seinem Alternativvorschlag knapp dreieinhalb Jahrhunderte zuvor auf das Lied *Maria breit den Mantel aus* zurück: Das war nach einer wechselvollen Text- und Melodiegeschichte mit der alten Melodie und einem runderneuerten Textgewand nach 1945 zu einem regelrechten Schlager in ganz Deutschland aufgestiegen.[111] Nachdem er zunächst nach dem fränkischen Vorbild die fünfte und sechste Zeile jeweils individuell formulierte und in den ersten fünf Strophen immer auf „Bayernland" enden ließ, übernahm er vom Schutzmantellied dann auch für die beiden jeweils letzten Zeilen einheitlich den Refrain „Patronin voller Güte, uns allezeit behüte". Von der finalen Fassung 1981[112] mit deutlich reduzierten bavaristischen

110 Universitätsbibliothek Eichstätt-Ingolstadt, Nachlass 97 (Friedrich Dörr), Materialsammlung zu Liedern und Texten G-N: Maria – Schutzfrau Bayerns. Der älteste datierte (maschinenschriftliche) und vorstehend wiedergegebene Entwurf ist überschrieben: „Maria Schutzfrau Bayerns. T und M: Friedrich Dörr 1980".

111 KURZKE/SCHÄFER, Mythos Maria (wie Anm. 17), bes. 162f.

112 Abgedruckt bei BENINI, Gott preisen (wie Anm. 105), 158. Nachstehend die Eichstätter Fassung:
1. Maria Himmelskönigin, /der Menschen treue Helferin:
du Bayerns hohe Schutzfrau bist, /das Land und Volk dein eigen ist.
Patronin voller Güte, /uns allezeit behüte.
2. Oft hat in schicksalsschwerer Zeit / dein gläubig Volk sich dir geweiht.
Du bist ihm Trost und sichrer Hort, / in Angst und Not ein Zufluchtsort.
Patronin voller Güte, ...
3. Einst grüßte Dich in heilger Stund / Gott selber durch des Engels Mund.
Beim Aveläuten klingt dies Wort / von Haus zu Haus, von Ort zu Ort.
Patronin voller Güte, ...
4. Viel schöne Kirchen, dir geweiht, /verkünden deine Herrlichkeit.
Von Häusern und vom Wegesrand / schaust segnend du auf Volk und Land.
Patronin voller Güte, ...
5. Auf dich das Herz der Mütter baut / und Mann und Kind dir anvertraut.
Zu dir schaut auf zu jeder Zeit / das Volk des Herrn in Freud und Leid.
Patronin voller Güte, ...
6. Maria, Bayerns Königin, / du bist der Gnaden Mittlerin:
lass gläubig uns durchs Leben gehen / und treu zu deinem Sohne stehn.
Patronin voller Güte, ...

Bezügen kamen sechs Strophen in den *Gotteslob*-Anhang von Eichstätt[113] und Regensburg[114], vier in den von Augsburg.[115] In Regensburg und Augsburg erscheint hier der Refrain nochmals redaktionell geändert: „Patronin voller Güte, das Bayernland behüte".

Schluss

Was lehrt dieser Gang durch die Geschichte eines einzigen Liedes, seiner Ableger, Fortwirkungen und Veränderungen? In komplizierten Abhängigkeiten sind bislang neun deutlich unterscheidbare Grundtexte zu identifizieren, die alle letztlich auf das Würzburger Spee-Lied von 1628 zurückgehen (vgl. Abb. 13). Von Johannes Khuen stammt ein Münchner Text mit eigener Melodie. Die alte Würzburger Melodie wurde um 1800 ausgetauscht, der Text 1927 neu gefasst. Der Mainzer Ableger verschwand schon im 17. Jahrhundert, der Bamberger von 1935 verlor in der folgenden Überarbeitung seine Identität. Der Textverschnitt von Friedrich Dörr hat bis heute den gesamtbayerischen Anspruch nicht in die Aufführungspraxis übersetzen können, auch wenn das Lied bei der Wallfahrt „100 Jahre Patrona Bavariae 1917" zum Einsatz kam.[116] Nur Eichstätt, Regensburg und Augsburg haben seine Fassung übernommen, noch dazu mit Varianten.

Was macht nun den Kern des Liedes von der Himmelskönigin aus? Es unterscheidet sich in seinen Aussagen grundsätzlich von anderen, typischen Marienliedern: Das normale Marienlied verarbeitet biblische Aussagen, erinnert, preist und bittet. Im Kern beschreibt dagegen das Würzburger Lied von 1628 bzw. das Münchner von 1637 herausragende Erscheinungsformen menschlicher Frömmigkeit – die Kirche oder den Dom, der Maria geweiht, die Siegessäule auf dem Marienplatz, die ihr zu Ehren errichtet wurde, oder die vielen Frömmigkeitspraktiken, die konsequent von Fürst und Volk erbracht wurden. Weil die Franken oder Bayern sie als Herzogin angenommen und ihr besondere Ehre erwiesen haben, bitten sie quasi im Gegenzug darum, dass Maria sich ihnen besonders zuwendet, sie unter ihren Schutz nimmt und bei Gott für sie Fürsprache einlegt. Das ist das, was die Protestanten als katholische

113 Gotteslob. Katholisches Gebet- und Gesangbuch. Ausgabe für die Diözese Eichstätt, Regensburg 2013, Nr. 862; das Lied kam ursprünglich 1993 als Nr. 898 in den Diözesananhang, frdl. Mitteilung von Dr. Bruno Lengenfelder, Eichstätt, vom 5.3.2020. – Im *Gotteslob* 2013 ist übrigens unter der Nr. 866 auch die Bamberger Fassung von Streidel zu finden, allerdings mit redaktionellen Veränderungen, die den Begriff „Frankenland" eliminieren – Eichstätt gilt zwar traditionell als fränkisch, gehört jedoch seit 1972 zum Regierungsbezirk Oberbayern.

114 Gotteslob. Katholisches Gebet- und Gesangbuch. Ausgabe für die Diözese Regensburg, Regensburg 2013, Nr. 879.

115 Gotteslob. Katholisches Gebet- und Gesangbuch. Ausgabe für die Diözese Augsburg, Augsburg 2013, Nr. 867.

116 Mit Maria auf dem Weg (wie Anm. 9), 106f.

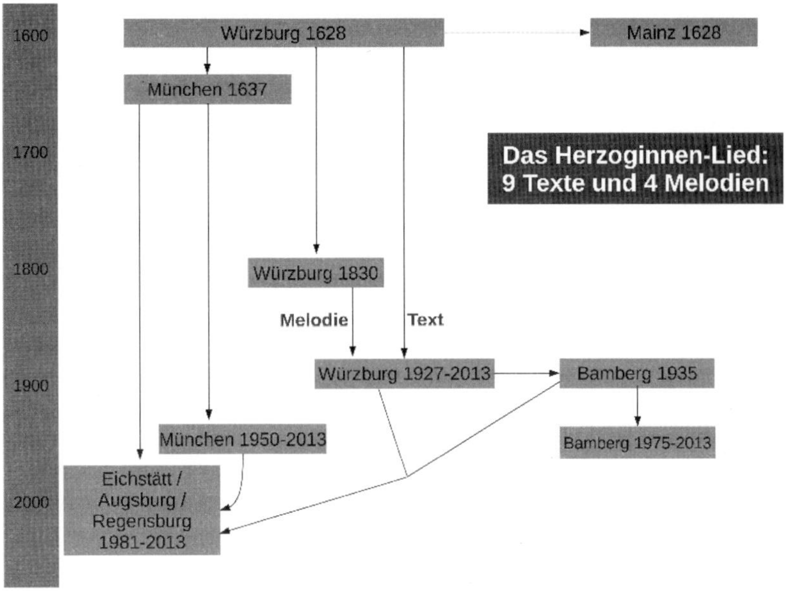

Abb. 13: Zusammenhänge zwischen den Lied-Texten.

Werkgerechtigkeit kritisierten. Diese geradezu singuläre, konsequent durchgehaltene kausale Verknüpfung erscheint in den ersten Überarbeitungen des 20. Jahrhunderts in Würzburg, Bamberg und München zunächst abgeschwächt, in den späteren in Bamberg, Eichstätt, Augsburg und Regensburg ist sie dann praktisch ganz verschwunden; übrig bleibt da nur ein wenig Heimatgefühl.

Darüber hinaus zeichnen sich einige Grundlinien ab, die es wert sind, verallgemeinernd festgehalten zu werden:

Kirchenlieder fallen nicht vom Himmel. Sie werden absichtsvoll gemacht, erfüllen einen Zweck oder gar Plan und müssen sich oft gegen harte Konkurrenz durchsetzen. Das Lied von der Himmelskönigin war zuerst ein scharfes konfessionelles Kampfmittel jesuitischen Ursprungs und Teil einer umfassenden gegenreformatorischen Kampagne. Doch kein Lied kann sich in der Aufführungspraxis halten, wenn der Schöpfung und Veröffentlichung von staatlicher Autorität oder privater Initiative nicht auch eine Akzeptanz durch die Gottesdienstgemeinde folgt. Dafür braucht es Texte und Melodien mit Qualität. Holperverse und Kunstmelodien setzen sich nicht auf Dauer durch. Und mit dem veränderten Zeitgeschmack entsteht ein Anpassungsdruck. Ohne Veränderung kann kein Kirchenlied über lange Zeit wirken, das macht vor allem die Gegenüberstellung der langen und dichten Rezeption in Franken und der dünnen, punktuellen in Altbayern deutlich.

Damit kommt ein persönliches Element ins Spiel: Geschichte wird nicht nur von großen Gestalten gemacht und geht auch nicht einfach aus Strukturen hervor. Ob etwas entsteht, sich durchsetzt, Wirkung entfaltet, hängt oft von der richtigen Person, ihrer Kompetenz und dem richtigen Zeitpunkt ab, in dem sie mit anderen Kräften zusammenwirkt. Damit gewinnt die Untersuchung solcher Konstellationen und Verkettungen selber wieder Aussagekraft für die historischen Zusammenhänge. Nicht zuletzt wird deutlich, dass nicht jedes alte Lied eine lange Tradition hat: Dem ehrwürdigen Alter der Münchner Himmelskönigin entspricht kein langes Leben, auch wenn Joseph Ratzinger das so geglaubt oder zumindest gewollt hat.

Charlotte Lady Blennerhassett, geb. Gräfin von Leyden

Schülerin Ignaz von Döllingers und Schriftstellerin von internationalem Ruf

Zu einer neuen biografischen Darstellung, mit einigen kirchengeschichtlichen Erläuterungen

von Manfred Weitlauff

„Es war immer einer meiner sehnlichsten Wünsche, daß die zwei liebsten Personen, die ich auf Erden habe, sich kennen lernen, sich miteinander befreunden sollten. Das ist nun glücklich erreicht" – so der Münchner Kirchenhistoriker Ignaz von Döllinger (1799-1890) am 14. Februar 1870 an Charlotte von Leyden. Die damals 26-jährige Gräfin hielt sich an der Jahreswende 1869/70, während der ersten Monate des (Ersten) Vatikanischen Konzils, gerade in Rom auf, wo sie Döllingers vertrautesten Schüler John Lord Acton (1834-1902) näher kennenlernte. Er war mit seiner Familie zur nämlichen Zeit in Rom eingetroffen, um hier im Auftrag des englischen Prime Minister William Ewart Gladstone als inoffizieller Beobachter dem Konzilsgeschehen „anzuwohnen" und darüber zu berichten. „Zu meiner großen Freude stehe ich jetzt sehr gut mit Acton der mir jeden Tag besser gefällt. Er ist ein prächtiger Mann und macht Ihnen alle Ehre", schrieb sie Döllinger am 6. Januar 1870. Und ein paar Wochen später geradezu schwärmerisch (27. Januar 1870): „Er ist ein ganzer Mann, in einem Guß gelungen, und tüchtig, nach jeder Seite hin; eine reine, schöne Seele die sich in ursprünglicher Kraft entwickeln konnte, ohne vorher, wie so viele andere, erlittene Schiffbrüche wieder gut machen zu müssen. Uns nicht zu verstehen, wäre traurig gewesen, denn Sie sind ein starkes Band zwischen uns und auf Sie kommen wir stets zurück."[1] Hier in Rom lernte sie auch ihren künftigen Ehemann kennen: Sir Rowland Blennerhassett (1839-1909), einen liberal-katholischen Engländer (Anglo-

1 Die Zitate in ihrer Reihenfolge in: Ignaz von Döllinger – Charlotte Lady Blennerhassett, Briefwechsel 1865-1886 (Ignaz von Döllinger, Briefwechsel 1820-1890, bearb. von Victor Conzemius, IV), München 1981, 460, 448, 456. – Zu Ignaz Döllinger siehe: Franz Xaver BISCHOF, Theologie und Geschichte. Ignaz von Döllinger (1799-1890) in der zweiten Hälfte seines Lebens (Münchener Kirchenhistorische Studien 9), Stuttgart-Berlin-Köln 1997. – Zu John Lord Acton siehe: Roland HILL, Lord Acton, New Haven-London 2000; DERS., Lord Acton. Ein Vorkämpfer für religiöse Freiheit im 19. Jahrhundert, Freiburg-Basel-Wien 2002. – Manfred WEITLAUFF, Das Erste Vatikanum (1869/70) wurde ihnen zum Schicksal. Der Münchner Kirchenhistoriker Ignaz von Döllinger (1799-1890) und sein englischer Schüler John Lord Acton (1834-1902). Ein Beitrag zum 150-Jahr-„Jubiläum" dieses Konzils (Abhandlung der Bayerischen Akademie der Wissenschaften NF 144), 2 Bde., München 2018; jedoch ist dieses Werk von Laura Pachtner nicht mehr berücksichtigt worden.

Iren) und irischen Grundbesitzer, der (seit 1864) mit Döllinger bekannt und mit Lord Acton befreundet war.

Der Gräfin Charlotte von Leyden, verheirateter Lady Blennerhassett, ist die vorliegende biografische Darstellung[2] gewidmet, die 2016 als Dissertation von der Philosophischen Fakultät der Universität Passau angenommen wurde. Um es gleich vorwegzunehmen: Es handelt sich um eine auf breiter archivalischer Quellenbasis deutscher, englischer und französischer Provenienz (insgesamt 18 konsultierte Archive) und im Rückgriff auf eine Fülle einschlägiger Literatur ausgezeichnet gearbeitete Biografie einer hochbegabten bayerischen Adeligen und international anerkannten wissenschaftlichen Schriftstellerin: ihr Leben und Wirken entsprechend ihrem international weiten Beziehungsfeld „hineingestellt" in den großen Rahmen der politischen, kirchenpolitischen, kulturellen und gesellschaftlichen Entwicklung Deutschlands und Europas von der Mitte des 19. Jahrhunderts bis herein in die ersten Jahrzehnte des 20. Jahrhunderts.

Wenn im Folgenden ein paar kleinere kirchenhistorische Exkurse eingefügt sind, so handelt es sich dabei nicht im mindesten um Kritik oder gar um Defizite an dieser historischen Darstellung, die aber gleichwohl auch, zeitbedingt, kirchenhistorische Aspekte einbezieht, sondern lediglich um einige weiterführende Erläuterungen zur innerkirchlichen Situation, wie sie Charlotte Blennerhassett als praktizierende Katholikin durchaus aufmerksam erlebte.

Entsprechend ihrer thematisch weit gefassten Perspektive widmet Laura Pachtner den ersten Teil ihrer Darstellung (Kap. 1-4) der eigentlichen Biografie der Lady Blennerhassett. Im zweiten Teil (Kap. 5) konzentriert sie sich auf die Schriftstellerin Lady Blennerhassett und ihr literarisches Werk sowie (Kap. 6) auf ihre Haltung bzw. ihr Schicksal als Buchautorin und Mitarbeiterin an diversen Periodika zwischen Kulturkampf und Modernismuskrise. Dass dabei Wiederholungen nicht ganz auszuschließen waren, versteht sich von selbst.

Am 19. Februar 1843 als erstes Kind des Grafen Karl von Leyden (1806-1876) und seiner Ehefrau Franziska (1816-1907), geb. von Weling, in München, „und zwar [...] gegenüber der Münchner Residenz" (S. 37), geboren, entstammte Charlotte von Leyden väterlicherseits einer wenig begüterten landsässigen bayerischen Adelsfamilie, mütterlicherseits einer ursprünglich jüdischen, zum Katholizismus konvertierten und 1816 von König Max I. von Bayern nobilitierten Hofbankiersfamilie. Ihre Mutter legte größten Wert darauf, sie von klein auf persönlich zu erziehen und im Lesen und Schreiben zu unterrichten. Später wurde sie von Privatlehrern in den für Mädchen der gehobenen Stände üblichen Bildungsinhalten unterwiesen: in sprachlich-literari-

2 Laura PACHTNER: Lady Charlotte Blennerhassett (1843-1917). Katholisch, kosmopolitisch, kämpferisch (Schriftenreihe der Historischen Kommission bei der Bayerischen Akademie der Wissenschaften 104), Göttingen 2020.

schen Kenntnissen, in Religionslehre, in Französisch und Englisch, auch, soweit dafür begabt, in musisch-künstlerischer Beziehung. Charlotte war ein sehr aufgewecktes Kind mit „knabenhaften Gewöhnungen“ (S. 57); um diese zu dämpfen, übergab man sie zur weiteren Ausbildung 1854, im Jahr der letzten großen Choleraepidemie in München, nach dem Beispiel der befreundeten Familie der Grafen von Arco-Zinneberg dem Sacré-Coeur-Institut Blumenthal bei Aachen. Hier wurde sie in einem breiten Fächerkanon unterrichtet: Französisch war Alltags- und Unterrichtssprache, dazu kamen Englisch und Italienisch. Charlotte war eine sehr gute Schülerin; so gewann sie in deutscher Literatur und Geografie „zweite Preise“, ihr ganzer Ehrgeiz aber gehörte der Geschichte, in der sie mit ihren schriftlichen Arbeiten hervorstach, nicht ohne bei ihren Mitschülerinnen einen gewissen Neid zu wecken. Im Herbst 1858 endete ihre schulische Ausbildung bei den Sacré-Coeur-Schwestern; der Abschied fiel ihr schwer. Doch die dort erhaltene „fundierte Fremdsprachenausbildung und das wacherhaltene historische Interesse legten den Grundstein für ihre spätere wissenschaftliche Tätigkeit. Die alles durchdringende religiöse Atmosphäre im Klosterpensionat beeinflusste ihre religiöse und geistige Entwicklung über den konventionellen Traditionskatholizismus ihrer Eltern hinaus“ (S. 68).

Es folgten Jahre des „Wartens“, nach traditioneller Vorstellung der Eltern auf eine „passende“ Eheanbahnung. Charlotte verbrachte diese Jahre zumeist auf Schloss Maxlrain bei Bad Aibling, das ihr Vater gegen den Verkauf des Münchner Anwesens mit 1200 Tagwerk landwirtschaftlichem Grund 1857 erworben hatte, den er selbst bewirtschaftete. Man verkehrte mit benachbarten Adelsfamilien, hielt dabei Ausschau nach einem standesgemäßen und zugleich gut situierten Heiratskandidaten, beschäftigte sich mit häuslichen Interessen, ausgewählten guten Büchern, Handarbeit, suchte Ablenkung durch stundenlange Spaziergänge, Ausritte und Wanderungen, alles unter der Aufsicht der dominanten Mutter, bei der Charlottes Wunsch, Latein zu lernen, wie jedes weitere Bildungsbestreben das Schreckbild der „gelehrten Frau“ heraufbeschwor. Zur Faschingsballsaison 1861 wurde Charlotte, 18-jährig, offiziell bei Hof vorgestellt und damit als Heiratskandidatin präsentiert; die Familie bezog dazu (wieder) Quartier in München. Aber Heiratskandidatin zu spielen, d. h. nicht aus der Rolle zu fallen, keine allzu große Bildungsbeflissenheit zu zeigen, sondern ungezwungen schöngeistigen Austausch zu pflegen, fiel Charlotte offensichtlich schwer. Erste Versuche zur Anbahnung einer standesgemäßen ehelichen Partie schlugen fehl. Dagegen boten ihr populärwissenschaftliche Vorträge, vor allem namhafter Historiker, im Münchner Liebig'schen Hörsaal willkommene Abwechslung, zumal diese durch den Besuch von Angehörigen des königlichen Hofes, die wiederum den Adel anzogen, als Gesellschaftsereignisse galten. Unter anderem rückten damals die Probleme um Kirchenstaat, italienisches Risorgimento und den österreichisch-italienischen Krieg in den Vordergrund der Diskussionen. Und in diesem Zusammenhang wurde Charlotte erstmals auf Döllinger aufmerksam. Der Münchner Erzbischof Gregor von Scherr (1804-1877), der mit ihren Eltern verkehrte, habe ihr damals Döllingers neuestes Werk *Christenthum und Kirche in der Zeit der Grundlegung* (Regensburg, bei Georg

Joseph Manz, 1860, ²1868) mit der Bemerkung geschenkt, „dies sei das beste Buch, das er kenne“[3] – immerhin ein erstaunliches Geschenk für eine junge adelige Dame. Im Jahr darauf, am 5. und wohl auch am 9. April 1861, erlebte Charlotte im Münchner Odeonssaal den Autor Döllinger erstmals persönlich, und zwar bei seinem (zweiteiligen) Aufsehen erregenden Vortrag über die heißumstrittene Kirchenstaatsfrage (und ob sie, wie viele meinten, auch eine Existenzfrage des Papsttums sei). Döllinger übte harte Kritik am erbärmlichen Zustand des päpstlichen Staatswesens und erwog für den Fall des Untergangs des Kirchenstaats mehrere päpstliche Aufenthaltsmöglichkeiten, suchte aber vor allem zu beschwichtigen: Das Papsttum habe sieben Jahrhunderte lang ohne staatliches Gebilde existiert, und es werde nach einem möglichen Verlust des Kirchenstaats weiterexistieren, in seiner geistlichen Sendung unbehindert bleiben und sicherlich auch mit anderweitigen Existenzmitteln begabt werden: Wie in der „griechische[n] Mythe“ dem neuen Gott Apollo zur Geburtsstätte „die Insel Delos aus dem Meere emporgestiegen“ sei – so Döllingers Schlusswort –, so könne man „zuversichtlich erwarten, daß, was auch kommen möge, dem Stuhle Petri sein Delos nicht fehlen werde, und sollte es erst aus dem Meere emporsteigen“.[4] Der anwesende Nuntius verließ gleich anfangs schon empört den Saal. Charlotte dagegen war von Döllingers Argumenten tief beeindruckt, musste allerdings zu ihrer nicht geringen Verwunderung zur Kenntnis nehmen, dass auch in ihrem ultramontan orientierten Umfeld das Echo keineswegs positiv ausfiel. Die befreundete Gräfin Leopoldine vom Arco-Zinneberg war entsetzt, und ihre einstige Lehrerin Agnes Perl im Sacré-Coeur-Institut, mit der sie vertrauten brieflichen Kontakt pflegte, warf auf ihren Bericht hin Döllinger Gelehrtenstolz vor und empfahl ihm, in Demut vor der Autorität der Kirche seine Aussagen über den Kirchenstaat zurückzuziehen. Werke von ihm zu lesen, lehnte sie im Übrigen kategorisch ab.

Wie zuvor schon das gesellschaftlich-geistige, konservativ-katholische Umfeld einer jungen bayerischen Adeligen, deren Zukunft in einer möglichst komfortablen Heirat, aber keinesfalls in irgendwelchen höheren Studienzielen zu liegen hatte, so schildert Laura Pachtner im Folgenden den geistigen Entwicklungsgang jenes Mannes, der für Charlottes Entwicklung von höchster Bedeutung werden sollte: eben des Münchner Kirchenhistorikers Ignaz von Döllinger, der sich vom ultramontanen Kämpfer in seiner ersten Lebenshälfte nach 1850 zum liberal-katholischen Kirchenhistoriker in seiner zweiten Lebenshälfte und, je mehr er Quellenstudien betrieb, zum kritisch-scharfen Beobachter und Beurteiler der durch die „Römische Frage“ belasteten innerkirchlichen Vorgänge wandelte.

---

3 PACHTNER (wie Anm. 2), 82 Anm. 278: Hier scheint die Autorin einem Irrtum zu unterliegen; vgl. dagegen 83 Anm. 283.

4 Johann Joseph Ignaz von DÖLLINGER, Kirche und Kirchen, Papstthum und Kirchenstaat. Historisch-politische Betrachtungen, München 1861, hier im Anhang, 666-684, die beiden Vorträge, das Zitat hier 684.

Inmitten dieser zweiten Lebensphase Döllingers kam es im Mai 1865 zur zufälligen persönlichen Begegnung mit Charlotte und ihrer Mutter in der Wohnung des Münchner Verlegers Friedrich Bruckmann, bei der sich Döllinger erinnerte, Charlottes Namen auf einem Leihschein der Hofbibliothek für ein französisches Werk des Gelehrten und Gründers der caritativen Vinzenzkonferenzen Antoine Frédéric Ozanam (1813-1853) gelesen zu haben. Es war der Beginn einer väterlich-freundschaftlichen Beziehung, begründet im prinzipiellen Wohlwollen des – ansonsten allgemein als „kühl" geltenden – damals bereits über 65-jährigen Döllinger für junge intelligente Menschen, die er auf seine ganz eigene diskrete Art pädagogisch zu fördern wusste. Der junge John Acton(-Dalberg) hatte während seiner Münchner Studienjahre (1850-1854) als Hausgenosse Döllingers gerade in den Anfängen von dessen geistiger „Umbruchszeit" diese Förderung erfahren, und nun wandte sie Döllinger der wissensdurstigen jungen Gräfin von Leyden zu. Er öffnete ihr seine Privatbibliothek, versorgte sie mit Büchern und Zeitschriften aus der Hofbibliothek, lenkte dabei als ihr Mentor pädagogisch diskret ihren Lesehunger, erteilte ihr einige Lateinstunden und empfahl ihr die Lektüre lateinischer Geschichtsschreiber mit französischer Parallelübersetzung, was allerdings nur in aller Heimlichkeit vor ihrer Mutter möglich war. Vor allem bestärkte er sie, ihre eigene Meinung selbstbewusst auch gegen Widerspruch zu vertreten, und respektierte ihre Eigenwilligkeit, weil Ausdruck ihrer ihn faszinierenden geistigen Unabhängigkeit und ihres bemerkenswert kritischen Urteils. Er erkannte rasch ihr schriftstellerisches Talent und förderte sie darin, auch durch methodische Anleitung. Für Charlotte – der damals als Frau ein Universitätsstudium verschlossen war – wurde diese Begegnung, die sie „stets für providentiell hielt" (S. 87), zum geistigen Wendepunkt in ihrem Leben. Die alsbald einsetzende briefliche Korrespondenz mit Döllinger, teils auch auf Englisch oder Französisch (wie jene zwischen Döllinger und John Lord Acton von Victor Conzemius und seit 1972 von seiner Mitarbeiterin Susanne Köppendörfer mustergültig ediert[5]), belegt dies eindrucksvoll, wobei man in beiden Briefwechseln bei aller herzlichen Vertrautheit stets wechselseitig beim „Sie" blieb. Aber dieser geistige Austausch zwischen Döllinger und der jungen Gräfin beschränkte sich keineswegs nur auf das Gebiet unterschiedlicher Lektüren, durchaus über den „katholischen Tellerrand" hinaus, auch nicht nur auf private Angelegenheiten und Entscheidungen, die Döllinger mit Rat und Tat begleitete, sondern sie bezog auch die aktuellen kirchenpolitischen und theologischen Auseinandersetzungen zwischen ultramontanen und liberalen Katholiken sowie allgemein die politischen und kirchenpolitischen Entwicklungen der Zeit mit ein. Döllinger gab seinem „lieben Töchterchen" sogar Einblick in seine Privatkorrespondenzen mit prominenten liberalen Katholiken wie z. B. mit deren wohl kritischstem Exponenten Graf Charles-René de Montalembert (1810-1870). Und so erlebte Charlotte unmittelbar, wie sehr sich in den Jahren bis zum Konzil Döllingers anti-ultramontane Haltung mehr und

5 Ignaz von Döllinger – Lord Acton, Briefwechsel I-III 1850-1890 (wie Anm. 1); Ignaz von Döllinger – Charlotte Lady Blennerhassett, Briefwechsel 1865-1886 (wie Anm. 1).

mehr verschärfte, während sie, bei aller grundsätzlichen Übereinstimmung mit ihm, seiner „Prinzipientreue" eher einen „kompromißbereiten Pragmatismus" entgegensetzte, so im Fall des Bischof Félix-Antoine-Philibert Dupanloup von Orléans (1802-1878), dem Döllinger dessen Verteidigung der von ihm merkwürdig abmildernd interpretierten (unheilvollen) päpstlichen Enzyklika *Quanta cura* samt *Syllabus errorum* von 1864[6] nicht verzieh (S. 113). Andererseits war Dupanloups abmildernd interpretierende Tendenz auch in Rom keineswegs gut angekommen.

Nach einem sie beflügelnden Parisaufenthalt mit neuen Bekanntschaften aus dem Kreis liberaler Katholiken, darunter der von ihr seitdem verehrte Bischof Dupanloup, mit dem sie fortan in brieflicher Korrespondenz stand, wagte sie im Mai 1869 ohne Wissen Döllingers einen ersten schriftstellerischen Publikationsversuch, als Probe, „ob ich allein und durch ein Hinterpförtchen an die Öffentlichkeit gelangen könnte". Sie schickte einen anonymen Artikel über *Die liberalen Katholiken in Frankreich. Eine Reiseerinnerung* an die ultramontan orientierten *Historisch-Politischen Blätter*, und deren Herausgeber Joseph Edmund Jörg (1819-1901) publizierte ihn – mit dem redaktionellen Zusatz, man vertrete zwar gegenüber den im Artikel genannten „liberalen" Persönlichkeiten meist einen anderen Standpunkt, doch „gebe [man] nun auch einmal gerne dem ‚Audiatur et altera pars' statt" (S. 137). Döllinger, nachträglich von ihr über diesen anonymen schriftstellerischen „Alleingang" informiert, äußerte sich über ihren Artikel voll des Lobes. Er sah sich in seiner Einschätzung ihrer geistigen Qualitäten und schriftstellerischen Fähigkeiten bestätigt, ja sie habe seine „Erwartungen noch übertroffen", weshalb er es „sehr beklagen" würde, „wenn Sie Ihren Beruf – denn eine solche Begabung ist ein höherer Beruf – verkennten. [...] Ihr Beruf, mein liebes Töchterchen, ist ein höherer, ernsterer, edlerer als z. B. der der Gräfin [Ida von] Hahn-Hahn. Sie sollten keine Romane, sondern Besseres[,] woran auch Männer sich erfreuen und belehren können, hervorbringen" (S. 138f.). Charlotte ließ sich diesen Rat gern gesagt sein und befolgte ihn.

Während Döllinger gegen das im Dezember 1869 im Vatikan eröffnete Konzil und die mit ihm verbundenen speziellen Ambitionen Pius' IX. (Dogmatisierung des im „Charisma" der Lehr-Unfehlbarkeit gipfelnden päpstlich-universalen Jurisdiktionsprimats) bekanntermaßen in München seine polemisch-journalistische Feder spitzte und schon im Vorfeld pseudonym den publizistischen Kampf gegen das Konzil eröffnete[7], schließlich, von Lord Acton sowie ein, zwei weiteren „spectatores" re-

---

6 La Convention du 15 septembre et l'encyclique du 8 décembre, par Mgr. Félix Dupanloup l'évêque d'Orléans, Paris 1865; Die Convention vom 15. September und die Encyclica vom 8. Dezember von Felix Dupanloup, Bischof von Orleans, Mitglied der französischen Akademie. Aus dem Französischen übersetzt von Sincerus, Wien 1865.

7 Der Papst und das Concil von Janus. Eine weiter ausgeführte und mit dem Quellennachweis versehene Neubearbeitung der in der Augsburger Allgemeinen Zeitung erschienenen Artikel: Das Concil und die Civiltà, Leipzig 1869. – Diese ursprünglichen 5 Artikel (10.-15 März 1869) sind abgedruckt in: Walter BRANDMÜLLER, Ignaz v. Döllinger am Vorabend des I. Vatikanums. Herausforderung und Antwort (Kirchengeschichtliche Quellen und Studien 9), St. Ottilien 1977, hier 147-180.

gelmäßig streng geheim mit Nachrichten aus Rom beliefert, mit seinen ebenfalls pseudonymen 69 *Römischen Briefen vom Konzil* in der *Augsburger Allgemeinen Zeitung* öffentlichkeitswirksam das interne Konzilsgeschehen kommentierte[8], erlebte Charlotte, natürlich wie stets in weiblicher Begleitung (hier mit der Gräfin Arthemine de Menthon und ihrem Gemahl Bernard), die ersten Konzilswochen in Rom. Dort traf sie in den Salons, bei zahlreichen Besuchen und Besichtigungen, Empfängen und Ballfesten alte Bekannte und knüpfte neue Bekanntschaften, so mit Vertretern der römischen Aristokratie oder – dank einer Empfehlung Döllingers – mit dem Katakombenforscher Giovanni Battista de Rossi (1822-1894) und mit dem jungen, vor allem archäologisch interessierten (nachmals Freiburger) Kirchenhistoriker Franz Xaver Kraus (1840-1901). Ihn lernte sie bei einer Führung de Rossis durch die Domitilla-Katakombe kennen und sogleich nahm sie ihn durch ihre „Persönlichkeit, ihr geistvolles, munteres, treuherziges Wesen" für sich ein (so Kraus' Notiz in seinen Tagebüchern[9]). Und „so hub die bis zu dessen Tod währende treue Freundschaft [...] an" (so Charlottes Notiz, S. 150). Das Konzil war eben zugleich ein gesellschaftliches Ereignis, wie Laura Pachtner ausführlich schildert. Doch Charlotte verfolgte aufmerksam und kritisch auch das Konzilsgeschehen, das bei ihr schließlich düstere Erwartungen auslöste.

In Rom kam es auch, wie oben erwähnt, zur Begegnung mit Sir Rowland Blennerhassett, mit dem sich Charlotte offenbar von Anfang an gut verstand. Rowland Blennerhassett, in katholischen Schulen Englands erzogen, war ein gebildeter, an der katholischen Universität Löwen in Staatswissenschaften promovierter Brite, mit Studienabschluss in Berlin, seit 1865 liberaler Abgeordneter für die irische Stadt Galway im Unterhaus, ein Freund Lord Actons, wie dieser kulturell besonders auf Deutschland hin orientiert und über Lord Acton ein hochgeschätzter Bekannter Döllingers. Obendrein stimmten er und Charlotte in ihren liberal-katholischen Überzeugungen zusammen, auch in ihrer Entrüstung über die aus dem Konzil (wohl via Lord Acton bis zu ihnen) durchsickernde Kunde, dass Kräfte am Werk seien, den Papst für „personally infallible" zu erklären: „So that we are well rid of the absurd sophistics of this ex cathedra utterances being free from error and the Ultramontanes boldly face all the enormities which their system must lead them" – so Rowland Blennerhassett am 11. März noch von Rom aus an Charlotte (S. 167).

Freilich war beiden als theologischen „Laien" (und wohl auch Laura Pachtner) kaum bewusst, dass das Unfehlbarkeits-„Projekt", wenn auch von Pius IX. mit Vehemenz, und mittels Pressionen gegen widerstrebende Konzilsväter, angetrieben und

---

8 Römische Briefe vom Concil von Quirinus, München 1870. – Zur Wahl der beiden Pseudonyme siehe: Roland KANY, Janus Quirinus. Presse- und religionsgeschichtliche Hintergründe von Döllingers pseudonymem Kampf um die öffentliche Meinung, in: Katharina Krips/Stephan Mokry/Klaus Unterburger (Hg.), Aufbruch in der Zeit. Kirchenreform und europäischer Katholizismus. Franz Xaver Bischof zum 65. Geburtstag (Münchener Kirchenhistorische Studien NF 10), Stuttgart 2020, 107-130.

9 Franz Xaver KRAUS, Tagebücher, herausgegeben von Hubert Schiel, Köln 1957, 279 (Eintrag 11. Februar 1870). – Oskar KÖHLER, Franz Xaver Kraus (1840-1901), in: Heinrich Fries/Georg Schwaiger (Hg.), Katholische Theologen Deutschlands im 19. Jahrhundert, 3 Bde., München 1975, hier III, 241-275.

zuletzt in durchaus forcierter Formulierung durchgesetzt, nur den einen Teil des ganzen konziliaren Verfahrens bildete, der jedoch in den inner- und außerkonziliaren Diskussionen den anderen, weit gewichtigeren Teil, nämlich die angestrebte Dogmatisierung des universal-päpstlichen Jurisdiktionsprimats, „überblendete". Möglicherweise war dies auf Seiten der zumeist jesuitischen Initiatoren des ganzen „Projekts" durchaus erwünscht oder überhaupt beabsichtigt und wurde von vielen Vätern, wohl den meisten (deren theologischen, geschweige denn historischen Bildungsstand man nachweislich nicht überschätzen sollte), gar nicht erkannt oder durchschaut, weil man den Jurisdiktionsprimat als in praxi bereits vorgegeben oder als de facto bereits durchgesetzt hinnahm. In seiner „ganzen Fülle" de facto durchgesetzt war die päpstlich-primatiale Vollgewalt aber erst seit dem Untergang des Ancien Régime und der im 19. Jahrhundert einsetzenden ausgedehnten neuen päpstlichen Konkordatspolitik im Zuge des nachrevolutionären kirchlichen Wiederaufbaus in den einzelnen Ländern. Dieser setzte ein mit dem Napoleon-Konkordat vom 15. Juli 1801 und der von Napoleon erzwungenen päpstlichen Aufhebung der überkommenen französischen Bistumsorganisation und ihrer Hierarchie. Bischöfe, die sich damals weigerten, der Aufforderung Pius' VII. (1800-1823) zum Rücktritt nachzukommen, wurden mit der Auflösung ihrer Bistümer, mit der Aufhebung der gesamten bisherigen Hierarchie Frankreichs, durch päpstlichen Spruch abgesetzt. Das war ein vernichtender Schlag gegen den Gallikanismus und zugleich ein unerhörter, weil aus der Tradition nicht oder kaum begründbarer, nach damals geltendem kanonischen Recht kaum zu legitimierender päpstlich-jurisdiktioneller Akt, der in der damaligen nachrevolutionären Situation partikular-kirchlicher Entrechtung wie kein anderer Urbi et Orbi die „summa potestas" des (Napoleon völlig ausgelieferten) Papstes über ganze, auch seit unvordenklichen Zeiten bestehende Bistumsorganisationen, ihre Hierarchie, ihre Einzelkirchen und ihre kanonisch rechtmäßigen Bischöfe in praxi demonstrierte – und damit aber im Nachhinein einen kräftigen Schub auf dem Weg zur Dogmatisierung des päpstlich-universalen Jurisdiktionsprimat darstellte. Die „vatikanische" Dogmatisierung des päpstlichen Universalprimats als „Jurisdiktionsvollmacht des Römischen Bischofs, die wahrhaft bischöflich (vere episcopalis) ist [...] ordentlich und unmittelbar (ordinariam et immediatam)" über alle Kirchen und jede einzelne, über alle Hirten und Gläubigen und jenen einzelnen[10], war aber unabdingbare dogmatische Voraussetzung, um ihn durch eine Unfehlbarkeitsdefinition „überhöhen"

---

10 Dogmatische Konstitution *Pastor aeternus* Cap. 3. Acta Sanctae Sedis (ASS) 6 (1870/71) 40-47; Heinrich DENZINGER/Peter HÜNERMANN (Hg.), Enchiridion symbolorum [42]2009, 824-833 Nr. 2050-3075, hier 828 Nr. 3061, 830 Nr. 3064. – Bei der von Napoleon erzwungenen päpstlichen Aufhebung der uralten, bis in die spätrömische Zeit zurückreichenden Bistumsorganisation der Ecclesia gallicana (135 Bistümer), mit deren gesamter Hierarchie und deren Ersetzung durch eine neue Bistumsorganisation (60 Bistümer) nach dem Willen Napoleons geht es nicht um die Frage, ob diese diözesane Neugliederung der Kirche Frankreichs geboten oder gar überfällig war, sondern allein darum, ob dem Papst (als dem Patriarchen des Westens) nach dem damals geltenden kanonischen Recht die Vollmacht zukam, eine ganze Landeshierarchie (letztlich aus politischen Gründen und unter politischem Zwang) mit einem Federstrich auszulöschen und kanonisch legitime Bischöfe, die zwar damals im Exil lebten,

zu können. Dennoch hatte die in den erhitzten Diskussionen eher nur nebenbei berührte „vatikanische" Primatsdefinition, wie sich ziemlich unmittelbar erweisen sollte und Döllinger von Anfang an sehr klar voraussah, für die innerkirchliche Entwicklung weit erheblichere kirchenrechtliche Konsequenzen als die Definition der (Lehr-)Unfehlbarkeit, die Pius IX. in der Tat maximalistisch verstand und in diesem Sinn (am 18. Juli 1870) kraft seiner – unmittelbar zuvor von ihm in derselben Konstitution definierten – „plena et suprema potestas iurisdictionis in universam Ecclesiam" höchstpersönlich „sacro approbante Concilio" als „ein von Gott geoffenbartes Dogma (divinitus revelatum dogma)" feierlich definierte und proklamierte[11] – nachdem er diese (Lehr-) Unfehlbarkeit bei der Dogmatisierung der *Immaculata conceptio Mariae* (der „Unbefleckten Empfängnis Marias") 1854 bereits im „Vorgriff", sozusagen zielgerichtet auf das Konzil, praktiziert hatte.

„... io, io sono la tradizione, io, io sono la Chiesa", hatte er dem gelehrten Dominikaner-Kardinal Filippo Maria Guidi (1815-1879) nach dessen differenzierender, auf Thomas von Aquin und Roberto Bellarmin SJ gestützten, aber auch auf den einflussreichen Konzilstheologen Giovanni Perrone SJ (1784-1876) rekurrierenden Konzilsrede[12] empört entgegengeschleudert, wie heute verbürgt ist, und hätte ihn wohl am

---

aber gleichwohl zu demissionieren sich weigerten (immerhin 37 von den 92 noch lebenden Bischöfen des Ancien Régime), abzusetzen. Manfred WEITLAUFF, Von der Reichskirche zur „Papstkirche". Revolution, Säkularisation, kirchliche Neuorganisation und Durchsetzung der papalistischen Doktrin, in: Zeitschrift für Kirchengeschichte 113 (2002) 355-402, bes. 382f.; DERS., Die Neuorganisation der katholischen Kirche Deutschlands im 19. Jahrhundert im Widerstreit von Staatskirchenrecht und römisch-kanonistischem Recht, in: Jahrbuch des Vereins für Augsburger Bistumsgeschichte 47 (2013) 349-433, hier 362-365. – Vgl. dazu Italien, das bis zum Zweiten Vatikanum (etwa im Gegensatz zu den damals 24 Bistümern in Deutschland) fast 300 Bistümer zählte, darunter zahlreiche Miniaturbistümer, deren zum größten Teil absolut konservative Bischöfe auf dem Ersten Vatikanum, natürlich mit vollem Stimmrecht, die Reihen der Majorität füllten. Erst 2016 wurde die Zahl der italienischen Bistümer, gegen teils heftigen Widerstand, durch Zusammenlegungen auf 226 reduziert.

11 Dogmatische Konstitution *Pastor aeternus*. DENZINGER/HÜNERMANN (Hg.), Enchiridion symbolorum (wie Anm. 10), hier 833 Nr. 3073. Die Definitionsformel für dieses „von Gott geoffenbarte Dogma" lautet (ebd. Nr. 3074): „Wenn der Römische Bischof ‚ex cathedra' spricht, das heißt wenn er in Ausübung seines Amtes als Hirte und Lehrer aller Christen kraft seiner höchsten Apostolischen Autorität entscheidet, daß eine Glaubens- oder Sittenlehre von der gesamten Kirche festzuhalten ist, dann besitzt er mittels des ihm im seligen Petrus verheißenen göttlichen Beistand jene Unfehlbarkeit, mit der der göttliche Erlöser seine Kirche bei der Definition der Glaubens- oder Sittenlehre ausgestattet sehen wollte; und daher sind solche Definitionen des römischen Bischofs aus sich, nicht aber auf Grund der Zustimmung der Kirche unabänderlich (ex sese, non autem ex consensu Ecclesiae, irreformabiles esse)." – Zur innerkonziliaren Diskussion über das Problem der päpstlichen Unfehlbarkeit, wie sie der Papst, wie sie die Maiorität maximalistisch verstand, wie sie die Minorität eingeschränkt verstehen wollte und wie letztlich, unter welcher „Federführung", die Definitionsformel zustande kam und zu deuten ist, siehe ausführlich: Klaus UNTERBURGER, Cum ex Cathedra loquitur – das Objekt der päpstlichen Unfehlbarkeit und deren Bedingungen auf dem I. Vatikanischen Konzil, in: Krips/Mokry/Unterburger (Hg.), Aufbruch (wie Anm. 8) 143-156.

12 Abgedruckt in: Ulrich HORST, Kardinalerzbischof Filippo Maria Guidi OP und das I. Vatikanische Konzil, in: Ders., Päpstliche Unfehlbarkeit wider konziliare Superiorität? Studien zur Geschichte eines (ekklesiologischen) Antagonismus vom 15. bis zum 19. Jahrhundert (Konziliengeschichte Reihe B: Untersuchungen), Paderborn 2016, 361-424, hier 417-424.

liebsten „dekardinalisiert". Überliefert wird dieser ungeheuerliche päpstliche Ausbruch und Anspruch vom erblindeten Kurienerzbischof Vincenzo Tizzani (1809-1892), dem Kardinal Guidi nach seiner spektakulären Privataudienz beim Papst darüber berichtet hatte.[13] Titular-Erzbischof Tizzani, der in seinem Diario über diese Audienz berichtet, war selber, weil als Kurienmitglied oppositioneller Haltung im Konzil verdächtigt, Pressionen von Seiten Pius' IX. ausgesetzt.[14]

Dabei ist wohl zu beachten, dass zumindest bei Vorlage des Schemas über die päpstliche Unfehlbarkeit diese „persönlich" gemeint war, ohne dass dies auch ausdrücklich artikuliert werden sollte.[15] Wie immer dieser „gemeinte", aber nicht „artikulierte" ominöse Begriff „personalis" im Zusammenhang mit „päpstlicher Unfehlbarkeit" zu deuten sein mag – es steht, auch nach verschiedenen Äußerungen Pius' IX., außer Zweifel: Er war davon überzeugt, dass Unfehlbarkeit (oder Irrtumslosigkeit) ein dem Papst, somit ihm, „persönlich" verliehenes Charisma, d. h. eine dauernde gnadenhafte innere Erhebung (und personale Veränderung) sei. Von daher hatte er von ihr ein ebenso exklusives wie extensives Verständnis, und in diesem Verständnis definierte und proklamierte, um es nochmals zu wiederholen: nicht das Konzil, sondern er selbst „mit Zustimmung des heiligen Konzils (sacro approbante Concilio)" die päpstliche (Lehr-)Unfehlbarkeit als „ein von Gott geoffenbartes Dogma (divinitus revelatum dogma)", somit als eine absolut verbindliche „Wahrheit des Glaubens". Dazu die Androhung: „Wer sich aber – was Gott verhüte – unterstehen sollte, dieser Unserer Definition zu widersprechen, sei mit dem Anathem belegt (Si quis autem huic Nostrae definitioni contradicere, quod Deus avertat, praesumpserit:

13 Giuseppe M. CROCE (Ed.), Una fonte importante della storia di Pio IX e del Concilio Vaticano I: I manoscritti inediti di Vincenzo Tizzani, in: Archivum Historiae Conciliorum 23 (1985) 217-345, 24 (1986) 273-363, 25 (1987) 263-363, das Zitat hier 23 (1985) 275f.; Lajos PÁSZTOR (Ed.), Il Concilio Vaticano I: Diario di Vincenzo Tizzani (1869-1870), Stuttgart 1991, hier 487f. – Dazu und zu anderen, ähnlich lautenden Überlieferungen siehe die kritische Darlegung in: Klaus SCHATZ, Vaticanum I 1869-1870, III: Unfehlbarkeitsdiskussion und Rezeption, Paderborn-München-Wien-Zürich 1994, 312-322 (Anhang 1). Schatz geht in diesem Anhang dem oben zitierten, Kardinal Guidi in der Privataudienz vorgeworfenen Diktum Pius' IX. in seinen – verständlicherweise! – unterschiedlich überlieferten Versionen wissenschaftlich präzis nach. Aber wie immer der ganz genaue Wortlaut dieses Diktums gewesen sein mag: was Pius IX. hier in seinem übersteigerten papalen Selbstbewusstsein dem Kardinal höchst erregt entgegenschleuderte und dieser nach der Audienz dem Erzbischof Tizzani mitteilte, ist zweifellos in der von Tizzani überlieferten Form inhaltlich zum Ausdruck gebracht. Im Übrigen bleibt eine solch ungeheuerliche Aussage in einem Satz im Gedächtnis dessen, dem sie ins Gesicht geschleudert, und ebenso in dessen Gedächtnis, dem sie mitgeteilt wurde. – Zur Unfehlbarkeitsproblematik erneut: Klaus SCHATZ, Päpstliche Unfehlbarkeit. Ihr langsames Entstehen, in: Stimmen der Zeit 145 (2020) 451-464. Hier allerdings wird diese Problematik von Schatz „heruntergespielt" und als solche entschärft.

14 Siehe dazu: PÁSZTOR, Il Concilio Vaticano (wie Anm. 13), 526f.; SCHATZ, Vatikanum I (wie Anm. 13), III 108f.

15 Siehe dazu die Erklärung der Glaubensdeputation in ihrer *Relatio de observationibus Concilii Patrum, in schema de Rom. Pont. primatu factis.* Collectio Lacensis VII: Acta et Decreta Sacrosancti oecumenici Concilii Vaticani, Friburgi Brisgoviae 1890, 284f.

anathema sit)"[16] – bemerkenswert dabei ist, dass die „anathema"-Formel in dieser Konstitution viermal wiederkehrt! Immerhin hatte Kardinal Guidis Rede bewirkt, dass die ursprünglich vorgesehene Überschrift des einschlägigen Cap. IV: *De Romanorum Pontificum infallibilitate* in *De Romani Pontficis infallibili magisterio* geändert wurde.

Aber waren sich die zustimmenden Konzilsväter (einschließlich der 61 an ihrem „non placet"-Votum festhaltenden und kurz zuvor abgereisten, aber nachträglich sich unterwerfenden Minoritätsbischöfe (darunter die meisten deutschen) darüber im Klaren, dass sie mit ihrer Zustimmung zum Unfehlbarkeitsdogma, zumal im Verständnis Pius' IX., das Konzil und somit sich selber als Konzilsväter de facto überflüssig gemacht haben? Denn ein habituell unfehlbarer Papst bedarf für die Wahrheitsfindung einer dogmatischen Lehre keines Konzils, mag auch seine Unfehlbarkeit nur in feierlichen Ex-cathedra-Entscheidungen aktualisiert werden. Die Einberufung des Zweiten Vatikanums (1962-1965), das entsprechend dem von Johannes' XXIII. (1958-1963) intendierten „aggiornamento" der Kirche in erster Linie pastoral ausgerichtet sein sollte und übrigens keine expliziten dogmatischen Definitionen erließ, ist kein Argument dagegen! Immerhin hat Paul VI. (1963-1978) in der *Nota explicativa praevia* (16. November 1964) zur Kirchenkonstitution *Lumen gentium* (21. November 1964) nochmals unmissverständlich bekräftigen lassen: „Der Papst als höchster Hirte der Kirche kann seine Vollmacht jederzeit nach Gutdünken ausüben, wie es von seinem Amt her gefordert wird [Summus Pontifex, utpote Pastor Supremus Ecclesiae, suam potestatem omni tempore ad placitum exercere potest, sicut ab ipso suo munere requiritur]" – also völlig unabhängig von einem Konzil oder vom „Kollegium der Bischöfe" (dies ein in der Konstitution neu eingeführter, aber verfassungsrechtlich nicht präzisierter, analog zu deutender ekklesiologischer Begriff). Dabei lehrt die genannte Kirchenkonstitution in unveränderter Bekräftigung der „Papstdogmen" des Ersten Vatikanums bereits ausdrücklich: „Das Kollegium oder die Körperschaft der Bischöfe (in der Nachfolge des „apostolischen Kollegiums", das „nach der Verfügung des Herrn der heilige Petrus und die übrigen Apostel bilden [statuente Domino … constituunt]) hat aber nur Autorität, wenn das Kollegium verstanden wird in Gemeinschaft mit dem Bischof von Rom, dem Nachfolger Petri, als seinem Haupt, und unbeschadet seiner primatialen Gewalt über alle Hirten und Gläubigen. Der Bischof von Rom hat nämlich kraft seines Amtes als Stellvertreter Christi und Hirt der ganzen Kirche volle, höchste und universale Gewalt über die Kirche und kann sie immer frei ausüben"[17] – also auch ohne ein Konzil. Andererseits spricht das Zweite Vatikanum

16 Konstitution *Pastor aeternus*, hier: ASS 6 (1870/71) 47; DENZINGER/HÜNERMANN (Hg.), Enchiridion symbolorum (wie Anm. 10), 833 Nr. 3075. – Zur ganzen innerkonziliaren Diskussion siehe ausführlich: SCHATZ, Vaticanum I (wie Anm. 13), III, 28-167.

17 „Collegium autem seu corpus Episcoporum auctoritatem non habet, nisi simul cum Pontifice Romano, successore Petri, ut capite eius intellegatur, huiusque integre manente potestate Primatus in omnes sive Pastores sive fideles. Romanus Pontifex habet in Ecclesiam, vi muneris sui, Vicarii scilicet Christi et totius Ecclesiae Pastoris, plenam, supremam et universalem potestatem, quam semper libere exercere valet." Konstitution *Lumen gentium* cap. III art. 22 – im Anschluss an die entsprechenden

im Ökumenismus-Dekret *Unitatis redintegratio* (21. November 1964), das dem ökumenischen Dialog mit dem Ziel der Wiederherstellung der kirchlichen Einheit (vornehmlich mit der Ostkirche) dienen sollte und deshalb auf möglichsten dogmatischen Konsens bedacht war, einigermaßen überraschend, wie es scheint, davon, „daß es eine Ordnung bzw. ‚Hierarchie' der Wahrheiten der katholischen Lehre gibt (existere ordinem seu ‚hierarchiam' veritatum doctrinae catholicae), da ihr Zusammenhang mit dem Fundament des christlichen Glaubens verschieden ist".[18] Wer jedoch mit dem (natürlich wiederum analog zu verstehenden) Begriff „‚hierarchia' veritatum doctrinae catholicae" etwa eine Art „Stufung" im römisch-katholischen „Dogmengebäude" angedeutet zu sehen meint, mit den christologischen Dogmen der Alten Kirche an der Spitze und den späten (westkirchlichen), „vatikanischen" Papstdogmen und den beiden marianischen Dogmen auf der unteren oder untersten „Stufe", der wird allerdings in der, durch den „Fall Küng" ausgelösten, Erklärung der Glaubenkongregation *Mysterium ecclesiae* (24. Juni 1973) nachträglich eines anderen belehrt: Es bestehe zwar – heißt es da – „in der Tat eine Ordnung und gleichsam eine Hierarchie der Dogmen der Kirche, da ihr Zusammenhang mit dem Fundament des Glaubens verschieden ist. Diese Hierarchie aber macht deutlich, daß sich einige von den Dogmen auf andere als die grundlegenderen stützen (inniti aliis tamquam principalioribus) und von ebendiesen erhellt werden. Alle Dogmen aber sind, da sie ja geoffenbart wurden, mit demselben göttlichen Glauben zu glauben (eadem fide divina credenda sunt)."[19] „Per l'Inf[allibilità] essendo l'abbate Mastai l'ho sempre creduto, adesso, essendo papa Mastai, la sento" wurde während des Ersten Vatikanums als (angeblicher?) Ausspruch Pius' IX. zitiert oder kolportiert.[20] Am offensichtlichen Tatbestand des Unfehlbarkeitsverständnisses Pius' IX. ändern nichts nachvatikanische Hirtenworte wie jenes der 17 (nicht aller!) deutschen Bischöfe von Ende August 1870, in dem mit Bedacht unter gänzlicher Vermeidung des Begriffs „päpstliche Unfehlbarkeit" vom „unfehlbaren Lehramt der Kirche" die Rede war und somit die dogmatische Definition abmildernd etwa im Sinne der vom Papst zuletzt noch zurückgewiesenen Minoritätsformel „gestützt auf das Zeugnis der Kirchen (innixus testimonio ecclesiarum)" interpretiert wurde[21], natürlich auch, um die in deutschen Landen hochgehenden Wogen (Stichwort: altkatholische Bewegung) nicht noch weiter hochzupeitschen. An diesem „ursprünglichen" Tatbestand ändert auch nichts die neuerdings wiederholte

Definitionen des Ersten Vatikanums. Der ganze Text der Kirchenkonstitution *Lumen gentium* lateinisch-deutsch mit ausführlicher Kommentierung in: LThK. Das Zweite Vatikanische Konzil I, 1966, 139-359, das Zitat hier 222f.

18 Acta Apostolicae Sedis (AAS) 57 (1965) 99-99; DENZINGER/HÜNERMANN (Hg.), Enchiridion symbolorum (wie Anm. 10), 1241-1245 Nr. 4185-4192, hier 1245 Nr. 4192.

19 AAS 65 (1973) 397-407; DENZINGER/HÜNERMANN (Hg.), Enchiridion symbolorum (wie Anm. 10), 1368-1374 (Nr. 4530-4541), hier 1373 (Nr. 4538).

20 Acton an Döllinger, (Rom) 6./7. Januar 1870. Döllinger – Acton, Briefwechsel II (wie Anm. 5), 62.

21 Abgedruckt in: Ernst Rudolf HUBER/Wolfgang HUBER (Hg.), Staat und Kirche im 19. und 20. Jahrhundert. Dokumente zur Geschichte des deutschen Staatskirchentums II, Darmstadt 2014, 436-439.

Feststellung, das Unfehlbarkeitsdogma sei eben nachmals nur in diesem „einschränkenden“ Sinn in der Kirche (genauer: in dogmatischen „Theologien“, nicht in allen) rezipiert worden. Weshalb aber dann die bei manchen Dogmatikern ausgelöste „Unfehlbarkeits“-Irritation, als Benedikt XVI. (Joseph Ratzinger) 2013 als Papst emeritierte? Andererseits ist immerhin bemerkenswert: Im Gegensatz zu den sonst üblicherweise mit Kongressen und Festschriften gefeierten Konzils-Zentenarien (so Ephesus, Trient, auch schon Vatikanum II) wurde in den Jahren 2019/20 „150 Jahre Erstes Vatikanum“ nicht „bejubelt“. Da die Feier solcher Jubiläen einer längeren Vorbereitung bedürfen, kann's an den Hindernissen, die durch die gegenwärtige Corona-Pandemie verursacht werden, allein nicht liegen.

(Wenn man die ganze Unfehlbarkeitsproblematik im Kontext der Entdeckungen und Erkenntnissen der modernen Astrophysik bedenkt, erscheint ihr – dogmatisierter – Anspruch, zumal wie ihn Pius IX. persönlich verstand, definierte und proklamierte, als groteske Anmaßung, von dem oben zitierten, die Primats- und Unfehlbarkeits-Konstitution *Pastor aeternus* abschließenden *Anathema* ganz zu schweigen. Aber kaum ein Fundamentaltheologe oder Dogmatiker setzt sich offensichtlich bislang mit den daraus sich ergebenden fundamentalen Fragen auseinander – oder wagt man es nicht?).

Tatsächlich erwies sich die Unfehlbarkeitsdefinition in der Konsequenz als weniger gewichtig denn die Primatsdefinition, es sei denn, dass päpstlichen Lehrschreiben, vor allem den seit der Mitte des 19. Jahrhunderts eingeführten und in der Folge zunehmend vermehrt erlassenen Enzykliken (päpstlichen Welt-Rundschreiben), als Ausfluss des „ordentlichen Lehramts“ der Päpste[22] eine qualitativ bzw. autoritativ höhere, natürlich die katholischen Gläubigen (und insbesondere die Theologen) im Glaubensgehorsam (obsequium religiosum) verpflichtende, jedoch keineswegs unfehlbare Bedeutung zuwuchs. Einzige Ausnahme einer für unfehlbar erklärten dogmatischen Lehrentscheidung als Ausfluss des „außerordentlichen Lehramts“ der Päpste war (bisher) die von Pius XII. (1939-1958) – nach der, natürlich „von außen“ gelenkt betriebenen, Dogmatisierung der pia opinio oder sententia von der „Immaculata Conceptio Mariae“ durch Pius IX. vom 8. Dezember 1854 – gleichsam in (neu)scholastisch-syllogistischem Schluss am 1. November 1950 feierlich „ex cathedra“ verkündete – natürlich wiederum „von außen“ betriebene – Dogmatisierung der pia opinio oder sententia von der leiblichen Verklärung („Himmelfahrt“)

22 Die Unterscheidung vom „doppelten Lehramt“, zwischen dem „ordentlichen magisterium“ und dem feierlichen „außerordentlichen magisterium“, taucht – durchaus bemerkenswert – erstmals in: „Die Theologie der Vorzeit vertheidigt I“ (Münster 1853, 35-63) des Jesuiten Joseph Kleutgen auf, der federführend an der Konzeption der beiden dogmatischen Konstitutionen des Ersten Vatikanums beteiligt war. John JOY, On the Ordinary and Extraordinary Magisterium from Joseph Kleutgen to the Second Vatican Council (Studia Oecumenica Friburgensia 84), Münster 2017. – Seine weniger erbauliche Vorgeschichte als einstiger Spiritual der Nonnen von Sant'Ambrogio hat man P. Joseph Kleutgen SJ, dem kompromisslosen Verteidiger der Neuscholastik und der päpstlichen Prärogativen vor und auf dem Konzil, großzügig nachgesehen. Siehe dazu: Hubert WOLF, Die Nonnen von Sant'Ambrogio. Eine wahre Geschichte, München 2013.

Marias als „von Gott geoffenbarte Glaubenslehre (divinitus revelatum dogma)". Und ähnlich wie die Definitionsbulle *Ineffabilis Deus* von 1854 und die dogmatische Konstitution *Pastor aeternus* von 1870 endete die Apostolische Konstitution *Munificentissimus Deus* von 1950 mit der Androhung: „Sollte daher, was Gott verhüte, jemand das, was von Uns definiert wurde, entweder zu leugnen oder absichtlich in Zweifel zu ziehen wagen, so soll er wissen, daß er vom göttlichen und katholischen Glauben völlig abgefallen ist." Auf theologisch begründete Einwürfe gegen diese Dogmatisierung hatte Pius XII. im Vorfeld mit aller Schärfe reagiert (siehe den „Fall" des Würzburger Kirchenhistorikers Berthold Altaner).[23] Beide marianische Dogmen basier(t)en übrigens nicht, wie herkömmlich für eine dogmatische Definierbarkeit vorausgesetzt, auf einer „Beweisführung" aus Schrift und apostolischer Tradition (was gar nicht möglich war), sondern auf dem „sensus ecclesiae", der sich in der jahrhundertealten liturgischen Festfeier beider „Geheimnisse" dokumentiere; im „Licht" dieses „sensus ecclesiae", d. h. von der „praxis pietatis" her, gelte es Schrift und Tradition zu interpretieren. Diese durchaus problematische neue dogmatische „Erkenntnisquelle" hatte der oben bereits erwähnte römische Jesuit Giovanni Perrone in seinem Konklusionstraktat *De immaculata B. V. Mariae Conceptu an Dogmatico Decreto definiri possit* sehr rechtzeitig (1848) exemplifiziert bzw. konstruiert und sein Werk Pius IX. dediziert.[24]

Dagegen wurden kraft der Dogmatisierung des universal-päpstlichen Jurisdiktionsprimats – erst jetzt! – sämtliche partikularen kirchlichen Rechtstraditionen, mochten sie auch lange Jahrhunderte in Geltung gewesen sein, mit einem päpstlichen Federstrich gelöscht und durch den unter Pius X. vorbereiteten, von Benedikt XV. 1917 promulgierten und 1918 in Kraft gesetzten „vatikanischen" Codex Iuris Canonici (CIC) ersetzt. In diesem universalkirchlichen Rechtsbuch wird dem Papst – um nur zwei Beispiele zu nennen – in can. 222 § 1-2, wie oben bereits angedeutet, die „suprema potestas" über das ökumenische Konzil, seine Einberufung, seine Leitung, seine Geschäftsordnung, die zu behandelnden Vorlagen, seine Suspension oder Translation samt der Bestätigung seiner Dekrete reserviert (was zwar jedenfalls seit dem Konzil von Trient [1545-1563] geltende Praxis und von Pius IX. auf dem Ersten Vatikanum noch forciert worden war, jedoch keineswegs der konziliaren Tradition bis ins Spätmittelalter herein entsprach); und in can. 329 § 2 wird dem Papst entgegen

---

23 „Quamobrem, si quis, quod Deus avertat, id vel negare, vel in dubium vocare voluntarie ausus fuerit, quod a Nobis definitum est, noverit se a divina ac catholica fide prorsus defecisse." Lediglich die bislang übliche Schlussformel „anathema sit" unterblieb. AAS 42 (1950) 767-770, hier 770; DENZINGER/HÜNERMANN (Hg.), Enchiridion symbolorum (wie Anm. 10), 1099-1101 Nr. 3900-3904, hier 1101 Nr. 3904. – Günter J. ZIEBERTZ, Berthold Altaner (1885-1964). Leben und Werk eines schlesischen Kirchenhistorikers (Forschungen und Quellen zur Kirchen- und Kulturgeschichte Ostdeutschlands 29), Köln-Weimar-Wien 1997, 98-120.

24 De Immaculata B. V. Mariae Conceptu an Dogmatico Decreto definiri possit Disquisitio Theologica Joannis Perrone e Societate Jesu in Coll[egio] Rom[ano] Theol[ogiae] Prof[essor], Monasterii Guestphalorum (editio altera) 1848. – Giovanni PERRONE, Ist die unbefleckte Empfängniß der seligsten Jungfrau Maria dogmatisch definirbar? Eine theologische Untersuchung, Regensburg 1849.

jeglicher Tradition die weltweite Alleinkompetenz bei der Auswahl, Eignungsprüfung und Ernennung der Bischöfe reserviert (vgl. zu den hier genannten Canones im „nachvatikanischen" CIC [1983] can. 337-338 und can. 377). Letzterer Rechtsanspruch wurde nach und nach konkordats- oder vertragsmäßig allüberall durchgesetzt (mit der einzigen Ausnahme des Bistums Basel; einzelne noch erhaltene verkümmerte Wahlrechte von Domkapiteln auf der Grundlage eines römischen Dreiervorschlags fallen, wie wiederholt erfahrbar, kaum mehr ins Gewicht).

Um nach diesem Exkurs auf Charlotte von Leyden zurückzukommen: Erste Heirats-„Anläufe" Charlottes oder genauer: für Charlotte waren – wie oben angedeutet - fehlgeschlagen, für sie und mehr noch für ihre Eltern ein Problem; inzwischen war sie 27 Jahre alt. Nun warb Rowland Blennerhassett in Rom um ihre Hand, nicht ohne diskrete Vermittlung Lord Actons und seiner Frau Marie, einer geborenen Gräfin Arco-Valley. „Angesichts vieler Umstände" habe sie „Muth zu einer Zustimmung" gefunden, an die sie „gar nicht mehr gedacht hätte", teilte sie Döllinger mit; sie erhoffe sich an Blennerhassetts Seite die Möglichkeit „einer würdigen und glücklichen Existenz", im Sinne freier geistiger Entfaltung und auch freien Verkehrs mit Döllinger. Noch in Rom oder auf der Rückreise in Florenz verlobte sie sich Anfang März mit ihm. Für die Zustimmung, den Segen, der überraschten Eltern sorgte die von Marie Acton informierte Gräfin Anna von Arco-Valley, die Sir Rowland Blennerhassett ebenfalls persönlich kannte. Döllinger reagierte auf die Verlobungsnachricht begeistert: „Er ist einer der wenigen Männer meiner Bekanntschaft, dem ich Sie gönne; ich weiß von ihm nur Gutes, und er hat mir stets sehr gefallen", schrieb er Charlotte. „Also Glück auf! Sie besitzen alles, was diesen Mann glücklich machen kann, und passen in jeder Beziehung für ihn" (S. 164). Am 9. Juni 1870, mitten in den turbulenten letzten Wochen des Konzils, fand in St. Bonifaz zu München im Kreis einer illustren Gesellschaft die feierliche Trauung statt. Döllinger hielt eine bemerkenswerte Ansprache, in der er unter anderem (damals noch keineswegs selbstverständlich) von der als „gleichberechtigt in den ewigen Bund eintrete[nden]" Frau sprach, und traute wohl auch das Paar; P. Odilo Rottmanner OSB zelebrierte die Trauungsmesse. Noch am selben Abend trat das junge Ehepaar seine Hochzeitsreise nach Venedig, Triest und Wien an. Kurz nach beider Rückkehr erfolgte der bekannte Dogmatisierungsakt in St. Peter (18. Juli 1870), tags darauf die Kriegserklärung Frankreichs an Preußen, von manchen Ultramontanen (so ausdrücklich vom Würzburger Kirchenhistoriker und Alt-Germaniker Joseph Hergenröther [1824-1890], nachmals Kardinal, in einem Brief an den Spiritual im römischen Collegium Germanicum vom 23. Juli 1870) als erwünschte Ablenkung vom Konzilsgeschehen begrüßt. Für Charlotte Blennerhassett, ihre Familie und ihre Freunde, für Döllinger ganz speziell wie allgemein für die Geschichte Europas und insbesonders der katholischen Kirche waren dies zwei ineinandergreifende folgenschwere Ereignisse. Wiederum werden diese Folgen im einzelnen – in Bezug auf die Familie von Leyden und Charlottes jüngeren Bruder Casimir, auf Bischof Dupanloup und Charlottes französische Freunde, auf das enttäuschende „Umfallen“ der Minoritätsbischöfe und auf Döllingers Exkommunikation wie allgemein im Bezug auf die politische Entwicklung und die veränderten internationalen Beziehungen – in der vorliegenden Arbeit facettenreich anschaulich beleuchtet.

Charlotte Lady Blennerhassetts kultureller Gesichtskreis erweiterte sich durch ihre Heirat auf England hin. Doch die besonderen Umstände des deutsch-französischen Krieges, dann die politische Entwicklung Irlands, die dortige (für den Anglo-Iren Blennerhassett und seinen irischen Grundbesitz folgenschwere) Agrarkrise und Unabhängigkeitsbewegung verursachten zunächst eine häufige Trennung des Ehepaars und für Charlotte eine Art gehobenen Nomadendaseins mit vielen Ortswechseln, ehe es im Herbst 1874 Rowland Blennerhassett gelang, im vornehmen Londoner Viertel Mayfair ein Haus zu mieten. Aber, wie in Adelskreisen nicht unüblich, wollte man es in den Sommermonaten zur Kostendeckung weitervermieten, während man selber zwischenzeitlich nach Bayern übersiedelte. Charlottes Eltern hatten im Herbst 1873 in der Münchner Ludwigstraße, schräg gegenüber der Staatsbibliothek, eine geräumige Wohnung mit mehr als 14 Zimmern gemietet; sie bot genügend Platz für das Ehepaar Blennerhassett und ihren ersten Sohn Arthur, den Charlotte in Abwesenheit ihres Gemahls am 14. April 1871, drei Tage vor Döllingers Exkommunikation, in München gebar.

Charlotte, nunmehr britische Staatsbürgerin, wurde in England ziemlich rasch heimisch, wenngleich mit einer gewissen Distanz, und gewann auch problemlos Anschluss an die dortigen höheren gesellschaftlichen Kreise, in die sie durch ihren Mann eingeführt wurde; er stellte sie auch bei Hof vor. Da er viel durch seine parlamentarischen Pflichten beansprucht war, fiel ihr die „Erfüllung geselliger Pflichten“ bei Empfängen, Bällen, Gartenpartys zu, eine Aufgabe, die sie einerseits ermüdete, andererseits zu neuen hochgestellten Bekanntschaften führte, so mit der einflussreichen Adelsfamilie der Russells, mit der auch Lord Acton befreundet war: mit Odo Russell, der während des Konzils britischer Gesandter beim Heiligen Stuhl war (und das römische System zutiefst verachtete), danach britischer Botschafter in Berlin, mit dessen älterem Bruder Arthur, der, Politiker und Gelehrter, mit einer Französin verheiratet war und wie Odo, auf dem Kontinent erzogen, mehrere Sprachen beherrschte, schließlich mit beider Mutter Lady Elizabeth Anne Russell, die, eine konvertierte Katholikin, in ihrer Bibliothek „eine kosmopolitische Gesellschaft“ zu empfangen pflegte, darunter auch Charlotte (S. 212). Auffälligerweise kam es, wie es scheint, kaum zu Kontakten Charlottes mit Angehörigen der katholischen Minderheit, meist ungebildeten und armen irischen Einwanderern, aber auch nicht zu Beziehungen mit katholisch gebliebenen englischen Adeligen oder mit Persönlichkeiten aus dem Kreis der Konvertiten (Angehörigen der „Oxford-Bewegung“), weil gerade diese zumeist strikt nach Rom orientiert waren und die liberalen Blennerhassetts „wie räudige Schafe“ behandelten (so Charlotte gegenüber Franz Xaver Kraus). Gottesdienste besuchten die Blennerhassetts (wie Lord Acton mit seiner Familie) meist in der Jesuitenkirche in der Londoner Farm Street, wo sie allerdings Predigtattacken gegen Döllinger und sonstige Gegner der päpstlichen Infallibilität über sich ergehen lassen mussten, wie Charlotte teils amüsiert, teil indigniert Döllinger berichtete (S. 214). Im Übrigen kümmerte sich Charlotte um die Haushaltsführung und die Verwaltung der (keineswegs üppigen) Finanzen. Der Haushalt der Blennerhassetts mit einer Köchin und zwei, drei Dienstboten galt in ihrem Umfeld als „moderate establishment". Und die Familie vergrößerte sich: Am 5. Januar 1876 gebar Charlotte in London ihre Tochter Marie Carolina und am 4. Dezember 1877 ihren zweiten Sohn Paul, der aber bereits am 25. August 1878 in München starb. Zur nämlichen Zeit geriet die Familie durch die dramatische politische und wirtschaftliche Entwicklung in Irland in erhebliche Bedrängnis. Rowland verlor mit dem Ende seiner politischen Karriere seine Einkünfte, die Güter des anglo-irischen „landlord" Sir Blennerhassett in Irland erbrachten kaum noch Pachterträge, und nach dem Tod ihres Vaters 1876 wurde zudem die finanzielle Misere der gräflichen Familie von Leyden offenbar: Charlotte verlor mit einem Schlag die ihr anlässlich ihrer Heirat zugesagten Ressourcen, nämlich eine jährliche Rente von 2000 Gulden und nach dem Tod der Eltern ein Erbe von 60 000 Gulden (S. 169). Der Haushalt der Familie in London, weil zu teuer, musste aufgelöst werden, und erst 1879 konnte eine finanziell günstigere Unterkunft im Londoner Stadtteil South Kensington bezogen werden. Wohl betrachtete Charlotte England, das Vaterland ihres Mannes und ihrer Kinder, als ihre zweite Heimat oder als das „Adoptivvaterland meiner reiferen Jahre" (S. 204); dennoch fürchtete sie, trotz aller herzlichen Aufnahme bei den befreundeten Familien ihres Mannes, in England „zeitlebens eine Fremde [zu] bleiben", ohne die Möglichkeit einer Rückkehr in ihre erste Heimat, da ihr Mann „an seinem Vaterland hängt" und „nur in London glücklich sei", wie sie Döllinger schrieb und dabei leise andeutete, dass diese Frage offenbar ziemlich früh schon Anlass zu ehelichen Konflikten gab (27. Juni, 29. Juli 1874).

Ihr und ihrer Familie beschwerliches Schicksal gegen Ende der siebziger Jahre, das die Blennerhassetts aber mit nicht wenigen Adelsfamilien diesseits und jenseits des „Kanals" teilten und Laura Pachtner wiederum ausführlich schildert, kann hier nicht nachgezeichnet werden. Jedenfalls deutete sich seit etwa 1880 an, dass eine eigene standesgemäße Haushaltsführung in London finanziell nicht mehr erschwinglich war. Charlotte, ohnehin häufig zwischen London und München pendelnd (was ab Dover jeweils eine Eisenbahnfahrt von über 36 Stunden bedeutete [S. 220]), entschloss sich 1883, mit ihren Kindern nach München zurückzukehren und in die geräumige Wohnung ihrer Mutter in der Ludwigstraße einzuziehen. Dort schienen ihr ein standesgemäßer Lebenswandel und eine angemessene Erziehung ihrer Kinder gewährleistet zu sein; der königliche Hof war nahe, und auch ihr väterlichen Freund Döllinger wohnte in fast unmittelbarer Nähe. Im Jahr zuvor, am 6. Oktober 1882, hatte sie, 39-jährig, in London ihr viertes und letztes Kind zur Welt gebracht, ihren Sohn William. Ihr Mann, der gegen „Home Rule" und für den Erhalt der Union Englands mit Irland kämpfte, fand kaum noch Zeit für Frau und Kinder und für die Konsolidierung der familiären Finanzen. Dies führte zu einer schweren Ehekrise, so sehr Charlotte sein patriotisches Engagement anerkannte. Es kam jedoch nicht zum Bruch (vgl. S. 278-280).

Neben der Erziehung ihrer Kinder und ihrer Sorge für deren schulische Bildung konzentrierte sich Charlotte auf ihre historischen Studien und ihre schriftstellerische Tätigkeit, der sie bereits in London nachgegangen war. So hatte sie dem 1878 verstorbenen Bischof Félix Dupanloup in verehrendem Gedenken einen ebenso inhaltsreichen wie einfühlsamen, seine Schwächen aber keineswegs verschweigenden biografischen Nachruf gewidmet, der mit vorangestellter Empfehlung Döllingers im Februar 1879 unter dem Pseudonym C. de Warmont in der Zeitschrift *The Nineteenth Century* erschienen war.[25] Allerdings hatte sie das ihr von Lord Acton zu spät angebotene Material nicht oder kaum mehr eingearbeitet, was zu einer schweren Verstimmung zwischen beiden geführt und nachfolgend eine heftige Kontroverse Lord Actons mit Döllinger wegen dessen Empfehlung ausgelöst hat, da es ihm, Lord Acton, unbegreiflich sei, wie man Dupanloup, einen Verteidiger des Papsttums, seiner weltlichen Macht und des *Syllabus errorum* Pius' IX., als einen guten Christen und ehrenwerten Vertreter seiner Kirche verstehen könne (S. 556): Es war der Beginn eines schweren Zerwürfnisses mit Döllinger und jahrelanger heftiger Diskussionen mit ihm über die Frage moralischer Beurteilung historischer Persönlichkeiten, bei der Lord Acton sich mehr und mehr in einen extremen Rigorimus hineinsteigerte, während Döllinger historische Persönlichkeiten im Kontext je ihrer Zeit zu sehen und zu beurteilen bemüht war. Die Folge war, dass sich Lord Acton, vor dem in moralischer Hinsicht kaum mehr eine Persönlichkeit der Geschichte, auch kaum ein Heiliger bestehen konnte, seinem einstigen väterlichen Förderer und Freund geistig entfremdete (ohne allerdings die Verbindung zu ihm abzubrechen). Jahre später erläutere Lord Acton seiner Freundin Charlotte die für ihn entscheidenden Kriterien des moralischen Urteils des Historikers: „Les sept péchés capiteaux [die „sieben Hauptsünden" gemäß dem katholischen Katechismus] n'existent pas pour l'Histoire", sondern allein „sincerité" sei „la pierre angulaire de l'Histoire" und zugleich „la condition sine qua non de la foi"; und er schloss mit der bemerkenswerten Feststellung: „L'Histoire a non seulement sa morale qui lui est propre, mais qui est contraire, en parti, à toute autre", so in einem Brief vom 2.-9. Mai 1887, den Charlotte mit der Notiz „Lettre trés importante! Theorie d'Histoire" versah (zit. S. 577).

Franz Xaver Kraus dagegen, selber ein Meister des Wortes, war von Charlottes schriftstellerischen Fähigkeiten begeistert. Er hatte im April 1878 seine „Freundin" Charlotte für einige Tage in London besucht und bei dieser Gelegenheit ihren Ehemann Sir Rowland, der ihm die Verbindung zu John Henry Newman (1801-1890), dem bedeutenden englischen Konvertiten und Theologen, in Birmingham herstellte, kennen und sehr schätzen gelernt: „Eine so echt englisch vornehme, geistig klare,

25 Dieser Nachruf auf Bischof Dupanloup ist neben Lady Blennerhassetts Nachrufen auf Döllinger und Lord Acton erneut abgedruckt in: WEITLAUFF, Das Erste Vatikanum (wie Anm. 2), II.

ruhige Natur von so geradem redlichem Sinn, so richtigem Urteil, so unbestechlichem Charakter: ein so wahrer, frommer Christ voll liberalster Ueberzeugungen – ich weiß nicht, was ihm fehlen sollte, um einen vollkommenen Mann aus ihm zu machen", notierte er enthusiasmiert in seine „Tagebücher" (19. April 1878). Charlotte indes verrate „wohl die Spuren einer achtjährigen Ehe" und dreifachen Mutterschaft, sei aber, obwohl „seit Jahren leidend, [...] geistig [...] immer dasselbe herrliche Weib" geblieben, „reifer, ruhiger denn vor acht Jahren, als wir uns [in Rom] kennenlernten". Sie hatte ihm als Abendlektüre einige Kapitel aus ihrem (nie veröffentlichten) *Montalembert* zu lesen gegeben, die er trotz aller Reisemüdigkeit „verschlang", in seinen Erwartungen „weit" übertroffen, „so vollkommen war die Beherrschung des Materials, so reich die Darstellung an köstlichen Gedanken und geistvollen Aperçus" (ebd.).[26]

Nunmehr in München etabliert, konnte sich Charlotte regelmäßig ihren historischen Studien widmen. Diese galten zunächst vornehmlich dem Leben und Schicksal der in Frankreich politisch und literarisch einflussreichen Madame de Staël (1766-1817), ihrem Freundeskreis und ihrer Zeit. Ergebnis dieser ihrer Studien war ein dreibändiges Werk (1887-1890), mit dem ihr der große Wurf gelang und das sie international bekannt machte (S. 357). Mit ihren Forschungen zu diesem Werk arbeitete sie sich in weitem Horizont in die Revolutions- und Restaurationsepoche ein. Es entstanden die Werke über Talleyrand (Berlin und London 1894) und Chateaubriand (Mainz 1903). 1904 veröffentlichte sie eine Studie über John Henry Newman (Berlin 1904). Aber Charlotte nahm auch die Schicksale der Königin Marie Antoinette von Frankreich (Leipzig 1903), der Jungfrau von Orleans (Bielefeld 1906) – in der von Julius Rodenberg (1831-1914; ursprünglich Julius Levy) initiierten Reihe *Frauenleben* die Bände 2 und 9 –, der schottischen Königin Maria Stuart (Kempten 1907, Paris 1909) sowie *Ludwig XIV. und Madame Maintenon* (London 1910) forschend in Blick. Die beiden letzteren Werk waren zunächst zwei vierteilige Essayserien in der *Deutschen Rundschau*, die anschließend, mit Anmerkungen und Quellenbelegen versehen, als Monografien in französischer bzw. englischer Übersetzung erschienen (um nur diese Monografien aus ihrer Feder zu nennen). Das Thema „Madame Maintenon" hatte übrigens Döllinger als Präsident der Königlichen Bayerischen Akademie der Wissenschaften bereits in deren Festsitzung vom 29. März 1886, vielleicht in Anwesenheit Charlottes, behandelt und in sehr erweiterter Form in Band I seiner *Akademischen Vorträge* veröffentlicht.[27] Des weiteren verfasste Charlotte zahlreiche Beiträge und Rezensionen für die in hoher Auflage erscheinende *Deutsche Rundschau* Julius Rodenbergs; sie zählte hier neben Franz Xaver Kraus zu den ganz wenigen katholischen Mitarbeitern, die in

26 KRAUS, Tagebücher (wie Anm. 9), 385f. (Eintrag vom 19. Mai 1878). – Zu Newman siehe: Heinrich FRIES, John Henry Newman (1801-1890), in: Ders./Georg Kretschmar (Hg.), Klassiker der Theologie II, München 1983, 151-173, 416-418 (Quellen, Lit.).

27 Ignaz von DÖLLINGER, Die einflußreichste Frau der französischen Geschichte, in: Ders., Akademische Vorträge I, München 1888, ²1890, 326-417.

dieser Zeitschrift „katholische Anschauungen“ im protestantischen Berlin und darüber hinaus im Deutschen Reich vertreten konnten (S. 418). Ferner publizierte sie Beiträge unter anderem in der Beilage der Cotta'schen *Allgemeinen Zeitung* und seit 1904 in der im Jahr zuvor gegründete Monatsschrift *Hochland* Carl Muths: in lauter renommierten, geistig-liberal ausgerichteten Periodica mit hohem wissenschaftlich-literarischem Anspruch (siehe S. 673-678 das Publikationsverzeichnis 1869-1914, in dem allerdings längst nicht alle Veröffentlichungen der Lady aufgeführt sind). Obwohl Charlotte als Frau Universitätsstudium und akademischer Abschluss verwehrt gewesen waren und sie deshalb auch nicht als wissenschaftlich ausgebildete Historikerin galt, verlieh ihr, ein Jahr nach der Ehrenpromotion der mit ihr befreundeten Prinzessin Therese von Bayern (1852-1921), die Universität München als zweiter Frau am 12. Oktober 1898 in Würdigung ihrer „wissenschaftlichen Leistungen“ die Ehrendoktorwürde in Philosophie, und im Jahr darauf wurden ihr in Anerkennung „ihres transnational kulturvermittelnden Wirkens“ (S. 456) durch das französische Kultusministerium die „Palmes academiques d'or“ verliehen (siehe S. 453-458).

Charlottes immenser Publikationsfleiß, der sie international bekannt machte und ihr die genannten Ehrungen eintrug, war freilich auch durch den Umstand bedingt, dass sie für den familiären Haushalt, die schulische Ausbildung ihrer Kinder und ihre standesgemäßen gesellschaftlichen Verpflichtungen nur über ein unzureichendes Budget von jährlich knapp 900 Pfund verfügte (S. 303), das sie deshalb durch Honorare aufzubessern suchte (und vermochte); denn ihr Mann fiel als Versorger der Familie weitestgehend aus. Erst dank Charlottes Beziehungen erhielt er um 1890 die mit 600 Pfund Jahreseinkommen besoldete Stelle eines Inspektors für Gefängnisschulen und Erziehungsheime in Irland, einen zwar festen Posten, der jedoch seine Übersiedlung nach München ausschloss. Zuletzt Präsident von Queen's College Cork und mit historischen Vorlesungen befasst, verwickelte er sich, wie es scheint, in einen „Schuldenskandal“. Nur mit hohen Kosten, die wiederum die Familie belasteten, konnten die Gläubiger für einen Vergleich gewonnen und der ihm drohende Prozess abgewendet werden. Er war 1904 gezwungen, aus der Öffentlichkeit und, um seine Pension zu retten, in den Ruhestand sich zurückzuziehen (S. 299f., 373). Dazu kam die finanzielle Belastung besonders für das Studium ihres eine Diplomatenkarriere anstrebenden ältesten Sohnes Arthur in Oxford, das zwar (auch) dem familiären Standesprestige geschuldet war, aber mit jährlichen Kosten in Höhe von etwa 300 Pfund unerschwinglich gewesen wäre, wenn nicht ein guter Freund der Familie (Sir Robert Morier) vermittelnde Hilfestellung geleistet hätte (S. 302-304). Charlotte arbeitete jeweils vormittags stundenweise in der fast gegenüberliegenden Bayerischen Hof- und Staatsbibliothek und deren Handschriftenabteilung, und Döllinger war ihr bis in sein hohes Alter bei der Literaturbeschaffung stets behilflich. Ihre Arbeiten banden sie oft bis tief in die Nacht hinein an den Schreibtisch.

Dabei kam aber die Teilnahme am gesellschaftlichen Leben Münchens keineswegs zu kurz. Ihre vertraute Freundschaft mit Prinzessin Therese von Bayern, der Tochter des nachmaligen Prinzregenten Luitpold, die sie 1880 auf einer dreiwöchigen Italienreise (einschließlich Papstaudienz) kenntnisreich begleitet hatte, öffnete ihr den Zugang zum Hof und erleichterte es ihr, Kontakte auch zu Vertretern anderer regierender Häuser zu knüpfen, so zur Großherzogin Luise von Baden (1838-1923) und zur Kronprinzessin Viktoria von Preußen (1840-1901). Sie vermochte Prinzessin Therese auch zur Publikation ihrer auf vielen Fernreisen entstandenen naturkundlichen und geografischen Studien zu animieren (die dann deren Münchner Ehrenpromotion zur Folge hatten). Überdies hatte Prinzessin Therese die Patenschaft für Charlottes jüngsten Sohn William übernommen; sie förderte auch großzügig und mit besonderem Interesse seine Entwicklung (S. 312). Und über Döllinger, der ihre Kinder bei sich empfing, als seien sie seine Enkel, fand Charlotte Eingang in die Münchner Gelehrtenwelt. Natürlich gehörten zur gehobenen Münchner Gesellschaft auch künstlerische Berühmtheiten wie der Maler Franz von Lenbach (1836-1904). Im Übrigen ergaben sich für Charlotte als britische Staatsbürgerin zahlreiche Verbindungen zu auswärtigen Diplomatenfamilien, die nach der Reichsgründung im Königreich Bayern als zweitgrößtem Gliedstaat des neuen Deutschen Reiches akkreditiert blieben. Da solche Verbindungen gesellschaftlich gepflegt werden mussten, wurde auch die Wohnung der Leyden-Blennerhassetts zu einem Treffpunkt von Adeligen, Diplomaten, Gelehrten und Künstlern mit „betont kosmopolitischem Akzent“ (S. 296). Und natürlich zählte zu den illustren Gästen zuweilen auch Lord Acton, wenn er die Sommermonate mit seiner Familie und mit Döllinger als Gast in der Villa Arco am Tegernsee verbrachte. Der Germanist und Kunsthistoriker Hermann Uhde-Bernays (1873-1965) erinnerte sich in seinen Memoiren, wie er als junger Mann das (für ihn offenbar nicht besonders sympathische) Auftreten der Lady Blennerhassett bei solchen Empfängen erlebt hatte. Danach habe sie, eine Freundin seiner Eltern, stets im Rampenlicht gestanden, „wenn sie, an ihrer scharfen Stimme schon bei geschlossener Türe zu erkennen, mit leidenschaftlichen Gesten und einem Wortschwall von Begrüßungen ins Zimmer stürzte“. Er fährt aber fort: „Cosima Wagner an Gestalt und Benehmen nicht unähnlich, [...] war sie, ohne Blaustrumpf zu sein, durch ihre Studien über französische Literatur und ihr dreibändiges Werk über Frau von Staël an der Universität sehr anerkannt“ (S. 298 Anm. 561[28]).

Doch im Laufe der neunziger Jahre wurde es, zumindest familiär, um die Lady Blennerhassett einsam. Ihre Kinder, wie sie britische Staatsbürger, fühlten sich England zugehörig und suchten dort ihre persönliche und berufliche Zukunft, vielleicht auch unter dem Einfluss ihres Vaters oder um sich, selbständig werdend, dem „Regiment“ ihrer dominanten Mutter zu entziehen; denn darin glich Charlotte ihrer eige-

28 Zit. aus: Hermann UHDE-BERNAY, Im Lichte der Freiheit. Erinnerungen aus den Jahren 1880-1914, München 1963, 40. – Zu Charlottes Beziehung zur Prinzessin Therese von Bayern siehe: Hadumod BUSSMANN, „Ich habe mich vor nichts im Leben gefürchtet.“ Die ungewöhnliche Geschichte der Therese Prinzessin von Bayern 1850-1925, München [5]2013, 92-105.

nen Mutter Franziska von Leyden, die seit 1897 bettlägerig und auf permanente Betreuung angewiesen war, aber „geistig klar und dominant wie immer" blieb und noch bis 1907 lebte (S. 314).

So schwer sie an der Entscheidung ihrer Kinder für England als deren eigentliche Heimat trug, noch schwerwiegender wirkten sich für die innerfamiliären Beziehungen der Blennerhassets wie für Charlottes persönliche Existenz als britische Staatsbürgerin in Bayern und München die zunehmende politische Entfremdung zwischen Deutschland und Großbritannien und Deutschlands Isolierung auf der weltpolitischen Bühne nach der Ära Bismarck infolge der „säbelrasselnden" Politik des Preußenkönigs und Deutschen Kaisers Wilhelm II. und seiner ihn beratenden und lenkenden Entourage aus. Diese fatale nationale Entfremdung im Bereich der großen Politik hatte unmittelbar eine gravierende Störung der zwischenmenschlichen und kulturellen Beziehungen zur Folge; denn die englische Intelligenz war bis dahin durchaus germanophil eingestellt, beherrschte und pflegte nicht selten die deutsche Sprache, studierte an deutschen Universitäten, las deutsche Journale wie die *Augsburger Allgemeine Zeitung* und mit Vorliebe deutsche Literatur. Nun sah man in Deutschland und zumal im bislang häufig als Vorbild bewunderten Militärstaat Preußen einen Rivalen, gegenüber dem man das Empire in Verteidigungsbereitschaft bringen müsse. Diese Ansicht vertrat Charlottes Gemahl. Einst ein Bewunderer deutscher intellektueller Leistungen und der Politik Bismarcks mit barem Unverständnis für die partikularistischen Tendenzen Bayerns und der anderen süddeutschen Länder, wandelte sich Rowland Blennerhassett zum Gegner des Deutschen Reiches. Von 1900 bis zu seinem Tod 1909 warnte er als britischer Kenner Deutschlands und seiner Geschichte mit rund 50 Artikeln in unterschiedlichen Journalen seine britischen Landsleute vor dem neuen Rivalen Deutschland, beschwor Englands Verteidigungsbereitschaft und suchte auf diesem Weg die öffentliche Meinung und die auswärtige Politik Englands publizistisch zu beeinflussen. Charlotte war bereits 1890 durch einen in England publizierten, in den *Münchner Neuesten Nachrichten* aber verzerrt kommentierten Beitrag (*German Girlhood* in: *English Illustrated Magazine*) selber in heftige Kritik nationaler deutscher Kreise geraten, die sie zwar durch die Veröffentlichung einer gekürzten deutschen Fassung in der *Beilage zur Allgemeinen Zeitung* (September 1890) nochmals hatte auffangen können. Aber nunmehr hatte sie alle Mühe, die Erregung über die deutschfeindliche Einstellung ihres Mannes abzuschwächen, weshalb sie Julius Rodenberg um den „persönlichen Dienst" bat, den Namen ihres Mannes – zur Vermeidung unliebsamer Aufmerksamkeit für ihre Familie – im Zusammenhang mit Kritik an politisch einschlägigen Publikationen nicht mehr zu nennen. Gleichwohl suchte sie ihn als Kenner und Sympathisanten Deutschlands zu verteidigen, dem es bei seinen Rüstungsbeschwörungen nur um die Sicherung des Weltfriedens gehe (so am 11. November 1908 gegenüber der Prinzessin Therese), und als „englischen Patrioten", der die „heutigen Entwicklungen“ wie wenig andere vorausgesehen „und die Sturmglocke geläutet“ habe (so, nach seinem Tod, am 22. April 1909 gegenüber dem Münchner Nationalökonomen Prof. Lujo Brentano [S. 322-325]).

Der (Erste) Weltkrieg, für sie – zunächst noch – „ein Wahnsinn“, aber „kein Grund, daß er nicht ausbricht“ (wie sie 1910 an Julius Rodenberg geschrieben hatte [S. 328]), wurde für sie in mehrfacher Hinsicht äußerst belastend. Seit dem Tod ihrer Mutter und ihres Mannes familiär ungebunden, sah sie in der zeitweiligen Betreuung ihrer Enkel eine neue familiäre Aufgabe. Doch der Krieg durchkreuzte diese Perspektive. Eben erwartete sie noch Harry, den Sohn ihrer Tochter, der zu ihrer Freude in Freiburg das Gymnasium besuchte, um mit ihm die Ferien in den Bergen zu verbringen; sie konnte ihm gerade noch mit englischem Pass zur Reise in die Schweiz zu seiner Großmutter väterlicherseits verhelfen. Selber hätte sie jetzt nach dem Wunsch ihrer Tochter als britische Staatsbürgerin nach England übersiedeln können. Doch sie fühlte sich eben als Deutsche, nicht als Engländerin, und wollte sich, mittlerweile 70 Jahre alt, von ihrem hiesigen großen Bekanntenkreis an Gelehrten und Adeligen, zu denen neue Bekannte wie die Kirchenhistoriker und Professoren Georg Pfeilschifter (1870-1936) und Albert Ehrhard (1862-1940), auch der Pascal- und Newman-Forscher Pfarrer Matthias Laros (1883-1965) gestoßen waren, nicht trennen. Doch dafür musste sie die Trennung von ihren Kindern und deren Familien in Kauf nehmen. Zudem glaubte sie jetzt wie die Mehrheit ihrer deutschen Zeitgenossen das Deutsche Reich in einen „gerechten“ Verteidigungskrieg hineingezogen (wie auch nach Kriegsende immer noch der Münchner Erzbischof und nachmalige Kardinal Michael von Faulhaber in seinen 1918 nochmals aufgelegten *Gesammelten Kriegsreden: Waffen des Lichtes* behaupten zu müssen glaubte) und entsetzte sich über die Kriegserklärung Großbritanniens. Andererseits zählte sie, obwohl eine in München geborene, aufgewachsene und größtenteils ansässige bayerische Adelige, plötzlich zur Kategorie „Feindstaatenausländer“ und stand somit fortan unter behördlicher Kontrolle. Das hatte Behinderungen und Einschränkungen zur Folge. So musste sie sich zweimal täglich auf dem Fremdenamt im zuständigen Polizeirevier melden. Sie durfte sich nicht beim Bayerischen Roten Kreuz engagieren, für sie eine Zurücksetzung ihres Patriotismus. Durch den ihr noch über Freunde im diplomatischen Dienst ermöglichten sporadischen Briefkontakt mit ihrem Sohn William geriet sie in den Verdacht heimlicher Korrespondenz mit dem britischen Hauptquartier, der gerade noch abgewehrt werden konnte. Auch finanziell geriet sie in Schwierigkeiten, weil ihr teils in England deponiertes oder investiertes Vermögen nicht zugänglich war. Grundsätzlich wäre ihr als „Ausländerfeindin“ zudem die Benützung der Bayerischen Hof- und Staatsbibliothek verwehrt gewesen, wodurch sie auch ihren Lebensunterhalt durch Schreiben und Publizieren nicht mehr hätte bestreiten können. Doch ihre guten Kontakte verschafften ihr eine gewisse Bewegungsfreiheit. Sie konnte weiterhin „schriftstellern“, positionierte sich in der katholischen Kriegspublizistik, wies unter anderem die Verunglimpfung deutscher Geistesgrößen wie Kant und Goethe als Vertreter deutschen

Machtdenkens samt der Darstellung des Krieges als eines Religionskrieges im *Literarischen Echo* zurück, blieb aber im Übrigen auf ihrem bisherigen Forschungsterrain und veröffentlichte Essays (jetzt statt des französischen Fremdworts „literar-historische Aufsätze" genannt) und Rezensionen zur europäischen Literatur- und Kulturgeschichte und noch 1913/14 in der *Deutschen Rundschau* die vierteilige Abhandlung über *Das Viktorianische England* (S. 338-346). Vorsichtshalber „schlüpfte" sie bei Einkäufen und postalischen Geschäften in ihren Mädchennamen Gräfin Leyden. Seit Frühjahr 1915 hielt sie sich, um „von Niemandem molestiert" zu werden, vornehmlich in Hohenaschau auf, wo sie einige Zimmer mietete – Ausweis dafür, dass sie immer noch über ausreichende finanzielle Ressourcen verfügte – und verkehrte mit der im dortigen Schloss wohnhaften, auch kulturell hochverdienten Industriellenfamilie Kramer-Klett (S. 338). Die vertraute Verbindung zu Prinzessin Therese von Bayern, die sich meist „grenznah" in Lindau aufhielt, um über die Schweiz an ausländische Nachrichten zu gelangen, konnte brieflich aufrecht erhalten werden, jedoch nur unter einer Deckadresse, da die Korrespondenz der Prinzessin vom Kriegsministerium überwacht wurde: Schreibe sie einer „Engländerin", wenn diese „auch hundertmal keine ist – dann ist der Verrat fertig" (S. 347). Anders als bei Kriegsbeginn Charlotte, die nach „7 Kriegserklärungen gegen unser deutsches Vaterland [...] nur mehr meinem deutschen Blut gehorcht und nur einen Wunsch [habe], daß wir siegen und siegen müssen, wenn wir nicht untergehen wollen", beurteilte die Prinzessin den Krieg, die deutschen Kriegsziele und die Propaganda äußerst kritisch. Für sie war dieser Krieg „heller Wahnsinn in unserer culturell so hoch entwickelten Zeit!" (S. 347). Es dauerte, bis auch Charlotte allmählich zu dieser Einsicht gelangte (oder zurückkehrte). Noch war das Ende dieses die Welt verändernden Krieges nicht in Sicht, als Charlotte in der Nacht vom 10. auf 11. Februar 1917 in München einsam, aber über Deutschlands Grenzen hinaus nicht unbemerkt, starb. In wenigstens zwei Nachrufen wurde sie zur (damals) letzten Europäerin stilisiert (S. 352). Wo sie ihr Grab fand (wohl im Münchner südlichen Friedhof?), wird in der Darstellung leider nicht erwähnt.

Der zweite Teil der Arbeit ist zunächst (Kap. 5) speziell der Schriftstellerin Lady Blennerhassett und ihrem literarischen Werk gewidmet: den Rahmenbedingungen ihrer Forschungsarbeit und ihres schriftstellerischen Schaffens, bei dem sie mannigfache Hilfe erfuhr, von Seiten Döllingers, der sie mit Literatur versorgte und ihre Arbeiten in jeder Weise begleitete, von Seiten Franz Xaver Kraus', der ihr für Literatur und Auskünfte, insbesondere auf seinem Spezialgebiet italienischer Geschichte und Literatur, zur Verfügung stand und wichtige Kontakte vermittelte, so etwa zu Julius Rodenberg, dem Herausgeber der *Deutschen Rundschau*, und auch von Seiten Lord Actons, der sie durch Literatur- und Materialhinweise wie in Fragen der wissenschaftlichen Ausarbeitung und Präsentation beriet. Charlotte war zweifellos aus innerstem Drang zum Schreiben motiviert und „sah sich berufen, ihre Fähigkeiten im Dienst der Gesellschaft einzusetzen, konkret durch die Vermittlung historischen Wissens speziell der Geistes- und Kirchengeschichte" (S. 373f.). Aber natürlich spielte, wie erwähnt, angesichts der desolaten Finanzlage ihrer Familie bei ihrer Publikationstätigkeit auch der wirtschaftliche Aspekt eine nicht geringe Rolle. Dass sie als Frau durch ihre Bücher und Beiträge erhebliche Honorare erzielen konnte – für die erste Auflage von *Madame de Staël* 4000 Mark (S. 371) – und so ihren und ihrer Kinder Lebensunterhalt selbst zu bestreiten vermochte, stärkte zudem ihr ohnehin ausgeprägtes Selbstbewusstsein und ihr Unabhängigkeitsgefühl, auch ihre Durchsetzungsfähigkeit und Geschäftstüchtigkeit gegenüber Verlegern und Herausgebern. Anhand vornehmlich einer durchaus kritischen Analyse des eben genannten Werkes *Madame de Staël*, ihres Hauptwerkes, das 1890 auch in englischer und französischer Übersetzung erschien, demonstriert Laura Pachtner die Arbeits- und Darstellungsweise Charlottes. Ihr primäres Forschungsinteresse konzentrierte die Lady auf die politische und gesellschaftliche Bedeutung der Madame de Staël, deren Leben, Schicksal und schriftstellerisches Werk sie im breiten Rahmen der politischen, geistigen und gesellschaftlichen Geschichte der Revolutionsepoche zeichnete; aber „skandalöse Details" ihres privaten Lebens blendete sie eher aus oder behandelte sie (wie damals für eine seriöse Geschichtsschreibung geboten) sehr diskret. Dabei wurde ihr klar und arbeitete sie heraus, dass die innerkirchlichen Verwerfungen, nämlich die Unterdrückung des Jansenismus und jansenistisch geprägter Kreise (mit der Abtei Port-Royal als geistigem Zentrum), ferner die „Politisierung" des französischen Klerus, die Instrumentalisierung der Religion für politische Zwecke zum Verfall der Religion geführt (wie bereits Madame de Staël erkannt habe) und als längerfristige Mitursachen der Revolution gewirkt hatten. Franz Xaver Kraus stellte in seiner Rezension des Werkes gerade diesen Aspekt heraus (S. 395). Er war (zumindest theoretisch) ein scharfer Gegner eines „politischen Katholizismus", in Übereinstimmung mit liberal-katholischen Kreisen in der Zeit nach dem Konzil und an der Schwelle der anti-modernistischen Verfolgungen und Reglementierungen gegen Ende des Pontifikats Leos XIII. und unter Pius X. Nach dem Urteil Laura Pachtners sind im Übrigen die Parallelen zwischen den Idealen der Madame de Staël – einer emanzipierten Frau – in Bezug auf Pflichterfüllung, Ehe und Familie, Berufung zur Schriftstellerin samt ihrer kosmopolitischen Einstellung und ihrer (angeblichen) religiösen „inneren Läuterung" im Alter und den diesbezüglich persönlichen Vorstellungen Charlottes „unübersehbar"; und wie Madame de Staël in ihren politischen Schriften gegen den Despotismus ihrer Epoche gekämpft hatte, so schrieb Charlotte gegen die ihr als bedrohlich erscheinenden Denkweisen ihrer Zeit, zu denen sie insbesondere den als despotisch empfundenen, die Wissenschaftsfreiheit unterdrückenden Ultramontanismus in ihrer Kirche zählte (S. 471f.). Diese Parallelität des Denkens und Empfindens ist somit der eigentliche Grund ihrer Empathie, mit der die Lady – eine nicht weniger emanzipierte Frau – das Bild dieser bedeutenden Französin zeichnete. Dass das Werk in der internationalen Kritik zumeist positiv aufgenommen wurde, belegen die zahlreichen Rezensionen, denen Laura Pachtner nachgeht. Doch wie sie an Rezensionen über weitere Werke Charlottes aufzeigt, blieben ihr negative Wertungen insbesondere von Seiten konservativkatholischer bzw. ultramontan ausgerichteter Presseorgane nicht erspart, was allerdings auch wieder nicht ausschloss, dass ihr „Chateaubriand" in den eher konservativen *Historisch-Politischen Blättern*, freilich von dem ihr freundschaftlich verbundenen Kirchenhistoriker Georg Pfeilschifter, „in den höchsten Tönen" belobigt wurde (S. 439). Obwohl ihr bewusst war, dass sie nicht uneingeschränkt zur „Historikerzunft" gerechnet wurde, verstand sich Charlotte als quellenorientiert wissenschaftlich forschende und schreibende Historikerin. Soweit sie dabei theologisches Terrain berührte, für das sie sich nicht genügend kompetent fühlte, erbat sie sich, wie im Falle ihrer Darstellung Newmans, „ostentativ" kompetente Hilfe beispielsweise von Franz Xaver Kraus und vor allem vom Oxforder Gelehrten Dr. William Barry (S. 459, 596-598).

Dennoch reichten ihr durch *Madame de Staël* begründeter internationaler Ruf und ihre nachfolgenden historischen Publikationen nicht aus, um sie, wie von Döllinger als Akademiepräsidenten (nach dem Beispiel der von ihm initiierten Wahl Lord Actons) noch angeregt, in Anerkennung ihrer wissenschaftlich-literarischen Leistungen in die Königlich Bayerische Akademie der Wissenschaften aufzunehmen. Zwar wurde der Prinzessin Therese, weil Mitglied des bayerischen Königshauses, die Ehrenmitgliedschaft in der Akademie zuteil (bis heute als einziger Frau), doch der Lady Blennerhassett als Angehoriger einer niedrigeren Adelsstufe gewährte die Akademie, damals und noch lange danach eine gelehrte „Männerdomäne", diese Ehrung nicht. In einem gutachtlichen „Eiertanz" begründete man mit der statutenmäßigen Unmöglichkeit der Aufnahme einer Frau ihre Ablehnung. Nachdem aber der Prinzessin Therese als erster Frau 1897 auch die Ehrendoktorwürde der Münchner Universität verliehen worden war, und zwar nicht wegen ihrer Zugehörigkeit zum Hof, sondern in Anerkennung ihrer wissenschaftlichen Forschungen, stimmten die Mitglieder der I. (geisteswissenschaftlichen) Sektion der Philosophischen Fakultät dem vom Münchner Byzantinisten Karl Krumbacher (1856-1909), einem langjährigen Freund Charlottes, eingebrachten Antrag – wenn auch teils nicht ohne Zögern – zu, ihr als der zweifellos gegenwärtig „ersten Schriftstellerin Deutschlands auf dem Gebiete der Litteraturgeschichte und Geschichte" die Ehrendoktorwürde zu verleihen. Am 12. Oktober 1898 wurde ihr, wie oben bereits erwähnt, das Doktordiplom honoris causa vom Dekan überreicht, jedoch nicht im Rahmen einer akademischen Feier, sondern privat in ihrer Wohnung – um nicht etwa einen öffentlichen Präzedenzfall zu schaffen oder gar der Forderung nach ordentlicher Promotionsmöglichkeit für Frauen Vorschub zu leisten, wie der Historiker Hermann von Grauert (1850-1924) befürchtete (siehe dazu S. 449-456).

Im letzten Kapitel (Kap. 6) erörtert Laura Pachtner unter dem Titel *Die Trümmer des liberalen Katholizismus* nochmals ausführlich die Haltung und Stellungnahme der Lady Blennerhassett zur innerkirchlichen Entwicklung zwischen Erstem Vatikanum, Kulturkampf und Modernismuskrise. Der Titel dieses Schlusskapitels erinnert an ein ziemlich frühes Wort Franz Xaver Kraus' in einem Brief an Charlotte (vom 26. Februar 1874), in dem er sie bat, im Falle seines Todes die Verantwortung für die Herausgabe seiner Tagebücher zu übernehmen: „Unter allen meinen Freunden ist aber kaum jemand, der in so vielen Fragen mit meiner Auffassung übereinstimmt als Sie, der den Mut so hätte, alles zu sagen und zu drucken, was ich gedacht und wie ich's gedacht. Sie haben ein warmes, unvergängliches Interesse an der heiligen Sache des liberalen Katholizismus, dessen Trümmer wir sind; vielleicht nutzt es, der Welt zu zeigen, wie der Ultramontanismus eine Seele zertreten und zerstören konnte."[29]

Als gläubige und praktizierende Katholikin hatte Charlotte in Newmans Argument des Gewissens als oberster und persönlichster moralischer Entscheidungsinstanz – in dessen *Letter to the Duke of Norfolk* (1875) – schließlich auch für sich eine Lösung gefunden, die einen praktischen Konflikt mit dem Unfehlbarkeitsdogma von 1870 auszuschließen schien. Sich der altkatholischen Bewegung anzuschließen, hatte sie wie Lord Acton und ihr Ehemann Sir Rowland Blennerhassett von vornherein kategorisch abgelehnt. Döllinger war der eigentliche Inspirator dieser anti-vatikanischen Protestbewegung gewesen; aber sie war ziemlich rasch seinen Händen entglitten und von extremen Kräften auf den Weg zu einer Kirchenbildung geschoben worden, die Döllinger nicht intendiert hatte und nicht mittragen wollte: Man dürfe nicht „Altar gegen Altar" stellen, wie er auf dem Münchner „Katholiken-Kongreß" vom September 1871 vergeblich gewarnt hatte.[30] Er zog sich schließlich von dieser Bewegung zurück und begab sich in die kirchliche „Isolation". Versuche, ihn endlich doch noch zum Einlenken und zur Rekonziliation zu bewegen, wie jener von 1879, aus Anlass seines 80. Geburtstags, von Seiten des im Vorjahr zum Münchner Erzbischof ernannten Augsburger Bistumshistorikers Antonius von Steichele (1816-1889), der (als einstiger Schüler Döllingers) möglicherweise von Charlotte und Franz Xaver Kraus zu diesem Schritt angestoßen worden war (S. 543f.), scheiterten. „Je suis isolé" antwortete Döllinger 1887 dem Nuntius, der nochmals versuchte, ihn zur Annahme der vatikanischen Dekrete zu bewegen.[31]

29 Zit. in: Thomas Michael LOOME, „Die Trümmer des liberalen Katholizismus" in Großbritannien und Deutschland am Ende des 19. Jahrhunderts (1893-1903). Die kirchenpolitische Grundlage der Modernismuskontroverse (1903-1914), in: Martin Schmidt/Georg Schwaiger (Hg.), Kirchen und Liberalismus im 19. Jahrhundert (Studien zur Theologie und Geistesgeschichte des Neunzehnten Jahrhunderts 19), Göttingen 1976, 197-214, hier 203.

30 Stenographischer Bericht über die Verhandlungen des Katholiken-Kongresses, abgehalten vom 22. bis 24. September 1871 in München. Mit einer historischen Einleitung und Beilagen, München 1871; Döllingers Rede hier 108-111.

31 „Il est vrai que tous ces prélats ont fait leur soumission; tous s'accordaient à dire pour excuse: ‚Nous ne voulons pas faire un schisme.' Moi aussi, je ne veux pas être membre d'une société schismatique; je suis isolé. Persuadé que la sentence lancée contre moi est injuste et nulle de droit, je persiste à me regarder comme membre de la grande église catholique, et c'est l'église elle-même qui, par la bouche des saints pères, me dit, qu'une telle excommunication ne peut pas nuire à mon âme." So Döllinger in seiner Antwort an den Münchner Nuntius Ruffo Scilla vom 12. Oktober 1887. Abgedruckt in: Ignaz von DÖLLINGER, Briefe und Erklärungen über die Vatikanischen Dekrete 1869 bis 1887, München 1890 (Darmstadt 1968), 147-157, das Zitat hier 150f.

Beide Versuche fielen in den Pontifikat Leos XIII. (1878-1903), eines im Gegensatz zu seinem Vorgänger Pius IX. klassisch gebildeten Papstes, der freilich seine ganze philosophisch-theologische Ausbildung am jesuitischen Collegium Romanum empfangen hatte. Viele liberal gesinnte Katholiken, und so auch Charlotte, setzten große Hoffnungen auf ihn, Charlotte auch deshalb, weil sie in diesem Pontifikat anfänglich für Döllingers Rekonziliation „seine letzte irdische Chance“ sehen zu dürfen hoffte. „Es ist mir ewig gegenwärtig, daß er 1871 zu mir sagte: Ich bin die Faschine, die in den Graben geworfen wird, damit andere hinüber können“, schrieb sie kurz nach der Wahl Leos XIII. an Franz Xaver Kraus (23. März 1878). Sie verband damit die (wohl vergebliche) Bitte, Kraus möge mit aller Umsicht, und mit Hilfe seiner zahlreichen Verbindungen bis in höchste Kreise, einen Weg zur Rekonziliation Döllingers ausloten. Welch hoffnungsvolles, geradezu spektakuläres Zeichen schien es doch zu sein, als dieser Papst 1879, zu Beginn seines Pontifikats, den (gleich Lord Acton) vom Erzbischof von Westminster Kardinal Henry Edward Manning (1808-1892) verfolgten John Henry Newman zum Kardinal erhob, freilich „flankiert“ von – laut Franz Xaver Kraus in seinen Tagebüchern (10. April 1879) – zwei „der ärgsten ultramontanen Streithähne“: dem Würzburger Kirchenhistoriker und Alt-Germaniker Joseph Hergenröther und dem Bischof Louis Pie von Poitiers. Die beiden letzteren Ernennungen dämpften Kraus’ Erwartungen an diesen Pontifikat wieder erheblich: „... das ist kein gutes Zeichen der Zeit und vermindert in meinen Augen bedeutend die Hoffnungen, welche ich auf Leo XIII. setzte“.[32] Nicht lange danach öffnete Leo XIII. den Zugang zum bislang streng verschlossenen Vatikanischen (Geheim-)Archiv für die wissenschaftliche Forschung, und Kritiker dieser Maßnahme, die „unliebsame“ Ergebnisse befürchteten, habe er als „piccoli testi“ apostrophiert. Doch zuvor, ebenfalls 1879 (4. August), erklärte Leo XIII. mit der Enzyklika *Aeterni Patris*, an deren Vorbereitung zweifellos einflussreiche Jesuiten beteiligt waren, die Philosophie und Theologie des Thomas von Aquin samt dessen Methode scholastischen Denkens und Argumentierens zur allein-verbindlichen Richtschnur katholischer Philosophie und Theologie.[33] Er sanktionierte damit den vornehmlich von der römischen Jesuitenschule vertretenen und praktizierten Neuthomismus, durch den diese Schule den Dominikanern als den traditionellen Trägern des Thomismus den Rang abzulaufen suchte, genauer: sie hatte ihn bereits abgelaufen, nämlich durch den alles bestimmenden Einfluss jesuitischer Theologen vor und auf dem Vatikanischen Konzil. Kaum zehn Jahre später (1887/88) erfolgte posthum die päpstliche Verurteilung von 40 (aus ihrem Kontext gerissenen) Sätzen aus dem Werk des italienischen Theologen, Philosophen und Kongregationsgründers (Istituto della Carità) Antonio Rosmini-Serbati

---

32 KRAUS, Tagebücher (wie Anm. 9), 397f. (Eintrag vom 31. März 1879).– Zu Leo XIII. neuestens: Jörg ERNESTI, Leo XIII. Papst und Staatsmann, Freiburg-Basel-Wien 2019. – Manfred WEITLAUFF, Joseph Hergenröther (1824-1890), in: Fries/Schwaiger, Katholische Theologen (wie Anm. 9) II, 471-551.

33 ASS 12 (1879/80) 98-114; DENZINGER/HÜNERMANN (Hg.), Enchiridion symbolorum (wie Anm. 10), 843-846 Nr. 3135-3140).

(1787-1855).[34] Er war in seiner Philosophie ein bedeutender Vermittler des deutschen Idealismus in Italien (oder hätte es sein können). Seine Verurteilung war wiederum von römischen Jesuiten betrieben worden, um die Konkurrenz von Rosminis Schule auszuschalten. Nun begannen auch die Augen Charlottes sich zu öffnen; denn gleich Franz Xaver Kraus war sie eine große Verehrerin Rosminis. Dessen Anliegen, nämlich eine längst überfällige grundlegende Korrektur der gravierendsten Fehlentwicklungen innerhalb der Kirche, wie er sie in seiner 1848 erschienenen und sofort indizierten reformistischen Schrift *Delle cinque piaghe della S. Chiesa* dargelegt und angemahnt hatte, indem er unter anderem die dringende Notwendigkeit von Bildung und Wissenschaft beim Klerus hervorhob, damit dieser sich überhaupt mit den modernen geistigen Entwicklungen auseinandersetzen könne[35], waren auch beider Anliegen. Kraus, mit den Rosminianern eng verbunden, publizierte unmittelbar nach der posthumen Indizierung Rosminis in der *Deutschen Rundschau* einen noch unmittelbar vor dieser Verurteilung verfassten großen Essay über ihn[36], und auch Charlotte hielt mit ihrem Urteil über das römische Vorgehen gegen Rosmini und die verhängnisvollen Folgen, wenn auch eher mittelbar, nicht zurück (S. 536-539). „As with Rosmini, with Lamennais, with the Port-Royalists, it has been a Jesuit intrigue from beginning to end" – so der aus seinem Orden verstoßene Jesuit George Tyrrell (siehe unten) an Lucien Laberthonnière (6. November 1907). Und im Jahr darauf (22. März 1908) an Maude Petre: „Have you ever read the life of Scipio Ricci b[isho]p. of Pistoia [...] Like Rosmini's ‚5 piaghe' it shows that the cry for reform is perennial; & that Rome has always stifled it by the same methods, for the same ends – money & power."[37] 2007 wurde Rosmini seliggesprochen – ein sehr später päpstlicher Wiedergutmachungsversuch, der aber das Rosmini bei Lebzeiten und posthum zugefügte Unrecht und die Schuld seiner jesuitischen Widersacher nicht ungeschehen machen kann. Wie sehr Rosmini mit seiner Kritik an der unzureichenden Ausbildung und Bildung des Klerus (hier mit Blick auf den Kirchenstaat und Italien) die Realität traf, und zwar überhaupt die Realität der Bildungsfeindlichkeit oder Bildungsinsuffizienz weiter ult-

34 Verurteilungsdekret *Post obitum* des Sanctum Officium vom 14. Dezember 1887. ASS 20 (1887/88) 398-410; DENZINGER-HÜNERMANN (Hg.), Enchiridion symbolorum (wie Anm. 10), 862-870 Nr. 3201-3241.

35 Antonio ROSMINI, Die fünf Wunden der Kirche. Kritische Ausgabe. Herausgegeben und eingeleitet von Clemens Riva, Paderborn 1971 – Dazu die ausgezeichneten Untersuchungen, die Rosmini – sehr verspätet – in Deutschland eigentlich erst bekannt machten: Markus KRIENKE, Wahrheit und Liebe bei Antonio Rosmini (Ursprünge des Philosophierens 9) [theol. Diss. München], Stuttgart 2004; DERS., Theologie, Philosophie, Sprache. Einführung in das theologische Denken Antonio Rosminis (ratio fidei 29), Regensburg 2006; Michele DOSSI, Antonio Rosmini. Ein philosophisches Profil. Aus dem Italienischen übersetzt und bearbeitet von Markus Krienke (Ursprünge des Philosophierens 6), Stuttgart 2003.

36 Franz Xaver KRAUS, Antonio Rosmini (1888), wieder abgedruckt in: Ders., Essays I, Berlin 1896, 84-251.

37 Zit in: Thomas Michael LOOME, Liberal Catholicism, Reform Catholicism, Modernism. A contribution to a new orientation in modernist research (Tübinger Theologische Studien 14), Mainz 1979, 42 Anm. 112.

ramontan-katholischer Kreise, wurde um die Zeit seiner posthumen Verurteilung geradezu eklatant offenbar im über zehnjährigen peinlichen „Hereinfallen" solcher Kreise (bis zu höchsten Vertretern der römische Kurie und offenbar bis hinauf zum Papst) auf den Taxil-Schwindel mit seinen angeblichen Teufelsverschwörungen, einer absurden Mischung aus Freimaurerlegenden und Satanskult. Urheber der *Taxiliade* mit dem Ziel, aller Welt die exzeptionelle Dummheit und Teufelshysterie katholischer Kreise vorzuführen, war ein französischen Publizist (Gabriel-Antoine Jogand-Pagès [1854-1907]), dem es, jedenfalls nach eigener Aussage, gelungen war, in dieser seiner perversen Aktion selbst von Leo XIII. (1887) in Privataudienz empfangen und angehört zu werden. Schließlich ließ er 1897 die „Bombe" platzen und zum Hohngelächter aufgeklärter Zeitgenossen alle Welt süffisant wissen, welchen „Ulk" ihm diese glänzend geglückte, entlarvende Irreführung so vieler katholischer Geister bereitet habe.[38]

Leo XIII. gelang es dank seiner als meisterhaft gerühmten Diplomatie, die im Gefolge des Vatikanischen Konzils und seiner Beschlüsse im Deutschen Reich und in anderen Ländern entbrannten, jedoch unterschiedlich verlaufenden Kulturkämpfe allmählich zum Erlöschen zu bringen. Sie waren allerdings Ursache für eine bischöflich durchaus geförderte zunehmende Gettoisierung weiter Teile der katholischen Bevölkerung, somit für eine gefährliche Abschnürung dieser Teile von der wissenschaftlich-kulturellen Entwicklung der Zeit. Diese Abschnürung machte sich verstärkt in wissenschaftsskeptischen, modernitätsfeindlichen Tendenzen bemerkbar, mit der Folge einer Unterrepräsentanz von Katholiken im damaligen Wissenschafts- und Kulturleben – so der Zentrumspolitiker Georg von Hertling (1843-1919) in seinem Redeappell *Der deutsche Katholicismus und die Wissenschaft* auf der Generalversammlung der Görres-Gesellschaft 1896 zu Konstanz.[39] Die ungeheure Blamage des „Hereinfallens" so vieler, auch ranghoher, Katholiken auf den Taxil-Schwindel war diesbezüglich ein erschreckendes Menetekel.

In die letzten Jahre des Pontifikats Leos XIII. fielen aber auch die ersten Anfänge der Modernismus-Krise (Stichwort: Amerikanismus) – unmittelbare Konsequenz einer „nachvatikanisch" uniformierten, geschichtliches Denken absolut ausschließen-

---

38 Manfred EDER, Taxil, Leo, in: Biographisch-Bibliographisches Kirchenlexikon XI (1996) 585-591.

39 Abgedruckt in: Georg Freiherr von HERTLING, Kleine Schriften zur Zeitgeschichte und Politik, Freiburg 1897, 561-573. – Dazu kritisch – weil Hertling den Grund für diese katholische „Inferiorität" insbesondere in der Auflösung des alten Reiches und der Säkularisation sehen wollte – Franz Xaver KRAUS in seinem (anonymen) 25. Spectator-Brief in der Beilage zur Allgemeinen Zeitung vom 1. Juli 1897. Abgedruckt in: Christoph Weber, Liberaler Katholizismus. Biographische und kirchenhistorische Essays von Franz Xaver Kraus (Bibliothek des Deutschen Historischen Instituts in Rom 17), Tübingen 1983, hier 214-229: „Herman Schell. Seine Reformschriften und seine Indizierung", bes. 214-218. – Martin BAUMEISTER, Parität und katholische Inferiorität. Untersuchungen zur Stellung des Katholizismus im Deutschen Kaiserreich (Politik- und Kommunikationswissenschaftliche Veröffentlichungen der Görres-Gesellschaft 3), Paderborn 1987, bes. 39-72.

den Neuscholastik römisch-jesuitischer Version. In Reaktion auf die historisch-kritische Bibelexegese, wie sie im Bereich der liberalen protestantischen Theologie betrieben wurde, erließ Leo XIII. 1893 (18. November) seine Bibel-Enzyklika *Providentissimus Deus* (nicht *Dei*, wie die Autorin S. 585 schreibt). In ihr warb er zwar für das Studium der biblischen Sprachen als Grundvoraussetzung für die bibel-exegetische Forschung; aber jene „fälschlicherweise und zum Schaden für die Religion unter dem ehrenvollen Namen ‚Höhere Kritik' eingeführten Kunstgriff (perperam enim et cum religionis damno inductum est artificium nomine honestatum ‚criticae sublimioris'), in dem aus – wie sie sagen – allein inneren Gründen das Urteil über Ursprung, Unversehrtheit und Autorität jedweden [biblischen] Buches zum Vorschein kommen soll", wies er (im Anschluss an die Lehre der unter maßgeblichem Einfluss der Jesuiten Joseph Kleutgen (1811-1883) und Johann Baptist Franzelin (1816-1886) konzipierten dogmatischen Konstitution *Dei Filius* des Ersten Vatikanums, cap. 2 *De revelatione* und, wie es dort heißt: „zur Zügelung leichtfertiger Geister [*ad coercenda petulantia ingenia*]"[40]) mit dem Argument entschieden zurück, dass die von der Kirche als kanonisch anerkannten biblischen Bücher „in all ihren Teilen auf Diktat des Heiligen Geistes (*Spiritu Sancto dictante*) verfaßt" seien, die „göttliche Inspiration" aber „durch sich selbst [...] jeden Irrtum" ausschließe. Deshalb steht für den Papst auch die je überlieferte Verfasserschaft (zumal des *Pentateuch*, der *Fünf Bücher Mose*) und die Historizität der Schilderungen in den kanonischen Büchern des Alten und Neuen Testament außer jedem Zweifel. Lediglich die Möglichkeit von Fehlern der Kopisten beim Abschreiben der biblischen Handschriften sowie von Zweideutigkeiten mancher Stellen räumt er ein; solche Fälle habe der Exeget durch fundierte Kenntnis der biblischen Sprachen mittels „der wahren Methode der Kunst der Kritik (in vera artis criticae disciplina)", d. h. mittels einer „gesunden" Textkritik (die sich auf Herstellung des bestmöglichen Original-Textes auf Grund von Handschriftenvergleich beschränkt oder zu beschränken habe) „nach reiflicher Überlegung zu beurteilen" und zu bereinigen bzw. mögliche Zweideutigkeiten nach den „besten Regeln der Auslegung [...] aufzulösen (cui enodandae multum afferent optimae interpretandi regulae)", im Gegensatz zu dem „fälschlicherweise zum Schaden der Religion" praktizierten „Kunstgriff" der „Höheren Kritik". Doch „werde es völlig unstatthaft sein, entweder die Inspiration auf lediglich einige Teile der heiligen Schrift einzuschränken oder einzuräumen, daß der heilige Verfasser selbst geirrt habe".[41] Diese Enzyklika, die erste lehramtlich verordnete „Direktive" katholischer Exegese, war wiederum von römischen Jesuiten konzipiert worden, für die ohnehin biblische Exegese lediglich als eine der Dogmatik nach- oder untergeordnete bloße Hilfsdisziplin rangierte. Nach der bereits oben erwähnten Enzyklika *Aeterni Patris* (1879) bildete diese „Bibel-Enzyklika"

40 ASS 5 (1869/70) 462-471; DENZINGER/HÜNERMANN (Hg.), Enchiridion symbolorum (wie Anm. 10), 812-824 Nr. 3000-3045, hier 814 Nr. 3007.

41 Enzyklika *Providentissimus Deus* Leos XIII. vom 18. November 1893. ASS 26 (1893/94) 279-291; DENZINGER/HÜNERMANN (Hg.), Enchiridion symbolorum (wie Anm. 10), 884-891 Nr. 3280-3294, die Zitate hier 887 Nr. 3286, 889f. Nr. 3291-3292.

den zweiten massiven lehramtlichen Eingriff zugunsten der Position der jesuitisch-neuscholastischen römischen Schule als der einzig legitimen Form katholischer Theologie. Unmittelbar veranlasst war dieses päpstliche Rundschreiben mit seiner klaren Absage an die moderne historisch-kritische Methode durch den französischen Priester und Exegeten Alfred Loisy (1857-1940), dessen von der modernen Literar-Kritik „infizierte" Vorlesungen in Rom angezeigt worden waren. Er wurde im selben Jahr 1893 zur Aufgabe seiner Lehrtätigkeit am Institut Catholique gezwungen, um mit dieser Maßnahme ein Exempel zu statuieren und einem Eindringen dieser Methode in die katholische Bibelexegese von allem Anfang einen Riegel vorzuschieben.[42] Aber ganz neu war diese Methode nicht. Bereits zwei Jahrhunderte zuvor hatte der Oratorianer Richard Simon (1638-1712) Bücher des Alten und des Neuen Testaments literar-kritisch untersucht, war aber mit der Neuheit seiner Ideen, mit denen er seine exegetischen Studien betrieb, „unter die Räder" vor allem des französischen Hofbischofs Jacques-Bénigne Bossuet (1627-1704) geraten. Seine *Histoire critique du Vieux Testament* (1678) war unterdrückt, er selber im gleichen Jahr aus dem Oratorium ausgeschlossen worden. War auch sein Misserfolg „ein Unglück für die kath. Exegese"[43], seine Idee hatte man nicht unterdrücken können. Ideen, wenn sie sich als praktikabel und fruchtbar erweisen, entwickeln ihre eigene Dynamik; sie lassen sich nicht in „spanische Stiefel einschnüren". Doch nunmehr galten für katholische Theologen die in der Enzyklika *Providentissimus Deus* festgesetzten Bestimmungen oder Sanktionen des unfehlbaren päpstlichen Lehramts als oberste Prämisse (oder als Maxime) biblisch-exegetischer Forschung, und zwar für lange Jahrzehnte. Verstoß dagegen war „tödlich", was allerdings nicht ausschloss, dass manche katholische Exegeten, um in der wissenschaftlichen Fachwelt überhaupt noch wahr- und ernstgenommen zu werden, nach noch möglichen ungefährlichen „Schlupflöchern" Ausschau hielten und sich vorsichtig hindurchzutasten wagten.

Erst durch die Enzyklika *Divino afflante Spiritu* Pius' XII. vom 30. September 1943 wurde den katholischen Exegeten überaus vorsichtig der Weg zur Anwendung der historisch-kritischen Methode geöffnet: „Es bleibt also vieles, und zwar äußerst Wichtiges (eaque gravissima), übrig, bei dessen Erörterung und Erklärung sich der

---

42 Klaus UNTERBURGER. Papst Leo XIII. Enzyklika *Providentissimus Deus* (1893), in: Oda Wischmeyer (Hg.), Handbuch der Bibelhermeneutiken. Von Origenes bis zur Gegenwart, Berlin u. a. 2016, 583-592; siehe dazu bes. auch: Michael Florian PFISTER, Ein Mann der Bibel – Augustin Bea SJ (1881-1968) als Exeget und Rektor des Päpstlichen Bibelinstituts in den 1930er und 1940er Jahren (Jesuitica 25), Regensburg 2020, 64-78. Es handelt sich um eine auf breitester Basis erst neuestens zugänglicher archivalischer Quellen beruhende, in jeder Hinsicht hervorragend gearbeitete theologische Dissertation, hier einschlägig bes. die Kapitel 1 und 2, die in einen „römischen Dschungel" einführen bzw. in einen erschreckenden „römischen Abgrund" blicken lassen. – Dank der neuestens zugänglichen Quellen entstand auch die umfangreiche Gedenkschrift: Clemens BRODKORB/Dominik BURKARD (Hg.), Der Kardinal der Einheit. Zum 50. Todestag des Jesuiten, Exegeten und Ökumenikers Augustin Bea (1881-1968) (Jesuitica 22), Regensburg 2018; dazu: Manfred WEITLAUFF, Der Kardinal der Einheit. Zu einer Kardinal Augustin Bea SJ gewidmeten Gedenkschrift aus Anlass seines 50. Todestages, in: Rottenburger Jahrbuch für Kirchengeschichte 38 (2019) 291-317.

43 So Paul AUVRAY, Art. Simon, Richard, in: LThK 9 (^{2}1964), 773f.

Scharfsinn und Verstand der katholischen Exegeten frei betätigen kann und soll (catholicorum interpretum acumen et ingenium libere exerceri potest ac debet)", resumierte der Papst zum Schluss, „damit ein jeder nach seinen Kräften zum Nutzen aller, zum tagtäglich größeren Fortschritt der heiligen Lehre und zur Verteidigung und Ehre der Kirche beitrage".[44] Doch blieb dieser nunmehr geöffnete Weg nach wie vor mit zahlreichen „Stolpersteinen" gepflastert. Diese „bahnbrechende" Enzyklika hatte aber eine bemerkenswerte Vorgeschichte, die erst vor kurzem auf Grund der neuestens zugänglichen vatikanischen Akten Michael Pfister in seiner Augustin Bea SJ gewidmeten brillanten Dissertation aufgedeckt hat[45]: Ausgelöst wurde sie durch den „Fall" des Neapolitaner Priesters Dolindo Ruotolo (1882-1970), der in seiner viel gelesenen pseudonymen Kommentarreihe *La Sacra Scrittura* ... einem charismatisch-biblischen Mystizismus in Form von biblischer Allegorese und Meditation frönte und die an römischen Hochschulen, zumal am Bibelinstitut, doch sehr restriktiv betriebene Bibelexegese in scharfem Angriff als rationalistisches, „modernistisches", „protestantisches", „häretisches" und „götzendienerisches" Gelehrtengeplänkel bekämpfte. Bereits 1907 war Ruotolo, damals noch Lazarist, wegen falschen Mystizismus und Erträumen von „skurrilen, sexuell konnotierten kultischen Handlungen"[46] mit zwei angeblichen Visionärinnen, deren Beichtvater er war, in Rom denunziert, daraufhin suspendiert, aber 1912 wieder rehabilitiert worden. Doch infolge weiterer gleichlautender Anklagen befasste sich das Sanctum Officium seit 1932 erneut mit diesem „Fall", kam aber – entgegen seinen ansonsten sehr rasch gefällten Sentenzen gegen „modernistische" Theologen – jahrelang zu keiner Urteilsfindung, weil Ruotolo in diesem aus Kardinälen zusammengesetzten Richtergremium und auch sonst an der Kurie einflussreiche, auch mächtige Sympathisanten hatte, außer dem Erzbischof von Neapel Kardinal Alessio Ascalesi (1872-1952) als seinem Bewunderer (was wiederum bei allen diesen Sympathisanten auf den Grad ihrer theologischen Bildung schließen lässt!). Erst am 14. November 1940 – nach achtjähriger Verzögerung! – setzte das Sanctum Officium mit Rückendeckung Pius' XII. und wohl unter maßgeblichem Einfluss des Konsultors Augustin Bea Ruotolos pseudonyme Werke endgültig auf den Index der verbotenen Bücher, jedoch mit dem Zusatz „donec corrigatur". Das Verfahren gegen Ruotolo aber wurde für Pius XII. zum Anstoß für die Abfassung seiner Bibel-Enzyklika, zu deren Vorbereitung der im Vertrauen des Papstes stehende Augustin Bea, seit 1930 Rektor des von Ruotolo angegriffenen Bibelinstituts, beigezogen wurde.

Unter dem Eindruck der Aufdeckung des oben erwähnten Taxil-Schwindels und der damit verbundenen „katholischen" Blamage, letztlich verschuldet durch die ultramontane Wissenschafts- und Bildungsfeindlichkeit, schien es für die Lady Blennerhassett immer schwerer zu werden, „sich und Andere im Glauben zu erhalten, daß

---

44 AAS 36 (1943) 309-319; DENZINGER/HÜNERMANN (Hg.), Enchiridion symbolorum (wie Anm. 10), 1058-1064 Nr. 3825-3831, das Zitat hier 1064.

45 PFISTER, Ein Mann der Bibel (wie Anm. 42), 465-562, bes. 468-524.

46 Ebd. 492.

die ultramontane Kirche nicht die ganze k[ath]. Kirche sei", wie sie Franz Xaver Kraus (27. November 1899) schrieb: „Das wird mehr und mehr die Schwierigkeit." Dabei war sie sich durchaus bewusst, dass die Wurzeln des Systems, „das uns zur Stunde alle knebelt", weit über das Erste Vatikanum zurückreichten, dass der eigentliche Kampf, den Kraus und andere kämpften, schon von Dante gekämpft worden sei; er spiegle sich bereits in der Frage, die Vinzenz von Lérins 450 aufgeworfen habe, „wie sich der Fortschritt der Religion mit der Stabilität des christlichen Glaubens vereinbare". Auch Newman habe diese Frage in seinem „*Essay on the Development of Christian Doctrine* (London 1845) [...] durch Aufstellung der Evolutionstheorie" beantwortet. In ihrem Nachruf auf Franz Xaver Kraus in der „Deutschen Rundschau" (1902) habe die Lady „vis-a-vis eines nicht-katholischen Publikums", so Laura Pachtner, „in trotzigem Selbstbewusstsein" grundsätzlich feststellen zu dürfen geglaubt: „Nicht das sacrificio dell' intelletto, wie es 1870 hieß, sondern das Gesetz der Entwicklung im Dienste der ewigen Wahrheit bestimmt, wie Newman und Rosmini es lehren, die Geschicke der Kirche" (S. 584f.).

Newmans theologische „Evolutionstheorie", wonach sich die christliche, katholische Glaubenslehre, von Gott der lebendigen Kirche anvertraut, aus keimhaftem Ursprung nach den – für ihn personal zu verstehenden – Gesetzen der Geschichte, unter Wahrung ihrer Identität, entwickelt habe und weiter entwickle, ist jedoch nicht mehr als eine gelehrte systematische Hypothese, deren Evidenz, zumal unter historischem Aspekt, erst zu beweisen wäre. Und schlösse diese Hypothese – um im Bild zu bleiben – von vornherein aus, dass auf dem „nach den Gesetzen der Geschichte" verlaufenden Weg der Entfaltung dieser „von Gott der lebendigen Kirche" anvertrauten Glaubenslehre irgendwann und irgendwo „personal" eine „Weiche" verstellt worden sein könnte, mit der Folge eines beginnenden „Fehlweges" dieser Entwicklung bis zum Ersten Vatikanum und darüber hinaus? Aus Döllingers historischer Sicht hat diese Fehlentwicklung im Rückgriff auf die Pseudo-Isidorischen Dekretalen und deren Eindringen in das päpstliche Recht „seit dem elften Jahrhundert", d. h. seit der sogenannten Gregorianischen Reform, mit der „Verzerrung und Verunstaltung des Primats" begonnen.[47] Und so konnte ihn „die historisch-theologische Schwäche Newman's" nur verwundern, wie er Charlotte (20. Februar 1875) schrieb: „N[ewman] ist ein ungemein geistreicher und dabei tief religiöser Mann, schreibt vortrefflich, aber seine Einsichten in die Kirchengeschichte sind gar zu mangelhaft, und mit seiner theory of development verpflanzt er den Darwinismus in die Religion, nur daß wenn Darwin den Affen bis zum Caucasischen Menschen sich fortbilden läßt, bei Newman umgekehrt der Mensch allmälig zum Affen herabsinkt. Doch darüber wollen wir einmal mündlich verhandeln."[48] Und dem Prime Minister Gladstone schrieb er zur nämlichen Zeit (15. Februar 1875): „Ganze Spannweiten der Kirchengeschichte und der Geschichte der europäischen Kultur sind ihm [Newman] unbekannt

47 So DÖLLINGER in: Der Papst und das Concil von Janus (wie Anm. 7), VIII.
48 Döllinger – Blennerhassett (wie Anm. 5), 597f.

wie das dunkelste Afrika. Anders lassen sich seine naiven und gewagten Aussagen nicht erklären.“[49]

Doch entgegen Döllingers sarkastischem Urteil, mit dem er seinerseits Newmans an die damals moderne Evolutionstheorie angelehnten, aber doch in übertragenem Sinn verstandenen Development-Begriff grob verzerrte, klammerte sich Charlotte somit (wie sie in ihrem Nachruf auf Franz Xaver Kraus bekannte[50]) an Newmans Sichtweise, irritiert durch Ergebnisse liberal-protestantischer Exegese, die weite Teile der biblischen Überlieferung bis hinein in die Evangelien als historisch fragwürdig oder rein legendarisch auswiesen, im Kontrast zum traditionellen wörtlichen Inspirationsverständnis, wie es Leo XIII. in seiner oben zitierten Enzyklika lehramtlich vertrat. Bei seinem Besuch im Frühjahr 1893 in München, über ein halbes Jahr vor dem Erscheinen der genannten Enzyklika, hatte Franz Xaver Kraus Charlotte „merkwürdig verändert [...] psychisch entschieden leidend“ vorgefunden: „Ihren Geist fand ich umstellt von finstern Gedanken.“ Als er ihr seine Absichten bezüglich seines „letzten großen Werkes, der Reformversuche innerhalb des Katholizismus“ darlegen wollte, habe sie ihm nicht verhehlt, „wie ganz anders und völlig verloren alle diese Dinge sich darstellen würden, wenn die fortschreitende, alles unterminierende Wissenschaft des kommenden Jahrhunderts zu Ergebnissen über die Person Christi gelangen würde, welche die ganze historische Ausgestaltung des Christentums als einen Irrtum erweisen würden. Bis jetzt kommen wir mit unsern Mitteln an diese heiligste Person nicht heran. Wir kennen immer nur das Medium späterer Berichte. Und doch hängt alles an ihr.“ Kein Zweifel, die Lady, obwohl Nicht-Theologin, eine offenbar sehr aufmerksame Beobachterin einer aufstrebenden radikal-rationalistisch geprägten Literar-Kritik im Bereich der liberal-protestantischen Bibelwissenschaft, war alarmiert, wie damals nicht wenige andere gebildete Katholiken auch, denen dabei päpstlich verordnete Denkverbote wahrlich keine intellektuelle Hilfe waren. Auch der Theologe und Kirchenhistoriker Kraus scheint der Lady eine beruhigende Antwort schuldig geblieben zu sein; denn er notierte in seine Tagebücher (3. April 1893): „Was meine Freundin hier quält, ist dasselbe größte Problem, das ich seit Jahren in meiner Seele herumwälze. Ich konnte sie nur bitten, der furchtbaren wissenschaftlichen Frage das Zeugnis unseres Innern und den Schrei unseres Gewissens entgegenzuhalten, das außer Christus keinen Frieden besitzt.“[51] Die seelische Verfassung der Lady war zum Zeitpunkt seines Besuchs, wie sie bald darauf Kraus gestand, „sehr miserabel“; er möge sich aber um ihr christliches Fundament nicht sorgen, denn „individuelle Zweifel“ hätten sie „nie ernstlich gequält“ (S. 586 Anm. 493) – wirklich nicht? Nach dem Urteil Laura Pachtners hielt Charlotte an ihrem „schon im Nachgang des Vatikanums hochgehaltene[n] Ideal“ fest, „angesichts der geistigen Herausforderungen der Zeit die schwierige Gratwanderung zwischen den Extremen des blinden

49 Zit. in: HILL, Lord Acton (wie Anm. 1), 271; DERS., Lord Acton, ein Vorkämpfer (wie Anm. 1), 286.
50 Charlotte BLENNERHASSETT, Franz Xaver Kraus, in: Deutsche Rundschau 110 (1902) 432-459.
51 KRAUS, Tagebücher (wie Anm. 9), 601, Eintrag vom 3. April 1893.

Glaubens und des Skeptizismus zu wagen und dabei am Glauben festzuhalten" (S. 588). Dass gegen den modernen Glaubens- und Werterelativismus als einer Gefahr für Gesellschaft und Individuen ebenso angekämpft werden müsse wie gegen eine „Literatur und Wissenschaft, die Christi Gottheit, das ewige Leben, alle Offenbarung und das ganze Christenthum negiert", war für sie selbstverständlich; aber die Mittel, die von römischer, d. h. lehramtlicher Seite dagegen ins Feld geführt wurden, nämlich die Philosophie des Thomas von Aquin in neuscholastischer Version und die Verteufelung der Kant'schen Philosophie durch fast willkürliche Falschauslegung von Seiten intransigenter römischer Kreise, hielt sie für absolut kontraproduktiv, wie sie in einer Rezension von Rudolf Euckens Schrift „Thomas von Aquino und Kant, ein Kampf zweier Welten" (Deutsche Rundschau 1901) bekannte. Sie bekräftigte diesen ihren Standpunkt auch gegenüber Wilfrid Ward (13. März 1906): „Thomas is not a Thomist of nowaday. We cannot take refuge in bygone authorities for the solution of our problems, be they Kant or Thomas ..." (zit. S. 588). Sie bekräftigte ihn desgleichen gegenüber Albert Ehrhard (24. Mai 1906), dessen eigenes Argument sie damit aufnahm. Ehrhard hatte 1901, damals noch in Wien, in seiner reformistischen Schrift *Der Katholizismus und das zwanzigste Jahrhundert* ... festgestellt: Thomas habe „den Versuch, den Inhalt der kirchlichen Glaubensverkündigung sowohl mit der Erfahrungswelt als mit dem menschlichen Geiste in harmonische Verbindung zu bringen, für seine Zeit in glänzender Weise" ausgeführt. „Thomas ist aber ein Leuchtturm, nicht ein Grenzstein, und es wäre ein Verbrechen, ihn aus jenem in diesen verwandeln zu wollen! Jede Zeit muß jenen Versuch neu anstellen mit Rücksicht auf ihre spezifischen Bedürfnisse, die immer wechseln und sich niemals wiederholen."[52]

Dieser Warnruf des Kirchenhistorikers Albert Ehrhard, zwischenzeitlich (1902-1903) Franz Xaver Kraus' Nachfolger in Freiburg, verhallte ebenso wirkungslos wie wenige Jahre zuvor der Appell des angesehenen Würzburger Theologen Herman Schell (1850-1906). Er hatte, die blamable Enthüllung des Taxil-Schwindels vor Augen, in seiner reformistischen Schrift *Der Katholicismus als Princip des Fortschritts* (1897) – schärfer als der Freiherr von Hertling in seiner oben erwähnten Rede – die ungenügende Offenheit des Katholizismus gegenüber der Moderne als Ursache gegenwärtiger katholischer Inferiorität beklagt und demgegenüber an die wahren Prinzipien des Katholizismus erinnert, die weder dem Fortschritt entgegenstünden noch prinzipiell die Wissenschaftsfreiheit beschränkten, sondern aktive Beteiligung der Katholiken am wissenschaftlichen und kulturellen Fortschritt sowie entsprechende Anteilnahme an der nationalen Entwicklung forderten.[53] Für die Lady Blennerhassett war

---

52 Albert EHRHARD, Der Katholizismus und das zwanzigste Jahrhundert im Lichte der kirchlichen Entwicklung der Neuzeit, Stuttgart und Wien 1902, 261.

53 Herman SCHELL, Der Katholicismus als Princip des Fortschritts, Würzburg 1897. Diese Schrift erschien noch im selben Jahr in 5 Auflagen. Dazu: Herman SCHELL, Nachtrag zu den fünf ersten Auflagen von „Der Katholicismus als Princip des Fortschritts", Würzburg 1898. – Herman SCHELL, Die neue Zeit und der alte Glaube. Vier theologische Programmschriften. Herausgegeben und eingeleitet von Thomas Franz, Würzburg 2006, „Der Katholicismus als Princip des Fortschritts", hier 34-125.

allerdings dies alles, wie sie Franz Xaver Kraus schrieb (26. Juni 1897), „so selbstverständlich, daß mir jedes Verständnis für Angriff und Abwehr fehlt". Und im Satz zuvor meinte sie zu Herman Schells genannter Schrift, „die Glocke müßte größer sein". Doch für die damals theologisch tonangebenden Kreise hatte sie aufschreckend genug „geschellt". Herman Schell trat mit dieser Schrift und seiner folgenden mit dem Titel *Die neue Zeit und der alte Glaube* (1898)[54] eine Kontroverse los, die bereits 1899 zur Indizierung seiner Reformschriften und seines ganzen bislang völlig unbeanstandet gebliebenen dogmatischen Werkes führte. Man „radierte" ihn als Theologen gleichsam „aus". Er unterwarf sich, allerdings ohne Widerruf zu leisten, vermochte aber diesen schweren Schlag gegen sein wissenschaftliches Lebenswerk nicht zu verwinden; er starb, psychisch gebrochen, wenige Jahre später, gerade 56 Jahre alt.

Mit dem Pontifikat Pius' X. (1903-1914), des Nachfolgers Leos XIII. auf der römischen Cathedra Petri, begann, allerdings in direkter Fortsetzung der diesbezüglichen Politik Leos XIII., der eigentliche antimodernistische Kampf gegen alle Theologen, die von der durch die Enzyklika *Praestantissimus Deus* verordneten neuscholastischen Bahn des Denkens und Schreibens abwichen. Es war „der Versuch" – aus römischer Sicht das klare Ziel –, „eine neue Generation von liberalkatholischen Gelehrten mindestens scharf zu bremsen, wenn möglich völlig zu unterdrücken – oder umgekehrt: der Versuch, die päpstliche Autorität gegenüber liberalisierenden Tendenzen innerhalb der Kirche und Theologie zu stärken und eine Theologie, die in Rom gängig war, als einzige Theologie der ganzen katholischen Kirche aufzuzwingen."[55] Dieser Kampf (man könnte fast von einem „totalen Krieg" sprechen) setzte ein mit der Indizierung von fünf Werken Alfred Loisys im Dezember 1903, darunter seine berühmte Schrift *L'Évangile et l'Église* (1902), in der er gegen den liberal-protestantischen Theologen und Dogmenhistoriker Adolf von Harnack (1851-1930) das katholische Verständnis von der Entstehung der Kirche und der Entwicklung ihrer Lehre verteidigte, gestützt auf die Ergebnisse liberaler Exegese und in Anknüpfung an einen Entwicklungsgedanken, wie ihn Newman vertreten hatte: „Jesus hat das Reich angekündigt, und gekommen ist die Kirche (Jésus annoçait le royaume, et c'est l'Église qui est venue)." Mit dieser prägnanten, aber oft missdeuteten Aussage wollte Loisy keineswegs etwa provozieren, sondern auf Grund der Evangelientradition und der nachösterlichen Gemeindebildung(en) und ihrer allmählichen „Verkirchlichung" die Entwicklung der Kirche einschließlich ihrer hierarchischen Strukturen bis hin zum Papsttum und zum Ersten Vatikanum – ja selbst bis hin zu den Jesuiten – als legitime

54 Herman SCHELL, Die neue Zeit und der alte Glaube. Eine culturgeschichtliche Studie, Würzburg 1898. Abgedruckt ebd. 126-245. – Raimund LACHNER, Art. Schell, Herman, in: Biographisch-Bibliographisches Kirchenlexikon IX (1995) 88-99; Vincent BERNING, Schell, Herman, in: LThK 9 (^{3}2000) 122-124.

55 LOOME, „Die Trümmer des liberalen Katholizismus" (wie Anm. 28), 208.

Konsequenz der Botschaft Jesu aufzeigen.[56] Er glaubte damit eine Apologie der Kirche – wohl auch eine Apologie für sich selbst als katholischen Exegeten - geliefert zu haben. Doch er täuschte sich: Die Katastrophe war nicht aufzuhalten; selbst eine Intervention des Erzbischofs Eudoxe-Irénée Mignot von Albi (1842-1918) zu seinen Gunsten in Rom blieb vergeblich.[57] 1908 wurde Loisy exkommuniziert: aus seiner Kirche ausgestoßen. Gleichsam in Parallelität zu Alfred Loisy wurde der irische Religionsphilosoph George Tyrrell SJ (1861-1909), nach dem Urteil des Neuscholastikers Kardinal Désiré Mercier, Erzbischofs von Mecheln, Hauptvertreter des Modernismus, unmittelbar wegen seiner Kritik an der Enzyklika *Pascendi dominici gregis* 1907 exkommuniziert. Wie Newman ursprünglich Anglikaner, war er 1879 zur katholischen Kirche übergetreten, im Jahr darauf der Societas Jesu beigetreten und 1891 zum Priester geweiht worden; über seine Begegnungen mit Newman, Loisy und anderen liberal-katholischen Denkern sowie zuletzt durch die Lektüre von Lord Actons Sammelband *History of Freedom and Other Essays* (London 1907), durch den er auf das Schicksal Döllingers aufmerksam wurde, hatte er sich von der Neuscholastik wegentwickelt und gegen jede Veräußerlichung der Religion angekämpft. Demgegenüber betonte er, als Theologe ein Mystiker, den Mysteriencharakter von Glaube und Kirche, der den Verstand übersteige und sich nur im personalen Mitvollzug des Lebens der christlichen Gemeinde erschließe. Diese Auffassung hatte ihm den Vorwurf des Agnostizismus eingebracht, 1906 den Ausschluss aus der Societas Jesu und seine Suspension als Priester, schließlich seine Exkommunikation; er wurde förmlich in den Tod getrieben.[58]

Zwar stand die Lady Blennerhassett, wie es scheint, mit diesen beiden Exponenten des Modernismus aus römischer bzw. ultramontanistischer Sicht nicht in irgendwelcher Verbindung; aber der Hinweis auf beide ist in diesem Zusammenhang geboten.

Der antimodernistische Rundumschlag unter Pius X., dessen geistiges Profil und dessen mediokre italienische Seminarausbildung denen Pius' IX. ähnelte, richtete sich insbesondere gegen Exegeten, die auch nur in Ansätzen die Prinzipien der historisch-kritischen Methode zu rezipieren wagten. Aber auch die Geschichtswissenschaft im

---

56 Alfred LOISY, L'Evangile et l'Église, ³1903, 155, 157, 162f., ⁴1908 (unveränderter ND 1973), 153, 155, 160f., das Zitat hier 153.

57 Franz Xaver BISCHOF, Erzbischof Eudoxe-Irénée Mignot von Albi – der Protektor des französischen Modernisten Alfred Loisy, in: Manfred Weitlauff/Peter Neuner (Hg.), Für euch Bischof – mit euch Christ. Festschrift für Friedrich Kardinal Wetter zum siebzigsten Geburtstag, St. Ottilien 1998, 323-346. – Siehe dazu auch das (von Loisy wiedergegebene) höchst aufschlussreiche Gespräch Loisys mit Erzbischof Guillaume-René Meignan von Tours (1817-1896), einst Schüler Döllingers und vor seiner bischöflichen Ernennung Professor der Exegese an der Pariser Sorbonne, am 24. Oktober 1892, auf dem Weg nach Rom zu seiner Kardinalserhebung, in: Alfred LOISY, Choses passées, Paris 1913, 116-123; in deutscher Übersetzung: Manfred WEITLAUFF, Der „Fall" des Augsburger Diözesanpriesters und Münchener Theologieprofessors Joseph Schnitzer (1859-1939) (Jahrbuch des Vereins für Augsburger Bistumsgeschichte 44/II), Augsburg 2010, hier 18f. – Zu Loisy siehe: Peter NEUNER, Alfred Loisy (1857-1940), in: Fries/Kretschmar, Klassiker II (wie Anm. 26), 221-240, 421-423 (Quellen, Lit.).

58 Zu George Tyrrell siehe: LOOME, Liberal Catholicism (wie Anm. 37), 13-58 u. ö.

katholischen Bereich wurde strengster Überwachung unterworfen und zwang manchen Kirchenhistoriker, wie beispielsweise den Bonner Kirchenhistoriker Heinrich Schrörs (1852-1928), zur Flucht auf das weniger gefährlich erscheinende Gebiet der Kunstgeschichte.[59] Andere Theologen publizierten ihre Werke fortan, um der Gefahr einer Indizierung und dem Entzug ihrer Lehrbefugnis auszuweichen, anonym oder pseudonym, sofern sie überhaupt noch etwas zu publizieren wagten. Oder das Schicksal des nachmaligen Breslauer, dann, nach dem Zweiten Weltkrieg, Münchner Neutestamentlers Friedrich Wilhelm Maier (1883-1957) – es steht für nicht wenige damalige Theologenschicksale: Friedrich Wilhelm Maier hatte als Straßburger Privatdozent in einem Synoptikerkommentar 1910-1912 die seit der Mitte des 19. Jahrhunderts entwickelte, in der protestantischen Exegese damals längst selbstverständliche Zweiquellentheorie vertreten, die heute fast allgemein akzeptiert ist bzw. sich durchgesetzt hat. Sein bereits im Satz befindlicher Kommentar „kam aufgrund römischen Eingreifens nicht mehr zustande", er durfte nicht erscheinen – „heute versteht kein vernünftiger Mensch, was alles damals den Zensurbehörden so anstößig und verabscheuenswert schien", so sein Schüler Otto Kuss (1905-1991), seit 1960 Ordinarius für neutestamentliche Exegese und biblische Hermeneutik an der Universität München, in seiner autobiografischen Schrift *Dankbarer Abschied.* Doch diese Unterdrückung seines Kommentars hatte für Friedrich Wilhelm Maier als jungen Privatdozenten ohne feste Stelle, ohne Besoldung, gravierende persönliche Folgen: „das ‚recedat a cathedra' traf ihn schwer, er wurde Divisionspfarrer, Armeeoberpfarrer, Zuchthauspfarrer, und erst 1924 gelang ihm der Sprung auf den Lehrstuhl in Breslau. Die bedrückende Erfahrung einer unsinnigen kirchlichen Verurteilung, die ungerechte Zerstörung großer Hoffnungen mitten im Frühling berechtigter Erwartungen – dieses Trauma ist er nie wieder losgeworden." Mit Ausnahme einer kleinen Schrift[60] hat er nichts mehr publiziert, sondern sich auf seine Vorlesungen konzentriert, in denen er, „um die verzweifelte Situation des um Kirchentreue bemühten römisch-katholischen

---

59 Heinrich SCHRÖRS (Selbstdarstellung), in: Erich Stange (Hg.), Die Religionswissenschaft der Gegenwart in Selbstdarstellungen I, Leipzig 1927, 192-239, hier 233f.: „ Noch ein außergewöhnlicher Grund hat mir in jenen Jahren Entsagung geboten. Es ist schon einmal erwähnt worden, daß als Nachwirkung des Vatikanischen Konzils und der Kämpfe, die um die päpstliche Unfehlbarkeit getobt hatten, sich eines Teiles der Theologen und der kirchlichen Behörden eine große Ängstlichkeit gegenüber der Kirchengeschichte bemächtigt hatte. Mit den Augen tiefsten Argwohns wurde sie beobachtet und ganz unverfängliche Dinge als unkirchlich aufgespürt. Dieses alles Schaffen lähmende Mißtrauen habe ich reichlich zu schmecken bekommen. Hätte ich nun etwas veröffentlicht, wie leicht wäre ich in die Umklammerung der Präventivzensur geraten und hätte vielleicht noch obendrein mir Maßregelungen zugezogen. Dem Kardinal Richelieu wird der Ausspruch zugeschrieben: Donnez-moi quatre lignes d'un homme et je me charge de le faire prendre. Es gab damals in Deutschland Leute, die sich auf diese Kunst verstanden. Sollte ich mich ihnen ausliefern? Es wäre ein Martyrium gewesen, das niemand und auch der Wissenschaft nicht genützt hätte, mir hingegen die Lehrtätigkeit leicht hätte abschneiden können. Ich hatte genug zu tun, mich gegen die Spionage zu sichern, die bis in den Hörsaal hinein getrieben wurde. Darum vertraute ich in jener Zeit dem Druckpapier nur harmlose kunstgeschichtliche Studien an."

60 Friedrich Wilhelm MAIER, Israel in der Heilsgeschichte nach Röm 9-11, Münster 1929. – Joachim GNILKA, Art. Maier, Friedrich Wilhelm, in: LThK 6 (^{3}1997) 1201.

Exegeten zu illustrieren, gelegentlich das Bild von der Streckbank in einer Folterkammer [brachte]: rechts zog die Bibelkommission, links die Wissenschaft, und mancher ging dabei zugrunde, wissenschaftlich, kirchlich, menschlich. Wenn man sich von Zeit zu Zeit wieder einmal den Friedhof der Namen und Arbeiten vergegenwärtigt, der die damalige römisch-katholische Exegese repräsentiert, ist man traurig und betroffen, wie schlecht es doch um Wahrhaftigkeit und Wahrheit gleichermaßen bestellt war; [...] Da sich bei Druckwerken für katholische, auf kirchliche Käuferschichten angewiesene Verlage bei Verboten immer auch – zum Teil beträchtliche – finanzielle Risiken ergaben, mußten die Herausgeber und die Autoren einen vorsichtigen Kurs zwischen Scylla und Charybdis steuern; römisch-katholische Exegese war eine Gratwanderung: man bewegte sich auf einem schmalen Streifen zwischen dem, was unabhängige Wissenschaft erarbeitet hatte und wußte, und dem, was dogmatisch voreingenommene oder auch pseudodogmatisch vermauerte Hinterwäldler an verbindlichen Direktiven verbreiteten und mit den bekannten Zuchtmitteln jedes autoritären Systems zu erzwingen verstanden."[61]

Ihre Höhepunkte erreichten die antimodernistischen Aktionen Pius' X. und seiner Kurie

1. im Erlass des Dekrets *Lamentabili sane exitu* (3. Juli 1907), in dem 65 fast ausschließlich aus Alfred Loisys Schriften gezogene, im wesentlichen eine Entwicklung von Dogma und Lehre behauptende Sätze verurteilt wurden, noch ohne Verwendung des Begriffs „Modernismus"[62];

2. im Erlass der das innerkirchliche Klima vergiftenden Enzyklika *Pascendi dominici gregis* (8. September 1907) mit ihrer pauschalen Verurteilung des „Modernismus" als „Sammelbecken aller Häresien (*ut omnium haereseon conlectum esse affirmemus*)".[63] Betroffen waren alle vom verordneten „römischen Pfad" theologischen und philosophischen Denkens abweichende wissenschaftlich-geistige Strömungen (wie immer sie auch benannt wurden oder sich selber bezeichneten), aber gemäß den päpstlichen Denkverboten und Sanktionen im „polizeilichen" zweiten und dritten Teil (so der Würzburger Kirchenhistoriker Sebastian Merkle[64]) darüber hinaus grundsätzlich alle, die „sich auf irgendeine Weise vom Modernismus angesteckt zeigen": Sie waren

---

61 Otto KUSS, Dankbarer Abschied (tuduv-Studien. Reihe Religionswissenschaften 2), München 1982, 13f., 44f. (Diese Schrift wurde meines Wissens vom Schülerkreis aufgekauft bzw. aus dem Verkehr gezogen). Übrigens wurde auch Otto Kuss noch in seinen Vorlesungen von selbsternannten „Kontrolleuren" unter seinen Hörern mittels heimlicher Tonbandaufnahmen überwacht und bei der Münchner erzbischöflichen Behörde denunziert, wie er selbst gelegentlich andeutete.

62 ASS 40 (1907) 470-478; DENZINGER/HÜNERMANN (Hg.), Enchiridion symbolorum (wie Anm. 10), 932-939 Nr. 3401-3466.

63 ASS 40 (1907) 596-628; DENZINGER/HÜNERMANN (Hg.), Enchiridion symbolorum (wie Anm. 10), 940-953 Nr. 3475-3500.

64 Sebastian MERKLE, Vergangenheit und Gegenwart der katholisch-theologischen Fakultäten, in: Akademische Rundschau 1 (1912) 16-25, 74-87. Der Beitrag wurde alsbald indiziert.

„ohne irgendwelche Rücksichtnahme von der Leitung oder vom Lehramt zu entfernen [...] item qui in historica re, vel archaeologica, vel biblica nova student: item qui sacras negligunt disciplinas, aut profanas anteponere videntur“ (cap. 14 § 32): „Modernismus“ ein schwammiger Begriff, in den gar alles subsumiert werden konnte und lehramtlich subsumiert wurde, was nicht scharf der römisch-neuscholastischen Norm entsprach. Der Ketzerriecherei und Denunziation waren Tür und Tor geöffnet.

Albert Ehrhard war einer der wenigen, die damals den Mut hatten, auf diesen Tatbestand in diesem (wie wir heute wissen) von zwei Redakteuren[65] bearbeiteten päpstlichen Rundschreiben hinzuweisen: „Was nun bei diesen Maßregeln in hohem Maße überrascht, das ist zunächst ihre Ausdehnung über die Grenze des im ersten Teil der Enzyklika ausführlich dargestellten Modernismus hinaus auf ‚Anzeichen und Spuren' des Modernismus, auf Schriften, die vom Modernismus ‚angehaucht', ‚angesteckt sind oder ihn fördern', auf ‚alles, was nach Modernismus schmeckt', auf die Kritik der Kirchenväter und der Scholastik, ja sogar auf das Suchen nach neuen Lösungen in der Kirchengeschichte, in der Archäologie und in der Exegese!“[66]

3. im Erlass des Motu proprio *Sacrorum antistitum* vom 1. September 1910 mit dem in der Hauptsache wörtlich aus dem disziplinarischen Teil von „Pascendi“ ausgezogenen Antimodernisteneid, den fortan alle Priesterkandidaten vor Empfang der höheren Weihen, alle Priester bei Übernahme eines kirchlichen Amtes und alle Theologieprofessoren vor Aufnahme ihrer Lehrtätigkeit zu leisten hatten.[67] (Dieser Eid wurde 1967 stillschweigend aufgehoben, aber 1989 von der römischen Glaubenskongregation durch einen neuen – dem alten nicht unähnlichen – Treueid ersetzt, der seither vor der Diakonatsweihe und vor der Übernahme bestimmter Ämter in der Kirche geleistet werden muss – was der damalige Präfekt der Glaubenskongregation Kardinal Joseph Ratzinger mit der angeblichen Lücke begründete, die durch die Abschaffung des Antimodernisteneids entstanden sei[68]).

4. dazu das Motu proprio *Praestantia scripturae* (18. November 1907) über die Autorität der päpstlichen Bibelkommission samt den darauf folgenden diversen (Fehl-)Urteilen und Verurteilungen dieser an der päpstlichen Unfehlbarkeit partizipierenden

---

65 Nach DENZINGER/HUNERMANN (Hg.), Enchiridion symbolorum (wie Anm. 10), 940: P. Johannes B. Lemius OMI als Redakteur des dogmatischen Teils und P. Louis Billot SJ, nachmals Kardinal, als Redakteur des praktischen Teils, dessen Mitverfasserschaft aber inzwischen wieder verneint wird.

66 Albert Ehrhard, Die neue Lage der katholischen Theologie, in: Internationale Wochenschrift für Wissenschaft, Kunst und Technik, 18. Januar 1908, 74.

67 AAS 2 (1910) 669-672; DENZINGER/HÜNERMANN (Hg.), Enchiridion symbolorum (wie Anm. 10), 961-964 Nr. 3537-3550). – Die genannten päpstlichen Verlautbarungen im vollen Wortlaut samt Übersetzung ins Deutsche (mit den entsprechenden intransigent anti-modernistischen Erklärungen) in: Der biblisch-dogmatische „Syllabus“ Pius' X. samt der Enzyklika gegen den Modernismus und dem Motu proprio vom 18. November 1907 erklärt von Dr. Anton Michelitsch, Professor an der Universität Graz, Graz und Wien ^{2}1908.

68 Die neue Eidesformel von 1889 ist, mit Erklärungen der Glaubenskongregation, erneut abgedruckt in: AAS 90 (1998) 542-549; DENZINGER/HÜNERMANN (Hg.), Enchiridion symbolorum (wie Anm. 10), 1540 Nr. 5070). – Peter NEUNER, Vor 100 Jahren: Einführung des Antimodernisteneides, in: Münsteraner Forum für Theologie und Kirche, 1. September 2010, bes. 9.

Kommission[69] (Sanktionen, die nur noch den Schluss zulassen, dass diese Kommission römischer Glaubenswächter von irrationalen Phobien getrieben war).

Charlotte hatte sich der von den Historikern Martin Spahn, Sebastian Merkle und Franz Kampers herausgegeben Reihe *Weltgeschichte in Karakterbildern* (1902-1912) angeschlossen. Diese Reihe bot als katholisches Gegenstück zu den protestantisch geprägten *Monographien zur Weltgeschichte* jüngeren liberal-katholischen Historikern eine „Plattform“, um mit ihren Werken der damaligen Diskussion um die „katholische Inferiorität“ in Bildung und Wissenschaft entgegenzuwirken (S. 436-438). Die Reihe war auf 40 Bände veranschlagt. Für die Mitarbeit waren unter anderen Franz Xaver Kraus, Herman Schell und der Freiherr von Hertling gewonnen worden: Autoren, die das Unternehmen intransigenten Kreisen von vornherein verdächtig machten. Kraus' *Cavour. Die Erhebung Italiens im neunzehnten Jahrhundert*, 1903, nach seinem Tod erschienen, enthielt eine positive Würdigung der Politik dieses italienischen Staatsmannes des Risorgimento und seiner programmatischen Maxime „freie Kirche im freien Staat“ und daran anknüpfend ein Plädoyer für einen „religiösen Katholizismus“ in Absage an den „politischen Katholizismus“ (dem aber Kraus' unentwegte diplomatische Aktionen und „Vernetzungen“, zweifellos im „Dienst“ einer von ihm allerdings vergeblich angestrebten bischöflichen Karriere, in praxi keineswegs unähnlich waren). Charlotte publizierte als einzige Frau in dieser Reihe 1903 ihren *Chateaubriand. Romantik und Restaurationsepoche in Frankreich*, in dem sie dem „politischen Katholizismus“ ebenfalls eine Absage erteilte mit dem Argument, Chateaubriand sei zwar ein steter Verfechter der Rechte der Kirche gewesen, habe aber ihre Sendung als eine geistige, nicht politische verstanden. Ihr Werk fand viel Anerkennung, beispielsweise auch in Harnacks *Theologischer Literaturzeitung* (hier durch den protestantischen Bonner Kirchenhistoriker Karl Sell [1845-1914]) und selbst bei eher ultramontan gesinnten Kritikern (S. 595). Charlotte stand bereits für eine Biografie Kardinal Newmans in dieser Reihe unter Vertrag, als die Indizierung Alfred Loisys dazwischentrat. Da sich Alfred Loisy in seiner nunmehr indizierten Schrift *L'Évangile et l'Église* auf die Entwicklungstheorie Newmans bezog und Martin Spahn auch eine posthume Indizierung Newmans, obwohl Kardinal, im Gefolge Loisys nicht mehr auszuschließen wagte, ließ er aus Sorge um den Bestand der Reihe den Vertrag vorsichtshalber platzen. Jedenfalls nahm Charlotte diesen Umstand als Grund für die Vertragsauflösung an; denn – um nochmals, treffend, George Tyrrell zu zitieren: „Personally I believe N[ewman] was an incurable ecclesiast, fighting for ecclesiasticism with modern weapons & that these weapons (i. e. his Grammar of Assent etc) were of use to Modernists in their war against Scholasticism. As Luther would have burned Harnack, so Newman would have burned Loisy. But so far as 'Newmanism'

69 ASS 40 (1907) 724f.; DENZINGER/HÜNERMANN (Hg.), Enchiridion symbolorum (wie Anm. 10), 953 Nr. 3503.

means, not his scope & motive, but his method, Newman is the father of Modernists" (so in einem Brief an Albert Houtin, 4. Dezember 1907).[70]

Charlotte wechselte mit ihrer Newman-Biografie zum konfessionell nicht gebundenen Berliner Verlag Paetel, der Julius Rodenbergs *Deutsche Rundschau* verlegte. In dieser Zeitschrift hatte sie bereits 1891, aus Anlass des Todes Newmans, zusammen mit Franz Xaver Kraus einen diesem Kardinal gewidmeten zweiteiligen Essay publiziert. Im Verlag Paetel erschien nunmehr 1904 ihr Werk unter dem Titel *John Henry Kardinal Newman. Ein Beitrag zur religiösen Entwicklungsgeschichte der Gegenwart.* Es war die erste monografische Studie über diesen bedeutenden englischen Konvertiten, Theologen und Kardinal der römischen Kirche in deutscher Sprache. Da es ihr vor allem um Newmans Biografie, seine Entwicklung bis zur Konversion und seine schwierige Stellung als theologischer Denker und Publizist in der ultramontan geprägten Kirche Englands unter Kardinal Manning ging, sie sich aber speziell für Theologie fachlich nicht zuständig fühlte, hatte sie für das Kapitel über Newmans Theologie Hilfe beim Oxforder Gelehrten Dr. William Barry gesucht und mit dessen Einverständnis eine gekürzte Übersetzung aus dessen Newman-Darstellung (London 1904) übernommen. Die Reaktion der Kritik war unterschiedlich. In der *Deutschen Rundschau* fand das Werk aus der Feder Georg Pfeilschifters höchste Anerkennung: Dieses Werk, dessen Fülle des Stoffes und Aktualität er hervorhob, sei nicht „von einem Fachtheologen für Theologen [geschrieben], sondern für das gebildete Deutschland von einer unserer bedeutendsten Schriftstellerinnen" (S. 594-600).

Etwa zur nämlichen Zeit gewann Carl Muth (1867-1944) Charlotte für die Mitarbeit an seiner eben gegründeten katholischen Kulturzeitschrift *Hochland.* Bereits im ersten Jahrgang 1903/04 steuerte sie einen Beitrag über Félicité de Lamennais bei, in dem sie auf dem Hintergrund der Restaurationsepoche die geistige Leistung Lamennais' und seines Vordenkers de Maistre durchaus anerkannte, jedoch den darauf bauenden modernen Ultramontanismus und politischen Katholizismus samt dem davon ausgehenden Kampf gegen Andersdenkende verurteilte. Da sie mit Carl Muth in der Beurteilung der damaligen Situation des Katholizismus übereinstimmte und auch dessen literarische und kulturelle Ideale, zumal seine Nähe zur französischen Kultur teilte, entwickelte sich eine vertrauensvolle Zusammenarbeit. Aber *Hochland* galt aus ultramontaner Sicht von Anfang an als suspekt. 1906 druckte *Hochland* Antonio Fogazzaros Roman *Il Santo* ab, in dem Antonio Rosmini und seine in *Delle cinque piaghe della S. Chiesa* angemahnten Reformen literarisch verarbeitet waren. Der Roman wurde deshalb indiziert, *Hochland* musste den Abdruck abbrechen und geriet in den Verdacht eines „Modernismus litterarius", der nunmehr auch belletristische Werke zur inquisitorischen Zielscheibe hatte. 1911 sollte auch *Hochland* dem römischen Index librorum verfallen. Das Dekret war bereits ausgefertigt, und nur dank der Intervention des auf Mäßigung bedachten Münchner Nuntius Andreas Frühwirth OP kam

70 Zit. in: LOOME, Liberal Catholicism (wie Anm. 37), 38.

es nicht zur Publikation.[71] Charlotte blieb zwar weiterhin Mitarbeiterin dieses angefochtenen katholischen Kultur-Organs; aber sie musste sich in ihren Beiträgen und Rezensionen sehr zurücknehmen, da irgendwelche Kritik an ultramontanen Prinzipien sofort als modernistisch gebrandmarkt wurde und die Existenz des *Hochland* gefährdete. Auch Martin Spahns ursprünglich auf 40 Bände angelegte *Weltgeschichte in Karakterbildern* gedieh nur bis zu 22 Bänden; 1912 stellte er unter dem Druck antimodernistischer Agitationen das Erscheinen dieser Reihe ein. Der Tod Pius' X. und der Ausbruch des Ersten Weltkriegs bewirkten zwar im Modernismus-Streit eine Zäsur. Das bedeutete aber keineswegs ein Ende römisch-kurialer Überwachung und Verfolgung. Die Folge war fast absolute Stagnation oder nach einem Wort Karl Rahners „Friedhofsstille" in der katholischen Theologie, und sie dauerte bis an die Schwelle zum Zweiten Vatikanum (1962-1965) und noch darüber hinaus.

Auch der Kampf gegen den „Modernismus litterarius" wurde, wenngleich ein wenig verdeckter, fortgesetzt, und *Hochland* blieb unter ultramontan-intransigenter und römischer Kontrolle. Als zu Ostern 1922 Carl Muth im *Hochland* den Beitrag *Die Erlösten* aus der Feder des Breslauer Kirchenhistorikers und religiösen Volksschriftstellers Joseph Wittig (1879-1949) publizierte, riskierte er erneut, von ultramontan-kirchlicher Seite gemaßregelt zu werden. In diesem Beitrag in der literarischen Form eines persönlichen Erlebnisberichts plädierte der Verfasser aus seelsorgerlichen Gründen vorsichtig dafür, Überbetonung von Sündenangst samt der damals weithin üblichen skrupulösen Buß- und Beichtpraxis zu überwinden und stattdessen ein auf die göttliche Gnade vertrauendes österlich-frohes Christentum zu leben, gemäß der Lehre und dem Wort des hl. Augustinus „Dilige, et quod vis fac".[72] Carl Muth als Herausgeber des *Hochland* kam mit dem Vorwurf gefährlicher pastoraler Unklugheit davon. Der Verfasser Joseph Wittig dagegen musste seinen pastoralen Mut, den viele *Hochland*-Leser als Befreiung begrüßten (eine jesuitische Stimme gar mit dem Bekenntnis: „Das haben wir schon lange mit uns herumgetragen. Jetzt hat endlich einer den Mut gefunden, es zu sagen. Wenn dies Ärgernis ist, dann ist Ärgernis Pflicht"), teuer bezahlen: mit einer „grave ammonitione" des Kardinalstaatssekretärs Pietro Gasparri (1923), mit der Indizierung nicht etwa seines kirchenhistorisch-wissenschaftlichen Werkes, sondern aller seiner religiös-dichterischen Schriften, aller seiner „opera et scripta religioso-belletristica", da sie „errores" enthielten, die „die göttlich-katholische Lehre von Grund aus zerstören (doctrinam divino-catholicam funditus subvertunt)" (1925), mit dem Verlust seines Universitätslehrstuhls und seiner akademischen Lehrtätigkeit (1926), schließlich, weil er nicht bereit war, den bereits geleisteten Anti-

71 Manfred WEITLAUFF, „Modernismus litterarius". Der „Katholische Literaturstreit", die Zeitschrift „Hochland" und die Enzyklika „Pascendi dominici gregis" Pius' X. vom 8. September 1907, in: Beiträge zur altbayerischen Kirchengeschichte 37 (1988) 97-175, wieder abgedr. in: DERS., Kirche zwischen Aufbruch und Verweigerung. Ausgewählte Beiträge zur Kirchen- und Theologiegeschichte des 19. und frühen 20. Jahrhunderts, hg. v. Franz Xaver Bischof und Markus Ries, Stuttgart 2001, 388-460.

72 Joseph WITTIG, Die Erlösten, in: Hochland 19/II (1922) 1-26; DERS., Meine „Erlösten" in Buße, Kampf und Wehr, Habelschwerdt 1923.

modernisteneid erneut, zum zweiten Mal, zu schwören, mit der Exkommunikation (1926). Und unter den ersten, die Joseph Wittig in Rom angezeigt und das dortige Verfahren gegen ihn in Gang gebracht hatten, war der Münchner Nuntius Eugenio Pacelli, nachmals Papst Pius XII. Bereits in seiner Note vom 16. Mai 1922 an seinen unmittelbaren Dienstherrn Kardinalstaatssekretär Gasparri hatte er auf drei Beiträge Joseph Wittigs aufmerksam gemacht, darunter „un assai censurabile articolo *Die Erlösten* circa il peccato e la redenzione", in denen er einen protestantischen Kirchenbegriff vermutete. Pacelli betrieb von Anfang an, allerdings bis zum Schluss völlig verdeckt, Joseph Wittigs Zensurierung – mit Erfolg.[73] In dieselbe Kerbe schlug kurz nach seiner Berufung nach Rom der „Deutschlandkenner" und kuriale „Aufsteiger" Augustin Bea SJ in seiner im Auftrag der römischen Studienkongregation verfassten Denkschrift über die Lage des deutschen Katholizismus von 1926[74], und teils auf ihn gestützt wiederholte Pacelli bei seiner Rückberufung nach Rom in seinem Statusbericht *Über die Lage der katholischen Kirche in Deutschland* von 1929 die Anschuldigungen gegen den „infelice sacerdote apostata Wittig".[75] Joseph Wittigs Schicksal steht gewiss in keinem Zusammenhang mit der Biografie der Lady Charlotte Blennerhassett. Aber es beleuchtet auch im Rückblick auf ihr Leben als katholische Schriftstellerin das innerkirchliche „Klima" seit dem Ersten Vatikanum bis weit über die Modernismuskrise hinaus, im Grunde bis an die Schwelle zum Zweiten Vatikanum, wenngleich Charlotte Lady Blennerhassett selber als „Laien"-Katholikin und insbesondere als Adelige kaum einen derartigen Konflikt mit der kirchlichen Obrigkeit zu gewärtigen gehabt hatte (oder gehabt hätte).

Mit dieser Biografie der Lady Charlotte Blennerhassett hat Laura Pachtner dieser hochintelligenten bayerischen Adeligen, Schülerin Döllingers und erfolgreichen Schriftstellerin, einer außergewöhnlichen Frau des 19. Jahrhunderts, ein würdiges literarisches Denkmal gesetzt, das nicht nur Anerkennung und Dank der Fachwelt verdient, sondern dem zugleich auch ein möglichst breiter historisch interessierter Leserkreis zu wünschen ist. Vielleicht könnte diese Biografie auch dazu beitragen, um das eine oder andere Werk der Lady wieder der Vergessenheit zu entreißen.

---

73 Siehe dazu: Klaus UNTERBURGER, Roman mit Gott? Die Verurteilung und Exkommunikation des schlesischen Kirchenhistorikers und Schriftstellers Joseph Wittig (1879-1949) im Licht der neu zugänglichen vatikanischen Quellen, in: Archiv für schlesische Kirchengeschichte 70 (2012) 199-224; Manfred WEITLAUFF, Wittig, Joseph, in: Biographisch-Bibliographisches Kirchenlexikon XLII (2021), 1496-1520. – Der „Fall" Wittig am Rand auch erwähnt in: PFISTER, Ein Mann der Bibel (wie Anm. 42), 175, 423f., 438, 444f., 462.

74 Abgedruckt in: Klaus UNTERBURGER, Gefahren, die der Kirche drohen. Eine Denkschrift des Jesuiten Augustinus Bea aus dem Jahr 1926 über den deutschen Katholizismus 89-118, hier 91-93, in deutscher Übersetzung 119-166, hier 122-124.

75 Hubert WOLF/Klaus UNTERBURGER (Bearb.), Eugenio Pacelli, Die Lage der Kirche in Deutschland 1929 (Veröffentlichungen der Kommission für Zeitgeschichte. Reihe A: Quellen 50, Paderborn 2006, hier 148 u. ö.

Schicksale von Sinti- und Roma-Kindern in kirchlichen Einrichtungen auf dem Gebiet des Erzbistums München und Freising im Dritten Reich

Ein Forschungsbericht mit Ergebnissen aus den Zöglingsakten des Piusheims bei Glonn

von Stephan Mokry

Nachfolgende Ausführungen sind ein Beitrag zur Erforschung der Geschichte der Sinti und Roma und ihrer Verfolgung während des Dritten Reiches mit einem Fokus auf die Stadt München und ihr Umland. Außerdem tragen sie zur Klärung der spezielleren Frage bei, inwieweit Einrichtungen, die im kirchlichen Kontext anzusiedeln sind, bei der Deportation von Sinti- und Roma-Kindern und -Jugendlichen im Bereich des Erzbistums München und Freising betroffen waren. Zusätzlich gewähren sie einen ausschnitthaften Einblick in den Bereich der Fürsorge-Erziehung und Heimunterbringung vor 1945. Der Text entstand im Rahmen eines Rechercheprojekts des Erzbistums, das vom Zentralrat Deutscher Sinti und Roma angeregt wurde. Er bietet einen Überblick über die Arbeit des Projekts (Herbst 2013 bis Frühjahr 2015) und eine Fortschreibung des damaligen Projektberichts im Zeitraum der ersten Jahreshälfte 2021, da zwischenzeitlich eine neue Archiv- und Quellenlage eingetreten ist. Aufgrund der erfolgten Recherchen kann das Schicksal dreier Jungen im eingangs skizzierten Themenhorizont genauer erhellt werden. In Grundzügen sind ihre Schicksale mittlerweile öffentlich bekannt, es existieren seit 2019 bzw. Frühjahr 2021 Gedenkorte in München, die an die Verfolgung der betroffenen Familien erinnern.[1] Der nachfolgende Text trägt dennoch zur Forschungslage um die Jungen eine besondere Perspektive bei: Er stützt sich auf das Aktenmaterial, das im Piusheim bei Glonn

---

1 Vgl. die Dokumentation über die Einrichtung der Gedenkstätten an den ehemaligen Münchner Wohnorten der betroffenen Familien; zur Familie Reinhardt und den beiden Söhnen Herbrecht und Martin: https://ru.muenchen.de/2021/51/Uebergabe-eines-Erinnerungszeichen-fuer-die-Sinti-Familie-Reinhardt-94962; zudem die auf Youtube dokumentierte Einweihung https:// www.youtube.com/watch?v=ydk0TF42jIg; zur Familie Schneck und den Sohn Donatus: https://www.muenchen.de/rathaus/Stadtverwaltung/Direktorium/Stadtarchiv/Erinnerungszeichen/Biografien/Donatus-Schneck.html; https://www.sueddeutsche.de/muenchen/gedenken-sinti-auschwitz-1.4375524; alle Internetseiten zuletzt aufgerufen am 20.7.2021. Erste bekannte Erwähnung der drei Jungen als Zöglinge einer kirchlichen Fürsorgeeinrichtung, jedoch ohne Nennung der Namen, bei: Winfried NERDINGER (Hg.), Die Verfolgung der Sinti und Roma in München und Bayern 1933-1945. Publikation zur Ausstellung im NS-Dokumentationszentrum München 27. Oktober 2016 bis 29. Januar 2017, Berlin 2016, 152.

anfiel, in dem diese vor ihrer Deportation untergebracht waren. Es ist hauptsächlich behördliche Korrespondenz – so vor allem Einweisungsunterlagen und -begründungen etc. seitens des Städtischen Jugendamtes München sowie die von diesem Amt bei der Heimleitung angeforderten Berichte über die Zöglinge. Dazu kommen Dokumente, die sich aus der Unterbringung vor Ort ergaben (also Zeugnisse, Eintragungen zu Vorfällen, Entwurfsskizzen zu den offiziellen Berichten) und weitere, meist behördliche, daneben auch einige private Korrespondenz. Es entsteht bei der Aktenlektüre daher ein spezielles – und begrenztes – Bild über die beteiligten Personen und die mit ihnen verbundenen Vorgänge, da die Akten ihren je speziellen Entstehungshintergrund und -anlass haben. Es sei vorausgeschickt, dass im Endergebnis vor allem viel davon nachvollziehbar wird, wie auf einer bürokratischen Ebene agiert wurde und wie ein Jugendamt handelte, das ganz im Sinne des herrschenden Regimes und dessen Ideologie verfuhr. In der Summe ist es offensichtlich noch ein Desiderat, zu klären, welche Rolle das Münchner Jugendamt bei der Deportation junger Sinti und Roma spielte. Mit Blick auf das Piusheim und insbesondere die beiden vorrangigen Personen, den Schulleiter wie den Heimleiter, bleibt am Ende die Frage, die sich bei der Beschäftigung mit Deportationsschicksalen aufdrängt: Hätten sie anders handeln können? Wie alle historische Forschung, so bleibt der präsentierte Ertrag vorläufig, insofern weiteres Aktenmaterial aus anderen Entstehungszusammenhängen gefunden werden kann, was folglich weiterführende oder auch korrigierende Deutungen der Ereignisse möglich sein lässt.

Problemanzeige

Im Besuchstagebuch des Münchner Erzbischofs und Kardinals Michael von Faulhaber findet sich unter dem Eintrag vom 5. April 1943 folgender Vermerk: „Bei Sekr. ein Zigeuner, namens Adler, katholisch – die 14.000 Zigeuner im Reichsgebiet sollen in Lager gesammelt und steril[isiert] werden, die Kirche soll einschreiten. Will durchaus zu mir – Nein, kann keine Hilfe in Aussicht stellen.“[2] Auf diese Passage machte im Mai 2013 die Kirchenhistorikerin Dr. Antonia Leugers in einem kurzen Beitrag in der Online-Zeitschrift *theologie.geschichte*[3] öffentlich aufmerksam; darin unternimmt sie

2 Erzbischöfliches Archiv München (EAM), NL Faulhaber 10021, S. 150.

3 Vgl. Antonia LEUGERS, „die Kirche soll einschreiten“. Hilferufe von Sinti und Roma angesichts ihrer Deportation 1943, in: theologie.geschichte 8 (2013) (abrufbar unter: http://universaar.uni-saarland.de/journals/index.php/tg/article/view/548/587; (4.1.2021). Der Tagebuchausschnitt mit Angabe des Erstzitats bei Leugers findet man neuerdings auch im Katalog der Ausstellung zur bayerischen Verfolgungslage der Sinti und Roma im Dritten Reich: NERDINGER (Hg.), Die Verfolgung der Sinti und Roma in München und Bayern (wie Anm. 1), 165. Der erwähnte Abschnitt aus dem Tagebuch ist in der Online-Edition der Faulhabertagebücher noch nicht zugänglich: www.faulhaber-edition.de (20.7.2021).

unter Rückgriff auf Äußerungen Faulhabers, die bis in die 1920er Jahre zurückreichen, eine Verortung des Münchner Erzbischofs im damals durchaus salonfähigen und traditionsbehafteten Antiziganismus, um so die rund ein Jahrzehnt später mitten aus der Kriegszeit überlieferten Notizen zu kontextualisieren.[4] Sie gibt mit Recht zu bedenken, dass sich die Kirche auffällig bedeckt hielt bezüglich der Diskriminierung, Unterdrückung und schließlich Deportation der – nicht nur – deutschen Sinti und Roma, die nahezu vollständig dem katholischen Bekenntnis angehörten; schon früher publizierte Aktenfunde Leugers zeigen, wie sich einige Bischöfe beim Vorsitzenden der Fuldaer Bischofskonferenz, dem Breslauer Fürsterzbischof und Kardinal Adolf Bertram meldeten, sichtlich verstört im Frühjahr 1943 von Deportationen berichteten und zum Einschreiten aufriefen, da es sich ja um Katholiken handle.[5]

Folglich steht der Vorwurf im Raum, die Kirche habe konvertierten Juden ohne zu zögern geholfen (da es sich seit der Taufe um Glaubensgeschwister handelte), während anderen Glaubensbrüdern und -schwestern, die der Völkervernichtung ausgeliefert waren, keine explizite Hilfe zuteilwurde. Dies impliziert, denkt man hier die Sachlage weiter, eine weitere Frage: Lässt die aus der Tagebuchnotiz abgeleitete Stellung Faulhabers unter Umständen befürchten, dass angesichts der bekannten Tatsache der Deportation von im damaligen Sinne „volksschädlichen" Menschen (also Personen mit seelischem oder körperlich-geistigem Handicap) aus Fürsorgeeinrichtungen und sonstigen Anstalten (wie etwa aus dem Franziskuswerk Schönbrunn oder aus der Psychiatrie in Haar[6]), zumal solche Fürsorgeeinrichtungen oft irgendwie mit

4 Vage muss bleiben, inwiefern auch die von Leugers angeführte Passage aus der 1944 abgeschlossenen, aber niemals publizierten Autobiografie Faulhabers seine Stellung zu den Sinti und Roma in München und Bayern 1943 zur Zeit des Tagebucheintrags korrekt widerspiegelt: Faulhaber schildert seine Wahrnehmung von Gruppen fahrenden Volkes in Rumänien als Feldpropst im I. Weltkrieg und bezeichnet diese als „in religiöser Hinsicht Nihilisten"; vgl. LEUGERS, „die Kirche soll einschreiten" (wie Anm. 3), das Zitat ebd.

5 Vgl. z. B.: Antonia LEUGERS., Die Verfolgung der Sinti und Roma im Dritten Reich in Publikationen katholischer Kirchenhistoriker, in: Udo Engbring-Romang/Wilhelm Solms (Hg.), Die Stellung der Kirchen zu den deutschen Sinti und Roma (Beiträge zur Antiziganismusforschung 5), Marburg 2008, 27-30; ebd. 30, die Feststellung, dass seitens der etablierten Kirchenhistorikerzunft trotz Wissens um entsprechende Akten noch keine Forschungen unternommen worden seien. – Im Umstand des nahezu ausschließlichen Katholischseins der Sinti und Roma wird der große Aufwand seitens der Nationalsozialisten mit der rassenhygienischen „Forschungsstelle" Dr. Robert Ritters und behördlichen Restriktionen verständlich: „Dieses Wissen benötigte der Verwaltungsapparat, denn nach den ‚Nürnberger Gesetzen' galten zwar auch ‚Zigeuner' als ‚Fremdrasse', eine wie bei den Juden eindeutige Identifizierung über die Religionszugehörigkeit war jedoch nicht möglich."; Karola FINGS, Der Weg in den Völkermord. Rekonstruktion und Struktur, in: Dies./Ulrich Friedrich Opfermann [Hg.], Zigeunerverfolgung im Rheinland und in Westfalen 1933-1945. Geschichte, Aufarbeitung und Erinnerung, Paderborn 2012, 62.

6 Zu Haar vgl. Petra STOCKDREHER, Heil- und Pflegeanstalt Eglfing-Haar, in: Michael von Cranach/ Hans-Ludwig Siemen (Hg.), Psychiatrie im Nationalsozialismus. Die Bayerischen Heil- und Pflegeanstalten zwischen 1933 und 1945, München 1999, 347. Der Fall des Franziskuswerks Schönbrunn ging im März 2011 durch die Medien, der Orden bemüht sich um eine umfassende Klärung der Historie und unterstützte ein mittlerweile abgeschlossenes Dissertationsprojekt. Die Doktorandin, Frau Tanja Kipfelsberger, berichtete auch im Verein für Diözesangeschichte von München und Freising am 22.2.2011 ausführlich über ihre bisherigen Ergebnisse im Rahmen ihrer Dissertationserstellung, im

der katholischen Kirche verknüpft waren[7], beispielsweise Kinder und Jugendliche von Sinti und Roma im Gebiet der Erzdiözese aus vergleichbaren Einrichtungen an die nationalsozialistische Tötungsmaschinerie übergeben wurden? Und wenn ja, dann ergibt sich die Frage, ob dies unter passiver Duldung oder möglicherweise sogar unter einer unterschiedlich ausgeprägten aktiven Beteiligung der Anstaltsleitung oder von sonstigen Mitarbeitenden, also pauschal gesagt: der Kirche, geschah. Der Vorsitzende des Zentralrats Deutscher Sinti und Roma, Romani Rose, hatte übrigens schon 2008 in einem Aufsatz mit etlichen Belegen das Thema der Deportationen aus kirchlichen Einrichtungen auf die Agenda gesetzt.[8]

Die entwickelten Fragestellungen werden ebenfalls bestärkt durch die kirchlichen Nachforschungen zur St. Josefspflege im Württembergischen Mulfingen, deren Ergebnisse im Mai 2014 zum 70. Gedenktag der geschichtlichen Ereignisse präsentiert wurden[9]: Der durch Zeitzeugen in Erinnerung behaltene und schon früh dokumentierte Fall[10] wurde nun hinsichtlich der tatsächlichen Involvierung kirchlicher Akteure untersucht. Denn 1944 waren über 30 Sinti- und Roma-Kinder und -Jugendliche[11], die – anders als in anderen Reichsteilen – zentral für ganz Württemberg in Mulfingen gesammelt und den Schwestern der dortigen St. Josefspflege anvertraut worden waren[12], nach Auschwitz deportiert worden. Eine Schwester und eine Lehrerin begleiteten den Transport, solange es ihnen möglich war, um die Kinder nicht allein zu lassen, von denen einige noch am Tag zuvor vom Pfarrer die erste Hl. Kommunion empfangen hatten. Eine aktive Verstrickung der Diözese, der Schwestern oder des Pfarrers konnte in diesem Fall allem Anschein nach ausgeschlossen werden – gleich-

---

Anschluss fand sogar ein Interview für den Bayerischen Rundfunk statt. Nach bisherigen Erkenntnissen fällt die zwielichtige Rolle des Anstaltsleiters, Prälat Steininger, auf, der offensichtlich die Deportation seiner Zöglinge nicht nur nicht zu verhindern suchte, sondern sogar unterstützte. Inwieweit Kardinal Faulhaber zu den Vorgängen genauere Informationen hatte, ist derzeit noch nicht endgültig zu sagen. Der Personalakt weist Lücken auf.

7 Etwa in direkter Trägerschaft, durch Trägerschaft von Ordenseinrichtungen oder Katholischen Vereinen, darüber hinaus auch durch Betreuung der Zöglinge und/oder Einrichtungen durch Geistliche und Ordensleute. Hieran wird die Begriffsproblematik deutlich: Denn aus dogmatischer Perspektive ist in den konkreten Fällen immer irgendwie „Kirche" beteiligt, jedoch ist hier hinsichtlich der Außenwahrnehmung bei der Frage nach einer möglichen Involvierung von Kirche die sich in ihrer hierarchischen Form repräsentierende Kirche, sind also konkret die Bischöfe und die ihnen nach- und zugeordneten Dienststellen (Ordinariat, Pfarrklerus, ggf. Ordensleute) gemeint.

8 https://dokuzentrum.sintiundroma.de/wp-content/uploads/2019/12/080700_Publ_Rose_kath_kirche.pdf (4.1.2021).

9 Vgl. Pressemitteilung der Diözese Rottenburg-Stuttgart vom 9.5.2014: „Gang in tiefe Nacht der Menschheit".

10 Vgl. Johannes MEISTER, Schicksale der „Zigeunerkinder" aus der St. Josefspflege in Mulfingen, in: Württembergisch Franken (1984) 197-229; im größeren Kontext der reichsweiten Maßnahmen eingeordnet: vgl. Karola FINGS/Frank SPARING, „tunlichst als erziehungsunfähig hinzustellen". Zigeunerkinder und -jugendliche: Aus der Fürsorge in die Vernichtung, in: Dachauer Hefte 9 (1993) 159-180.

11 Die Zahlen differieren je nach Autor ein wenig aufgrund Unklarheiten in den Quellen.

12 Diese zentrale Sammlung von Sinti- und Roma-Kindern ist ein Unikum und für keine andere Region des Dritten Reiches in dieser Form bekannt; vgl. FINGS/SPARING, Zigeunerkinder und -jugendliche (wie Anm. 10), 172f.

wohl muss sich die Kirche fragen lassen, ob es für sie damals in dieser Situation genauso wie in weiteren Fällen (ob bekannt oder nicht) wirklich keine Alternative gab, um das Schicksal der Kinder zu wenden[13] (ähnlich wie beim Blick auf Pius XII. und sein Agieren hinsichtlich des Holocaust), besonders da es sich um Christen und – hier besonders emotional behaftet – um Schutzbefohlene, ja Kinder handelte. Außerdem taucht dabei die Frage auf, wie alternative Handlungsoptionen der Beteiligten hätten aussehen können.

Vor diesem kurz skizzierten Problemhorizont entschloss sich im Herbst 2013 nach Austausch mit dem Dokumentations- und Kulturzentrum Deutscher Sinti und Roma die Leitung des Erzbistums von München und Freising, Recherchen zu unternehmen, um die lokale Sachlage zu klären. Der Schwerpunkt sollte auf der Frage nach Kindern und Jugendlichen aus in weitestem Sinne kirchlichen Fürsorgeeinrichtungen liegen, so dass erste Schritte zur Aufklärung des Schicksals der Sinti und Roma auf dem Gebiet des Erzbistums getan werden.

Daraus ergab sich damals in historischer Sichtweise ein Hauptproblem: Es wurden auf Verdacht hin Recherchen angestellt in einem Bereich (dem Fürsorgewesen der Vorkriegszeit), der insgesamt besehen bislang eher sporadisch erforscht ist[14], da entsprechende Einrichtungen sich einer bunten Vielfalt von Initiativen und Trägern erfreuten (vom bürgerschaftlichen Engagement bis hin zur hochadeligen Stiftung); vergleichbar unübersichtlich war und ist die Archivlage, was wohl manchen Forscher bislang abhielt. Außerdem war (und ist) für den bayerischen Raum – im Gegensatz zu anderen Gebieten des Dritten Reichs – die Situation der Sinti und Roma noch so gut wie gar nicht vertieft wissenschaftlich erforscht. Als Meilenstein ist daher mittlerweile die von Oktober 2016 bis Januar 2017 gezeigte Ausstellung zur Verfolgung der Sinti und Roma in München und Bayern im Münchner NS-Dokumentationszentrum anzusehen, die vor allem die Münchner Situation historisch aufarbeitete.[15] Anders als die Publikationen zu Mulfingen oder auch zu anderen Fällen, die sich der konkreten

13 Vgl. z. B. in: Michail KRAUSNICK, Wo sind sie hingekommen? Der unterschlagene Völkermord an den Sinti und Roma, Gerlingen 1995, 114-120.

14 Als Hinführung zum kirchlichen Fürsorgewesen in Bayern: Franz HAIBACH, Die Fürsorge für die körperlich und geistig gebrechliche Jugend (Jugendfürsorge), in: Michael Buchberger (Hg.), Kirchliche Kulturarbeit in Bayern, München 1950, 78-103. Neuerdings allerdings mit Schwerpunkt auf die Jahre 1945-1975 und zu Bayern lediglich am Beispiel der Schwestern vom Guten Hirten: Bernhard FRINGS/Uwe KAMINSKY, Gehorsam – Ordnung – Religion. Konfessionelle Heimerziehung 1945-1975, Münster 2012, 209-214 u. 354-379. Erwähnenswert ist eine online abrufbare Untersuchung zur kirchlichen Jugendfürsorge im Dritten Reich für Kärnten: Christoph KREITNER, Jugendfürsorge während des Nationalsozialismus in Kärnten (1938-1945), hier 119-127, ein Abschnitt, der auch die Jugendfürsorge an Kindern von Sinti und Roma berührt und den Fall eines Pflegekindes schildert, das 1941 deportiert wurde. https://ubdocs.aau.at/open/hssvoll/AC05032517.pdf (6.1.2021).

15 „Die Ausgrenzung und Verfolgung der Sinti und Roma wird am Beispiel der Münchner Minderheit dokumentiert, das bayerische Umland wird nur zur Klärung von Zusammenhängen einbezogen." So Winfried NERDINGER, Einführung, in: Ders. (Hg.), Die Verfolgung der Sinti und Roma in München und Bayern (wie Anm. 1), 12f., hier 12. Beachtet man allein den zweiten bayerischen Großstadtbereich mit Nürnberg und seinem Umland, dazu den starken Gegensatz zwischen Stadt und Land, wird deutlich, dass hier ein Beschäftigungsfeld für die historische Zunft derzeit mehrheitlich brach liegt.

Erinnerung wie dem bewussten Gedenken oder aber auch ersten historisch versierten Dokumentationen verdankten[16], gab es aber beim Start der ersten Aufarbeitung seitens des Erzbistums keine Anhaltspunkte, an denen eine Recherche gezielt ansetzen konnte. Zudem gibt es offensichtlich keine großen und themenrelevanten Archivbestände in München oder Oberbayern, wie sie etwa durch die großen Sinti- und Roma-Sammellager im Westen Deutschlands entstanden, da die damit verbundene Bürokratie dort für den Forscher greifbare Akten in großer Zahl produzierte.[17]

Weiter fällt auf: Gerade angesichts des Falles des Schönbrunner Franziskuswerks genauso wie nach den großen Debatten in den letzten Jahren um die Heimerziehung in kirchlichen Anstalten sowie besonders nach dem Gedenken des Falls Mulfingen tauchten keine Zeitzeugenaussagen oder Berichterstattungen auf, die eventuell in lokalen oder regionalen Traditionen enthaltene Vorgänge erinnerten; schon aufgrund des gebührenden zeitlichen Abstands wie aufgrund der Aktualität und etlicher lokalregionaler Aufarbeitungsprozesse der jeweils örtlichen NS-Vergangenheit[18] wäre es nicht unwahrscheinlich gewesen, dass Ereignisse (ohne die vielleicht noch früher üblichen Vorbehalte) gerade jetzt an eine breitere Öffentlichkeit gelangten.

Beginn des Rechercheprojekts

Nach Gesprächen mit dem Kultur- und Dokumentationszentrum der deutschen Sinti und Roma begann das Projekt ab Oktober 2013 mit ersten Sondierungen und Erhebungen.[19] Die Leitung lag beim „Ressort 1: Strategie und Entwicklung" des erzbischöflichen Ordinariats München. Nach ersten Vorarbeiten wurde ab Mai 2014 eine für ein Jahr vorgesehene Teilzeitprojektstelle ins Leben gerufen, um auf historisch-wissenschaftlicher Basis die weiteren Recherchen zu unternehmen und einen Arbeitsbericht vorzulegen. Die Stelle hatte der Verfasser dieses Beitrags inne. Er konnte bei

16 Vgl. zur ersten Orientierung z. B. die online verfügbare Publikationsliste der Gesellschaft für Antiziganismusforschung; aktuell abrufbar unter www.antiziganismusforschung.de/publikationen/ (19.2.2021).

17 Vgl. die Untersuchungen im Sammelband: FINGS/OPFERMANN (Hg.), Zigeunerverfolgung im Rheinland und in Westfalen (wie Anm. 5).

18 Vgl. als Beispiel unter vielen etwa die im Herbst 2014 ausgeschriebene Projektstelle der Stadt Herrenberg, deren Ergebnis mittlerweile offensichtlich unter anderem in einem online-Stadtrundgang greifbar ist: https://www.herrenberg.de/de/Stadtleben/Erlebnis-Herrenberg/Staunen-Erleben/Stadtfuehrungen/Herrenberg-selbst-entdecken/Herrenberg-in-der-NS-Zeit (6.1.2021)

19 Vgl. Frank Reuter (Kultur- und Dokumentationszentrum deutscher Sinti und Roma Heidelberg) an Generalvikar Dr. Peter Beer, Mail 16.9.2013, mit Anlage bzgl. Projekt. In dieser Projektskizze findet sich schon der Hinweis zu den Schwierigkeiten, die bei Berücksichtigung eines bayernweiten Kontextes wahrscheinlich sein dürften. – Bei Antritt der Projektstelle im Frühjahr 2014 lagen dem Verf. diverse Korrespondenzen, Notizen zu Gesprächen und Aktenvermerke vor, die für die folgende, ergebnisorientierte Darstellung Verwendung fanden.

Stellenbeginn auf die Ergebnisse der vorangegangenen rund acht Monate zurückgreifen. In diesem Zeitraum war die ordinariatsinterne Vernetzung, so etwa mit der Caritas, dem Katholischen Jugendsozialwerk München und dem Archiv des Erzbistums, erfolgt. Außerdem hatte man die gegenwärtig auf dem Gebiet des Erzbistums vorhandenen Orden um Auskunft gebeten, ob für den fraglichen Zeitraum Niederlassungen oder der Einsatz von Personal im Bereich des Kinder- und Jugendfürsorgewesens eruierbar seien. Die Anfrage richtete sich zuerst an weibliche Ordensgemeinschaften, da zu ihnen die vielfältigen caritativ-apostolischen Kongregationen vor allem aus dem 19. Jahrhundert gerechnet werden, die traditionell im Fürsorgewesen ihre Domäne hatten und noch teilweise haben. In einem zweiten Schritt waren die Anschreiben und Antworten der Männerorden erfolgt. Die Orden wurden außerdem gebeten, Auskunft zu geben, ob etwas über die Unterbringung von Sinti- und Roma-Kindern in den Heimen im fraglichen Zeitraum bekannt sei. Parallel waren seit Herbst erste Sondierungen über den aktuellen Forschungsstand unternommen und verschiedene Experten um Einschätzung und Rat gefragt worden. So konnte festgestellt werden, dass bereits 1994 seitens der DBK die bundesweite Aufarbeitung wenigstens projektiert wurde, jedoch die besonderen Schwierigkeiten als Hindernisse schon früh benannt wurden. Bei Prof. Dr. Hubert Wolf (Münster), der als Spezialist für schwierige Themen und Archivsituationen bekannt ist, unternahm 2007/08 ein Doktorand gründliche Recherchen; da sich die „Quellenlage innerhalb der Kirchenarchive als zu disparat und schlecht erwies“, wie es in einer Berichtübersicht des damaligen Archivdirektors Dr. Peter Pfister hieß, wurde das Dissertationsprojekt nicht weiter verfolgt. Darüber hinaus wurde mit Jens Röschlein ein weiterer Doktorand von der Universität Münster eruiert, der bei Prof. Dr. Thomas Großbölting über die Pastoral an Sinti und Roma 1945-1990 arbeitete, aber bislang die Dissertation nicht abgeschlossen hat.[20] Bezüglich der Situation von Sinti- und Roma-Kindern in kirchlichen Einrichtungen während des Dritten Reichs waren bislang nur die in der Literatur bekannten beiden Ereignisse in Mulfingen und in Neustrelitz bekannt.[21] Ansonsten vermerkte Antonia Leugers einmal, einen Doktoranden auf den Themenkomplex „Sinti und Roma und die Stellung der Kirche im 3. Reich“ aufmerksam gemacht zu haben.[22]

20 Vgl. zu Schönleins Tätigkeit im entsprechenden Exzellenzcluster der Universität Münster, die 2013 endete: https://www.uni-muenster.de/Religion-und-Politik/ehemalige/roeschlein.html (6.1.2021); weiter ist seine Mitgliedschaft in der Gesellschaft für Antiziganismusforschung auffindbar: https://www.antiziganismusforschung.de/mitglied/jens-roeschlein/ (6.1.2021). Nachdem ein Kontakt hergestellt werden konnte, teilte Herr Röschlein mit, dass die Dissertation aus beruflichen Gründen noch nicht abgeschlossen wurde; Röschlein an Verf., Mail 12.3.2021.

21 Vgl. zu Neustrelitz: MEISTER, Schicksale der „Zigeunerkinder“ (wie Anm. 10); oder: Frank REUTER, Die Deportation von Sinti-Kindern aus dem katholischen Kinderheim St. Elisabeth in Neustrelitz: Fotografische Überlieferung und historischer Kontext, in: Beiträge zur Geschichte der nationalsozialistischen Verfolgung in Norddeutschland 14 (2012) 167-184.

22 LEUGERS, Die Verfolgung (wie Anm. 5), 30. Doch scheint das Projekt nicht weiterverfolgt worden zu sein.

Die Arbeit der Projektstelle

Sichtung und Wertung des bisherigen Materials

Zu Beginn der Arbeiten stand, wie bereits erwähnt, die Sichtung der bisherigen Ergebnisse des Ordinariats. Sodann vor allem die Erschließung der allgemeinen Forschungs- und Quellenlage sowie ggf. Quellenrecherche und -studium einschließlich der Dokumentation etwaiger Deportationsschicksale.

Die Umfrage unter den Orden – eine Einordnung

Die Orden hatten laut dem Material, das der Projektstelle umfassend vorlag, teils über die Oberinnen/Oberen, teils über Ordensarchivare/innen oder sonstige ordensinterne Ansprechpartner reagiert; es wurde offensichtlich nach bestem Wissen und Gewissen und den gegebenen personalen Möglichkeiten nachgeforscht, zum Teil noch durch Befragung von lebenden Ordensschwestern, die in relativer zeitlicher Nähe zu möglichen Ereignissen bereits gelebt haben oder zumindest noch Zeitzeuginnen persönlich gekannt haben könnten. Auch wenn man teilweise eine unter professionellen Gesichtspunkten nicht immer perfekte Archivführung anmerken muss[23], ergaben sich nach Auswertung der Unterlagen keine stichhaltigen Indizien seitens der Orden. Nur partiell fanden sich etwa Hinweise auf benutzbares Material aus der Zeit 1939 bis 1945, etwa eine Hauschronik; doch war mit Blick auf die damaligen Zeitumstände damit zu rechnen, dass Deportationsvorgänge intern – also beispielsweise zusätzlich zu einer offiziellen Überlieferung durch Behördenkorrespondenz oder Archivgut in den Personalakten der Zöglinge – kaum schriftlich fixiert wurden, da stets zu befürchten stand, dass solche möglicherweise wertenden oder gar andere kirchliche Kreise informierenden Aufzeichnungen bei Razzien o.ä. Repressionsvorgänge gegen die Kirche seitens der Diktatur auslösen und nachteilig verwendet werden konnten.[24]

Überdies ist ein Punkt besonders zu berücksichtigen: Fast alle Einrichtungen, die die Orden für die Zeit des Dritten Reiches bzw. genauer für die Zeit der 1940er Jahre benannten, sind dem normalen Bereich der Jugend- oder Waisenfürsorge zuzurechnen.[25] Damit stand die Frage im Raum, ob hier erwartungsgemäß nur dann mit Sinti-

---

23 Die Erfahrung mit Recherchen in entsprechenden Archiven zeigt deutlich, dass der Zustand der Hausüberlieferung einer Einrichtung stark von deren Größe sowie von den personellen Ressourcen abhängt.

24 So z. B. LEUGERS, Hilferufe (wie Anm. 3), hinsichtlich einer durch Ausschneiden offensichtlich bewusst geschaffenen Lücke im erwähnten Faulhaber-Besuchstagebuch.

25 Eine im Winter 2014/15 erfolgte Durchsicht des letzten vollständigen Schematismus vor dem Krieg aus dem Jahr 1939 ließ 12 Anstalten unter Betreuung von Schwesternkongregationen als mögliche Orte erkennen. Im Schematismus von 1939 gefundene Einrichtungen sind (Seitenangaben beziehen sich auf die jeweilige Schematismusstelle): Barmherzige Schwestern vom hl. Vinzenz v. Paul, S. 147: Landshut, Marienanstalt zur Erziehung armer Kinder; Oberin M. Gordia Biehler mit 6 Schw., Beichtvater P. Gerold Eichelsdörfer OFM bei Maria Loreto, Pfarrei St. Jodok. – Arme Schulschwestern, S. 162: Landshut, Kleinkinderbewahranstalt und Schulmädchenasyl, Oberschwester. M. Achatis Fink mit 4 Schw., Beichtvater Johann Keller, Stadtpfarrer. – Franziskanerinnen Maria Stern, S. 167: Glonn,

und Roma-Kindern zu rechnen war, wenn diese tatsächlich verwaist waren oder aufgrund fachlich begründeter Indikation in eine Einrichtung übergeben wurden; oder ob ihr Schicksal in der Logik der Ideologie und der Vernichtungsmaschinerie durch die Heime effizient „geregelt" wurde[26] – und dies evtl. unter „Zuhilfenahme" von Einrichtungen eines „Systemfeindes", nämlich der Kirchen. Somit waren zu Beginn der Projektstellenarbeit konkreter diejenigen Einrichtungen zu identifizieren, die im Sprachgebrauch des damaligen Gesinnungshorizonts für „schwererziehbare Zigeuner" besonders geeignet waren oder galten. Im erwähnten Katalog zur Münchner Ausstellung zur Verfolgung der Sinti und Roma heißt es: „Ab 1933 richteten die Nationalsozialisten die Fürsorge in ihrem Sinne aus: Die Zöglinge wurden zunehmend in ‚Erfolgs- und Nichterfolgsfälle' eingeteilt. Unter anderem galten Hilfsschüler, uneheliche Geborene unbekannter Eltern sowie Kinder mit vermeintlichem Hang zur Kriminalität als ‚erbbiologisch minderwertig' und wurden vor allem in kirchliche Erziehungsanstalten eingewiesen."[27] Im genannten Publikationsabschnitt des Ausstellungsbandes werden fünf Kinder und Jugendliche aus Sinti- und Roma-Familien erwähnt, die dem Gebiet des Erzbistums zuzurechnen sind und in Heimunterbringung waren, von ihnen wurden nachweislich vier deportiert. Bei den zwei jungen Männern, die aus dem Piusheim nahe Glonn nach Auschwitz gebracht wurden, wird erwähnt, dass sie aufgrund von Straftaten dort untergebracht gewesen seien.[28]

Erziehungsanstalt Piusheim, Oberin M. Reginbalda Reiter mit 8 Schw., Beichtvater Bernhard Weinschenk, Expositus in Jakobsbaiern. – Franziskanerinnen Mallersdorf, S. 170: Maria-Theresia-Anstalt/München: Knabenerziehungsanstalt, Vorsteherin M. Witoslava Elsberger mit 13 Schw., Beichtvater Guardian P. Ivo Gastinger OFM (St. Anna); ebd.: Adelgunden-Anstalt: Mädchenerziehungsanstalt, Vorsteherin M. Esso Mühlbauer mit 19 Schw., Beichtvater Thomas Diewald Stpfr. Mariahilf. – Franziskusschwestern, S. 179: Rosenheim, Jugendheim, Oberin M. Blanka Müller mit 2 Schw., Beichtv. P. Fridolin Küblböck OMCap (Pfarrei St. Nikolaus). – Ebd.: Töchter Mariä (Hilfe der Christen), Fürsorgeheim für Mädchen, Oberin Wilhelmine Heine mit 7 Schw., Beichtv. P. Josef Schuster SS, Pfarrei St. Ludwig.

26 So kommt KREITNER, Jugendfürsorge während des Nationalsozialismus in Kärnten (wie Anm. 14), zum Ergebnis, dass in seinem Untersuchungsgebiet immerhin 75% der eingeleiteten Maßnahmen und Überstellungen von Kindern in Heime durchaus fachliche Gründe hatten. Gleichwohl attestiert er ebd., dass die übrigen ideologisch motiviert waren und einen „nicht unbeachtlichen Wert von fast 25%" ausmachten. Jedoch mit Blick auf jüdische, „Zigeuner"- und „Mischlings"-Kinder stellt er klar den rassistisch motivierten Unterdrückungs- und Vernichtungsmechanismus dar, etwa ebd. 227, 234, 273.

27 Abschnitt „Heimunterbringung von Kindern und Jugendlichen", in: NERDINGER (Hg.), Die Verfolgung der Sinti und Roma in München und Bayern (wie Anm. 1), 150-153, hier 150. KREITNER, Jugendfürsorge während des Nationalsozialismus in Kärnten (wie Anm. 14), 230 mit Anm. 569, kommt zum Ergebnis, dass es entgegen der bisherigen Darstellung in der Literatur laut seinen Auswertungen nur rund 30,9% an kirchlich-konfessionell gebundene Heime waren, in die Jungen und Mädchen reichsweit untergebracht waren.

28 Vgl. NERDINGER (Hg.), Die Verfolgung der Sinti und Roma in München und Bayern (wie Anm. 1), 152. Entgegen der in vorliegendem Bericht weiter unten folgenden Ausführungen ist hier nur vor zwei statt drei deportierten Jungen die Rede.

Auswertung des allgemeinen Forschungsstands

Die Auswertung der erreichbaren Literatur stellte einen weiteren, unverzichtbaren und wichtigen Arbeitsschritt dar. Somit ließen sich – so die Ausgangsüberlegungen – im Vergleich mit anderen, analogen Deportationsvorgängen Anhaltspunkte finden, wie im konkreten Fall vorzugehen sei. So böten erforschte Fälle von Deportationen unter anderem Hinweise auf mögliche Quellen auch und gerade aus nichtkirchlicher Provenienz, es könnten im Ereignisgang vergleichbare Muster erkennbar werden, die ein systematisches Vorgehen bei der Recherche ermöglichten.

Die Sichtung des Forschungsstands brachte jedoch mehr Fragen als Antworten. Es stellte sich beispielsweise heraus, dass der Fall Mulfingen in seiner Art, also hinsichtlich der sehr hohen Anzahl an Kindern, bislang ein Ausnahmefall ist. Denn nur Württemberg sammelte, wie erwähnt, zentral die Kinder und Jugendlichen von bereits verschleppten Sinti und Roma, womit schließlich die Sammel-Deportation so vieler Kinder überhaupt ermöglicht wurde. Eines jedoch können die Mulfinger Zahlen an Hilfestellung bieten, nämlich um wie viele Sinti- und Roma-Kinder es sich schätzungsweise im Bereich der Erzdiözese München und Freising handeln könnte: Wenn für eine zentrale Sammlung in Württemberg 30 bis 35 Kinder bekannt sind, dann dürfte voraussichtlich mit weniger vom Alter her in Frage kommenden Kindern im Erzbistum zu rechnen sein[29] (die jedoch wiederum erst einmal ausfindig gemacht werden müssten). Bislang gab es aber nur eine erste, vorläufige Dokumentation, die das Schicksal der Münchner Sinti und Roma (nicht zuletzt aufgrund der problematischen Quellenlage) bisweilen vage beschreibt und eine Zahl von ca. 250 Sinti und Roma angibt, sowie einen Artikel, der die Verfolgung in München kurz, aber fundiert, skizziert.[30] Dieser Umstand hat eine mehr als deutliche Verbesserung durch die Ausstellung zur Verfolgung der Sinti und Roma in München und Oberbayern im NS-Dokumentationszentrum erfahren, die Begleitpublikation bietet hinführende Beiträge, die Abbildung der Ausstellungsstücke mit Begleittexten und ein vorläufiges, jedoch wohl schon ziemlich vollständiges Verzeichnis der aus München deportierten Sinti und Roma, dazu natürlich umfassende Literatur- und Quellenverzeichnisse, die zukünftigen Forschungen eine gute Ausgangsbasis bieten. Einleitend zur Namensliste heißt es: „Bisher konnten die Namen von 164 Sinti und Roma ermittelt werden, die

29 Darauf wies auch Frank Reuter vom Kultur- und Dokumentationszentrum der deutschen Sinti und Rom in Heidelberg hin (freundliche Auskunft an den Verf., Telefonat Juli 2014); er bestätigte überdies erneut, dass zum damaligen Zeitpunkt für Bayern die Frage nach dem Schicksal der Sinti und Roma im Dritten Reich im Prinzip noch komplettes Forschungsneuland darstelle und es so gut wie keine wissenschaftliche Vorarbeit gäbe.

30 Vgl. Ludwig EIBER, „Ich wußte, es wird schlimm …" Die Verfolgung der Sinti und Roma in München 1933-1945. Mit Beiträgen von Eva Strauß und Michael Krausnick, hg. v. der Landeshauptstadt München, München 1993. Neueren Datums und ebenso kurz und präzise: Joachim SCHRÖDER, Die „Dienststelle für Zigeunerfragen" der Münchner Kriminalpolizei und die Verfolgung der Sinti und Roma, in: Matthias Bahr/Peter Poth (Hg.), Hugo Höllenreiner. Das Zeugnis eines überlebenden Sinto und seine Perspektiven für eine bildungssensible Erinnerungskultur, Stuttgart 2014, 141-152, hier 141-147.

in den Jahren 1940 bis 1944 aus München deportiert wurden. Zum Zeitpunkt der Deportation lebten 100 von ihnen im Stadtgebiet, 64 in anderen ober- und niederbayerischen Orten. Mindestens 114 aus München deportierte Sinti und Roma überlebten die nationalsozialistischen Konzentrations- und Vernichtungslager nicht. Die meisten wurden in Auschwitz-Birkenau ermordet."[31]

Besser sieht es mit Blick auf die Forschungslage dennoch immer noch für andere Städte bzw. Regionen außerhalb Bayerns aus: Da im Rahmen der Kriegsvorbereitungen in Deutschland der Westen und Norden auf die Angriffe der Niederlande und Belgiens vorbereitet wurden, erfolgten in den größeren Städten im Rhein- und Ruhrgebiet sowie unter anderem auch in Hamburg Maßnahmen zur Deportationsvorbereitung der Sinti und Roma.[32] Es entstanden Sammellager, die, wie etwa in Köln, eigentlich Konzentrationslager waren, da hier bisweilen auch KZ-erprobtes Leitungspersonal Angst und Schrecken verbreitete, um die 1939 durch Runderlass des Reichsführers SS angeordnete Sesshaftmachung der Sinti und Roma rigide zu erwirken und hinter Stacheldrahtzaun in „geordnete Verhältnisse" zu bringen.[33] Zugleich sind die erwähnten Lager im größeren Zusammenhang der diversen rassisch begründeten Säuberungsaktionen zu sehen, die durch die berüchtigte Zigeunerforschungsstelle unter Dr. Ritter ihre ideologische und pseudowissenschaftliche Legitimation erhielten, wozu umfangreich personenbezogene Daten erhoben wurden.[34] Daher sind in diesen Fällen in der Regel detaillierte Personenverzeichnisse usw. erhalten und Schicksale schließlich in Abgleich mit den sog. Hauptbüchern der Konzentrationslager Auschwitz und Birkenau, die Eingang und Sterbetag der Lagerhäftlinge verzeichnen, rekonstruierbar.[35]

Für die Situation der Sinti und Roma in Bayern aus dieser Zeit ist in der Literatur bislang – trotz der Münchner Ausstellung – offensichtlich nichts bekannt, hier klafft die erwähnte Forschungslücke. Und dies liegt nicht nur daran, dass es keine Lager

---

31 Namensliste, in: NERDINGER (Hg.), Die Verfolgung der Sinti und Roma in München und Bayern (wie Anm. 1), 300-303, hier 300.

32 Vgl. grundsätzlich: FINGS/OPFERMANN (Hg.), Zigeunerverfolgung im Rheinland und in Westfalen 1933-1945 (wie Anm. 5); konkret und konzis darin: FINGS, Der Weg in den Völkermord (wie Anm. 5), 66. Die beabsichtigte komplette Deportation in die Ostgebiete, namentlich Polen, erfolgte zunächst nicht, doch ein nicht geringer Teil von rund 2500 Sinti und Roma wurde dennoch dorthin geschafft.

33 Vgl. z. B. Karola FINGS/Frank SPARING: Das Zigeunerlager in Köln-Bickendorf 1935-1958, in: 1999. Zeitschrift für Sozialgeschichte des 20. und 21. Jahrhunderts 6 (1991) 11-40; DIES., „z. Zt. Zigeunerlager". Die Verfolgung der Düsseldorfer Sinti und Roma im Nationalsozialismus, Köln 1992; aber auch die Beiträge in: FRINGS/OPFERMANN (Hg.), Zigeunerverfolgung im Rheinland und in Westfalen 1933-1945 (wie Anm. 5).

34 Vgl. zur Arbeit Ritters und seiner Forschungsstelle sowie zur Kooperation mit kirchlichen Stellen: Michael ZIMMERMANN, Verfolgt – Vertrieben – Vernichtet. Die nationalsozialistische Vernichtungspolitik gegen Sinti und Roma, Essen 1989, 34-37. Darin überhaupt ein profunder Überblick über den Ereignisgang.

35 Vgl. Gedenkbuch. Die Sinti und Roma im Konzentrationslager Auschwitz-Birkenau, hg. v. Staatlichen Museum Auschwitz-Birkenau in Zusammenarbeit mit dem Dokumentations- und Kulturzentrum Deutscher Sinti und Roma Heidelberg, Bd. 2, München u. a. 1993. – Über diese Möglichkeit auch: FINGS, Der Weg in den Völkermord (wie Anm. 5), 60.

gab und somit keine entsprechend benutzbaren Quellen gibt, sondern auch daran, dass z.B. die reichhaltige Überlieferung der Zigeunerpolizeistelle im Polizeipräsidium München (wahrscheinlich bis spätestens 1970) vernichtet wurde.[36] Historisch besehen fällt auf, dass der Festsetzungserlass 1939 seitens des Reichsführers SS in Bayern nicht mit letzter Konsequenz umgesetzt wurde, was jedoch negative Ursachen hat. Der Münchner Kriminaldirektor, SS-Sturmbannführer Dr. Werner Katto, lehnte nämlich noch laut einem Vermerk zwei Jahre nach dem Erlass ein Sammellager ab, da solche Lager letztlich bewirken würden, dass Sinti und Roma ihre Sesshaftigkeit aufgeben, woran die das Handeln bestimmenden Stereotypen greifbar werden sowie die „Sorge" des Regimes, in seiner Sicht offensichtlich willkommene „Ordnung" durch diese „Ordnungsmaßnahme" in „Unordnung" zu versetzen; doch wird daran auch deutlich, dass die Sinti und Roma in München (und es ist wohl plausibel zu ergänzen: im Umland und evtl. sogar in Bayern) in überwiegend geordneten, ja schlichtweg „normalen" Verhältnissen lebten. Möglicherweise ist in den sogenannten geordneten Verhältnissen ein Effekt der noch im bayerischen Königreich 1905 eingerichteten Zigeunerpolizeistelle zu sehen, die die Sinti und Roma von Beginn an massiv überwacht, registriert und schon seit Jahrzehnten einem hohen Assimilierungsdruck ausgesetzt hatte.[37] Das sogenannte Zigeunerhandbuch des Polizeistellenbegründers Alfred Dillmann gibt davon immer noch verstörendes Zeugnis. Doch sprechen Forschungen für andere deutsche Regionen dafür, dass Sesshaftigkeit für Sinti und Roma bereits seit Mitte der ersten Hälfte des 19. Jahrhunderts als die Regel anzusehen ist.[38]

Fazit: Für München (und wohl auch Bayern) sind keine Sammellager bekannt, deren Organisation einen bürokratischen Niederschlag gefunden hätte, die zudem zum direkten Zweck der Deportation errichtet gewesen wären und über Personenverzeichnisse weiterführende Anhaltspunkte böten. Folglich war hinsichtlich des weiteren Vorgehens der Projektstelle etwa mit signifikant niedrigeren Familienzerschlagungen zu rechnen, in deren Konsequenz etwa eine Unterbringung von Kindern und Jugendlichen erforderlich oder vielmehr auch ideologisch begründet umgesetzt geworden wäre. Auch die erwähnten geordneten Verhältnisse für München und Umgebung ließen es viel weniger erforderlich scheinen, aus fürsorgerischen Erwägungen –

---

36 Vgl. SCHRÖDER, Die „Dienststelle für Zigeunerfragen" (wie Anm. 30), 150.

37 Ebd. 143: „Nur wenige Sinti und Roma lebten deshalb vor 1933 in der Stadt [München], in ihrer Mehrheit sozial angepasst, nur eine Minderheit als ‚fahrendes Volk' in Wohnwagen. Nach der Machtübernahme wuchs ihre Zahl auf etwa 200 Personen an. Ursache hierfür waren wahrscheinlich die im Vergleich zum dörflichen Umland immer noch günstigeren Lebensbedingungen." Vergleichbar auch die Situation in Dortmund, wie aus einer 1930 erfolgten Rundfrage des Deutschen Städtetages zur damals sog. Zigeunerproblematik hervorgeht, vgl. FINGS, Der Weg in den Völkermord (wie Anm. 5), 53. – Zur Sichtweise Kattos vgl. den Abschnitt *Überwachung, Erfassung und Kennzeichnung durch die Kriminalpolizei* im Ausstellungskatalog: NERDINGER (Hg.), Die Verfolgung der Sinti und Roma in München und Bayern (wie Anm. 1), 154-157, hier 154.

38 Ulrich Friedrich OPFERMANN, Zur Lage der Roma in Deutschland von der Reichsgründung 1871 bis 1933, in: Nerdinger (Hg.), Die Verfolgung der Sinti und Roma in München und Bayern (wie Anm. 1), 56-69, hier 56-61.

ob tatsächlich berechtigt oder durch Ideologie motiviert[39] – Kinder von der Familie zu trennen. Der dadurch bedingte Quellenmangel erschwerte es zudem, unkompliziert namensbezogene Recherchen zu unternehmen.

Überprüfung von Recherchebefunden aus der Literatur in den Archiven

Auch wenn in der Literatur zu Münchner Sinti und Roma während des Dritten Reiches bei Projektstart nur sehr wenig herauszufinden war, so hat die Erhebung des Forschungsstandes mit den historischen Präzedenzfällen Wege an Quellen gewiesen, die es ab Sommer 2014 zu konsultieren und zu bewerten, gegebenenfalls auszuwerten galt. Für das Untersuchungsprojekt war vorrangig an folgende Einrichtungen zu denken: Erzbischöfliches Archiv München (Nachlass Faulhaber), Diözesanarchiv des Erzbistums München und Freising, Staatsarchiv München, Stadtarchiv München, Institut für Zeitgeschichte, Caritasarchiv München, Katholische Jugendfürsorge München und Freising, Archiv KZ Dachau. Der Kontakt mit den Archiven und deren Beratung[40] sowie die Konsultation von infrage kommenden Beständen, soweit vorhanden, brachten keine nennenswerten Ergebnisse (etwa Bestände im Archiv des Instituts für Zeitgeschichte zu den sogenannten Landfahrerheimen[41], in die umherziehende Händler und Nicht-Sesshafte für Arbeitsdienste und zeitweilige Sesshaftmachung überstellt wurden: In der Überlieferung dieser Heime konnte ein Bestand durchgesehen werden, der explizit in der Betitelung auf Zigeuner Bezug nimmt: „Sinti/Romafamilien", „umherziehende Händler-Familien", er erbrachte aber keine stichhaltigen Ergebnisse; genauso unergiebig zeigten sich im Faulhaber-Nachlass Akten aus dem Fürsorgebereich, hier v.a. die Jahresberichte der Anstalten an den Kardinal, die in der Regel mit der Kriegszeit aussetzten.[42]

Die Online-Recherche in der Prisoner-Datenbank von Auschwitz versprach möglicherweise Abhilfe. Hier konnte über die Suchmaske[43] gezielt nach den letzten

39 Vgl. SCHRÖDER, Die „Dienststelle für Zigeunerfragen" (wie Anm. 30), 144. Es sei auch nochmals auf die Dissertation von KREITNER, Jugendfürsorge während des Nationalsozialismus in Kärnten (wie Anm. 14), verwiesen, die weiter oben schon zitiert und herangezogen wurde; Kreitner konstatiert, dass die Jugendämter durchaus gezielt im Sinne der Ideologie handelten, so dass für sein Betrachtungsgebiet gut 25% an solchen „hingebogenen" Begründungen nachvollziehbar sind. Mit Blick auf die Einweisungsgründe für Jungen stellt er fest, dass diese sich auf das „Umherziehen" fokussierten, was Interpretationsspielraum zuließ, „oder schärfer formuliert, viel Spielraum für Auslegungen im Sinne nationalsozialistischer Wertvorstellungen ließ"; ebd. 234.

40 Die Mailkorrespondenzen bzw. Dokumentationen von telefonischen Mitteilungen wurden im Rahmen des Projektberichts im Frühjahr 2015 dem Ressort 1 des Erzbischöflichen Ordinariats München übergeben.

41 Vgl. die Archivalien in: Institut für Zeitgeschichte München, Bestand: Bayerischer Landesverband für Wander- und Heimatdienst, ED 728. Vgl. auch: Annette EBERLE, Die Arbeiterkolonie Herzogsägmühle. Beiträge zur Geschichte der bayerischen Obdachlosenhilfe, Peiting 1994, sowie: DIES., Herzogsägmühle in der Zeit des Nationalsozialismus. Beiträge zur Geschichte der bayerischen Obdachlosenhilfe, Peiting 1994; in beiden Publikationen finden sich keine Hinweise auf Sinti und Roma.

42 EAM, NL Faulhaber, VI Seelsorge, Kinderhorte, 6749.

43 http://auschwitz.org/en/museum/auschwitz-prisoners/ (20.7.2021).

Wohnorten der Häftlinge gesucht werden (anders als die erwähnten Hauptbücher des KZ Auschwitz, in denen nur der Geburtsort eingetragen ist). Das heißt, die großen Städte und Gemeinden im Bereich des Erzbistums waren somit überprüfbar – jedoch ist zu bedenken, dass die Häftlingsdaten bei weitem nicht vollständig alle in die Datenbank eingepflegt sind. Die Recherche noch im Zeitraum vor der Ausstellung 2016/17 über die Verfolgung von Sinti und Roma des Münchner NS-Dokumentationszentrums erbrachte dennoch etwas mehr als 78 Sinti und Roma für das Gebiet des Erzbistums, davon 60 katholischen Bekenntnisses; vor diesem Ergebnishintergrund sind die unter anderem von Eiber oder Schröder genannten Zahlen von etwa 250 Personen immer noch plausibel, besonders auch, wenn man die mittlerweile über die Ausstellung und den Katalog namentlich erfassten 164 Deportierten zum Vergleich in Anschlag bringt. Die Recherche ergab auch insgesamt 10 Kinder und Jugendliche (7 in der Gruppe der 0- bis 5-Jährigen, 1 in der Gruppe der 10- bis 15-Jährigen, 2 in der Gruppe der 15- bis 20-Jährigen) – selbst wenn man diese Zahl aufgrund noch fehlender Opferdaten nach oben hin überschlagen würde, so ließ sie abschätzen, mit welcher Wahrscheinlichkeit von dieser doch geringen Zahl sich Kinder und Jugendliche zum Zeitpunkt der Deportation in einer kirchlichen Fürsorgeeinrichtung aufhielten.

Da Kinder und Jugendliche über Jugendgerichtsbeschluss und Einschaltung der Jugendämter in Fürsorgeeinrichtungen überstellt wurden, war diesbezüglich möglichen Akten nachzuspüren. Im Münchner Stadtarchiv ergab die Anfrage hinsichtlich des erhofften Erfolgs Skepsis, man machte auf die sinnvolle Benutzung der Bestände nur über konkrete Namen aufmerksam. Es erfolgte der Hinweis, mit der beabsichtigten Rechercheintention Akten zunächst im Staatsarchiv, vor allem Akten der Landratsämter, durchzusehen.

Im Sinne einer Zwischenevaluation erfolgte eine Rückfrage im Kultur- und Dokumentationszentrum Deutscher Sinti und Roma beim dortigen Mitarbeiter Frank Reuter, was an Materialien im Bestand in Heidelberg vorhanden sei. Die Antwort war ernüchternd, er verwies auf die spärliche Forschungs- und Quellenlage. Doch vermittelte er den Kontakt zu Frau Sarah Grandke.[44] Sie erarbeitete für das im Frühling/Sommer 2015 öffnende Münchner NS-Dokumentationszentrum die Biogramme für die verfolgten und deportierten Sinti und Roma aus München. Im folgenden Austauschprozess[45] konnte Frau Grandke alle bisher nach den Recherchen der diözesanen Projektstelle getroffenen Einschätzungen und Ergebnisse zur For-

44 Vgl. Reuter an Verf., Mail 31.7.2014. – Frau Grandke ist mittlerweile in der Gedenkstättenarbeit im KZ Neuengamme tätig: https://www.kz-gedenkstaette-neuengamme.de/service/kontakt/bildungstudienzentrum/ (21.7.2021); im März hielt sie in München zur Einweihung der Gedenkstele für die deportierte Familie Reinhardt (zwei Söhne waren im Piusheim gewesen) einen Impulsvortrag zum Schicksal der Familie, vgl. die filmische Dokumentation auf Youtube: https://www.youtube.com/watch?v=ydk0TF42jIg (20.7.2021; wie Anm. 1).

45 Vgl. Grandke an Verf., Mail 22.12.2014.

schungs- und Quellenlage bestätigen. Aus ihrer Kenntnis, die aus Benützung der Entschädigungsakten resultiert, konnte sie aber stichhaltige Hinweise auf zwei Jungen im Piusheim bei Glonn geben, wie sie aufgrund ihrer Forschungen mittlerweile auch schon im erwähnten Münchner Ausstellungskatalog dokumentiert sind.

In der Folge konzentrierten sich die Recherchen in den einschlägigen Archiven darauf, den Hinweisen nachzugehen. Im Staatsarchiv ergaben die Recherchen aus der Überlieferung des zuständigen Landratsamtes Ebersberg nichts. Es gibt zwar noch Einiges an Schriftgut zur Zigeunerbekämpfung, doch erschöpft sich dies in der Ablage der Gesetzestexte und Verordnungen, ebenso verhält es sich beim Bestand zur Schutzhäftlingsbetreuung.[46]

Daher waren die Archivalien zum Piusheim zu konsultieren; dieses ging 1981 in die Trägerschaft der Katholischen Jugendfürsorge der Erzdiözese München und Freising e.V. (KJF) über, deshalb war dort nach der Benützung anzufragen. In der Festschrift, die zum 100-jährigen Jubiläum der KJF entstand[47], findet sich zum Übergang des Piusheims 1981 an die KJF ein kurzer Abschnitt. Der Autor, Rudolf Oswald, konnte auf Rückfrage des Verfassers zum Recherchegegenstand aus eigener Kenntnis nichts beisteuern, da er sich nicht mit dem Piusheim an sich beschäftigt hatte; er wollte aber Deportationen in Einrichtungen, die während des historischen Zeitraums der nationalsozialistischen Diktatur noch nicht zur KJF gehörten, auch nicht explizit ausschließen.[48]

In Ergänzung zu den eruierten Fällen im Piusheim ergab sich durch die Publikation zur Münchner Ausstellung außerdem der Hinweis auf ein Mädchen (Maria/Marie Ilka Pohl) und eine junge Frau (Adelheid R.): Ersteres war aus dem Dachauer Amalienheim deportiert worden, welches sich einer Stiftung von Amalie Nacken aus den 1930er Jahren verdankt. Diese war Vorsitzende des 1913 durch bürgerliches Engagement gegründeten Kinderschutz e.V., der in keiner Verbindung zur Kirche dergestalt stand, wie sie oben skizziert wurde.[49] Adelheid R. war als Bewohnerin des katholischen Fürsorgeheims Maria-Einsiedel-Straße im Jahre 1943 sterilisiert worden, wie der Begleittext zu einem abgedruckten Dokument aus dem Universitätsarchiv München erläutert. Anfragen nach Aktenüberlieferung und sonstigem Material beim heutigen Träger des Fürsorgeheims, dem Münchner Sozialdienst Katholischer Frauen e.V. (SKF), sowie im Mutterhaus der Würzburger Oberzeller Schwestern, die früher die hauswirtschaftliche Versorgung des Heimes ausübten, brachten keine Ergebnisse.

46 Vgl. Staatsarchiv München (StAM), LRA 67170, Generalakten Bezirksamt Ebersberg, Betreff: Zigeunerbekämpfung, Bekämpfung des Landfahrerunwesens; ebd., LRA 67175 Generalakten Bezirksamt Ebersberg, Betreff: Betreuung von Schutzhäftlingen und deren Angehörigen.

47 Vgl. Rudolf OSWALD, Christliche Tradition und zeitgemäße Hilfe. 100 Jahre Katholische Jugendfürsorge der Erzdiözese München und Freising e.V., München 2010.

48 Vgl. Oswald an Verf., Mail 22.10.2014.

49 Vgl. die online zugängliche Darstellung zur Geschichte des Kinderschutz und Mutterschutz e.V. zum 100jährigen 2001 unter: https://docplayer.org/47287652-Eine-gute-idee-schreibt-geschichte.html (14.6.2021). Demnach gingen durch einen Bombentreffer im Zweiten Weltkrieg auch alle Unterlagen verloren.

Im SKF seien vor langer Zeit schon aus Datenschutzgründen Akten vernichtet worden.[50] Seitens des Archivs der Oberzeller Schwestern wurde mitgeteilt, dass für die Zeit 1933-1950 keine Konventsakten mehr vorhanden seien und lediglich ein Eintrag im Tagebuch des Fürsorgeheims einen Hinweis darauf gebe, dass am 13. August 1943 die Mütter mit ihren Säuglingen nach Gauting verlegt wurden und diese am 10. Juni 1945 wieder nach München-Thalkirchen zurückkehrten, sonstiges Archivgut zum Heim existiere im Archiv nicht.[51]

Die Situation hinsichtlich des Piusheimes und welches Schicksal die Jugendlichen erfuhren, das konnte jedoch genauer erhellt werden, wie nachfolgend dokumentiert wird. Dazu beigetragen hat der Umstand, dass der Teilbestand der Mündelakten des Piusheims von der KJF 2020 als Depositum dem Archiv des Erzbistums anvertraut wurde. Es ist nach Maßgabe der Kirchlichen Archivordnung nutzbar, so dass die im März 2015 vorläufig abgeschlossene Projektarbeit nun nochmals anhand weiteren Materials überprüft und ergänzt werden konnte.

Das Schicksal dreier Zöglinge aus dem Piusheim

Das Piusheim war 1905 aus einer privaten Initiative in Trägerschaft eines katholischen Vereins (Katholischer Verein zur Erziehung der verwahrlosten Jugend e.V., gegründet 1852[52]) hervorgegangen und erst 1981 in die Trägerschaft der Katholischen Jugendfürsorge des Erzbistums München und Freising e.V. gewechselt.[53] Aktenmaterial ist ebenfalls an die KJF gefallen. Seit 2020 ist aus dem Archiv der KJF der Bestand der Mündelakten an das Archiv des Erzbistums München und Freising übergegangen und kann somit nach modernen archivarischen und rechtlich erforderlichen Gesichtspunkten betreut und erschlossen werden.

Das Piusheim gliederte sich in ein Heim und eine Berufsschule und war für schwer erziehbare Jugendliche und junge Männer zuständig. Der Heimleiter wurde aus dem Klerus des Erzbistums gestellt[54]: In der Kriegszeit war dies Georg Seidl[55]; die Schule

50 Vgl. SKF-Geschäftsführerin Elke Prumbach an Verf., Mail 23.3.2021.

51 Freundliche Mitteilung der Oberzeller Archivarin Christine Hagedorn vom 19.4.2021.

52 Vgl. Archiv des Caritasverbandes der Erzdiözese München und Freising e.V. (DiCV), I/AR 475, darin: Satzung des Vereins.

53 Oswald, Christliche Tradition und zeitgemäße Hilfe (wie Anm. 47), 151 (Chronik).

54 Vgl. DiCV, I/AR 475, darin: Satzung des Vereins, § 3.

55 Zu ihm vgl. die Notizen in den entsprechenden Schematismen sowie den Personalakt: AEM, PA – P III 1634: geb. 7.3.1897 München, ordiniert 29.6.1922, Koadjutor Tacherting 15.7.1922, Kaplan München St. Paul 10.5.1923, Städt. Anstaltspfarrer Klinikum Rechts d. Isar München 16.3.1931, Direktor Piusheim Glonn 1.4.1939, Geistl. Rat 10.3.1957, gest. 25.10.1966. Im Caritasarchiv fand sich in der Festschrift zum 100-jährigen Bestehen des Piusheims an der Textstelle, die Seidls schwieriges Amt nach dem Tod des langjährigen Direktors Sebastian Hainz schildert und seine Leistung würdigt (der Autor ist übrigens Seidl selbst!), eine Anmerkung des Vorstands, die noch etwas über Seidls Qualifikationen verrät: „Anm. 2: Auf Bitten des damaligen ersten Vorsitzenden H.H. Geistl. Rat Thomas

wurde von einem Schulleiter, damals Hans Kienast, geführt, die hauswirtschaftliche Versorgung oblag den Franziskanerinnen von Maria Stern aus Augsburg.[56]

Über das Piusheim um 1941 erfährt man aus einem Dokument, das der nachfolgend näher dargestellte Zögling Herbrecht Reinhardt verfasste. Es handelt sich um einen Brief, den er knapp eine Woche nach seiner Unterbringung an seine Familie schrieb.[57] Da der Text mit rotem Stift korrigiert wurde, scheint er wohl nicht als „echter" Brief abgefasst worden zu sein, sondern gleichsam als Übung und evtl. zur Einschätzung des schulischen Leistungsstands – obschon im vergleichbaren Akt des Mitzöglings Donatus Schneck so ein Dokument fehlt und zudem das Briefende eigentlich einen persönlichen Appell Herbrechts an die Eltern darstellt, sich für seinen Wunschberuf des Kellners beim Arbeitsamt einzusetzen. Sollte es sich um eine „Übungsaufgabe" gehandelt haben, dürfte es Absicht des Briefes gewesen sein, das Heim und das Leben darin sowie die eigene, erstrebenswerte Zukunftsoption gleichsam als Zielangabe des Aufenthalts zu beschreiben. Mit guter Beobachtungsgabe schilderte Herbrecht, was er bislang kennengelernt hatte, wobei er durchaus einen kritischen Standpunkt durchblicken ließ, wenngleich er auch auffallend lobende Worte fand. Laut seinen Ausführungen bestand das Heim aus einer „Gruppe von Häusern", hatte „eine große Landwirtschaft und auch eigene Werkstätten" und beherbergte schätzungsweise 200 Jungen – was vom Korrektor auf 130 präzisiert wurde –, aufgeteilt in zwei Gruppen mit eigenem Speisesaal, das Essen, so Herbrecht, „ist hier sehr gut, drotzdem [sic!] es so viel Jungen sind." Er gab an, noch nicht alle Vorschriften zu kennen, von denen es viele gebe, und erwähnte bei Verstößen einen dreitägigen Arrest, „dazu dienen Gefängniszellen." Bei Raufereien hingegen bekam man eine Glatze geschoren; ansonsten „muß man sich alles gefallen lassen, denn der Aufseher ist ein alter Herr und kann den Jungens nur verbieten, worauf sie nicht acht geben." Als „besonders angenehm" schilderte er die Schule, da die Schüler „einen lustigen und freundlichen Lehrer haben." Herbrecht erwähnte noch das tägliche Kartoffelklauben auf dem Feld und dass ihm am ersten Tag sehr übel gewesen sei. Im

---

Diewald und mit oberhirtlicher Genehmigung übernahm H.H. Georg Seidl, Krankenhauspfarrer in München, das schwere Amt der Heimleitung. Die ihm gestellte Aufgabe war ihm nicht fremd, da er bereits als Werkstudent 1913/14 im Piusheim praktizierte. Auf Grund psychologischer Studien brachte er auch die notwendigen erzieherischen Fachkenntnisse mit, gepaart mit praktischer Veranlagung und technischem Können. Wie glücklich die Wahl getroffen war, zeigt allein schon die Tatsache, daß er die schwere Belastungsprobe des zweiten Weltkrieges und der darauf folgenden Deflation mit Tatkraft und Umsicht meisterte. Anm. d. Vorstandschaft: Dr. Josef Holzer." DiCV, I/AR 291 Piusheim Glonn, darin: 100 Jahre Katholischer Verein zur Betreuung gefährdeter Jugend e.V. Sitz München / Gegründet 1852 und sein Piusheim bei Glonn 1852-1952 von Georg Seidl, Anstaltsdirektor, München 1952.

56 Aussagekräftige Archivalien oder Erinnerungen seitens der Schwestern aus der entsprechenden Zeit konnten nicht mehr ermittelt werden, es gibt lediglich noch einige allgemein gehaltene chronistische Aufzeichnungen (vgl. Provinzoberin an Verf., Augsburg 27.2.2015); ein wesentliches Problem stellt zusätzlich die Archivlage dar, da das Kloster in Augsburg bei einem Luftangriff nahezu völlig zerstört wurde (vgl. Provinzoberin an Verf., Mail 19.2.2015).

57 Brief Herbrecht Reinhardts an die Familie, 25.9.1941; hs. mit Füllfederhalter auf DIN A5-Bogen liniert, 4 S., in: AEM, Piusheim Glonn, Sig. 698, Akt Herbrecht Reinhardt.

Rahmen des erwähnten Wunsches an die Eltern, sich für seine berufliche Zukunft zu engagieren, versicherte er abschließend, sich im Heim „nach der Ordnung zu führen und zu gehorchen." Wie das weitere Schicksal zeigt, sollte das Leben in der Fürsorgeanstalt eine große Herausforderung und Belastung sein, seine anfängliche Übelkeit zeigte dies schon an. Von daher dürfte der positive Grundton des Briefes ganz mit Blick auf die Leser, also der Verantwortlichen der Anstalt, getroffen worden sein – das hierarchische System erforderte Anpassung, wollte man darin nicht komplett untergehen. Das Piusheim ist bis heute als strenges Heim bekannt, es ist erst jüngst im Rahmen von Missbrauchsvorwürfen im Zeitraum der 1950er bis in die 1970er Jahre in den Fokus der Öffentlichkeit gerückt.[58] Weitere Forschungen dürften Klarheit bringen, wie das Heim zu unterschiedlichen Zeiten mit Blick auf seine Führung und die Erziehung der Zöglinge jeweils genauer einzuordnen ist.

Bei der KJF wurde dem Verfasser 2014 teilweise Akteneinsicht gewährt zum Zweck des ordinariatsinternen Zwischenberichts. Die damaligen Ergebnisse konnten nun aufgrund der neuen Archivsituation nochmals überprüft und erweitert werden. Bei den Archivalien handelt es sich um die Zöglingsakten[59], in die offensichtlich Schul- wie Heimleitung Einträge beibrachten, wobei der Lehrer und Schulleiter Kienast weitaus am meisten Schriftgut beisteuerte. Es befindet sich darunter vor allem behördliche Korrespondenz im Original oder in Abschrift, so dass im Prinzip die komplette Überlieferung von Heim und Behörden vorliegt, was angesichts der vernichteten Akten der Zigeunerpolizeistelle für die Erhellung der Ereignisse von großem Nutzen ist. Dazu kommen, oft auf kleinen Zetteln mit Schreibmaschine geschrieben, Notizen zu Ereignissen und Vorfällen, in welche die Zöglinge verwickelt waren, teilweise auch private Korrespondenz. Die Archivalien bieten daher – wie in der Vorbemerkung schon erläutert – den Blick auf Personen und Ereignisse im Modus einer sehr speziellen Überlieferung für einen sehr begrenzten historischen Zeitraum, die Ergebnisse sind daher als vorläufig zu betrachten, bieten aber für das übergeordnete Untersuchungsthema (Sinti- und Romakinder in kirchlichen Fürsorgeeinrichtungen auf dem Gebiet des Erzbistums während des Dritten Reiches) einen wichtigen Beitrag, um nicht zuletzt weitere Forschungen anzuregen.

Die einzelnen Dokumente der Akten sind noch nicht weiter archivarisch erschlossen, so dass im Text die herangezogenen Stücke benannt werden und als solche im Akt, der in sich generell eine chronologische Ordnung aufweist, leicht zu finden sind.

---

58 Vgl. https://www.sueddeutsche.de/muenchen/ebersberg/missbrauch-katholische-kirche-piusheim-baiern-1.5173905 (21.7.2021). – Zur Frage der Anpassung der Zöglinge an die Autorität der Heimverantwortlichen vgl. am Beispiel der Neuzeit, was jedoch für die Mitte des 20. Jahrhunderts durchaus weiterhin Geltung haben dürfte: Werner LOCH, Pädagogik am Beispiel August Hermann Franckes, in: Hartmut Lehmann (Hg.), Glaubenswelt und Lebenswelt (Geschichte des Pietismus 4), Göttingen 2004, 264-308, hier 288: „Das Gefühl, ständig im Blick der Erzieher zu stehen, macht aufmerksam auf das eigene Verhalten und spornt an, sich Mühe zu geben bis zur Heuchelei, um nicht unangenehm aufzufallen."

59 Vgl. AEM, Piusheim Glonn, Sig. 814, Akt Donatus Schneck; ebd. Sig. 698, Akt Herbrecht Reinhardt; ebd. Sig. 699, Akt Martin Reinhardt.

Donatus Schneck

Donatus Schneck, ausweislich der Unterlagen am 3. März 1925 in Stuttgart geboren und zuletzt mit den Eltern – von denen der Vater als fahrender Händler seinen Lebensunterhalt verdiente und vorbestraft gewesen sein soll – angeblich unter schwierigen Verhältnissen in Trudering wohnhaft[60], war laut Akten aufgrund eines Diebstahldelikts und unter Berücksichtigung der Familiensituation mit Beschluss des Jugendgerichts in München vom 22. Juli 1940 in Fürsorgeerziehung überstellt[61] und in der zweiten Augustwoche ins Piusheim gebracht worden, wo er gemäß Beschluss vom 17. März 1941 zur Bäckerlehre bestimmt wurde. In den Akten finden sich Vermerke zu unterschiedlichen, für Heranwachsende und im Kontext eines solchen Heims nicht unüblichen Verstößen, die in der Regel Schulleiter Lehrer Kienast anfertigte; daraus wird auch deutlich, dass – man muss für diese Zeit wohl sagen: üblicherweise – auch Schläge zur Sanktionierung dienten, wie Kienast als Strafe einmal im November 1941 vermerkte. Daneben existieren die vom Heimleiter Seidl regelmäßig vom Münchner Jugendamt angeforderten Berichte zur Entwicklung des Zöglings, deren Vorlagen von Kienast stammten und die Seidl oft wörtlich aufgriff, dabei aber auch erweiterte und ergänzte. Seidl betonte stets das positive Potential Schnecks, dem vor allem sein Verhalten und der Einfluss falsch gewählter Freunde im Heim Grenzen auferlegen würden. Vom 12. Oktober 1941 existiert ein die familiären Bande unterstreichender Brief des besorgten Vaters, in dem er den Sohn vor einem in seinen Augen gefährlichen Mitzögling warnte, von dem er sich fernhalten solle, und ihn bat: „Halte dich gut u. sei brav u. fleißig, es kommt die Zeit wo du wieder bei uns sein wirst [...] Also schreibe uns bald Antwort u. beherzige meine Mahnung." Seidl nahm in seinen Berichten nicht explizit Bezug auf Schnecks Herkunft, charakterisierte ihn eher allgemein als südländisch-temperamentvoll, wobei er diese Wesensart am 27. Februar 1942 kontrastierend als „nicht bayerisch" bezeichnete; gleichwohl sah er im selben Bericht Schnecks Verhaltensweisen zum Teil in der Diktion der herrschen-

60 Vgl. die Darstellung angesichts der Einweihung einer Erinnerungsstele für die Familie Schneck an ihrem Wohnort an der Münchner Friedenspromenade im März 2019: https://www.sueddeutsche.de/muenchen/gedenken-sinti-auschwitz-1.4375524 (20.7.2021).

61 Über die Stichhaltigkeit der behördlich angegebenen Gründe ist weiter oben schon die Dissertation von Kreitner angeführt worden. Für Kärnten konnte er bekanntlich nachweisen, dass rund 75% der Gründe für die Heimunterbringung fachlich intendiert waren, doch auch erschreckende 25% ideologisch gesteuert waren, zudem ganz klar jüdische und Sinti-/Roma-Kinder und Jugendliche gezielt mit stereotypen Begründungen (Umherziehen, Verwahrlosung) von den Familien getrennt werden sollten und auch wurden; vgl. KREITNER, Jugendfürsorge während des Nationalsozialismus in Kärnten (wie Anm 14), 234 und 276. Für den Großraum München liegen laut Ausstellungskatalog des NS-Dokumentationszentrums nur fünf Fälle vor, in denen jugendliche Sinti und Roma in einer Fürsorgeeinrichtung waren: vgl. NERDINGER (Hg.), Die Verfolgung der Sinti und Roma in München und Bayern (wie Anm. 1), 152f. – Donatus selbst gab in einem Fragebogen, der der Erhebung des Bildungs- und Kenntnisstandes der neuen Zöglinge diente, bei der Frage, warum er im Heim sei, an: „Ich wurde durch einen Diebstahl straffällig u. wurde zu einem Jahr Gefängnis verurteilt." Unter welchen Bedingungen der Fragebogen ausgefüllt wurde, ist nicht bekannt.

den Ideologie wie auch zeitgenössischer populärer Vorstellungen folgend als „umwelt- wie erbbedingt“ an, weshalb er sich gegenüber dem Jugendamt weiterhin für die Heimerziehung des Jugendlichen einsetzte.

Auch wenn man in den Heimleiterberichten die im Akt abgelegten Vorarbeiten Kienasts mitlesen kann, so lohnt sich der Blick in die aus dessen Arbeit unmittelbar hervorgehende Überlieferung. Hier tritt der Lehrer deutlicher in Erscheinung, nicht nur, da er wohl täglich mit den Zöglingen zu tun hatte und daher seine Einträge wegen diverser Vorkommnisse zu signifikant höherem Bestand an Aktenmaterial führten, sondern auch hinsichtlich der Vorgänge im Vorfeld der Deportation.

So wandte er sich mit Schreiben vom 24. Januar 1942 an das Landratsamt Ebersberg und bat um Auskunft, was er in die im Verwaltungsablauf anfallenden Formblätter unter dem Vermerk zur Staatsbürgerschaft, da „ein Entscheid hierüber noch aus[stehe]“, eintragen solle und erbat gegebenenfalls den Kontakt zur Kripo für weitere Klärungen. Die zentrale Frage lautete: „Kann ein Zigeuner deutsche Staatsangehörigkeit haben?“ Am 3. Februar 1942 antwortete das Landratsamt auf den Brief Kienasts und klärte ihn über die terminologische Differenz der Begriffe Staatsangehörigkeit und Reichsbürgerrecht auf, wobei erstere nicht zwingend mit rassischen Voraussetzungen zusammenhänge. Das Landratsamt verwies auf den sogenannten Heimatschein, der über die Herkunft, d. h. den Geburtsort, Auskunft gab, und empfahl bis auf Weiteres im Schülerbogen bezüglich der Staatsangehörigkeit einzutragen: „Nicht festgesetzt, Nachforschungen im Gange“. Zur Abstammung sei zu vermerken: „Augenscheinlicher Zigeuner-Typ, rassenbiologischer Befund wird erwartet.“ Hier taucht auch der Mitzögling Herbrecht Reinhardt auf, da Kienast auch für ihn die Anfragte mitgestellt hatte, so dass das Amt für beide Auskunft gab – zu ihm wird festgehalten: „Anscheinend Zigeuner-Typ, jedoch rassebiologisch nicht festgestellt“.

Kienast wandte sich daraufhin am 7. Februar 1942 an die Dienststelle für Zigeunerfragen bei der Kripo München; abschriftlich ist hier eine Mitteilung der gleichen Dienststelle an die ehemalige Münchner Volksschule Schnecks vom 5. Juni 1940 erhalten; aus dieser geht hervor, dass gemäß dem Runderlass des Reichsführers SS vom 8. Dezember 1938 die Familie Schneck als Zigeuner bei der Reichszentrale für Bekämpfung des Zigeunerunwesens in Berlin erfasst worden war. Kienast bat unter Bezugnahme seiner Schreiben vom 24. Januar und 3. Februar 1942 die Kripo um Daten zu Schnecks Status, „da diese Angaben für die Erstellung von Zeugnissen und Einträgen in die Schulpapiere benötigt werden“. Abgesehen von der Frage, ob er als Anstaltslehrer einer ganz im Kontext der besonderen Heimerziehung tätigen Berufsschule im abgelegenen Glonn hier nicht Spielraum beim Ausfüllen der Papiere gehabt haben könnte, wirft die sich direkt an obige Passage anschließende Bitte um einen Ausweis ein seltsames Licht auf Kienast: „Ist es möglich, daß die Angaben über Staatsangehörigkeit und rassische Zugehörigkeit in einem Polizeiausweis niedergelegt werden, der dann dem Jungen bei seiner Entlassung aus dem Heime ausgehändigt wird? Ob der Junge schon einen solchen Ausweis gehabt habe, entzieht sich meiner

Kenntnis. Im Voraus für Mühewaltung herzlichen Dank! Die Schulleitung Kienast, Lehrer."

Am 18. Februar 1942 teilte die Kripo die gewünschten Informationen mit. Demnach war Schneck als Zigeunermischling mit überwiegend zigeunerischem Blutsanteil klassifiziert, die Ausstellung des erwünschten Ausweises wurde in Aussicht gestellt, was die Gendarmerie Glonn mit Abnahme der Fingerabdrücke zu bewerkstelligen hatte; der Ausweis ist am 27. Februar 1942 durch die Kripo ausgestellt worden. Der Verteiler zu diesem Schreiben nannte neben dem Schulakt und dem Heimakt des Piusheims noch das Stadtjugendamt München sowie die Wehrpapiere. Mit Eintrag in letzteren war klar, dass Schneck nicht mehr zum Wehrdienst herangezogen würde. Dies hat ihm sehr zu schaffen gemacht, wie noch Heimleiter Seidl in seinem Bericht ans Jugendamt vom 22. Februar 1943 anmerkte. Eventuell ist vor diesem Hintergrund ein Fluchtversuch Schnecks mit Kameraden im Sommer 1942 zu sehen, laut Akten wurde er in Villach von der Gendarmerie aufgegriffen.

Im März 1943, also knapp ein Jahr, nachdem Lehrer Kienast aktiv geworden war, besiegelte sich das Schicksal von Schneck sowie zweier Kameraden (Herbrecht Reinhardt und dessen erst im Spätsommer 1942 ins Heim gekommener Bruder Martin). Im Hintergrund ist der sogenannte Auschwitz-Erlass Heinrich Himmlers zu sehen, der am 16. Dezember 1942 die Deportation der Sinti und Roma in die Wege leitete: „Der Auschwitz-Erlass markiert den Höhepunkt der ‚Zigeunerverfolgung' und ist im Zusammenhang mit der gleichzeitig betriebenen letzten großen Deportationswelle von Juden aus dem Reichsgebiet zu betrachten. Der erste ‚Zigeunertransport' erreichte das Konzentrationslager Auschwitz am 26. Februar 1943. Aus den Erfahrungen der ersten Deportationswellen hatte man gelernt und pferchte die Deportierten familienweise im sogenannten ‚Zigeunerfamilienlager' ein, das man aus hölzernen Baracken errichtet hatte."[62] Vom 8. März 1943 ist eine handschriftliche, ungezeichnete Aufzählung von offensichtlichen Entlasspapieren Schnecks abgelegt; am 10. März 1943 bat Kienast, wie stets auf korrekte Bürokratieabläufe achtend, die Dienststelle für Zigeunerfragen um Mitteilung, „wohin ich den Schüler zu überweisen habe", nachdem dieser bereits am 8. März ins Polizeipräsidium überstellt worden und somit die Überwachung der Schulpflicht zu klären war. Ergänzend hierzu schrieb am 11. März Seidl, der ja als Heimleiter die Hinterlassenschaften Schnecks zu verwalten hatte, ans Jugendamt: „Bezugnehmend auf Ihre telefonische Anordnung wurde von

62 Wissenschaftliche Dienste des Deutschen Bundestages, Die Verfolgung der Sinti und Roma im Nationalsozialismus. Wissenschaftliche Aufarbeitung und öffentliches Gedenken, Ausarbeitung, 2009, 6; der Name der Verfasser ist geschwärzt und unkenntlich gemacht. https://www.bundestag.de/resource/blob/410880/917c712d81cb4578775060ed6f592b2b/WD-1-020-09-pdf-data.pdf (13.7.2021).

uns der Junge nach München ins Polizeipräsidium gebracht. Die Frage der Kleiderausstattung ist noch offen.“[63] Das Jugendamt hatte im Zuge der anstehenden Deportationen von Sinti und Roma die als „Zigeuner“ seit 1938 erfassten und damals im Piusheim lebenden Jugendlichen zur Überstellung angeordnet, die Heimleitung kam dieser behördlichen Anordnung in der anscheinend gebotenen Eile nach.

Am 17. März 1943 meldete die Kripo lediglich lapidar ans Piusheim die am 13. März 1943 zusammen mit den Eltern erfolgte Deportation dreier Zöglinge des Heimes, nämlich neben Donatus Schneck die erwähnten Brüder Reinhardt, „auf unbestimmte Zeit“ nach Ausschwitz, weshalb eine „Überweisung der Schüler“ nicht nötig sei. Am 8. Mai 1943 informierte das Jugendamt die Heimleitung darüber, dass die Erziehungsgewalt wieder an die Eltern der Zöglinge übergegangen sei.

Die bürokratischen Folgen erstreckten sich noch von Ende März bis Mitte Mai 1943, da die Frage nach der finanziellen und materiellen Hinterlassenschaft zu klären war. So wies das Finanzamt Ebersberg das Heim darauf hin, das Barvermögen Schnecks zu überwiesen, wovon allerdings der Wert der gebrauchten Kleidung abzuziehen sei, so dass lediglich 4,61 Reichsmark blieben. Außerdem war Schnecks Geige ans Hauptzollamt München zu senden, was auch erfolgte.[64] Bis auf eine Schwester überlebte niemand der Familie das Vernichtungslager, Donatus soll im Arbeitseinsatz bei einem Luftangriff im KZ Buchenwald im Sommer 1944 ums Leben gekommen sein.[65]

Herbrecht Reinhardt

Mit Blick auf den äußeren Ereignishergang ab Späterbst 1942 sind alle drei Fälle im Prinzip identisch und verliefen parallel; da Martin Reinhardt erst im Oktober 1942 ins Heim kam, sind zumindest für Donatus und Herbrecht dieselben Dokumente und Papiere in den Zöglingsakten vorhanden, die im Kontext der Deportation unterschiedlich relevant wurden: Kienasts Frage nach den Daten zur Staatsangehörigkeit etc. für die Zeugnisse und Schulpapiere, die einsetzende Korrespondenz mit den Behörden; für alle drei die Bestätigung der Überstellung ins Polizeipräsidium aufgrund der telefonischen Anordnung des Jugendamtes. Somit könnte die Darstellung schließen. Doch liegt der Sinn historischer Aufarbeitung auch darin, die Opfer zu würdigen

---

63 Diese Anfrage muss spätestens zum 8.3.1943 erfolgt sein, da von diesem Tag die Liste der Entlasspapiere datiert.

64 Zu diesem Prozedere vgl. grundsätzlich: Josephine ULBRICHT, Die Enteignung der Münchner Sinti und Roma und die Rolle der Reichsfinanzverwaltung, in: Bahr/Poth (Hg.), Höllenreiner (wie Anm. 30), 165-176.

65 Vgl.: https://www.muenchen.de/rathaus/Stadtverwaltung/Direktorium/Stadtarchiv/Erinnerungszeichen/Biografien/Donatus-Schneck.html (21.7.2021).

und den Ereignishergang und mögliche Handlungsmomente der Akteure zu verstehen.[66] Daher werden die beiden Brüder anhand der Überlieferung des Piusheimes ebenso vorgestellt, woran auch die Gestalt des Lehrers Kienast und des Heimleiters weiter jeweils etwas an Kontur gewinnt.

Herbrecht Reinhardt wurde am 10. Juli 1927 in Stuttgart geboren. Laut Akten brachte man ihn 1941 zunächst auf dem Spengelhof, einem evangelischen Knabenheim, unter, wo er gemäß Überweisungsunterlagen ans Piusheim von Wanderungen erst gegen 23 Uhr zurückkehrte und, so der Vorwurf, gefälschte väterliche Schreiben zur Entschuldigung vorlegte, schließlich Ende August bei einem Friseur-Gang sogar floh und erst knapp zwei Wochen später in Mainburg aufgegriffen wurde. In der Sichtweise des Münchner Jugendamts (wie aus Unterlagen, die dem Piusheim beigebracht wurden, und aus weiterer anfallender Korrespondenz hervorgeht) sei die Mutter relativ gleichgültig gegenüber ihrem Sohn, der Vater nicht auffindbar. Laut späterer Auskunft Herbrechts sei sein Vater, der als Wandermusiker und Kapellmeister arbeitete, an Weihnachten 1941 zuhause anzutreffen gewesen sein, davor als Musiker in einem Nürnberger Café[67], wie Heimleiter Seidl auf Münchner Anfrage hin am 2. März 1942 nachträglich mitteilte. Die Fürsorgeerziehung und Heimunterbringung wurde seitens des Amtes im Oktober 1941 als zielführend gesehen, um ordentliche Verhältnisse zu erreichen und größeren Schaden vom Kind abzuwehren, wie auch die weiteren Beschlüsse des Amtsgerichts München vom 18. Oktober und 16. Dezember 1941 als Gründe anführen. Weiter geht aus den Akten hervor, dass Herbrechts Vater nach einer mehrmonatigen Haft im KZ Mauthausen (Österreich), das für seine harten Haftbedingungen bekannt ist[68], Ende Oktober 1942 ums Leben kam.[69] Kienasts Abschrift der behördlichen Mitteilung der Kommandantur des KZ

66 Vgl. den instruktiven Abschnitt „Nutzen und Notwendigkeit lokaler Aufarbeitung“ hinsichtlich der Frage nach Sinn und Zweck der historischen Recherchen bei: FINGS, Der Weg in den Völkermord (wie Anm. 34), 53-55. Fings betont zum einen die Absicht, die Opfer zu würdigen, zum anderen, die Motivationen der Akteure differenziert nachvollziehen zu lernen, d. h. ob sie aus ideologischer Überzeugung oder aus „Karrieredenken, Handlungsdruck oder materiellem Interesse“ agierten (ebd. 54).

67 Weitere Informationen zur gesamten Familie Reinhardt sind nachvollziehbar aufgrund der jüngst eingerichteten Gedenkstätte an der damaligen Wohnadresse in der Münchner Sintpertstraße, deren Einweihung auf Youtube dokumentiert ist: https://www.youtube.com/watch?v=ydk0TF42jIg (20.7.2021); ebenso auf Seiten des Münchner Stadtportals: https://ru.muenchen.de/2021/51/Uebergabe-eines-Erinnerungszeichen-fuer-die-Sinti-Familie-Reinhardt-94962. Laut diesen Beiträgen war Vater Reinhardt als Kapellmeister tätig. – Auch bei Herbrecht findet sich der schon bei Donatus Schneck (s. o. Anm. 61) erwähnte Fragebogen zu Bildungs- und Kenntnisstand; auf die Frage, warum er im Piusheim sei, schrieb er: „Da mein Vater nicht zuhause ist u. meine Mutter uns nicht alle Zuhause haben will.“ Auch hier bleibt die Frage, unter welchen Umständen der Fragebogen ausgefüllt wurde.

68 Wolfgang BENZ, Geschichte des Dritten Reiches, Lizenzausgabe der Bundeszentral für politische Bildung (Schriftenreihe 377), Bonn 2010, 15: „Nach dem Anschluß Österreichs wurde im August 1938 in Mauthausen bei Linz ein KZ mit besonders harten Haftbedingungen eingerichtet.“

69 Die Inhaftierung dürfte im Zusammenhang mit den deutlich verschärften Maßnahmen gegenüber Sinti und Roma ab März 1942 zu sehen sein, sowie im Kontext des Festsetzungserlasses von 1939, der einen Ortswechsel untersagte; vgl. Frank SPARING, NS-Verfolgung von „Zigeunern“ und „Wiedergutmachung“ nach 1945 (https://www.bpb.de/internationales/europa/sinti-und-roma-in-europa/180869/ns-verfolgung-von-zigeunern-und-wiedergutmachung-nach-1945; 12.7.2021).

vom 19. November 1942 an die Ehefrau Anna Reinhardt verdeutlicht den zynischen Umgang des Regimes mit den Inhaftierten, wenn wortreich beteuert wurde, wie sehr man dem (angeblich?) erkrankten Rudolf Reinhardt medizinisch die beste Versorgung angedeihen ließ, doch leider erfolglos. In der Abschrift findet sich auch die Auflistung der Kinder des Ehepaars Reinhardt: Siegfried 1926, Herbrecht 1927, Martin 1928, Margarete 1929, Rigo 1931, Rudolf 1940, Adolf 1941.

Im Vergleich zum Akt des rund zwei Jahre älteren Donatus Schneck, der bereits ein Jahr länger in Glonn lebte, fällt auf, dass der Akt von Herbrecht Reinhardt sorgfältiger geführt wurde. Dies und die umfassenderen Bewertungen etc. durch Lehrer Kienast lassen erkennen, dass der jüngere Herbrecht mehr Aufmerksamkeit erhielt. Die aufbewahrten Ego-Dokumente zeigen einen ordentlichen und gewissenhaften Jungen, die Notizen Kienasts bestätigen dies und lassen begründet vermuten, dass der Lehrer mit nicht wenig Wohlwollen dem Schüler begegnete – wahrscheinlich schien er ihm kein hoffnungsloser Fall, um es zugespitzt im Sinne des Selbstverständnisses einer solchen Fürsorge-Einrichtung zu formulieren. Dies zeigt exemplarisch der ans Jugendamt München geschickte Bericht von Heimleiter Seidl vom 19. Juni 1942, der in wesentlichen Teilen wie üblich auf die Vorlage von Kienast aufbaut und einen Jungen zeichnet, der für sein junges Alter anscheinend patent sein Leben und die Herausforderung der Heimsituation bewältigte, so dass die Überstellung in ein offenes Heim durchaus vorstellbar war:

„Reinhardt ist seit 17.9.41 in unserem Heim und hat ausser einem Fluchtversuch am 25.10.41 (vergleiche Nachricht vom 25.10.41) keine wesentlichen Schwierigkeiten gemacht. Wenn man dabei in Betracht zieht, dass der Junge infolge seines Aussehens (Reinhardt ist Zigeunermischling und hat ein typisch-rassiges Zigeunergesicht, weshalb er unter seinen Kameraden durchwegs ‚Negus' gerufen wird) allerlei Spott in mannigfacher Form zu ertragen hat, so ist die Tatsache, dass er keine wesentlichen Schwierigkeiten macht, entsprechend hoch zu bewerten. Zugute kommt ihm dabei sein noch kindliches Gemüt, sein echter, unbeschwerter Frohsinn und seine versöhnliche Haltung. Auch seitens der Anstaltsleitung wurden keine bes. Klagen über Reinhardt laut. Er tut im Unterricht mit, hat durchschnittlich gute Leistungen und ist im Schreiebn [sic!] sehr gewandt. Irgendwelche Beschwerden versteht er geschickt abzufassen, ohne sich besonders herauszustellen und ohne den Beklagten zu sehr zu belasten. Am 25.2.42 wurde Reinhardt dem hier zuständigen Berufsberater vorgestellt, der folgendes Gutachten fällte: ‚Auf den Beruf des Kellners festgelaufen, der ihm auf den Leib zugeschnitten ist. Ueber Unmöglichkeit des Erlernens dieses Berufes aufgeklärt, besteht er weiter darauf.' Da die Berufsfrage unter diesen Umständen nicht gelöst werden konnte, wurde der Junge in der schulfreien Zeit mit leichten landwirtschaftlichen Arbeiten beschäftigt, die ihm jedoch nicht behagten. Seit einigen Wochen als Küchenhelfer in die Anstaltsküche übernommen, da er gelegentlich den Wunsch äusserte, evtl. auch Koch werden zu wollen. […] Wenn aufgrund der Ausnahmegesetzgebung über Rassenzugehörigkeit keine Schwierigkeiten bestehen, dass

Reinhardt dem gewünschten Kellnerberuf zugeführt werden kann, so steht unseres Erachtens einer Ueberstellung in ein offenes Heim nichts im Wege."

Einer nur wenig später geäußerten Idee der Berufsberatung, Herbrecht als Donauschiffer einzusetzen, wurde vom Jugendamt am 29. August 1942 stereotyp und wie zu erwarten unter Verweis auf seine Herkunft und damit auftauchender Probleme (Stichworte: Zigeunerleben, Gefahr der Straffälligkeit) eine Absage erteilt. Mit gleichem Datum ging diese Absage auch ans Arbeitsamt, wobei hier das Jugendamt noch mehr von seiner rassistischen Argumentation einstreute, wie wenn man sich im bürokratischen Umgang von Amt zu Amt noch unverblümter äußern könnte[70], wenn von der „triebhaften Art des Jungen, der durch seine Abstammung als Zigeuner und durch erbliche Belastung (Kriminalität beider Eltern, sittliche Minderwertigkeit des Vaters usw.)" die Rede ist, was „den bisher erreichten Erziehungserfolg sofort zunichte machen" würde. Interessant ist an der erwähnten Vorlage Kienasts, dass der Lehrer weitere Reflexionen an seine Empfehlung, den Jungen in ein offenes Heim zu entlassen, über die Problematik von Herbrechts Herkunft knüpft, als ob er die eben angeführten, späteren behördlichen Einlassungen in Sachen Berufsberatung geahnt hätte: Kienast bezog sich im Entwurf nämlich auf seine Eingabe vom Jahresanfang bei der Münchner Kriminalpolizei, wie sie auch bei Schneck dokumentiert ist, als er damals für das Ausfüllen der Formulare etc. die Klärung der Staatsangehörigkeit erbat, die zur Jahresmitte 1942 immer noch ausstand. Er meinte nämlich, dass ein Heim in der Großstadt dringend zu vermeiden sei, und fragte: „Hat die Rassenzugehörigkeit (Anscheinend Zigeunertyp, jedoch rassenbiologisch noch nicht festgestellt) irgend einen gesetzlich festgelegten Einfluß auf den Heimaufenthalt (verzögernd?)?" Es bleibt unklar, ob er hier eventuell sogar ein wenig Sorge durchblicken lässt. Auch der Fortgang des Schreibens ist schwer zu deuten, wenn Kienast eigentlich sehr klar analysiert und sich eigentlich bewusst zu sein scheint, in welcher Situation der Junge stand: „Daß er selber als Zigeuner oder Zigeunermischling unter ‚Ausnahmegesetzgebung' steht, hat er selber noch gar nicht begriffen. So las er aus der Schulbücherei ein für Schüler geschriebenes Büchlein über Rasse, ohne hernach für sich eine Frage zu stellen. Und bei einer zusätzlichen Schulschlußfeier, welchen [sic!] von den 8. Kläßlern noch eigens im Schulzimmer veranstaltet wurde, trug er naiv und begeistert einen Teil aus Wilhelm Tell vor, den er irgendwie gefunden hatte oder den ein Junge aus dem Gedächtnis niederschrieb und den er ‚gelernt' hatte, vor: ‚Wir wollen sein ein <u>einzig</u> Volk von Brüdern, in keiner Not uns trennen und Gefahr."

Ob Herbrecht wirklich so naiv war, wie Kienast glaubte? Nicht nur das Tell-Zitat ließe andere Schlüsse zu. Ein Brief des Jungen an seinen Bruder Siegfried nur kurze Zeit später vom 19. Juli 1942 zeigt – wenn auch verklausuliert, um anderen (Mit-)Lesern offensichtlich nicht zu viel zu verraten – einen aufgewühlten, nachdenklichen, alarmierten Heranwachsenden, der die Gefährdungen anscheinend wahrnahm, lieber

70 Vgl. zur zentralen Rolle der Jugendämter in der ideologischen Verfolgung: KREITNER, Jugendfürsorge während des Nationalsozialismus in Kärnten (wie Anm. 14), 227.

Besuch statt Post anforderte und den die unsichere Situation des Vaters im KZ arg emotional zusetze. Man kann sich vorstellen, dass Herbrecht auch seine eigene Situation mittlerweile durchaus erfasst hatte, wenn er Siegfried bat: „komme sobald wie möglich, da ich Dir viel wichtiges zu sagen habe und ich von Dir Aufklärung brauche. Auch habe ich Dir etwas mittzuteilen was nur mündlich geht.“ Da der Brief im Akt abgelegt wurde, hat er seinen Adressaten wohl niemals erreicht. Dass sich bei Herbrecht etwas verändert hatte und offensichtlich auch weiter in Veränderung begriffen war, bestätigte auch der nächste Bericht des Heimleiters Seidl ans Jugendamt vom 22. Dezember 1942. Kienast hatte dafür wieder die Vorlage geliefert, er schrieb darin: „Herbrecht ist seit längerer Zeit wesentlich stiller geworden --- stiller und ruhiger, als es vielleicht gut ist. Ursachen nicht bekannt. Es ist aber möglich, daß das Verhalten der Mutter, der Tod des Vaters und die Einbringung seines Bruders ins Heim (Martin) ihn so beeindruckt haben. Es ist auch möglich, daß ihm die Sonderstellung, die er als Zigeuner einnimmt, langsam zum Bewußtsein kommt und er aus seiner unbefangenen Art, die er ursprünglich trotz allem hatte, endgültig losgelöst ist.“ Seidl griff die Vorlage Kienasts in gewohnter Manier auf – und baute sie aus, mehr als bisher üblich: „Reinhardt Herbrecht ist in der letzten Zeit sehr still und zurückhaltend geworden. Der Tod seines Vaters, an dem er besonders gehangen, ging ihm sehr nahe. Auch leidet er darunter, dass seine Mutter ihn nicht recht mag. Das Bewusstsein seiner Abstammung lastet schwer auf ihm. Nach seiner Meinung gibt es für ihn überhaupt keine Zukunftsmöglichkeiten mehr. Herbrecht ist ein geistig geweckter Junge, der klar sieht und sich auch nichts vormachen lässt. Seine Führung ist nach wie vor gut. Er ist zuvorkommend und hilfsbereit. Auch weiss er sich zu benehmen und ein kleiner Gentlemen [sic!]. Bei notwendigen Zurechtweisungen zeigt er sich einsichtig und besserungswillig. […] Der Gesundheitszustand des Jungen ist in Ordnung. Aufgrund seiner Abstammung dürfte zur Zeit weiterer Heimaufenthalt für ihn wohl das Beste sein.“ – Was meinte Seidel mit „zur Zeit“? Kann man es auf den zunehmenden Verfolgungsdruck gegenüber Sinti und Roma beziehen? Immerhin schreibt Seidl im Duktus der Feststellung – und damit geht er über die Vorlage Kienasts hinaus –, dass das Wissen um seine Herkunft schwer auf Herbrecht laste und er gar keine Zukunftsmöglichkeiten mehr sähe. Hatte er sich selbst ein deutlicheres Bild von dem Jungen gemacht und mit ihm gesprochen, oder deutet er dessen Verhalten im Horizont der Gesamtsituation aus und lässt seine eigenen Sorgen und Gedanken anklingen? Warum weicht er so stark von der Vorlage ab? Oder hatte er mit Kienast nochmals geredet, den Bericht eventuell diskutiert? Und: warum benutzt er diese klaren Formulierungen gegenüber dem Jugendamt, das ja seine Disposition bezüglich „Zigeuner“ im Schriftverkehr nicht verhehlte? Lehrer Kienast blieb zumindest in der Vorlage vom 22. Dezember 1942 vage, unbestimmter, vermutender. Nur wenige Wochen später sollten sich mögliche Ahnungen und Sorgen, die die Fröhlichkeit des Jungen so augenscheinlich ausgelöscht hatten, bewahrheiten. Die schon in der Schilderung der Vorgänge um Donatus Schneck weiter oben telefonisch angeordnete Überstellung der Zöglinge ins Münchner Polizeipräsidium vom 8. März 1943 findet auch im

Akt Herbrechts seine Bestätigung, hier in einem handschriftlich mit Bleistift beschriebenen Zettel vom gleichen Datum, der Hast wie Ratlosigkeit dokumentieren dürfte:

„Für Reinhardt Herbrecht
gab ich mit
Impfschein
Evtl. Zeugnis aus d. Volksschule u. Religionszeugnis."

Herbrecht Reinhardts Spuren verlieren sich im KZ Auschwitz.

Martin Reinhardt

Martin, geboren am 21. November 1928, war über ein Jahr jünger als Herbrecht, doch ausweislich der überlieferten Akten von ganz anderem Temperament. Die Mutter hatte ihn nach dem Tod des Vaters im KZ Mauthausen dem Piusheim am 13. November 1942 übergeben, wie aus einem Schreiben des Heims vom 15. November an die bislang besuchte Münchner Volksschule hervorgeht, als die Übersendung der Schulunterlagen erbeten wurde. Das Heim wies darauf hin, dass Martin zunächst nur Gaststatus habe, bevor er auch vom Jugendamt entsprechend als Zögling überstellt würde. Als Handlungsgrund der Mutter werden die Situation nach dem familiären Schicksalsschlag und die Versorgung eines Kleinkindes angegeben. Der zugesandte Akt dokumentiert Einträge der bisherigen Lehrkräfte, die das Bild eines gefährlichen Problemschülers zeichnen, der wegläuft, mit der Polizei wegen eines kleinen Diebstahls in Kontakt gekommen und überdies sittlich auffällig sei, man beklagte auch die fehlende Information der Mutter bezüglich der Einbringung Martins in Glonn. Die ungewöhnliche Schärfe und auch Anzahl der notierten Bewertungen im Akt der Münchner Schule mag aus dem zeittypischen Sittenverständnis erklärbar sein, was mitgelieferte Schulhefte illustrieren, in denen aus heutiger Sicht anhand von einigen Zeichnungen und Sprüchen ein voll in der Pubertät stehender Jugendlicher entgegentritt, der offensichtlich auch anders als sein älterer Bruder Herbrecht die Dinge hinsichtlich der politischen Verhältnisse klarer sah und rebellischer wirken musste. Auch Lehrer Kienast fertigte eine kurze Skizze zum Schüler für die Unterlagen anscheinend noch vor Erhalt des Aktes an, der relativ objektiv die Situation traf. Er charakterisierte den Jungen als körperlich weit vorausentwickelt, bemerkte aus seiner Sicht ungute häusliche Verhältnisse im Zusammenhang mit dem im Konzentrationslager verstorbenen Vater und will Martin den pädagogischen Bemühungen nicht ganz verschlossen sehen.

Eine Postkarte der Mutter, die an Martin und Herbrecht gemeinsam adressiert ist, dürfte zeigen, dass die Familie Ende des Jahres 1942 über die sich abzeichnende Ausweglosigkeit der Lage im Bilde war. Zwar wurde der Karte, die eine Fotografie der Feldherrnhalle zeigt, die Briefmarke mitsamt datierbarem Stempelaufdruck herausgeschnitten, aber der Inhalt legt nahe, dass sie kurz vor Weihnachten aufgegeben wurde.

Die Mutter erkundigte sich nach einem Paket, das sie ihren Söhnen nach Glonn zugesandt hatte, und erwähnte ein „Gesetz über Zinti [sic!]“, das erst März oder April in Kraft trete. Vermutlich spielt sie auf den sogenannten Auschwitz-Erlass Heinrich Himmlers vom 16. Dezember 1942 an, der letztlich die Deportationen im ersten Quartal 1943 einleitete. Wohl um das bevorstehende Unheil wissend oder es zumindest erahnend, informierte sie die Jungen, dass daheim noch alle gesund seien. Der Transport der Familie nach Auschwitz folgte bekanntermaßen im März 1943. Dort ist nach Stand der Forschung der Großteil der Familie umgekommen. Mutter Anna Reinhardt wurde noch gegen Kriegsende mit ihrer Schwester ins KZ Bergen-Belsen verschleppt, das sie nicht überlebte, der älteste Sohn Siegfried starb offensichtlich im KZ Mittelbau-Dora. Martin Reinhardt wurde für medizinische Experimente mit Fleckfieber infiziert und ins KZ Natzweiler geschickt, doch aufgrund der hohen „Verluste“ beim Transport, wie sich der zuständige Medizinprofessor aus Straßburg beschwerte, brachte man die „Probanden“ zurück nach Auschwitz, wo Martin verstarb.[71]

Überlegungen zum Handeln von Lehrer Kienast und Heimleiter Seidl

Es ist aus den Akten nicht endgültig zu klären, warum Lehrer Kienast im Februar 1942 so viel Initiative und Aktivität zeigte. Aus den vorliegenden Archivalien ergibt sich der Eindruck, dass er von sich aus – augenscheinlich getrieben von übermäßiger bürokratischer Pflichterfüllung angesichts des banalen Problems, die amtlichen Formulare und Zeugnisse korrekt auszufüllen hinsichtlich Staatsangehörigkeit etc. – die Frage nach der Abstammung der Zöglinge im Landratsamt und bei der Kripo München ins Spiel brachte und einen Zigeunerausweis anregte. Als das Jugendamt im März 1943 telefonisch die Überstellung ins Polizeipräsidium anordnete, bat er im Nachgang die Zigeunerdienststelle ordnungsgemäß noch um das Überweisungsziel bezüglich Klärung der Schulpflichtüberwachung. Man kann in allem Tun eine aufgabenkonforme Ausführung sehen, die ganz seinem Kompetenzbereich im Rahmen der Satzung des Heims entsprach[72]; trotzdem bleibt ein irritierender Beigeschmack

71 Vgl. die Darstellung zum Familienschicksal bei der Einweihung der Gedenkstele für die deportierte Familie Reinhardt: Impulsvortrag von Sarah Grandke auf Youtube: https://www.youtube.com/watch?v=ydk0TF42jIg (20.7.2021; wie Anm. 1). – Zu Siegfried Reinhardt vgl. überdies den Abdruck des handschriftlichen Lebenslaufs (vermutlich Anfang 1942) bei: NERDINGER (Hg.), Die Verfolgung der Sinti und Roma in München und Bayern (wie Anm. 1), 148.

72 DiCV, I/AR 475, darin: Satzung des Piusheims. Zum Anstaltslehrer heißt es u. a.: „Es ist nötig, daß der Anstaltslehrer […] den erziehlichen, wirtschaftlichen und Verwaltungssachen eine rege Anteilnahme und Mitarbeit zuwendet.“ (§ 23); „Zu den besonderen Obliegenheiten des Anstaltslehrers gehört die Instandhaltung der Schulakten, der Schulbücherei, die Stellenvermittlung für zu entlassende Zöglinge und die Aufrechterhaltung der Fühlung mit den früheren Zöglingen.“ (§ 24); „Der Anstaltslehrer ist befugt, dem Personal Anweisungen im Sinne der Anstaltsleitung zu erteilen; selbständig wird er vorgehen in Vertretung des Direktors und so oft außerdem eine umgehende Regelung durch die Sachlage geboten erscheint.“ (§ 25). Insgesamt regelten die §§ 22-28 die Aufgaben und Befugnisse des

angesichts seines Engagements. Zu Lehrer Kienast ist anscheinend kein Personalakt mehr vorhanden, um Genaueres über ihn zu erfahren, etwa seit wann er im Heim tätig war.[73] Heimleiter Seidl trat im konkreten Ereignisgang, der zur Deportation führte, in den Akten in Erscheinung, als es um die Bestätigung der Überstellung ging, der er ebenso willfährig entsprach. Aus den überlieferten Dokumenten wird nicht klar, inwieweit Seidl vom Engagement Kienasts in Sachen Zigeunerausweise wusste. Die Satzung des Heimes wies ihm selbstredend die komplette Letztverantwortung zu, gab dem Anstaltslehrer aber auch umfassende Vertretungsvollmachten.[74]

Dass beiden Personen die prekäre Situation der Zöglinge und ihrer Familien präsent gewesen sein durfte, verdeutlicht – wie gezeigt – der Akt von Herbrecht Reinhardt. Sie werden also nicht sonderlich überrascht gewesen sein, als spätestens kurz vor Weihnachten 1942 mit dem sogenannten Himmler-Erlass die Deportation der Sinti und Roma im Prinzip besiegelt wurde. Dass in absehbarer Zukunft also ihre drei Zöglinge in den Fokus der behördlichen Aktivitäten gelangen würden, war eigentlich erwartbar, insofern Seidl und Kienast auf dem aktuellen Stand der Ereignisse waren. Somit bleibt durchaus die Frage, was Seidl und Kienast hätten tun können, spätestens, als die Überstellung anstand. Diese Frage ist stets heikel, da man die Betroffenen nicht mehr fragen kann. Und nicht jeder Priester – denkt man an Heimleiter Seidl – war zum Märtyrer in dieser Zeit berufen, wenngleich es viele Beispiele von widerständigen Geistlichen gab, die schwerwiegende Konsequenzen bis hin zum Tod auf sich nahmen. Diese Feststellung trifft natürlich auch auf „normale" Gläubige zu. Objektiv besehen war der Spielraum klein. Eine Möglichkeit zeichnet sich jedoch im Rückblick ab, danach zu fragen ist insofern legitim, als sich aus kirchenhistorischer Sicht auch stets die Frage auftut, was sich im Horizont des Evangeliums für Handlungsalternativen in konkreten Situationen ebenso ergeben hätten. Laut Akten waren Donatus Schneck und Martin Reinhardt immer wieder davongelaufen und konnten sich sogar weit absetzen, Donatus nach Villach, Martin bis in die Hallertau. Mit Verweis auf diese zurückliegenden Vorkommnisse hätte man es wagen können, eine erneutes Ausbüchsen der drei Jungen zu behaupten, tatsächlich jedoch die drei zu verstecken,

---

Anstaltslehrers, der nach vorangegangener Genehmigung der staatlichen Behörden durch den Vereinsvorstand aufgestellt wurde und umfassende Vollmachten erhielt; es fällt auf, dass trotz zugestandener, frei auszuübender Kompetenzen eine klare Rückbindung an die Heimleitung vorlag, was aus dem Abschnitt zu Aufgaben und Pflichten des Direktors erhellt.

73 Vgl. Freundliche Auskunft von Frau Stefanie Grisse, KJF München, Mail 12.2.2015. Auch eine Suche in der Datenbank des AEM erbrachte keinen Treffer (freundliche Auskunft AEM; zur Überlieferungssituation zum Piusheim und zu Glonn, auf dessen Gemeindegebiet die Einrichtung lag: vgl. Untermarzoner an Verf., Mail 2.12.2014). Auch eine Nachfrage im Diözesanarchiv nach Übergabe der Zöglingsakten brachte keine Erkenntnis; vgl. Volpert an Verf., Mail 2.7.2021.

74 Zum Direktor vgl. DiCV, I/AR 475, darin: Satzung des Piusheims, §§ 1-21. „Dem Direktor obliegt die Leitung und Verwaltung der Anstalt in wirtschaftlicher und erzieherischer Hinsicht; ihm untersteht das gesamte Anstaltspersonal." (§ 5); „Der Direktor ist befugt zu seiner Entlastung Teile seiner Obliegenheiten dem Anstaltslehrer oder dem Oberaufseher zu übertragen." (§ 19); „Bei mehr als dreitägiger Abwesenheit überträgt der Direktor schriftlich die Anstaltsleitung dem Anstaltslehrer und nimmt sie schriftlich wieder zurück. Der Anstaltslehrer zeichnet in dieser Zeit verantwortlich für die Anstalt." (§ 20).

verbunden mit dem Risiko, dass sie von dort unter Umständen selbst nochmals aufbrachen, um zu ihren Familien zu gelangen. Den Behörden wäre es mit Verweis auf die Akten zu vermitteln gewesen, dass die drei „wieder einmal“ weggelaufen seien. Suchanstrengungen hätte man mit Blick auf den Winter als schwierig und eventuell sogar erfolglos deklarieren und so die Jungen schützen können. Ob ein solches Unterfangen die drei dauerhaft bis Kriegsende vor der Deportation bewahrt hätte? Ob ein solches Verhalten Kienast und Seidl, ja vielleicht sogar das ganze Heim in Gefahr gebracht hätte? Und ob eine solche Aktion überhaupt dem damaligen Weltbild der beiden Verantwortungsträger entsprochen hätte?

Zusammenfassung und Ausblick

Nach Sichtung der Forschungssituation und der Quellenlage zeichnete sich ab, dass das Recherche-Projekt auf sehr wenig Grundlagenarbeit aufruhen, vielmehr selbst für einen klar umrissenen Teilbereich zur Erforschung des Schicksals der Sinti und Roma im Dritten Reich (im Horizont des kirchlichen Fürsorgewesen mit Fokus auf Kinder und Jugendliche) Grundlagenarbeit leisten würde. Die konstatierte Forschungslücke resultiert neben der bisweilen unübersichtlichen Quellenlage bedauerlicherweise an dem bis heute wenig ausgeprägten Interesse am Schicksal der Verfolgten Sinti und Roma. Die erwähnten Gedenkorte in München schaffen seit geraumer Zeit Abhilfe und würdigen die Familien- und Personenschicksale.

Letztlich konnten im Zuge der Recherchen drei männliche Jugendliche namentlich ausfindig gemacht werden, die im März 1943 gemäß Archivalien aus einer kirchlichen Einrichtung ans Münchner Polizeipräsidium überstellt und in der Folge von dort deportiert wurden. Zwei von ihnen tauchen in der erwähnten Prisoner-Datenbank von Auschwitz auf: Martin Reinhardt unter der Nr. Z 3538, Donatus Schneck unter Z 3543. Ob Donatus Schneck in Auschwitz umgekommen ist, scheint laut Forschungen von Frau Grandke unwahrscheinlich – nach Verschiebung in andere Lager (wohl Mittelbau-Dora und Buchenwald) gilt Schneck bei einem Fliegerangriff auf die Gustloff-Werke in Buchenwald als verstorben.[75] Nachforschungen zu der im Ausstellungskatalog des Münchner NS-Dokumentationszentrums erwähnten jungen Frau aus dem Fürsorgeheim Maria-Einsiedel-Straße, die zwangssterilisiert wurde, brachten mit Blick auf die Archivlage der Einrichtung keine Ergebnisse.

Das Piusheim ist (trotz mehr oder weniger privater Gründung und vereinsrechtlich organisierter Trägerschaft) als kirchliche Einrichtung anzusehen, da der Rektor Diözesanpriester war und vom Erzbischof in seinem Amt bestätigt werden musste. Auch der Schulleiter ist nicht zuletzt in seiner satzungsgemäßen Verwiesenheit auf

75 Vgl.: https://www.muenchen.de/rathaus/Stadtverwaltung/Direktorium/Stadtarchiv/Erinnerungszeichen/Biografien/Donatus-Schneck.html (20.7.2021).

den Rektor und den kirchlichen Kontext zu beurteilen. Zugleich fällt sein Engagement bezüglich Zigeuner-Nachweis auf, er scheint hier bis an den Rand des Rahmens zu gehen, den sein Zuständigkeitsbereich vorgab, und machte somit die Kripo München auf die „Zigeuner" im Heim in nachdrücklicher Weise aufmerksam, wenngleich die Polizei bemerkte, dass die Jungen schon als Zigeuner erfasst seien – so dass schließlich im Zuge der Deportation die Jungen wohl problemlos im Piusheim hätten eruiert werden können. Somit steht die Frage nach der Rolle der Erzdiözese an der Deportation von drei Sinti- und Roma-Jugendlichen im Raum, was angesichts der Notizen Faulhabers besondere Bedeutung erlangt.[76] Denn wenn Faulhaber Anfang April 1943 meinte, trotz der sich bereits vollziehenden Katastrophe keine Hilfe in Aussicht stellen zu können, wie wahrscheinlich wäre es gewesen, dies von seinem Diözesanpriester und Heimleiter Seidl noch rund einen Monat vorher zu erwarten? Vermutlich ohne dabei ganz in die Irre zu gehen, dürften die Akteure insgesamt doch in individuellen, durch Jahrzehnte von offizieller Seite (zu denken ist neben der NS-Propaganda vor allem an die noch zu Zeiten der Monarchie eingerichtete Zigeuner-Polizeidienststelle und ihre offensichtlich nachhaltige Wirkung) eingepflanzten Ressentiments hinsichtlich Sinti und Roma gefangen gewesen sein.

Ausblickhaft ist festzuhalten, dass aufgrund der Archivlage jederzeit weitere Schicksale auftauchen können.[77]

Ein nicht unwesentliches Ergebnis stellt das aus den Akten aufscheinende Agieren des Städtischen Jugendamtes dar, insofern von dieser Seite die Einweisung von Donatus Schneck sowie Herbrecht und Martin Reinhardt veranlasst wurde. Über die Sachgemäßheit der zuvor erfolgten familiären Trennung kann aus den Akten nicht mit letzter Klarheit geurteilt werden, doch lassen die erwähnten Forschungen Kreinerts zur Fürsorgeerziehung in Kärnten zur NS-Zeit den Schluss zu, dass hier bei den Einweisungsgründen ideologische Vorgaben umgesetzt oder zumindest verstärkend herangezogen wurden. Donatus sowie der später offenbar von der Mutter selbst nach Glonn gebrachte Bruder Herbrechts, der ein Jahr jüngere Martin, waren Jungen, die gerade mitten in der Pubertät und im Erwachsenwerden standen, von daher die in den Akten dokumentierten Ereignisse (unter anderem Konflikte mit Mitzöglingen und Lehrern) nicht erstaunen. Wenn etwas an der Schilderung aus den Piusheim-Akten ersichtlich wird, dann dies: Menschen sind unterschiedlich, sind Individuen und mit unabänderlicher Würde ausgestattete Personen, die je nach ihren Möglichkeiten in Krisensituationen reagieren. Dies gilt für die Zöglinge Donatus, Herbrecht und Martin. In einer zunehmenden Unterdrückungs- und Verfolgungs-

---

76 Vgl. den instruktiven Abschnitt „Nutzen und Notwendigkeit lokaler Aufarbeitung" hinsichtlich der Frage nach Sinn und Zweck der historischen Recherchen bei: FINGS, Der Weg in den Völkermord (wie Anm. 34), 53-55. Fings betont zum einen die Absicht, die Opfer zu würdigen, zum anderen, die Motivationen der Akteure differenziert nachvollziehen zu lernen, d. h. ob sie aus ideologischer Überzeugung oder aus „Karrieredenken, Handlungsdruck oder materiellem Interesse" agierten (ebd. 54).

77 Jedoch scheint es so, dass im Piusheim keine weiteren Schicksale auftauchen. Zumindest ein Abgleich mit Familiennamen aus dem Ausstellungskatalog des NS-Dokumentationszentrums mit den Mündelakten des Piusheims brachte keinen weiteren Fund.

situation zu leben, dann in einem für seine Problemfälle wie deren harte Behandlung bekannten Piusheim sich einzufügen, wird erwartbar stets individuelle Reaktionen und Verhaltensweisen hervorrufen. Dies mag nicht nur sie, sondern auch die Herkunftsfamilie in massiven Stress und in massive Ängste getrieben haben. Hier hat die Pädagogik wohl versagt, wenn sie dies nicht angemessen würdigt – in den Berichten fehlt diese Dimension im Prinzip fast völlig. Auch wenn oft angeführt wird, dass es der „Stil der Zeit" gewesen sei – eine kirchliche Einrichtung muss sich fragen lassen, ob es in ihr in entscheidenden Punkten nicht anders als in der „Welt draußen" zuzugehen habe; eine Frage, die angesichts der aktuellen Missbrauchsaufarbeitung umso schmerzlicher ist. Auch wenn im Akt von Herbrecht ein wohlwollenderer pädagogischer Zugriff von Lehrer Kienast und ein überraschend deutlich artikuliertes Problembewusstsein für dessen Situation nicht zuletzt durch Heimleiter Seidl zu erkennen ist – dass die Verantwortungsträger schließlich keine Mittel und Wege fanden, die Überstellung ans Polizeipräsidium zu verhindern, lässt ratlos und bestürzt zurück, ermahnt aber ebenfalls dazu, darüber nachzudenken, dass auch sie fehlbare Individuen in einer von Ängsten und Überforderung geprägten Situation gewesen sein dürften, in der – wie die Geschichte zeigt – mancher über sich hinauswuchs, mancher kläglich versagte.

Ob überdies der Zeithintergrund noch nicht „reif" genug war? Kriegsmüdigkeit und ein Gefühl von Ausweglosigkeit sind laut Forschung vermehrt nach den als Zäsur angesehenen ersten Tagen des Februar 1943 in der Bevölkerung festzustellen, als die nahezu parallelen Ereignisse der Vernichtung der 6. Armee in Stalingrad (Kapitulation 6.2.1943), der Flugblattaktion der Weißen Rose an der Universität München und der Sportpalast-Rede Goebbels' mit dem Aufruf zum Totalen Krieg eine spannungsreiche Momentaufnahme bieten und eine geschichtliche Wendephase markieren.[78] Doch die Ereignisse dieser Tage kamen anscheinend zeitlich besehen zu spät, um bei Lehrer und Direktor noch andere Handlungsoptionen als die „Pflichterfüllung" gegenüber behördlichen Anordnungen anzuregen und einen etwaigen Rettungsversuch für die Zöglinge zu wagen.

78 Vgl. Benz, Geschichte des Dritten Reiches (wie Anm. 68), 195-199.

Der vergessene Erzbischof?

Zum 60. Todestag von Kardinal Joseph Wendel*

von Ferdinand Josef Müller

Fragt man nach den Erzbischöfen von München und Freising des 20. Jahrhunderts, wird sein Name nur sehr selten genannt: Kardinal Joseph Wendel scheint so gut wie vergessen zu sein, und das, obschon er in der unmittelbaren Vorkonzilszeit gewirkt hat. Das dürfte mit unterschiedlichen Faktoren zusammenhängen: Vor allem beschränkte sich die Amtszeit Kardinal Wendels auf acht Jahre – eine kurze Zeit im Vergleich zu Kardinal Faulhaber, der von 1917 bis 1952 und damit 35 Jahre im Amt war. Und Kardinal Döpfner stand der Erzdiözese fast die doppelte Zeit – nämlich ziemlich genau 15 Jahre von 1961 bis 1976 – vor. Die Interessen der Forschung galten bisher mehr dem Vorgänger und dem Nachfolger. So interessiert Faulhaber, wenn es um Fragen der katholischen Kirche Deutschlands im Nationalsozialismus geht. Über die Fortschritte bei der Edition seiner Tagebücher[1] berichten regelmäßig die Zeitungen. Kardinal Döpfner, der viele Jahre Vorsitzender der Deutschen Bischofskonferenz und einer der vier Moderatoren beim Zweiten Vatikanischen Konzil war, erfährt immer dann Beachtung, wenn es um Fragen des Konzils und die nachkonziliare Zeit[2] geht. In Wendels Amtszeit hingegen gab es keine solchen sensationellen Herausforderungen. Die Katholische Akademie in Bayern ist heute eine weit über Bayern hinaus bekannte und anerkannte Institution. Zu ihren Gebäuden zählt das sogenannte Kardinal-Wendel-Haus. Aber wer weiß denn noch, dass Kardinal Wendel der entscheidende Initiator und Gründer der Akademie war und das Haus deshalb nach ihm benannt worden ist? Schließlich scheint mir mein eigener akademischer Werdegang ein Beleg dafür zu sein, dass Kardinal Wendel ein vergessener Erzbischof genannt werden kann. Über Kardinal Faulhaber habe ich bereits in der Oberstufe des Gymnasiums eine Arbeit geschrieben, Kardinal Döpfner habe ich meine erste Seminararbeit an der Universität gewidmet. Vor diesem Hintergrund ist es deshalb weniger eine Frage, wie der Titel vermuten lässt, sondern vielmehr eine berechtigte These. Der Anlass dieses Aufsatzes war Wendels Todestag, der sich am 31. Dezember 2020 zum 60. Mal gejährt hat. Er bot willkommenen Anlass, Persönlichkeit und Wirken dieses

---

* Online-Vortrag beim Verein für Diözesangeschichte von München und Freising am 23. Februar 2021. Für die Drucklegung wurde er geringfügig überarbeitet.

1 Vgl. die Kritische Online-Edition der Tagebücher Michael Kardinal von Faulhabers (1911–1952), in: https://www.faulhaber-edition.de/index.html (zuletzt aufgerufen am 4.1.2022).

2 Vgl. zuletzt Stephan MOKRY, Kardinal Julius Döpfner und das Zweite Vatikanum. Ein Beitrag zur Biographie und Konzilsgeschichte (Münchener Kirchenhistorische Studien NF 3), Stuttgart 2016.

Erzbischofs neu in Erinnerung zu rufen. Ich beziehe mich dabei auf die bisher nur sehr schmale, voneinander vielfach abhängige Literatur.[3]

Herkunft und Kindheit (1901-1921)

Joseph Wendel wurde am 27. Mai 1901 in Blieskastel im Saarland als Kind von Georg und Katharina Wendel geboren. Sein Vater war Schneidermeister. Die Spuren der Ahnen der Familie lassen sich in der Eifel und in der westlichen Pfalz bis ins 17. Jahrhundert zurückverfolgen. Der Familienname leitet sich vom heiligen Wendelin, dem Patron des Viehs, ab. Joseph hatte zwei Brüder, einen älteren und einen jüngeren. Der ältere Peter wurde 1899 geboren und verstarb nur wenige Monate später; der jüngere Jakob kam 1904 auf die Welt. Das Leben der Familie soll von Einfachheit gekennzeichnet gewesen sein, der Glaube seinen festen Platz im Familienleben gehabt haben. Joseph Wendel wurde am 4. Juni 1901 in der Pfarrkirche St. Anna und St. Philipp in seiner Geburtsstadt Blieskastel getauft. Am 15. Mai 1914 erhielt er im

3 Die einschlägige Literatur zu Joseph Wendel ist äußerst spärlich: Georg SCHWAIGER/Manfred HEIM, Kardinal Joseph Wendel 1901-1960. Zum Gedächtnis des Bischofs von Speyer und Erzbischofs von München und Freising, München 1992. Georg Schwaiger hat darüber hinaus vier inhaltlich nahezu identische Aufsätze zu Joseph Wendel veröffentlicht, die in ihrer Gliederung der mit Manfred Heim zusammen verfassten Monografie entsprechen. Die Titel lauten: Georg SCHWAIGER, Kardinal Joseph Wendel. Erzbischof von München und Freising (1952-1960), in: Ders. (Hg.), Christenleben im Wandel der Zeit, Bd. 2: Lebensbilder aus der Geschichte des Erzbistums München und Freising, München 1987, 437-460; DERS., Zusammenbruch und Wiederaufbau, in: Ders. (Hg.), Das Erzbistum München und Freising im 19. und 20. Jahrhundert, München 1989, 372-414, hier 387-414; DERS., Joseph Wendel. Bischof von Speyer (1943-1952), in: Hans Ammerich (Hg.), Lebensbilder der Bischöfe von Speyer seit der Wiedererrichtung des Bistums Speyer 1817/21. Festgabe zum 60. Geburtstag Seiner Exzellenz Dr. Anton Schlembach, Bischof von Speyer (Schriften des Diözesan-Archivs Speyer 15), Speyer 1992, 277-306; DERS., Kardinal Joseph Wendel, Erzbischof von München und Freising (1952-1960), in: Hans Jürgen Brandt/Irmingard Böhm (Hg.), Unvergessen. Bayerns Kardinal bei den Soldaten. Zum Gedächtnis des Katholischen Militärbischofs für die Deutsche Bundeswehr Joseph Kardinal Wendel. Erzbischof von München und Freising (Quellen und Studien zur Geschichte der Militärseelsorge 1), Paderborn [2]1998, 96-121; Manfred HEIM, Art. Wendel, Joseph, in: Biographisch-bibliographisches Kirchenlexikon 16 (1999), 1543-1545; DERS., Art. Wendel, Joseph, in: LThK 10 ([3]2001), 1086; Erzbischof Joseph Kardinal Wendel. Festakademie zum 100. Geburtstag, in: zur debatte (2001/4) 23-31; Manfred WEITLAUFF, Joseph Kardinal Wendel (1901-1960). Koadjutor-Bischof und Bischof von Speyer (1941-1952), Erzbischof von München und Freising (1952-1960). Leben und Wirken eines Bischofs der Ära Pius' XII., in: Beiträge zur altbayerischen Kirchengeschichte [BABKG] 46 (2001) 9-207 (Dabei handelt es sich um eine umfangreiche Ausarbeitung eines Vortrags im Rahmen der Festakademie zum 100. Geburtstag von Kardinal Wendel: Manfred Weitlauff, Joseph Kardinal Wendel [1901-1960]. Leben und Wirken eines Bischof der Ära Pius XII., in: zur debatte [2001/4] 23f.); Karl-Ulrich GELBERG, Kardinal Wendel und die bayerische Politik 1952-1960, in: BABKG 46 (2001) 209-233 (Dabei handelt es sich um eine Ausarbeitung eines Vortrags im Rahmen der Festakademie zum 100. Geburtstag von Kardinal Wendel: Karl-Ulrich GELBERG, Joseph Kardinal Wendel und die bayerische Politik 1952-1960, in: zur debatte [2001/4) 25f.]; Erwin GATZ, Art. Wendel, Joseph (1901-1960), in: Ders. (Hg.), Die Bischöfe der deutschsprachigen Länder 1945-2001. Ein biographisches Lexikon, Berlin 2002, 382-386.

nahen Lautzkirchen das Sakrament der Firmung durch Michael Faulhaber, der damals Bischof von Speyer war.

Blieskastel gehörte damals politisch zur Rheinpfalz und damit zum Königreich Bayern. Während im Zuge der beiden Weltkriege sich die politische Zugehörigkeit änderte – heute gehört Blieskastel wie gesagt zum Saarland – blieb die kirchliche Zugehörigkeit zum Bistum Speyer bestehen. Bei aller Idylle, die Wendels Jugendzeit zugesprochen wird, erlebte dieser schon früh auch die Soziale Frage, also die Sorgen und Nöte, die mit der voranschreitenden Industrialisierung und Technisierung verbunden waren. Bei allem Fortschritt, diese Entwicklungen hatten bekanntlich ihre Ambivalenz. Joseph Wendel seinerseits war von klein auf sehr an der Technik und praktischen Dingen interessiert. Er erwarb sich relativ früh ein Geschick für praktische Dinge. Er soll später die Lautsprecheranlage im Speyrer Dom oder seinen Dienstwagen in München selbst kompetent repariert haben. Als 1914 der Erste Weltkrieg ausbrach, war Joseph 13 Jahre alt. Da seine Heimat Grenzland war, erlebte er den Krieg intensiv mit.

Joseph Wendel besuchte in Blieskastel zunächst die Volksschule, dann die königlich-bayerische Lateinschule. Als diese kriegsbedingt geschlossen wurde, trat er 1915 in das Bischöfliche Konvikt in Speyer ein und machte 1921 sein Abitur am dortigen staatlich-humanistischen Gymnasium. In dieser Zeit zeigte sich neben seinen ausgezeichneten schulischen Leistungen auch sein musikalisches Talent. Er spielte Geige und Cello und war zeitweise Dirigent des Hausorchesters.[4]

Römische Jahre (1921-1928)

Nach dem Abitur ging es für Joseph Wendel mit dem Studium weiter. Sein Heimatbischof Ludwig Sebastian (1917-1943)[5] schickte ihn nach Rom ins Collegium Germanicum et Hungaricum, dessen Alumne er von 1921 bis 1928 war. Damals war es üblich, dass man während der ganzen Studienzeit in Rom nie in die Heimat fahren durfte, so begannen für Wendel sieben römische Jahre. Sein Alltag war geprägt vom Studium an der Päpstlichen Universität Gregoriana und dem Seminarprogramm im Germanicum.

In diese Zeit fielen außer- wie innerkirchlich mehrere historische Ereignisse. 1922 kam Benito Mussolini an die Macht, der Faschismus wurde die bestimmende politische Kraft in Italien. Kirchlich kam es im gleichen Jahr zu einem Papstwechsel. Benedikt XV. (1914-1922) starb, und Achille Ratti, der Erzbischof von Mailand, wurde zum neuen Papst gewählt und gab sich den Namen Pius XI. (1922-1939). 1925 erlebte

4 Vgl. SCHWAIGER/HEIM, Kardinal Joseph Wendel 1901-1960 (wie Anm. 3), 21-25; WEITLAUFF, Joseph Kardinal Wendel (wie Anm. 3), 14-18; GATZ, Art. Wendel, Joseph (wie Anm. 3), 382.

5 Erwin GATZ, Art. Sebastian, Ludwig (1862-1943), in: Ders. (Hg.), Die Bischöfe der deutschsprachigen Länder 1785/1803 bis 1945. Ein biographisches Lexikon, Berlin 1983, 692-694.

Wendel das Heilige Jahr in Rom mit, bei dem er seinen jüngeren Bruder Jakob sehen konnte, der nach Rom gewallfahrtet war.

Im Jahr 1924 schloss er seine philosophischen Studien, also den ersten Studienabschnitt, mit dem Dr. phil. ab. In den späteren Jahren wirkte er als Präfekt der unteren Jahrgänge im Germanicum. Auch in Rom zeigte sich sein schon erwähnter Sinn für praktische Dinge. Das Germanicum besaß ein Feriendomizil, San Pastore, das noch nicht elektrifiziert war. Wendel packte an, es wurde geplant, Material beschafft, Unterstützung organisiert, und bald gab es dort elektrisches Licht. Joseph Wendel wurde am 30. Oktober 1927, dem Christkönigsfest, in der Kirche des Germanicums in Rom durch Basilio Pompili, dem Kardinalvikar für das Bistum Rom, zum Priester geweiht. Nach der Priesterweihe blieb er noch bis ins folgende Jahr in Rom, um seine Studien abzuschließen. 1928 promovierte er zum Doktor der Theologie.[6]

Priesterliches Wirken im Bistum Speyer (1928-1941)

Im Juli 1928 kehrte Wendel nach sieben Jahren in Rom in die Heimat zurück. Am 27. Juli feierte er in Blieskastel seine Nachprimiz. In den Jahren der Abwesenheit hatte es in seiner Heimat Veränderungen gegebenen. Sie gehörte nun nicht mehr zu Bayern, sondern unterstand in der Folge des Versailles Vertrages von 1919 dem Völkerbund. Viele Jahre war das Saargebiet ein Spielball zwischen Deutschland und Frankreich. Die kirchliche Zugehörigkeit zum Bistum Speyer blieb jedoch all die Jahre. Als in Blieskastel die Wallfahrt zum Gnadenbild Unserer Lieben Frau mit den Pfeilen nach dem Ersten Weltkrieg eine neue Blüte erfuhr, holte der Speyrer Bischof 1924 ganz selbstverständlich Kapuziner aus Bayern für die dortige Wallfahrtsseelsorge.

Die ersten Erfahrungen in der Seelsorge sammelte Wendel in seiner kurzen Kaplanszeit 1928/29 in der Pfarrei St. Martin in Kaiserslautern. Die Stadt Kaiserslautern war industriell geprägt, die soziale Frage omnipräsent und die Kirche auch in dieser Hinsicht gefordert. Wendel war aufgrund seines Gespürs für die Sorgen und Nöte der Menschen und seiner gut nachvollziehbaren Predigten ein Seelsorger, der an der Basis ankam und Wertschätzung erfuhr. Hier lernte er durch seinen Mitkaplan Karl Eisner die caritative Arbeit kennen, die in Wendels Speyrer Wirksamkeit fortan eine wichtige Rolle spielen sollte. Über Kaplan Eisner kam Wendel in Kaiserslautern auch erstmals in Kontakt mit der Schönstatt-Bewegung, der er ein Leben lang verbunden blieb.

---

6 Vgl. SCHWAIGER/HEIM, Kardinal Joseph Wendel 1901-1960 (wie Anm. 3), 25-28; WEITLAUFF, Joseph Kardinal Wendel (wie Anm. 3), 19-36; GATZ, Art. Wendel, Joseph (wie Anm. 3), 382.

Bischof Sebastian muss viel von Wendel gehalten haben. Bereits nach einem Jahr als Kaplan ernannte er ihn im Herbst 1929 zum Direktor des Bischöflichen Studentenwohnheims St. Joseph in Speyer – ein Amt, das er bis zu seiner Ernennung zum Diözesanbischof von Speyer innehatte. Das Studentenwohnheim war 1924 von Bischof Sebastian in einer ehemaligen Zigarrenfabrik eingerichtet worden und war für 60 Bewohner ausgelegt. Es bestand zusätzlich zum Bischöflichen Konvikt, das vor allem der Generierung des Priesternachwuchses dienen sollte. Die Nachfrage war groß, so dass das Haus bald an seine Kapazitätsgrenzen stieß und vergrößert werden musste. Auch hier waren Wendels Sinn und Interesse für praktische Dinge sowie sein Organisationstalent förderlich. Trotz der Weltwirtschaftskrise schaffte er es, den Ausbau so voranzutreiben, dass das Wohnheim 1932, anlässlich des 70. Geburtstags von Bischof Sebastian, eingeweiht werden konnte.

Zugleich wirkte Wendel als Religionslehrer am Gymnasium in Speyer. Er leitete Exerzitien und Einkehrtage, hielt außerordentliche Predigten und war Präses des katholischen Arbeitervereins. 1932 übernahm er neben dem Studentenwohnheim zusätzlich auch die Leitung des Bischöflichen Lehrlingsheims St. Philipp von Zell in Speyer.

Damit nicht genug. Von 1938 bis 1943 war Wendel in schwieriger Zeit auch Direktor des Diözesan-Caritasverbandes. Im Nationalsozialismus wurden die kirchliche Arbeit und ihre Einrichtungen bedrängt. Vor allem die Heime sowie die Armen- und Krankenfürsorge waren betroffen. Wendel gelang es, durch geschickte Verhandlungen und persönliche Kontakte, die Zugriffe der Nationalsozialisten abzuwehren oder die Maßnahmen zumindest zu mildern. Im Verlauf des Zweiten Weltkriegs mussten viele Menschen aus dem Grenzgebiet ihre Heimat verlassen, und es kam vielfach zu Kriegsschäden. In dieser Situation war die kirchliche Caritas gefordert, es bedurfte seelsorglicher Unterstützung und materieller Hilfe.

Joseph Wendels Heimat war bereits seit dem Ersten Weltkrieg umstrittenes Grenzland gewesen. Die Nationalsozialisten wollten die seither zu Frankreich gehörenden Gebiete Elsass und Lothringen Deutschland wieder einverleiben. Lothringen war von 1940 bis 1944 von Deutschland besetzt; der Bischof von Metz musste samt seinem Priesterseminar das Bistum verlassen. Die Seminaristen und ihre geistlichen Professoren fanden in Speyer Asyl, während Bischof Sebastian und sein Koadjutor und Nachfolger Wendel im Bistum Metz während der Kriegsjahre das Sakrament der Firmung spendeten und die Weihen erteilten. So wuchs in den Jahren der politischen Feindschaft im kirchlichen Bereich eine Kooperation unter den beiden Bistümern, die das Kriegsende überdauerte.[7]

7 Vgl. SCHWAIGER/HEIM, Kardinal Joseph Wendel 1901-1960 (wie Anm. 3), 28-46; WEITLAUFF, Joseph Kardinal Wendel (wie Anm. 3), 37-44; GATZ, Art. Wendel, Joseph (wie Anm. 3), 382-383.

Bischof in Speyer (1941-1952)

Ernennung und Weihe

Am 4. April 1941 wurde Joseph Wendel von Papst Pius XII. (1939-1958) überraschend und ohne mit dem Ortsbischof abgesprochen zu haben zum Titularbischof von Lebessus und Koadjutor von Speyer mit dem Recht der Nachfolge ernannt. Das Verhältnis von Sebastian und Wendel war aufgrund der langen Zusammenarbeit gut, aber Sebastian fühlte sich trotz seines Alters von 80 Jahren noch imstande, seine Aufgaben selbst zu erfüllen, und er scheint die Ernennung eines Koadjutors als Kränkung empfunden zu haben. Die Bischofsweihe erfolgte im Dom von Speyer am 29. Juni 1941, dem Hochfest der Apostelfürsten Petrus und Paulus. Hauptkonsekrator war der amtierende Diözesanbischof Ludwig Sebastian, die beiden Mitkonsekratoren waren der Bischof von Würzburg, Matthias Ehrenfried (1924-1948)[8], und der Weihbischof (sowie spätere Erzbischof) von Bamberg, Otto Kolb (1943-1955).[9] Als bischöflichen Wahlspruch wählte Wendel: „Veritati et Caritati" – „Der Wahrheit und der Liebe verpflichtet".

Wendel hielt sich aus Respekt vor Bischof Sebastian äußerst zurück. Er bewohnte weiterhin seine Wohnung im Studentenwohnheim und behielt alle seine bisherigen Ämter. Bis Anfang Mai 1943 war Bischof Sebastian rüstig; doch starb er nach kurzer Krankheit wenig später am 20. Mai. Mit dem Tod Bischof Sebastians wurde Wendel dessen Nachfolger als Bischof von Speyer. Die Inthronisation erfolgte am 4. Juli 1943.[10]

Bischöfliche Amtshandlungen und pastorales Wirken

Die Amtsjahre Joseph Wendels als Bischof in Speyer waren geprägt von den letzten Kriegsjahren, dem Kriegsende und den ersten Nachkriegsjahren. Einer Familie, die durch die Bombardierungen ihr Haus verloren hatte, gewährte er im Bischofshaus ein Dach über dem Kopf. Die Bomben zerstörten überall Wohnhäuser und andere Gebäude. Seine Bemühungen galten den Kriegsgefangenen und Kindern. Gerade in der Pfalz und im Rheingebiet gab es 1945 viele Kriegsgefangenenlager. Wendel organisierte mehrfach Lebensmittellieferungen.

Nachdem die existentielle Not einigermaßen gelindert war, kümmerte er sich um den Aufbau zahlreicher Kirchen sowie den Neubau von Kirchen. Er bemühte sich

---

8 Vgl. Klaus WITTSTADT, Art. Ehrenfried, Matthias, in: Gatz, Die Bischöfe der deutschsprachigen Länder 1945-2001 (wie Anm. 3), 583-585.

9 Vgl. Bruno NEUNDORFER/Josef URBAN, Art. Kolb, Joseph Otto, in: ebd. 64-66.

10 Vgl. SCHWAIGER/HEIM, Kardinal Joseph Wendel 1901-1960 (wie Anm. 3), 46-49; WEITLAUFF, Joseph Kardinal Wendel (wie Anm. 3), 45-69; GATZ, Art. Wendel, Joseph (wie Anm. 3), 383.

des Weiteren um die Reorganisation kirchlicher Einrichtungen, namentlich der kirchlichen Schulen, der kirchlichen Vereine, des Religionsunterrichts sowie der kirchlichen Presse. Dabei war ihm die Rückgewinnung der Bekenntnisschulen, deren Verfechter er war, ein besonderes Anliegen, das ihn auch in seiner Münchner Zeit noch einmal intensiv beschäftigt hat. Für die kirchliche Arbeit stellten die politischen Veränderungen eine weitere Herausforderung dar. Nach dem Willen der Alliierten wurde die ehemals bayerische Pfalz Teil des 1946 neu errichteten Bundeslandes Rheinland-Pfalz, in das auch die bis dahin preußische Rheinprovinz sowie Rheinhessen und Hessen-Nassau eingegliedert wurden.[11] Versuche, die Pfalz wieder Bayern einzugliedern, blieben erfolglos. Kirchlich hingegen blieb Speyer der Kirchenprovinz Bamberg zugehörig, weshalb für das dortige Bistum das Bayerische Konkordat von 1924 und die Zugehörigkeit zur Freisinger Bischofskonferenz bis heute gelten.

Im Jahr 1949 wurde unter Wendels maßgeblichem Einfluss das Siedlungs- und Wohnungswerk der Diözese Speyer gegründet. In den folgenden Jahren entstand sehr schnell viel Wohnraum. 1952 gab es bereits 400 Häuser, 100 wurden gerade gebaut. Die voranschreitende Industrialisierung – verbunden mit dem Anwachsen der Städte – erforderte nicht nur die Gründung von neuen Pfarreien an den Stadträndern, sondern auch neue pastorale Akzente. Die Einführung der Betsingmesse und die Veröffentlichung eines Gebetbuchs für das Bistum Speyer zählten unter anderem zu den Maßnahmen des inneren Wiederaufbaus, den Wendel genauso, vielleicht noch intensiver als den äußeren betrieb. Bischof Wendel nahm auch überdiözesane Aufgaben wahr und war in der Fuldaer Bischofskonferenz Jugendreferent.[12]

Erzbischof von München und Freising (1952-1960)

Ernennung und Amtseinführung

Im 20. Jahrhundert waren drei Erzbischöfe von München und Freising zuvor jeweils Bischof von Speyer gewesen: Michael Faulhaber, Joseph Wendel und Friedrich Wetter (1982-2008). Als Faulhaber 1952 nach einer 35-jährigen, bewegten Amtszeit starb, kam es erstmals zu einer Ernennung eines Münchner Erzbischofs durch den Papst,

11 Vgl. Edgar WAGNER, „Packt an! Habt Zuversicht!". Über die Entstehung des Landes Rheinland-Pfalz und seinen Beitrag zur Gründung der Bundesrepublik Deutschland (Schriftenreihe des Landtags Rheinland-Pfalz 35), Mainz 2007.

12 Vgl. SCHWAIGER/HEIM, Kardinal Joseph Wendel 1901-1960 (wie Anm. 3), 49-72; WEITLAUFF, Joseph Kardinal Wendel (wie Anm. 3), 69-84; GATZ, Art. Wendel, Joseph (wie Anm. 3), 383-384. Vgl. zur Zeit in Speyer darüber hinaus: Jakob BISSON, Sieben Speyerer Bischöfe und ihre Zeit (1870-1950). Beiträge zur heimatlichen Kirchengeschichte, Speyer 1956, 357-369; Nikolaus LAUER, Eminenz Dr. Joseph Wendel. Erzbischof von München und Freising. Bischof von Speyer 1943-1952, Speyer 1952; Rolf BOHLENDER, Dom und Bistum Speyer. Eine Bibliographie (Pfälzische Arbeiten zum Buch- und Bibliothekswesen und zur Bibliographie 8), Speyer ^{2}1979, 189f. (Literatur zu Kardinal Wendel).

wie es das Bayerische Konkordat von 1924 vorsieht.[13] Faulhaber war 1917 noch von König Ludwig III. (1912/13-1918) nominiert worden. Die Wahl Pius' XII. fiel auf Wendel. Die Ernennung erfolgte am 9. August 1952. Abschied von Speyer nahm Wendel am 26. Oktober mit einem Pontifikalamt, bei dem er zugleich sein silbernes Priesterjubiläum feiern konnte. Am gleichen Tag wurde ihm das Große Verdienstkreuz der Bundesrepublik Deutschland mit Stern und Schulterband verliehen. Die Abschiedspredigt hielt er auf dem Domplatz vor 25.000 Gläubigen.

In der Erzdiözese München und Freising wurde er am 6. November 1952 unter großer Beteiligung der Jugend empfangen. Wendel kam nämlich mit dem Auto von Speyer. Die katholische Jugend bereitete ihm deshalb an mehreren Orten seiner Fahrt einen herzlichen Empfang. An der Autobahn standen an der Bistumsgrenze bei Odelzhausen katholische Jugendliche mit Bannern und Fackeln. Wendel ließ das Auto anhalten und sprach mit den Jugendlichen. Auch am Stadtrand von München wurde er von der Jugend empfangen. Bei der Fahrt ins Stadtzentrum erzählte man ihm, dass Jugendliche seit dem Tod Kardinal Faulhabers jeden Tag in der Bischofsgruft den Rosenkranz beten würden, woraufhin er sich spontan in den Dom fahren ließ. Erst nachdem das Gebet zu Ende war, ging es – wie geplant – zum erzbischöflichen Palais, wo ihn nochmals eine Delegation von Jugendlichen empfing.

Die feierliche Inthronisation im Münchner Liebfrauendom erfolgte am 9. November 1952. Wendel trat im Erzbistum in große Fußspuren. Er hatte es nicht leicht. Heute können wir die Person und das Wirken Faulhabers besser und differenzierter, auch kritischer beurteilen. Damals freilich war Faulhaber sehr beliebt. Er wurde hoch verehrt. Es dauerte, bis Wendel aus dem Schatten seines Vorgängers heraustreten und sich selber profilieren konnte. Während das Volk Wendel schnell freudig und offen aufnahm, waren der Klerus und die Diözesanführung etwas reservierter, hier gelang die völlige Akzeptanz letztlich erst 1960 durch den Eucharistischen Weltkongress. Hinzu kam, dass in der bayerischen Metropole München die Säkularisierung damals schon deutlich spürbar war. Im Unterschied zu den ländlichen Gebieten, die von der CSU dominiert wurden, gab es in der Bischofsstadt München eine andere politische Gewichtung und eine Vormachtstellung der SPD. Im Gegensatz zur Landespolitik gab es zwischen der katholischen Kirche und der Münchner SPD aber durchaus gute Kontakte.[14]

---

13 Vgl. GELBERG, Kardinal Wendel (wie Anm. 3), 211-216.

14 Vgl. SCHWAIGER/HEIM, Kardinal Joseph Wendel 1901-1960 (wie Anm. 3), 73-77; WEITLAUFF, Joseph Kardinal Wendel (wie Anm. 3), 84-89; GATZ, Art. Wendel, Joseph (wie Anm. 3), 384.

Kardinal (1953)

Wendel war kaum im Amt, da wurde er am 12. Januar 1953 in das Kardinalskollegium aufgenommen. Das war keinesfalls selbstverständlich, denn München zählte noch nicht zu den traditionellen Kardinalssitzen. Die Tatsache aber, dass Wendel nur wenige Wochen nach seiner Amtseinführung in München in den Kardinalsstand erhoben wurde, wurde als Verfestigung einer Tradition gewertet. Wendel erhielt als Titelkirche Santa Maria Nouva zugewiesen. Am 16. Januar 1953 erhielt er zudem das Pallium als Zeichen seines erzbischöflichen Amtes. Als Kardinal erfüllte Wendel nach dem Tod von Papst Pius XII. 1958 eine der zentralen Aufgaben der Kardinäle und nahm am Konklave teil, das Angelo Roncalli, den Patriarchen von Venedig, zum neuen Papst Johannes XXIII. (1958-1963) wählte.[15]

Bischöfliche Amtshandlungen und pastorales Wirken

Erzbischof Wendel war ein sehr disziplinierter Mensch. Er gab sich allen seinen bischöflichen Aufgaben mit vollem Einsatz hin. Er setzte an vorderster Stelle die Wiederaufbaumaßnahmen fort, die sein Vorgänger in München vorangetrieben hatte. So war beispielsweise der Münchner Dom bei seiner Amtseinführung noch immer weitgehend zerstört. Zum äußeren Aufbauwerk kam der innere-geistliche Aufbau. Wendel verstand beides. In der Münchner Innenstadt waren mit Ausnahme der Dreifaltigkeitskirche am Promenadenplatz alle Kirchen stark beschädigt worden. In München weihte er in seiner 8-jährigen Amtszeit rund 30 Kirchen ein, allein in seinen letzten drei Amtsjahren waren im ganzen Bistum 142 neue Kirchen geplant oder gebaut worden. Hinzu kamen in der Nachkriegszeit das Wachstum der Wirtschaft und Bevölkerung. Die Stadt München wurde 1957 zurMillionenstadt. So waren Neugründungen von Pfarreien und eine den Zeitverhältnissen angepasste Pastoral wichtige Aufgaben jener Jahre. Damals gab es noch genügend Priester, Wendel konnte jedes Jahr eine stattliche Zahl von neuen Priestern weihen.[16]

Als Erzbischof von München und Freising war Kardinal Wendel von Amts wegen Vorsitzender der Freisinger Bischofskonferenz. Als solcher war er besonders für die

---

15 Vgl. SCHWAIGER/HEIM, Kardinal Joseph Wendel 1901-1960 (wie Anm. 3), 76; WEITLAUFF, Joseph Kardinal Wendel (wie Anm. 3), 89-100; GATZ, Art. Wendel, Joseph (wie Anm. 3), 384; GELBERG, Kardinal Wendel (wie Anm. 3), 217-221.

16 Vgl. zur Entwicklung Münchens in den 1950er Jahren: Odilo LECHNER, Zur gesellschaftlich-pastoralen Situation Münchens in den 50er Jahren, in: zur debatte (2001/4) 26f. (Festakademie zum 100. Geburtstag von Kardinal Wendel); Michael FELLNER, Katholische Kirche in Bayern 1945-1960. Religion, Gesellschaft und Modernisierung in der Erzdiözese München und Freising (Veröffentlichungen der Kommission für Zeitgeschichte [VKZG], Reihe B: Forschungen 111), Paderborn 2008; Ferdinand KRAMER, München – Bayerische Landeshauptstadt mit Anspruch auf „Weltstadt“, in: Peter Pfister (Hg.), Für das Leben der Welt. Der Eucharistische Weltkongress 1960 in München (Schriften des Archivs des Erzbistums München und Freising 14), Regensburg 2010, 31-42.

Kontaktpflege mit der Bayerischen Staatsregierung zuständig. Diese hatte in den 1950er Jahren die Hoffnung auf eine Rückkehr und Wiedereingliederung der Pfalz noch nicht aufgegeben. Da kam Wendel aus der Pfalz gerade recht, in seinem Wechsel sah man Unterstützung. In der Beziehung Wendels zur bayerischen Politik zeigte sich rasch, dass er kein Mann war, der die Konfrontation suchte, aber trotzdem bestimmend sein konnte, wenn es um die kirchlichen Prinzipien ging. Das zeigte sich vor allem bei der Frage der Lehrerausbildung. Hier beharrte der Erzbischof auf der konfessionell getrennten Ausbildung und blieb deswegen sogar zweimal dem Neujahrsempfang des Ministerpräsidenten fern.[17]

Militärbischof (1956-1960)

1956 übernahm Wendel eine zusätzliche Aufgabe. Er wurde zum ersten Militärbischof der 1955/56 gegründeten Bundeswehr ernannt, obschon er selber nie Soldat gewesen und nie als Militärgeistlicher gewirkt hatte. Dennoch erfuhr seine Ernennung in Staat und Kirche große Zustimmung – nicht von ungefähr: Mit der Gründung der Bundesrepublik erlebte die Militärseelsorge einen entscheidenden Wandel und eine Neuausrichtung. Die Militarseelsorge war kein unproblematisches Feld angesichts der Erfahrungen der Vergangenheit. Deshalb bestand die Kirche auf einem neuen Konzept der Militärseelsorge. Wendel setzte sich voll und ganz dafür ein, das neue Konzept zu verwirklichen. Wichtige Neuerungen waren: Es sollte keinen eigenen Militärbischof mehr geben, sondern ein residierender Diözesanbischof in Deutschland sollte dieses Amt zusätzlich und ohne staatliches Dienstverhältnis ausüben. Seine Ernennung erfolgt in Absprache mit der Bundesregierung durch den Heiligen Stuhl. Wendel widmete dieser Aufgabe viel Zeit. Ein wichtiger Punkt war die Aus- und Weiterbildung der Militärgeistlichen. Er selbst hielt einen Einführungslehrgang. Der Jahreskonferenz der Militärgeistlichen präsidierte er stets selbst. Im Jahr 1958 nahm die Deutsche Bundeswehr mit ihrem Militärbischof erstmals an der Internationalen Soldatenwallfahrt nach Lourdes teil. Bei den Visitationen traf er häufig mit den Ministerpräsidenten der jeweiligen Länder zusammen, aber es gab auch Gespräche mit den Ortsbischöfen oder den Vertretern der evangelischen Gemeinschaften, die er zur Kooperation einlud. Dieses Engagement Wendels führte dazu, dass für die Militärseelsorge ein grundlegender Rahmen der Möglichkeiten entstand.

---

17 Vgl. SCHWAIGER/HEIM, Kardinal Joseph Wendel 1901-1960 (wie Anm. 3), 77-82; WEITLAUFF, Joseph Kardinal Wendel (wie Anm. 3), 100-116; GATZ, Art. Wendel, Joseph (wie Anm. 3), 384-385; GELBERG, Kardinal Wendel (wie Anm. 3), 221-230. In seiner Zeit als Erzbischof von München und Freising wurde Kardinal Wendel ein kleines Heft in der Reihe *Münchner Porträts* gewidmet: Walter BUTRY, Kardinal Dr. Joseph Wendel. Erzbischof von München und Freising (Münchner Porträts 2), München 1956.

Wendel interessierte sich aber auch für die einzelnen Soldaten, auf die er bei den häufigen Besuchen verschiedener Einrichtungen des Militärs persönlich zuging. Dabei schaute er sich die Wohnräume der Soldaten an, interessierte sich für deren Familien und Kinder. Für Wendel hatte einfach all das, was in diesem Bereich von Relevanz war, eine große Bedeutung, und er machte deutlich, dass er in der Militärseelsorge einen festen Bestandsteil der pastoralen Sorge der Kirche sah.[18]

Gründer der Katholischen Akademie in Bayern (1957)

Kardinal Wendel ist es sodann zu verdanken, dass es heute die Katholische Akademie in Bayern mit Sitz in München gibt. Er ist ihr maßgeblicher Gründer. Wie kam es dazu? In der Nachkriegszeit wurden zunächst im evangelischen Bereich Akademien gegründet, wie beispielsweise in Bad Boll oder Tutzing am Starnberger See. Das Aufkommen von Akademien lässt sich vor dem Hintergrund des vorausgegangenen Weltkriegs und der damit entstandenen Bedürfnisse erklären. Die Menschen erwarteten eine Antwort der Kirche zu den aktuellen Fragen der Zeit, was dann ja auch das Zweite Vatikanische Konzil (1962-1965) bestätigt hat (vgl. die Pastoralkonstitution *Gaudium et spes* über die Kirche in der Welt von heute, Nr. 4). Gefragt war aber nicht einfach eine Belehrung, sondern die freie Rede, das Äußern von Fragen und Sorgen, Diskussion und Dialog. Tatsächlich trugen die Akademien maßgeblich zu einer demokratischen Gesprächskultur bei. Auch die Kirchen gingen nicht ohne Spuren aus dem Nationalsozialismus hervor. Die katholische Kirche überlebte die schwere Zeit als Institution zwar relativ unbeschadet, aber es zeigte sich auch im Katholizismus, dass geistige Neuaufbrüche vonnöten waren.

Wendel beschäftigte der Gedanke, eine Akademie zu gründen, über längere Zeit. Erstmals aktenkundig wurden seine Überlegungen 1953. Im Gespräch mit Dr. Helmuth Ibach, dem Redakteur der Zeitschrift *Neues Abendland*, forderte Wendel diesen auf, seine Ideen bezüglich einer Akademie einzubringen. Zwischen 1954 und 1955 kam das Thema einer Akademie nachweislich bei 15 Terminen zur Sprache. Es ist ein Charakteristikum der Münchner Akademie, dass ihrer Gründung eine längere Vorge-

---

18 Vgl. Hans-Jürgen BRANDT, Das Wirken von Kardinal Wendel als Militärbischof, in: Militärseelsorge 28 (1986) 265–278; SCHWAIGER/HEIM, Kardinal Joseph Wendel 1901-1960 (wie Anm. 3), 84f.; Hans Jürgen BRANDT/Irmingard BÖHM (Hg.), Unvergessen. Bayerns Kardinal bei den Soldaten. Zum Gedächtnis des Katholischen Militärbischofs für die Deutsche Bundeswehr Joseph Kardinal Wendel. Erzbischof von München und Freising (Quellen und Studien zur Geschichte der Militärseelsorge 1), Paderborn ²1998; WEITLAUFF, Joseph Kardinal Wendel (wie Anm. 3), 110f.; Martin GRITZ, Joseph Kardinal Wendel als Begründer der Militärseelsorge und erster Militärbischof, in: zur debatte (2001/4) 28 (Festakademie zum 100. Geburtstag von Kardinal Wendel); GATZ, Art. Wendel, Joseph (wie Anm. 3), 385; Peter PFISTER, Im Dienst von Wahrheit und Nächstenliebe. Joseph Kardinal Wendel, Begründer der Militärseelsorge und erster Katholischer Militärbischof der Deutschen Bundeswehr, in: Katholisches Militärbischofsamt Berlin (Hg.), Kirche unter Soldaten. 50 Jahre Katholische Militärseelsorge in der Deutschen Bundeswehr, Berlin 2006, 71-117.

schichte vorausgeht und dass viele ganz unterschiedliche Menschen und Ideen angehört und berücksichtigt wurden. Kardinal Wendel nahm in diesem Prozess die Rolle eines Moderators ein. Er prüfte die Vorschläge und wählte aus. Ein weiteres Charakteristikum war die zahlenmäßig große Beteiligung von Laien.

Wendel konnte in seiner Funktion als Vorsitzender der Bayerischen Bischofskonferenz das Projekt, das ihm sehr am Herzen lag, auch bei deren Beratungen leicht einbringen und die Zustimmung der anderen bayerischen Bischöfe für seinen Plan gewinnen, die 60.000 DM für die Vorbereitungsphase zur Verfügung stellten. Es gab zahlreiche Übereinstimmungen in den Vorschlägen. So sollte die Akademie keine Belehrungsanstalt, sondern ein Ort der geistigen Auseinandersetzung auf hohem intellektuellem Niveau und des Gesprächs sein. Inhaltlich sollte sich die Akademie einem breiten Spektrum von verschiedenen Themen widmen. Dazu zählten in erster Linie natürlich kirchliche Themen, darunter auch die Ökumene; aber es sollte sich darin nicht erschöpfen. Die Akademie sollte vielmehr auch ein Ort sein, wo sich Kirche und Welt begegnen und miteinander sprechen. Eine große geistige Offenheit war also wichtig.

Als Sitz der Katholischen Akademie legte Wendel die Stadt München fest. Doch sollte sich diese nicht nur auf die Metropole München oder das Erzbistum beschränken, sondern eine Akademie für ganz Bayern werden. Zudem galt es, die Rechtsform der Akademie zu klären. Nach dem Wunsch von Kardinal Wendel sollte sie institutionell eine möglichst große Eigenständigkeit erhalten und wurde deshalb 1962, fünf Jahre nach ihrer Gründung, als kirchliche Stiftung öffentlichen Rechts errichtet. Schließlich musste man organisatorische Fragen klären. So bestimmte man für die Organisation einen Wissenschaftlichen Beirat, einen Allgemeinen Rat und einen Bildungsausschuss. Die Leitung der Akademie sollten drei aus jedem Rat gewählte Vertreter zusammen mit dem Direktor wahrnehmen. Beim Direktor dachte man – für die damalige Zeit fast revolutionär – an einen Laien. Wendel hat wohl auch diese Lösung favorisiert. Andere hingehen traten für eine Doppelspitze aus einem Laien und einem Geistlichen ein. Schließlich wurde am 3. Januar 1957 einstimmig der junge Priester Dr. Karl Forster (1928-1981)[19], damals Assistent an der Katholisch-Theologischen Fakultät der Universität München, zum Akademiedirektor ernannt. Am 1. Februar 1957 fand ein Festakt in der Großen Aula der Ludwig-Maximilians-Universität anlässlich der formellen Gründung statt. Dabei hielt Wendel die Begrüßungsansprache[20], der Theologe Romano Guardini (1885-1968) den Eröffnungsvortrag[21]

19 Vgl. Simon OELGEMÖLLER, Karl Forster (1928-1981). Katholizismus in der politischen Kultur der Bundesrepublik Deutschland (VKZG, B 137), Paderborn 2019, zur Funktion als Direktor der Katholischen Akademie in Bayern besonders 67-186; DERS., Moderner Kirchenmann. Karl Forster, der Gründungsdirektor der Katholischen Akademie in Bayern, starb vor 40 Jahren, in: Münchner Kirchenzeitung, 114, 21. November 2021, Nr. 47, 28.

20 Eröffnungsansprache Sr. Eminenz des Hochwürdigsten Herrn Kardinals Dr. Josef Wendel, in: Karl Forster (Hg.), Eröffnungsvorträge der Katholischen Akademie in Bayern (Studien und Berichte der Katholischen Akademie in Bayern 1), München 1958, 7-13.

21 Vgl. Romano GUARDINI, Die Kultur als Werk und Gefährdung, in: ebd. 15-46.

unter dem Titel *Kultur als Werk und Gefährdung* und der Philosoph Gabriel Marcel (1889-1973) einen weiteren öffentlichen Vortrag[22] zum Thema *Der Glaube als geistige Dimension*.[23]

Der Eucharistische Weltkongress in München (1960)

Der Höhepunkt der Amtszeit Kardinal Wendels als Erzbischof von München und Freising war unstrittig der Eucharistische Weltkongress 1960.[24] Es war Wendel zu verdanken, dass der Kongress nach München kam und ein „große[r] Erfolg"[25] wurde. Wendel hatte 1955 am vorhergehenden Eucharistischen Weltkongress in Rio de Janeiro in Brasilien teilgenommen und bat danach Pius XII., dass der nächste Kongress in München stattfinden dürfe.

Bereits am 30. Oktober 1957 fand ein erstes Vorbereitungstreffen statt, an dem unter anderem Romano Guardini teilnahm. Bei diesem Treffen kristallisierte sich schon das Leitmotiv heraus: „Pro mundi vita" – „Für das Leben der Welt". Ähnlich wie bei der Gründung der Akademie war die Vorbereitungsphase lang, es wurden viele Ideen gehört und Wendel fungierte als Moderator, der natürlich auch seine Vorstellungen einbrachte.

Als Vorbereitung auf den Eucharistischen Weltkongress fand im Frühjahr 1960 in allen Pfarreien Münchens eine Stadtmission statt. Kardinal Wendel war es wichtig, dass die Stadt München als Gastgeberin des Kongresses selbst für dieses Ereignis geistlich vorbereitet werde. Nur wenn sich die Kirche vor Ort erneuere, könne sie auch Strahlkraft für die Weltkirche haben. Kardinal Wendel hatte diese Stadtmission bereits in der Silvesterpredigt 1956 angekündigt und ihre Notwendigkeit betont. Nach der Anführung einiger Zahlen zum Kommunionempfang, die seine Analyse empirisch untermauerten, sagte er: „Kann es uns da wundern, wenn ein großer Teil der Münchner Katholiken an einer Unterernährung des Gnadenlebens leidet und wenig Widerstandskraft hat, den Gefahren, die das religiöse und sittliche Leben in einer

---

22 Vgl. Gabriel MARCEL, Der Glaube als geistige Dimension, in: ebd. 47-74.

23 Vgl. Bernhard ZITTEL, Gründungsgeschichte der Katholischen Akademie in Bayern, München 1982 (mit Dokumentenanhang); SCHWAIGER/HEIM, Kardinal Joseph Wendel 1901-1960 (wie Anm. 3), 82-84; WEITLAUFF, Joseph Kardinal Wendel (wie Anm. 3), 116-118; Gunthar LEHNER, Joseph Kardinal Wendel und die Gründung der Katholischen Akademie in Bayern, in: zur debatte (2001/4) 29 (Festakademie zum 100. Geburtstag von Kardinal Wendel); GATZ, Art. Wendel, Joseph (wie Anm. 3), 384-385.

24 Vgl. zum Eucharistischen Weltkongress 1960 in München: Richard EGENTER/Otto PIRNER/Hubert HOFBAUER (Hg.), Statio orbis. Eucharistischer Weltkongreß 1960 in München, 2 Bde., München 1961; Peter PFISTER (Hg.), Für das Leben der Welt. Der Eucharistische Weltkongress 1960 in München (Schriften des Archivs des Erzbistums München und Freising 14), Regensburg 2010; Franz Xaver BISCHOF, München als Treffpunkt der Kirche. Der 37. Eucharistische Weltkongress 1960, in: Münchener Theologische Zeitschrift 62 (2011) 101-118 (siehe auch die weiteren Artikel in diesem Themenheft); Viola Kohlberger, Die katholische Jugend auf dem Eucharistischen Weltkongress 1960 in München, in: BABKG 59 (2019) 227-240.

25 HEIM, Wendel 2001 (wie Anm. 3).

Großstadt bedrohen, standzuhalten oder sie gar zu überwinden?“[26] Die Stadtmission fand unter dem Leitwort „Für ein neues München“ in traditioneller Form statt, wurde aber um Formen der außerordentlichen Seelsorge ergänzt. Durch mehrere Konferenzen wurden 180 Missionsprediger vorbereitet. Eine besondere Leistung war der Aufbau des Wohnviertelapostolats, für das 10.000 Mitarbeiter geworben werden konnten. Die Beteiligung der Gläubigen an der Stadtmission wurde auf 30 Prozent geschätzt und war angesichts der Verhältnisse vor Ort durchaus stattlich, aber es zeigte sich auch, dass aufgrund der veränderten Bedingungen solche Missionen einen schweren Stand hatten.

Der 37. Eucharistische Weltkongress fand schließlich vom 31. Juli bis 7. August 1960 unter immenser Beteiligung statt. Es waren 450 Kardinäle und Bischöfe, 8.000 Priester und ungefähr eine Million Gläubige aus allen Teilen der Welt anwesend. Der Kongress war nicht nur für die Kirche, sondern auch für die Stadt München, die im Zweiten Weltkrieg schwer getroffen wurde, eine Sternstunde. Die Welt war zu Gast in München. Rückblickend kann man im Kongress Elemente eines Präludiums zum Zweiten Vatikanischen Konzil erkennen: Die Kirche zeigte sich 1960 zwar einerseits nochmal in ihrer vorkonziliaren Gestalt, andererseits war schon der Einfluss der Liturgischen Bewegung deutlich spürbar. So zelebrierte Kardinal Wendel den Eröffnungsgottesdienst versus populum und bei den zahlreichen Messen zeigte sich eine Vielfalt von Feierformen. Mit dem Statio-orbis-Gedanken brachte der Liturgiker Josef Andreas Jungmann (1889-1975) etwas ein, was dazu führte, dass sich der Eucharistische Weltkongress 1960 in einem wesentlichen Punkt von bisherigen Weltkongressen unterschied. Im Frühmittelalter gab es in Rom sogenannte Stationsfeiern mit einem „päpstlichen Gottesdienst der römischen Stadtkirche“[27], das bezeichnete man als Statio urbis. In Anlehnung daran verstand Jungmann die Eucharistischen Weltkongresse als „päpstliche Gottesdienste der Weltkirche“[28], also als Statio orbis – Johannes XXIII. kombinierte diesen Gedanken in der Ernennungsbulle seines Legaten sogar mit dem bereits einberufenen Zweiten Vatikanischen Konzil. An die zentrale Stelle, die bei früheren Kongressen die eucharistische Prozession eingenommen hatte, sollte nun die Feier der Messe und der Kommunionempfang treten. Und Jungmann führte für seinen Vorschlag einen zentralen Punkt des späteren Konzils an: „Nicht die Eucharistie selbst ist das Ziel der göttlichen Heilsveranstaltungen, sondern das Gottesvolk.“[29] Mit dem Volk-Gottes-Gedanken präsentierte der Eucharistische

26 Joseph Wendel, Silvesterpredigt (zur religiösen Erneuerung in München) am 31. Dezember 1956, zitiert nach: SCHWAIGER/HEIM, Kardinal Joseph Wendel 1901-1960 (wie Anm. 3), 340.

27 Josef Andreas JUNGMANN, Statio orbis Catholici – heute und morgen, in: Egenter/Pirner/Hofbauer, Statio orbis I (wie Anm. 24), 81-89, hier 85.

28 Ebd.

29 Ebd. 84.

Weltkongress eine wichtige Vorstellung, die in den Kirchenbegriff des Zweiten Vatikanischen Konzils einfloss.[30]

Der plötzliche Tod (1960)

Traditionell hielt der Erzbischof von München und Freising jedes Jahr an Silvester eine Jahresabschlusspredigt im Münchner Liebfrauendom. 1960 konnte Erzbischof Wendel dabei auf ein bewegtes Jahr zurückblicken. Die Stadtmission und der Eucharistische Weltkongress waren zweifellos sehr bedeutend. Rückblickend auf den Weltkongress sagte er: „In diesen Tagen haben wir die Nähe des Herrn geradezu gespürt."[31] – „Das Jahr 1960 geht zu Ende. Es wird ein denkwürdiges Jahr in der Geschichte unserer Stadt bleiben."[32]

Als er das sagte, konnte niemand ahnen, dass sein Leben bald zu Ende gehen würde. Alles verlief wie gewohnt. Nach der 45-minütigen Predigt nahm er an der eucharistischen Jahresabschlussandacht teil. Danach verließ er den Dom, verabschiedete sich vom Domkapitel und grüßte die Gläubigen. Nachdem er vom Dom in das erzbischöfliche Palais zurückgekehrt war, erlitt er einen Herzinfarkt und verstarb völlig überraschend im Alter von 59 Jahren.

Der plötzliche Tod des Erzbischofs war ein Schock für die ganze Erzdiözese. Er wurde im Dom aufgebahrt und sehr zahlreich nahmen die Menschen dort Abschied von ihm. Die Feierlichkeiten der Beerdigung, an denen neben zahlreichen kirchlichen Amtsträger Vertreter der Politik sowohl des Landes als auch des Bundes sowie des Adels teilnahmen, fanden am 5. Januar 1961 statt. Durch die Innenstadt bewegte sich der Trauerzug, dem an den Straßenrändern unzählige Gläubige beiwohnten. Danach hielt Kardinal Julius Döpfner, Bischof von Berlin, die Predigt[33] und der Kölner Erzbischof Kardinal Joseph Frings (1942-1969), zelebrierte als Vorsitzender der Fuldaer Bischofskonferenz (1945-1965) das Requiem. Beigesetzt wurde Wendel in der Bischofsgruft des Münchner Liebfrauendoms.[34]

---

30 Vgl. SCHWAIGER/HEIM, Kardinal Joseph Wendel 1901-1960 (wie Anm. 3), 85-88; WEITLAUFF, Joseph Kardinal Wendel (wie Anm. 3), 119-129; GATZ, Art. Wendel, Joseph (wie Anm. 3), 385-386; GELBERG, Kardinal Wendel (wie Anm. 3), 230-233.

31 Joseph Wendel, Silvesteransprache im Dom zu Unserer Lieben Frau in München am 31. Dezember 1960, in: Klerusblatt 41 (1961) 18-20, hier 18.

32 Ebd.

33 Vgl. Julius DÖPFNER, Ein treuer Hausverwalter Gottes. Gedenkrede für den verstorbenen Münchener Oberhirten Joseph Kardinal Wendel, in: ebd. 20-22.

34 Vgl. SCHWAIGER/HEIM, Kardinal Joseph Wendel 1901-1960 (wie Anm. 3), 88-90; WEITLAUFF, Joseph Kardinal Wendel (wie Anm. 3), 128-137; GATZ, Art. Wendel, Joseph (wie Anm. 3), 386. – Würdigungen nach seinem Tod: Joseph Kardinal Wendel. Der Wahrheit und der Liebe, Würzburg ²1961; Münchener Katholische Kirchenzeitung 54 (1961), Nr. 2 und 3; Joseph HOLZER, Der Klerus trauert um seinen Kardinal, in: Klerusblatt 41 (1961) 22; Karl FORSTER, „Veritati et caritati". Joseph Kardinal Wendel zum Gedächtnis, in: ebd. 22-24; Philipp WEINDEL, Erzbischof Josef Kardinal Wendel zum Gedächtnis, in: Archiv für mittelrheinische Kirchengeschichte 13 (1961) 473-477.

Schlusswort

Joseph Wendel erlebte zwei Weltkriege. Damit verbunden waren politische Veränderungen, die Herrschaft des Nationalsozialismus, der Zweite Weltkrieg und daraus resultierend Zerstörung und vielfaches Elend sowie die Notwendigkeit des Wiederaufbaus sowie seit 1945 ein tiefgreifender Wandel sämtlicher Lebensbereiche.

Er war ein Leben lang von seiner römischen Ausbildung geprägt. Als Theologe und Bischof blieb er am Fortgang der Theologie wie der anderen Wissenschaften zeitlebens interessiert. Damit verbanden sich ein „bemerkenswertes Organisationstalent und [eine] hohe technische Begabung"[35], beides kam ihm bei seinen Aufgaben zugute. Dass Wendel ein Mann der leisen Töne war, der aber entschieden agierte, wenn es um Fragen ging, die in seiner Auffassung Kernfragen der Kirche waren, zeigte sein Umgang mit der bayerischen Politik. Obwohl Wendel noch das Pontifikat Johannes XXIII. und die Ankündigung des Zweiten Vatikanischen Konzils (25. Januar 1959) erlebte, war und blieb er doch ein Bischof der Ära Pius' XII. Der Eucharistische Weltkongress, der rückblickend wichtige Elemente der Liturgiereform des Zweiten Vatikanischen Konzils vorwegnahm, zeigte aber auch, dass Wendel für eine theologische Weiterentwicklung und kirchliche Reformen offen war. Die Initiative zur Gründung der Katholischen Akademie zeigte bischöfliche Weltoffenheit und ein Ja zur Präsenz der Kirche in der Welt.[36]

Nach der Öffnung seines Nachlasses hat die künftige Forschung nunmehr die Möglichkeit, die Wirksamkeit dieses Bischofs neu zu beleuchten und Kardinal Wendel im Kontext der Transformationsprozesse der 1950er Jahre zu verorten und ihn damit der eingangs genannten Vergessenheit zu entreißen.

35 HEIM, Wendel 1999 (wie Anm. 3), 1543.

36 Vgl. SCHWAIGER/HEIM, Kardinal Joseph Wendel 1901-1960 (wie Anm. 3), 91f.; GELBERG, Kardinal Wendel (wie Anm. 3), 233; Friedrich WETTER, Joseph Kardinal Wendel – sein pastorales Erbe aus der Perspektive unserer Zeit, in: zur debatte (2001/4), 30f. (Festakademie zum 100. Geburtstag von Kardinal Wendel).

Priesterliche Publizistik in der Ära des II. Vatikanums

Das Klerusblatt und sein langjähriger Schriftleiter Leon von Kukowski (1903-1978)

Ein Beitrag zum 100-jährigen Bestehen des Bayerischen Klerusverbandes

von Stephan Mokry

Die letzten Jubiläen des Klerusverbandes

100 Jahre Klerusverband und Klerusblatt: Im Januar 2020 beging der Klerusverband in Bayern seine Centenarfeier; sie reihte sich damit ein in die vorangegangenen Feiern zu seinem 75- und 50-jährigen Bestehen, die kirchliche und politische Prominenz bei Festakten zur Rückschau und Bilanz versammelten.[1] Allein das 25-Jahre-Jubiläum fiel kriegsbedingt 1944/45 aus, jedoch hatte der erste Landessekretär des Verbandes, Alois Natterer, 1946 ganz unter dem Eindruck der vorherigen Jahrzehnte ein Buch mit dem Titel *Der bayerische Klerus in der Zeit dreier Revolutionen*[2] als eine Art Jubiläumsgabe herausgegeben. Darin blickte er auf die Drangsal des Klerus vor allem in der Zeit des eben überstandenen Dritten Reiches und charakterisierte das Vierteljahrhundert seit 1919/20 als Epoche der Umbrüche und weltverändernden Entwicklungen, in denen sich die Geistlichen behaupten mussten. Dieser Grundtenor war auch im 50-Jahre-Jubiläum durchhörbar, wobei die Drangsal – so wirkte es nicht zuletzt durch den melancholisch wirkenden Festvortrag Professor Joseph Ratzingers – nicht wenig in der Dynamik des Konzils und der 68er-Bewegung zu suchen war.[3] Für das 75-

---

1 Vgl. ausführlicher zu den Feiern: Stephan MOKRY, 100 Jahre Klerusblatt des bayerischen Klerusverbandes. Zur Bedeutung eines klerikalen Mitteilungsorgans für die Kirchen und Theologiegeschichte, in: Gerhard Deißenböck/Stephan Mokry (Hg.), 100 Jahre Klerusverband e.V. im Lichte des Klerusblattes, München 2020, 14-28, hier 14-17. – Jubiläen werden nicht umsonst begangen. Erinnerungs- und Gedenkkultur gehorchen unterschiedlichen, jeweils für sich legitimen Interessen; zumeist geht es um Identitätsvergewisserung, manchmal auch um den Aufweis, dass eine vermeintlich überholte Epoche von einer besseren abgelöst wurde – beiden Perspektiven gemeinsam ist normalerweise der von ihnen ausgehende positive Blick in die Zukunft. Die historische Besinnung zeigt auf, woher man kommt, wo die Ursprünge liegen, wie man sich entwickelt hat, wohin mit diesem Erbe der weitere Weg gehen kann. Vgl. die Unterscheidung bei: Aleida ASSMANN, Geschichte im Gedächtnis. Von der individuellen Erfahrung zur öffentlichen Inszenierung, München [2]2014, 16-21.

2 Vgl. Alois NATTERER, Der bayerische Klerus in der Zeit dreier Revolutionen, München 1946.

3 Joseph Ratzinger, Der Priester im Umbruch der Zeit, in: Klerusblatt (KlBl) 49 (1969) 251-254. Der Vortrag erstaunt anlässlich der Feierlichkeiten – er bietet erst gegen Ende wirklich aufbauende Perspektiven, wie man sie zu einem solchen Anlass erwarten würde, erschöpft sich davor jedoch in einer mehr kulturpessimistischen Zeitdiagnose, die zwar das klassisch Zeitlose des Priestertums und der Kirche aufzeigen will, sich damit aber selbst als überraschend zeitverhaftet erweist, da die furchtsame Skepsis Ratzingers in der Epoche der „68er" ihm beinahe den Blick auf das Positive ganz zu verstellen

jährige Bestehen 1995 wurde schließlich nicht so sehr die Zeitdiagnose als vielmehr die historisch versiertere Rückschau zentral: Der Festband widmete sich neben der Geschichte der einzelnen diözesanen Priestervereine natürlich vor allem derjenigen des Klerusverbandes sowie seinen Vorsitzenden, den Klerusblatt-Schriftleitern und verschiedenen Aspekten klerikaler Identität.[4]

Was die geschichtlichen Publikationen seither noch nicht boten: eine vertiefte historische Erforschung von Klerusverband und Klerusblatt im Kontext der Institutionen-, Sozial-, Mentalitäts- oder Ideengeschichte, aber natürlich auch der Geschichte der jeweiligen Bistümer. Allein die Personennetzwerke in Verband und Zeitschrift bieten lohnende Forschungsfelder; außerdem dokumentiert das Klerusblatt neben dem Werdegang des Verbandes ein ganzes Jahrhundert Kirchen-, Theologie- und Katholizismusgeschichte, es ist dazu aus pressegeschichtlicher wie kommunikationswissenschaftlicher Sicht nicht zu unterschätzen.[5]

Daher sollen nachfolgend historische Schürfungen durchgeführt werden, um die Ergiebigkeit des skizzierten „Grabungsfeldes“ besser abschätzen zu können. Ein erster Teil nimmt dazu Sondierungen vor, um das Potenzial der Klerusblattes speziell für die Theologie- und Kirchengeschichte zu beleuchten.[6] Ein zweiter, größerer Teil widmet sich erstmals quellenbasiert dem langjährigen Schriftleiter des Klerusblattes, dem aus München stammenden Priester der Erzdiözese München und Freising: Leon von Kukowski.

---

droht. Ganz anders nehmen sich da die direkt im Anschluss abgedruckten Referate der Kardinäle Julius Döpfner (Das Bleibende und Sich-Wandelnde im Priestertum der Kirche: ebd. 255-257) und Leon Joseph Suenens (Der Priester im Dienst des Gottesvolkes: ebd. 259-261) beim Symposium der europäischen Bischöfe in Chur aus.

4 Theodor MAAS-EWERD (Hg.), Kleriker. Im Dienste Gottes für die Menschen, Festschrift zum 75jährigen Bestehen des Klerusverbandes und des Klerusblattes in Bayern und der Pfalz 1920-1995, München 1995; darin der grundlegende historische Überblick zur Verbandsgeschichte durch den langjährigen Geschäftsführer und Schriftleiter Florian Trenner und die Porträts der Schriftleiter durch Maas-Ewerd. Mit historischen Aspekten des Klerusblattes beschäftigten sich überdies: Paul HÜMMELINK: Seelsorge und Zeit. Das bayerische „Klerusblatt“ als Kommunikationsraum 1920-1933, Osnabrück 1966; Leon VON KUKOWSKI, 50 Jahre Klerusblatt, in: KlBl 50 (1970) 35; DERS., Das Klerusblatt in der Kampfzeit, in: ebd. 36-39.

5 Vgl. meinen bereits o. g. Beitrag mit seiner Konturierung methodischer Zugriffe, Themen und Forschungsgegenständen sowie einer Einbettung in die katholische Publizistikforschung: MOKRY, 100 Jahre Klerusverband (wie Anm. 1).

6 Vgl. auch ausführlicher ebd. 18-25.

Das Klerusblatt als Forschungsgegenstand

Vom Wert katholischer Publizistik für die Kirchenhistorie

Wie sehr die Ergebnisse katholischer Publizistik für den Historiker eine reiche Fundgrube bieten, ist hinlänglich bekannt, sie wird nur leider vergleichsweise wenig genutzt. Für die Kirchen- und Theologiegeschichte beispielsweise wird durch Analyse der vielfältigen Zeitschriften etc. deutlich, wie sich ab der Mitte des 19. Jahrhunderts ein katholisches Milieu bildete, das im Sinne der Selbstbehauptung nicht zuletzt gegen die Hegemonie des Protestantismus im sich ausbildenden und dann existierenden Kaiserreich entgegen erster päpstlicher Verurteilungen moderner Errungenschaften – es sei nur an Gregor XIII. und seine Enzyklika *Mirari Vos* von 1832 mit dezidierter Ablehnung der Freiheitsrechte erinnert – sich ebendieser Errungenschaften bediente, gerade und besonders auch des Pressewesens.[7] Dass der Wandel von der „bösen Presse" zur „guten Presse" in der kirchlichen Sichtweise aus der Tolerierung des geringeren Übels resultierte, hat mehr als einmal der Doyen der katholischen Publizistikforschung, Michael Schmolke, betont.[8] Somit eröffneten sich über die Presse und ihre verschiedenen Produkte vor allem ab der Jahrhundertwende und nach dem Zusammenbruch des Bündnisses von Thron und Altar am Ende des Ersten Weltkriegs ganz neue Wege, um Kontrolle auszuüben, das eigene Milieu abzusichern und nicht wenige weltanschauliche Grabenkämpfe zu führen, aber einfach auch nur, um die eigenen Gläubigen moralisch-aszetisch oder spirituell zu erreichen und zu „erbauen" – und dies alles in regionaler wie überregionaler Ausrichtung und Reichweite. Neben Tages- und Wochenzeitungen für breite Leserschichten traten die Fachzeitschriften und diverse Standes- wie Mitteilungsorgane, nicht selten in Verantwortung der bischöflichen Ordinariate, die sich an klar definierte Zielgruppen wandten, wie etwa die Bistumsblätter.[9] Sie alle bildeten – um es mit einem Paradigma der Zeitungswissenschaft zu sagen – einen jeweils spezifischen Kommunikationsraum[10], der klar interessegeleitet und zielorientiert ist. Für das Klerusblatt illustriert dies der zweite Gründungsvorsitzende des Klerusverbands Alois Gilg mit seinem Manifest von 1920 mustergültig: Sicherung und Vergewisserung der eigenen priesterlichen Identität und der mitbrüderlichen Gemeinschaft und Solidarität im Lauf der Zeiten, Information über diesbezüglich relevante Ereignisse und Inhalte (auch in pastoraler Hinsicht) und

7 Vgl. auch Florian BOCK, Der Fall „Publik". Katholische Presse in der Bundesrepublik Deutschland um 1968 (Veröffentlichungen der Kommission für Zeitgeschichte Reihe B, 128), Paderborn u. a. 2015, 47-55.

8 Vgl. etwa seine Habilitationsschrift: Michael SCHMOLKE, Die schlechte Presse. Katholiken und Publizistik zwischen „Katholik" und „Publik" 1821-1968, Münster 1971; zur Historie der kath. Publizistik generell auch: DERS., Zur Gliederung der katholischen Pressegeschichte Deutschlands, in: Communicatio Socialis 3 (1970) 311-327; ebenso mit neueren Forschungsergebnissen: DERS., Von der „schlechten Presse" zu den „guten Medien". Entwicklung der katholischen Publizistik im 20. Jahrhundert, in: Communicatio Socialis 43 (2010) 233-251.

9 Vgl. DERS., Von der „schlechten Presse" zu den „guten Medien" (wie Anm. 8), 240-243.

10 Vgl. hierzu HÜMMELINK, Seelsorge und Zeit (wie Anm. 4), 18-22.

Schaffung eines adäquaten Diskurs- und Diskussionsraumes – letzteres ein Spezifikum, das an dieser Stelle extra betont sein soll! Mit seiner auf den Priesterstand orientierten Ausrichtung nimmt das Klerusblatt allerdings keinen Sonderstatus ein. So hat Monika Nickel mit ihrer Habilitationsschrift zur *Passauer Theologisch-praktischen Monatsschrift* exemplarisch ein zwischen 1890 und 1920 erscheinendes Klerus-Standesorgan mit bayernweiter Reichweite untersucht, und dabei im Fazit – ganz Forschungspionierin – weitere, vergleichbare Zeitschriften dieser Jahre benannt, die ebenfalls den interessierten Blick des Historikers verdient hätten.[11] Angesichts der postulierten Bedeutung der Passauer Zeitschrift könnte man das Klerusblatt gewissermaßen als Nachfolgerorgan sehen, was zusätzlich die Beschäftigung mit der Verbandszeitung als bayernweiter klerikaler Standeszeitung angezeigt sein ließe (wobei mitzudenken ist, dass Erscheinungsraum die Bayerische Kirchenprovinz ist, in die auch das Bistum Speyer fällt). Damit würde eine Lücke in der bislang noch nicht extensiv betriebenen Forschung zur katholischen Presselandschaft geschlossen.[12]

Das Klerusblatt als Forschungsobjekt – Beispiele

Unter dem Blickwinkel des Kommunikationsraumes böte es sich an, die Geleitworte der Verbandsvorsitzenden und/oder die Editorials der Schriftleiter zu untersuchen: Welche Inhalte greifen sie auf, wie transportieren sie diese an die Leserschaft, wie werden sie im Sinne der Identitäts- und Standesvergewisserung eingesetzt? Es ließe sich weiter nach den impliziten wie expliziten Priesterbildern fragen, die sich in den genannten „Gattungen" ausdrücken, aber auch generell im Verlauf von 100 Jahren in

11 Monika NICKEL, Die Passauer Theologisch-praktische Monatsschrift. Ein Standesorgan des bayerischen Klerus an der Wende vom 19. zum 20. Jahrhundert (Neue Veröffentlichungen des Instituts für ostbairische Heimatforschung der Universität Passau 53), Passau 2004, 566f., wobei Nickel ihren Blick auf die Zeit um 1900 behält und das Klerusblatt nicht nennt.

12 Als Beispiele bisheriger Forschungserträge neben den bereits zuvor genannten seien erwähnt: Walter HÖMBERG/Thomas PITTROF (Hg.), Katholische Publizistik im 20. Jahrhundert. Positionen, Probleme, Profile (Reihe Catholica 3), Freiburg i. Br.-Berlin-Wien 2014. Hubert WOLF/Jörg SEILER (Hg.), Das Katholische Sonntagsblatt (1850-2000). Württembergischer Katholizismus im Spiegel der Bistumspresse, Ostfildern 2001; Bernhard SCHNEIDER, Katholiken auf die Barrikaden? Europäische Revolutionen und deutsche katholische Presse 1815-1848 (Veröffentlichungen des Kommission für Zeitgeschichte B 84), Paderborn u. a. 1998; Bettina HEYDRICH, Das Zweite Vatikanische Konzil in der Sicht der Münchener Katholischen Kirchenzeitung, in: BABKG 49 (2006) 255-303; zu Münster vgl. Maike HARTMANN, Bistumspresse während des Zweiten Vatikanischen Konzils (Junges Forum Geschichte 3), Münster 2009; Andrea ZETTL, Das II. Vatikanische Konzil im Spiegel des Regensburger Bistumsblattes (Zulassungsarbeit Wintersemester 2009/10, Lehrstuhl Kirchengeschichte Mittelalter und Neuzeit, Prof. Dr. Franz Xaver Bischof, Kath.-Theol. Fakultät LMU); Matthias BÄR, Die Beziehungen des Münchner Görreskreises und anderer katholischer Gelehrter in das katholische England, (Münchener Theologische Studien [MThSt], I, 38), St. Ottilien 2010, der auch die Bedeutung des publizistischen Engagements Görres' in der ersten Hälfte des 19. Jh. beleuchtet; Andrea MÄNNER, Stimmen aus Maria-Laach/Stimmen der Zeit. Die Jesuitenzeitschrift und ihre Redaktion vom Ersten Vatikanischen Konzil bis zum Zweiten Weltkrieg (MThSt, I, 41), St. Ottilien 2019.

den Konzeptionen der jeweiligen Ausgaben wie auch im Vergleich der diversen Artikel und Beiträge manifestieren. Man kann die Jahrgänge im Sinne des Spiegels des Zeitgeschehens und der Kirchengeschichte untersuchen – und eruieren, was sich hier widerspiegelt und was nicht, kann den Befund in die großen Linien der Katholizismusforschung einordnen. Allein die Rubrik der Bücherumschau offenbart in historischer Rückschau, welche Literatur eventuell „nur" Modeerscheinung war, aber auch, was der Seelsorgspraxis in der jeweiligen Zeit diente oder was letztlich zeitlos gültig ist bis heute, kurz: was damals warum gelesen werden sollte, und evtl. gar gelesen wurde. Nicht zuletzt böte sich an, etwas über die theologische Bildung des bayerischen Klerus herauszuarbeiten, einmal anhand der Bücherschau, aber besonders anhand der großen theologischen Artikel und Beiträge. Mit einer quantitativen Analyse allein für die Jahre von 1926 bis 1932 zeigte schon Hümmelink 1966 auf, wie sich die Zeitschrift entwickelte, wie rechtlich-organisatorische Artikel nach der Konsolidierung des Verbandes abnahmen und eine beeindruckende Steigerung allgemeiner thematischer Beiträge festzustellen ist.[13] Man könnte für die ganzen letzten hundert Jahre oder ausgewählte Zeiträume Grundausrichtungen konturieren, aber auch den Wandel mit seiner Meinungs- und Themenpluralität skizzieren[14]; dringend zu erwähnen ist die homiletische Werkstatt, deren Predigtanregungen die ganze Bandbreite des Katholischen und der theologischen Praxis, ja die Autoren in ihrer kirchlichen Sozialisation und Ausbildung greifbar werden lassen und das intensive – wenngleich inhaltlich und methodisch sehr unterschiedlich bestimmte – Bemühen dokumentieren, das Evangelium den Menschen der jeweiligen Zeit zu erschließen; und insofern persönliche Nachlässe oder Personalakten in Archiven vorhanden und zugänglich sind, könnten schließlich die handelnden Personen in Verband und Zeitschrift genauer porträtiert werden, ihre Einflüsse auf die Zeitung und ihre Inhalte – Ähnliches gilt für eine längst fällige Würdigung der Autoren, die öfters für das Klerusblatt Beiträge lieferten.[15] Dazu könnte das 100-jährige Jubiläum anregen; diese Forschungsaufgaben sind durch Wegfall von Schutzfristen auch für Themen der 1950/60er Jahre, ggf. bis in die frühen 1970er Jahre kein Ding der Unmöglichkeit mehr.

13 Vgl. HÜMMELINK, Seelsorge und Zeit (wie Anm. 4), 60-86, bes. 62-68. Ebd. 66: „Schon diese skizzierende Titelüberschau deutet die Spannweite des Zeitungshandelns an, die eine Zuordnung nach ‚Themen' schwierig macht, darüber hinaus eine Untersuchung nach äußeren Bestimmungsgründen methodologisch unzulänglich erscheinen läßt."

14 Vgl. etwa die Analyse zu *Stimmen der Zeit* bei: MÄNNER, Stimmen aus Maria-Laach (wie Anm. 12), 325.

15 Die lohnende Beschäftigung mit den Autoren zeigt auch Männer (ebd. 326), wenn sie resümiert, „dass die jesuitischen Autoren – innerhalb der grundsätzlichen theologischen Ausrichtung – eine Bandbreite an Meinungen vertreten konnten, weshalb kein generelles Urteil über die Autoren gefällt werden kann."

Leon von Kukowski – Priester des Erzbistums München und Freising, Schriftleiter des Klerusblattes 1956-1971

Für die Jahre rund um das II. Vatikanische Konzil (1962-1965) fällt auf, dass sich die Zeitschrift im Vergleich mit den Jahrgängen vor 1956 weiterentwickelte; dies bemerkte auch schon Florian Trenner in seinem geschichtlichen Überblick zum Klerusverband und brachte es mit dem Antritt Leon von Kukowskis als Schriftleiter in Zusammenhang.[16] Welcher Anteil Kukowski tatsächlich zugekommen sein dürfte, sollen erste historische Annäherungen beleuchten. In der Tat bedeuteten für den Schriftleiter die Jahre seiner Tätigkeit publizistische Zeitzeugenschaft einer Ära und Epoche der vielfältigen, seit Kriegsende existierenden und sich nun rapiden beschleunigenden Wandlungsprozesse in Gesellschaft und Kirche. Was auffällt: wie stark das Klerusblatt als Raum für Diskussionen genutzt wurde und kontroverse Sichtweisen zuließ, gleichwohl eine dezidierte Schwerpunktsetzung immer wieder ausmachbar ist. Oft nahmen Priester auf theologische Artikel Bezug, Mitbrüder antworteten darauf, man findet spannende Zeugnisse unterschiedlicher Generationen und Mentalitäten. Erste Schürfungen haben vielversprechende Perspektiven für weitere Forschungen aufgezeigt.[17] Die Jahre der Konzilsrezeption, in die Kukowskis Tätigkeit hauptsächlich fällt, waren bekanntlich turbulent, diese in einem klerikalen Standesorgan wie dem Klerusblatt zu begleiten, dürfte nicht wenig herausgefordert haben. Dass in dieser Phase ein Priester des Erzbistums, das mit Kardinal Döpfner einen wichtigen Konzilsprotagonisten als Erzbischof aufzuweisen hat, diese Aufgabe übernahm, mag das Interesse noch erhöhen, zumal Kukowski der einzige Kleriker des Erzbistums in dieser speziellen Funktion bislang bleiben sollte. Doch andere Geistliche aus dem Erzbistum waren als Vorsitzende prägende Gestalten des Klerusverbandes bis heute, wie nachfolgend kurz skizziert wird.

---

16 Florian TRENNER, Geschichte und Bedeutung des Klerusverbandes in 75 Jahren, in: Maas-Ewerd (Hg.), Kleriker (wie Anm. 4), 11-40, hier 28, der auch zum Übergang von der Ägide Prof. Mayers zu Kukowski eine Information beisteuert, die so in den Akten zumindest nicht ersichtlich ist: „ein Jahr später [1956] teilt sich Prof. Mayer die Schriftleitung des Klerusblattes mit Leon von Kukowski, der dann 1957 die alleinige Verantwortung übernimmt und mit neuen Ideen und Anregungen aus der Leserschaft dem Blatt zu mehr Breitenwirkung und Aktualität verhelfen möchte, was sich im Laufe der folgenden Jahre schon äußerlich durch reichere Bebilderung – vor allem zu moderner Kirchenkunst –, durch einen Anzeigenteil und einen größeren Umfang ausdrückt." Dies allerdings weiß Maß-Ewerd in seinem Beitrag zu den Schriftleitern nicht zu berichten.

17 Vgl. MOKRY, 100 Jahre Klerusblatt (wie Anm. 1), 21-25.

Anfang und Entwicklung des Klerusverbandes sind eng mit dem Erzbistum München und Freising verbunden.[18] Hier hat er seinen Sitz mit Geschäftsstelle. Auch wenn München die Landeshauptstadt ist – für einen Klerikerverband wäre das nicht zwingend nötig, mit Bamberg gäbe es einen weiteren Metropolitansitz, wenn der Ort des Verbandsitzes denn irgendwie mit der Kirchenhierarchie zusammenhängen sollte, natürlich wäre auch jeder andere Ort denkbar. Historisch besehen liegen die Anfänge der Verbands aber in München, denn es war Erzbischof Michael Kardinal von Faulhaber, der angesichts der Umwälzungen nach dem Ersten Weltkrieg seinen Diözesanklerus am 23. November 1918 ermunterte, zur Wahrung der Interessen von Kirche und Priesterstand parallel zu profanen Vereinen und Verbänden eine Art Standesvertretung zu bilden. Das führte zur bayernweit ersten Gründung eines Priestervereins im Erzbistum München und Freising am 14. Oktober 1919 durch 74 bei der Gründungsversammlung anwesende und 410 durch schriftliche Erklärung zum Gründungstag beigetretene Priester, darunter der Freisinger Professor und spätere Weihbischof Anton Scharnagl und der chronologisch gesehen zweite Klerusverbandsvorsitzende Georg Böhmer.[19] Nur zwei Monate später schlossen sich die mittlerweile auch in den anderen Diözesen gebildeten Priestervereine zum Landesverband der Diözesan-Priestervereine Bayerns zusammen, zum Klerusverband. Unter den „Gründungsvätern" waren der Münchner Stadtpfarrer Alois Gilg als zweiter Gründungsversammlungsvorsitzender und der Münchner Stadtkaplan Ignaz Fischer als einer der beiden Schriftführer.[20] Nach dem Rücktritt des ersten Verbandsvorsitzenden, des Würzburger Dompropstes Thaddäus Stahler (gest. 1938), sollten von 1933 bis heute ausschließlich Priester des Erzbistums München und Freising zu Vorsitzenden gewählt werden:

Georg Böhmer 1933-1942
Dr. Franz Stadler 1942-1954
Dr. Josef Holzer 1954-1967
Konrad Miller 1967-1983
Josef Grabmaier 1983-1992
Herbert Jung 1992-2011
Andreas Simbeck ab 2011

Unter Berücksichtigung der Archivgesetze und -ordnungen und ihrer Schutzfristen sind mittlerweile zu den ersten drei genannten Vorsitzenden Böhmer, Stadler und

18 Siehe neuerdings auch den Festband zum 100-jährigen Jubiläum: DEISSENBÖCK/MOKRY (Hg.): 100 Jahre Klerusverband e.V. (wie Anm. 1).

19 Vgl. zum Münchner Priesterverein genauer: Bernhard WALDHERR, Der Priesterverein der Erzdiözese München und Freising: „Vorreiter" von Anfang an, in: Maas-Ewerd (Hg.), Kleriker (wie Anm. 4), 135-138, hier 136. Vgl. auch TRENNER, Geschichte und Bedeutung (wie Anm. 16), 12.

20 Vgl. ebd. 14-16.

Holzer Recherchen möglich. Da in dieser Untersuchung aber das Klerusblatt im Vordergrund steht, sei nachfolgend der Blick auf Leon von Kukowski als den bislang einzigen Münchner Diözesanpriester in der Riege der Schriftleiter des Klerusblattes gerichtet, wenn man den letzten sowie den aktuellen Schriftleiter außer Acht lässt, die selbst nicht dem Klerikerstand angehören: Seine Vorgänger und Nachfolger als Schriftleiter waren und sind[21]

Prof. Dr. Matthias Ehrenfried 1920-1924, Eichstätt (ab 1924 Bischof von Würzburg)
Prof. Dr. Ludwig Bruggaier 1924-1939, Eichstätt
Prof. Dr. Josef Gmelch 1939-1943, Eichstätt
Alois Natterer 1946-1951, Augsburg
Prof. Dr. Joseph Mayer 1952-1956, Augsburg
Dr. Helmut Holzapfel 1972-1983, Würzburg
Prof. Dr. Theodor Maas-Ewerd 1984-2002, Eichstätt
Dr. Florian Trenner 2002-2017, München und Freising
Dr. Gerhard Deißenböck, aktuell, München und Freising

Schriftleiter in bewegten Zeiten: Leon von Kukowski

Herkunft und Prägungen

Kukowski war in den stürmischen Jahren vor und nach dem II. Vatikanum Schriftleiter des Klerusblattes, genauerhin von 1956 bis 1971. Und wie im ersten Hauptteil bemerkt, zeichnete sich die Verbandszeitung in dieser Zeit durch Themen-, Artikel- und Format-Pluralität und bisweilen leidenschaftlich geführte Diskussionen aus. Gemeinhin dürfte einem Schriftleiter hinsichtlich einer solchen Bilanz einiges an Anteil zukommen. Da der Personalakt Kukowskis mittlerweile für die Forschung nutzbar ist, lässt sich zumindest für seine Person und seine Aufgaben Näheres erhellen.[22] Wer war er? Welche Prägungen und Eigenschaften brachte er für die Tätigkeit als Schriftleiter mit? Wie kam er zu dieser Aufgabe, die immerhin dazu führte, dass er rund 15 Jahre in einer entscheidenden Phase der jüngeren Kirchengeschichte verantwortlich dafür war, was die Kleriker der bayerischen Kirchenprovinz an Anregungen, Impulsen, Kenntnissen in Theologie, Philosophie, Pastoral und Kunst/Kultur erreichte?

Leon von Kukowski wurde am 23. Oktober 1903 in München geboren. Er wuchs augenscheinlich in gut situierten bürgerlichen Verhältnissen – der Vater war Zahnarzt – in der Münchener Innenstadt auf, in Hl. Geist wurde er am 30. April 1904 getauft; seine Mutter war vom Judentum zum Katholizismus konvertiert, was ihm später in

21 Vgl. die Übersicht bei Theodor MAAS-EWERD, Der erste wurde Bischof. Die Schriftleiter des Klerusblattes seit 1920, in: Ders. (Hg.), Kleriker (wie Anm. 4), 97-115, hier 98 (in seinem Beitrag bis zu Holzapfel mit ersten biographischen Skizzen); die obige Aufzählung wurde ergänzt um Auskünfte des gegenwärtigen Schriftleiters Dr. Gerhard Deißenböck.

22 Die bisherige kurze Würdigung Kukowskis bei Maas-Ewerd stützte sich dazu bislang hauptsächlich auf die Auswertung der Nachrufe zu Kukowskis Tod im Klerusblatt selbst; siehe ebd. 112f., hier 113.

der NS-Zeit auch Probleme bereitete.[23] Ausweislich seines Bewerbungsschreibens für die Aufnahme ins Priesterseminar aus dem August 1931[24] war er in seiner Jugend von einer Lungenerkrankung betroffen, die ihn für gut zwei Jahre aus der üblichen Schullaufbahn geworfen hatte. Gemäß den Angaben im Bewerbungsbogen sowie den beigefügten Zeugnissen besuchte er 1913 bis 1920 das Ludwigsgymnasium, 1920-23 das Internat und Gymnasium in Ettal, und danach wieder bis zum Abitur 1926 das Ludwigsgymnasium. Die Noten des dort erlangten Reifezeugnisses sind ernüchternd: im Durchschnitt ist das Zeugnis nach damaliger Nomenklatur „entsprechend"; allein in Religion und Deutsch erbrachte Kukowski „lobenswerte" Leistungen, in Latein sogar nur „mangelhaft". Immerhin wird sein Fleiß im Hebräisch-Wahlunterricht lobend hervorgehoben. Ob die Erkrankung auf den Heranwachsenden und seine schulischen Leistungen Einfluss hatte, lässt sich nur mutmaßen, könnte aber das Notenergebnis des fast 23-Jährigen plausibel erscheinen lassen, obschon er im Fragebogen angab, seit 1923 gesundheitlich „ohne jede Beschwerde"[25] zu sein. In der Tatsache, dass die Dinge, die ihn begeistern konnten – Glaube und Literarisches – den Schüler in den jeweiligen Fächern zu messbaren Erfolgen führte, lässt sich in wohlwollender Perspektive wenigstens effizientes Streben und selektiver Leistungswillen erkennen. Blickt man vom Schulabschluss 30 Jahre nach vorn, so mag man angesichts der beiden besten Fächer der Versuchung erliegen, die Tätigkeit als Schriftleiter einer klerikalen Zeitung schon vorgezeichnet zu sehen. Was er aber nach der Schulzeit nicht sofort anstrebte: den Priesterberuf. Er begann in München vielmehr ein breit aufgestelltes Studium mit den Schwerpunkten Geschichte, Philosophie und vor allem Pädagogik und Zeitungswissenschaften.[26] Doch schon im Wintersemester 1928/29 besuchte er zusätzlich – wie aus seiner Auflistung der bereits erbrachten Studienleistungen aus Anlass seiner Bewerbung fürs Priesterseminar hervorgeht[27] – theologische Vorlesungen, und zwar in Dogmatik bei Prof. Martin Grabmann und in Moral bei Prof. Franz Xaver Walter. Mit dem Wintersemester 1930/31 schien laut erwähnter Übersicht das Theologiestudium zum Hauptgegenstand zu werden, es kamen Lehrveranstaltungen in Kirchengeschichte und Kirchenrecht dazu, ebenso im Neuen Testament. Bis auf das Sommersemester 1927, das er in Wien verbrachte, blieb er seiner Heimatstadt treu. Die Semestralprüfungen in Theologie absolvierte er im Vergleich zum Abiturzeugnis mit deutlich besseren Noten. Er hatte anscheinend seine Beru-

---

23 Vgl. die Auskünfte sowie das pfarramtliche Geburts- und Tauf-Zeugnis in seinem Bewerbungsbogen für das Priesterseminar, in: AEM, BB001/2/2, 952 Kukowski, Msgr. Leon von. – Die eingehenden wie abgehenden Schriftstücke sind in der Regel als Abschriften bzw. Ausfertigungen maschinenschriftlich vorhanden, teilweise mit handschriftlichen Notizen der Bearbeiter und Leser (etwa durch die Generalvikare Buchwieser, Fuchs und Gruber oder Erzbischof Döpfner).

24 Bewerbungsschreiben fürs Priesteramt, 18.8.1931, in: ebd.

25 Vgl. Bewerbungsbogen für das Priesterseminar, in: ebd.

26 Übersicht über besuchte Lehrveranstaltungen an der Universität München als Anlage zum CV des Bewerbungsschreibens, in: ebd.

27 Vgl. ebd.

fung gefunden, die er offensichtlich auch in Gesprächen mit dem Hochschulseelsorger Friedrich Kronseder SJ, reflektiert hatte.[28] Doch sein bisheriges Studium der Pädagogik und Zeitungswissenschaft sollte ihm weiter gleichsam ein Stück Berufung und Beruf bleiben. Auf eine Promotion verzichtete er mit Blick auf die erstrebte Aufnahme ins Priesterseminar, bei dem es sich aufgrund des bereits laufenden Studiums in München nicht um das diözesane Seminar in Freising, sondern um das staatliche und überdiözesane Seminar in München, das Herzogliche Georgianum handelte.[29] So hielt er in seinem Bewerbungsschreiben fest: „Seit Sommer 1928 arbeite ich bei Herrn Prof. Dr. [Heinrich; Anm. d. Verf.] Günter an einer Promotionsarbeit über das Thema: Die mathematisch-naturwissenschaftliche Betätigung der süddeutschen Klöster im 18. Jahrhundert. Das umfangreiche Thema, das ich erst im Herbst 1930 auf den Benediktiner-Orden einschränkte, sowie die Behinderungen durch die lange Krankheit und das Ableben meiner Mutter lassen die Arbeit voraussichtlich erst gegen Ende dieses Jahres zum Abschluss bringen. Um das erstrebte Ziel des Priestertums baldigst zu erreichen, habe ich mich entschieden die Promotion nicht abzuwarten, sondern das Studium der Theologie jetzt voll aufzunehmen. Ich bitte daher meinen Eintritt in das Priesterseminar München (Georgianum) zu genehmigen."[30]

Nach Abschluss der Universitätsstudien wurde er im Herbst 1933 schließlich zum Alumnat im Freisinger Klerikalseminar zugelassen, mit Blick auf die dafür erbrachten Aufnahmeprüfungen (mündlich und schriftlich Note II-III) möchte man an die Schulzeit zurückdenken, wenn man die Ergebnisse aller Bewerber betrachtet: nur als 30. von 34 Kandidaten bestand Kukowski die Aufnahme; in der Bescheidung über die Zulassung heißt es abschließend: „Obige Noten werden in Zukunft hauptsächlich als Grundlage der Beurteilung seiner wissenschaftlichen Bildung dienen."[31] Schon ein halbes Jahr später liest man im Seminarabgangszeugnis, ausgestellt in Freising am 18. April 1934: „Befähigung, Geistige Begabung: 2-3, Kenntnisse: 2-3, Priesterlicher Eifer: 1; Allgemeine Seelsorgsqualifikation: 2-1; Predigt, Ausarbeitung: 2-1, Vortrag:

---

28 Vgl. Führungszeugnis für Herrn Theol. v. Kukowski, 27.7.1931, hs. Zettel mit Briefkopf Ignatiushaus; „Er war öfter bei mir zu Besprechung von Berufsfragen, was mir sein ernstes Streben zeigte." – Zu Kronseder vgl. Claudia Angelika LEISTRITZ, Von den Anfängen der Katholischen Hochschulseelsorge bis zur Errichtung der Katholischen Hochschulgemeinde 1900 bis 1947, in: Franz Xaver Bischof (Hg.), Katholische Hochschulseelsorge zwischen Akzeptanz und Ablehnung. Zur Geschichte der Katholischen Hochschulseelsorge an der Ludwig-Maximilians-Universität München 1927 bis 2007 (LMUniversum 6), Haar b. München 2008, 19-48, hier bes. 37.

29 Zum Georgianum vgl. hinführend den instruktiven Internetauftritt: www.herzoglichesgeorgianum.de (17.6.2021).

30 CV zum Bewerbungsschreiben fürs Priesteramt, 18.8.1931, in: AEM, BB001/2/2, 952 Kukowski, Msgr. Leon von; zu Prof. Heinrich Günter vgl. Karl HAUSBERGER, Art. Günter, Heinrich, in: LThK3 4 (1995) 1104: geb. 1870 im Württembergischen Schelklingen, Studium Theol. und Gesch. in Tübingen, Habil. 1897 ebd., ab 1923 Ordinarius in München, Spezialist für mittelalterliche Kirchen- und Kulturgeschichte, gest. 1951 in München.

31 Signatur Gen.-Vik. Nr. 9241: München, 24.10.1933, in: AEM, BB001/2/2, 952 Kukowski, Msgr. Leon von.

1-2, Stimme: angenehm deutlich; Liturgie: 2-3, Choralgesang: 3; Katechese Bearbeitung: 2-1, Lehrgeschick: 1-2; soziale Befähigung: sehr gut."[32] Da die daran anschließenden Bemerkungen nur sehr wenig Raum auf dem Papier zur Verfügung hatten, lässt sich nicht genau sagen, wie das folgende Urteil tatsächlich zu bewerten ist oder gar für die nächsten Jahre den Spielraum festlegte, in dem sich die klerikale Karriere Kukowskis entfalten durfte: „Mittelmässig begabt wird er bei seinem bescheidenen Wesen, weichen Gemüt und seiner Einfühlungsgabe gut wirken."[33]

Priesterjahre in der Seelsorge: Entfaltung des Charismas ohne Perspektive

Zunächst ging es nach der Priesterweihe gewissermaßen durch die Tretmühle erster berufspraktischer Erfahrungssammlung. In der Zeit des Nationalsozialismus und Weltkriegs war er als Kooperator, Koadjutor und Hilfspriester an elf verschiedenen Orten tätig (u. a. Teisendorf, Flintsbach, Hohenkammer, Moosen an der Vils, Tuntenhausen und Hilperting-Jakobsberg).[34] Ab und an kam er mit dem Regime in Konflikt wegen Predigten oder Inhalten im Religionsunterricht (und offensichtlich auch einmal aufgrund seiner bereits 1930 verstorbenen, vom Judentum zum Katholizismus konvertierten Mutter), was aus seiner eigenen Schilderung im Fragebogen zur nationalsozialistischen Verfolgung, wie ihn das Ordinariat in der Nachkriegszeit zur Bilanzerhebung ausgab, hervorgeht.[35] Schaden aus diesen Vorfällen konnte er jedoch abwehren, wie beispielsweise einmal „mit Hilfe des gutgesinnten Bürgermeisters und Ortsgruppenleiters" oder weil eine Anzeige „vom gutgesinnten ev. Kommissar niedergeschlagen" wurde, so seine Formulierungen. Nach dem Krieg wurde schließlich ein Konfliktgeschehen aus der Zeit 1946/47 aktenkundig, als Beschwerden über Kukowski eintrafen, deren Inhalt im schriftlichen Niederschlag nicht mehr eindeutig greifbar sind. Doch scheint er sich mit viel Eifer hinsichtlich sittlicher Disziplin einzelner aus der Schar seiner ihm anvertrauten Gläubigen engagiert zu haben, was einerseits die Betroffenen veranlasste, sich bei ihm zu beschweren, andererseits den Mitbruder an der Pfarrkuratie Tattenhausen bewegte, sich im Februar 1947 brieflich beim befreundeten Domkapitular Anton Fischer zu melden und den Unmut über den Mitbruder, der ihm zugetragen wurde, kundzutun. Fast will man nicht von Zufall sprechen, dass Kukowski schon im Mai 1947 als Kooperator und Chorvikar nach

32 Seminarabgangszeugnis, Freising 18.4.1934, in: ebd.
33 Ebd.
34 Vgl. Übersicht über die Einsatzorte, in: ebd.
35 Vgl. Fragebogen A. Nationalsozialistische Verfolgung kath. Geistlicher [hier: Leon von Kukowski], Tuntenhausen 20.8.1946, in: AEM BB001/2/4 Berichtswesen – 1924-1972, Frage A10-543 – Kukowski, Leon von, geb. 23.10.1903 (Tuntenhausen, - 1945/1947); zu den Fragebögen und ihre Relevanz für die Forschung hilfreich: Johannes KUBER, Die Fragebögen zur nationalsozialistischen Verfolgung katholischer Laien von 1946. Einordnung eines bislang kaum erforschten Quellenkorpus, in: BABKG 56 (2015) 173-198, hier 174 Anm. 6, die Erwähnung der Fragebögen zur Verfolgung des Klerus mit weiterführender Literatur und Forschungsstand.

Landshut St. Martin wechselte. Was hatte Kukowski da im Herbst 1946 so sehr verärgert, dass mehr Staub als wahrscheinlich nötig aufgewirbelt wurde – war er nicht als bescheiden, weich und einfühlsam beschrieben worden? Eine Beschreibung, die sich auch noch in der Requiemspredigt für ihn 1978 finden sollte.[36]

In Landshut, einem geschichtsträchtigen Ort mit urbanerem Flair und städtischeren Strukturen und Milieus, fand er, der gebürtige Innenstadt-Münchner, leichter Tritt. Die Bewertungen seiner Vorgesetzten fallen gut bis sehr gut aus. Besonders sticht hervor, dass immer mehr seine Begabung, mit Menschen eines bildungsbürgerlichen Hintergrunds gut und rasch Kontakt aufzubauen, betont wurde. Er entfaltete seine Charismen immer stringenter, wie es scheint. Im achten Jahr seiner Zeit in Landshut ist in der sogenannten Qualifikation vom 11. Juni 1955, unterzeichnet von Stiftspropst Johann Keller, zu lesen: „Begabung: sehr intelligent; Kenntnisse: sehr vielseitig; Fortbildungseifer: studiert und liest sehr viel; Seelsorglicher Diensteifer: groß; Sittliche Führung: einwandfrei; Besondere Charaktereigenschaften: vornehm und freundlich in seinem Auftreten, versteht es freilich nicht so recht mit einfachen Leuten innigen Kontakt zu finden, obwohl er sie seelsorglich nicht vernachlässigt. Klerikales Auftreten: trägt stets klerikale Kleidung, weiß sich als Priester zu benehmen; gewandtes Auftreten. Sonstiges Auftreten und äußere Erscheinung: im Allgemeinen gut. Fähigkeit als Priester: predigt sehr gut, gewählt im Ausdruck; Fähigkeit als Katechet: als Katechet eifrig, findet den Kontakt mit den Kindern. Soziale Befähigung und Wirksamkeit: weiß in den Kreisen der Gebildeten seelsorglichen Erfolg zu gewinnen. Bes. Verdienste erwirbt er sich als Leiter des Kath. Volksbildungswerkes, für das er die namhaftesten Referenten zu gewinnen weiß. Amtliches Schriftwesen: Mit amtlichem Schriftwesen hat er nichts zu tun. Besondere Neigungen und Leistungen (Besondere Eignung für Lehr-, Stadt- oder Landpastoral, als Chorregent, Spiritual): Besitzt eine riesige Privatbibliothek und ist sehr belesen; beliefert die Zeitung zu den einzelnen kirchlichen Festen und Gelegenheiten mit sehr guten religiösen Artikeln. Besondere Bemerkungen: Ausgesprochen für städtische Verhältnisse geeignet. Bei seinem Alter [52 Jahre; Anm. d. Verf.] und seinen Priesterjahren ist es nicht verwunderlich, dass er allmählich vergrämt wird, wenn Jüngere Pfarreien bekommen und er fällt mit seinen Eingaben immer wieder durch. In Hinblick auf seine Arbeitskraft (gute Nerven) und Erhaltung der Arbeitsfreudigkeit möchte ich ihm recht bald eine entsprechende Pfarrei wünschen."[37] Der Wunsch nach der eigenen Pfarrei mag durchaus unterstützend eingebaut worden sein. Denn Kukowski hatte sich 1954 vergeblich auf fünf Pfarreien beworben (1955 immerhin noch auf drei), wie aus den Akten hervorgeht. Aus dem Ordinariat hatte sich Generalvikar Fuchs nur etwas schmallippig mit Brief vom 30. November 1954 vernehmen lassen: „Mein lieber Herr Stiftsvikar! Leider muß ich Sie mit meinem heutigen Brief enttäuschen. Ihr Gesuch um die

36 Vgl. den Zeitungsbericht in der Personendokumentation des AEM zu Leon von Kukowski.

37 Vgl. Qualifikation 11.6.1955, unterz. Johann Keller, in: AEM, BB001/2/2, 952 Kukowski, Msgr. Leon von.

Pfarrei Gräfelfing konnten wir nicht positiv verbescheiden. Bei Ihrer ausgesprochen literarischen Begabung und Interessenrichtung würde es sich wohl empfehlen, einen einfacheren Seelsorgsposten anzustreben, der vor allem nicht so viel Verwaltungsaufgaben mit sich bringt wie Gräfelfing. Wir wissen wie treu und gewissenhaft Sie Ihre priesterlichen Pflichten erfüllen und möchten, daß Sie recht bald eine Pfarrstelle bekommen, die Sie priesterlich ausfüllt und Ihnen andererseits für Ihre literarische Tätigkeit noch Zeit und Muße läßt."[38] War das lobend und wertschätzend gemeint? Oder ist da doch unverhohlen Kritik zu hören? Wie steht das Ordinariat zu einem Priester, der durchaus ein eigener Kopf ist, der aus den gewöhnlichen Bahnen ausbricht, wie sein Engagement etwa fürs Bildungswerk zeigt, der selbständig und proaktiv Pressearbeit macht? Kukowski resignierte jedenfalls nicht, er bat knapp zwei Wochen später um einen Gesprächstermin.[39]

Talent findet Tätigkeitsprofil – Kukowski wird Schriftleiter

Tatsächlich sollte sich zur Jahresmitte hin sein Schicksal wenden, bei dem der erst seit 1955 amtierende Vorsitzende des Klerusverbands und Stadtpfarrer von Mariahilf, Dr. Joseph Holzer, irgendwie involviert war. Mit Schreiben vom 18. April 1956 bestätigte Generalvikar Fuchs dem „Lieben Freund", wie er Holzer ansprach, dass auf dessen Ersuchen hin Kukowski für die Schriftleitung des Klerusblattes freigestellt werde, außerdem gab er folgenden Arbeitsauftrag mit auf den Weg: „Nach Rücksprache mit Eminenz möchte ich nochmals darauf hinweisen, daß Herr v. Kukowski sich baldmöglichst einen Redaktionsbeirat sucht, damit das Klerusblatt sowohl von der seelsorglichen Praxis wie von der Wissenschaft her die notwendigen Anregungen bekommt."[40] Etwas eleganter und werbender platzierte er nächsten Tages diesen Hinweis bei Kukowski, als er ihn schriftlich über die Freistellung informierte. Dabei ließ er durchscheinen, dass seitens der Diözesanleitung – erinnert sei an die oben erwähnte „Rücksprache mit Eminenz" – gewisse Vorstellungen zur Zukunft des Klerusblattes vorhanden seien und man auch den anscheinend intendierten Ortswechsel der Redaktion möglichst reibungslos zu bewältigen wissen wollte. Der Generalvikar empfahl sogar rundheraus, der Einfachheit halber nun in München eine Art Netzwerk an Autoren aufzubauen: „Mein lieber Herr Chorvikar! Auf Antrag des Vorsitzenden des Klerusverbandes haben wir Sie mit Wirkung vom 1. Mai 1956 für die Übernahme der Schriftleitung beim Klerusblatt freigestellt. Ich freue mich, daß Sie gerne diese Arbeit übernehmen und in dem Dienst an den Priestern selbst eine berufliche Erfüllung finden. Sie wissen ja, daß das Klerusblatt eine sehr große Aufgabe

38 Generalvikar an Kukowski, 30.11.1954, in: ebd.
39 Vgl. Kukowski an Generalvikar, 16.12.1954, in: ebd.
40 Generalvikar an Holzer, 18.4.1956, in: ebd.

Gott Vater
hat mich beim Namen genannt
Gott Sohn
hat mich als Priester gesandt
Gott Heiliger Geist
hat mir die Gnade geschenkt
Die Mutter des Herrn
hat meine Schritte gelenkt

1934 Deo gratias 1959

Leon von Kukowski
Schriftleiter des Klerusblattes

Ich danke meinem Gott für all euer Gedenken. (Phil 1, 3)

Andenken an das 25-jährige Priesterjubiläum (AEM, Personendokumentation 1953).

für den bayerischen Klerus zu erfüllen hat. Ich möchte Ihnen empfehlen, sich einen kleinen, arbeitsfähigen Beirat von Praktikern aus der Seelsorge und der Wissenschaft zu suchen, mit dem Sie laufend die inhaltliche Planung und auch einzelne Themenaufgaben besprechen. Es ist durchaus möglich, daß Herr Professor Maier [sic!] derartige Berater hatte – es dürfte sich aber vielleicht empfehlen, auch hierin neue Männer zu suchen. Wenn Sie umgezogen sind, werden Sie mich wohl einmal besuchen. Ich möchte mich gerne über Ihre Aufgaben unterhalten."[41]

41 Generalvikar an Kukowski, 19.4.1956, in: ebd.

Ob dieses Treffen in der beabsichtigen Form und mit den gewünschten Folgen stattfand, lässt sich im Moment (noch) nicht feststellen. In seiner Antwort an den Generalvikar schrieb Kukwoski: „Sie haben mir damit [Freistellung für Schriftleitung; Anm. d. Verf.] ein Vertrauen geschenkt, das mich fast bangen macht. Um so mehr freute mich darum Ihr gütiges und verständiges Begleitschreiben. Ich bin mir der großen Verantwortung wohl bewußt und weiß, daß ich sie nur in engster Zusammenarbeit gerade auch mit der oberhirtlichen Stelle meistern kann. In diesem Sinne begegnet Ihre Anregung, mir einen Kreis erfahrener Mitarbeiter als erweiterte Schriftleitung zu suchen, meiner eigenen Absicht, die ich auch mit H.H. Stadtpfarrer Dr. Holzer so besprochen habe. Sobald ich meinen Umzug geregelt und etwas Einblick in die Redaktion gewonnen habe, komme ich gerne, um mich mit Ihnen über die Aufgaben und neuen Möglichkeiten des ‚Klerusblattes' eingehen zu beraten."[42] Wie bereits weiter oben festgehalten: Das Klerusblatt wandelte sich tatsächlich rasch und nachhaltig und begleitete engagiert und diskursiv das Konzil und seine hitzigen Jahre danach. Diese Zeit genauer zu würdigen und gegebenenfalls Kukowskis Anteil näher zu bestimmen, ist eine lohnende zukünftige Aufgabe, die nicht nur viel über die Rezeption des Konzils durch den Klerus aussagen könnte – sie würde aber den Rahmen dieses Beitrag sprengen.

Ein Ende mit Spannung wegen Spannungen ohne Ende? Kukowski dankt ab

Die ebenso „heiße Phase" der Würzburger Synode (1971-75) publizistisch zu begleiten, war Kukowski nicht mehr möglich. Er beendete seine Arbeit für das Klerusblatt aus eigenem Antrieb. In einem persönlichen Schreiben vom 17. August 1971 an Erzbischof Julius Kardinal Döpfner nannte er zwei Gründe. Zunächst erwähnte er seinen altersbedingten Gesundheitszustand und die daraus resultierende „merkliche Minderung der Schaffenskraft."[43] Weiter fuhr er fort: „Darüber hinaus bin ich nicht mehr imstande, die ständige von seiten der Vorstandschaft des Klerusverbandes ausgehende Spannung und Unstimmigkeit zu bewältigen." Hier galt angesichts der Quellenlage die Feststellung Maas-Ewerds, Schriftleiter 1984-2002, nicht vollumfänglich, der zum 75. Jubiläum zu seinen Vorgängern (und wohl auch mit Blick auf sich selbst) formulierte, dass die Schriftleiter „das ‚Gesicht' des KlBl [Klerusblattes] geprägt haben, freilich in stetem Zusammenwirken mit den Verantwortlichen des Klerusverbandes, deren Verständnis und Wohlwollen sie beflügelt."[44] Das Schreiben lässt zu den Spannungen und Unstimmigkeiten nur Mutmaßungen zu, Kukowski verriet auch nicht mehr; vermutlich wird Döpfner den Hintergrund verstanden haben, auch wenn seine ganz der Amtsgeschäftsbürokratie geschuldete handschriftliche Notiz auf dem

42 Kukowski an Generalvikar, 1.5.1956, in: ebd.
43 Kukowski an Döpfner, 17.8.1971, in: ebd.
44 Maas-Ewerd, Der erste wurde Bischof (wie Anm. 21), 97-115, hier 98.

Brief einfach lautete: „an G.V. [Generalvikar] zur Kenntnis u. Ablage". Welcher Horizont ist in der Angelegenheit eventuell mitzusehen? Dazu eine Beobachtung: 1967 war als Nachfolger von Dr. Joseph Holzer der Münchner Stadtpfarrer von Hl. Geist, Konrad Miller, Vorsitzender geworden. Dieser erwies sich als eher kritischer Geist bezüglich der „Zustände" der sog. langen 68er-Jahre, er war für seine Weigerung, in Hl. Geist keinen Volksaltar einzuführen, bekannt, viele Zeitzeugen aus dem Erzbistum wissen noch heute darum und um den ein oder anderen Konflikt. Millers erwähntes Geleitwort in der ersten Nummer des Klerusblattes des Jahrgangs 1970 – es war immerhin das Jahr des 50-jährigen Gründungsjubiläums der Zeitung – ließ deutliche Kritik erkennen, wenn er die Bischöfe zu einer getreuen Umsetzung des Konzils mahnte und vor kirchenfremden Themen warnte, die in die Kirche hineingetragen würden.[45] Nur ein Jahr später – wie der Münchner Regens Wolfgang Lehner jüngst in einem publizierten Beitrag dieses Organs zeigte – wandte sich Miller im April 1971 mit einem Brandbrief des Klerusverbandes an die bayerischen Bischöfe hinsichtlich der Situation der Nachkonzilszeit und besonders der Priesterausbildung. Lehner sieht in dem Brief „eine Generalabrechnung mit Julius Kardinal Döpfner und seinem Regens Gilbert Niggl" und attestiert im Text „Zweifel an der Zurechnungsfähigkeit der Bischöfe"[46]; es wird im Brief gefordert – man erinnere die eben erwähnte Äußerung Millers im Klerusblatt –, dass die Oberhirten „in Übereinstimmung mit den Konzilsdekreten [...] handeln."[47] Miller erscheint hier beinahe als authentischer Interpretator der Konzilsdekrete, der den Bischöfen sagt, wo es langgeht – und das als Vorsitzender eines Verbandes, der seit der Gründung stets den Gehorsam gegenüber den Bischöfen betonte? Vielleicht werden zukünftige Forschungen etwas mehr Licht in den historischen Nebel bringen; was auf alle Fälle meines Erachtens deutlich wird: In der Zeit der Konzilsrezeption herrschte allenthalben Verunsicherung. Von vielen Seiten – es ist heute gar nicht recht viel anders – wurden Ängste und Sorgen geäußert und wurde Einfluss genommen. Lehner kann zwar nichts darüber berichten, wie Döpfner zu dieser Invektive stand, jedoch fiel ihm auf, dass ein halbes Jahr später wesentliche Punkte in ein Schreiben Döpfners an seinen Regens Niggl eingeflossen sind[48] – ob aus Überzeugung oder politischer Klugheit, sei dahingestellt. Blickt man auf den Duktus des Klerusblattes unter der Führung Kukowskis, kann man sich durchaus vorstellen, wo die erwähnten Spannungen[49] gelegen haben könnten, die der

---

45 Vgl. MOKRY, 100 Jahre Klerusblatt (wie Anm. 1), 15. Ob bei Millers Grußwort sogar eine Invektive gegen den Schriftleiter Kukowski und seine Themenauswahl und Redaktionsleitung zu sehen ist?

46 Wolfgang LEHNER, Zwischen Tradition und Aufbruch. Priesterausbildung in der Erzdiözese nach dem Zweiten Vatikanischen Konzil, in: BABKG 60 (2020) 391-406, hier 399f.

47 Zit. in: ebd., 400.

48 Vgl. ebd., 401.

49 Vgl. auch die Charakterisierung, die gar nicht mal allzu zurückhaltend Spannungen bezeugt, bei Heinrich Fischer, Totengedenken für Msgr. Leon-Adam von Kukowski am 21. September 1978 in St. Martin zu Landshut, in: KlBl 58 (1978) Nr. 10, 224f., zit. in: MAAS-EWERD, Der erste wurde Bischof (wie Anm. 21), 113: „Nicht atemloses Nachschwenken nach Neuem nur um des Neuen willen, wohl aber Aufgeschlossenheit für das Wertige und Gediegene, das Gottes Geist immer wieder einströmen läßt,

Geistliche in seinem Schreiben an Döpfner erwähnte – vielleicht konnte der Kardinal nur allzu gut mitfühlen.[50] Der langjährige Schriftleiter erkannte jedenfalls für sich die Zeichen der Zeit und seine eigenen, durch Alter und Gesundheit vorgegebenen Grenzen. Nachdem er offiziell „auf Grund des vorgelegten ärztlichen Zeugnisses“[51] zum Jahresende 1971 entpflichtet worden war, durfte er 1972 als Stiftskanonikus ins Kollegiatskapitel der Heiligen Martin und Kastulus seiner alten Wirkungsstätte Landshut zurückkehren und im Vorstand des örtlichen Christlichen Bildungswerkes zur Konsolidierung desselben im Zuge der offiziellen Gründung katholischer Kreisbildungswerke in diesen Jahren beitragen, worum er in seinem Schreiben an den Kardinal auch explizit gebeten hatte.[52] Dass er rege Anteil an den Ereignissen der Zeit nahm, zeigt die letzte Korrespondenz in seinem Personalakt: Nachdrücklich forderte er beim Generalvikar die Zusendung der Dokumentation der schriftlichen Vorgänge zwischen Professor Hans Küng und der DBK bzgl. Küngs Buch *Christ sein*, das in einem allgemeinen Schreiben Kardinal Döpfners vom 13. Dezember 1977 in der Anlage angekündigt, aber bei Kukowski nicht angekommen war.[53] Neun Monate später, nur etwas mehr als einen Monat vor seinem 75. Geburtstag, verstarb der Stiftskanonikus am 17. September 1978.

Ausblick

Das Klerusblatt und der Klerusverband sind lohnende Objekte kirchengeschichtlicher Forschung. Die mittlerweile erfolgte Nutzungsmöglichkeit von Archivalien zu wichtigen Protagonisten bietet hierzu Chancen, ebenso das Klerusblatt selbst als Quelle der Theologie- und Kirchengeschichte. Die erste quellenbasierte, hier erfolgte Würdigung der Person des langjährigen Schriftleiters Leon von Kukowski zeigt dies exemplarisch und bietet einen soliden Baustein für die jüngere Geschichte des Klerusblattes, des Verbandes, aber auch einer Geschichte wichtiger Priesterpersönlich-

---

so läßt sich die Tätigkeit in der Redaktion des Klerusblattes beschreiben. Daß er sich dabei Mißverständnissen und Verkennungen aussetzen mußte, verkraftete er ohne große Anfechtungen“. Dass er es verkraftet habe, scheint mit Blick auf das Schreiben an Döpfner mittlerweile weniger plausibel.

50 Vgl. Stephan MOKRY, Kardinal Julius Döpfner und das II. Vatikanum. Ein Beitrag zur Biographie und Konzilsgeschichte (MKHS NF 3), Stuttgart 2016, 537f. zur Belastung Döpfners durch die Nachkonzilszeit.

51 Generalvikar an Kukowski, 21.1.1972, in: AEM, BB001/2/2, 952 Kukowski, Msgr. Leon von.

52 Döpfner hatte sich den Hinweis Kukowskis zu seinem damaligen Engagement unterstrichen. Die Passage lautete: „Wie Eminenz wissen, war ich von 1947 bis 1956 Stiftsvikar in Landshut und hatte damals in der Leitung des Katholischen Volksbildungswerkes einen schönen Erfolg.“ Zur Bedeutung der Erwachsenenbildung für Döpfner vgl. Stephan MOKRY, Bildung als Voraussetzung des Zeugnisgebens – das Beispiel Kardinal Julius Döpfners, in: Lebendiges Zeugnis 74 (4/2019) 28-32.

53 Kukowski an Generalvikar, 13.1.1978; Sekr. Generalvikar an Kukowski, 31.1.1978, in: AEM, BB001/2/2, 952 Kukowski, Msgr. Leon von.

keiten des Erzbistums München und Freising. Gerade in den gegenwärtigen Umbrüchen wird der Blick interessant auf diejenigen Protagonisten, die das, was derzeit in der Kirche immer mehr zur Disposition steht und im Wandel begriffen ist, oftmals in einer ebenso dem Wandel unterworfenen Zeit vor allem der Jahre 1955 bis 1975 „aufgebaut" hatten.

Romano Guardini im Spiegel seiner Bibliothek

Eine historische Spurensuche im Rahmen eines Seligsprechungsverfahrens*

von Helmut Zenz

Mit der sogenannten Guardini-Bibliothek befindet sich seit 1969 im Schloss Suresnes auf dem Gelände der Katholischen Akademie in Bayern eine der wenigen nahezu vollständig und in der originalen Aufstellungsreihenfolge erhaltenen Gelehrtenbibliotheken des 20. Jahrhunderts[1], so wie sie zuvor bis zu Romano Guardinis Tod 1968 in dessen letzter Münchner Wohnung in der Merzstraße 2 im Stadtteil Bogenhausen stand. Nach einer kurzen Zwischenaufstellung in den Hauptgebäuden der Akademie kam sie 1970 nach Abschluss der Restaurierungen im Schloss zum größten Teil in

* Dieser Bericht ist gewidmet meinen Kollegen in der Historikerkommission des diözesanen Seligsprechungsverfahrens für Romano Guardini, Prof. Franz Xaver Bischof und Prof. Claus Arnold, sowie Luigi Albano Berlaffa und Rosaria Jelacqua. Gewidmet ist er aber auch: Stefan Langenbahn, dem Lektor des Archivs für Liturgiewissenschaft, der sich in unermüdlicher Weise um die Erforschung der Anfänge der Liturgischen Bewegung, der Liturgiewissenschaft, Guardinis Erstling *Vom Geist der Liturgie* und besonders der Freundschaft zwischen Romano Guardini und P. Cunibert Mohlberg OSB verdient gemacht hat; Max Oberdorfer, der in seiner Arbeit *Romano Guardini. Zeugnisse eines großen Lebens* (2010) anschaulich deutlich gemacht hat, wieviel es an und mit Guardini noch zu entdecken gibt; Prof. Berthold Gerner (1922-2013) im ehrenden Gedenken, der mit seiner Akribie in der Suche nach Guardini-Quellen bereits viele, bislang leider nur wenig bekannte Vorarbeiten geleistet hat, sowie Prof. Hans Mercker, der meine eigenen ersten Gehversuche im Guardini-Archiv der Katholischen Akademie seit Ende der 1990er Jahre begleitet und mich bereits damals auf viele nicht gehobene Schätze aufmerksam gemacht hat. Schließlich gilt ein großer Dank dem Akademiedirektor Dr. Achim Budde und dem für Anfragen zu Guardini zuständigen Studienleiter Stefan Höpfinger für die erwiesene Großzügigkeit und aufmerksame Begleitung bei meiner Tätigkeit in der Guardinibibliothek und im Guardini-Archiv der Katholischen Akademie in Bayern; desgleichen den Mitarbeitern der Bayerischen Staatsbibliothek, insbesondere Frau Nodia, für die Geduld und Hilfsbereitschaft während meiner dortigen Archivrecherchen, die auch bei der Einordnung der Funde in der Bibliothek sehr hilfreich waren. Außerdem gilt der Katholischen Akademie in Bayern Dank für die Gewährung der Abdruckgenehmigung bislang unveröffentlichter Texte.

1 Vgl. für die gestiegene Aufmerksamkeit für die literaturwissenschaftliche und historische Bedeutung von sogenannten Autorenbibliotheken im Rahmen des Forschungsprojektes *Autorenbibliotheken: Materialität – Wissensordnung – Performanz* im Forschungsverbund Marbach–Weimar–Wolfenbüttel, in dem sich das Deutsche Literaturarchiv, die Klassik Stiftung Weimar und die Herzog August Bibliothek zusammengeschlossen haben: Stefan HÖPPNER/Caroline JESSEN/Jörn MÜNKNER/Ulrike TRENKMANN (Hg.), Autorschaft und Bibliothek. Sammlungsstrategien und Schreibverfahren. Mit einem Vorwort von Reinhard Laube, Göttingen 2018. Frau Prof. Hanna-Barbara Gerl-Falkovitz hat mir mit der Herausgabe der Briefe Romano Guardinis an Josef Weiger am Beispiel der Mooshausener Bibliothek vor Augen geführt, wie lohnend es ist, jedes einzelne Buch auch dieser Bibliothek wirklich in die Hand zu nehmen und auf Eintragungen, Widmungen und Einlagen hin zu überprüfen.

das dortige sogenannte Kaminzimmer. Ein kleinerer Teil steht im Balkonzimmer des 1. Stockwerks, das neuerdings auch die Hans-Maier-Bibliothek beherbergt.[2]

Im Rahmen des am 16. Dezember 2017 eröffneten Seligsprechungsverfahrens in der Erzdiözese München und Freising wurde die Bibliothek vor Kurzem erstmals archivarisch und historisch vollständig ausgewertet und mit weiteren, früheren und zum Teil noch erhaltenen Bücherbeständen Guardinis andernorts abgeglichen. Dabei gab die Bibliothek viele historisch relevante Fakten, aber auch kuriose Begebenheiten preis, die in vielen Detailfragen einen neuen Blickwinkel auf die Person und das Werk ihres Besitzers Romano Guardini eröffnen. Durch Widmungen an Guardini, durch handschriftliche Eintragungen von Guardini sowie durch Einlagen in den Büchern wird die Bibliothek zu einer wichtigen historischen Quelle für die zeitgeschichtliche Guardini-Forschung. Im nachfolgenden Bericht sollen die wichtigsten neuen Erkenntnisse in verschiedenen Zusammenhängen vorgestellt werden, nämlich im Blick auf Guardinis Bezug zu München, auf sein Verhältnis zu Büchern, auf den aktuellen Bestand und schließlich auf einzelne Beziehungen, Themen, Werke oder Ereignisse. Schon die ersten, mit den heutigen digitalen Mitteln möglichen Nachrecherchen über Autoren und Ereignisse brachten weitere, zum Teil schon gedruckt überlieferte, aber im Blick auf die Guardini-Forschung noch nicht verwertete historische Darstellungen oder erinnernde Memoiren zum Vorschein.

Guardinis wachsender Sinn für das literarische Kunstwerk

Der 1885 in Verona geborene Romano Guardini ist am 1. Oktober 1968 in München gestorben. Zunächst wurde er auf dem Oratorianer-Friedhof von St. Laurentius beerdigt, 1997 aber in die Universitätskirche St. Ludwig überführt, in der er während seiner Zeit als Münchner Professor für Religionsphilosophie und christliche Weltanschauung auch als Universitätsprediger wirkte. Seine Zeit als Professor in München

2 Vgl. dazu: (Katholische) Akademie (in Bayern) besitzt die Guardini-Bibliothek, in: Katholische Nachrichten-Agentur, Bayerischer Dienst, 1970, 50, 18. März, 2; Bibliothek R. Guardinis im Schloß Suresnes der Katholischen Akademie Bayerns in München, seit 1970, in: Katholische Akademie in Bayern (Hg.), Chronik 1970/1971, München 1972, 102; Handbuch der kirchlichen katholisch-theologischen Bibliotheken in der Bundesrepublik Deutschland und in West-Berlin, hg. von Franz Rudolf Reichert, München u. a. 1979; Michael SCHATTENHOFER, Schloss Suresnes in Schwabing, München 1982, 58 (Verweis auf Guardinibibliothek); Bundesverband Deutscher Stiftungen (Hg.), Stiftungen aus Vergangenheit und Gegenwart, Bd. 5, Tübingen 1993, 188 (Verweis auf Guardini-Bibliothek mit „rund 5000 Bänden"); World Guide to Special Libraries: Libraries A-L, Bd. 1, München [4]1998, 913; auch in: World guide to libraries, München 2005, Bd. 1, 320 (Verweis auf „Bibl Romano Guardini (5000 Bde.)"); Handbuch der Bibliotheken: Deutschland, Österreich, Schweiz, München [9]2003, 281 (Verweis auf „Bibl Romano Guardini [5000 Bde.]") und öfters, online wieder verfügbar als [13]2007, 287. Die Hans-Maier-Bibliothek wiederum wurde am 15. Juli 2021 in einem Festakt eröffnet.

hat insbesondere Berthold Gerner in seiner mehrbändigen Sozialbiografie *Romano Guardini in München* aufgearbeitet.[3]

Guardini hatte aber auch schon als Student der Staatswissenschaften (Nationalökonomie) für zwei Semester in München gelebt und dabei im Wintersemester 1904/05 in der Adalbertstraße 3/III und im Sommersemester 1905 in der Veterinärstraße 4/II gewohnt. Wohl weil er zuvor in Tübingen zwei Semester lang Chemie studiert hatte, wird er im Studierendenverzeichnis für das Wintersemester auch noch als Chemiestudent geführt.[4] Bereits an diese Zeit gibt es zahlreiche Erinnerungen von Guardini selbst und von seinen Mitstudenten.[5] Mittlerweile ist auch sein damaliges freistudentisches Engagement bekannt. Zum Beispiel stellte er sich Guardini bereits damals gegen den aufkommenden völkischen Antisemitismus in der Studentenbewegung.[6] In dem bislang noch unveröffentlichten und daher weitgehend unbekannten dritten *Bericht über mein Leben*, nämlich über seine *Geistige Entwicklung und schriftstellerische Arbeit* stellt er selbst die prägende Bedeutung dieser beiden Münchner Semester für sich heraus, gerade auch im Blick auf seine eigene Begegnung mit „literarischen Kunstwerken“: „Auch für das literarische Kunstwerk ist mir damals der Sinn aufgegangen, und zwar war dafür sowohl in München wie in Berlin der Freundeskreis wichtig, in welchem ich verkehrte: zum Teil selbst produktive Leute. Im Gespräch mit ihnen lernte ich die Dichtung nicht nur als fertigen Gegenstand verstehender Bemühung zu sehen, sondern ich bekam Fühlung mit dem Vorgang des Entstehens selbst. Das ist für mich wahrscheinlich wichtiger geworden, als mir damals zu Bewußtsein kam, denn auf diesem Gebiete sollte ja später meine eigene Produktivität

3 Berthold GERNER, Romano Guardini in München. Beiträge zu einer Sozialbiographie, im Typoskriptdruck hg. von der Katholischen Akadademie in Bayern, Bd. 1: Lehrer an der Universität, München 1998; Bd. 2: Referent am Vortragspult, München 2000; Bd. 3: Mann der Kirche, Teil A: Prediger in St. Ludwig, München 2002; Bd. 3: Mann der Kirche, Teil B: Förderer der Liturgie, München 2005.

4 Amtliches Verzeichnis des Personals der Lehrer, Beamten und Studierenden an der königlich bayerischen Ludwig-Maximilians-Universität zu München. Wintersemester 1904/05, München 1904, zu Romano Guardini 66, https://epub.ub.uni-muenchen.de/9657/1/pvz_lmu_1904_05_wise.pdf; Amtliches Verzeichnis des Personals der Lehrer, Beamten und Studierenden an der königlich bayerischen Ludwig-Maximilians-Universität zu München. – Sommersemester 1905, München 1905, zu Romano Guardini 6; https://epub.ub.uni-muenchen.de/9658/1/pvz_lmu_1905_sose.pdf.

5 Zum Beispiel: Rudolf FRANK, Meine Münchner Jahre, in: Hans Lamm (Hg.), Von Juden in München. Ein Gedenkbuch, München 1958, 179-183; DERS., Spielzeit meines Lebens, Heidelberg 1960, zu Romano Guardini 42-44 und 56; auch in: Walter HEIST (Hg.), Rudolf Frank. Theatermann, und vieles mehr, Mainz 1980, 31; Recha ROTHSCHILD, Verschlungene Wege: Identitätssuche einer deutschen Jüdin, hg. von Karin Hartewig, Frankfurt am Main 1994, 43.

6 Hans Ulrich WIPF, Studentische Politik und Kulturreform. Geschichte der Freistudenten-Bewegung 1896-1918, Schwalbach 2004, zu Romano Guardini 89 und 114; vgl. dazu: Aus der Münchener Studentenschaft, in: Münchener Stadt-Anzeiger und Bayerische Rundschau 108 (1905), Drittes Blatt zur Nr. 234 der Allgemeinene Zeitung (21. Mai 1905), 9: „Herr cand. cam. GUARDINI weist darauf hin, daß der Beschluß dadurch verursacht worden sei, daß der 1. Schriftführer DREYFUS die Anschläge und Schriftstücke der Freien Studentenschaft ordnungsgemäß unterzeichnet habe. Es sei selbstverständlich, daß sich der Beirat durch seinen Beschluß einer Verletzung des § 3 der Statuten, die Gleichberechtigung ALLER Studenten betreffend, schuldig gemacht habe.“ https://digipress.digitale-sammlungen.de/view/bsb00085793_00385_u001/9.

einsetzen. Und zwar war es zunächst die Literatur der damaligen Zeit, also die Autoren um die neue Rundschau. Den stärksten Eindruck hat auf mich Thomas Mann gemacht. Die Intensität des gestaltenden Vorgangs, die in seinem Werk liegt, hat mich stark beeindruckt."[7]

Dabei begann seine eigene aktive Beschäftigung mit Literatur und ihrem Entstehen schon in seiner Kindheit und Jugendzeit. So erinnert sich der spätere Bildhauer und langjährige Freund Philipp Harth (1885-1968) an seinen ersten Besuch in Guardinis Zimmer: „Romano besaß ein Büchergestell mit vielen Büchern. So wie ich mich für Bilder interessierte, galt sein Interesse den Büchern. [...] Voller Bewunderung hörte ich zu, wenn Romano den Inhalt von Büchern schilderte, die er gelesen hatte. Auch Gedichte interessierten ihn sehr und er dichtete auch selbst. Ein Heft von besonderem Papier mit Abschriften seiner Gedichte[8] hatte er mir geschenkt. [...] Für die Schule übersetzte er Oliver Twist aus dem Englischen. In sein Heft zeichnete ich dazu Illustrationen was dem Lehrer und seinen Mitschülern Freude machte. Ich lernte dadurch das Buch und andere Bücher von Dickens, die mir Romano lieh, kennen. Das größte und schönste Buch, das Romano besaß, war Dantes ‚Göttliche Komödie' mit den Illustrationen von Doré. Diese Bilder betrachteten wir oft, Romano wußte sie mir zu erklären, da er dieses Buch gelesen hatte."[9]

Guardini wurde also von seiner Familie bibliophil erzogen, sowohl im Blick auf die literarischen und künstlerischen Traditionen Italiens (Dante, Michelangelo, usw.) als auch im Blick auf die neuere europäische Jugendliteratur. Im Hause Guardinis in Mainz standen unter anderem eine Doré-Ausgabe von Dantes Göttlicher Komödie, aber auch eine vollständige Karl-May-Ausgabe.

Was Dante betrifft, wird es 1937 in seiner Widmung des ersten Bandes seiner Dante-Studie an seinen Vater heißen, dass er von den Lippen des Vaters „als Kind die ersten Verse Dantes" gepflückt habe. Während der Gymnasialzeit bildete sich bereits ein kleiner Kreis von Mitschülern und Freunden um Guardini, der rückblickend auch „Dante-Kränzchen" genannt wurde.[10]

Von Adam Gottron stammt hingegen die Erinnerung, er habe sich mit den Guardini-Brüdern nicht zuletzt wegen des gemeinsamen Interesses an Karl May (1842-1912) verbunden gefühlt. Die Karl-May-Bände hätten die Jugendlichen – gemeint

---

7 Romano GUARDINI, Geistige Entwicklung und schriftstellerische Arbeit (7.3.45), in: Guardini-Archiv der Katholischen Akademie in Bayern (fortan GAKAB) Nr. 152.

8 Dieses Heft konnte im Nachlass Harth bislang leider noch nicht wieder aufgefunden werden.

9 Philipp HARTH, Mainzer Viertelbuben. Jugenderinnerungen, Mainz 1962, darin: Mein liebster Jugendfreund. Romano Guardini, 54-55; auch in: Gymnasium Moguntinum. Blätter des Bundes der ehemaligen Schüler des Humanistischen Gymnasiums zu Mainz 29 (1969) 27-28; schon bekannt durch Hanna-Barbara GERL, Romano Guardini. 1885-1969. Leben und Werk, Mainz 1985, 34.

10 Vgl. tz: Guardinis entscheidende Jahre in Mainz, in: Gymnasium Moguntinum, 24/25. November 1965, 44.

sind dabei vor allem Gottrons Schulkameraden Mario Guardini und Daniel Neundörfer – nicht nur gemeinsam gelesen, sondern „Karl May mit der ganzen Inbrunst unserer Tertianerherzen" gelebt.[11]

Dieses Mixtum aus Vorlesen, Übersetzen, Verfassen und Interpretieren hat sich bei Guardini aus diesen Jugendjahren in die Studienjahre hinein nahtlos fortgesetzt. So bestätigte der spätere Regisseur, Schauspieler und Schriftsteller Rudolf Frank (1886-1979) der „fröhliche Scholar" Guardini sei ein „zweiter Dante" gewesen. Er habe mit Mitstudenten zwar durchaus auch einmal „einträchtig einen nationalökonomischen Wälzer" durchgeackert, sich aber viel lieber über „alles mögliche" ausgesprochen: „über freie Liebe und Ehe, über die ‚ethischen Grundfragen' … , über die eben ausgebrochene russische Revolution 1905, über die neuen Tristan-Novellen von Thomas Mann …, über ‚Das Jahr der Seele' von Stefan George wie über Arthur Schnitzlers erotischen ‚Reigen' … und auch die Pubertätsphilosophie von Otto Weiningers ‚Geschlecht und Charakter' nahmen wir wichtig. […] Wir lebten mit Hofmannsthals ersten traumhaften kleinen Dramen und seinen frühen Gedichten … Nie hörte ich einen Menschen Hofmannsthals Verse so still verhalten, unbewusst rein vortragen wie Freund Guardini. Tief in der Nacht auf Michel Oppenheims Bude las er fein ironisch Andersens schnurrige Allegorie vom Wassertropfen unterm Vergrößerungsglas, las lange nach Mitternacht Wilhelm Busch, und wenn der Morgen dämmerte, Dante."[12]

Auch der aus Berlin stammende und zu dieser Zeit in München studierende Kunsthistoriker Karl Julius Berger (1883-1975) denkt 1965 an diese gemeinsame Studienzeit in einem Brief an Guardini zurück und betonte dessen Fähigkeit, seine Zuhörer zu begeistern, insbesondere wenn es um Dante ging: „Und einmal geschah das Unvergessliche. Sie hatten die Divina Commedia mit und ließen sich erbitten, uns einige von Ihnen gewählte Stellen vorzulesen, zu übertragen und zu kommentieren. Ich vergesse nie Ihre leise, andächtige Stimme und die Wirkung auf den kleinen Zuhörerkreis."[13]

Die Wirkung des „Vorlesers" Guardini auf seine Zuhörer hängt wohl auch wesentlich mit seiner eigenen Gesinnung und Haltung gegenüber Büchern insgesamt zusammen.

---

11 Ein Leben im Schatten des Domes. Zum Gedächtnis an Adam Gottron, Mainz o. J., 39, schon bekannt durch GERL, Romano Guardini (wie Anm. 9), 25.

12 FRANK, Spielzeit meines Lebens (wie Anm. 5), 42.

13 Brief von Karl Berger an Romano Guardini vom 14.3.1965 (Bayerische Staatsbibliothek [BSB], Ana 342 B33-029, Schachtel „80. Geburtstag A-K", Mappe „Berger, Karl"), schon zitiert bei GERL, Romano Guardini (wie Anm. 9), 41.

Guardinis Verhältnis zu Büchern zwischen „Lob" und „Distanz"

In seinem 1951 verfassten *Lob des Buches*[14] schreibt Guardini in seiner Vorbemerkung, dass ihm der Gedanke, dieses Lob zu sprechen, geradezu ein Auftrag zu sein schien, „zu einer Zeit, da so viele Bücherliebende ihre Freunde verloren haben, viele andere aber, die solcher edlen Freundschaft fähig gewesen wären, durch die lange Herrschaft des Ungeistes von ihr ferngehalten worden sind." Er eröffnet seine Rede mit der Frage „Liebt Ihr das Buch?" – und will dabei dieses Lieben nicht nur verstanden wissen als Suche nach „Vergnügen oder Zerstreuung", als Eintauchen in die „unentbehrliche Quelle der Erkenntnis" oder „Schatzkammer" des Tiefsinns und der Schönheit oder aber als „bibliophile" Erfüllung „sammlerischer Leidenschaft", sondern vielmehr als jene Liebe, die sich „auf das Buch selbst und als solches" richtet. Wer diese Frage nicht bejahen könne, werde wohl auch seine Rede „vielleicht als töricht, sicher aber als überflüssig empfinden":

„Wer dieses liebt, nimmt das Ding, das so heißt, auf Papier gedruckt und in Leinwand oder Leder oder Pergament gebunden, mit dem Gefühl einer stillen Vertrautheit in die Hand. Er empfindet es wie ein Geschöpf, das man in Ehren hält und pflegt, und an dessen Leibhaftigkeit man sich freut. Es ist ihm nicht nur Mittel zu einem Zweck und sei es der geistigste, sondern etwas, das in sich rund und voll ist, von vielerlei Bedeutung gesättigt und fähig, reich zu spenden. Diesen wahren Liebhaber des Buches erkennt man schon an der Weise, wie er es aus dem Regal nimmt und aufschlägt, in ihm blättert und es wieder zurückstellt. [...] Liebe zum Buch hat jener, der abends in seinem Zimmer sitzt, und es ist still geworden – vorausgesetzt freilich, daß es um ihn, den Glücklichen, dann wirklich still wird – und auf einmal sind ihm die Bücher im Zimmer wie lebendige Wesen. In seltsamer Weise lebendig. Kleine Dinge und doch erfüllt von Welt. Ohne Regung und Laut dastehend, und doch bereit, jeden Augenblick die Seiten zu öffnen und ein Zwiegespräch zu beginnen: stark oder zart, voll Freude oder Trauer, von Vergangenheit erzählend, in die Zukunft weisend oder Ewigkeit rufend, und um so weniger zu erschöpfen, je mehr der zu schöpfen vermag, der zu ihnen kommt."

In vier weiteren Abschnitten führt er diesen geradezu personalen Bezug zum „leibhaftigen Ding", zur Entstehung und Gestaltung des Buches aus und leitet daraus auch immer wieder Regeln für die rechte Gesinnung und Haltung im Umgang mit Büchern ab. Dazu gehöre – so Guardini – vor allem die Fähigkeit, „sich zu wundern", verstanden als „die Fähigkeit, von einer Wesenheit, einem Vorgang, einer Form getroffen zu werden und innezuhalten." Das Buch bildet für Guardini neben dem Hammer, dem Rad, dem Weg, der Brücke, dem Dach oder der Türe ein Elementarwerkzeug, eine Grundform menschlichen Daseins überhaupt.

---

14 Romano GUARDINI, Lob des Buches (1951), in: Ders., Wurzeln eines großen Lebenswerks, Bd. 4, Mainz-Paderborn 2003, 82-101.

„In dieser Eigenschaft ist ihm an einer der erhabensten Stellen der Dichtung ein Denkmal gesetzt, nämlich im letzten Gesang der Göttlichen Komödie. Dort berichtet Dante, wie ihm gewährt worden sei, in der Tiefe des göttlichen Wesens die Einheit des Daseins zu schauen. Es gibt unabsehlich viel Dinge, entstehend, sich wandelnd und vergehend. So bestehen sie in Zeit und Unzulänglichkeit, haben aber ihre Wesenswurzel und Sinnheimat in den ewigen und vollkommenen Urbildern. Granit und Bergkristall, Weinstock und Rose, Schwalbe und Reh – jedes dieser Dinge ist mit den vielen Anderen seiner Art geeint in dem Bilde, nach dem sie geformt sind. Die verschiedenen Bilder wiederum sind untereinander zusammengefaßt in der Einfachheit des göttlichen Weltgedankens, der ihrer aller Grund und Maß ist. Dieses Verhältnis aller Verhältnisse – dafür braucht Dante das Gleichnis des Buches: ‚Ich sah, wie sich in seiner Tiefe eint, mit Lieb' in einen einzgen Band gebunden, was durch das All sich auseinanderblättert: die Wesenheiten, und die Eigenschaften, wie auch ihre Weisen, nach solcher Art in eins geschmolzen, daß die Vielfalt, die ich meine, ein schlichtes Licht ist.' (Par. 33,85-90)."

Wie schon für Dante bildete auch noch für Guardini „ein Buch mit der geordneten Fülle seiner zusammengebundenen Zeichen" ein „Gleichnis des Alls". Und entsprechend soll es auch praktisch geehrt und liebevoll behandelt werden. Dazu gehört unter anderem, dass man, „wenn es nicht wirklich – sei es zu wissenschaftlichen Zwecken oder aus sonst einem ernsthaften Grunde – nötig ist, [...] auch nicht in ein Buch hineinschreiben" soll. Dies erklärt, dass es in der Guardini-Bibliothek in den Büchern außer den Besitz-Autografen oder Besitzer-Stempel sowie ganz selten auch das Lesedatum nur in den tatsächlichen Studienbüchern umfangreichere Eintragungen von Guardinis Hand gibt.

Letztlich sieht Guardini in jedem Buch „zum Stehen gekommenes Sprechen" und im Lesen „ein Erwachenlassen des ursprünglichen Sprechens." Trotz aller Unterschiedlichkeiten von Büchern, ist jedes Buch „Rede, und richtiges Lesen bedeutet, sie zum Klingen zu bringen, nur ist der Klang ein anderer." Und alle Bücher haben für Guardini eine Beziehung zum Gedächtnis, denn der Mensch habe gegenüber den Büchern die „geheimnisvolle Kraft", „das früher Geschehene aus seinem Vergangensein wieder in die Gegenwart zu heben, jedoch – und das ist wesentlich, weil es sonst seinen Zeit-Ort verliert und zum Wahn wird – ohne dabei zu vergessen, daß es vergangen ist. Nun gibt es ja das durchaus Vergehende überhaupt nicht. Jedes Geschehen dauert in den Wirkungen weiter, die es hervorbringt; jede Veränderung eines Zustandes in den durch sie herbeigeführten neuen Zuständlichkeiten. So ist die Welt selbst gleichsam das große Gedächtnis, in welchem alles Gewesene noch da ist. Aber es ist ein Gedenken, das von sich selbst nicht weiß; die Bewahrungskraft des Seins. Erst im Menschen öffnet sich das eigentliche Gedächtnis, das des Bewußtseins." Abschließend konstatiert Guardini: „Vor dem Buche stehen wir als vor einer Urgestalt. In ihm faßt sich das Dasein zusammen. Seine Fruchtbarkeit, aber auch seine Gefahr. Denn wenn das Buch uns beschenken, uns trösten und stärken kann – wie tief kann es auch beunruhigen, irreführen und zerstören! Dabei aber wollen wir nicht verweilen, denn es war ja unsere Absicht, das Lob des Buches zu sprechen und nicht, es anzuklagen."

Vier Jahre später, 1955, stellte er sich anlässlich seines 70. Geburtstages im Sinne einer „Rechenschaft über die eigene Schriftstellerei" selbst die Frage „Warum so viele Bücher?"[15]: „Ich habe wirklich viel – und vielerlei – geschrieben! Die Sachen stehen auf einem Regal in der Ecke meines Arbeitszimmers, damit man sie nicht so ohne weiteres sieht. Aber beim Herumgehen komme ich doch davor, und wenn ich dann all die Bücher und Büchlein nebeneinander sehe, da wird's mir manchmal, wie man im Rheinland sagt, ‚zweierlei', und ich gehe schnell weg."

Andererseits ist er sich in Bezug auf sein eigenes Werk durchaus bewusst, dass jede seiner Schriften die Antwort auf eine „durch den Lebensgang" gestellte Aufgabe war; daher habe er „nie aus Programmen heraus gearbeitet" und so oft er es versucht habe, sei es schief gegangen. So sieht er in fast allen seinen Schriften „Gelegenheitsschriften – das Wort so verstanden, wie soeben gesagt wurde: als etwas, das aus dem Zusammenhang des Lebens heraus zur Sprache drängte." Er hatte „immer das Gefühl, wirklich ‚aus der Gelegenheit' zu sprechen: aus der Weise, wie die Dinge der Zeit lägen", und dass durch das eigene Hineinhorchen in das Dasein „das, was von daher zu sagen war, auch die Anderen angehen" werde. „Ich war immer überzeugt, wesentlich sei nur, die Sache so zu machen, wie sie selbst gemacht sein wolle. Dann werde sie weiterwirken, durch die Wahrheit der Gedanken, durch die Richtigkeit der Form – auch eine Sache des ‚unsichtbaren Fahrplans', der alles an seine Stelle bringt."

Dieses Verhältnis zu den eigenen Schriften bestimmte mit zunehmendem Alter auch seinen Umgang mit den Büchern anderer Autoren. So schrieb Guardini 1957 auf Bitte des Verlegers der englischen Übersetzung seiner *Vorschule des Betens* an den Herausgeber einer amerikanischen Rezensionszeitschrift: „Im übrigen – ich habe in meinem Leben so viel lesen müssen, daß es mir nicht mehr sehr wichtig ist. Wenn man die Gedankenernte eines langen Lebens einbringen will, hat man wenig Zeit für das, was andere gedacht haben."[16]

Auch schon früher hat er das Werk anderer nur wenig dafür „benutzt", es zur Untermauerung oder wissenschaftlichen „Qualifizierung" seiner eigenen Gedanken heranzuziehen. Guardini war Zeit seines Lebens kein Freund von Fußnoten und wissenschaftlichen Apparaten. Schon bei seinem ersten Aufsatz für das von ihm und Odo Casel herausgegebenen Jahrbuch für Liturgiewissenschaft beklagte er gegenüber seinem Freund Cunibert Mohlberg am 6. Dezember 1919, als man von ihm mehr Anmerkungen verlangte: „Den Aufsatz über die Methode will ich noch einmal ganz umschreiben, damit ja keiner daran Haken findet. Will ihn auch nach Möglichkeit mit

15 Romano GUARDINI, Warum so viele Bücher?, in: Ders., Stationen und Rückblicke. Berichte über mein Leben, Mainz ^{2}1995, 302-307.

16 Letter from Romano Guardini to the editor Joel Wells, in: The Critic 16 (1957) 27f. Der deutsche Entwurf dazu liegt in BSB, Ana 342 B II – Schachtel 3 – Mappe 3: Übersetzungen, Falter: Pantheon Books.

Anmerkungen spicken, obwohl mir das, offen gestanden, fast lächerlich vorkommt. Wenn ich das Ding geschrieben habe, wie ich die Sache sehe und verstehe, warum soll ich dann überall druntersetzen, daß andere grad' so gesagt haben? Aber ich bin noch homo nullius. Vielleicht kommt einmal die Zeit, wo man ganz ruhig seine Gedanken hinstellen kann. So, jetzt laßts, und denkt dazu, was ihr wollt. Ob andere schon das Gleiche gesagt haben, ist mir ganz gleichgültig! Aber wie gesagt, einstweilen will ich brav sein."[17]

Umso bedeutsamer wird es infolgedessen, wenn Guardini Werke anderer Autoren dennoch anführt, und noch eindrücklicher wird dies, wenn dieses Buch in seiner Bibliothek überdauert hat, nicht selten überreicht und signiert durch den Verfasser, Übersetzer oder Herausgeber oder zumindest geschenkt durch einen Freund und auch das ein oder andere Mal mit Eintragungen und Anstreichungen als Studienbuch durchgearbeitet.

Beispiel G. K. Chesterton

Ein sehr frühes Beispiel dafür, wie Guardini Buchgeschenke und deren Lektüre unmittelbar in sein Denken einbezieht, betrifft die 1909 erschienene deutsche Übersetzung von G. K. Chestertons Buch *Orthodoxie.* Er bekam es laut Widmung an Weihnachten 1911 von seinem damaligen Mainzer Freund Franz Theodor Klingelschmitt geschenkt. Über den Schenkenden wird später noch im Zusammenhang mit dem sogenannten Schleußner-Kreis die Rede sein. Das Buch jedoch fand offenbar den Gefallen Guardinis, denn er zitiert es ein paar Jahre später in seinem frühen Aufsatz *Die Bedeutung des Dogmas vom dreieinigen Gott für das sittliche Leben der Gemeinschaft* aus dem Jahr 1916: „Nun gehen die Wahrheiten der Religion über die Reichweite unseres Verstandes hinaus, und gerade in den Grundlehren des Christentums ist das Geheimnis am tiefsten. Allein es gilt von ihnen das feine Wort G. K. Chestertons: ‚Sie sind wie die Sonne; hineinschauen kann man nicht, aber in ihrem Lichte sehen wir alles andere.' ... [Orthodoxie, München 1909, S. 28]."[18]

Kurze Geschichte der Bibliothek Guardinis

Die ursprüngliche Bibliothek Guardinis wuchs ab der Studienzeit im Laufe von 65 Jahren (1903-1968) kontinuierlich an. Einige Abgänge verzeichnete sie Anfang der zwanziger Jahre durch Guardinis Umzüge, so beim Umzug von Mainz nach Bonn-

17 Archiv der Abtei Maria Laach. Stefan Langenbahn ist dabei, die Briefe Guardinis an Cunibert Mohlberg herauszugeben. Die Auswertung des Briefwechsels wird für Guardinis Studienbücher weitere Anhaltspunkte geben, da Guardini ähnlich wie gegenüber Josef Weiger zahlreiche Lektüreempfehlungen gibt und Erkenntnisse aus eigener Lektüre mitteilt.

18 Heute abgedruckt in: Guardini, Wurzeln eines großen Lebenswerks, Bd. 1, Mainz-Paderborn 2000, 45.

Pützchen an Ostern 1920 und von Pützchen aus nach Bonn-Niederholtorf am 9. Mai 1922 sowie von dort 1923 nach Potsdam. Die Ausdünnung geschah vor allem auch in Form von Geschenken an Mainzer Jugendliche und an die Umzugshelfer. So erinnert sich Alfred Schüler an den ersten Umzug: „Eine Woche lang kann ich ihm dabei helfen, die vielen Bücher zu verpacken. Köstlich die begleitenden Bemerkungen zu so manchem Exemplar, wie es erworben wurde, welches Gewicht, welchen Rang es hat. Die Pausensitzungen auf den verpackten Kisten waren eine höchst belehrende, kritische Revue über geistige Schätze. Daß er dann davon einiges dem Helfer vermachte und ihm noch half, die Last unter dem Radmantel heimzutragen an's andere Ende der Stadt, bleibt ihm unvergessen."[19]

Ab 1927 kamen dann zahlreiche Bücher vor allem aus den Bereichen Literatur und Kunst als Leihgaben an Burg Rothenfels. So erinnert sich die auch für die Bibliothek zuständige Burgverwalterin Elisabeth Wilmes geb. Merz: „Der Kapelle gegenüber wurde im Westflügel alsbald die Bibliothek eingerichtet. Ihr heller Raum bot 12 Studierenden bequeme Sessel vor breiten Tischen, an denen in absoluter Ruhe auch wissenschaftliche Arbeiten erledigt werden konnten. Die Bücherschränke hatte Rudolf Schwarz wie Bauhausmöbel kubisch entworfen. [...] In den Schränken lockten die kostspieligen, kunstgeschichtlichen Werke, die sich mit dem Impressionismus oder dem frühen Expressionismus befaßten. Da fand man das Noa-Noa-Buch von Gauguin ebenso wie die Bücher über den im Kriege 1914-18 gefallenen Franz Marc. Unterhaltungsliteratur gab es nicht, obschon die Feriengäste darin herumgeblättert hätten. Es fehlte leider der Platz. Dafür waren die deutschen Meistererzähler mit repräsentativen Gesamtausgaben vertreten, nicht nur Gottfried Kellers Romane, sondern auch alle Schriften von Jeremias Gotthelf, – nicht nur Eichendorffs Werk, sondern auch eine vollständige Brentano-Ausgabe. Die Übersetzungen von Tolstoi und Dostojewskij standen für die Mitglieder der Werkwochen griffbereit. Aber auch die erzählenden Dichtungen von Leskow wurden empfehlend zur Verfügung gestellt. Vor den philosophischen Tagungen trafen die aktuellen Texte, etwa von Newman oder Kierkegaard, die kaum jemand kannte, zur Benutzung ein. Eine Vorliebe gab es

19 Alfred SCHÜLER, Mainz 1915-1920. Frühe Begegnungen mit Romano Guardini, in: Romano Guardini. Der Mensch, die Wirkung, Begegnung, Mainz 1979, 78-81, hier 81. Beim Umzug von Pützchen nach Niederholtorf am 9. Mai 1922 half Cunibert Mohlberg: „Es gab auch diplomatische Verhandlungen mit Deiner Hausherrin vom heiligsten Herzen und am 9. Mai packten wir Deine Habe auf ein Handwägelchen an dem wir abwechselnd zogen und schoben, bis wir in Niederholtorf waren, wo wir uns mit dicker Milch und einigen Liedern zur Gitarre wieder auf die Beine halfen." (Erinnerungen Mohlbergs von 1935 im Archiv der Abtei Maria Laach, Festschrift Fragment, III A 140d), ähnlich auch in: Cunibert MOHLBERG, Ein neues Buch von Romano Guardini: „Vorschule des Betens" (Unediertes aus seinem Leben), in: Neue Zürcher Nachrichten, Nr. 288 (10. Dezember 1943): „Als dann eines Tages der Abschied vom Pützchen kam, packten wir seine Siebensachen auf ein Handwägelchen und schoben es eigenhändig nach Niederholtdorf, wo er die Seelsorge übernahm." Auch Guardini selbst schildert, wie ihm Pater Kunibert Mohlberg beim Umzug von Pützchen nach Holtorf (Niederholtorf) half (GUARDINI, Stationen und Rückblicke [wie Anm. 15], 101: „Der Umzug wird mir immer im Gedächtnis bleiben. [...] Diesen kleinen Hausrat luden P. Kunibert und ich auf einen Wagen und begleiteten ihn, zur Seite gehend, den Weg nach Holtdorf hinauf."

für französisches Schrifttum, ob es sich um das Idyll des Hasenromans von Francis Jammes, die psychologischen Romane von Bernanos handelte oder um die Übersetzungen Claudels. Eine Ausleihe fand nicht statt. Nur in einem Erker vor der Bibliothek war eine Sitzbank für neun Leser. ‚Da paßt noch ein Bücherbord hin', hieß es. ‚Was soll darauf?' ‚Vielleicht Karl May', meinte R. Guardini. ‚Aber dann nur an Ketten', machte ich zur Bedingung: denn ich hatte die leidige Aufsicht über alle diese Schätze. Die literarische Sammlung war von R. Guardini ausgewählt und als Leihgabe zur Verfügung gestellt. Sie umfaßte 1931 fast 2000 Bände."[20]

Als 1939 Burg Rothenfels konfisziert und die zugehörigen Organisationen verboten wurden, traf die Verfügung der Gestapo auch die „Rothenfelser Stiftung". Dagegen verwahrte sich Guardini in einem Brief an die Geheime Staatspolizei, Staatspolizeistelle Würzburg vom 20. September 1939. Er bat als letzter Vorstand der Rothenfelser Stiftung darum, die Verfügung zu überprüfen und aufzuheben, da sie von Annahmen ausgehe, die nicht zuträfen. Die Stiftung sei nämlich keine staats- und volksfeindliche Nebenorganisation der Vereinigung der Freunde der Burg Rothenfels, sondern eine selbständige juristische und im Vereinsregister eingetragene juristische Persönlichkeit, die als treuhändische Besitzerin und Betreuerin von in der Kapelle und in anderen Räumen der Burg Rothenfels aufbewahrten Gegenständen des kirchlichen Gebrauchs, der bildenden Kunst und der allgemeinen Bildung kirchlich und kulturell tätig gewesen sei, mit dem Satzungszweck diese Gegenstände allen Teilnehmern von behördlich genehmigten religiösen Tagungen zugänglich zu halten. Der in der Verfügung enthaltene Vorwurf der Volks- und Staatsfeindlichkeit treffe ihn als Vorsitzenden besonders schwer. Da die Bibliothek seine persönliche Leihgabe an die Stiftung gewesen sei, machte er dafür abschließend den Vorschlag, als geeignet befundene Bücher dem nunmehr auf Burg Rothenfels untergebrachten Rückwandererheim zur Verfügung zu stellen, die übrigen aber zurückzunehmen.[21]

Nach langen Verhandlungen wurde zwar nicht die Verfügung aufgehoben oder abgeändert, aber immerhin die Kultgegenstände rückübertragen. Von der Bibliothek war im weiteren Schriftwechsel allerdings nicht mehr die Rede. Über deren weiteres Schicksal erinnerte sich – 2006 und bislang übersehen – Ingeborg Klimmer, eine Mitarbeiterin des im wesentlich von Guardinis Werk getragenen und von Hans Waltmann geleiteten Werkbund-Verlages: „1945 verbrannte dann allerdings beim Angriff auf Würzburg der Werkbundverlag mit der Druckerei, übrigens auch mit der von Guardini selbst aufgebauten Bibliothek der Burg Rothenfels. Diese war zunächst von den Nazis beschlagnahmt worden, konnte jedoch später vom Werkbundverlag zurückgekauft werden."[22]

---

20 Elisabeth WILMES, Jahre auf Burg Rothenfels 1926-1937. Erinnerungen II A, o. J. (1983), 19f.

21 BSB, Ana 342 C216.

22 Ingeborg KLIMMER, Ein privater Rückblick auf Romano Guardini 17.2.1885-1.10.1968, in: Magnificat. Das Stundenbuch, April 2006, 269-272, hier 271, http://www.magnificat-das-stundenbuch.de/media/files_oeffentlich/2005-2006_MAGNIFICAT.pdf.

Dies erklärt hinreichend, warum auf Burg Rothenfels, in Mooshausen und im Guardini-Archiv der Katholischen Akademie nur noch vereinzelte dieser mit Stempel versehenen „Leihgaben“ vorhanden sind, die wohl zum Zeitpunkt der Beschlagnahmung nicht vor Ort, also entliehen oder verlegt waren.[23]

1943 wurde schließlich die Arbeitsbibliothek Guardinis von Berlin nach Mooshausen evakuiert, als dieser sich nach einem Aufruf des Reichsministers Goebbels an die in Berlin „Nicht-Notwendigen“, die Stadt zu verlassen, dazu entschloss, nun doch zu seinem Freund Josef Weiger zu ziehen, nachdem ein erster Plan im Frühjahr 1941 wieder fallen gelassen worden war.[24] Auch für die Schwierigkeiten bei dieser Evakuierung der Bibliothek gibt es im Archiv Mooshausen einen bislang unbekannten, aber aufschlussreichen Briefwechsel zwischen dem involvierten Münchner Kaplan in St. Maximilian, Johannes Neubauer, der bis 1936 Kaplan in München-Solln war und sich dort mit Carl Muth befreundete, und der zu diesem Zeitpunkt zwischen München, Ravensburg und Mooshausen pendelnden Künstlerin Maria Elisabeth Stapp. Ein Brief vom 26. August 1943 teilt mit, dass die Bücher in Berlin zwar zum Wegschicken verpackt worden seien, dass in Schlachtensee selbst noch alles wohl behalten sei, es dem damit Beauftragten aber nicht möglich gewesen sei, die Kisten nach München bzw. Mooshausen zu bringen. Auch der Kaplan habe keine Möglichkeit, selbst nach Berlin zu reisen und so die Sorge und das Warten Guardinis zu verkürzen. Erst aus dem Brief vom 15. September 1943 kann man schließen, dass die Kisten mit den Büchern bereits nach Mooshausen unterwegs waren. Aus diesem Brief geht auch hervor, dass Neubauer „neulich“ in München mit Guardini unterwegs war und sich mit ihm über Hölderlin und Rilke unterhalten habe.

---

23 Auf Burg Rothenfels befinden sich noch 34 Titel bzw. 40 Bände, darunter unter anderem der Band 5 von Lessings Werke (Hildburghausen 1874) und die Bände 3, 6, 7, 10, 12 und 14 der *Sämmtlichen Werke* von Fritz Reuter (1872-1879). Wichtig im literarischen Kontext sind noch Johannes Jörgensens *In excelsis* (1910). Eine Widmung enthält der *Grundriss der Heilslehre. Compendium Theologiae des hl. Thomas von Aquino. Ins Deutsche übertragen von Swidbert Soreth O.P.* (Augsburg 1928): „Vom Verfasser überreicht, Vechta/O., 1. Oktober 1928.“. Aus dem ursprünglichen Besitz von Karl Neundörfer wohl nach dessen Tod an Guardini übergegangen steht dort auch noch Fritz Tillmanns *Das Johannesevangelium* (Berlin 1914) Darüber hinaus ebendort gesichtet wurde in ihrer Zeit als Bildungsleiterin der Burg durch Gerl-Falkovitz: Stendhal, *Über Schönheit, Kunst und Kultur* mit dem Vermerk „12/6/05 R. A. Guardini“, siehe GERL, Romano Guardini (wie Anm. 9), 41 und 47 (nicht mehr vorgefunden). Im Guardini-Archiv (jetzt Guardini-Studienbibliothek) befinden sich als Rückläufer aus verschiedenen Nachlässen mit diesem Leihgabenstempel zwei Dostojewskij-Bände *Retoschka* und *Der Spieler*, eine Kirchenväter-Ausgabe sowie Stefan Gilsons *Der heilige Bonaventura* und Cabrols *Die Liturgie der Kirche*, letzteres Buch aus dem ursprünglichen Besitz von Karl Neundörfer. Im Archiv Mooshausen befindet sich noch *Des Heiligen Johannes vom Kreuz: Dunkle Nacht* (München 1924). In der Summe handelt es sich also noch um gut 50 der von Wilmes angegebenen, fast 2000 Bänden.

24 Vgl. dazu GUARDINI, Stationen und Rückblicke (wie Anm. 15), 54: „Im Frühjahr 1941 sah ich mich in Mooshausen und in seiner Umgebung nach einer Wohnung um, die für alle Fälle bereitstehen sollte, und fand sie schließlich im Rückgebäude des Tannheimer Schlosses. Wie ich sie fand, einrichtete und wieder verlor, ist eine Geschichte für sich. Ebenso, wie ich alles zum Umzug fertig hatte, die Wagen gepackt waren, durch die Verkehrssperre festgehalten wurden, ich fast zwei Monate im leeren Hause in der Chamberlainstraße wohnte, und schließlich wieder einzog.“ Vgl. dazu auch die diesbezüglichen Berichte in den Briefen von Josef Weiger an Ludwig Winterswyl (Archiv der Abtei Maria Laach, Nachlass Winterswyl/Herrmann).

In Mooshausen verblieb die Bibliothek größtenteils auch noch in Guardinis Zeit als Professor in Tübingen und in den ersten Münchner Jahren. In Tübingen bewohnte er nur eine kleine Appartementwohnung und pendelte viel nach Mooshausen. In München hatte er in der Kunigundenstraße noch nicht genügend Platz zur Aufstellung gehabt, so dass er die dort schon vorhandenen Bücher nicht in der Wohnung selbst aufstellte, sondern in einer zugehörigen Garage, wie Max Daunderer in seinen Erinnerungen als Nachbarskind berichtete.[25]

Erst als Guardini 1954 in die Merzstraße 2 in München-Bogenhausen zog, ordnete er seinen Bestand neu und führte die Neuanschaffungen aus der Nachkriegszeit mit der vormaligen Berliner Bibliothek zusammen. Am 15. September 1954 holte er mit Hans Waltmann in dessen Auto die „wichtigsten Bücher" aus Mooshausen ab.[26] Diese Formulierung legt nahe, dass eine größere Zahl von Büchern bei seinem Freund Josef Weiger in Mooshausen verblieben ist. Einige davon konnten mittlerweile zugeordnet werden, bei bestimmten Themengebieten scheitert dies jedoch an fehlenden Besitzeintragungen. Allerdings ist im Bereich der Biblica und Liturgica ein Verbleib von Büchern Guardinis in Mooshausen allein schon deshalb zu vermuten, weil gerade diese beiden für Guardini werkbezogen so wichtigen Bereiche in der Münchner Guardini-Bibliothek doch stark unterrepräsentiert sind.

Von 1954 bis 1968 wuchs die Bibliothek noch einmal deutlich an, sowohl durch Einkäufe, vor allem aber auch durch viele Schenkungen an Guardini. Einige dieser Schenkungen sind von Guardini sehr wohlwollend aufgenommen und nachweislich – entweder durch autobiografische Erwähnungen oder durch Benutzungs- und Eintragungsspuren – gelesen worden. Den Großteil dieser Buchgeschenke scheint er hingegen nicht gelesen und nur eingestellt zu haben. Dennoch ist den Verbindungen im Einzelnen nachzugehen, denn selbst hinter einem von Guardini aus fehlendem thematischen Interesse oder Zeitmangel nicht gelesenen Buch steht oft eine langjährige, aber weitgehend unbekannt gebliebene Beziehung oder gar Freundschaft.

---

25 Max DAUNDERER, 1950 Kind als Ebenbild Gottes nach Romano Guardini, http://www.toxcenter.org/artikel/Kind-als-Ebenbild-Gottes-nach-Romano-Guardini.php: „Sehr beeindruckt war ich vorher von seiner riesigen Bibliothek in der Garage."

26 207. Brief vom 9.9.1954, Hofgastein: „Ich gehe jetzt für ca. 10 Tage nach München, Bibliothek ordnen. Dazu möchte ich auch die in Mooshausen stehenden Bücher herbringen, damit endlich zusammenkommt, was zusammen gehört. Wäre es Dir recht, wenn Hans Waltmann und ich mit dem Auto am nächsten Mittwoch – also am 15. – nach Mooshausen kämen, um die wichtigsten zu holen? Bitte gib mir doch Nachricht nach München" („Ich fühle, daß Großes im Kommen ist." Romano Guardinis Briefe an Josef Weiger 1908-1962, hg. v. Hanna-Barbara Gerl-Falkovitz, Ostfildern 2008, 394).

Der Weg der Bibliothek in die Akademie und die erste Resonanz

Da Guardini auch einer der Mitbegründer der Katholischen Akademie in Bayern war und beim Gründungsakt am 1. Februar 1957 den Festvortrag *Die Kultur als Werk und Gefährdung* gehalten hatte, lag die Unterbringung des Guardini-Archivs in der Katholischen Akademie für den Testamentsvollstrecker Felix Messerschmid sehr nahe. Dies sollte sich dann aber noch um Jahre verzögern. Dabei kam es zudem zu einer Teilung des Nachlasses in zwei Teile.

Der erste befindet sich seit 1983/84 in der Katholischen Akademie. Der Grundstock dieses Teiles lag zwischenzeitlich im Grabmann-Institut, wurde mit weiteren Beständen, die sich bei Hans Waltmann, dem Hauptverleger Guardinis, und beim Nachlassverwalter Felix Messerschmid befanden, zusammengeführt und mit den Guardini-bezogenen Nachlässen von Felix Messerschmid und Johannes Spörl ergänzt.

Der zweite Teil liegt auch heute noch in der Bayerischen Staatsbibliothek (Ana 342). Dorthin hatte Messerschmid den Großteil der Korrespondenz und jene Manuskripte verlagert, bei denen er zu diesem Zeitpunkt annahm, sie seien bereits gedruckt.

Seine Bibliothek hatte Guardini hingegen ursprünglich dem Oratorium St. Laurentius in München zugedacht. Nachdem diese Gemeinschaft nach längerem Zögern die Erbschaft zwar annahm, aber an sich klar war, dass sie eine Aufstellung weder räumlich noch finanziell schultern hätte können, geschah dies bereits im Blick auf einen dann im Juli 1969 geschlossenen Überlassungsvertrag mit der Katholischen Akademie. Dies erfolgte in der ausdrücklichen Absicht, dort die Guardini-Bibliothek und das Guardini-Archiv zusammenzuführen.[27] So kam die Bibliothek noch 1969 zur Aufstellung, also noch lange bevor das Nachlass-Archiv 1983/84 dort ankam.

Zunächst befand sich die Bibliothek im Altbau. Nach der Pressekonferenz zur Übernahme und Aufstellung erschien im Münchner Merkur am 22./23. März 1969 ein Artikel mit dem Titel *Von der Bibel bis zu Enzensbergers „Landessprache"*[28], der zwischen Akademie, Nachlass-Gremium, Redaktion und Autor eine heftige Kontroverse auslöste, da der Autor Reinhard Müller-Mehlis einige Äußerungen des Akademiedirektors, was Aufstellung und Interessen Guardinis betraf, wohl allzu wörtlich nahm. Schon der Untertitel ließ aufhorchen: *Die katholische Akademie in Bayern erhält Romano Guardinis Bibliothek. Noch kein Zugang zum Archiv. Die 4000 Bände werden zunächst in der Mandl-Straße aufbewahrt.* Im Abschnitt *In Guardinis Anordnung* heißt es dann: „Die Akademie ist sich der Würde dieser Schenkung bewußt. Dr. Henrich hat die über 4000 Bände der Guardini-Bibliothek einstweilen im Akademiegebäude an der Mandlstraße, in einem freigemachten Raum des ersten Stocks, genauso aufstellen lassen wie in der Wohnung Guardinis, wo die Regale allerdings auf drei Räume verteilt waren."

---

27 GAKAB Nr. 892: Übereignungsvertrag vom 16. Juli 1969, unterzeichnet von Dr. Henrich, Dr. Schreibmayr für das Oratorium und am 19. Juli 1969 von Dr. Messerschmid als Testamentsvollstrecker.

28 Reinhard MÜLLER-MEHLIS, Von der Bibel bis zu Enzensbergers „Landessprache", in: Münchner Merkur, 22./23. März 1969.

Es folgen weitreichende Spekulationen über „Absicht und Zufall" der Anordnung, zum Beispiel im Vergleich der Aufstellungshöhe der Bücher von Karl Rahner („höher") und Michael Schmaus („tiefer"). Insbesondere von Prof. Werner Dettloff kam eine heftige Gegenreaktion in Form einer Beschwerde bei der Redaktion der Zeitung. Doch Müller-Mehlis verteidigte sich mit Verweis auf die im Pressetermin von Akademiedirektor Dr. Henrich mitgeteilten Informationen.

Eine weitere Angabe in diesem Artikel lautete: „Wohl kein einziges Buch dieser Bibliothek enthält Anmerkungen oder Einlagen Guardinis, selbst Striche werden kaum zu finden sein. Die disziplinierte Distanz, die ihn stets auszeichnete, übte er auch gegenüber den Büchern, mit denen er arbeitete."

Bei aller tatsächlichen „disziplinierten Distanz" können die wohl ebenfalls in Henrichs Mitteilungen grundgelegten Schlussfolgerungen bezüglich der Anmerkungen und Einlagen in dieser Pauschalität heute, nach der gemachten Erhebung, nicht mehr aufrechterhalten werden.

Der heutige Münchner Bestand

Nummerierung und Anzahl

Die früher zur Bibliothek gehörigen Bibliotheks-Nummern 1-999 waren für seine eigenen Bücher und Schriften in ihren verschiedenen Ausgaben und Übersetzungen reserviert. Dieser Teil der Guardini-Bibliothek ist ebenfalls noch vorhanden, wurde aber eigens aufgestellt. Die Bücher wurden schließlich in die Bibliothek des Guardini-Archivs integriert und gehören jetzt zum Grundstock der neu im Aufbau befindlichen „Guardini-Studienbibliothek". Diese wird die Guardini-bezogene Primär- und Sekundärliteratur in den Räumen der bisherigen, jetzt aber aufgelösten Akademiebibliothek bereitstellen. So befinden sich nur wenige Bücher von Guardini oder mit Beiträgen von ihm selbst in der Guardini-Bibliothek im Schloß Suresnes.

Eine dieser interessanten Ausnahmen bildet der nahezu unbekannte und bislang auch nicht über die Werkausgabe zugängliche Aufsatz *Bonifatius und das Werden des Christlichen Abendlandes*, den er 1954 auf Bitte des damaligen Teheraner Internuntius Raphael Forni (1906-1990) für die Zeitschrift *Le Flambeau. Bulletin catholique de Téhéran* schrieb. Forni wollte Guardini auch unbedingt als Vortragenden nach Teheran holen, wie außer dem in der Staatsbibliothek befindlichen Briefverkehr auch eine Postkarte beweist, die im fünften Band von Henri Bremonds *Histoire littéraire du sentiment religieux en France* von 1923 mit der kurzen Aufforderung einliegt: „Im Herbst müssen Sie da sein. + Raphael Forni". Zu dieser Teheran-Reise Guardinis kam es aber nicht. Forni hatte Guardini als Mitarbeiter der Nuntiatur in Berlin kennengelernt, ihn nach 1945 bei Guardinis Pariser Vorträgen, damals als Mitarbeiter von Nuntius Roncalli, wieder getroffen und schließlich einige Bücher und Texte Guardinis ins Italienische übersetzt.[29]

Guardinis für Mooshausen gedachte Widmung seines Aufsatzes *„Kindheit". Interpretationen eines Elegienfragments von Rainer Maria Rilke* im Liturgiewissenschaftlichen Jahrbuch von 1960 enthält außerdem kleinere Eintragungen.

Schließlich findet sich in dem von ihm aus dem Lateinischen übersetzten *Deutschen Psalter* eine Eigenwidmung „zum Abschluss langer Arbeit 20.3.1950".

Die eigentliche Zählung der im Schloss Suresnes aufgestellten Guardini-Bibliothek beginnt also mit der Nummer 1000 und endet mit der Nummer 5386, was insgesamt 4387 Bibliotheksnummern bedeutet. 34 Nummern waren wohl von Anfang an versehentlich nicht vergeben worden, so dass die Bibliothek insgesamt 4343 Bände und Schriften umfasst. 42 davon (<1%) müssen derzeit als „verloren" oder „verlegt" gelten, darunter leider auch einige bibliophile Werke (Dietenberger-Bibel; Werke von Anselm von Canterbury).

So befinden sich aktuell genau 4301 Bücher in der Bibliothek, noch genauer 4300. Denn ein Buch – eine vom Militärgouverneur von Baden-Württemberg persönlich an Guardini zu Forschungszwecken nach 1945 ausgehändigte Ausgabe von Hitlers *Mein Kampf* – darf nach deutschem Gesetz nicht in öffentlich zugänglichen Bibliotheken aufgestellt werden und steht daher in den Räumen des nicht öffentlich zugänglichen Guardini-Archivs und demnächst in einem abgeschlossenen Bereich der neuen Guardini-Studienbibliothek. Das Buch trägt in französischer Sprache die Widmung des zuständigen französischen Besatzungsoffiziers René Cheval (1918-1986), zu Deutsch: „Wissend, dass es für gute Geister keine schlechten Bücher gibt". Dieser Umstand erhält weiteres Gewicht im Blick auf einen Vortrag von 1949 in der Würzburger Kirche St. Adalbero, an dessen erste Sätze sich Alois Keck erinnert: „Wir hätten es alle wissen müssen. Die Sprache in *Mein Kampf* hat ihn verraten."[30]

Leider ist bislang weder etwas über den Titel noch über den Verbleib des Typoskripts dieses Würzburger Vortrages bekannt. Tatsächlich erklärt diese Überlassung, warum Guardini in seiner in den Mooshausener Jahren fertig geschriebenen und 1946 erschienenen Schrift *Der Heilbringer in Mythos, Offenbarung und Politik. Eine theologisch-politische Besinnung* nicht unmittelbar auf Hitlers *Mein Kampf* Bezug genommen hat. Er hatte es offensichtlich erst nach dem Zweiten Weltkrieg erstmals gelesen.

Ohne Signatur sind dem Bestand in der Hans-Maier-Bibliothek die von Guardini wohl häufiger gebrauchten und eigens aufgestellten Liturgie-, Gesangs- und Gebetbücher angefügt. Auch sie enthalten einige bedeutsame Eintragungen, Widmungen

---

29 Von Raffaele Forni wurden ins Italienische übersetzt: Romano GUARDINI, Il Signore. Meditazioni sulla persona e la vita di N. S. Gesù Cristo, Mailand Oktober 1949; DERS., Il Testamento di Gesù. Pensieri sulla S. Messa, Mailand 1950; DERS., I Novissimi, Mailand 1951; DERS., La età della vita, in: Vita e pensiero. Mensile di cultura dell'Università cattolica, Mailand LXVIII (1985) 1 (Januar), 52-65 und 2 (Februar), 68-78.

30 Alois KECK, Anpassung und Widerstand in der kirchlichen Presse, in: Rottenburger Jahrbuch für Kirchengeschichte 2 (1983) 87-94, seitengleich auch in: Kirche im Nationalsozialismus, hg. vom Geschichtsverein der Diözese Rottenburg-Stuttgart, Sigmaringen 1984, 87.

und auch eine bislang nur in diesem Exemplar bekannte Einlage, nämlich ein Primizbild Romano Guardinis im Farb- und Golddruck, auf dem die heilige Cäcilia im Beuroner Kunststil zu sehen ist. Es liegt dort im *Brevarium Romano Pars Autumnalis*.

Sprachen

Die Bibliothek enthält knapp 20% fremdsprachige Literatur, davon 12% Französisch (ca. 500 Bücher), 4% Englisch (ca. 180 Bücher), etwa 3% Italienisch (ca. 120 Bücher).

Angesichts seiner italienischen Herkunft verwundert ein wenig der hohe französisch- und englischsprachige Anteil bei seinen Büchern. Französisch war aber bereits in seiner Schulzeit zu seiner bevorzugten Sprache geworden[31], und Englisch wurde ihm offensichtlich eine bevorzugte Sprache für die Belletristik, insbesondere für die von ihm so geschätzte Kriminalliteratur.

Guardini übersetzte selbst viel aus dem Französischen, Italienischen und Lateinischen, aber nur sehr wenig in diese Sprachen. Sogar die Übersetzungen seines Werks ins Italienische gab er in Auftrag, weil er sich nicht vertraut genug mit den Feinheiten seiner Herkunftssprache fühlte.[32] Als seine „Muttersprache" sah er das Deutsche an, obwohl seine Mutter selbst diese Sprache nie wirklich beherrscht hatte.

Nur vereinzelt gibt es in der Bibliothek Bücher in Latein (17mal) und Griechisch (fünfmal), meist mit biblischen oder mittelalterlichen Bezügen, sowie in holländischer (sechsmal) und spanischer Sprache (zweimal).

---

31 GUARDINI, Stationen und Rückblicke (wie Anm. 15), 57f.: „Wenn ich mich frage, mit welchen Gefühlen die Schule für mich verbunden war, so war es vor allem das einer Fremdheit, die sich oft genug zur Furcht steigerte. Das hing gewiß auch mit der Lehrerschaft zusammen. Von ihnen hat keiner ein wirkliches Interesse für eine Sache bei mir zu wecken gewußt. Verehrt habe ich keinen. Gern gehabt nur den für Französisch und Englisch in den Oberklassen; wahrscheinlich deshalb, weil er mich auf die Zusammenhänge zwischen der italienischen und französischen Sprache aufmerksam machte."

32 So entschuldigt er sich auch mehrfach in Briefen an italienische Briefpartner in diesem Sinne, dass er Ihnen in Deutsch schreibe oder antworte, besonders augenfällig im Brief an den Erzbischof von Bologna Giacomo Lercaro dafür, den Brief in deutscher Sprache abzufassen, da er im schriftlichen Gebrauch der italienischen Sprache zu unsicher sei (BSB, Ana 342 B21/05-044-2: Brief von Guardini an Erzbischof Lercaro vom 29.5.1957). Vgl. dazu auch die Erinnerung von Paulus Lenz-Médoc 1985 auf Burg Rothenfels in: Quickborn 39, November 1985, 40: „So lebte dieser Italiener in der deutschen Sprache und redete nicht italienisch – bis zu dem Tag, als Verona ihn zum Ehrenbürger machte. Damals hatte ich das Glück, mit ihm das Abendbrot einzunehmen – zusammen mit Johannes XXIII, der Nuntius von Paris war, – und sagte dann zu ihm: ‚Ich habe Sie heute den ganzen Abend italienisch reden gehört und wußte doch nicht, daß Sie es können. Warum schreiben Sie denn nicht italienisch?' – ‚Ich kann natürlich italienisch sprechen, aber schreiben kann ich nur deutsch'. Seine Dankrede in Verona hielt er in seiner Muttersprache und bewies auch hier, wie genau, wie anspruchsvoll er war, wenn es um das Sprechen ging." Chronologisch gehen die Ereignisse in der Erinnerung allerdings durcheinander, die Ehrenbürgerwürde von Verona erhielt Guardini 1955/56. Roncalli war aber nur von 1944 bis 1953 Nuntius in Paris und nur dort sind für die Pariser Vorträge Guardinis 1948 und 1950 jeweils Abendessen beim Nuntius unter Beisein von Lenz-Médoc überliefert.

1. Wand (1000-1848) – vom Eingang des Kaminzimmers aus gesehen hinten links:
   1000: Das erste Buch: Notker. Der Dichter und seine geistige Welt, 1948;
   1000-1533: Germanistik (u.a. Goethe, Hölderlin, Rilke, Thomas Mann; ab 1379 zahlreiche gewidmete Exemplare von Literaturfreunden wie Knies, Heiseler, Neumayer, Goes, Podewils, Andres, Westpfahl u. v. m.);
   1535-1706: Märchen und Sagen aus aller Welt (Thule-Sammlung des Diederichs-Verlages, vgl. seine Rezension dazu);
   1707-1760: Altphilologie;
   1765-1798: Skandinavistik;
   1800-1848: Slawistik (u. a. Dostojewskij);

2. Wand (1849-2618) – vom Eingang aus gesehen vorne links:
   1849-2032: Anglistik (beginnend mit Shakespeare, viel Romanliteratur);
   2033-2262: Romanistik –Französisch (mit zahlreichen Buchwidmungen, die Kontakte u. a. zu Claudel, DuBos, Duployé, Guitton, Markowa, Mauriac, Marie Romain-Rolland und zu seiner Übersetzerin Jeanne Ancelete-Hustache belegen);
   2266-2368: Romanistik – Italienisch (inklusive Dante 2266-2291);
   2269-2618: Literaturgeschichte – Kulturgeschichte – Geschichte – Biografie (hier z. B. belegbar sein lang andauernder Kontakt zum Literaturhistoriker und Rilke-Forscher Hermann Kunisch);

3. Wand (2819-4360) – vom Eingang aus gesehen rechts:
   2619-2732: Religionswissenschaft (hier z.B. belegbar sein lang andauernder Kontakt zum Religionswissenschaftler Karl Kerényi sowie sein Interesse für Buddha – die Reden-Ausgabe wurde von Guardini gründlich durchgearbeitet);
   2733-2917: Bibelwissenschaft (Guardini hat insbesondere viel Sekundärliteratur zum Alten Testament durchgearbeitet);
   2918-3102: Mystik – Patrologie – Kirchenväter und Scholastik;
   3104-3469: Religionsphilosophie (beginnend mit Kierkegaard, viel Newman); Spiritualität (u. a. Thomas Merton, Adrienne von Speyr);
   Theologie (vor allem Balthasar, Dogmatik des 19. Jahrhunderts, Schell, Rahner, viele französische Theologen wie Danielou und Lubac, darunter bei den zeitgenössischen Autoren viele Exemplare mit Widmungen der Autoren oder Übersetzer);
   3470-3494: Liturgie (überraschend wenig, da wohl viel in Mooshausen geblieben);
   3495-3581: Fortsetzung Theologie (mit vielen evangelischen Autoren wie Barth und Brunner);
   3582-3762: Kirchengeschichte, Heilige und Ordensleben (darunter vor allem auch Werke über Franz von Assisi);

3763-4360: Philosophie, auch in ihren Bezügen zur Literatur, Soziologie und Psychologie, beginnend mit Platon, über Pascal; einer bibliophilen Voltaire-Ausgabe (18. Jahrhundert), Nietzsche, Scheler, Simmel, Landsberg, Hartmann, Ziegler, Jaspers, ab 4035 Martin Heidegger (mit zahlreichen Widmungen); dann Buber, Ebner, Simone Weil, Haecker, Pieper, die Franzosen Guitton, Marcel, Maritain, Camus, Julien Green, dann auch mit vielen Widmungen Helmut Kuhn, Viktor von Weizsäcker, Reinhold Schneider, Hedwig Conrad-Martius, Philipp Dessauer, Gerhard Krüger;

Unterste Reihe 2. und 1. Wand (4360-4586) – jeweils wieder links:
4361-4462: Philosophiegeschichte, erneut beginnend mit Platon;
4463-4526: Nachtrag Religionswissenschaft, ab 4503 ff. nochmal viele gewidmete Schriften von Karl Kerényi;
4527-4586: Nachtrag: Literaturgeschichte – Kulturgeschichte – Geschichte – Biografie;

In der jetzigen Hans-Maier-Bibliothek (4587-5386) – vom Eingang aus linke Wand:
4587-4750: Psychologie, Soziologie, Pädagogik, Naturwissenschaft mit viel C. G. Jung, Ludwig Klages, F. J. J. Buytendijk, Adolf Portmann, Friedrich Wilhelm Foerster, Teilhard de Chardin;
4751-4823: Lexika, Enzyklopädien, Wörterbücher;
4824-4841: Zeitschriften (darunter: Die Kreatur, 1926/27);
4842-5051: Kunst und Kunstgeschichte (darunter auch Widmungen von Rudolf Schwarz und Philipp Harth);
5052-5284: Varia (darunter: Bücher aus dem Winterswyl-Erbe);
5285-5386: Nachtrag Anglistik (vor allem auch Kriminalromane);
5384/86: Die letzten Bände: Dorothee L. Sayers: Great short stories of detection, mystery and horror, 1950.

Statistik der Funde

Widmungen

Überraschend ist die hohe Zahl an Büchern, die Widmungen enthalten (rund 15%). Es handelt sich also nicht um Selbstkäufe, sondern um Geschenke an Guardini. Auffällig sind dabei die vielen Widmungen, die es durch französischsprachige Autoren gab.

Einige Bücher hat er von den jeweiligen Autoren oder Dritten auch zur Begutachtung übersandt bekommen. Nachweislich hat er dies in den meisten Fällen abgelehnt und derartige wie auch unaufgefordert erhaltene Rezensionsexemplare von Verlagen wieder zurückgesandt. Einige hat er dennoch behalten oder nach Rücksendung erneut von den Absendern geschenkt bekommen.

Beispiel Paul Celan

Am auffälligsten darunter ist Paul Celans Buch *Sprachgitter* von 1961. Es enthält den von Guardini handschriftlich gemachten Eintrag „Vom Ordenskanzler 12.7.65 erhalten für Stellungnahme zur Frage, ob Paul Celan in den Orden gewählt werden soll." Der Vorgang ist nachzuvollziehen über den entsprechenden Briefverkehr zwischen dem Ordenskanzler Percy Ernst Schramm und Guardini. So antwortet Guardini in seinem am 12. Mai 1965 geschriebenen, dann aber erst am 23. Juni 1965 zugestellten Brief in einer für ihn geradezu typischen Art und Weise, wenn er mit seinem kritischen Urteil dennoch niemanden verletzen will. Er fühle sich zu irgendeiner Art von Stellungnahme nicht in der Lage, da der die ganze Literatur dieser Art einfach nicht verstehe und in derartigen „Gebilden" nicht einmal Gedichte sehen könne. Er schreibt dies seinen fehlenden notwendigen Voraussetzungen zu, da er wisse, dass andere intelligente und geschmackvolle Menschen von Celans Gedichten hoch denken würden und insbesondere jüngeren Menschen leichter zugänglich und wertvoll seien. Keinesfalls könne es aber daran liegen, dass ihm die Texte zu schwer zum Verstehen seien, da er ja auch andere recht anspruchsvolle Lyrik (Hölderlin, Hopkins, Rilke) interpretiert habe. Daher vermutet er hinter seinem Verständnisproblem ein Generationsphänomen, da bei ihm die Grenze des Verständnisses bei Benn oder Trakl liege.[33]

Schramm dankt für die ehrliche Einschätzung, lässt ihm aber das zurückgesandte Buch postwendend wieder als Geschenk zugehen.

Studienbücher

Nur wenige Bücher (157 = 3,7%) fungierten als Studienbücher, d.h. in ihnen befinden sich handschriftliche Anstreichungen und Eintragungen, die auf ein intensiveres „Studieren" des Buches hinweisen. Diese können wiederum verschiedenen Zeitspannen zugeordnet werden und sowohl zur Einflussgeschichte (z. B. Bücher von Herman Schell) als auch zur Werkgeschichte Auskunft geben (z. B. die Platon-Sokrates-Ausgabe; Nicolai Hartmanns Ethik oder Grotehueysens Studie *Philosophische Anthropologie*, die in einem Weigerbrief von 1933 für seine eigenen Anthropologie-Vorlesungen eine Rolle spielt). Diese Studienbücher sollen daher aufgrund ihrer Bedeutung weiter unten ausführlicher dargestellt werden.

Der gewählte Begriff „Studienbücher" meint daher aber keineswegs nur die Bücher seiner eigenen, unmittelbaren Studienzeit (1903-1910) mit Promotion (1912-1915) und Habilitation (1920-1922), sondern diese Eintragungen lassen sich in größerem Umfang bis 1962 finden, in kleinerem Umfang sogar noch bis 1966.

Beispiel Teilhard de Chardin

1962 arbeitet er auf diese Weise noch das von Karl Schmitz-Moormann (1928-1996) übersetzte Buch von N. M. Wildiers über Teilhard de Chardin durch. Mit Schmitz-

33 BSB, Ana 342 B23/06-4-1: Falter: Pour le mérite, Korrespondenz 1965.

Moormann verbindet Guardini eine wohl schon durch Schmitz-Moormanns Eltern geknüpfte Beziehung, so dass dieser Guardini im Rahmen einer weitergehenden akademischen Beschäftigung mit Chardin um Rat fragt. In einem Brief vom 22. Januar 1962 urteilte Guardini unter eigenem Vorbehalt, dies sei ein „noch nicht hinreichend begründetes Bedenken": „Gewisse Bedenken empfinde ich angesichts Ihrer Absicht, besonders über Teilhard de Chardin arbeiten zu wollen. Ich besitze zwar mehrere Bände der französischen Ausgabe und habe hier auch zwei Bücher über seine Arbeit liegen, bin aber noch nicht dazu gekommen, mich eingehender damit zu beschäftigen. Soviel ich sehe, gehen aber die Begriffe von Geist und Materie bei ihm in einer Weise ineinander über, die mir sehr zweifelhaft scheint – ebenso wie auch der Begriff des Logos in einer Weise an die Welt angenähert wird, von der das gleiche zu sagen wäre. Ich weiß sehr wohl, daß in der paulinischen Theologie – näherhin im Epheser- und Kolosserbrief – sich Gedanken finden, die zur Begründung herangezogen werden könnten, aber die Sache ist doch schwierig, zumal in einer Zeit, die so sehr vom Materialismus bedroht ist, wie unsere."[34]

Die im Brief angesprochenen Bände der französischen Ausgabe finden sich auch heute noch in der Bibliothek, enthalten aber keinerlei Eintragungen.

Wohl nicht zuletzt aufgrund des persönlichen Nachhakens Schmitz-Moormanns setzte Guardini sich doch etwas umfangreicher mit Chardin auseinander und bespricht sich dabei auch mit befreundeten Wissenschaftlern, so am 12. Juni 1964 und am 19. Juni 1965 mit Werner Dettloff.[35] Diese Auseinandersetzungen münden unter anderem in einen der posthum veröffentlichen *Theologischen Briefe an einen Freund*. Dieser Brief ist mit dem 20. Juni 1964 datiert und trägt den Titel *Teilhard de Chardin als Symptom*. Die darin ausdrücklich erwähnte Arbeit von Helmut de Terra *Mein Weg mit Teilhard de Chardin* findet sich nicht in der Bibliothek, wohl aber das vom französischen reformierten Theologen Georges Crespy (1920-1976) signierte Buch *La pensee theologique de Teilhard de Chardin* (Paris 1961). Die Eintragung lautet: „A Monsieur Romano Guardini respectuesement Georges Crespy". Mit eingelegter Widmung steht schließlich 1966 dann auch Karl Schmitz-Moormanns Studie *Das Weltbild Teilhard de Chardins: Untersuchungen zur Terminologie Teilhard de Chardins* von 1966 unter Guardinis Chardin-Büchern: „Sehr verehrter Herr Professor, darf ich Ihnen mit meinem besten Dank für Ihre Unterstützung meiner Arbeit den beiliegenden Band überreichen? Mit den besten Grüßen Ihr sehr ergebener Karl Schmitt-Moormann."

Der Dank für die Unterstützung rührt vor allem daher, dass Guardini auf Bitte von Schmitz-Moormann zum 1. Juni 1965 ein Empfehlungsschreiben für ein Zweit-Studienstipendium für das Theologiestudium von Seiten der Volkswagenstiftung geschrieben hatte. Dieses Stipendium wollte er für die geplante Dissertation mit anschließender Habilitation beim Bonner Fundamentaltheologen Dolch erlangen.[36]

---

34 GAKAB Nr. 1929: Brief vom 22. Januar 1962.

35 Von Guardini gewünschte zusammenfassende Aufzeichnungen von zwei Telefongesprächen, Typoskript beim Postulator des Seligsprechungsverfahrens.

36 Siehe dazu in der BSB, Ana 342 C-214-35: Gutachten, Falter: Schmitz-Moormann.

Einlagen

Insgesamt gibt es faktisch nur noch wenige Einlagen in den Büchern der Guardini-Bibliothek und im Bestand der Liturgie-, Gesangs- und Gebetsbücher, diese sind dafür aber zum Teil durchaus als „kurios" zu bewerten.

Beispiel Adorno

Ein von Guardini in Adornos *Minima moralia* belassenes Begleitschreiben erklärt, wie und wann dieses Buch in die Guardini-Bibliothek gekommen ist. Demnach schickte der Verleger Peter Suhrkamp mit Schreiben vom 21.3.1953 das Buch von sich aus zu: „Es dürfte für Sie, gerade weil es Ihren Gedanken und Ihrer Betrachtungsweise nicht verwandt ist, vielleicht auch wegen seiner lockeren, unsystematischen Form, auf keinen Fall unergiebig sein. Ich veröffentlichte es in meinem Verlag, weil es bei der aufkommenden allgemeinen Neigung zur Restauration unbequem sein wird."

Wenige Monate später taucht bei Guardini der bislang einzige bekannte, sehr kritische Verweis auf Adorno auf, nämlich in einer posthum veröffentlichten Tagebuchnotiz vom 12. Juni 1953: „Adorno hat im ‚Merkur' einen Aufsatz über den Jazz veröffentlicht, in dem allerlei Gescheites steht. Aber man ist froh, wenn man durchgekommen ist. Es ist wie ein beständiges Dröhnen; eine Monotonie der Kritik aus einer bitteren Überlegenheit. Seine ‚Minima moralia' sind geradeso. Was man mir über seine Figur und sein Schicksal gesagt hat, macht es verständlich. Ob er aber weiß, wie sehr er sich decouvriert?"[37]

Der Vorgang als solches war auch schon in der Adorno-Forschung bekannt. So berichtet Stefan Müller-Doohm in seiner Adorno-Biografie von 2003 davon, dass „sowohl die verschiedenen Redaktionen wie die vermeintlichen Meinungsführer (z. B. Gadamer, Guardini, Heidegger, Jaspers) … Rezensionsexemplare erhalten" hatten, und „von dem Verleger brieflich darauf hingewiesen worden" sind, „daß das neue Buch Adornos dazu angetan sei, ‚eine Diskussion zu wecken'".[38]

Allgemeine Besonderheiten

Als Primärliteratur relevante Eintragung in Karl Barths Römerbrief

Eine erste größere Besonderheit bei den Eintragungen Guardinis in der Guardini-Bibliothek stellt ohne Frage Karl Barths Römerbrief dar, der einen längeren handschriftlichen, bislang unveröffentlichten, mit 5. Oktober 1922 datierten Kommentar auf dem Innendeckel enthält. Dieser existiert zwar auch in einer Abschrift als Typoskript im Guardini-Archiv und wurde von dort aus auch bereits von Mercker in seiner

37 GUARDINI, Stationen und Rückblicke (wie Anm. 15), 162.
38 Stefan MÜLLER-DOOHM, Adorno. Eine Biographie, Frankfurt a. Main 2003, 518.

Arbeit *Christliche Weltanschauung* ausschnittsweise zitiert[39], blieb aber ansonsten weitgehend unbeachtet. Es handelt sich um das einzige Buch, in dem ein längerer eigener Text Guardinis enthalten ist. Ansonsten gibt es als Eintragungen nur zahlreiche Randnotizen und Unterstreichungen. Der Schlussabsatz dieses Eintrags lautet: „Alles, was Barth sagt, ist erschütternd wahr. Aber weil er es nicht konkret sagt, wie ein Prophet, sondern theologisch systematisch, mit dem grundsätzlichen Anspruch, allein, systematisch wahr zu sein, hat es eine furchtbare Verzerrung in sich. Es ist Katastrophentheologie. Es kommt aus einem zutiefst verschobenen Denken und wirkt, in letzter Folge, Zerrüttung und Wahnsinn."

Mittlerweile weiß man aus einer von Gerl-Falkovitz veröffentlichten Mitschrift von Heinrich Lützeler, dass Guardini auch in seiner Vorlesung *Sakrament und Opfer* im Wintersemester 1922/23 in Bonn diese Einschätzung von Karl Barths Römerbrief mit der darin enthaltenen Theorie vom Unbekannt- und Anderssein Gottes eingebracht hat. Auch dort schreibt er einerseits: „Diese Theorie enthält durchaus Richtiges: die Sonderung Gottes von allem Irdischen", stellt dann aber klar: „Doch wird Barth zum Häretiker, wenn er die menschliche Uranmaßung begeht und Gott doch unter eine Kategorie bringt, wenn es auch die des Andersseins ist. Gott ist nicht nur der Unbekannte."[40]

In der Folgezeit kommt der Name Barths – wie auch anderer Theologen – im Werk Guardinis so gut wie nicht mehr vor. Guardini nimmt zu Weihnachten 1933 die beiden in der Vossischen Zeitung und im Berliner Tageblatt jeweils am 24. Dezember erschienen Weihnachtsbetrachtungen[41] zur Kenntnis und schickt sie am Tag darauf an seinen Freund Josef Weiger mit dem Kommentar: „Hier schicke ich Dir zwei Weihnachtsbetrachtungen von Karl Barth. Schön, und tapfer – immer noch tapfer, obwohl es ja jetzt bereits nicht mehr so schwer ist, das da zu sagen. Aber warum wird man bei der Art nicht ganz froh?"[42]

In der Guardini-Bibliothek befindet sich auch die in Göttingen erschienene Sammlung *Weihnacht* (Göttingen o. J.) mit allen neun in den Jahren 1926 bis 1933 veröffentlichten Weihnachtsartikeln.

Bislang in der Guardini-Forschung wenig zur Kenntnis genommen wurde, dass Guardini Karl Barth im Herbst 1949 in Basel besucht hat. Allerdings kam es offen-

---

39 Hans MERCKER, Christliche Weltanschauung als Problem. Untersuchungen zur Grundstruktur im Werk Romano Guardinis, Paderborn-München u. a. 1988, 103; von da aus auch bei Gunda BRÜSKE, Anruf der Freiheit, Paderborn-München 1998, 41f., und italienisch bei Giovanni MAGRÌ, Dal volto alla maschera. Rappresentazione politica e immagini dell'uomo nel dialogo tra Guardini e Schmitt: Rappresentazione politica e immagini dell'uomo nel dialogo tra Guardini e Schmitt, Milano 2013, 256.

40 Zitiert nach Abdruck der Mitschrift in Hanna-Barbara GERL-FALKOVITZ (Hg.), Lauterkeit des Blicks. Unbekannte Materialien zu Romano Guardini, Heiligenkreuz 2013, 67f.

41 Karl BARTH, Offenbarung. Weihnachtsbetrachtung, in: Vossische Zeitung, 24. Dezember 1933; DERS., Ihr werdet finden ... (Weihnachtsbetrachtung), in: Berliner Tageblatt, 24. Dezember 1933.

42 161. Brief vom 25. Dezember 1933, in: Guardinis Briefe an Josef Weiger 1908-1962 (wie Anm. 26), 340.

sichtlich zwischen dem protestantischen Theologen und dem katholischen Weltanschauungslehrer zu keinem wirklichen Verständnis mehr, zumindest nicht aus der Sicht von Karl Barth, der am 24. November 1949 brieflich gegenüber seinem Sohn Christoph Barth davon berichtete, dass er mit Guardini, „weil er in Ästhetik und Weltanschauung macht, nicht eben zu Rande kam".[43] 1951 wiederum schrieb Guardini an Josef Weiger nach einem Zusammentreffen mit Hans Urs von Balthasar in Basel: „In Basel war ich mit v. Balthasar zusammen. Es wäre schön, glaube ich, wenn Du ihn einmal kennen lernen könntest. Ich glaube, es würde Dich interessieren. Seine Auseinandersetzung mit Karl Barth scheint bedeutend zu sein."[44]

Bibliophile Ausgaben und späte Zugänge

Das aktuell älteste Buch ist Bonaventuras *Sopra tutta la vita del nostro Signor Gesu Christo* (Venedig 1701). Die Dietenberger-Bibel von 1594 gehört zu den aktuellen Verlusten. Bei dem im Bibliothekskatalog mit dem Jahr 1675 datierten *Cherubinischen Wandersmann* von Angelus Silesius handelt es sich hingegen um einen bibliophilisierenden Nachdruck der 1675er Ausgabe aus dem Jahr 1905 im Verlag Eugen Diederichs. Im Vergleich zur deutlich größeren Sammelleidenschaft bibliophiler Bücher bei seinem Freund Josef Weiger, ist Guardinis Interesse an alten und originalen Ausgaben deutlich geringer ausgeprägt.

Eines der letzten hinzugekommenen Bücher ist die für Guardini noch signierte Doktorarbeit des späteren Akademiedirektors Franz Henrich über *Die Bünde katholischer Jugendbewegung* aus dem Jahr 1968. Es enthält die Widmung „In herzlicher Dankbarkeit für alles, was Sie der Kirche und mir geschenkt haben 1/VII/1968 Franz Henrich".

Ebenfalls aus dem Jahr 1968 stammen noch: die *Sämtlichen Schriften* von Wackenroder; die Predigtsammlung *Der Knecht macht keinen Lärm* von Albrecht Goes (mit Widmung), Duployés Studie über *Huysmans* (mit Widmung), *L'Avventure d'un Povero Christiano* von Ignacio Silone, Diva Barsottis *Parola e Silenzio: Diario 1955-1957*, die 1968er Ausgabe des Rororo Schauspielführers, der vom Mainzer Bischof Hermann Volk verantwortete Sammelband *Geheimnis des Glaubens*, Helmut Kuhns Studie über *Die Bekenntnisse des heiligen Augustinus als literarisches Werk* (mit Widmung), die italienische, 1968 von Albino Babolin herausgegebene Ausgabe von Bernhard von Clairvaux' *Grazia e libro arbitrio*, von Aristoteles *Über die Seele*, übersetzt und herausgegeben

43 Zitiert nach Eberhard BUSCH, Karl Barths Lebenslauf. Nach seinen Briefen und autobiographischen Texten, Gütersloh 1975, 381.

44 186. Brief vom 20. April 1951, in: Guardinis Briefe an Josef Weiger 1908-1962 (wie Anm. 26), 372. 1951 veröffentlichte Hans Urs von BALTHASAR: Karl Barth. Darstellung und Deutung seiner Theologie, Olten-Köln 1951, in der er auch ausführlich einen Vergleich zu Romano Guardini anstellt, 338-340, 345-349, 354-356, 368f. und 409-413.

von Willy Theiler, die von Hugo Friedrich herausgegebenen *Aufsätze zur Divina Commedia*, die deutsche Ausgabe von Norbert Wieners *Kybernetik* und schließlich ein Sammelband *Poetik des Barock*.

Englischsprachige Roman- und Kriminalliteratur

Die Bibliothek umfasst zahlreiche, überwiegend englischsprachige Romanliteratur, darunter besonders viele Kriminalromane, ein Teil in der Anglistik-Abteilung unten, ein weiterer großer Teil davon oben in der Hans-Maier-Bibliothek aufgestellt. Unten stammen viele Werke von Morgan, Conrad, Goudge, Marshall, Sharp, Greene, Doyle, Sayers; oben viele von Allingham und Marsh und wiederum Sayers. Guardini war „heimlicher" Kriminalromanleser. So berichtet Otto Weinrich in seinen Erinnerungen an einen Besuch bei Guardini in der Nachkriegszeit: „Als ich dann nach dem zweiten Weltkrieg einmal zum neu berufenen Romano Guardini kam, fand ich ihn vertieft in einen Krimi (jetzt wohl schon der Goldmann-Serie). Und dieser hochgeistige geistliche Herr und Forscher gestand mir lächelnd, er teile die Menschen ein ‚in solche, die Detektivromane lesen, und solche, die das zugeben'. Die Schlußfolgerung zu machen, ‚denn alle lesen ja welche', überließ er mir."[45]

Märchen und Sagen

Guardini gilt als exzellenter Kenner und Deuter von Märchen und Sagen. Dazu vergleiche man auch schon seine frühen, bislang nicht wieder in der Werkausgabe abgedruckten allgemeinen Einführungen zum Verständnis von „Märchen" und „Sagen".[46] Daher verwundert es auch nicht, dass seine Bibliothek eine eigene Abteilung „Märchen und Sagen aus aller Welt" mit insgesamt 172 Bänden (ca. 4% der gesamten Bibliothek) aufweist.

Seine Liebe zu den Märchen speist sich aus der von Guardini im Buch *Freiheit, Gnade, Schicksal* übermittelten Einsicht, dass in den Märchen das Dasein so erscheine, „daß das Gnaden- und Huldhafte triumphiert. Darum sind sie den Kindern, deren Welt so gebaut ist, selbstverständlich. In einem tieferen Sinne sind sie aber auch wahr für den Erwachsenen, denn sie vergewissern ihn eines Elements, das er leicht vergißt; bedeutet doch Altwerden – das schlimme Altwerden im Unterschied zum guten, welches Weisheit und Ewigkeitsnähe ist, daß der Sinn für das Gnadenhafte abnimmt, das

45 Otto WEINREICH, Ausgewählte Schriften, Bd. 3, Amsterdam 1979, 444.

46 Unter Pseudonym Dr. Anton WÄCHTER: Sagen, in: Heliand. Monatsschrift zur Pflege religiösen Lebens für gebildete Katholiken 9 (1918) 151-156; später nochmals in: Der Pfad. Ein Jungenblatt 4, (1927/28) 100-103; sowie ebenfalls unter Pseudonym Dr. Anton WÄCHTER: Märchen, in: Heliand. Monatsschrift zur Pflege religiösen Lebens für gebildete Katholiken 9 (1918) 195-202.

Gemüt verknöchert. Dagegen sind die Märchen eine Arznei, vorausgesetzt freilich, daß das Gemüt sie noch aufnehmen könne."

Daher kritisiert Guardini die Zerstörung des Zusammenhangs von „Vorlesen" und „Zuhören" in der heutigen Bucherziehung. Im Kapitel *Das Schweigen und das Hören* seiner Schrift *Besinnung vor der Feier der heiligen Messe* sieht er diese Entwicklung auch im Gottesdienst bei der Verkündung der Heiligen Schrift durch das „Mitlesen" der Lesungs- und Evangelientexte am Werk. Sie werde dort das gleiche Unheil anrichten, wie sie es bei den Märchen bereits getan habe, nämlich, „daß die Menschen lesen, wo sie hören sollten. Dadurch ist das Märchen gestorben, und hat die Dichtung ihre beste Kraft verloren; denn all die schönen, weisen, innigen, feierlichen Worte wollen vernommen, nicht gelesen werden."[47]

Wesentlich bekannter als seine Beiträge zur Märchentradition und -deutung hingegen ist seine Auseinandersetzung mit der Sammlung *Thule* des Diederichs-Verlags. Hierzu stehen die für die 1920 pseudonym erschienene Rezension[48] herangezogenen Bände von 1911 bis 1914 mit zahlreichen Anstreichungen und Eintragungen in der Guardini-Bibliothek.

Umfangreiche Abteilung für Kunst und Kunstgeschichte

Sein großes Kunstverständnis und -interesse kommt in einer über 200 Bände (ca. 5%) starken Abteilung für Kunst und Kunstgeschichte zum Ausdruck, zumal ja bedacht werden muss, dass ein Großteil seiner Leihgaben an die Rothenfelser Bibliothek ab 1927 auch diesen Bereich umfasste und somit in Würzburg verbrannt ist. Auffällig ist auch hier die hohe Anzahl an Widmungen nicht nur von den befreundeten Künstlern und Kunsthistorikern wie Rudolf Schwarz, Philipp Harth oder Carl Georg Heise, sondern auch von unbekannteren, Guardini aber oft stark verbundenen Personen.

Beispiel Willy Fries

Der Toggenburger, also Schweizer Künstler Willy Fries (1907-1980) war von Wölfflin zum Studium an die Kunstakademien nach Paris und Berlin geschickt worden. Ab 1930 stellte er in Berlin auch aus und publizierte Bilderbücher, besuchte aber neben der Kunstakademie auch Vorlesungen der Philosophie. Es befinden sich in der Bibliothek insgesamt drei Bücher von Fries mit Widmungen an Guardini vom November 1934 (*Der Fischer*, „30. November 1934 Herrn Professor Guardini herzlichst zugeeignet von Willyfries"), vom November 1935 (*Der arme Mann*, „Herrn Professor Romano Guardini herzlich zugeeignet von seinem Willyfries 19. November 1935") und

47 Romano GUARDINI, Besinnung vor der Feier der heiligen Messe, Mainz [7]1961, 25.

48 Romano GUARDINI, unter Pseudonym Anton WÄCHTER, Thule oder Hellas? Klassische oder deutsche Bildung?, in: Der Wächter 3 (1920) 2-16 und 66-79; eingegangen in: DERS., Wurzeln eines großen Lebenswerks. Romano Guardini (1885-1968). Aufsätze und kleinere Schriften, Bd. 1, Mainz-Paderborn 2000.

schließlich vom September 1952 (*Christ ist geboren*; „Dem Prof. Romano Guardini in herzlicher Verehrung zugeeignet WF Wattwil, 26. Sept. 1952“). Bislang tauchte der Name in der Guardini-Forschung nicht auf. Allerdings findet sich im Zeitalter des Internets schnell ein doch sehr eindrücklicher Zusammenhang. Denn in der bislang nur online veröffentlichten Autobiografie von Fries heißt es: „Durch die sich überstürzenden Ereignisse der Zeit und den Umgang mit all den Lehrern in der Universität, an der Akademie und im Museum, wo die Bilder selbst die grössten Lehrer waren, wurde mir deutlich, wie sehr Kunst der Ausdruck und der Seismograf des Geistes heute und in der Geschichte ist. [...] Ich schaute mich nach allen Seiten um wo menschliche Begegnungen zur Besinnung zu finden waren. Ich verdanke es Studenten und überaus sensiblen Studentinnen, die mich mitnahmen zu Romano Guardini. In den letzten Vorlesungen Guardinis tauchte bereits die uniformierte SA auf, als ob Nietzsches Übermensch ihr Gewährsmann wäre. Meine Freunde nahmen mich mit in die kleinen Studentenmessen, die er in einem Souterrain in der Schlüterstrasse hielt und deren Meditationen im Buch ‚Der Herr‘ zusammengefasst wurden. Es gehörte lange zu meinen abgenutztesten Büchern. Sie luden mich auch ein auf die Burg Rothenfels in Franken, wo wir dem Lehrer nah und nachhaltig begegneten.“[49]

Interessant ist in diesem Zusammenhang auch, dass eine der insgesamt nur vier Guardini-bezogenen Stellen in Kardinal Faulhabers *Tagebüchern* aus dieser Freundschaft resultiert. Im Eintrag zum 30. Dezember 1945 heißt es: „9.00-12.00 Uhr: Willy Fries, Kunstmaler, eine zweistündige Sitzung (ausgemacht eineinhalb Stunden) im kleinen Esszimmer. Er überläßt mir ‚Die Passion‘, ich die Adventspredigten. Die Hände im Naturschaffen als Werkzeug des Herzens, und die Hände im Reich der Gnade. Er kam mit der Abordnung von Sankt Gallen, wohnt in Toggenburg außerhalb, kommt vielleicht später wieder einmal und wird dann weitere Zeit wollen. War in Berlin und obwohl nicht katholisch mit Guardini befreundet.“[50]

Beispiel August Macke

Manches Mal fehlt zwar eine ausdrückliche Widmung oder Eintragung im Buch, aber aufgrund eines vorhandenen Briefwechsels in der Akademie oder in der Bayerischen Staatsbibliothek wird das Buch doch „sprechend“. So verhält es sich bei Gustav Vriesens 1953 erschienenem Buch über August Macke. Guardini bekommt dieses Buch zu seinem 70. Geburtstag 1955 vom damaligen Kultusminister des Landes Nordrhein-Westfalen Werner Schütz geschenkt. In seinem Antwortbrief vermerkt Guardini aufschlussreich, dass er August Mackes Kunst immer sehr geliebt habe, da sie zwar nicht sehr breit im inhaltlichen Umfang, dafür aber sehr intensiv sei und etwas

---

49 Willy FRIES, Bilder im Sturm, 1986, Kapitel: Lehrer sind überall, 36, online in: https://www.willy-fries.ch/assets/lbwp-cdn/willyfries/files/1427784815/willy-fries_gottlose_studentenfreunde.pdf.

50 Online verfügbar unter: https://www.faulhaber-edition.de/dokument.html?idno=10023_1945-12-30_T01.

erquickend Freudiges habe. Zusammen mit dem wohl größeren Franz Marc sei er ihm und seinen Freunden vor dem ersten Weltkrieg sehr wichtig gewesen.[51]

Diese Beschreibung seiner Wertschätzung für Macke ist die bislang einzig bekannte ausführlichere Äußerung zu diesem Künstlerfreund von Franz Marc. Ansonsten zählt er ihn in seinem Gutachten neben „Barlach, Nolde, Franz Marc, ..., Picasso, Lehmbruck, Klee, Corinth, Mataré“ zu den Malern aus der Kunstströmung der abstrakten, gegenstandslosen Kunst, in der „mit die originellsten Persönlichkeiten und die kräftigsten kulturellen Antriebe des vergangenen halben Jahrhunderts wirksam sind“ und die infolgedessen „in eine Reihe mit den stärksten Begabungen der Naturwissenschaft, der Dichtung, der Technik, der sozialen Arbeit“ gehören.[52]

Spezielle Besonderheiten

Familiäre Widmungen und persönliche Kontexte

Im Bestand des Guardini-Archivs, demnächst in der Guardini-Studienbibliothek, befindet sich ein wohl dem Vater gewidmetes Exemplar der von Guardini herausgegebenen Gedichtsammlung *Michelangelo* von 1907, die wohl aus dem väterlichen Erbe wieder in den Besitz Guardinis zurückgelangt ist.

In der Guardini-Bibliothek gibt es dagegen signiert nur wenige Geschenke seiner unmittelbaren Familienangehörigen. Diese Reihe beginnt mit Aleardos Primizgeschenk von 1910, dem Gebetbuch *Seelengärtlein: Vollständiges Gebetbuch für katholische Christen mit vielen der schönsten deutschen Gebete des Mittelalters* (Augsburg-München 1882). Es folgt das finnische Sagen-Epos *Kalewala* (München 1921). Nach 1945 erhielt er noch die zweibändige Ausgabe *Dante. Storia della „Commedia“* von Mario Apollonio (Mailand 1951). Von seinem Bruder Mario erhielt er 1959 das im gleichen Jahr erschienene Buch *Il gattopardo* von Giuseppe Tomasi di Lampedusa, versehen mit der Widmung „Mario. – Isola Vicentina 26.4.59“. Von einem seiner Brüder bekam er außerdem Agnese Baggio di Gropellos *Che ti conosce* von 1954 zu Weihnachten dieses Jahres geschenkt.

In der Bibliothek befindet sich auch ein bibliophiles Primiz-Geschenk an Guardini, also aus dem Jahr 1910. Ob es sich bei der lateinischen Ausgabe *Sanctae Gertrudis Magnae virginis ordinis sancti benedicti legatus divinae pietatis accedunt ejusdem exercitia spiritualia* von 1875 um ein signiertes „Selbstgeschenk“ oder um ein zum Beispiel von Karl Neundörfer nach dessen Tod im Jahr 1926 zurückerhaltenes Geschenk handelt, muss letztlich offenbleiben. Die Eintragung lautet jedenfalls: „in mem. d. primae sancti

51 BSB, Ana 342 B32-066: 70. Geburtstag: Schütz, Werner.

52 Romano GUARDINI, Abstrakte Kunst philosophisch gesehen. Gutachten für die Entschädigungsklage eines Abstrakten Künstlers gegen den Staat X (1956), in: Ders., Wurzeln eines großen Lebenswerkes, Bd. 4, Mainz-Paderborn 2003, 259-267, hier 265.

sacrif. oblat. R. A. Guardini“, aufzulösen als „In memoriam diem primae sancti sacrificii oblationis“, was übersetzt an den „Tag der ersten Darbringung des heiligen Opfers“ erinnert.

Erhaltene Studienbücher aus den Jahren 1904 bis 1911/12

Beispiel Hermann Schell

Aus Guardinis autobiografischen *Berichten über mein Leben* kann man die Bedeutung des Würzburger Theologen Hermann Schell für Guardini schon erahnen. Dort heißt es im Zusammenhang mit seinem Berliner Berufungserlebnis im Wintersemester 1905/06, fortan Theologie studieren zu wollen: „Am nächsten Tage traf ich in der Staatsbibliothek Dr. Moser und fragte, ob ich ihn besuchen dürfe. Er sagte freundlich zu, und wie ich abends zu ihm kam, war fast sein erstes Wort: ‚Sie wollen Theologe werden?‘ Ich hatte ihm noch nichts gesagt; so empfand ich die Frage, die wahrscheinlich für einen Menschenkenner kein Kunststück war, wie eine Bestätigung. Wir sprachen dann weiter über die Sache, und er, der ein Schüler von Hermann Schell gewesen war, riet mir, nach Würzburg zu gehen. … Priester werden konnte man nur im Zusammenhang mit einer Diözese, so war es das Erste, daß ich mit meinem Pfarrer sprach und ihm auch von meinem Wunsch sagte, nach Würzburg zu gehen. Dr. S. redete seinerseits mit dem Regens des Seminars, und beide waren mit meinen Plänen nicht sehr einverstanden. Schon daß ich, statt ins Seminar einzutreten, weiter zur Universität wollte, fanden sie nicht in Ordnung; gaben es aber, wohl im Hinblick auf mein bisheriges Studium und als Zeit der Selbstprüfung, zu. Um so entschiedener widersetzten sie sich aber meiner Absicht, zu Hermann Schell zu gehen, von welchem nicht lange Zeit vorher das ganze Lebenswerk auf den Index gekommen war. Sie legten mir also nahe, nach Freiburg zu gehen, dessen Fakultät als korrekt galt, und ich tat so.“[53]

Nun war Hermann Schell am 31. Mai 1906 überraschend gestorben. Dennoch begann Guardini wohl unmittelbar nach der obigen Begebenheit die Schriften Herman Schells intensiver zu studieren, als bisher bekannt war. So stehen in der Guardini-Bibliothek Schells *Der Katholizismus als Prinzip des Fortschritts* (1897) mit Lesedatum „17.10.-11.11.05“ mit zahlreichen handschriftlichen Eintragungen sowie ebenfalls mit Anstreichungen die Bücher *Das Wirken des dreieinigen Gottes* (1885) und *Die neue Zeit und der alte Glaube* (1898).

Im Frühjahr 1906 beschäftigte sich Guardini ein erstes Mal mit den von G. L. Passerini herausgegebenen, zweiten und revidierten Ausgabe von *I Fioretti del Glorioso Messere Santo Francesco e de suoi Fratri.* Neben dem handschriftlichen Besitzautografen „RAGuardini“ steht dort „Mainz 26. III. 06 –“ Der Bindestrich an dieser Stelle be-

53 GUARDINI, Stationen und Rückblicke (wie Anm. 15), 73.

deutet bei Guardini in der Regel den Beginn eines Lesezeitraums. Interessant bei diesem Buch, dass es noch einen zweiten Eintrag gibt, der anzeigt, dass Guardini das Buch am 13. Februar 1913 weitergeschenkt hat: „Zum Dank, und zur Erinnerung Freiburg 13.2.1913. Guardini." Das Buch ist dann wohl später wieder in seinen Besitz zurückgelangt. Es kommen daher eigentlich nur Maria Knoepfler, Josef Weiger und Karl Neundörfer in Frage, bei letzteren beiden Freunden hat er aber nicht mit „Guardini" signiert. Daher wird das Buch wohl an Knoepfler und nach deren Tod 1927 aus Mooshausen wieder an Guardini zurück gegangen sein.

Für das Freiburger Theologie-Semester im Sommersemester 1906 finden sich in der Guardini-Bibliothek zwei Bücher von Interesse, einmal Friedrich von Schlegels *Philosophie des Lebens* (1828) mit der handschriftlichen Datumseintragung „9.5.06", zum anderen von seinem Freiburger Lehrer Carl Braig dessen Aufsatzsammlung *Vom Denken. Abriß der Logik* (1896) mit der ebenfalls handschriftlichen Datumseintragung „17.05.06". In seinen Erinnerungen dürfte Guardini den Titel *Abriß* für die Gesamtreihe genommen haben. Aus dem eigentlichen Titel der mehrbändige Reihe *Die Grundzüge der Philosophie* wird dort nun *Abriß der Philosophie*. So berichtete Guardini im Zusammenhang mit seinem Plan, bei Professor Braig zu promovieren:

„Also ging ich zu Prof. Carl Braig. Ich hatte schon früher seinen ‚Abriß der Philosophie' studiert und von manchen Teilen – genauer muß ich wohl sagen: Sätzen – einen starken Eindruck gewonnen. Ein philosophischer Urlaut war darin. Man schätzte ihn nicht sehr. Er war von Tübingen gekommen. Von Hause Philosoph, hatte er dann eine theologische Professur übernommen. Seine Vorlesungen waren zu schwer. Er war ein Grübler. Ich sehe ihn noch, wie er, mit einem kleinen Bleistift in der Hand, auf die Spitze dieses Bleistiftes schaut und ganz versunken redet … Als ich bei meinem Besuch auf ihn zutrat, machte er eine kleine Bewegung des Zurückweichens. Später erfuhr ich, daß er immer so tue; es war für ihn charakteristisch. Ich sagte ihm, welchen Eindruck sein ‚Abriß' auf mich gemacht hätte; da erwiderte er in seinem schwäbischen Tonfall: ‚Ich weiß gar net mehr, was ich g'schrieben hab.' Auch das war charakteristisch: er hatte aufgeben müssen, was ihm eigentlich wichtig gewesen war."[54]

Für die Tübinger Studienzeit fallen W. v. Kügelgens *Jugenderinnerungen eines alten Mannes* (1907) mit der handschriftlichen Datumseintragung „Tüb. 10.3.07" sowie weiteren Anstreichungen etwas aus der Reihe, weil es sich dabei weder um theologische noch um philosophische Literatur handelt. Außerdem trägt M. Deutingers ab 1843 erschienene *Grundlinien einer positiven Philosophie als vorläufiger Versuch einer Zurückführung aller Theile der Philosophie auf christliche Principien. Erster Theil: Die Propädeutik* die Eintragungen „Bd. I.-VI. Tübingen 22.2.07" und „Tüb 1.5.07.". In diesen Kontext dürften auch noch die vier Bände über *Die christliche Dogmatik* von Franz Anton Staudenmaier (1844ff.) gehören, die den Stempel „R. A. Guardini" tragen, den Guardini ab etwa

54 Ebd. 25.

1906 verwendet hat. Über Staudenmaiers Dogmatik hat er sich mit Josef Weiger in einem Brief vom 25. November 1908 unterhalten.[55]

Zusammen mit den in der Bibliothek von Mooshausen befindlichen, in den *Berichten über mein Leben* erwähnten Münchner Studienbüchern von Houston Stewart Chamberlain *Die Grundlagen des 19. Jahrhunderts* und Burckhardts *Kultur der Renaissance* sowie Volbehrs kunsttheoretischen Schriften ergibt sich so ein kleines, aber durchaus aussagekräftiges Bild über jene Bücher, die Guardini in seiner frühen Studienzeit nicht nur gelesen, sondern auch durchgearbeitet hat; und die ihn – zum Teil nach eigenem Bekunden – auch maßgeblich geprägt haben, sei es, dass sie ihn kritisch sensibilisiert oder ihn konstruktiv inspiriert haben.

Die Freiburger Promotions- und Mainzer Kriegszeit (1912/13-1918)

Zwei aussagekräftige Bücher aus dem Nachlass A. Kluge

In der Guardini-Bibliothek befinden sich des Weiteren zwei Bücher aus dem ursprünglichen Besitz von Pfarrer A. Kluge. Beim ersten Buch handelt es sich um eine bibliophile Ausgabe *Leben und Schriften der hl. Hildegard: Briefwechsel. 1. u. 2. Teil,* hg. von Ludwig Clarus (Regensburg 1854), mit dem Stempel „A. Kluge, Pfarrer". Aufschlussreicher ist aber das zweite Buch. Es handelt sich um *Die deutschen Schriften des seligen Heinrich Seuse* (München 1880). Die darin enthaltene Eintragung lautet nämlich: „Aus Kluges Nachlass von Dr. B. Strehler geschenkt, Neiße, 13. Aug. 1913". Dies illustriert eine von Guardini in seinen autobiografischen *Berichten über mein Leben* notierte gemeinsame Fahrt mit dem Witwer Wilhelm Schleußner: „In diese Zeit fiel, wie ich schon gesagt habe, der Tod von Frau Schleußner. Um Prof. Schleußner, der bis ins Innerste erschüttert war, abzulenken, begleitete ich ihn auf einer Fahrt durch verschiedene Orte Deutschlands, vor allem aber nach Neiße in Schlesien. Dort lebte ein alter Geistlicher, Dr. Adolf Kluge[56], mit dem er sprechen wollte. Im gleichen Neiße war aber auch das Knabenkonvikt, dem Dr. Bernhard Strehler, einer der Gründer des Quickborn und später Leiter von Burg Rothenfels, vorstand. Das Konvikt wurde ganz aus dem Geiste des Verstehens und Vertrauens, der Selbständigkeit und Freiwilligkeit geführt, und es hat auf mich einen meine ganze pädagogische Arbeit bestimmenden Eindruck gemacht."[57]

Dr. Augustin Kluge (1837-1913)[58], an den sich Guardini in seinen autobiografischen Berichten im Rückblick irrtümlich als „Adolf Kluge" erinnert, war Priester der Erzdiözese Breslau, Pfarrer, königlicher Kreis-Schulinspektor und dann Direktor des

55 Guardinis Briefe an Josef Weiger 1908-1962 (wie Anm. 26), 41.

56 Aufgrund dieser Vornamensnennung schließt Gerl-Falkovitz in den Anmerkungen der Briefe an Josef Weiger irrtümlich auf „Dr. Adolf Kluge (1840 bis 1913, Neiße)".

57 GUARDINI, Stationen und Rückblicke (wie Anm. 15), 98.

58 In seinem Todesjahr erschien: Augustin KLUGE, Differenzierungen oder eine Parallele zur modernen Entwickelungslehre, Breslau 1913.

fürstbischöflichen Emeriten-Priesterhauses in Neisse. Sein Todestag war der 9. August 1913.[59]

Im Brief von Romano Guardini an Josef Weiger vom 29. August 1913 heißt es über diesen Besuch bei Kluge und dessen Tod: „Bald ging's weiter nach Neisse, dem eigentlichen Reiseziel. Prof. S. wollte dort Kluge sprechen, Du erinnerst Dich vielleicht aus Tübingen her, daß ich von ihm sprach? Wir fanden ihn bei den Schwestern, wo wir abgestiegen waren, und ich hatte von ihm einen sehr starken Eindruck. Weißt Du, ein Denker aus der Zeit und vom Schlag Staudenmaiers, Deutingers, ganz auf Metaphysik und Naturphilosophie gestellt, zugleich Mathematiker, Techniker, ein ‚Erfinderkopf', der sich mit Rechenmaschinen, Schreibmaschinen, Harmoniumskonstruktionen u. dgl. abgab. Er war durch die Klassiker, durch die deutsche Philosophie hindurchgegangen, hatte nachher seelisch und körperlich sehr schwere Zeiten durchzumachen. Als ich ihn sah, war er ein milder, ganz abgeklärter Mann, mit einem wunderlichen Lächeln, körperlich sehr gebrechlich, aber wenn er in seine Gedanken und Spekulationen kam, dann ward alles straff an ihm und seine Augen voller Kraft. Nun gings aber seltsam; er starb am folgenden Tag. Das hat uns wohl ergriffen, besonders Herrn S., der ihn sehr lieb hatte. Aber doch empfanden wir seinen Tod als etwas gar Schönes. Er war über 73 Jahr alt, hatte eigentlich abgeschlossen und wartete alle Tage aufs Sterben. Und daß das nach einer sehr großen Freude geschah, ist schön. – Ich habe ihm sein Sterbebildchen verfaßt."[60]

In diesem Brief schildert Guardini dann bekanntlich aber auch seine erste Begegnung mit Bernhard Strehler, dessen Konvikt in Neisse und somit auch dem von Strehler, Hoffmann und Neumann dort begründeten Quickborn: „Dort ist ein fürstbischöfl. Knabenkonvikt. Das leitet Dr. Bernhard Strehler. Er hat seine ganze Tätigkeit auf Vertrauen gebaut. Die Schüler – ich erzähle, wie es mir einfällt – schlafen im offenen Schlafsaal, ohne Zellen. Sein Schlafzimmer, das ursprünglich daneben lag und durch ein Guckfensterchen mit dem Saal verbunden war, hat er sofort anders wohin verlegt und das Fensterchen verschlossen. Ausgang ist zu 2 oder drei, ohne alle Aufsicht. U. zw. können die einzelnen sich selbst ihre Kollegen wählen, jeweils für 1 Monat. Im Konvikt selbst besteht ein Wanderklub. Sonntags ziehen sie zu 8-10 aus, mit Zelt und Tornister. Sie haben je 2 Klassen zusammen einen Studiersaal. In dem müssen sie 1 Stunde lang nach Beginn der Studierzeit sich aufhalten. Dann dürfen sie sich im ganzen Haus verteilen, wohin sie wollen, jedoch unter Stillschweigen. Es ist nun ganz außerordentlich, wie das gehalten wird. Ganz plötzlich kamen wir in die Studierzimmer, oder Schlafsäle u.s.w., aber kein Wort wurde gesprochen, die Jungens drehten sich kaum nach uns um. U. zw. nicht aus Angst oder Drill, denn noch nirgends sah ich so frische Gesichter, und eine so freie Haltung wie da. Sondern sie sind überzeugt, daß zum Studium das Stillschweigen gehört, und halten es freiwillig.

---

59 Manfred BRANDL, Die deutschen katholischen Theologen der Neuzeit: Das Neunzehnte Jahrhundert, 2006, 374. Dort auch das weitere Schrifttum Kluges.

60 Guardinis Briefe an Josef Weiger 1908-1962 (wie Anm. 26), 105. Das von Guardini verfasste Sterbebildchen konnte bislang noch nicht wieder aufgefunden werden.

Einmal in der Woche ist – nicht Exhorte sondern – eine Besprechung. Da versammelt Dr. Strehler die Jungens um sich, und stellt eine Frage zur Erörterung. Z.B. woher kommt die stets vorhandene Spannung zwischen Konviktoristen und den übrigen Gymnasiasten, und was hat man zu tun? Oder: Wie erreicht man, daß ganz von selbst Ordnung im Konvikt ist? Oder: wie ißt und trinkt man in gesitteter Weise, u. dgl. Ebendort werden auflaufende Disziplinarfragen erörtert; und wenn jemand einen Wunsch äußert, einen Vorschlag macht, dann wird er geprüft und, wenn möglich angenommen. Dr. Strehler selbst hat eine ganz unantastbare Autorität im Hause. Zugleich aber versteht er es, alles was an selbständigen Kräften in den Jungen ist, zu wecken. Auch das wird Dich interessieren. Morgens machen sie während der hl. Messe ihre Betrachtung. Er läßt sich dann bei Semesterschluß ihre Meinung über die Betrachtungsbücher sagen, und richtet sich entsprechend bei der nächsten Verteilung. Sie wollten nichts Weichliches, oder Sentimentales, auch nichts Gekünsteltes sagte er. Besonders beliebt sei die Philothea. Freuts Dich?"[61]

Auch Guardinis in diesem Brief gegenüber Josef Weiger erwähnte Reiselektüre, das 1913 erschienene Goethe-Buch Georg Simmels, befindet sich mit Besitz-Stempel „R. A. Guardini" noch in der Guardini-Bibliothek, ebenso wie das im Brief an Josef Weiger vom 20. Juli 1916[62] erwähnte Simmel-Buch *Die Probleme der Geschichtsphilosophie* aus dem Jahr 1905. Da der Besitz-Stempel bereits ein „Dr. R. Guardini Mainz" enthält, hat er das Buch wohl erst um 1915 erworben.

Weitere historisch relevante Bücher aus dem Zeitraum 1912 bis 1920

Datumsangaben

Aus der Freiburger Studienzeit findet sich in der Bibliothek – mit Datumsangabe „24.I.1912" und handschriftlichen Eintragungen in den ersten beiden Bänden – das in seiner Doktorarbeit zitierte, französischsprachige, dreibändige Werk von J. Tixeront *Histoire des Dogmes* (1909).

Von den ab 1912 erschienenen fünf Bände *Oeuvres de Ruysbroeck l'Admirable* trägt der erste Band das handschriftliche Datum „XII. 1912".

Der Stempel „R. A. Guardini"

Die 1912 von Cuthbert Butler herausgegebene *Sancti Benedicti Regula Monachorum* enthält den handschriftlichen frühen Besitzautografen „R. A. Guardini". Guardini hat darin wohl als Lesejahr eingetragen „Beuron-Wangen Februar 1913 (Freiburg) sowie „Beuron, 10. Mai 1913". Dies bestätigt die in den Briefen an Josef Weiger angegebenen Daten. Im Brief vom 12. Januar 1913 schreibt er aus Freiburg seinen Plan: „Ich habe mich schon für die Fastnachttage in Beuron bei P. Placidus angesagt, gedenke am Samstag Nachmittag anzukommen und etwa bis Fastnachtsdienstag zu bleiben.

61 Ebd. 105f.
62 Ebd. 186.

Kannst du auch hinkommen? Ich wäre sehr froh darum; dann könnte man ja auch von da aus einen Abstecher nach Wangen ins Auge fassen."

Der Fastnachtsdienstag 1913 war der 4. Februar. An diesem Tag schenkt Josef Weiger Guardini die 1891 von Carolus Hirsche herausgegebene Ausgabe von Thomas von Kempens *De Imitatione Christi. Libri quattuor.* Der vollständige Eintrag lautet: „Meinem lieben Romano zur Erinnerung an seinen lieben Besuch vom 4.2.1913 Josef". Daher erklärt sich Guardinis Äußerung im Brief vom 12. Februar 1913: „Ich bringe Wangen gar nicht aus meinem Sinn."[63] Der zweite Aufenthalt vom 10. Mai 1913 in Beuron ist bislang nicht bekannt. In den Beuroner Gästebüchern fehlen leider die Blätter für diesen Zeitraum.

Mit dem bis 1914 verwendeten Stempel „R. A. Guardini" gekennzeichnet stehen in der Bibliothek die 1907 von Karl Bihlmeyer herausgegebenen *Deutschen Schriften* Heinrich Seuses, die 1910 von Ferdinand Vetter herausgegebene Predigtsammlung *Die Predigten Taulers. Aus der Engelberger und der Freiburger Handschrift sowie aus Schmidts Abschriften der ehemaligen Straßburger Handschriften*, die 1911 erschienene Ausgabe des *Enchiridion Symbolorum Definitionum et Declarationum de rebus fidei et morum* sowie Julien de Norwichs *Revelations de l'Amour de Dieu* (o. J.).

Das lateinische *Promptuarium Sacerdotis* (Kevelaer 1908) trägt ebenfalls den Stempel „R. A. Guardini", allerdings – so wie auch weitere liturgische und Gebetsbücher – nicht den Bibliotheksstempel. Diese Bücher können aber als zur Guardini-Bibliothek zugehörige Nutzwerke bezeichnet werden.

Exlibris „R. A. Guardini Sac."

Weiterhin enthält eine Ausgabe von Bonaventuras *Itinerarium Mentis in Deum* den Stempel „R. A. Guardini" und darüber hinaus auch noch den Stempel „Ex libris R. A. Guardini Sac.", den Guardini zwischen 1913 und 1915 verwendet. Dieser findet sich in der Diederichs-Ausgabe der Edda ebenso wie in Newmans *Apologia pro vita sua* (London 1913). Von beiden wird später noch die Rede sein.

Handschriftlicher Besitzautograf „RGuardini"

Auch der handschriftliche Besitzeintrag mit „RGuardini", wobei das „R" des Vornamens ohne Punkt oder Absetzung nahtlos mit dem Nachnamen verbunden wird, zeigt eine frühe Anschaffung und wohl auch Lektüre an, so in einem Nachdruck des *Cherubinischen Wandersmann. Oder Geistreiche Sinn- und Schlußreime zur Göttlichen Beschaulichkeit anleitend* von Angelus Silesius von 1675 – der Nachdruck selbst stammt vom Verlag Eugen Diederichs aus dem Jahr 1905. Außerdem findet sich der Eintrag aber auch bei Anna Schiebers 1911 herausgekommenen Roman *Alle guten Geister.*

63 Ebd. 74f. Gerl-Falkovitz verweist in Anm. 154 auf den Eintrag im Gästebuch Maria Koepflers im Archiv Mooshausen vom 9. Februar 1913.

Handschriftliche Eintragungen
Das 1913 erschienene Werk von Ernest Hello *L'homme. La vie, la science, l'art* enthält wiederum handschriftliche Eintragungen. Guardini wird sich in seinem Werk *Die Bekehrung des Aurelius Augustinus* auf die deutsche Übersetzung des Buches von 1935 berufen.[64]

Datumsangabe
Auch im 1914 herausgegebenen *Liber Usualis Missae et Officii pro Dominicis et Festis* findet sich eine Datumsangabe: „25. Juli 1914".

Stempel „Dr. R. Guardini"
Außer den schon genannten Büchern (Simmel, Lucie Christine), die den ab 1915/16 bis ca. 1923 verwendeten Stempel „Dr. R. Guardini" tragen, ist hier noch Udo Degenfelds *Jesus in unserem Schülerleben. Bilder aus einer Jugendbewegung* von 1917 anzuführen, das zudem mit kleineren Eintragungen versehen ist.

Angesichts der zahlreichen Bücher von Mystikern bei diesen frühen Lektüren verwundert es nicht, wenn Guardini in seinem Aufsatz *Eine Denkergestalt des hohen Mittelalters: Bonaventura* von 1930 deren Namen alle zu den Zeitgenossen Bonaventuras gesellt: „Zugleich die große mystische Bewegung, in der ein David von Augsburg steht, die beiden Mechtilden, Gertrud die Große, Eckhart, die Gottesfreunde, Tauler, Seuse, Ruysbroeck, [...]."[65]

Bücher aus Nachlässen von verstorbenen Freunden

Karl Neundörfer (1885-1926)
Insgesamt befinden sich acht Bücher aus dem aufgrund von Besitzeintragungen nachweislichen Besitz Karl Neundörfers in der Guardini-Bibliothek, zum Teil bibliophile Ausgaben, zum Teil Carl-Schmitt-Bücher. Bei den bibliophilen Ausgaben handelt es sich um Hirschers *Betrachtungen über die sonntäglichen Evangelien des Kirchenjahres* (2 Bde., Tübingen 1843-1848) sowie Staudenmaiers Bücher *Das Wesen der katholischen Kirche* (1845) und *Zum religiösen Frieden der Zukunft* (2 Bände, 1846). Von Carl Schmitt stehen die Schriften *Politische Romantik* (1925), *Die Diktatur* (1921) und *Die geistesgeschichtliche Lage des heutigen Parlamentarismus* (1923) in der Bibliothek. Während die bibliophilen Ausgaben aus der Mitte des 19. Jahrhunderts auch frühere Geschenke gewesen sein könnten, liegt es bei den Carl-Schmitt-Büchern aufgrund der Erscheinungsjahre 1921 bis 1925 nahe, dass diese wohl unmittelbar aus dem Nachlass Karl Neundörfers stammen.

---

64 Romano GUARDINI, Die Bekehrung des Aurelius Augustinus, Mainz [4]1989, 95.
65 DERS., Eine Denkergestalt des hohen Mittelalters: Bonaventura (1930), eingegangen in: DERS., Unterscheidung des Christlichen, Bd. 3: Gestalten, Mainz [3]1995, 13.

Ansonsten befindet sich in der Guardini-Bibliothek noch die Newman-Biografie Wilfrid Wards, die Karl Neundörfer ihm anlässlich eines Aufenthaltes in Worms geschenkt, wo Neundörfer die Kaplansstelle in der Pfarrei St. Martin versah. Die vollständige Eintragung lautet: „Worms 3-19 April 1914 K. N."[66]

Bislang kannten wir über die Umstände des Todes von Karl Neundörfer nur Guardinis eigene Schilderungen im Nachruf von 1926 und in seinen autobiografischen Texten.[67] Im Nachruf, der mit „Im Fextal bei Sils-Maria, 22. August 1926" datiert ist, heißt es: „Wir wollten uns hier im Fextal treffen, eine Stunde von Sils-Maria. Er kam am 9. August; ich erst am 12. Am Abend sahen wir uns kurz, als er gerade von einem Berggang zurückkam. Für den nächsten Tag hatte er sich vorgenommen, auf den Piz Led zu steigen, der zur Rechten den Fexgletscher abschließt. Zu Mittag wollte er wieder unten sein, aber er ist nicht wieder gekommen. Am Abend wurde man unruhig. Noch in der Dunkelheit ging die Rettungskolonne aus, fand ihn aber nicht. Am nächsten Morgen kam Einer und berichtete, er habe ihn in einer Spalte gefunden. Er muß den Weg verloren haben und so auf den Gletscher geraten sein. Erst am Nachmittag gelang die Bergung. In der kleinen Kapelle am Eingang des Tales haben wir ihn aufgebahrt."[68]

Über die Umstände des Todes von Karl Neundörfer und über dessen Bewältigung durch Romano Guardini gemeinsam mit Gerta Krabbel und Annie Bender geben die als Typoskript verbreiteten *Erinnerungen an Gerta Krabbel* Aufschluss, die bislang außer in der Guardini-Bibliothek nur noch im Nachlass von Bender im Historischen Archiv der Stadt Köln selbst wieder aufgefunden wurden. Darin heißt es unter „Fextal 1926": „In Ragaz mußte ich eine Kur machen. Gerta Krabbel besuchte mich für mehrere Tage auf der Durchreise zu einem Höhenort in der Schweiz. Am ersten Morgen, als wir beim Frühstück saßen und ein längeres Gespräch sich zu entwickeln schien, kam ein Telegramm von Guardini. ‚Karl Neundörfer ist tot.' Wir waren wie erstarrt. Sofort erhob sich Gerta Krabbel mit den Worten: ‚Ich muß ins Fextal fahren.' Sie zeigte eine ungewöhnliche Entschlußkraft. Nur eines beseelte sie: ich muß helfen. Bald kam die Nachricht, ich möchte bis Sils Maria fahren. Ich ließ Kur Kur sein und fuhr los. Erst

66 In einem Brief an seinen Freund Josef Weiger vom 31. Dezember 1913 berichtet Guardini, dass er bei seiner Heimfahrt von Freiburg nach Mainz am 23. Dezember Karl Neundörfer in Worms besuchte und sich dabei sein freundschaftliches Verhältnis zu Karl Neundörfer wieder geklärt habe: „Da habe ich mich gefreut. Seit ich mit Dir näher zusammenkam, in diesem Jahr, wurde mir mein Verhältnis zu Karl unklar. Mir schien es, als bedeute er mir nicht mehr so viel, wie früher. Nun ist mirs aber ganz klar geworden, daß das, was uns beide verband, durch Dich, Josef, in keiner Weise entkräftet wurde. Im Gegenteil, ich fühle mich durch das, was Du mir geworden bist, in der Verbindung mit Karl befestigt, und bin mir ihrer Eigentümlichkeit erst recht bewußt. Ich weiß, daß Dich das freut, drum erzähle ich es Dir." (Guardinis Briefe an Josef Weiger 1908-1962 [wie Anm. 26], 127).

67 In seinen *Berichten über mein Leben* schrieb er, dass er auf der Aachener Tagung des Katholischen Akademikerverbandes zusammen mit Karl Neundörfer sprach, „der mir dann ins Engadin vorausfuhr und dort am Tage, an dem ich nachgekommen war, den Tod fand." (GUARDINI, Stationen und Rückblick [wie Anm. 15], 109) und, dass er „bis zur Stunde nicht verstanden" habe, „warum Karl Neundörfer im Jahre 1925 [sic!] sterben mußte." (ebd. 79).

68 Romano GUARDINI, Karl Neundörfer zum Gedächtnis (1926), in: Ders., Wurzeln eines großen Lebenswerks, Bd. 2, Mainz 2001, 193.

auf dem zum Fexhotel führenden Weg hörte ich von Guardini, daß Neundörfer abgestürzt sei. Wortlos ertrug Guardini den unersetzlichen Verlust. Seine mit Menschenmaß nicht zu fassende Ruhe über den Heimgang des Freundes zu Gott strahlte als geistige Freude in uns hinein, erhöhte den Glanz der Schöpfung, die uns umgab. Unentwegt arbeitete Guardini mit Ausnahme der wenigen Stunden, die er in einsamen Wanderungen dem erdrückend großartigen Anblick dieser Gebirgswelt widmete. Zu Hause, im Hotelzimmer, übersetzte er das Leben der ‚Madeleine Sèmer, convertie et mystique'. Schwierige Stellen reichte er uns zur Durchsicht. [S. 4/1] Ein einziges Mal nur sind wir mit Guardini durchs Hochgebirge gegangen. Er machte uns aufmerksam auf das Licht, das durch die Dinge floß, durch den Enzian, durch alle Blumen. An dem tiefblauen Himmel des Engadin haben wir in jenen Tagen nicht das leiseste Wölkchen gesehen. Es war eine Herrlichkeit aus Weiß, Blau und Bunt, die uns den Atem benahm. Wir erlebten einen phantastischen Mondaufgang. Gerta und ich haben in den Minuten, da wir den Aufgang des Gestirns aus ‚blaßweißem Lichtgefaser' erwarteten, die Worte gehört, die später gedruckt worden sind. [1) Romano Guardini: In Spiegel und Gleichnis. Tagebuch: Im Engadin. Matthias-Grünewald-Verlag, Mainz, S. 100 ff. (Nachkriegsausgabe)] Wir beide waren ‚die Anderen', die mitbeobachteten. ‚Urweltmächte schienen zu walten'.

Für Gerta Krabbel fiel in diese Zeit die Nachricht von ihrer Wahl zur Ersten Vorsitzenden des Katholischen Frauenbundes. Sie traf die Fünfundvierzigjährige wie ein Blitz. Als sie uns das Telegramm vorlas, sagte Guardini zu ihr: ‚Frau Präsidentin'. Sie selbst blieb äußerlich gefaßt, aber es wogte in ihr von Gedanken und Fragen: Werde ich diese ungeheure Aufgabe bewältigen? Viele Gruppen des Bundes kannte sie schon, aber jetzt galt es, in die fernsten Winkel des Reiches zu fahren. Im Fextal hatte sie keine Ruhe mehr. Es drängte sie, nach Hause [S. 4/2] zu eilen. Als ich aufstand, an jenem unvergeßlichen 21. August, morgens um fünf Uhr, war es noch dunkel. Ich sah zum Fenster hinaus und erblickte riesengroß und nahe, als wollten sie in mein Zimmer hineinfallen, die funkelnden Sterne des Orion. Ich dachte: Sei Du, Gerta, wie diese Sterne. Leuchte hinein in das Dunkel vieler Seelen. – Bald trug der Zug uns gen Konstanz und weiter hinauf.in den Norden."[69]

Diese Erzählung der Situation im Fextal von 1926 ist in dieser Intensität und Ausführlichkeit bislang in der Guardini-Forschung nicht bekannt gewesen. Sie gibt gleichzeitig Hinweise zur Werkgeschichte seiner Sémer-Übersetzung und seines Tagebuch-Textes *Im Engadin*. Während Guardini nach diesen Tagen im Fextal zu seiner Mutter nach Isola Vicentina in Italien weiterreiste und dabei Ende September mit seinem Freund Cunibert Mohlberg auch Tage in Assisi verbrachte[70], wurde Karl

---

69 Annie BENDER, Erinnerungen an Gerta Krabbel, o. O., o. J., 3f.

70 Für den September 1926 [siehe auch Mohlberg-Chronologie für den 23. und 24. September 1926] berichtet er im Guardini-Festschrift-Fragment (zitiert nach Stefan LANGENBAHN, Romano Guardini und Maria Laach aus der Perspektive Kunibert Mohlbergs, in Archiv für Liturgiewissenschaft 55 [2013] 24-64, hier 51) von 1935: „Trotz und alledem bleiben wir uns nahe und als uns der harte Schlag traf, der unseren gemeinschaftlichen Freund Dr. Neundörfer tragisch das Leben nahm, suchten wir

Neundörfers Leichnam nach Mainz überführt. Josef Weiger hielt die Begräbnisansprache.[71] Im Oktober nahm dann ein sichtlich vom Tod des Freundes gezeichneter Guardini wieder an einer Werkwoche des Quickborn in Beuron teil.[72]

Ludwig Winterswyl (1900-1942)

18 Bücher aus den Jahren 1928 bis 1941 stammen wohl aus dem Berliner Nachlass von Ludwig Winterswyl. Denn diese Bücher enthalten entweder das Exlibris, den handschriftlichen Eintrag oder eine entsprechende Karteikarte. Diese „Erbschaft" an Büchern umfasst: eine mehrbändige *Kirchengeschichte* (1930ff.), Bartmanns *Lehrbuch für Dogmatik* (1928f.), Karl Müllers *Kirchengeschichte* (1941), Fritz Tillmanns *Die Verwirklichung der Nachfolge Christi* (1935), Karl Prümms *Der christliche Glaube und die altheidnische Welt* (1935), Martin Grabmanns *Mittelalterliches Geistesleben* (1936), Heichelmanns *Nordisches Christentum nach Snorris Königsbuch* (1938), Eugen Gerstenmaiers *Kirche, Volk und Staat* (1937), Engelkempers *Clavis Psalterii* (1938), Hugo Langs *Die Lehre des hl. Thomas von Aquin* (1929), das Jesus-Buch von Dibelius (1939), die Studie *Glaube und Welt des Islam* von Diez (1941) sowie Herwegens *Kirche und Seele* (1928).

In der Guardini-Biografie von Gerl 1985 kommt Winterswyl nur nominell vor; Gleiches gilt für Berthold Gerners Sozialbiografie *Romano Guardini in München*. Dies liegt daran, dass Winterswyl auch kein Gesprächsthema in den Briefen an Josef Weiger ist und die intensivere Beziehung zwischen Guardini und Winterswyl im Wesentlichen nur von 1934 bis 1942 dauerte. Guardini kannte ihn zwar über dessen liturgische Bemühungen in seiner Zeit als Maria Laacher Benediktiner Athanasius Wintersig (1921 bis 1932). Aber erst nach Wintersigs Entschluss, doch nicht zur Christkatholischen Kirche in der Schweiz zu konvertieren, um dort eine Lehrtätigkeit ausüben zu können, und sich auch von seiner Frau Lia Florack trotz Schwangerschaft wieder zu trennen, ging er zunächst zu Werner Becker nach Marburg und von dort aus zu Guardini nach Berlin.[73] Nach publizistischen und journalistischen Tätigkeiten im Umfeld

---

uns auf. Ein fast nicht zu verstehendes Telegramm nach Monte Cassino, wo ich in Ferien war, rief mich nach Assisi. Es war im September 1926. Weisst Du noch, wie wir abends durch die Stadt bummelten und uns die Pärchen auf der Domtreppe besahen und wie wir, wenn die Pilger sich verlaufen hatten, in die Unterkirche der Franziskusbasilika gingen um dort allein und inbrünstig zu beten zum grossen Armen von Assisi. Und weißt Du noch, wie wir durch Assisi wanderten, ohne zu merken, daß wir frommen Leuten Skandal geben konnten. Dir standen die Brotwecken zur Tasche heraus und ich schlenkerte mit der Korbflasche daher, beide tief oder hoch im Gespräch. Wir wollten einen Bußgang nach Carceri machen. Der Weg war etwas mühsam und nachdem wir uns mit dem Weine und den Wecken gütlich getan legten wir uns wie weiland Max und Moritz jeder unter einen Baum und siehe dann bald schnarchten wir beide. Dafür machten wir wieder buona figura in San Damiano, wo wir zusammen die Messe lasen, ich Dir ministrierte und Du mich kommuniziertest."

71 GERL, Romano Guardini (wie Anm. 9), 70.

72 Ebd. 66.

73 Nach einem Aufenthalt in München nahm Winterswyl von seinen Versuchen, durch eine Konversion zur Christkatholischen Kirche in der Schweiz eine Lehrtätigkeit ausüben zu können, Abstand und trennte sich von seiner schwangeren Frau. Im Frühjahr 1934 fand er bei seinem Freund, dem Marburger Studentenpfarrer Werner Becker, Unterschlupf und wandte sich an Abt Herwegen mit der Bitte, ihn wieder im Kloster Maria Laach aufzunehmen. Der Abt legte ihm jedoch eine dreijährige

Guardinis, bei der Germania und schließlich als Kurier zwischen Guardini, Freiburger Kreisen um Reinhold Schneider und Karl Borgmann sowie dem Alsatia-Verlag in Colmar[74], kam er am 1. Oktober 1942 nach einer Fahrt von München nach Freiburg bei einem Sturz, Sprung oder Stoß aus dem noch nicht stehenden Zug am Bahnhof Freiburg-Wiehre ums Leben. Er fiel so unglücklich, dass er mitgeschleift wurde und noch vor Ort seinen Verletzungen erlag. Reinhold Schneider berichtet davon in seinem Buch *Verhüllter Tag.*[75]

Ein Teil des Nachlasses von Winterswyl, unter anderem mit einem Teil seiner Korrespondenzen, wurde von seiner Lebensgefährtin in Berlin und Freiburg, Hilde Herrmann, der Abtei Maria Laach übergeben. Im Zusammenhang mit Ludwig Winterswyl ist auch die Doktorarbeit von dessen Tochter, Ricarda Winterswyl, interessant. Das Exemplar in der Guardini-Bibliothek enthält eine Widmung „In Verehrung und Dankbarkeit" an Guardini. Sie wurde an der Philosophischen Fakultät der Ludwig-Maximilians-Universität zu München unter Begleitung des Historikers und Guardini-Freundes Johannes Spörl verfasst und trägt den Titel *Beiträge zum politischen Augustinismus und Neuplatonismus in der mittelalterlichen Rechtslehre mit besonderer Berücksichtigung des Hostiensis.* Die Drucklegung dieser Arbeit hat Guardini aus dem ihm von Thornton Wilder zur freien Verwendung überlassenen Preisgeld unterstützt, wie wir aus seinem diesbezüglichen Tagebucheintrag vom 10. Februar 1958 wissen: „Seinerzeit, nach der Verleihung des vorjährigen Preises des deutschen Buchhandels an Thornton Wilder, bekam ich einen Brief von Lambert Schneider mit einem Scheck auf 10 000 DM. Wilder hatte angeordnet, der Betrag solle mir gegeben werden, damit ich ihn für Hilfszwecke nach meinem Urteil verwende. Schön von Wilder, und großes Vertrauen für mich. 1500 soll die Doktorandin Ricarda Winterswyl bekommen, für die Drucklegung ihrer Dissertation, die als sehr gut bewertet worden ist. Sie hat gar kein Geld."

Die Bedeutung Guardinis für die biografische Entwicklung Ludwig Winterswyls, vor allem in den Jahren 1934 bis zu seinem Tod ist noch weitgehend unbearbeitet. Die Anhaltspunkte, die Jeggle-Merz in ihrer Studie über den Pastoralliturgiker (1998) sowie Ricarda Winterswyl in ihrer Autobiografie und Essaysammlung *Spiegelstücke der*

Prüfungszeit auf. Vgl. dazu schon Birgit JEGGLE-MERZ, Erneuerung der Kirche aus dem Geist der Liturgie: der Pastoralliturgiker Athanasius Wintersig, Ludwig A. Winterswyl, Münster 1998, 120. Weitere Archivalien in Maria Laach belegen, dass Abt Herwegen im Sommer 1934 für Winterswyl in den Vereinigten Staaten um eine Stellung angefragt hat. Bei der Antwort von Abt Strittmatter vom 10. Dezember 1934 war offenbar schon klar geworden, dass Winterswyl sich im Kreis Prof. Guardinis bewegte.

74 Ricarda WINTERSWYL, Spiegelstücke der Erinnerung. Biographisches und Essayistisches über einige zeit- und kulturgeschichtliche Erscheinungen des 20. Jahrhunderts, Aachen 2000: Lia Florack, Athanasius Wintersig, OSB/Ludwig A. Winterswyl, Ricarda Huch, Romano Guardini, Heinrich Wölfflin, hier 81, zu Romano Guardini 74, 77 und 215.

75 Reinhold SCHNEIDER, Verhüllter Tag, Köln-Olten ^{4}1956, über Colmar, 162-168, 163: „Winterswyl war schon vor Jahren, als er, in seiner Taubheit verlassen, vorzeitig aus dem Zuge stieg, zu Tode geschleift worden."

Erinnerung von 2000 dafür geben, machen diese Aufgabe umso interessanter und dringlicher.

Die Freundschaft mit Josef Weiger im Spiegel der Guardini-Bibliothek

Die Freundschaft mit Josef Weiger kommt in der Guardini-Bibliothek überraschenderweise nur selten in den Blick: Die Bibliothek enthält ein Exemplar von Thomas von Kempens *De Imitatione Christi: Libri quattuor* von 1891 mit der Widmung „Meinem lieben Romano zur Erinnerung an seinen lieben Besuch vom 4.2.1913 Josef". Zu diesem Zeitpunkt war Weiger noch Vikar in Wangen.

Die dann folgende Lücke bis 1934 erklärt sich wohl daraus, dass einige Geschenke Weigers wieder nach Mooshausen zurückgekehrt und nach 1948 dort verblieben sind; anderes wiederum nach Rothenfels gegangen und dann in Würzburg verbrannt sein dürfte. Denn als nächstes erhielt Guardini noch vor dem Buchhandel und versehen mit der Eintragung „Frohe Weihnacht! 17. XII. 1934" Weigers Anfang 1935 erschienenes Buch *Von Ewigkeit zu Ewigkeit. Geistliche Erwägungen.* Im Jahr darauf, zu seinem 50. Geburtstag, bekam Guardini vom Herausgeber Josef Weiger und vom Verleger Richard Knies die 1931 erschienene zweite Auflage von J. M. Scheebens *Mysterium des Christentums* mit einer eingebundenen Golddruck-Widmung im ersten Band. „Dem Freunde der Jugend und Weggenossen des Alters!" schenkt „Der Verf." Weiger Guardini dann auch die erste Auflage seines Buches *Mutter des neuen und ewigen Bundes. Über die heilgeschichtliche und persönliche Größe der Mutter Jesu* aus dem Jahr 1936. Das 1940 in zweiter Auflage erschienene Buch *Maria: Die Mutter des Glaubens* trägt sodann den Gruß des Autors: „Mooshausen Angelorum Custodum 1941. M. l. Romano". „D. lb. Romano – Ostern 1948" steht in Weigers kleiner Schrift *Wahrheit und Liebe. Der Charakter des ersten Johannesbriefs* von 1947. Sein im Jahr 1950 erschienenes Buch *Der Leib Christi in Geschichte und Geheimnis*, zu dem Guardini selbst ein Geleitwort beigesteuert hatte, versieht Weiger mit dem Spruch „Amicus Amico Fideli Jos.". 1951 folgt Weigers Betrachtung über *Judas Iskarioth* mit der Widmung „Im treuen Gedenken Jos.". Und schließlich erneut etwas vorgezogen zum Buchhandel erhält Guardini „mit den herzlichsten Wünschen ins Neue Jahr 1954 Jos. Mooshausen 28. XII 1953" Weigers *Maria von Nazareth* von 1954.

Im Vergleich zu den nach aktueller Zählung über 230 von Guardini signierten Buchgeschenken in Mooshausen an Josef Weiger und in kleinerem Umfang an Maria Knöpfle, Mina Bärtle und Maria Elisabeth Stapp – davon etwa fünf Achtel eigene Schriften und drei Achtel Bücher anderer Autoren – ist die Zahl der von Josef Weiger signierten Geschenke eigener Texte oder anderer Autoren doch sehr gering.

Außerdem enthält das Buch von Irene Seligo *Zwischen Traum und Tat. Englische Profile* von 1938 den Besitz-Stempel von Josef Weiger. Guardini hatte es wohl ausgeliehen oder von Weiger geschenkt bekommen.

Am Tag, an dem Josef Weiger starb, wollte Guardini ihn besuchen und als Gastgeschenk das 1965 erschienene Florenz-Buch von Andreas Grotes mitbringen. Da bei der Ankunft Josef Weiger bereits verstorben war und er es infolgedessen nicht mehr übergeben konnte, kam das Buch in seine eigene Bibliothek zurück und stellt somit eines der Exemplare mit einer Eigenwidmung dar.

Schließlich liegt ein Sterbebild von Josef Weiger interessanterweise in dem 1959 erschienenen Buch *Der Papst aus dem Ghetto* von Gertrud von Le Fort, das Guardini infolgedessen wohl im zeitlichen Umfeld der Beerdigung Josef Weigers 1966 noch in der Hand hatte.

Mainzer Freundschaften

Der Schleußner-Kreis

Der „Schleußner-Kreis" um das Mainzer Ehepaar Wilhelm und Josephine Schleußner ist von Guardini selbst in seinen ersten beiden *Berichten über mein Leben* ausführlich beschrieben worden, aber ohne – außer Karl Neundörfer – weitere Namen von Zugehörigen anzugeben.[76] In ihrer Guardini-Biografie von 1985 konnte Gerl-Falkovitz einige Namen – Karl Theodor Klingelschmitt, Adam Gottron, Daniel Neundörfer – nennen[77], dazu auf Gottrons Aufsatz über *Professor Wilhelm Schleußner (1864-1927)* im Mainzer Almanach und den vorausgehenden Briefwechsel mit Romano Guardini verweisen.[78] Gottrons Veröffentlichungen legen nahe, dass auch der spätere Dichter Karl Herke und der spätere Domkapitular Joseph Hammer, der zuvor als „Seppel Hammer" Mainzer Lehrer und Mitglied des Quickborn war, zu diesem Kreis gehört haben könnten. Hammer war schließlich neben Guardini ein wichtiges Bindeglied vom Mainzer Juventus zum Quickborn-Bund.[79]

Ergänzend weiß man heute, dass Wilhelm Schleußner für die *Zeitschrift für christliche Kunst* Guardinis Übersetzung von *Lucie Christine* rezensierte[80], vor allem aber auch, dass der Professor an der Oberrealschule in Mainz, Dr. Wilhelm Schleußner, 1906 einen dreiteiligen Artikel über *Antonio Fogazzaro* in den *Historisch-politischen Blättern für das katholische Deutschland*.[81] Darin kennzeichnet er Antonio Fogazzaro (1842-1911),

76 GUARDINI, Stationen und Rückblicke (wie Anm. 15), 66, 69f., 85 und 91.

77 GERL, Romano Guardini (wie Anm. 9), 47-50, 78f., 89, 106. Gegenüber Gerl und Hanna-Barbara GERL-FALKOVITZ, Geheimnis des Lebendigen. Versuche zu Romano Guardini, Heiligenkreuz 2019, müssen mittlerweile einige kleinere Korrekturen angebracht werden. So hat nicht Josefine Schleußner Newmans *Traum des Gerontius* ins Deutsche übersetzt, sondern Wilhelm Schleußners Schwester Pauline Schleußner (Mainz 1925). Der von ihr „Karl Theodor Klingelschmitt" bezeichnete Kunsthistoriker heißt Franz Theodor Klingelschmitt.

78 In: Mainzer Almanach 1966, 158-163.

79 Vgl. Adam GOTTRON, Professor Wilhelm Schleußner (1864-1927), in: Mainzer Almanach (1966) 158-163, hier 161f.; DERS., Juventus 1890-1921, in: Mainzer Almanach (1967) 127-141, hier 138.

80 Wilhelm SCHLEUSSNER, Rezension zu: Lucie Christine, in: Zeitschrift für christliche Kunst 34 (1921) 102.

81 DERS., Antonio Fogazzaro, in: Historisch-politische Blätter für das katholische Deutschland 138 (1906) 506-542, 573-590 und 653-675.

der als geistiger Schüler Rosminis gilt, als die „bedeutendste Persönlichkeit der gegenwärtigen italienischen Literatur". Das bisher unbemerkte Detail. Er gibt – von den Guardini-Bibliografen bisher übersehen – für zwei Übersetzungen in den Fußnoten ausdrücklich Romano Guardini als Übersetzer an, nämlich für die Übersetzung auf S. 510 und 514. In einem von Gerner noch nicht in seinem Nachtrag zur Mercker-Bibliografie verzeichneten, aber gefundenen zweiteiligen Nachruf für Wilhelm Schleußner vom 22. und 23. Dezember 1927 im *Mainzer Journal*, heißt es dazu: „Zwei Namen charakterisieren diese Tafelrunde und Schleußners Einsatz dabei wohl ganz gut: Dr. K. Neundörfer und Dr. Guardini. Wer z. B. weiß, daß in diesen Stunden Schleußners Artikel in den Historisch-politischen Blättern über bezw. gegen Fogazzaro ihre ersten Keime fanden, weiß, wie fruchtbar diese kleine ‚Akademie' war."

Infolgedessen muss der Kreis, zumindest aber namentlich Guardini und Neundörfer als Mitautoren des Artikels gelten, so dass dieser Aufsatz an den Anfang von Guardinis Primärbibliografie rückt.

Das Prekäre nun an dieser Mitwirkung am Artikel Schleußners war, dass die katholische Kirche 1905 Fogazzaros Werk *Il santo* auf den *Index Librorum Prohbitorum* gesetzt hatte, 1911 – seinem Todesjahr – dann auch noch sein Werk *Leila*. Der Artikel setzt sich aber sowohl konstruktiv-würdigend und -zustimmend als auch kritisch-hinterfragend und -ablehend mit Fogazzaros Werk auseinander.

Neben den schon erwähnten Funden zur gemeinsamen Reise an die Neiße und dem von Franz Theodor Klingelschmitt (1883-1947)[82] „meinem lieben freunde Romano Guardini zu Weihnachten im jahr des heiles neunzehnhundertelf" geschenkten Chesterton-Buch (die Kleinschrift der Widmung ist von Klingelschmitt beabsichtigt) finden sich vom Schleußner-Kreis folgende weitere Spuren: Das Sterbebild seiner „geistlichen Mutter" Renata Josephine Hildegard Schleussner liegt in der 1907er englischen Ausgabe von John Henry Newmans *Meditations and Devotions*. Außerdem befinden sich in der Bibliothek, allerdings ohne Widmung oder weitergehende Eintragungen, Schleußners als „Bruder Bardo" herausgegebenen Sammlungen *Die minnende Seele* von 1920 und *Deutsche Gebete* von 1921.

Adam Gottron (1889-1971), der mittlerweile auch als Guardinis Mitarbeiter in der Mainzer katholischen Jugendgruppe „Juventus" fungierte und dabei vor allem für die jüngeren Juvenen zuständig war, schenkte Guardini – gemeinsam mit einem weiteren, noch nicht identifizierten Primizianten namens „Paul" – das von Martin Buber ins Deutsche übersetzte keltische Sagenbuch *Die vier Zweige des Mabinogi* von 1914. Die

82 Inwieweit der bis 1920 in Mainz wirkende Romano Guardini Klingelschmitts Aktivitäten im Umfeld der separatistischen „Rheinischen Republik" kannte, ist noch nicht endgültig geklärt. Der Gymnasiallehrer Klingelschmitt wurde nach dem Scheitern seiner politischen Ambitionen – er war zum Kultusminister berufen worden und wollte als solcher in Mainz eine sogenannte „Völkeruniversität" aufbauen – mit Unterstützung des Guardini-Beichtvaters und -Freundes Georg Lenhart schließlich 1925 für den Aufbau des Mainzer Diözesanmuseums herangezogen. Vgl. dazu Helmut MATHY, Franz Theodor Klingelschmitt und die „Völkerbundsuniversität" Mainz, in Ders., Stadt – Land – Universität. Aus den Werken des Mainzer Historikers Helmut Mathy, Stuttgart 2012, 261-266.

Widmung lautet: „Zur Erinnerung an unsere erste hl. Messe Adam 1.1.18 Paul 3.2.18".

Gottron war Guardini auch deshalb zu Dank verpflichtet, weil Guardini seinen eigenen Dienst im Mainzer Festungslazarett verlängert hatte, um Gottron jenen Urlaub zu ermöglichen, damit dieser seine Theologie-Examen machen und am Jahresende 1917 zum Priester geweiht werden konnte.[83] Allerdings hatten sich bald nach Ende des Ersten Weltkrieges zwischen Guardini und Gottron Meinungsverschiedenheiten über die Zukunft der Juventus ergeben, die auch die Freundschaft der beiden ein erstes Mal spürbar abkühlte.[84]

Der Verleger-Freund Richard Knies

Über die wohl weiter als bisher angenommen gehende Beteiligung Guardinis an der Gründung des „Matthias-Grünewald-Verlages" durch Richard Knies (1886-1957) – siehe den Nachruf des Verlags von 1968, der von Guardini als Mitgründer spricht – und der leider nicht belegte Angabe von Olaf Blaschke und Wiebke Wiede[85], dass auch Richard Knies zum Schleußner-Kreis gehört habe, hinaus, kann aus der Sicht der Bibliothek Folgendes ergänzt werden:

1919 widmete Knies noch eher formell seine eigenen Bücher, die zweite Auflage von „Blümlein im Rauhreif. Erstes Stück: Die Gitarre" (o. J., ca. 1918: „Herrn Kaplan Dr. Guardini verehrungsvoll zu eigen. Mainz, Juni 1918, Richard Knies") und das Buch *Sonderlinge von der Gasse* („Herrn Dr. Romano Guardini ergebenst zu eigen, Mainz, 12.11.1919 Richard Knies"). Von der 1935 gemeinsam mit Josef Weiger Guardini zum 50. Geburtstag geschenkten zweiten Auflage von J. M. Scheebens *Mysterium des Christentums* war bereits oben die Rede.

Alle weiteren Eintragungen stammen aus der Zeit nach 1945. Als Weihnachtsgeschenk 1952 erhält Guardini von Richard Knies das von Annemarie von Puttkamer aus dem Englischen übersetzte Buch John C. H. Wus *Jenseits von Ost und West*. Die darin eingelegte Widmungskarte trägt den Satz „Herzlichste Weihnachtssegenswünsche! Nach den Feiertagen folgt Brief! Richard 23.12.52".

Zum 70. Geburtstag gibt Knies Guardini zwei sehr persönlich gehaltene Geschenke, zum einen, versehen mit der Widmung „Im Winter des Frühlings gedenkend Romano Guardini mit herzlichen Segenswünschen zum 70. Geburtstag 1955 in

83 Adam GOTTRON, Die Jodampullen-Station im Festungslazarett Mainz während des ersten Weltkrieges, in: Gymnasium Moguntinum 28 (1968) Dezember, 28-32.

84 Aus den Erinnerungen von Adam Gottron, in: Walter HEIST (Red.), Ein Leben im Schatten des Domes. Zum Gedächtnis an Adam Gottron, Mainz o. J., 40 f. Zum weiteren Verlauf der Beziehung siehe auch den Briefwechsel in der Bayerischen Staatsbibliothek, vor allem in Bezug auf einen von Guardini kritisierten Erinnerungsaufsatz von Gottron für Wilhelm Schleußner. Bei den Meinungsverschiedenheiten ging es daher nicht nur um Juventus, sondern auch um Wilhelm Schleußner.

85 Olaf BLASCHKE/Wiebke WIEDE, Konfessionelle Verlage, in: Geschichte des deutschen Buchhandels im 19. und 20. Jahrhundert. Bd. 2: Die Weimarer Republik 1918-1933. Teil 2, Frankfurt a. Main 2012, 165.

Dankbarkeit Richard Knies" ein Exemplar des 14. bis 19. Tausends von Knies' Dorfroman *Die Herlishöfer und ihr Pfarrer*, zum anderen die *Träume aus verborgenem Leben*, erschienen 1954 mit dem Geburtstagsgruß „dem teuren Freund Romano Guardini dieses Buch Sophia zu Ehren ihm zur Ehrung an seinem 70. Geburtstag von Richard Knies". Ohne Jahresangabe „Romano Guardini ein wenig zur Freude!" erhält Guardini sein 1955 erschienenes Werk *Der Stern der Weisen*.

Angesichts der zahlreichen Widmungen von Richard Knies im Pfarrhaus Mooshausen[86] aus den zwanziger und dreißiger Jahren ist davon auszugehen, dass es solche auch an Guardini gab, ein Großteil davon aber auch über die Rothenfelser Bibliothek verlorengegangen sein dürfte.

Der Künstlerfreund Philipp Harth

Aus Mainzer Sicht ist besonders Philipp Harth (1885-1968) von Interesse. Aber außer dem schon erwähnten, 1962 erschienenen, autografischen Buch *Mainzer Viertelbuben: Jugenderinnerungen*, das mit dem Gruß „Unserem liebsten Freund Romano von Philipp u. Ida 14.11.62" versehen ist, steht in der Bibliothek nur noch das von Friedrich Gerke herausgegebene Buch *Plastiken und Zeichnungen* zur Ausstellung 1962. Dieses trägt aber lediglich eine Widmung des Herausgebers „Romano Guardini in Verehrung und Dankbarkeit Friedr. Gerke". Wohl ein an Guardini weitergeschenktes Buch von Kurt L. Tank enthält den Eintrag „Den lieben Harths mit herzlichen Weihnachtsgrüßen K. L. Tank Dez. 1962". Es handelt sich um dessen von William Lane Graffam herausgegebenes Interviewbuch *Theater in der Gegenwart* (Berlin 1962). Die lebenslange, sich wechselseitig beeinflussende Freundschaft zwischen dem Interpreten Romano Guardini und Künstler Philipp Harth ist bislang wohl insgesamt noch nicht tief genug ausgeleuchtet worden. Immerhin hatte Guardini im Alter eine Ferien- bzw. Zweitwohnung am Tannerhof in Bayrischzell, „hundert Meter entfernt" wohnten die Harths.[87] Nachdem Hans Waltmanns Frau Lene 1964 gestorben war, zog Waltmann in das Haus der Harths. Philipp Harth verstarb ebenfalls 1968, am Weihnachtstag.

Der Juventus-Kreis

Aus der von Guardini in Mainz von 1915 bis 1920 geleiteten Jugendbewegung treten in der Guardini-Bibliothek zwei Mitglieder in Erscheinung: Alfred Schüler (1897-1880) und Hanns Ruffin (1902-1979).

Von den in den engeren Kreis der Mainzer Juvenen gehörenden Jugendlichen befindet sich in der Bibliothek zum einen noch Alfred Schülers Dissertation *Verantwortung: Vom Sein und Ethos der Person* von 1948 mit der Widmung „dem Mann, dem ich so vieles Entscheidende zu danken habe", datiert mit „Oktober 1948". Von Theodor

86 Es handelt sich nach bisheriger Zählung um 13 Bücher mit Widmungen vom Ende des Ersten Weltkriegs bis ins Jahr 1953, davon 9 vor 1945 nach Mooshausen geschenkt.

87 Elisabeth WILMES-MERZ, Jahre auf Burg Rothenfels. 1926-1937. Erinnerungen II B und II C, Januar 1984, 38-40: Unter dem Abschnittstitel *Ein glückliches Wiedersehen* beschreibt sie einen mehrtägigen Besuch von ihr und ihrem Mann bei Guardini und den Harths, zum Teil gemeinsam mit Lene und Hans Waltmann.

Steinbüchel als Doktorvater begleitet reichte er sie 1942 erfolgreich ein.[88] Das Buch ist erkennbar stark an Guardinis Verständnis von Person und Persönlichkeit angelehnt. Guardini schrieb in einem Dankesbrief vom Februar 1950 an Schüler, dass sein Buch „von einem Blick für die Phänomene geleitet und von einer Sorgfalt der Denkarbeit getragen" sei, die dem Leser Vertrauen einflöße.[89] Insgesamt warten noch einige Briefe Guardinis an Schüler und Erinnerungsmomente Schülers zu Guardini der Veröffentlichung, sogar noch über das hinaus, was Gerl 1985 in ihrer Guardini-Biografie an Zitaten und Hinweisen angedeutet hat.[90] Schüler selbst veröffentlichte wohl einen der persönlichsten und prägnantesten Nachrufe auf seinen spirituellen und geistigen Lehrer von Jugend an.[91]

Zum anderen hat der später in Heidelberger wirkende Arzt und Psychiater, Neurologe und Psychologe Hanns Ruffin Guardini drei Bücher geschenkt, einmal Viktor Weizsäckers Schrift *Arzt und Kranker* mit Guardinis handschriftlicher Eintragung „von Hanns Ruffin Weihnachten 1941"; dann 1953/54 den Sammelband *Gestaltende Kräfte im 19. Jahrhundert*, in dem auch ein Beitrag von ihm steht „mit herzlichen Grüßen Hanns" sowie seine 1962 veröffentlichte Freiburger Universitätsrede *Das Altern in medizinisch-soziologischer Sicht* „mit herzlichem Gruß Dein Hanns". Darin greift er neben dem Thema der Schwermut und Melancholie ein weiteres gemeinsames Thema auf, die „Lebensalter". Ruffin war Schüler des mit Guardini langjährig befreundeten Heidelberger Neurologen Victor von Weizsäcker (siehe auch unten). Berthold Gerner zitiert aus einem Gutachten Guardinis über Ruffin, in dem Guardini seine Haltung gegenüber psychiatrische Fragen bestimmt: „Ich persönlich interessiere mich sehr für psychiatrische Fragen; ferner für die Grenzfragen zwischen Medizin einerseits, Theologie und Philosophie und Pädagogik andererseits. Über diese Dinge habe ich oft mit Herrn Prof. Ruffin gesprochen und bei ihm, abgesehen von gründlichen Kenntnissen, eine große Sicherheit der Unterscheidung und des Urteils kennengelernt. Das schätze ich um so höher ein, als ja in diesen Grenzfragen weithin – sehr zum Unheil für die pädagogische Praxis – viel Unsicherheit und Verwirrung, nicht selten sogar Leichtfertigkeit herrscht."[92]

Ruffin begleitet Guardini bis ins hohe Alter auch persönlich mit ärztlicher Beratung sowohl brieflich als auch im Rahmen von privaten Besuchen bei Guardini in München und er tauscht sich im Auftrag Guardinis auch mit anderen Ärzten über Guardinis Krankheiten aus.

---

88 Alfred SCHÜLER, Verantwortung. Ein Beitrag zur Ontologie und Ethik des christlichen Personalismus, Diss. Tübingen 1942; veröffentlicht unter dem Titel: Verantwortung. Vom Sein und Ethos der Person, Krailling vor München 1948, siehe für den Bezug auf Guardini 48, 55-64 und 157f.

89 Brief von München vom 25. Februar 1950 (Diözesanarchiv Mainz 46,7 99).

90 GERL, Romano Guardini (wie Anm. 9), 18, 79, 90f., 95, 97-99, 103, 112, 141, 251f., 254, 296, 330f., 337.

91 Alfred SCHÜLER, Romano Guardini, eine Denkergestalt an der Zeitenwende, in: Archiv für mittelrheinische Kirchengeschichte 21 (1969) 133-142.

92 BSB, Ana 342, Brief von Romano Guardini vom 17. Oktober 1946 (Adressat unbekannt), zitiert nach GERNER, Romano Guardini in München (wie Anm. 3), Bd. 1, 567f.

Der Mainzer Bischof Albert Stohr

Eher überraschend ist, dass es vom Mainzer Bischof Albert Stohr (1890-1961) keine Bücher mit Widmungen in der Guardini-Bibliothek gibt. Allerdings hat er nach seiner überraschenden Ernennung 1935 in jungen Jahren nach Wahl durch das Mainzer Domkapitel und Bestätigung durch Papst Pius XI. bis zu seinem Tod 1961 – abgesehen von einzelnen Hirtenbriefen und Predigten – nur relativ wenige Bücher veröffentlicht. Zwischen der kurzen gemeinsamen Zeit im Mainzer Priesterseminar 1909/10 bis zur Bischofsweihe 1935 bestand wohl ohnehin nur wenig Kontakt zwischen Guardini und Stohr. Von 1945 an liegen allerdings zu allen Geburtstagen und auch zu anderen Gelegenheiten einige, in sehr freundschaftlich gehaltenen Ton in der Bayerischen Staatsbibliothek vor. Als zuständigen Heimatbischof wandte sich Guardini 1948 direkt an Stohr in der Frage seiner ausbleibenden Ernennung zum Päpstlichen Hausprälaten, die Guardini schwer zu schaffen machte. Stohr selbst hatte ihm zu seinem 60. Geburtstag zugesagt, sich darum zu sorgen, dass Guardini diese Ehrung bekäme. Drei Jahre später stand sie noch immer aus. In einem Brief an Bischof Stohr vom 12. Januar 1948 nennt er auch den Grund seiner Nachdenklichkeit. Er hatte erfahren, dass ein anderer den Titel inzwischen bereits erhalten hatte, nämlich am 10. Mai 1947 der Theologe August Reatz (1889-1967), zu diesem Zeitpunkt erster gewählter Rektor der Johannes-Gutenberg-Universität Mainz. Der Braig-Schüler Reatz war am 15. Oktober 1920 als Professor für Dogmengeschichte, Patrologie und historische Theologie an die philosophisch-theologische Hochschule des Mainzer Priesterseminars berufen worden. Guardini schrieb diesbezüglich an Stohr, dass es ihm bei seinem öfters eigenen Weg immer um die Kirche gegangen sei und er deshalb vergeblich die Gründe dieser Desavouierung zu verstehen versuche, die ihn an jenem Vorgang vor 27 Jahren, also 1921, erinnerten, bei dem er ebenfalls eine Zusage erhalten habe, die nicht nur unerfüllt geblieben sei, sondern auch eine Ablehnung erkennen habe lassen. Angesichts der neueren schwierigeren Aufgaben und der wachsenden Arbeit wolle er sich über mögliche Einwendungen klar werden, die gegen ihn bestehen könnten. Gerade aufgrund der Freundschaft zu Stohr und gegenüber der Kirche wäre es nicht richtig, über die Angelegenheit zu schweigen. Die Kirche und ihre Interpretation sei die Grundlage seines ganzen Denkens, so dass er die Gründe wissen müsse, warum diese ihm den Vertrauensbeweis nicht gebe.[93]

Tatsächlich sollte es noch bis 1952 dauern, bis Guardini diesen Titel endlich erhielt, nachdem er sogar seine Freunde Cunibert Mohlberg und Paulus Lenz-Medoc sowie den Pariser Nuntius Roncalli und dessen Mitarbeiter Raffaele Forni eingeschaltet hatte und auch Stohr selbst weitere Versuche unternommen hatte. Nachdem ihm über Mohlberg und Roncalli bedeutet worden war, dass Rom moniert habe, dass er trotz seiner zahlreichen Italienaufenthalte noch nie im Vatikan zu Besuch war und

93 BSB, Ana 342 B23/05-28-02.

um Audienz nachgesucht hatte, holte Guardini dies im Oktober 1951 nach.[94] Auch Stohr war spürbar erleichtert, als die Ernennung erfolgte[95], hatte er bei seiner Suche nach Unterstützung auch abschlägige Winke oder zögerliche Unterstützung erhalten. Seit 2002 liegen zum Beispiel die *Akten Kardinal Michael von Faulhabers* aus den Jahren 1945 bis 1952 vor, in denen alle vier Einträge zu Guardini sich mit dieser Angelegenheit befassen. So schreibt Stohr am 19. Juli 1950 unverblümt über seine Probleme an Kardinal Faulhaber (1869-1952): „Prof. Romano Guardini gehört seit Jahrzehnten zu den prominentesten Priestern im Deutschen Raum. Er genießt bei Priestern und Laien ein ganz ungewöhnliches Ansehen und hat einen ungeheuren Einfluß. Trotzdem ist es noch nicht gelungen, ihm eine sichtbare kirchliche Auszeichnung zu erwirken. Vor Jahren habe ich unter Empfehlung der beiden Ordinarien, in deren Gebiet er tätig war (Berlin und Rottenburg), in Rom den Antrag gestellt auf eine päpstliche Auszeichnung (Hausprälat), erhielt aber keine Antwort. Im Gegenteil konnte ich in Rom feststellen, daß er persona minus grata sei und mit der einen oder anderen Publikation aus dogmatischen Gründen Anstoß erregt. Vor etwa einen Monat brachte Eminenz Graf Preysing die Sprache auf den Fall und fragte, ob denn gar nichts zu seinen Gunsten zu machen sei. Ich bat um seine Unterstützung und nahm mir vor, mich auch an. Ew. Eminenz zu wenden angesichts des hohen Gewichtes, das gerade Ihr empfehlendes Wort beim Hl. Vater hat. Ew. Eminenz werden gewiß einen Weg finden, die Sache beim Hl. Vater in einer Weise anzuregen, die keinem Bedenken unterliegt. Als Zeichen dafür, wie weit Guardinis Ansehen auch im Ausland gilt, weise ich auf den netten Artikel der ‚Deutschen Tagespost' in Nr. 84 vom 18. Juli. Auf dem liturgischen Kongreß in Lyon im Herbst 1947 hat er geradezu Triumphe gefeiert. Ähnlich erging es auch neulich in Frankfurt."[96]

Kardinal Faulhaber, erkennt zwar das „gütige Anliegen", „Professor R. Gu. betreffend" als „durchaus begründet" an, lehnt aber eine Empfehlung sowohl im Blick auf seine eigenen prominenten Geistlichen als auch auf die taktische Vorgehensweise in Rom ab, da man dort davon ausgehe, dass der zuständige Ordinarius ausreichen müsse, zumal wenn sein Name „einen so guten Klang" habe.[97] Als dann im Februar 1952 der Nuntius Muench selbst bei Faulhaber „nach den Gepflogenheiten des Staatssekretariats S H" nachfragt, „ob gegen eine solche Ernennung Bedenken bestehen"[98], teilt Faulhaber dem Nuntius mit, „daß der Hochwürdigste Bischof Stohr von Mainz eine Befürwortung verlangte, ohne daß Guardini mein Diözesane wäre oder

94 Er schrieb darüber am 21. Oktober 1951 aus Isola Vicentina einen sehr eindrucksvollen, bislang noch unveröffentlichten Brief von diesem Aufenthalt an Gerhard Krüger (Archiv der Universitätsbibliothek Tübingen).

95 Siehe dazu in der Bayerischen Staatsbibliothek das Telegramm vom 13. März 1952 und den Begleitbrief zur Übersendung der Urkunde am 14. März 1952 (BSB, Ana 342 C-206-1-30 und -31).

96 Heinz HÜRTEN (Bearb. unter Benutzung der Vorarbeiten von Ludwig Volk †), Akten Kardinal Michael von Faulhabers III, 1945-1952, Paderborn-München-Wien-Zürich 2002, 576 (325 Stohr an Faulhaber, Mainz, 19. Juli 1950, EAM).

97 Ebd. 587 (330 Faulhaber an Stohr [München,] 30. November 1950, EAM).

98 Ebd. 639f. (358 Muench an Faulhaber, Bad Godesberg, 2. Februar 1952).

ohne mir näher bekannt zu sein. Ich kenne auch die Publikationen des Herrn Prof. Guardini nicht. Ich weiß, daß seine Predigten sehr angesehen sind und daß er unter den Studenten seelsorgerlich gut wirkt, aber das will nicht sagen, daß ich eine Verantwortung übernehme, da ich Prof. Guardini in seiner Berliner Zeit überhaupt nicht kannte und in seiner Münchener Zeit ein einzigesmal mit ihm ins Gespräch genkommen bin. In der gegenwärtigen Zeit, die mich mit dringender Arbeit in Anspruch nimmt, kann ich mich auch den Publikationen Guardinis nicht widmen."[99] Diese sehr zurückhaltende, unterkühlt wirkende „Empfehlung" nimmt auf Guardinis Antrittsbesuch Bezug, über den Faulhaber einen Tagbucheintrag am 3. Dezember 1948 angefertigt hat. „Professor Guardini von Tübingen: nicht als Concordatsprofessor. Hat Wohnung gefunden, seine Bücher vorher zu einem Pfarrer im Allgäu geschickt. Hat in Sankt Ludwig Predigten begonnen, aber die Fakultät schrieb, das sei ‚Recht und Brauch der Fakultät', er könne aber bleiben bis die Fakultät in die Stadt zurückkehre. Wir sprechen von Alois Dempf in Wien. Er selber muß einige Wochen immer nach Tübingen? Am Schluß bittet er um den Segen, ich füge bei ‚zugleich Mission'. Er habe mich 1911 in Mainz[100] gehört, ich: Er habe hier viele Freunde."[101]

Münchner und Berliner Freundschaften

Von den Freundeskreisen der Münchner und Berliner Studienzeit ist bislang eine einzige Widmung wieder aufgetaucht und diese steht nicht in der Münchner, sondern in der Mooshausener Bibliothek. Es handelt sich bei dem im Diederichs 1910 erschienenen Buch *Alt-Niederländische Malerei. 200 Nachbildungen mit geschichtlicher Einführung und Erläuterungen von Ernst Heidrich* um ein Weihnachtsgeschenk von Franz Landsberger aus diesem Jahr: „Franz Landsberger Weihnachten 1910".[102]

99 Ebd. 642 (360 Faulhaber an Muench [München,] 9. Februar 1952).

100 Faulhaber, damals gerade erst am 19. Februar 1911 zum Bischof von Speyer geweiht, hielt auf dem Katholikentag von Mainz am 7. August 1911 eine Rede *Priester und Volk und unsere Zeit.* Dieser Katholikentag und auch die Rede Faulhabers standen unter dem Zeichen des 100. Geburtstages des „Sozial-Bischofs" Wilhelm Emmanuel von Ketteler. Guardini selbst war seit 1. August 1911 Kaplan an der Dompfarrei zu Worms.

101 EAM, NL Faulhaber 10027, 133f. Die diesbezüglich missverständliche Erinnerung von K.-J. Hummel an seine Lektüre der Akten ist dahingehend zu korrigieren. Hummel hatte auf der Tagung geäußert: „In den kürzlich von Heinz Hürten edierten Akten Kardinal Faulhabers 1945-1952 gibt es ein Dokument, in dem Faulhaber sagt, wer ist eigentlich Romano Guardini? Ich kenne den gar nicht, ich habe den nie getroffen." (Diskussion, in: Hermann Josef POTTMEYER (Hg.), Paul VI. und Deutschland: Studientage, Bochum, 24.-25. Oktober 2003, Rom 2006, 218).

102 Vgl. dazu schon Anmerkung von GERL-FALKOVITZ in: Guardinis Briefe an Josef Weiger 1908-1962 (wie Anm. 26), 53 Anm. 78.

Tübinger Freundschaften

Etwas vermisst man auch einige Namen aus dem Tübinger „Gralsbund" der „Kunstgogen"[103], zu denen neben Weiger und Neundörfer vor allem die von Guardini selbst erwähnten Mitstudenten Hermann Hefele, Philipp Funk und „Josef" Heilmann gehörte. Letzterer wohl irrtümlich für Alfons Heilmann, den Johannes Spörl in seinem Nachruf auf Philipp Funk 1937 im *Historischen Jahrbuch der Görres-Gesellschaft* aufführt. August Hagen spricht im Zusammenhang mit Philipp Funk auch noch von dessen Tübinger Freunden Joseph Eberle und Eugen Mack. So steht es auch bei Gerl-Falkovitz, die noch Ludwig Zoepf ergänzt.[104] Wie diese Freundestreffen nun im Einzelnen besetzt waren und ob es sich um einen oder mehrere Kreise handelt, muss wohl offenbleiben, doch belegen Erwähnungen in den Briefen an Josef Weiger und vorhandene Briefwechsel mit diesen Studienkollegen die Bekanntschaft und wohl auch Freundschaft zwischen Guardini und diesen Mitstudenten aus Tübinger Zeiten.

Herman Hefele und Philipp Funk

Von Herman Hefele (1885-1936) steht in der Guardini-Bibliothek das 1919 erschienene Werk *Die Entsagenden* mit der Widmung „s. l. Romano H.". In Mooshausen kommt noch das ebenfalls 1919 publizierte Buch *Das Gesetz der Form* hinzu, das er handschriftlich dem lieben Freund und Weggenossen Romano in Dankbarkeit und Treue zueignet. Hefele starb bereits 1936. Ein Jahr später starb Philipp Funk (1884-1937). Von ihm gibt es nur noch in Mooshausen zahlreiche Widmungen an Josef Weiger und Maria Knöpfler. Auch hier liegt daher nahe, dass die entsprechenden Geschenke an Guardini mit der Rothenfelser Bibliothek in Würzburg verbrannt sind.

Ludwig Zoepf

Der etwas ältere, bisher nur wenig beachtete Tübinger Studienfreund Ludwig Zoepf (1880-1966) hat ihm nach 1945 zwei Bücher geschenkt: das Buch *Schleier: Märchen für Erwachsene* (1950, mit der Widmung „Romano Guardini! Quo vadis? Was ist ‚Gnade'? an einen Sinn des Daseins noch glauben zu können, obwohl man die Sinnlosigkeit des Daseins erkannt und erfahren hat – diese ‚Gnade' ist die Voraussetzung des Glaubens an die ‚Existenz Gottes'. L.Z. 1949"), sowie das Buch *Warum? Frage und Antwort für suchende Deutsche* (Stuttgart-Bad Canstatt o. J.), mit der Widmung „Romano Guardini vom Verfasser überreicht in Erinnerung an einen wahrhaft wahrhaftigen Menschen: Karl Neundörfer. Weihnachten 1951. Das Buch enthält darüber einen nicht an Guardini adressierten Spruch „Im Zusammenleben der einzelnen Menschen wie der Völker ist im Laufe der Zeiten alles möglich geworden nur nicht ein Sieg der anständigen Gesinnung. L.Z. 1948". Darin vermerkt ist auch die Angabe, dass Zoepf „seit 1947 pensioniert" sei.

---

103 Vgl. GERL, Romano Guardini (wie Anm. 9), 53.
104 Ebd.

Im Sommer 1957 schickt Zoepf Guardini zwei im Mai und zu Pfingsten des Jahres verfasste Typoskripte zu, aus denen Guardini den Eindruck gewinnt, Zoepf erwarte „das Heil von Russland". In einem sehr persönlich gehaltenen Brief schildert Guardini seinen Zwiespalt, den er empfinde und der sich aus den Erinnerungen an den Studienfreund von 1907 und der erwarteten Stellungnahme zu dessen heutigen politischen Ansichten ergebe. Er möchte Zoepf nicht enttäuschen, lehnt aber seine inhaltlichen Positionen ab.[105] Für die Zeit nach dieser Auseinandersetzung sind keine Kontakte mehr bekannt.

Neben Philipp Funk pflegte Zoepf wohl auch Kontakte nach Wangen bzw. Mooshausen zu Weiger und Maria Knoepfler, weshalb wohl auch das mit dem handschriftlichen Besitz-Autograf von „M. Knoepfler" gekennzeichnete Buch *Von Sonnenschein und Liebe* von Ludwig Zoepf aus dem Jahr 1911 in der Guardini-Bibliothek steht.

Freiburger Freundschaften

Martin Heidegger

Von den in der Bibliothek stehenden Büchern seines Freiburger Studienfreundes Martin Heidegger (1889-1976)[106] sind insgesamt 19 [sic!] mit einer Widmung Heideggers versehen, beginnend mit dessen 1914 gedruckten Doktorarbeit *Die Lehre vom Urteil im Psychologismus. Ein kritisch-positiver Beitrag zur Logik* mit dem Eintrag „Dem Vf. der vielversprechenden Gegensatzlehre Herrn Dr. R. Guardini freundlichst gewidmet d. Vf.". Die letzte Schrift von Heidegger mit Widmung in der Bibliothek ist sein Vortrag *Über Abraham a Sancta Clara*, den dieser beim Meßkirchener Schultreffen am 2. Mai 1964 im Martinssaal hielt und der noch 1964 veröffentlicht wurde.

Bedeutend unter diesen Widmungen ist auch der Eintrag in Heideggers 1929 erschienenen Buch *Vom Wesen des Grundes*. Er lautet „zur Erinnerung an das Gespräch auf der Burg, Pfingsten 1930". Bei nochmaliger Durchsicht aller vorhandenen Briefe ist dies ein weiterer Beleg, dass der einzige Besuch Heideggers auf Burg Rothenfels an Pfingsten 1930 stattfand, und nicht wie bisher durch irrtümliche Erinnerungen von Merz-Wilmes und deren Schwager Hans Waltmann an Pfingsten bzw. im Sommer 1933. Das letzte Zusammentreffen von Guardini und Heidegger vor 1933 war dann bei Heidegger in Zähringen, der wohl anlässlich von Guardinis Freiburger Vortrag über Pascal im Juni 1931 stattfand.[107]

Der in der Guardini- und der Heidegger-Forschung bislang bestehende Eindruck zwischen 1933 und 1945 habe von Heidegger her kein Kontakt mehr zu Guardini

---

105 BSB, Ana 342 B-I-3-132.

106 Vgl. zur weit umfassenderen Beziehung zwischen Guardini und Heidegger, als man bisher annahm, die Ergebnisse der Tagung *„Sehr bedeutungsvoll scheint mir diese Gedankenwelt." Neues zum Gespräch zwischen Romano Guardini & Martin Heidegger* in Meßkirch vom 9. bis 11. Juli 2021. Meine dabei vorgetragenen eigenen Auswertungen werden hoffentlich bald in geeigneter Form gedruckt erscheinen.

107 GERNER, Romano Guardini in München (wie Anm. 3), Bd. 2, 104.

bestanden, kann aufgrund der Widmungsdaten nicht aufrechterhalten werden. Spätestens ab August 1941 (Martin Heidegger: Hölderlins Hymne „Wie wenn am Feiertag ...") schickt Heidegger seine Publikationen wieder an Guardini, seine Hölderlin-Schrift „Hölderlin und das Wesen der Dichtung" von 1937 wohl vermutlich schon kurz nach dem Erscheinen, da Guardini interessanterweise bereits in seiner 1939 erschienenen Schrift „Welt und Person" daraus zitiert und somit zur Kenntnis nahm.

Heinrich Auer

Die Duz-Freundschaft sowohl von Heidegger als auch von Guardini mit Heinrich Auer (1884-1951), dem langjährigen Bibliothekar und Direktor der Caritas-Bibliothek in Freiburg, kommt weder bei Gerl-Falkovitz noch bei Gerner in den Blick. Hans-Josef Wollasch hatte davon 1983 in seinem Aufsatz über *Heinrich Auer (1884-1951), Bibliotheksdirektor beim Deutschen Caritasverband, als politischer Schutzhäftling Nr. 50241 im Konzentrationslager Dachau*[108] erstmals unter Verweis auf einen Brief Guardinis an Auer vom 5. April 1939 berichtet, der dann 1987 durch Werner Scheurer in seinem Beitrag *Heinrich Hansjakob und Romano Guardini* zur Hansjakob-Festschrift zum 150. Geburtstag veröffentlicht wurde.[109] Kurz vor diesem Brief hatte Auer für die Zeitschrift *Caritas* auch Guardinis Interpretation und Übersetzung *Der Sonnengesang des hl. Franz von Assisi* rezensiert.[110] Guardini wiederum erwähnt Auer in seinem Brief vom 9./12. Oktober 1913 an Josef Weiger bezüglich der Publikationsmöglichkeiten für die erste Fassung seiner Gegensatzlehre: „Eine gute Nachricht habe ich. Mir wurde gesagt, daß die Caritasdruckerei jedenfalls geneigt sein würde, das Buch zu nehmen. Also versuche ich es zuerst bei Herder, geht es dort nicht, dann bei der ‚Carität', wie sie Auer nennt."

Auer war damals Lektor der Caritas Druckerei.[111] Anfang 1914 fragt Auer über Guardini bei Weiger an, ob dieser Kapazitäten hat, ein Buch von Saitschick zu rezensieren.[112]

In der Guardini-Bibliothek befindet sich die im Brief vom 1. Juni 1913 an Weiger erwähnte[113], in diesem Jahr auch erschienene Sammlung *Der geistliche Mai: Marienlieder aus der deutschen Vergangenheit* mit Stempel „R. A. Guardini" und Widmung von Heinrich Auer („Ein Pfingstgruß im Mai 1913 f. s lieben Guardini, Heinr. Auer"). Schließlich schenkt Auer an Guardini im Dezember 1932 vorab auch die 1933er-Neuauflage seines Buches über „Friedrich Ozanam. Der Gründer des Vinzenz-vereins. Ein Leben der Liebe" mit der Widmung „Seinem lieben Freunde Romano Guardini gewidmet vom Verf. 7. XII. 1932.

108 In: Zeitschrift für die Geschichte des Oberrheins 131 (1983) 383-430, zu Romano Guardini 387.

109 Werner SCHEURER, Heinrich Hansjakob und Romano Guardini, in: Manfred Hildenbrand u. a. (Hg.), Heinrich Hansjakob (1837-1916). Festschrift zum 150. Geburtstag, Haslach 1987, 246 ff., hier 251.

110 Heinrich AUER, Rezension zu: Guardini, Der Sonnengesang des hl. Franz von Assisi, in: Caritas 43/11 (1938) 351f.

111 Guardinis Briefe an Josef Weiger 1908-1962(wie Anm. 26), 108.

112 Brief vom 15.2.1914, in: ebd. 137.

113 Ebd. 97.

Interessant ist diese doch wohl engere Freundschaft mit Heinrich Auer auch in Bezug auf den Freiburger Professor Joseph Sauer[114], auf die Sozialstudentische Arbeit Carl Sonnenscheins[115] und auf die Zeitschrift *Der Akademiker*. Für letztere waren sowohl Auer, Heidegger, Neundörfer als auch Guardini tätig.[116]

Beziehungen aus der Liturgischen Bewegung

Cunibert Mohlberg

Cunibert Mohlberg (1878-1963), der bislang unter den älteren Freunden wie Karl Neundörfer und Josef Weiger und den jüngeren Freunden wie Felix Messerschmid und Johannes Spörl eher übersehene Maria Laacher Benediktiner, gewinnt durch die Forschungen von Stefan Langenbahn zum Beginn der Liturgischen Bewegung und der Liturgiewissenschaft sowie zum Maria Laacher „Liturgischen Unternehmen" wieder an Bedeutung, zumal die Briefe von Guardini an Cunibert Mohlberg im Archiv der Abtei Maria Laach erhalten sind und ihre Veröffentlichung gerade durch Stefan Langenbahn vorbereitet wird. Dieser Briefwechsel beginnt bereits im Jahr 1911 und endet 1963 mit Mohlbergs Tod.[117]

Auch im Bereich der Widmungen tritt Mohlberg dreimal in Erscheinung, einmal in Mooshausen (1942), zweimal im Schloss Suresnes. In München findet sich in den *Erzählungen eines russischen Pilgers* (Luzern 1944) der Eintrag „Dir, lieber Romano – Weggenosse von mir PCM. Roma 1. XI. 1951" sowie zwei Literaturverweise. Dem auch gedruckt Guardini gewidmeten von Mohlberg herausgegebenen *Missale Gothicum* (Rom 1961) hat der Herausgeber außerdem die Widmung „+ Pax Dir von mir im November 1961 C." beigefügt.

Hugo Rahner

Hugo Rahner (1900-1968), der ältere Bruder von Karl Rahner, wie dieser Jesuit, hatte Guardini ebenfalls über den Quickborn kennengelernt. Auf die inhaltlichen Verbindungen zwischen Guardinis Kapitel *Liturgie als Spiel* in seinem Buch *Vom Geist der Liturgie* einerseits und Hugo Rahners Buch *Der spielende Mensch* andererseits wurde in

---

114 Vgl. dazu die Spuren im Nachlass Joseph Sauers im Universitätsarchiv Freiburg (Bestand C0067).

115 Guardini beschreibt das erste Zusammentreffen in Tübingen: „Zum ersten Mal bin ich mit ihm in meiner zweiten Tübinger Studienzeit zusammengekommen. Damals war ich von seinem Temperament und seiner Rednergabe sehr beeindruckt, und habe ihm geholfen, in Tübingen einen sozialen Studentenzirkel zu gründen." (GUARDINI, Stationen und Rückblicke [wie Anm. 9], 107f.).

116 Guardini veröffentlichte in dem ab 1908/09 erscheinenden Organ des Katholischen Akademiker-Verbandes, eines Zusammenschlusses verschiedener katholisch-akademischer Studentenvereine Deutschlands, Österreichs und der Schweiz, darunter auch die Pius-Vereine und die sozial-caritativen Vereinigungen katholischer Studenten (Sonnenschein), zwei weder in der Mercker- noch in der Gerner-Bibliografie enthaltenen Texte: Romano GUARDINI, Rezension zu: P. Sebastian von Oer, Unsere Tugenden, Plaudereien, Freiburg ^{3}1908, in: Der Akademiker 2 (1909/10) 79-82; DERS., Beuroner Madonnen, in: Der Akademiker 2 (1909/10) 104f.

117 Ein Vorgeschmack davon findet sich in Stefan Langenbahns letzten Veröffentlichungen im Archiv für Liturgiewissenschaft.

der Sekundärliteratur bereits vielfach hingewiesen. Durch die Widmung in seinem Buch (Zürich 1949) gewinnt dieser Zusammenhang noch einmal an Evidenz. Sie lautet: „R. Guardini als späten Dank für das, was er einst schrieb vom heiligen Spiel der Liturgie. Innsbruck Juni 1949 H. Rahner S. J."

Theodor Bogler

Der Maria Laacher Benediktiner Theodor Bogler (1897-1968) berichtet in seinen biografischen Texten vom Anteil Guardinis an seiner Konversion und seiner Hinwendung zum benediktinischen Mönchtum während der „Potsdamer Zeit". Dies spiegelt sich auch in einem Geschenk zum 70. Geburtstag Guardinis 1955 wider. Im Band *Sechs Miniaturen zum Kirchenjahr* (Maria Laach o. J.) heißt es nämlich: „Msgr. Guardini mit den besten Segenswünschen zur Feier des 70. Geburtstages in dankbarem Gedenken an die Zeit von Potsdam. Maria Laach, 15. II 1955 Theodor Bogler mon. Lac."

Theodor Bogler war seit 1941 als Prior auch Vertreter der Abtei Maria Laach in den Liturgischen Arbeitskreisen und dann in der Liturgischen Kommission, wo er erneut mit Guardini zusammentraf.

Für den Januar 1962 ist eine weitere Widmung in Boglers Gesammelten Aufsätzen *Priestertum und Mönchtum* (Maria Laach 1961) erhalten. Sie lautet: „Herrn Prälaten Prof. Dr. Romano Guardini aus Anlass der Verleihung des Erasmus-Preises in dankbarem Gedenken überreicht Maria Laach Januar 1962 P. Theodor Bogler OSB."

Johannes Wagner

Der katholisch-jugendbewegte Theologe Johannes Wagner (1908-1999) war über seine Tätigkeiten im Bund Neudeutschland und in der Katholischen Aktion schon ab Ende der zwanziger Jahre mit Guardini in Verbindung gekommen. Mit der offiziellen Einrichtung der Liturgischen Kommission der Deutschen Bischofskonferenz wurde er 1946 zum Sekretär berufen und zudem ab 1950 zum Direktor des 1947 gegründeten Liturgischen Instituts in Trier.

Über die Arbeit am Deutschen Psalter sowie zahlreiche andere Projekte der liturgischen Kommission befindet sich im Liturgischen Institut in Trier und in der Bayerischen Staatsbibliothek in München ebenfalls ein noch nicht publizierter umfangreicher Briefwechsel von 1942 bis 1967 mit einer großen Aussagekraft über die Mühsal einer biblischen Übersetzung ins Deutsche für den praktischen betenden und singenden Gebrauch im Auftrag der Deutschen Bischofskonferenz – in Kooperation und Konkurrenz zu anderen Bibelübersetzern, zu den Liturgikern, den Kirchenmusikern und den verschiedenen mönchischen Traditionen.

Sehr früh wurde aus dieser Zusammenarbeit eine Duzfreundschaft und die Briefe werden wechselseitig jeweils mit Vornamen unterzeichnet. 1952 schickt Wagner Ostergrüße aus Trier in Form des Bandes *Probleme des Missale Romanum. Das internationale liturgische Studientreffen vom 12. bis 15. Juli 1951 in Maria Laach.* In Mooshausen wiederum steht eine von Johannes Wagner gemeinsam mit Jos. A. Jungmann SJ am Tag der Promulgation, dem 4. Dezember 1963, unterzeichnete Widmung in der *Konstitution über die heilige Liturgie. Deutsche Fassung.* Auch damit wird neben vielen Briefen von Bischöfen und Konzilsberatern an Guardini aus der Zeit des Konzils Guardinis faktische Mentorenschaft für die Arbeit an dieser Konstitution noch einmal dokumentiert, auch wenn Guardini selbst seine Berufung zum Peritus aus gesundheitlichen Gründen nicht mehr vor Ort wahrnehmen konnte.

Joseph Pascher

Joseph Pascher (1893-1979), der von Sommer 1946 bis zur Emeritierung 1960 Ordinarius für Liturgiewissenschaft, Homiletik und Pastoraltheologie an der Münchener Universität war und außerdem als Direktor des dortigen Georgianums fungierte, gehörte infolgedessen auch zu den Mitarbeitern der Liturgischen Kommission. Vor allem aber gehörte er nach Guardinis Wechsel nach München 1948 auch zu den mit ihm befreundeten Kollegen. 1951 schenkt Pascher Guardini sein Werk *Inwendiges Leben in der Werkgefahr* (Freiburg 1952) und versieht es mit der Widmung „In Verehrung überreicht! Weihnachten 1951 Joseph Pascher“.

Hélène Lubienska de Lenval

In diesen Kontext der Freunde und Bekannten aus der Liturgischen Bewegung, aber wohl ebenso in den Kreis um die Montessori-Pädagogin Helene Helming gehört auch noch die seit 1920 mit Maria Montessori befreundete, in Rom gebürtige und in Brüssel gestorbene Montessori-Pädagogin Hélène Lubienska de Lenval (1895-1972). Sie schenkte Guardini drei ihrer in Französisch erschienenen Bücher: *L'education du sens liturgique* von 1952 („A monsieur l'Abbé Romano Guardini hommage de profonde admiration H. Lubienska de Lenval“), *Le silence. A l'ombre de la parole* von 1955 („A Romano Guardini le personne qui nous apprend à penser – Respectueux H. Lubienska de Lenval") sowie *La liturgie du geste* von 1956 („A Romano Guardini une lectrice assidue Hélène Lubienska de Lenval“). Dieser bisher nicht bekannte Kontakt belegt einmal mehr den großen Einfluss Guardinis sowohl auf die liturgische Bewegung in Italien als auch auf die Montessori-Bewegung in und außerhalb Deutschlands.

Widmungen von Quickbornern

Georg und Hermann Volk

Der über die Marburger Quickborngruppe mit Guardini bekannt gewordene Mediziner Georg Volk (1898-1986) signierte sein 1963 erschienenes Buch *Entspannung, Sammlung, Meditation* mit „Romano Guardini in Dankbarkeit Georg Volk 30.11.1963“ als Widmung.

Sein jüngerer Bruder, der 1962 zum Nachfolger von Albert Stohr als Mainzer Bischof gewählte Hermann Volk (1903-1988), widmete während seiner Zeit als Professor in Münster sein 1957 erschienenes Buch *Das christliche Verständnis des Todes* mit „Dank und Gruß! 9.8.1958 H. Volk.". Sein 1962 erschienenes Buch *Zur Theologie des Wortes Gottes* schenkte er ihm wohl als Dank für seine Glückwünsche zur Bischofsernennung. In ihm steht eingetragen: „Dank u. Gruß! + Hermann Volk". In einem Brief vom 12. Mai 1962, erhalten in der Bayerischen Staatsbibliothek, dankt Volk herzlich für Guardinis Glückwunschschreiben.[118]

Johannes Spörl und Hans Waltmann

Das Buch von Hans Jantzen über *Ottonische Kunst* (München 1947) ist signiert mit „Johannes" – aufgrund von Briefen identifiziert als Unterschrift von Johannes Spörl (1904-1977). Es ist – im Vergleich zum sehr umfangreich erhaltenen Briefverkehr von Romano Guardini mit Spörl und der zahlreichen handschriftlich vom Verfasser signierten Schriften Guardinis im Nachlass von Spörl – eher verwunderlich, dass es sich bislang um das einzig gefundene Buchgeschenk Spörls an Guardini handelt.

Ähnlich wie bei Spörl verhält es sich aber auch bei den Waltmanns, zumal Hans Waltmann (1903-1981) neben Richard Knies der Hauptverleger Guardinis war, von dem – wie bereits gesehen – einige Widmungen ausgingen. Beide Waltmanns waren sehr früh auf Burg Rothenfels engagiert. Guardini hatte als Burgleiter Lene Merz, später Waltmann (gestorben 1964) gebeten die hauswirtschaftliche Direktion zu übernehmen, Hans Waltmann wurde zum stellvertretenden Burgleiter.[119]

Daher ist die erhalten gebliebene eine durchaus gewichtige Widmung, denn sie erinnert an „Ostern 1939 Burg Rothenfels Lene und Hans". Sie steht in *Jus und Johanna: Liebesbriefe eines Juristen* (Leipzig 1938). An diesem „Ostern 1939" fand noch die letzte große Ostertagung mit 900 Teilnehmern auf Burg Rothenfels statt, bevor Burg Rothenfels dann im August 1939 beschlagnahmt und die Vereinigung der Freunde von Burg Rothenfels verboten wurde.[120] Auch hier stehen die zahlreich erhaltenen Briefe und Karten Guardinis an die Waltmanns aus deren Nachlass im Guardini-Archiv der Katholischen Akademie in Bayern noch zur Veröffentlichung aus.

Max Müller

Der Philosoph Max Müller (1906-1994) wird in der Sekundärliteratur gern als dem Bund Neudeutschland zugehörig angesprochen. Doch zunächst war er Freiburger Quickborner, begegnete auf Burg Rothenfels Guardini und war so stark von ihm beeindruckt, dass er deshalb sein Philosophiestudium in Berlin begann. Erst während

118 BSB, Ana 342 B23/05-30.

119 Über deren mit Guardini abgestimmten Haltung während des Dritten Reiches als NSDAP-Mitglieder und Guardinis Gutachten zur Entnazifizierung vgl. GERL, Romano Guardini (wie Anm. 9), 242f.

120 Godehard RUPPERT, Art. Quickborn, in: Historisches Lexikon Bayerns. Vgl. dazu: Franz MAHR, Aus meinem Leben, in: Rolf Eilers (Hg.), Löscht den Geist nicht aus: der Bund Neudeutschland im Dritten Reich. Erlebnisberichte, Mainz 1985, 214.

seines Studiums in München ist er zum Bund Neudeutschland gewechselt. In Freiburg war er schließlich Schüler Heideggers, blieb aber immer auch Guardinis Werk verbunden.[121]

Müller trat aber erst 1949/50 wieder mit Guardini direkt in Verbindung, um dessen Unterstützung für Heideggers Emeritierung zu gewinnen. Gemeinsam mit Johannes Spörl, der zu diesem Zeitpunkt schon in München lehrte, hat Müller für Guardini dann die Ehrenpromotion der Philosophischen Fakultät in Freiburg erwirkt. Guardini hat sich wiederum für einen Wechsel Müllers nach München eingesetzt.

Buchwidmungen von Max Müller haben sich nur aus dessen Münchner Professorenzeit, also erst ab 1960 erhalten, darunter das Buch *Martin Heidegger. Ansprache zur Ehrenbürgerrechts-Verleihungsurkunde an Martin Heidegger am 26. Sept. 1959*, gewidmet „Dem hochverehrten, lieben Kollegen Romano Guardini in dankbarer Ergebenheit, München 1.12.60 Max Müller cf. Beitrag S. 23-38". Mit dem Eintrag „Für Romano Guardini zum 18.2.65 in tiefer Verehrung und steter Dankbarkeit Max Müller" schenkte Müller Guardini zu dessen 80. Geburtstag eine Ausgabe seines 1964 erschienenen Buches *Existenzphilosophie im geistigen Leben der Gegenwart*. „Für den hochverehrten Lebensmeister Romano Guardini sein stets dankbarer Max Müller, München 1.3.67" heißt es in Müllers 1967 herausgekommenen Werk *Symbolos. Versuch einer genetisch-objectiven Selbstdarstellung und Ortsbestimmung*. Auf Seite 21 steht im Kontext von Müllers eigener Einordnung in die Jugendbewegung und dem Einfluss Guardinis: „Von der Lehre einer rein rationalen (‚Denk'-)Theologie z. B. her konnte nicht jene Kraft kommen, welche die liturgische (‚Erfahrungs'-)Bewegung Guardinis durch das „Erwachen der Kirche in den Seelen" – also die Erfahrung einer Weise der Inkarnation – bewirkt hatte: Stand gab nicht ein Gedankengebäude, sondern allein die Erfahrung; hier in unserem Beispiel die des Religiösen, in einem Vollzug, die Wirklichkeit (‚leibhafte') und damit evidente Gegenwart des Göttlichen unter den Menschen war."

Ida Friederike Görres

1966 schenkte Ida Friederike Görres, geborene Coudenhove-Kalergi (1901-1971), Guardini ihr neues Buch *Be-Denkliches. Über die Mischehe und anderes Zeitgespräch* (Donauwörth o. J.) und versieht es mit der Widmung „Dankbar und verehrend Ida Friedericke Görres-Coudenhove November 1966". Das Verhältnis war aus der Sicht von Görres nach anfänglicher Freundschaft – 1927 von Freiburg aus – zwischen 1929 und 1948 aufgrund verschiedener Vorkommnisse auf Burg Rothenfels angespannt. Sie gibt dafür einem engeren Kreis von „Intimissimi", einer kleinen Machtgruppe um Guardini die Schuld, an deren Spitze ihrer Ansicht nach Lene Merz stand. Dieser Kreis sei „gegen den Quickborn" und „für eine Art Akademie" eingestellt gewesen.

121 Im Nachlass Max Müllers existiert der Entwurf eines kurz am 14. Juni 1939 gehaltenen Vortrags über Romano Guardini, der zeigt, wie intensiv sich Müller mit dem Werk Guardinis auseinandergesetzt hat. Universitätsarchiv Freiburg, Nachlass Max Müller, E 3-792.

Die Exklusivität des Kreises wäre sogar so weit gegangen, dass Guardini mit Verweis auf eine Riesenmigräne ein Gespräch mit Görres abgesagt habe, um sich dann aber mit diesem Kreis zu treffen.[122] Unbeschadet davon nahm sie aber insbesondere ab 1931 an Werkwochen teil und schrieb Aufsätze in den *Schildgenossen*. Ab 1931 trat sie in den Dienst des Bistums Dresden-Meißen und arbeitete dort mit Otto Spülbeck und Klemens Tilmann in der Jugend- und Bildungsarbeit zusammen. 1932 trat sie dann sogar in die Quickborn-Bundesleitung ein und gab zusammen mit Toni Beck, Rudolf Schwarz, Ludwig Neundörfer und Georg Volk die Zeitschrift *Gestalt und Zeit* heraus. Nachdem sich der Quickborn – nach seiner taktischen Auflösung durch Romano Guardini, um Burg Rothenfels und die Tagungsarbeit vor der „Gleichschaltung" zu retten, und infolgedessen auch im Streit mit Guardini und dem Freundeskreis der Burg Rothenfels – unter Rückgriff auf den Gründer Bernhard Strehler, den Benediktiner Gregor Lang und den Kaplan Karl Rogiers auf dem „Annaberger Treffen" neu gegründet und schließlich im März 1934 neu organisiert hatte, wurde Ida Coudenhove erneut als Vertreterin der Mädchen in die Bundesleitung berufen. Einige Monate später schrieb Guardini ihr am 9. Juni 1934 laut Erich Görner einen Brief, in dem er seine Enttäuschung über das Verhalten der Neugründer ihm gegenüber offen zum Ausdruck brachte.[123]

Die von Görres selbst als „sehr distant" bleibend geschilderte Annäherung erfolgte daher 1948, als Burg Rothenfels und der Quickborn unter Einbeziehung Guardinis wieder „vereint" wurden. Neben einer Geburtstagsgratulation von Görres zum 70. Geburtstag Guardinis hat diese Wiederannäherung allerdings außer diesem Buchgeschenk keinen weiteren Niederschlag gefunden.

Josef Pieper

Zu Josef Pieper (1904-1997) als Quickborner der Rothenfelser Anfangszeit und den Einfluss Guardinis auf ihn wurde durch Gerl-Falkovitz und Gerner schon einiges herausgearbeitet.[124] Bisher weniger beachtet wurde seine Erinnerung an die „Wiederbegegnung mit Romano Guardini" bei einem spontanen Besuch auf Burg Rothenfels im Sommer 1936, wo Guardini zusammen mit Hedwig Conrad-Martius gerade eine Werkwoche abhielt. Nach einem Besuch bei Albrecht Goes brachte er es auf der

---

122 Hanna-Barbara GERL-FALKOVITZ (Hg.); „Wirklich die neue Phönixgestalt?" Ida Friederike Görres: Über Kirche und Konzil. Unbekannte Briefe 1962-1971 an Paulus Gordan, Heiligenkreuz 2015, zu Romano Guardini 40, 110, 117, 142, 211, 222, 275, 342, 384-387, 404 und 407, hier 384f.

123 Erich GÖRNER, Romano Guardini im Gespräch mit Erich Görner 1933-1934 [1933/34], in: Ausschnitte. Rothenfels o. J., 20.

124 GERL, Romano Guardini (wie Anm.9), 168, 170, 184, 187f., 207 f., 341f. und 371; GERNER, Romano Guardini in München (wie Anm. 3), Bd. 1, 407f., 417, 593, 636 und 649; Bd. 2, 287 und 289; Hanna-Barbara GERL-FALKOVITZ, „Die Beziehung zu Ihnen habe ich immer empfunden …". Josef Pieper und Romano Guardini, in: Berthold Wald/Thomas Möllenbeck (Hg.), Die Wahrheit bekennen. Josef Pieper im Dialog mit Romano Guardini, Hans Urs von Balthasar, T. S. Eliot und Joseph Ratzinger, München 2017, 159-172; überarbeitet in: Hanna-Barbara GERL-FALKOVITZ, Geheimnis des Lebendigen. Versuche zu Romano Guardini, Heiligenkreuz 2019, 8. „Die Beziehung zu Ihnen hin habe ich immer empfunden …" Romano Guardini und Josef Pieper.

Heimfahrt nicht über sich, „die Burg Rothenfels nicht zu besuchen": „Seit Jahren war es mir kaum in den Sinn gekommen, daß es sie noch gab; und ich betrat mit einigem Zögern die altvertrauten Plätze. Eine ganz unerwartete Freude war dann die Wiederbegegnung mit Romano Guardini, der gerade, zusammen mit Hedwig Conrad-Martius, eine Art „Werkwoche" hielt. Zum ersten Male gab es, hin und her, ein wirkliches Gespräch mit dem bislang nur aus der Ferne Verehrten."[125]

Wohl kurz darauf schenkte er dem so Verehrten seine Studie *Über das christliche Menschenbild* (München 1936) mit der Widmung „In dankbarer Verehrung Josef Pieper". Es folgten 1939 seine Tugendstudie *Zucht und Maß. Über die vierte Kardinaltugend* (Leipzig 1939) mit dem Weihnachtsgruß „Prof. R. Guardini in herzlicher Verehrung zugeeignet Josef Pieper Weihnacht 1939" und 1940 sein Büchlein *Über Thomas von Aquin* (Leipzig 1940) mit dem Eintrag „Prof. R. Guardini in herzlicher Verehrung zugeeignet J. P. Sommer 1940". Nach einer längeren Pause beginnen 1952/53 weitere Buch- und Sonderdruckgeschenke bis 1960.

Widmungen von Oratorianern

Von den überwiegend auch mit dem Quickborn und Burg Rothenfels verbundenen Oratorianern von Leipzig und später von München verbindet Guardini auch einzeln eine zum Teil intensive Freundschaft, insbesondere zu Heinrich Kahlefeld und Werner Becker, ist diese auch in der Guardini-Bibliothek zu erahnen.

Bereits 1922 hatten Theologiestudenten des Canisianums von Innsbruck durch die Lektüre einer Predigt von Kardinal Newman über die *Sendung des Heiligen Philipp Neri* vereinbart, später ein eigenes Oratorium im Geiste Philipp Neris gründen zu wollen. Es handelte sich um Ernst Musial (1900-1961), Theo Gunkel (1898-1972), Heinrich Kahlefeld (1903-1980), die dort seit 1921 gemeinsam studierten, und Philipp Dessauer (1898-1966), der 1922 hinzustieß. 1924 schloss sich ihnen Otto Spülbeck (1904-1970) an. 1928 war von der Religiosenkongregation das „nihil obstat" erteilt worden, die den Meißener Bischof Christian Schreiber mit der Errichtung beauftragte, was dieser auch noch als designierter Bischof von Berlin[126] per Dekret vom 5. Januar 1930 umsetzte und den Oratorianern die Pfarrei Leipzig-Lindenau übertrug. Daher gilt 1930 als Gründungsjahr des Oratoriums. Schreiber hatte 1925 auch den Bopparder Kahlefeld in das Bistum Meißen aufgenommen. Der Vertrag für die Seelsorgsübernahme wurde von Theo Gunkel, Ernst Musial und Dr. Heinrich Kahlefeld unterzeichnet. 1931 – nach dem Tod des bisherigen Pfarrers, wurde die Pfarrei Theo Gun-

---

125 Josef PIEPER, Noch wußte es niemand. Autobiographische Aufzeichnungen 1904-1945, München 1976, 139.

126 Christian Schreiber wurde 1929 von Pius XI. zum Apostolischen Administrator des neuerrichteten Bistums Berlin berufen. Am 31. August 1930 erfolgte mit der Amtseinführung seine definitive Translation nach Berlin. Anfang 1931 übergab er die Diözese Meißen an den Nachfolger Conrad Gröber. Überraschend starb er bereits am 1. September 1933.

kel anvertraut. Weitere Gründungsmitglieder waren Philipp Dessauer, Klemens Tilmann (1904-1984), Josef Gülden (1907-1993) und Alfons Kirchgässner (1909-1993). Kahlefeld, der bereits seit 1928 neben seiner Tätigkeit auf Burg Rothenfels Kaplan in Leipzig war und in der Gründungsbulle vom 5. Januar 1930 namentlich erwähnt wird, scheint offiziell erst 1931 übergesiedelt zu sein. Otto Spülbeck wurde der Eintritt ins Noviziat der Oratorianer vom Meißner Bischof verweigert. Man bot ihm aber ab 1935 zunächst als Kaplan der Propstei Leipzig, dann ab 1937 als Pfarrer von St. Laurentius in Leipzig-Reudnitz und schließlich ab 1945 als Propst von Leipzig an, mit dem Oratorium zu wirken. Werner Becker trat 1938 von Marburg kommend, wo er als Studentenpfarrer gewirkt hat, in das Leipziger Oratorium ein. Die meisten dieser Namen tauchen ab Mitte der zwanziger Jahre bis zur Beschlagnahmung 1939 regelmäßig auf Burg Rothenfels und bis 1941 in den Schildgenossen auf.

Die enge Verbindung zwischen den Leipziger Oratorianern wurde nach 1945 insbesondere über den 1951 gegründeten Leipziger St. Benno-Verlag aufrechterhalten, in dem viele Werke Guardinis als Lizenzausgaben erschienen sind. Von 1951 bis zu seiner Koadjutorenernennung für das Bistum Meißen im Jahr 1955 war Otto Spülbeck dessen Geschäftsführer.

Werner Becker

Vermutlich hat es auch im verloren gegangenen Bestand der Rothenfelser Burgbibliothek bereits einige Widmungen der Oratorianer gegeben, aber im jetzigen Bestand stammt die älteste Widmung eines Oratorianers von Werner Becker (1904-1981) vom 17. November 1941. Dabei handelt es sich um eines der 1939 „für einen Freundeskreis“ handgeschriebenen Exemplare von John Henry Newmans *Der Traum des Gerontius* in der an Ostern 1938 angefertigten Übersetzung von Hans Nachod und Paul Stern. Der handschriftliche Eintrag Beckers lautet vollständig: „am 17. Nov. 1941 Werner“. „Zu Weihnachten 1950! Werner“ lautet der nächste Eintrag in die Ausgabe der *Briefe* Jacob Burckhardts (Leipzig o. J.). 1954 folgte die 1949 erschiene zweite Folge der *Newman-Studien*, die von Becker und Heinrich Fries herausgegeben wurde (mit der Widmung „Romano Guardini zu Weihnachten 1954 von Werner“). Im Advent 1955 schenkte Becker Guardini den Sammelband *Weg aus dem Ghetto* von 1955, zu dem er neben Robert Grosche, Friedrich Heer und Karlheinz Schmidthüs den Beitrag *Das Ärgernis an der Kirche* beigesteuert hatte. Die vollständige Widmung lautet: „Romano Guardini Advent 1955 Werner.“

Ein zweites Mal schenkte Becker Guardini Newmans *Traum des Gerontius*, dieses Mal als Herausgeber mit der Eintragung „Romano Guardini mit pfingstlichen Grüssen gewidmet vom Herausgeber, Erfurt, 15. Mai 1959“.

Die gedruckte Widmung „Romano Guardini zum 50jährigen Priesterjubiläum“ in seinem Beitrag *Realisierung und „Realizing“ bei John Henry Newman* im Theologischen Jahrbuch 1961 wird im Sonderdruck durch die Aufschrift „von Werner“ ergänzt.

Für den Leipziger St. Benno-Verlag hat Werner Becker *Die Beschlüsse des Konzils. Der vollständige Text der vom II. Vatikanischen Konzil beschlossenen Dokumente in deutscher*

Übersetzung herausgegeben. Ein Exemplar davon hat Becker Guardini zuletzt übermittelt, verbunden mit der Widmung „Für Romano Guardini zu Ostern 1967 in Treue vom Herausgeber".

Heinrich Kahlefeld und Philipp Dessauer

In München war Guardini maßgeblich an der Entstehung der Münchener Oratorianergruppe 1948 in der Villa von Karl Muth und später an der Gründung des Oratoriums im Juni 1954 beteiligt, bei der den Oratorianern durch Kardinal Wendel auch die 1953/54 neu gegründete Pfarrei St. Laurentius übertragen wurde. Guardini hielt auch die Predigten zum vorbereitenden Triduum der Weihe dieser nach Plänen von Heinrich Kahlefeld und Ernst Tewes neuerbauten Pfarrkirche. Diese Weihe wurde am 27. November 1955 durch den Kardinal vollzogen. Erster Pfarrer war von 1954 bis 1965 Ernst Tewes.

Der Münchner Gruppe und dem Oratorium gehörten die ehedem Leipziger Oratorianer Philipp Dessauer, Heinrich Kahlefeld, Ernst Tewes, Klemens Tilmann, Franz Schreibmayr, Jan Wiggers und Joseph Jammers an. Die enge Verbindung zu Guardini drückt sich insbesondere in seiner Beziehung zum Quickborner, Oratorianer und späteren Münchener Weihbischof Ernst Tewes aus, aber auch in seinem Wunsch auf dem Oratorianer-Friedhof von St. Laurentius begraben zu werden.

Im Auftrag der „Leute vom Oratorium" in München schenkte Heinrich Kahlefeld Guardini zum 75. Geburtstag 1960 das 1959 erschienene Buch Will Durants über *Das Zeitalter der Reformation. Eine Geschichte der Europäischen Kultur von Wiclif bis Calvin (1300-1564).* Der vollständige Eintrag lautet: „Romano zum 75. Geburtstag in treuer Verbundenheit die Leute vom Oratorium i. A. Heinrich Kahlefeld".

Von Kahlefeld selbst gibt es vier weitere Bücher, die eine Widmung enthalten: Vorab zum Advent 1961 das offiziell 1962 erschienene Buch *Die Jünger* („Ein ‚trockenes Buch', aber es führt vielleicht zu dem, was mehr ist. Romano Advent 1961 Heinrich K."), das zweibändige Werk *Gleichnisse und Lehrstücke im Evangelium* von 1963, den ersten Band zum Geburtstag 1963 („Romano 13. II. 63 Heinrich"), den zweiten Band zu Weihnachten 1963 („Romano Weihnacht 1963 Heinrich); schließlich 1964, versehen mit „Romano – H." das Sonderheft der *Christlichen Kunstblätter* von 3/1964 zum Thema *Konzil und Kirchenbau*, zu dem Kahlefeld den Artikel *Wortgottesdienst und Kirchenbau* beigetragen hat.

Außerdem findet sich 1961 auch noch eine Widmung des Oratorianers Philipp Dessauer. In seinem Buch *Die naturale Meditation* steht: „Romano in Dankbarkeit für viele Gespräche! Philipp". Die hier erwähnten Gespräche sind allerdings weniger welche, die im Kontext des Oratoriums oder Quickborns stehen, sondern sich auf einen psychologischen Gesprächskreis beziehen dürften, der bislang auch nur wenig Beachtung gefunden hat (vgl. unten zu Guardinis Verhältnis zur Psychologie).

Widmungen aus der Katholischen Frauenbewegung

Guardinis Einsatz für die katholische Frauenbewegung beginnt bereits bei der Gründung des Münchner Zweigvereins während seiner Münchener Studiensemester 1904/05, bei der er unterstützendes Mitglied geworden ist.[127] Innerhalb der katholischen Akademikerbewegung setzte er sich insbesondere für die katholischen Akademikerinnen, Sozialbeamtinnen und Fürsorgerinnen ein. Von Beginn an unterstützte er den Quickborn in seiner koedukativen Verfassung der katholischen Jugendarbeit.[128] Er schrieb für die Zeitschrift *Die christliche Frau* und begründete die zwar nur kurz bestehende, aber nicht unbedeutende, gleichermaßen quickborn- und frauenbundsnahen Frauen- und Mädchenzeitschrift *Der neue Ring* mit. Seine Kontakte und Mitarbeit in der Frauenbewegung gingen weit über den katholischen Bereich hinaus, insbesondere auch was die Unterstützung von Sozialen Frauenschulen anging. So referierte er auch zweimal an der von Alice Salomon gegründeten „Deutsche Akademie für soziale und pädagogische Frauenarbeit".[129]

Gerta Krabbel

Unter all diesen Beziehungen im Rahmen und im Umfeld des Katholischen Frauenbundes scheint aber doch die zur langjährigen Vorsitzenden Gerta Krabbel (1881-1961) die bedeutendste zu sein. Sie leitete den Frauenbund immerhin von 1926 bis 1952. Der Verweis bei Annie Benders Erinnerungen, Gerta Krabbel sei in Abwesenheit während des Aufenthalts im Fextal zur Präsidentin gewählt worden und am 21. August deshalb nach Deutschland zurückgereist, widerspricht der gängigen, aber meist unbequellten Sekundärliteratur[130], wonach Gerta Krabbel bereits Anfang 1926 zur Bundesvorsitzenden gewählt worden ist. Eine Überprüfung des Sachverhalts konnte noch nicht bewerkstelligt werden. Aufgrund der taggenauen Angabe Benders neigt der Verfasser jedoch eher ihrer Version zu.

Gerta Krabbel lernte Guardini, wie sie sich 1950 in einem Geburtstagsbrief an Guardini erinnert, im Rahmen der Katholischen Akademikerinnen-, Fürsorgerinnen- und Frauenbewegung in dessen Bonner Zeit in Pützchen kennen und war von da an eine gute Freundin für Romano Guardini und Josef Weiger, bis zu deren frühen Tod

127 Dies wird bestätigt durch den noch unveröffentlichten dritten Lebensbericht (vgl. GAKAB Nr. 152).

128 Bereits unmittelbar nach seiner ersten Teilnahme an einem Quickborn-Tag auf Burg Rothenfels im August 1920 erstellte er einen Bericht für Kardinal Dr. Bertram, den er am 5. September 1920 an Strehler schickte und der mittlerweile in den Akten deutscher Bischöfe veröffentlicht ist: Bericht an Kardinal Dr. Bertram über die Quickborntagung auf Burg Rothenfels im August 1920, in: Heinz HÜRTEN (Bearb.), Akten deutscher Bischöfe über die Lage der Kirche 1918-1933. Teilbd. I: 1918-1925, Paderborn-München-Wien-Zürich 2007, 256-259 Nr. 123.

129 Im November 1927 hielt er dort einen Vortragszyklus über *Ethisch-religiöse Grundfragen der Existenz*, im Februar 1932 einen weiteren mit dem Thema *Aus Dostojewskijs religiöser Welt*. Vgl. auch Alice SALOMON, Charakter ist Schicksal. Lebenserinnerungen, Weinheim u. a. 1983, zu Romano Guardini 216. Katholischerseits waren sowohl Gerta Krabbel als auch Idamarie Solltmann mit Salomon befreundet.

130 Zum Beispiel Birgit SACK, Zwischen religiöser Bindung und moderner Gesellschaft. Katholische Frauenbewegung und politische Kultur in der Weimarer Republik (1918/19-1933), Münster u. a. 1998, 178.

auch für Maria Knöpfler und Karl Neundörfer. Leider sind wohl keine von Guardini an sie geschriebenen Briefe erhalten geblieben, wohl aber zwei sehr persönliche Geburtstagsbriefe von ihr an Guardini aus den Jahren 1945 und 1950.[131] In letzterem sieht sie es ausdrücklich als Zeichen der Güte Gottes an, dass Guardini und sie selbst trotz ihrer exponierter Stellung nicht ins Konzentrationslager gekommen seien.

In der Guardini-Bibliothek äußert sich diese Freundschaft in acht Widmungen aus der Zeit von 1928 bis 1959: beginnend mit der von Enrico Bianchi kommentierten Ausgabe von Dantes *La divina commedia* (Florenz 1927), die gleichzeitig die gemeinsame Liebe zu Dante dokumentiert[132] und mit der Widmung „Gerta Krabbel, Verona Sept 1928" versehen ist; endend mit dem eigenen Werk *Um Christi Willen. Gedanken der Kirchenväter über die Jungfräulichkeit* (Münster 1959), datiert und signiert mit „Weihnachten 1959 Gerta". Die Widmungen dazwischen dokumentieren verschiedene Weihnachts-, Geburtstags- oder Zwischendurch-Geschenke – so „Weihnachten 1939 Gerta" in Ernest Claes' *Der Pfarrer aus dem Kempenland* (München 1939), „März 1940 Gerta" in ihrem eigenen Lebensbild von *Caritas Pirckheimer* (Münster 1940), „April 1949 G." sowohl in ihrem Sammelband *Selig sind die Friedens Wächter* (Münster 1949) als auch in dem Jahrbuch *Die christliche Frau* (Münster 1949), „Mai 1953 Gerta" in ihrer Studie über *Die heilige Gertrud die Große* (Münster 1953) und „Dreikönigstag 1954 Gerta" in *Lioba* (Münster 1953). Eine ähnliche große Zahl von gewidmeten Büchern stehen auch in der Bibliothek Mooshausen für die gemeinsamen Mooshausener Freunde Weiger und Knöpfler, dort meist zu erkennen an der Signierung mit einem schlichten „G.".

Annie Bender

Über Gerta Krabbel begegnete die Lehrerin Annie Bender (1890-1973) in der Frauenbewegung und der Jugendbewegung Romano Guardini und war dort besonders in den zwanziger Jahren sehr aktiv.[133] Neben ihrem oben schon erwähnten Text *Begegnungen mit Gerta Krabbel* befindet sich in der Guardini-Bibliothek ihre Schrift *Die Fülle der Zeit. Stimmen zu Advent und Weihnacht* (Münster 1953). Handschriftlich steht darin der Eintrag: „Die Responsorien: ‚Die Seele der Kirche antwortet auf das Wort Gottes; und keine andere Regel herrscht, so scheint es, als wie sie im Gemüte gilt, wenn es drinnen strömt und wogt. Und doch ist Gestalt darin.' In Dankbarkeit Dr. Annie Bender Köln, den 17. Febr. 1955."

---

131 BSB, Ana 342 B4-3-078 und -079.

132 Gerta KRABBEL, Vom Führertum in Dantes Göttliche Komödie, in: Die Christliche Frau 19 (1921) 145ff. In den Werkwochen Anfang August 1927 übernahm sie dann auch einen Arbeitskreis zu Dante.

133 Sie schrieb für die Schildgenossen (Annie BENDER, Clerambault, die Geschichte eines freien Gewissens im Krieg, in: Die Schildgenossen 5 [1924/25] 291-296) und war mit Guardini zusammen Mitarbeiterin der Zeitschrift *Der neue Ring*.

Bislang ebenfalls kaum rezipiert wurden Benders spätere Erinnerungen an die Begegnungen auf Burg Rothenfels.[134] Der Einfluss von Romano Guardini auf die spätere Schulleiterin Annie Bender und ihre Schülerinnen ist aufschlussreich dokumentiert in Vilma Sturms Autobiografie.[135]

Idamarie Solltmann

Die katholische Sozialbeamtin, Akademikerin und Schriftstellerin Idamarie Solltmann (1889-1980) war 1922 zum katholischen Glauben konvertiert und war seit dieser Zeit mit Guardini, Weiger und auch Peter Wust befreundet. Sie gehörte Ende der zwanziger Jahre zum Mitarbeitergremium der nur in wenigen Heften erscheinenden Quickborn-nahen Mädchen-Zeitschrift *Der neue Ring* und trug zur Guardini-Festschrift 1935 eine der persönlichsten Charakterisierungen bei.[136] In ihr Buch über *Elisabeth von Thüringen* (Würzburg 1940) schreibt Solltmann schließlich die Worte „Immer voll Dank I. S Münster, 1940."

Vilma Mönckeberg-Kollmar

Innerhalb seiner zahlreichen freundschaftlichen und jugendbewegten Beziehungen hat noch eine weitere auch in der Guardini-Bibliothek ihre Spuren hinterlassen. Denn schließlich finden sich noch zwei Buchgeschenke von Vilma Mönckeberg-Kollmar (1892-1985), einmal die von Lia Callmann ausgewählten und übersetzten *Alt-russischen Heiligenlegenden* (München 1922), einmal ihr eigenes Buch *Der Klangleib der Dichtung* (Hamburg 1946).

Ersteres Geschenk enthält ein coloriertes Exlibris „Vilma Mönckeberg 28 v. 24", der Name allerdings wurde durchgestrichen und daneben geschrieben „bitte behaltet's". Mit Tinte steht handschriftlich darüber wohl der ursprüngliche Leseeintrag „Dienstag den 26. VIII. morgens von 9-10". Es könnte aber im Zusammenhang mit ihrem Aufenthalt auf Burg Rothenfels im August 1924 geschenkt worden sein. Die Sprachpädagogin und Rezitatorin war auch schon Pfingsten 1924 auf Burg Rothenfels und verfasste einen Bericht über ihre Erfahrungen.[137] Sie übte dort einen Sprech-

134 Anni BENDER, Erinnerungen an Romano Guardini und Rothenfels, in: Christ in der Gegenwart (1968) Nr. 43, 348; wiederabgedruckt in: Helmut ZENZ (Hg.), Deuter der christlichen Existenz. Nachrufe – Erinnerungen – Würdigungen. Romano Guardini zum 50. Todestag. Mit einer aktuellen Würdigung von Hans Maier, Mainz 2018, 105f.

135 Vilma STURM, Barfuß auf Asphalt, Köln 1981, zu Romano Guardini und Annie Bender 86, 94, 98 und 109. Die Schriftstellerin und Journalistin Vilma Sturm (1912-1995) war Schülerin und Freundin von Annie Bender und kam über Bender in Kontakt zu Burg Rothenfels und Guardini.

136 Idamaria SOLLTMANN, „Alles ist euer, ihr aber seid Christi", in: Karlheinz Schmidthüs (Hg.), Christliche Verwirklichung. Romano Guardini zum fünfzigsten Geburtstag dargebracht von seinen Freunden und Schülern, Würzburg 1935, 9-14, hier 13f.

137 Vilma MÖNCKEBERG-KOLLMAR, Romano Guardini auf Burg Rothenfels. Pfingsten 1924, in: Katechetische Blätter 102 (1977) 665f.

chor ein, nach dessen Vortrag Guardini zu Mönckeberg sagte: „Ich habe immer geahnt, dass Worte leuchten können, seit heute weiß ich es".[138] Sie dürfte wohl auch hinter dem Umstand stehen, dass Guardinis Vorwort *Advent* 1924 in der Zeitschrift *Der Kreis. Zeitschrift für künstlerische Kultur. Offizielles Organ der Hamburger Bühne* nachgedruckt wurde[139], und könnte auch den Vortrag über *Die sozialpädagogische Bedeutung der Jugendbewegung* während der „Sozialpädagogischen Woche" initiiert haben.[140] Dieser Vortrag wurde weiter ausgearbeitet zu seinem Aufsatz *Grundlegung der Bildungslehre.*[141]

Mönckeberg fühlte sich mit Guardini vor allem über dessen Übersetzungsstil, Vorlesekunst und Liebe zu Märchen verbunden.[142] Ihr eigenes Buch *Der Klangleib der Dichtung* trägt in der Guardini-Bibliothek hingegen schlicht die Widmung „In Verehrung Vilma Mönckeberg Januar 1947".

Guardini in Hochland- und Scheler-Kreisen

Frühe Reaktionen auf Guardinis „Vom Geist der Liturgie"

Außer der nun wieder zugänglichen, bereits von Gerl-Falkovitz in ihrer Guardini-Biografie ausgewerteten brieflichen Reaktion von Max Scheler an Romano Guardini vom 4. Juli 1919[143] gibt es zwei weitere namhafte Reaktionen, von denen die eine bislang noch nicht historisch eingeordnet werden kann, die zweite aber noch nicht gesichert ist.

Eugen Rosenstock

Zum einen steht nämlich in Mooshausen ein am 19. Februar 1919 signiertes Exemplar von Eugen Rosenstocks *Europa und die Christenheit* (Kempten-München

138 Vilma MÖNCKEBURG, 50 Jahre Burg Rothenfels, 4 (hier zitiert nach GERL, Romano Guardini, [wie Anm. 9] 189).

139 1 (1924), 2 (Dezember 1924), 23-28.

140 Siehe: V. M., Sozialpädagogische Woche, in: Hamburger Correspondent und neue hamburgische Börsen-Halle, 6. Februar 1926, https://www.europeana.eu/portal/en/record/9200338/BibliographicResource_3000127234270.html. Den Berichten zufolge dürfte es sich weitgehend um den in diesem Jahr auch in Beuron und Wien gehaltenen Vortrag „Vom Wesen der Bildung" gehandelt haben. (Siehe: Sozialpädagogische Woche in Hamburg, in: Altonaer Nachrichten/Hamburger neueste Zeitung, 9 Februar 1926, https://www.europeana.eu/portal/en/record/9200338/BibliographicResource_3000117687358.html und sn.: Sozialpädagogische Woche. 3. Abend: Vortrag von Prof. Guardini, in: Hamburger Anzeiger, 5. Februar 1926, https://www.europeana.eu/portal/en/record/9200338/BibliographicResource_3000094653070.html).

141 In: Die Schildgenossen 8 (1928) 314-339; eingegangen in: Romano GUARDINI, Unterscheidung des Christlichen, Mainz 1935 [nicht mehr in ^{2}1963!]; eigenständig als Monographie unter dem Titel: Grundlegung der Bildungslehre. Versuch einer Bestimmung des Pädagogisch-Eigentlichen, Würzburg 1953.

142 Vilma MÖNCKEBERG-KOLLMAR, Das Märchen und unsere Welt: Erfahrungen und Einsichten, München 1972, 85ff.: Kapitel *Märchen und Literatur* (Zitat „Die Unnatur unserer Bucherziehung hat Vorlesen und Erzählen verdrängt." zur Einführung).

143 Der Brief lag nach Einsichtnahme durch Gerl-Falkovitz von 1984 bis 2020 im einem versiegelten Sonderkonvolut in der Bayerischen Staatsbibliothek: BSB, Ana 342 B4-3-139.

1919). Es wird dem Verfasser vom Geist der Liturgie dankbar und ergebenst wohl postalisch „überreicht", kommt aber laut handschriftlichem Eintrag von Guardini erst ein halbes Jahr später bei ihm an. Zu diesem frühen Zeitpunkt ist bislang keine persönliche Beziehung zwischen Guardini und Eugen Rosenstock (1888-1973) nachweisbar. Ein möglicher Hinweis könnte in der Korrespondenz zwischen November 1918 und Juni 1920 zwischen Rosenstock und Muth liegen, die auch einen Brief von Abt Ildefons Herwegen von Maria Laach an Eugen Rosenstock vom 10. Juni 1919 enthält.[144] Daher ist auch hier eine Vermittlung durch Abt Herwegen denkbar. Die Korrespondenz konnte aber noch nicht eingesehen werden.

Martin Buber

Zum anderen hat auch Martin Buber (1878-1965) angeblich auf die Schrift *Vom Geist der Liturgie* brieflich bereits unmittelbar nach Erscheinen reagiert.[145] Die Existenz dieses Briefes konnte aber bislang noch nicht wieder verifiziert werden. Nachweislich sind Guardini und Buber sich „1922 oder 1921" im Hause Worringers begegnet, wie Guardini sich angesichts der Neuauflage eines Treffens im Hause Worringers am 13. November 1954 nun aber in München erinnert: „München, So. 14.11.54. Gestern nachmittag war ich bei Worringers. Das letzte Mal war ich 1922 oder 1921 bei ihnen, und damals wie dieses Mal war Martin Buber dabei – diesmal auch seine Frau. Es war schön. Von so weither liefen die Linien der Lebenswege in dem ruhigen Zimmer mit der freien Aussicht zusammen."[146]

Aus der Guardini-Bibliothek heraus kann man nun den von Robert A. Krieg zusammengestellten Daten hinzufügen, dass aufgrund der handschriftlichen Einträge der Lesedaten Guardini vom Juni 1957 bis Juni 1958 und dann noch einmal ab April 1962 Martin Bubers und Franz Rosenzweigs Bibelübersetzungen intensiver studierte, namentlich *Die fünf Bücher der Weisung* (Olten 1954, mit handschriftlichem Eintrag des Lesedatums „21.6.57-13.8.57"), *Bücher der Geschichte* (Olten 1955 mit handschriftlichem Eintrag des Lesedatums „4.1.58-10.1.58"), *Bücher der Kündung* (Olten 1958, mit handschriftlichem Eintrag des Lesedatums „28.3.58-20.6.58" und dem Vermerk „V. Verf.") sowie *Die Schriftwerke* (Olten 1962, mit handschriftlichem Eintrag des Lesedatums „5.4.62-").

Wilhelm Worringer

Von jenem Wilhelm Worringer (1881-1965), der sich im Abstand von 30 Jahren gut drei Jahrzehnten zweimal mit Guardini und Buber trifft, steht in der Guardini-Bibliothek noch dessen Studie *Problematik der Gegenwartskunst* (München 1948). Sie enthält

144 Vgl. BSB, Ana 390 II.A: Brief von Eugen Rosenstock-Huessy an Carl Muth, Bad Wildungen, 1918-1931. Der Briefwechsel konnte vom Verfasser leider noch nicht eingesehen werden.

145 Robert A. KRIEG, To Nostra Aetate. Martin Buber und Romano Guardini, in: Holocaust Educational Foundation (Hg.), Lessons and Legacies IV, Evanston 1991, 82; ähnlich auch in: Michael Alain SINGER (Hg.), Humanity at the Limit, Bloomington u. a. 2000, 139.

146 GUARDINI, Stationen und Rückblicke (wie Anm. 15), 243.

die Widmung „Romano Guardini als Nachtrag zu einem Kurzgespräch zwischen Tür und Angel“. Wann und wo genau dieses „Kurzgespräch“ stattgefunden haben könnte, ist noch nicht bekannt. Worringer hatte im Oktober 1946 zunächst eine Professur an der Universität Halle angetreten, dann aber 1950 die DDR aus politischen Gründen verlassen und sich in München niedergelassen. Daher dürfte das Gespräch nicht vor 1950 stattgefunden haben.

In der Bayerischen Staatsbibliothek befindet sich zudem ein noch nicht veröffentlichter Geburtstagsbrief Worringers zu Guardinis. 80. Geburtstag vom 16. Februar 1965. Eineinhalb Monate später, am 29. März 1965, starb Worringer.[147]

Der Bonn-Kölner Scheler-Kreis

Eine 1922 bei Scheler stattfindenden Versammlung von Jugendbewegten kannten wir bislang nur aus einer Erinnerung von Heinrich Lützeler, die bereits von Gerl-Falkovitz in der Guardini-Biografie von 1985 aufgenommen wurde. Die publizistische Auseinandersetzung zwischen der Historikerin Elisabeth Busse-Wilson und dem Philosophen Paul Ludwig Landsberg über die Bedeutung des Treffens und Guardinis im Vergleich zu Scheler ist dagegen in der Guardini-Forschung noch wenig bekannt.[148] Landsberg relativierte dabei zwar Busse-Wilsons Euphorie gegenüber Guardini und ihre Einschätzung des Verhältnisses von Guardini und Scheler in Bezug auf [149]die Schüler Schelers. Er selbst ist jedoch ein gutes Beispiel für eine Umorientierung von Scheler in Richtung Guardini.

Paul Ludwig Landsberg

Der junge Paul Ludwig Landsberg (1901-1944) gilt dabei als „führende Gestalt“[150] dieses Bonner Scheler-Kreises, in dessen Bonner Elternhaus man sich häufig traf. Schon sein Vater führte dort ein sehr offenes akademisches Leben. Unter anderem Wilhelm Worringer und Paul Clemen, Friedrich Gundolf und Ernst Robert Curtius, Max Scheler und eben Romano Guardini sollen dort regelmäßig zu Gast gewesen sein.[151] Dabei bleibt offen, ob der junge Landsberg Guardini oder die mit Guardini befreundeten Romanisten Ernst Robert Curtius und Hermann Platz ihn schon vorher in das Haus eingeführt hat.

---

147 BSB, Ana 342 B34-116.

148 Elisabeth BUSSE-WILSON, Max Scheler und der homo capitalisticus, in: Die Tat. Monatsschrift für die Zukunft deutscher Kultur 14 (1922/23) 179-186, zu Romano Guardini 184 und 186; Replik dazu durch: Paul Ludwig LANDSBERG: Zu „Max Scheler und der homo capitalisticus“, in: ebd. 468f.; Antwort dazu: Elisabeth *Busse-Wilson*, Scheler und seine Schüler, in: ebd. 469-472.

149 Romano GUARDINI, Anselm von Canterbury und das Wesen der Theologie (1921), in: Ders., Wurzeln eines großen Lebenswerks, Bd. 1, Mainz-Paderborn 2000, 397.

150 GERL, Romano Guardini(wie Anm. 9), 130.

151 Vgl. Volker SIEBELS, Ernst Landsberg (1860-1927): ein jüdischer Gelehrter im Kaiserreich, Tübingen 2011, unter Berufung auf Klaus SIMON, Der jüdische Beitrag zum Ansehen der Bonner Universität. Vortrag gehalten im Rotary Club Jerusalem am 14.3. 1983 und im Rotary Club Tel-Aviv am 17.3. 1983, veröffentlicht in mdb.Labor 5 (1983) Heft 5, 46.

Von Paul Landsberg befinden sich nun zwei Bücher von Interesse in der Guardini-Bibliothek. Im Werk *Wesen und Bedeutung der platonischen Akademie* (1923) steht die Widmung „Romano Guardini in Freundschaft und Sehnsucht nach baldigem Wiedersehen P. L. L." und das lateinische Zitat „Introïte, nam et hic Dii sunt!" (deutsch: „Tretet ein, denn auch hier sind die Götter!"). Guardini wiederum schätzte besonders Landsbergs Buch *Die Welt des Mittelalters und wir*, das er in seinen eigenen Arbeiten mehrfach zustimmend erwähnte. So schreibt er in seiner Bonner Probevorlesung *Anselm von Canterbury und das Wesen der Theologie* von 1921: „Ich verweise auf Paul Landsbergs mit klarer Schau und tiefer Liebe geschriebenes Buch: ‚Die Welt des Mittelalters und wir'. (Bonn, Cohen.) Es ist in den letzten Jahren nicht viel erschienen, das ich dieser Schrift an die Seite setzen möchte."

Außerdem enthält die Bibliothek auch Paul L. Landsbergs *Einführung in die Philosophische Anthropologie* (Frankfurt 1934), die Guardini intensiver gelesen zu haben scheint. Insbesondere die handschriftliche Eintragung auf S. 93 ist von Bedeutung. Hier ergänzt Guardini den Abschnitt *Über die Geltung und Bedeutung der christlichen Idealität steht uns hier als Philosophen kein Urteil zu* mit einer kritischen Rückfrage: „Gibt es eine autonome philosophische Anthropologie? Ist das Ergebnis eines Versuches zu einer solchen nicht die Einsicht in die Undeutbarkeit des „bloßen Menschen"?"

Von den erwähnten älteren Akademikern, die wohl schon beim Vater Landsberg zu Gast waren, erscheinen in der Guardini-Bibliothek Friedrich Gundolf, Paul Clemen und Ernst Robert Curtius.

Friedrich Gundolf

In der Bibliothek befindet sich ein Exemplar der *Deutschen Vierteljahresschrift für Literaturwissenschaft und Geistesgeschichte* (1924) mit einer Widmung von Friedrich Gundolf (1880-1931) an Guardini („Für Romano Guardini mit herzlichem Erinnern von Friedrich Gundolf"). Gundolfs eigener Beitrag geht dabei zu *Schleiermachers Romantik*.

Paul Clemen

Dann gehören Paul Clemen (1866-1947) und seine Frau in diesen Kontext. Vom späten Kontakt von Witwe Lilli Clemen und ihrem Sohn Wolfgang zu Guardini nach dem Tod Paul Clemens im Jahr 1947 zeugen in der Guardini-Bibliothek Paul Clemens *Gesammelte Aufsätze* (Düsseldorf 1948) mit der Widmung „Romano Guardini in dankbarer Verehrung Lilli Clemen 1948" und Wolfgang Clemens *Shelleys Geisterwelt* (Frankfurt a. Main 1948) mit dem Eintrag „R. Guardini in Verehrung und Dankbarkeit Wolfgang Clemen".

Als Wolfgang Clemen im November 1963 um einen Beitrag für eine Freundesgabe für den 80. Geburtstag seiner Mutter anfragt, erklärt sich Guardini für seine Verhältnis erstaunlich kurzfristig dazu bereit, in Form eines Briefes an den Sohn dazu beizutragen. Gerl-Falkovitz hat bereits aus dem Typoskript auszugsweise zitiert. An dieser Stelle sei es noch einmal aufgeführt, um die damalige geistige Situation in Bonn besser illustrieren zu können. Guardini schildert ein Erlebnis kurz nach seiner Habilitation in Bonn und auf dem Heimweg von einem Abend im Hause Clemen nach Niederholtdorf im Siebengebirge. Dort habe er einen Seelsorgsauftrag gehabt, um als kleiner Privatdozent ohne feste Remuneration in der bösen Zeit nach dem Krieg leben zu können. „Der Weg war lang, aber die Nacht schön. Und während der Stunden im Hause Ihrer Eltern hatte mich etwas angerührt – dort angerührt, wo der Gedanke entspringt, wenn er mit lebendigem Wort verbunden ist. Mein Denken ist ja nie rein wissenschaftlicher Art gewesen; immer war – zum Nutzen oder zum Schaden, je nachdem man die Sache betrachtet – ein gewisses künstlerisches Element wirksam. Das begann sich also zu rühren, und auf dem Wege über den Rhein hinüber hatte sich etwas entfaltet, das mir nur dieses eine Mal geraten ist, nämlich ein Dialog zwischen mehreren Personen über jene Gestalt, die mich immer stärker in ihren Dienst nehmen sollte. Es war das ‚Gespräch vom Reichtum Christi', das die verschiedenen Aspekte seiner Gestalt zu zeichnen versucht [...] Etwas Derartiges ist mir, wie gesagt, nur dieses eine Mal geschehen [...]."[152] In Ihrem Dankesbrief verweist Lili Clemen darauf, dass ihr der erste Besuch mit Curtius zusammen noch sehr lebendig vor Augen stehe.

Ernst Robert Curtius

Auch durch ihre Erwähnung von Ernst Robert Curtius (1886-1956) im Zusammenhang mit diesem ersten Besuch Guardinis im Hause Clemen unterstreicht die gute Verbindung zu diesem Romanisten. Immerhin wissen wir zum Beispiel durch Johannes Schaber, dass es im Marburger Haus von Ernst Robert Curtius ein Zusammentreffen von Romano Guardini, dem Ehepaar Scheler sowie Heinrich Ochsner, dem gemeinsamen Mitstudenten Guardinis und Heideggers aus der Freiburger Promotionszeit, gab.[153] Curtius war nach dem Ersten Weltkrieg zunächst 1919 außerordentlicher Professor in Bonn geworden. Anfang 1920 hatte er einen Ruf als ordentlicher Professor an die Universität Marburg erhalten, den er annahm, nachdem eine Etatisierung seines Bonner Extraordinariats nicht zu erreichen war. Die Ernennung erfolgte zum 1. April 1920. Es ist aber anzunehmen, dass Curtius seine freundschaftlichen Beziehungen zu den Bonner Kollegen aufrechtzuerhalten versucht hat. 1924 wechselte er dann an die Universität Heidelberg. Von Ernst Robert Curtius steht dort dessen Buch über *Balzac* (Bonn 1923) mit der Widmung des Autors „Für Romano Guardini in herzlicher Sympathie Ernst Robert Curtius". Im Blick auf Guardini ist noch von Interesse, dass Curtius auch ein mögliches Bindeglied zu Viktor von Weizsäcker darstellt. Dieser war nämlich mit Curtius' Schwester Olympia (1887-1979) verheiratet.

---

152 BSB, Ana 342 B4-3-020, hier zitiert nach GERL, Romano Guardini (wie Anm. 9), 132.
153 Johannes SCHABER, Art. Ochsner, Heinrich, in: Bio-Bibliographisches Kirchenlexikon, Bd. XIV, hg. von Traugott Bautz, Herzberg 1998, Sp. 1325-1331.

Tony Förster und Gustav René Hocke

In den Scheler-Kreis um Landsberg gehören auch noch Heinrich Lützeler (1902-1988), dem damals besten Freund Paul Ludwig Landsbergs[154], von dem sich aber kein gewidmetes Buch in der Bibliothek befindet, sowie die Scheler-Schülerin Tony Förster und der Landsberg-Freund Gustav René Hocke, der wiederum bei Ernst Robert Curtius promovierte.

Die Verbindungen zwischen Tony Förster und Guardini sind durch einen Geburtstagsbrief von ihr an Guardini vom 20. Februar 1965 bekannt, aus dem Gerl-Falkovitz 1985 den Satz zitierte: „Und dann denke ich an den Schelerkreis, wo sehr viel geredet und debattiert wurde und Sie das allein Endgültige aussprachen.“[155] Allerdings ist einerseits durch Hinweise aus dem Guardini-Archiv, aber auch durch den nachfolgenden Hinweis Hockes noch mehr zu erwarten.

Der Kulturhistoriker, Schriftsteller und Journalist Gustav René Hocke (1908-1985) wirkte ab 1940 als Korrespondent für die Kölnische Zeitung in Rom. Nach einer kurzzeitigen Rückkehr ging er 1949 als erster deutscher Italienkorrespondent nach dem Zweiten Weltkrieg erneut nach Rom zurück. Schriftstellerisch beschäftigte er sich vor allem mit dem Manierismus, wobei er zwischen der kunsthistorischen Epoche und einem Manierismus als Lebensgefühl unterschied. Letzteres zeichnete er als groteske „Ausdrucksgebärde“ des „problematischen Menschen“, die in den meisten kulturhistorischen Epochen als Reaktion auf die klaren Formen einer „klassischen“ Episode auftrete.

Kürzlich tauchte antiquarisch ein maschinengeschriebener Brief von Hocke mit Adresskopf der Schriftleitung der Kölnischen Zeitung vom 25. Juni 1936 auf, in dem sich Hocke an Tony Förster in Köln-Klettenberg wendet mit einem Bezug zu einem von ihr verfassten Aufsatz über Guardini, den man in gekürzter Form gerne zur Veröffentlichung übernehmen wolle. Bislang war dieser Aufsatz nicht bekannt, aber auch weder in der Kölnischen Zeitung noch andernorts aufgefunden worden.

Die Guardini-Bibliothek enthält in Hockes Buch *Die Welt als Labyrinth. Manier und Manie in der europäischen Kunst* interessanterweise handschriftliche Eintragungen Guardinis (Hamburg 1957). Hocke wiederum führt auch in seinen eigenen Werken insbesondere Romano Guardinis Pascal-Interpretationen immer wieder an.

Guardinis Zugehörigkeit zu Berliner Kreisen

Alle diese Begegnungen aus der Bonner Zeit dürften wesentlich mit dazu beigetragen haben, dass Guardini zumindest zu zwei Kreisen in Berlin schnell und gut Zugang

154 Doris REITMEISTER, Gelehrte der Alma Mater Bonnensis: Porträts, X. Paul Ludwig Landsberg, Norderstedt 2009. Mit Lützeler zusammen gab Landsberg die Religiösen Schriften von Novalis (Köln 1923) heraus.

155 GERL, Romano Guardini (wie Anm. 9), 132.

gefunden hat, einmal zum Kreis um Werner Sombart, einmal zu den Zusammenkünften im Hause Kempner, wie Guardini selbst es beschreibt: „Von den Professoren war mir nur Eduard Spranger ein deutlicher Begriff; ich kannte manche seiner Schriften, und außerdem hatte er Beziehungen zur Jugendbewegung, näherhin zu den Potsdamer Neupfadfindern. Ich besuchte ihn sozusagen inoffiziell; er war sehr freundlich und kam auch bald zu mir. Später wurde ich mit Werner Sombart bekannt, ich glaube über einen Kreis, der sich in der Fasanenstraße zu versammeln pflegte, und zu welchem auch Max Scheler gehörte. Wenn ich mich recht entsinne, war Sombart der einzige, der dafür eingetreten war, den Versuch des katholischen Lehrstuhls zu machen: es werde sich zeigen, was er wert sei. Er kam mir sehr freundlich entgegen, und ich bin bis zu meinem Fortgang von Berlin Gast seines Hauses gewesen. Durch das Haus Kempner wurde ich mit Werner Jäger, dem Ordinarius für griechische Philologie bekannt, und die Beziehung hat gedauert, bis er an die Universität Chicago ging."[156]

Kant-Gesellschaft

Auch seine Beteiligung bei der Berliner Kant-Gesellschaft um Arthur Liebert erklärt sich wohl aus diesen Verbindungen. Denn der „Kreis, der sich in der Fasanenstraße" zu versammeln pflegte" und über den Guardini in den Sombartschen Kreis gelangte, konnte zwar noch nicht eindeutig identifiziert werden. Allerdings war die Wohnung Arthur Lieberts in der Fasanenstraße 48 „Sitz" der Kantgesellschaft und der Kant-Studien, deren Herausgeberkreis neben Arthur Liebert, Hans Vaihinger, Bruno Bauch, Max Frischeisen-Köhler und Paul Menzer eben auch Max Scheler angehörte. Arthur Liebert war seit Gründung der Kant-Gesellschaft im Jahr 1904 zunächst stellvertretender, dann von 1927 bis 1933 alleiniger Geschäftsführer. Nebenbei bemerkt war von Mitte der zwanziger Jahre an bis zu ihrer Auflösung der Philosoph Helmut Kuhn, der spätere Münchner Kollege und Freund Romano Guardinis, wissenschaftlicher Assistent der Geschäftsführung in der Kant-Gesellschaft. Kuhn hatte 1925 erstmals und bis zu seiner Emigration im Jahr 1937 Vorlesungen bei Guardini besucht und erinnert sich auch noch für das Dritte Reich in „abendliche Zirkeln wechselnder Zusammensetzung", von „Konventikeln der Dissidenten", bei denen er immer wieder Guardini begegnet sei.[157]

Der Sombart-Kreis

Der Kreis um Werner Sombart (1963-1941) ist etwas näher bestimmbar durch Erinnerungen von Corina und Nicolaus Sombart sowie Tagebucheinträgen Carl Schmitts.

Von Nicolaus Sombart wissen wir, dass die Freiin von Gebsattel, geb. von Falkenheyn, und ihr Mann Viktor Emil von Gebsattel im Hause Sombarts verkehrten.[158]

156 GUARDINI, Stationen und Rückblicke (wie Anm. 15), 39.
157 In: Philosophie in Selbstdarstellungen, hg. v. Ludwig J. Pongratz, Bd. 3, Hamburg 1977, 265.
158 Nicolaus SOMBART, Jugend in Berlin 1933-1943. Ein Bericht, München-Wien ^{2}1984, 44 und 274.

Ebenso waren der georgische Dichter Grigol Robakidse, der 1931 von Georgien nach Berlin gekommen war, und Bruno Goetz bei Treffen dabei.[159] Corina Sombart (1892-1970) zählt neben Guardini und Schmitt auch noch Max Scheler und Helene von Nostitz zu den gern gesehenen Gästen[160], die sich laut Nicolaus Sombart regelmäßig „sonntäglich gestimmt im Hause Sombart zusammengefunden" hätten.[161] Carl Schmitt selbst notierte zum 21. Januar 1930 in sein Tagebuch: „Zu Sombart, dort Guardini getroffen, der mir gut gefiel (er spricht von dem Dämonischen des Tieres im Menschen, sehr schön eigentlich), Anschütz, Frau Briefs waren da. Mit Guardini mitternächtlich nach Hause."[162]

Ein Jahr später, am 19. Februar 1931, traf er dort erneut auf Guardini: „Dann zu Sombart. Dort waren Nostitz und Guardini. Langweilig. Über ‚Verfassung' unterhalten. Ein Quatschkopf, dieser Guardini. Müde mit Adams weggegangen.'"[163]

Nicolaus Sombart berichtete auch vom zeitweisen Ausschluss Carl Schmitts aufgrund seiner Schriften und Reden zu Beginn des Dritten Reiches, infolge derer Werner und Corina Sombart „einige Jahre mit ihm nichts zu tun haben wollten".[164] Dabei war Werner Sombart selbst dem italienischen Faschismus sehr zugetan und war wie Carl Schmitt auch Mitglied der nationalsozialistischen Akademie für deutsches Recht. Außerdem unterzeichnete er vor der Volksabstimmung über das Staatsoberhaupt des Deutschen Reiches im August 1934 die Proklamation *Deutsche Wissenschaftler hinter Adolf Hitler.*

Der Kempner-Kreis

Als erstes Zeugnis des Kontaktes mit den Kempners dagegen existiert eine Postkarte von Guardini an Frau Geheimrat F. Kempner, abgeschickt aus dem Fextal bei Sils-

159 Vgl. Steffi CHOTIWARI-JÜNGER, Unbekannte Briefe Grigol Rokakidses, in: Georgica 26 (2003) 131-156. Die Briefe sind an Corina Sombart gerichtet, eine Rumänin russisch-orthodoxer Konfession. Vgl. zu Romano Guardini den Brief vom 3. Oktober 1946 aus Genf, S. 135. Rokakidses versucht Sombart zu zeigen, worum es sich bei seinem Werk über die Urgeheimnisse des menschlichen Seins handelt. Als Beispiel führt er folgendes „Geheimnis" an: „Christos ist, nach unserem Glauben, leibhaft auferstanden. Und siehe: im ersten Augenblick erkennen ihn die Jünger nicht. Wer hat nun in Jahrhunderten dieses Geheimnis angerührt? Die Lösung dieses Rätsels bestimmt wohl das endgültige Verstehen des Christosphänomens. Wie Sie erinnern können, stellte ich die Frage einmal in Ihrem Hause Herrn Romano Guardini. Einige bedeutende Geister waren auch dabei. Guardini wurde ein wenig verlegen. Er konnte mir nur dies zur Antwort geben: Die Jünger hätten Christus überhaupt nicht gekannt, erst während der Pfingsten-Epiphanie hätten sie IHN erkannt. Alle spürten wohl, daß die Antwort auf eine andere Frage ‚fiel'. Ich erinnere mich, wie Nikolaus Bruno Goetz scherzhaft flüsterte: Guardini habe wie ein Zaubermeister die Pfingsten wie ein Taschentuch aus der Tasche gezogen. Ich darf wohl sagen, dass ich auch dieses Geheimnis enträtselt habe."

160 Corina SOMBART, Werner Sombart, in: Ein Halbjahrhundert betriebswirtschaftlichen Hochschulstudiums. Festschrift zum 50. Gründungstag der Handels-Hochschule Berlin, Berlin 1956, 204.

161 SOMBART, Jugend in Berlin (wie Anm. 158), 275.

162 Carl SCHMITT, Tagebücher 1930 bis 1934, hg. v. Wolfgang Schuller, Berlin 2010, 7f.

163 Ebd. 91.

164 Ebd. 250.

Maria am 23. August 1925.[165] Es handelt sich bei den Kempners um den Geheimen Justizrat Maximilian Kempner (1854-1927), Rechtsanwalt und Präsident des deutschen Kalisyndikats, und seine Frau Franziska, genannt Fanny, geb. Levy (1860-1937). Für die frühe Entstehung dieser Beziehung spricht, dass Friedrich Glum sich auch noch im Zusammenhang mit Maximilian Kempner an diesen Kreis erinnert, obwohl dieser bereits am 11. Mai 1927 auf der Rückreise von den Vereinigten Staaten in Amsterdam verstarb. Friedrich Glum berichtet in seinen Erinnerungen: „In das Haus Kempner kam ich, als die jüngste Schwester meiner Frau den Rechtsanwalt Friedrich Kempner heiratet, sein Bruder Paul war mit der Tochter Marga von Franz Mendelssohn vermählt. Maximilian Kempner war ein großer Berliner Anwalt, und seine Frau, die Schwester Louis Hagens aus Köln, pflegte in einem schönen, von Mies van der Rohe erbauten Haus, in dem Frau Kwast-Hodapp und Frau Picht-Axenfeld spielten, einen Kreis um sich zu versammeln, in dem Romano Guardini und Werner Jaeger im Mittelpunkt standen."[166]

Friedrich Glum war nach seiner Habilitation von 1923 bis 1937 Dozent und dann Professor für Staats- und Verwaltungsrecht an der Berliner Universität und von 1922 bis 1937 Generaldirektor der Kaiser-Wilhelm-Gesellschaft. Bereits 1918 hatte er Elisabeth Hildebrand (1896-1984), die Tochter des Berliner Charité-Arztes Otto Hildebrand, geheiratet. Seit wann genau seine Schwägerin Barbara Hildebrand (1903-1997) mit Friedrich „Fritz", nach der Emigration 1938 „Frederick C.", Kempner verheiratet war, konnte noch nicht ermittelt werden, dürfte aber wohl nicht vor 1925 gewesen sein.

Glum schildert Guardini auch noch sehr farbenreich in seinem unter Pseudonym Friedrich Viga herausgegebenen Roman *Die Rolltreppe*.[167] Den Winter 1931/32 lang fand in Berlin im „Haus Kempner" ein Kreis statt, in dem Guardini seine Interpretationen über die religiöse Existenz in Dostojewskijs Romanen vorstellt. An diesem Kreis nahmen – wie gesehen – Friedrich Glum und Minister Carl Heinrich Becker teil, der bereits 1933 verstarb.[168] Ebenfalls interessant ist eine Erwähnung bei Jochen Klepper in einem Brief an Reinhold Schneider über ein Zusammentreffen mit Guardini im „Hause Glum" 1942.[169]

---

165 Max OBERDORFER (Hg.), Romano Guardini. Zeugnisse eines großen Lebens, Mainz 2010, 55. Das von Oberdorfer angegebene Postkartenstempeldatum widerspricht seiner Aussage, dass Kempners und Guardini sich 1926 kennengelernt hatten (ebd. 161 Anm. 45; Gerl-Falkovitz schreibt „um 1926", siehe Guardinis Briefe an Josef Weiger 1908-1962 (wie Anm. 26), 260f. Anm. 796). Weitere stammen vom 7. März 1927 aus München, vom 21. Januar 1928 aus Tübingen, von 1930 aus Isola, gemeinsam mit Josef Weiger vom 21. Oktober 1930 aus Maria-Steinbach. Der bei Max Oberdorfer zugrundeliegende, noch weitaus umfangreichere Briefwechsel liegt im Privatarchiv von Frau Prof. Gerl-Falkovitz.

166 Friedrich GLUM, Zwischen Wissenschaft, Wirtschaft und Politik. Erlebtes und Erdachtes in Vier Reichen, Bonn 1964, 261.

167 Friedrich VIGA (Pseudonym für Friedrich Glum, Die Rolltreppe. Ein Roman aus der Weimarer Zeit, München 1960, 204-207

168 GERNER, Romano Guardini in München (wie Anm. 3), Bd. 1, 91.

169 Jochen Klepper, Briefwechsel 1925-1942, hg. v. Ernst Günther Riemschneider, Stuttgart 1973, II. Briefwechsel mit Reinhold Schneider, zu Romano Guardini 154 (über Kontakt Guardinis zu Jochen

In der Guardini-Bibliothek gibt es von ihm zwei Bücher aus Glums Münchner Zeit nach dem Zweiten Weltkrieg, als er neben dem Guardini-Freund Dieter Sattler, der mütterlicherseits ebenfalls aus der Hildebrand-Dynastie abstammt[170], im bayerischen Kultusministerium tätig war. Einmal steht da als Geschenk zum 70. Geburtstag Guardinis dessen Buch *Philosophen im Spiegel und Zerrspiegel. Deutschlands Weg in den Nationalismus und Nationalsozialismus* (München 1954) mit der Widmung „Herrn Professor Romano Guardini zum 70. Geburtstag in alter Verehrung Friedrich Glum"; dann sein Buch über *Jean Jacques Rousseau – Religion und Staat. Grundlegung einer demokratischen Staatslehre* (Stuttgart 1956) mit dem kurzen Eintrag „In Verehrung Friedrich Glum". Wohl aus dem Vorbesitz von „Friedrich Glum" stammt Robert Derathés *Jean-Jacques Rousseau et la science politique de son temps* (Paris 1950); zumindest ist in dem Band sein Name eingetragen.

Die Aufnahme in die Gesellschaften im Hause Kempner führen schließlich auch dazu, dass Guardini auf dem Grundstück der Villa Kempner ein Nebengebäude in eine eigene Wohnung umbauen lassen kann. Er wiederum bezieht Witwe Fanny Kempner in seinen eigenen Freundeskreis mit ein und begleitet gemeinsam mit seinem Freund Josef Weiger Fanny Kempners Wunsch, zum römisch-katholischen Glauben zu konvertieren. Sie wurde 1933 in Mooshausen getauft. Sowohl mit den Kindern Paul und Friedrich als auch mit deren Frauen und deren Familien hat Guardini langjährige Beziehungen.[171] Mit deren Emigration gelangten wohl auch einige Typoskripte Guardinis in die Vereinigten Staaten, von denen eines antiquarisch wieder in Umlauf gekommen ist.[172]

Guardinis eigener Berliner Kreis

Zu Guardinis eigenem Berliner Kreis gehörte in jedem Falle Rudolf Schwarz, Carl Georg Heise, Fred Neumeyer (bis zur Auswanderung 1935), Ludwig Winterswyl,

---

Klepper im Brief vom Dienstag, 24. März 1942: „Am Mittwoch [wohl 18. März 1942] weilten wir im Glumschen Haus hier in Nikolassee mit Guardini").

170 Dieter Sattlers Vater, der Architekt Carlo bzw. Carl Sattler (1877-1966) hatte Eva „Nini" von Hildebrand (1877-1962), die Schwester Dietrich von Hildebrands, geheiratet. Sein Großvater, der Bildhauer Adolf von Hildebrand (1847-1921), und der Vater von Barbara und Elisabeth Hildebrand, der Berliner Arzt Otto Hildebrand (1858-1927), waren Geschwister. Carlo Sattler wiederum hatte selbst freundschaftliche Beziehungen zu den Kempners. Er baute 1924 bis 1927 die Villa der Kempners in Berlin-Charlottenburg um, 1925/26 für die Söhne die „Villa Kempner" in Werder an der Nordsee, hatte 1928 die Grabplatte für Maximilian Kempner auf einem israelitischen Friedhof und 1937 für Franziska Kempner die Grabplatte für einen katholischen Friedhof gestaltet.

171 Vgl. dazu Guardinis Briefe an Josef Weiger 1908-1962 (wie Anm. 26), 267 Anm. 818.

172 Die Beschreibung des Anbieters lautete: „Bound in Binder. Very Good/No Jacket. Pre-Publication Manuscript. Philosophy. Folio – over 12" – 15" tall. Typed manuscript in German c.1934 with first German edition Verlag Jakob Hegner In Leipzig, 1935 and, Pascal for Our Time, Herder And Herder,1966, translated by Brian Thompson. The manuscript differs appreciably from the published version. It was obtained from the estate of Dr. Paul Kempner a German Jewish Banker who left Germany for the United States before the war. An important item!."

Hilde Herrmann (beide bis zum Umzug nach Freiburg), Karlheinz Schmidthüs, Heinrich Kahlefeld und mitunter auch Paul Fechter.[173]

Paul Fechter

Aus den Erinnerungen des letzteren, Paul Fechter (1880-1958), wird dieser Kreis erstmals 1949 vor Augen gestellt. Er sieht in dem Kreis zunächst einen Mitarbeiterkreis der *Schildgenossen* als „kultivierteste und geistigste Zeitschrift", „die der deutsche Katholizismus je besessen hat". Nachdem Guardini von seiner Wohnung bei Kempners in das von Rudolf Schwarz Haus in der Chamberlain-Straße in Berlin-Zehlenfeld übergesiedelt war, versuchte laut Fechter Guardini dort während des Dritten Reiches „eine Art von regelmäßigen Gesprächen, Begegnungen, Unterhaltungen seines Kreises und einiger Freunde zusammenzubringen." Er selbst sei ein- oder zweimal im Hause Guardinis gewesen. Da aber Guardini aber zunehmend beobachtet worden sei, insbesondere auch wer bei ihm aus- und einging, habe man sich an anderen Orten getroffen, „im Sommer" eines nicht genannten Jahres auch einmal in Lichtenrade bei Fechter.[174]

Dabei sah Fechter sich als Freund Guardinis, was in der Guardini-Bibliothek in seiner Widmung in Rudolf Pechels Buch *Deutscher Widerstand* (Erlenbach-Zürich 1947) zum Ausdruck kommt: „Für Romano in Dankbarkeit für unsere alte Freundschaft, und in Treue Paul Tübingen 2. Juli 1947". 1954 folgte sein eigenes Buch *Zwischen Haff und Weichsel. Jahre der Jugend* (Gütersloh 1954) mit der Widmung „Romano Guardini nachträglich zum 17. Februar Herzlichst Fechter Lichtenrade Februar 54".

Dass diese Freundschaft auch wechselseitig war, zeigt einerseits Guardinis Beitrag zur Festschrift für Paul Fechter, nachdem er sich gegenüber dem Anfragenden Redakteur Joachim Günther erklärte, dass er sich eigentlich vorgenommen hatte, keine Festschrift-Beiträge mehr zu schreiben, er bei Dr. Fechter aber eine Ausnahme machen müsse[175]; dann Guardinis im August 1955 gemeinsam mit anderen gegenüber Theodor Heuss vorgetragenes Anliegen, Fechter mit dem Bundesverdienstkreuz auszuzeichnen sowie andererseits Guardinis briefliche Rückmeldung auf das Anliegen von Fechters Tochter, ihm bei der Rehabilitierung ihres Vaters gegenüber einer aus ihrer Sicht ungerechten Darstellung von Fechters Verhalten im Dritten Reich in einer Doktorarbeit von Karl-Wolfgang Mirbt *Methoden publizistischen Widerstandes im 3. Reich* zu helfen.[176]

173 GERL, Romano Guardini (wie Anm. 10), 317.

174 Paul FECHTER, Romano Guardini, in: Ders., An der Wende der Zeit. Menschen und Begegnungen, Gütersloh 1949, 159-167, hier 165f.

175 BSB, Ana 342 B22/01-21: Brief von Guardini an Joachim Günther vom 14. April 1955.

176 BSB, Ana 342 B4-3: Brief von Sabine Fechter an Guardini vom 24. Juli 1963. Guardinis Antwort vom 31. Juli 1963.

Carl Georg Heise

Der von Fechter genannte Kunsthistoriker Carl Georg Heise (1890-1979) wirkte in den zwanziger Jahren in Lübeck, wurde aber 1933 aufgrund seines vehementen Eintretens für die neuere deutsche Kunst bereits am 29. September aus seinem Amt als Lübecker Museumsdirektor entlassen mit Wirkung zum 31. Dezember. Heise ging daraufhin nach Berlin und bezog 1935 das Nachbarhaus von Theodor Heuss.[177] Auch von ihm findet sich in der Bibliothek ein Sonderdruck seines Artikels für den dritten Band von *Die Großen Deutschen. Neue Deutsche Biographie* (Berlin 1936) über *Arnold Böcklin 1827-1901* mit der Eintragung „Mit Dank für den schönen Abend! C. G. H.“. Das Erscheinungsjahr 1936 dürfte dabei in etwa auch das Schenkungsjahr sein.

Auch Heise ist wohl mit Guardini schon während seiner Potsdamer Zeit bekannt geworden. Dies geht zumindest aus der Biografie Alfred Neumeyers *Lichter und Schatten. Eine Jugend in Deutschland* (München 1967) hervor: „Wahrhaft bildend im tiefsten Sinne waren vor allem die um ein Jahrzehnt oder mehr älteren Freunde, die mein ganzes Leben begleitet haben, Romano Guardini und Carl Georg Heise.“[178]

Alfred, kurz auch Fred Neumeyer (1901-1973) hatte Guardini bei einer Zusammenkunft der Potsdamer Jugendbünde kennengelernt und ihn in seiner damaligen Wohnung hinter dem katholischen Krankenhaus besucht.[179] Von da an auch immer wieder in Guardinis weiteren Berliner Wohnungen. Letztendlich habe Guardini ihm und seiner Frau „den Weg in den Katholizismus gewiesen.“[180] Neben den noch weiter auszuwertenden Briefen und Archivalien in der Bayerischen Staatsbibliothek für die Zeit nach 1945 wird diese Beziehung in der Guardini-Bibliothek eindrucksvoll dokumentiert mit Fred Neumeyers *Nourraine. Der Geschichtenerzähler* (Frankfurt 1934) mit der Widmung „Für Romano Guardini in herzlicher Verehrung Fred Neumeyer Weihnachten 1934“.

Hilde Herrmann

Über Hilde Herrmann (1900-1987) wurde schon einiges in Bezug auf Ludwig Winterswyl gesagt. Sie scheint in vielfacher Hinsicht ein Dreh- und Angelpunkt dieses Kreises und darüber hinaus gewesen zu sein, zum Beispiel auch durch gemeinsame Bekannte wie Gerhard und Erna Krüger. In der Guardini-Bibliothek tritt sie mit dem von Hans Hennecke herausgegebenen *Englischen Gedichten von Shakespeare bis W. B. Yeats. Einführungen, Urtexte und Übertragungen* (Berlin 1938) in Erscheinung, das schlicht und einfach gezeichnet ist mit „Weihnachten 1939 Hilde“.

---

177 GERNER, Romano Guardini in München (wie Anm. 3), Bd. 1, 603.

178 Alfred NEUMEYER, Lichter und Schatten. Eine Jugend in Deutschland, München 1967, 135f.

179 Vgl. dazu: Wolfgang ROSE, Die Weimarer Republik 1918 bis 1933, in: Eckart Frantz (Hg.), St. Josefs-Krankenhaus. Potsdam Sanssouci, 1862-2012, „Die Liebe Christi drängt uns“, Berlin-Brandenburg 2012, 73-88, zu Romano Guardini 78: „Rose, Wolfgang/Frantz, Eckart: Romano Guardini: Ordinarius für katholische Religionsphilosophie und Weltanschauung, 1923/24 Gast des St. Josefs-Krankenhauses“. Dort findet sich auch ein Verweis auf Guardinis Veranstaltungen zur Kunstgeschichte für Schülerinnen des Haushaltungspensionats.

180 NEUMEYER, Lichter und Schatten (wie Anm. 178), 190f.

Rudolf Schwarz

Der Architekt Rudolf Schwarz (1897-1961) war beim Umbau von Burg Rothenfels und bei der Kulturzeitschrift *Die Schildgenossen* eine der Schlüsselfiguren für Romano Guardini. Der langjährige, sehr intensive und sehr aussagekräftige Briefwechsel harrt nach dem Tod der Witwe Maria Schwarz im Jahr 2018 im Historischen Archiv des Erzbistums Köln auf seine Veröffentlichung. In der Guardini-Bibliothek ist die Beziehung erst ab 1958 dokumentierbar. 1958 trägt sein Vortrag *Die Baukunst der Gegenwart*, den er am 14. Februar 1958 bei der Staatlichen Kunstakademie Düsseldorf gehalten hat (Düsseldorf 1958) die Widmung „Herzliche Weihnachtsgrüße an Romano Rudolf Maria". In Rudolf Schwarz' Buch *Kirchenbau. Welt vor der Schwelle* (Heidelberg 1960) steht die handschriftliche Eintragung Guardinis „Vom Verfasser". 1965, vier Jahre nach dem Tod ihres Mannes, schenkt Maria Schwarz Guardini zu Weihnachten Rudolf Schwarz posthum herausgegebenes Buch *Marias anderes Kind – Johannes* (Heidelberg 1965). Sie zeichnet mit: „Gesegnete Weihnacht Ihre Maria Schwarz 1965".

Isa Vermehren

Aufgrund einer etwas abweichenden Handschrift nicht ganz eindeutig zu Paul Fechter zuzuordnen, aber dennoch inhaltlich hier anzuführen, ist die Widmung eines „Paul" in Stuttgart vom 20. Juli 1947. Er schenkt Guardini Isa Vermehrens *Reise durch den letzten Akt. Ein Bericht*" (Hamburg 1947). Der Widmungsspruch lautet: „„Der Sinn aber ist dem Wert in geheimnisvoller Weise verschwistert und der Wert wiederum ist ein Kind des Guten' (S. III dieses Buches). Seinem lieben Romano im Gedenken an manches Gespräch und im Wunsch, daß treue Verbundenheit über die Zeiten und Räume ausdauern möge Paul Stuttgart 20. Juli 1947". Die Sängerin und Kabarettistin sowie spätere Ordensschwester Isa Vermehren (-2009) gehörte nicht nur zum Hörerkreis Guardinis in Berlin, sondern war mit Willo von Moltke[181], dem Bruder von Helmuth von Moltke, eng befreundet. Mit Helmut von Moltke, der am 19. Januar 1944 verhaftet worden war, traf sie während einer gemeinsamen Haftzeit im Konzentrationslager Ravensbrück wieder zusammen, in das Vermehren verschleppt wurde, nachdem sie im Februar 1944 nach dem Überlaufen ihres Diplomaten-Bruders Erich Vermehren zu den Briten in Sippenhaft genommen worden war. In eben jenem Buch, dass Guardini von jenem „Paul" geschenkt wurde, schrieb sie bereits 1946 ihre Erlebnisse auf.

Vermehren berichtete schon gegenüber Gerl-Falkovitz (Brief vom 13. Juli 1984) unter anderem über ihre Erfahrungen in Vorlesungen Guardinis an der Berliner Universität sowie über ein gemeinsames Gespräch in Berlin mit Romano Guardini und Eugen Jochum sowie die darin zum Ausdruck kommende Haltung Guardinis zu Konversionen. Vermehren selbst konvertierte 1938 zur katholischen Kirche.[182] Vermehren gehörte darüber hinaus dem regimekritischen Solf-Gierke-Thadden-Kreis an,

181 Willo von Moltke heiratete 1961 Veronica Jochum, die Tochter des Dirigenten Eugen Jochum.
182 GERL, Romano Guardini (wie Anm. 9), 137, 282, 300, 303.

zu dem auch Guardini selbst Beziehungen und einen religiösen Vortrag im Hause von Gierke gehalten hatte.

Weitere Begegnungen aus der Berliner Zeit

Karl Mannheim (1925)

Im Anschluss an seinen Heidelberger Vortrag *Über Sozialwissenschaft und Ordnung unter Personen* im November 1925[183] erhält er von Karl Mannheim (1893-1947) dessen Buch *Das Problem einer Soziologie des Wissens* (Tübingen 1925) mit der Widmung „Herrn Prof. Guardini in Erinnerung an seinen Vortrag und der drauffolgenden Aussprache in Heidelberg; in aufrichtiger Hochachtung überreicht vom Vf. Heidelberg d. 27.XI.25".

Albrecht Goes (1928/29)

In den Berliner Kontext gehört der evangelische Theologe und Schriftsteller Albrecht Goes (1908-2000). Dieser erinnert sich, worauf auch schon Gerl 1985 verwiesen hat, an den Besuch von Guardinis Vorlesung im Wintersemester 1928/29 und auch an Spaziergänge durch den Tiergarten.[184] Bereits 1934 berichtet er im Rahmen einer Rezension von seinen Besuchen in Guardinis-Vorlesungen.[185] Umgekehrt schreibt Guardini 1938 über Goes' Buch *Über das Gespräch* (Berlin 1938) eine seiner wenigen Berliner Rezensionen für die *Schildgenossen*.[186] Die Beziehung wird in Guardinis Tübinger Professorenzeit wieder intensiver. Zahlreiche Briefe und nunmehr auch 17 handschriftlich gewidmete, von 1946 bis 1965 erschienene Bücher zeugen davon, dass die freundschaftliche Zuneigung von Seiten Goes' nie abgerissen ist. Diese beginnen mit seinen *Goethegedichten – jetzt* (Stuttgart 1946) mit der Widmung „Romano Guardini mit ehrerbietigem Gruß Albrecht Goes" und enden 1965 mit seinem Buch *Im Weitergehen. 15 Versuche* (München/Hamburg 1965) mit dem Eintrag „Daß alles Offenbare sich vom Verborgenen nährt. Pag 35. Mir ehrerbietigem Gruß an Romano Guardini Albrecht Goes Weihnachten 1965".

Gerhard von Mutius (1932)

Auch dass in der Guardini-Bibliothek ein Exemplar von Al Ghasalis im Diederichs-Verlag erschienene Auswahl *Das Elixier der Glückseligkeit* (Jena 1923) steht, ist interessant. Es wurde ihm von Gerhard von Mutius mit einem Koranzitat „Bekämpfe, die dich bekämpfen, auf allen Wegen, allenthalben, aber übertreibe nicht! Allah liebt nicht

---

183 Romano GUARDINI, Über Sozialwissenschaft und Ordnung unter Personen, in: Die Schildgenossen 6 (1926) 125-150.

184 Albrecht GOES, Tagwerk. Prosa und Verse, Frankfurt 1976, 203f.

185 DERS., Rezension zu: Guardini, Christliches Bewußtsein, in: Die Literatur. Monatsschrift für Literaturfreunde, 37 (1934) 519.

186 Romano GUARDINI, Rezension zu: Goes, Albrecht: Über das Gespräch, Berlin 1938, in: Die Schildgenossen 17 (1938) 182-183. Da die Rezension in der Mercker-Bibliographie übersehen wurde und erst von Gerner wiederentdeckt wurde, ist sie bislang auch nicht in einer Werkausgabe zu finden.

die Übertreibenden (Koran)“ und der Angabe „Berlin 15/VII 1932“ überreicht. Mutius verwendet diese Übersetzung „Allah liebt nicht die Übertreibenden“ auch in seinem 1922 erschienen Buch *Gedanke und Erlebnis: Umriss einer Philosophie des Wertes*. Der Jurist Gerhard von Mutius (1872-1934) war ab 1903 im diplomatischen Dienst, unter anderem in Paris, Petersburg, Peking, Konstantinopel, Warschau, Oslo, Kopenhagen, Bukarest und Genf. 1932 trat er in den Ruhestand und widmete sich in Berlin noch bis zu seinem Tod zwei Jahre später durch einen Gehirnschlag seinen literarischen Arbeiten. Über welche Berliner Kontexte er Guardini kennengelernt hat, muss noch offenbleiben. Am wahrscheinlichsten scheint aber die Kant-Gesellschaft. Dort hielt Mutius zum Beispiel noch wenige Monate vor seinem plötzlichen Tod im Oktober 1934 einen Vortrag, der die Grundlage eines kunstphilosophischen Nachlasswerkes, dessen erstes Kapitel *Das Porträt* 1935 in der *Neuen Rundschau* abgedruckt wurde.[187]

Karl Benno von Mechow (1933)

Auch noch in diesen Kontext gehört eine Widmung von Weihnachten 1933 durch den Schriftsteller Karl Benno von Mechow (1897-1960). In seinem Buch *Vorsommer* (München 1934) steht der Eintrag „H. Herrn Professor Dr. Romano Guardini eine Verehrung Karl Benno von Mechow Weihnachten 1933“. Anderweitig antiquarisch ist die Beziehung auch noch zu belegen durch ein Exemplar von *Vorbereitung auf Dante*. Es enthält eine dreizeilige Widmung von Guardini „Herrn K.B. v. Mechow mit herzlichem Dank und Osterwunsch R. G.“ Der genaue Bezug zwischen den beiden konnte bislang aber noch nicht aufgeklärt werden. Der studierte Landwirt lebte als solcher wie die Heiselers in Brannenburg in Bayern. Er war besonders eng mit Ernst Wiechert verbunden. Mechow war 1929 zum Katholizismus konvertiert. Ab 1934 kamen in der von ihm als Mitherausgeber der Monatsschrift *Das innere Reiche* sowohl oppositionelle als auch systemkonforme Autoren zu Wort. Am 21. Juli 1935 fühlte sich das *Katholische Kirchenblatt* in Berlin verpflichtet, folgendes öffentlich mitzuteilen: „Unter der Überschrift ‚Konversion‘ übernahmen wir in Nr. 17 unseres Kirchenblattes vom 7. April 1935 die Meldung, daß der Dichter Karl Benno von Mechow zum Katholizismus übergetreten sei. Diese Veröffentlichung erweckte den Eindruck, wie wir auch selbst annahmen, als sein Benno von Mechow unlängst zum Katholizismus übergetreten. Auf Ersuchen des Reichsministeriums für Volksaufklärung und Propaganda teilen wir deshalb unseren Lesern mit, daß diese Konversion bereits im Februar 1929 erfolgt ist.“

Wenn nicht über eine mögliche Beteiligung Guardinis an dieser Konversion, könnten eine mögliche Verbindung auch Mechows Aufenthalte im Schloß Fürstenberg, der Klinik von Viktor von Gebsattel, gewesen sein. Da Mechow zunehmend unter manisch-depressiven Zuständen litt, hielt er sich dort unter anderem im September 1933 auf. Es ist nicht ganz zu klären, wann Guardini selbst erstmals in Fürstenberg

187 Gerhard von MUTIUS, Das Porträt, in: Die neue Rundschau 46 (1935) 113ff.

zu Besuch oder zur Kur war. Maria von Gagern (1920-2013), die in München lebende Tochter der Gebsattels, schreibt in ihrem Brief zum 70. Geburtstag Guardinis vom 16. Februar 1955 davon, dass man sich vor fast zwanzig Jahren erstmals in Fürstenberg begegnet sei. Die Beziehung zu den Gebsattels selbst beginnt aber schon Mitte der zwanziger Jahre.[188]

Hildegard Jone (1935)
Die österreichische Lyrikerin und Künstlerin Hildegard Jone, bürgerlich Huber (1891-1963), die sich in ihren Werken durch die Begegnung mit Ferdinand Ebner christlich-katholisch orientierte, war ab Anfang der dreißiger Jahre bis zum Verbot 1941 mit ihren Gedichten und Texten in der Zeitschrift *Die Schildgenossen* vertreten, darunter 1933 ein Text über *Die Freude*[189], 1934 ihr Vorwort zu Ferdinand Ebners Tagebüchern[190] sowie 1938 ihr Aufsatz *Ferdinand Ebners Worthaben.*[191] Für 1935 findet sich in der Guardini-Bibliothek die von ihr herausgegebene Schrift Ferdinand Ebners *Wort und Liebe* (Regensburg 1935), versehen mit der Widmung „Dr. Romano Guardini in Verehrung überreicht von Hildegard Jone Dezember 1935".

Hossein Kazemzadeh (1935)
In der Guardini-Bibliothek steht die deutsche Übersetzung *Leben und Sprüche der Sufi-Meister des Islam* (Berlin-Friedenau 1934). Das Buch enthält die Widmung des Übersetzers aus dem Persischen, H. Kazemzadeh-Iranschähr (1884-1962): „Herrn Prof. Dr. R. Guardini zur frdl. Kenntnisnahme gewidmet von H. K. Iranschähr Berlin, den 10/7/35". Es handelt sich um einen iranischen Lehrer, Journalisten und Mystiker, der nach einem juristischen Lizenziat von 1910 bis 1913 in Löwen Staats- und Sozialwissenschaften und an der Sorbonne in Paris Geschichte, Philologie, Journalistik und Soziologie studiert hatte. 1913 ging er zum Orientalisten Edward Granville Browne nach Cambridge und arbeitete dort selbst als Lektor für persische Sprache. Er ging im Rahmen der „Deutsch-Persischen Gesellschaft" e.V. 1917 nach Berlin und gründete dort 1918 den Orientalischen Zeitschriftenverlag Iranschähr GmbH. Aufgrund des großen Bekanntheitsgrades seiner Zeitschrift erhielt Hossein Kazemzadeh bald den Beinamen „Iranschähr (Das Land Iran)", der ein fester Namensbestandteil werden sollte. Kazemzadeh verließ 1936 Deutschland und ging nach Zürich.

---

188 Es ist zu vermuten, dass die in seinem Brief an Josef Weiger vom 19. November 1924 (Guardinis Briefe an Josef Weiger [wie Anm. 26], 258f.) erwähnte protestantische Baronin von Gebsattel, die von Guardini „in katholischen Dingen" unterrichtet werden wollte, um „bei der Erziehung ihrer katholischen Kinder Bescheid … in deren Glauben" zu wissen, um die Frau Viktor von Gebsattels handelt, den er zu diesem Zeitpunkt aber noch nicht zu kennen scheint und daher wohl auch mit der Vermutung („glaube ich"), der Baron wirke im Auswärtigen Amt, falsch liegt. Es gibt zwar andere von Gebsattels, die im Auswärtigen Amt arbeiteten, die aber entweder keine Kinder hatten oder deren Frauen katholisch waren.

189 Zum Beispiel Hildegard JONE, Die Freude, in: Die Schildgenossen 13 (1933) 16-26.

190 DIES., Vorwort zu Ferdinand Ebners Tagebüchern, in: Die Schildgenossen 14 (1934) 209-211.

191 DIES., Ferdinand Ebners Worthaben, in: Die Schildgenossen 17 (1938) 433-436.

1942 gründete er dort eine eigene „Mystisch-Esoterische Schule“ und engagierte sich bis zu seinem Tod für Religions- und Völkerverständigung. Wie und wo in Berlin sich Guardini und Kazemzadeh kennengelernt haben und ob es außer 1935, also ein Jahr vor seinem Weggang aus Deutschland in die Schweiz, vorher oder nachher noch Kontakte zwischen Guardini und Kazemzadeh bestand, kann noch nicht abschließend beantwortet werden.

Franz Josef Brecht (1936)
Der Philosoph und Heidegger-Schüler Franz Josef Becht (1899-1982) schenkte Guardini 1936 sein Buch *Heraklit. Ein Versuch über den Ursprung der Philosophie* (Heidelberg 1936), versehen mit der Widmung „Herrn Romano Guardini in tiefer Verehrung und Ergebenheit vom Verfasser Heidelberg Bachstr. 19 23.9.36.“ Im Jahr zuvor hatte Brecht schon eine Rezension zu Guardinis Pascal-Buch *Christliches Bewußtsein* geschrieben.[192] Da Brecht ab 1932 Privatdozent in Heidelberg ist, muss offenbleiben, was der konkrete Anlass dieses Geschenks gewesen sein könnte.

Gerhard und Erna Krüger (ab 1938/39)
Die langjährige, bis zu Guardinis Tod dauernde freundschaftliche Beziehung zwischen Guardini und dem Philosophen und Heidegger Schüler Gerhard Krüger (1902-1972) wurde bislang meist aus der Kollegenschaft an der Universität Tübingen her nach dem Zweiten Weltkrieg begründet. Der nunmehr über die Universitätsbibliothek Tübingen zugängliche Briefwechsel und die Buchwidmungen in der Guardini-Bibliothek zeigen aber, dass Krüger und Guardini sich schon mindestens seit 1939 kannten. Denn Guardini besuchte Krüger und dessen Frau am 18. Mai 1939 in Marburg. Anlässlich dieses Besuchs schenkte Krüger seinem Gast sein neues Buch *Einsicht und Leidenschaft. Das Wesen des platonischen Denkens* (Frankfurt 1939) und versah es mit der Widmung „Herrn Professor Guardini v. Vf. Marburg, d. 18.5.39“. Die Guardini-Briefe in Tübingen und die Briefentwürfe von Guardinis Briefen nach 1945 an Krüger sowie dessen Briefe an Guardini in der Bayerischen Staatsbibliothek zeigen einen sehr persönlichen Charakter.

Bereits unmittelbar nach dem Zweiten Weltkrieg finden sich in der Guardini-Bibliothek weitere Zeugnisse dieser Verbindung: Gerhard Krügers *Leibniz als Friedensstifter: Vortrag vom 1. Juli 1946* (Wiesbaden 1947) mit der Widmung „Romano Guardini mit herzlichen Weihnachtsgrüßen! Gerhard Krüger“; Platons *Die Werke des Aufstiegs* (Zürich 1948) mit Anlass und Datierung „zum Gespräch über Humanismus, Tübingen, 6.2.1949“; Karl Reinhardts *Aischylos als Regisseur und Theologe* (Bern 1949) als Geburtstagsgeschenk („Romano Guardini zum Geburtstag! d. 17.2.50 Gerhard und Erna Krüger“) sowie Gerhard Krügers *Abendländische Humanität. Zwei Kapitel über das*

192 Franz Josef BRECHT, Wissenschaftliche Fachberichte: Philosophie (Rezension zu: Guardini, Christliches Bewußtsein), in: Neue Jahrbücher für Wissenschaft und Jugendbildung 11 (1935) 463ff., zu Romano Guardini 465 und 467.

Verhältnis von Humanität, Antike und Christentum (Stuttgart 1953) mit dem Eintrag des Vornamens „Gerhard".

Bernt von Heiseler (nach Kriegsbeginn)
In einem Brief zum 80. Geburtstag Guardinis schreibt der Schriftsteller Bernt von Heiseler (1907-1969) aus Brannenburg bei Degerndorf über die erste Begegnung in Berlin, als er und seine Frau während des Krieges einen Vortrag zu besuchen, den Guardini mit dem Titel *Psychologie Jesu* angekündigt habe, um dann im ersten Satz zu sagen, dass es selbstverständlich keine Psychologie Jesu gebe.[193] Dieser Vortrag, der dann die Grundlage für eine weitere Beschäftigung insbesondere in der Münchner Zeit bildet und 1958 in das Buch *Die menschliche Wirklichkeit des Herrn. Beiträge zu einer Psychologie Jesu* (Würzburg 1958) mündet, ist bislang nur bei Heiseler erwähnt.

Der Sohn des Dichters Henry von Heiseler hatte in München und Tübingen unter anderem Evangelische Theologie studiert, arbeitete dann aber als freier Schriftsteller und heiratete die promovierte Germanistin Gertrud Maria Gräfin Resseguier-Miremont. Er trat im Mai 1933 der NSDAP bei, zog sich aber zurück, als 1941 seine Tragödie Cäsar nach der ersten Aufführung abgesetzt wurde. 1944, also einige Zeit nach dem Berliner Vortrag, beginnt mit Bernt von Heiseler eine Korrespondenz, die bis 1968 dauern sollte.[194]

Nach dem Krieg gibt es in der Guardini-Bibliothek auch Buchgeschenke in der Zeit zwischen 1947/48 und 1955. Einmal handelt sich um das von Heiseler herausgegebene Buch *Abendländische Heimat. Ein Lesewerk* (Iserlohn 1947) mit dem Zitat „Wie sollten wir leben, wenn wir nicht glauben wollten und was wäre des Glaubens würdiger als das Hohe, das sich verbirgt, und das Ungreifbare, das sich dem gebundenen Sinn, dem stumpfen Herzen versagt." aus *Hofmannsthal über die Idee Europa*, Rede in Bern 1917", und der Widmung „Herrn Professor Romano Guardini in Verehrung Bernt v. Heiseler". Es folgt Heiselers Buch *Hohenstaufen – Trilogie* (Bremen 1948) mit dem Eintrag „Für Herrn Professor Romano Guardini in Verehrung und Dankbarkeit Bernt v. Heiseler" sowie dem Zitat „und erkannte, daß mitten im Dunkel, wo kein heller Bergrand kein hoher Nebelstreif den Tag ansagt, der Glaube aufstehen muß und ihm entgegengehn". „Zum 65. Geburtstag verehrungsvoll grüßend Bernt v. Heiseler" schenkt er Guardini *Das Stephanusspiel* (Freiburg 1949). Dann steht dort Heiselers *Spiegel im dunklen Wort. Gedichte* (München o. J. [1949]) mit dem Eintrag „Herrn Professor Romano Guardini verehrungsvoll dankbar grüßend Bernt v. Heiseler", schließlich sein „Kleist"-Buch (Gütersloh 1951) mit der Widmung „Verehrungsvoll zugeeignet Bernt v. Heiseler". 1955 schenkte er ihm noch sein Buch *Der Stern der Weisen* (Mainz 1955), verbunden mit einem in der Bayerischen Staatsbibliothek erhaltenen Geburtstagsbrief.

193 BSB, Ana 342 B33-103.
194 GAKAB Nr. 1791.

Ernst Wiechert (1941)

In der Guardini-Bibliothek steht weiters Ernst Wiecherts *Der Dichter und die Jugend* (Mainz 1936) mit einer Widmung „Für Romano Guardini Weihnachten 1941“. Interessant ist in diesem Zusammenhang, dass Wiechert 1938 ein Ausreiseverbot erhielt, am 8. Mai 1938 verhaftet, ins Gefängnis und Konzentrationslager gebracht worden war, dann aber aufgrund der internationalen Presse von Goebbels am 30. August 1938 unter der Drohung, dass er ihn bei weiteren Vergehen physisch vernichten werde, freigelassen und infolgedessen auch für den nationalsozialistischen Literaturbetrieb instrumentalisiert wurde. Er durfte zwar publizieren, aber nicht beworben werden. Es ist daher nicht unbedeutend, dass er Guardini zu Weihnachten 1941 dieses Geschenk macht. Er wohnte zu diesem Zeitpunkt in Wolfratshausen. Es ist bislang der einzige Hinweis, dass Guardini und Wiechert sich kannten.

Das frühe französische Umfeld

Jacques Maritain und das Umfeld der Reihe *Le Roseau d'Or* (ab 1928)

Mit der Veröffentlichung der französischen Übersetzung von Guardinis *Vom Geist der Liturgie* in der von Jacques Maritain herausgegebenen Reihe *Le Roseau d'Or* begann sich das franzosische Netzwerk Guardinis zu intensivieren.

Jacques Maritain

Dabei wurde bislang zu wenig beachtet, dass just Jacques Maritain (1882-1973) der Herausgeber dieser Reihe war, weshalb Guardini wohl schon für die Übersetzung seines Erstlings ins Französische mit Maritain in Kontakt gestanden hat. Getroffen haben die beiden sich dann wohl erstmals bei den Salzburger Hochschulwochen. Im Rahmen eines nachfolgenden Briefwechsels vereinbarten beide, sich an eventuellen Festschriftprojekten für den anderen zu beteiligen. Maritain erfüllte dies bereits 1935 zum 50. Geburtstag von Guardini. Umgekehrt kam dieses Vorhaben nicht zustande.

In der Guardini-Bibliothek hat immerhin das 1932 erschienene Werk Maritains *Distinguer pour unir. Ou les degres du savoir* den Eintrag „munus auctoris“. Bisher musste man annehmen, dass das Verhältnis der beiden sich abgekühlt hat und man nicht mehr zusammenarbeitete. Doch Maritain scheint aber noch nach dem Zweiten Weltkrieg zu jenem Kreis zu gehören, der Guardini 1948 für einen Vortrag nach Paris holt. Und Guardini wird seinerseits als Mitglied der von Maritain gegründeten Akademie der Menschenrechte geführt. Die entsprechende, publizierte *List of Members* aus dem Jahr 1953 steht ebenfalls in der Guardini-Bibliothek.

Aber nicht nur die Beziehung zu Maritain selbst fand in der Guardini-Forschung bislang nur wenig Beachtung, sondern auch die anderen Autoren der Reihe *Rose d'Or*, mitunter sogar trotz einschlägiger Hinweise Guardinis.

Eugenia Markowa

Aus einer Tagebuchnotiz vom 10. Juli 1953 erfährt man von einer abermaligen Lektüre eines weiteren Bandes dieser Reihe: „Ich bin wieder an den *Porteur d'eau* von Eugenia Markowa geraten. Er ist 1931 in der Sammlung *Le roseau d'or* erschienen, den Jacques Maritain herausgab. (Dort ist auch der *Geist der Liturgie* herausgekommen, von d'Harcourt übersetzt.) Die Verfasserin muß eine Polin sein – hoffentlich ist ihr nichts geschehen in den dunklen Jahren. Sie hat mir das Buch geschickt, und es hat mir's angetan. Wie oft habe ich es gelesen. Es kommt aus dem Strom des Chassidismus, und wenn ich es lese verstehe ich Marc Chagall. Ich habe das Gefühl, einmal muß ich es übersetzen."[195] Auch wenn es zu dieser Übersetzung nicht gekommen ist, ist es keineswegs unbedeutend, dass die Guardini-Bibliothek nicht nur dieses Buch mit der Widmung der Autorin selbst enthält („à Romano Guardini respectueux hommage Eugenia Markowa"). Außerdem steht dort ein weiteres Buch über *Marguerite Sinclair* aus dem Jahr 1937 mit dem Eintrag „A Romano Guardini pour qu'il aime ma ‚pauvre' respecteusement Eugenia Markowa". Aufgrund eines weiteren Buches wird zudem klar, dass Guardini auch noch aus erster Hand die Antwort auf seine besorgte Frage bekommen hat, nämlich dass Markowa die dunklen Jahre also überlebt hatte. Denn in Ihrem Buch *Le Choix* von 1961 steht ebenfalls eine sehr umfangreiche, noch nicht vollständig entzifferte Widmung.

Emmanuel Mounier, Marcel Péguy und Georges Izard

1931 ist in der Reihe *Le Roseau d'or* als Gemeinschaftswerk von Emmanuel Mounier, Marcel Péguy und Georges Izard das Buch *La pensée de Charles Péguy* erschienen. Auch darin findet sich eine von allen drei Autoren signierte Widmung „Exemplaire pour Romano Guardini hommage de M Péguy, Georges Izard, E Mounier".

Darüber hinaus gibt es vom französischen Philosophen Emmanuel Mounier (1905-1950) auch ein Exemplar von *Le Personnalisme* (Paris 1950), das die Widmung „Pour le professeur Guardini en respecteux hommage E Mounier" trägt. Der Hauptvertreter des französischen Personalismus, der mitunter als geistiger Vater der personalistischen Bewegung insgesamt angesehen wird, war als Jugendlicher Mitglied der Association catholique de la jeunesse française sowie der Vinzenzkonferenz. Aus diesem katholisch-jugendbewegten und personalistischen Geist hat er zusammen mit einigen Freunden im Oktober 1932 die Zeitschrift *Esprit* begründet und leitete die Redaktion. Über die Jahre hinweg haben Jean Lacrois, René Biot, Paul-Ludwig Landsberg, Nikolai Berdjajew, Jacques Maritain, Gabriel Marcel, Louis Lavelle und Louis Meylan mitgearbeitet. Mounier suchte wohl auch schon in den dreißiger Jahren Kontakt mit Guardini.[196] Nach kurzem Kriegseinsatz und kurzer Kriegsgefangenschaft leitete Mounier von 1940 bis zu deren Verbot im August 1941 abermals die

---

195 GUARDINI, Stationen und Rückblicke (wie Anm. 15), 171.

196 Nach John HELLMANN, Emmanuel Mounier and the New Catholic Left 1930-1950, Toronto 1981, 136 mit 305 Anm. 20.

Redaktion der Zeitschrift *Esprit.* Aufgrund seiner Untergrundstätigkeit wurde er im Januar 1942 vom Vichy-Regime verhaftet und war bis zum Oktober 1942 immer wieder im Gefängnis. Aber auch nach seiner Haftentlassung hatte er wieder Verbindungen zur Résistance von Lyon, das bald zum neuen Versammlungsort des Esprit-Kreises wurde. 1944 kehrte Mounier nach Paris zurück, um erneut *Esprit* herauszugeben. Nach 1945 setzte er sich stark für die deutsch-französische Aussöhnung ein.

Im Zuge dieser Arbeit kam es dann auch zu einer persönlichen Begegnung zwischen Mounier und Guardini im Rahmen der Internationalen Jugendkundgebung vom 12. bis 20. Juni 1948 in München, bei der Mounier eine Ansprache an die deutsche Jugend hielt.[197] Bei diesem Besuch entstand wohl auch jenes undatierte Foto in Guardinis Wohnung, das beide im Gespräch miteinander zeigt.[198]. Denn während dieses Treffens hat Mounier mit Romano Guardini Kontakt aufgenommen. So heißt es in einer Veröffentlichung der Association des amis d'Emmanuel Mounier: „En juin 1948, Mounier participe au deuxième congrès international de la jeunesse à Munich, – lors de ce séjour il prend contact avec Romano Guardini."[199]

Mounier starb am 22. März 1950 überraschend an Herzversagen. Das Buch mit Widmung hatte er also wohl kurz zuvor Guardini geschenkt.

Bruno de Jésus-Marie

Der Karmelit Bruno de Jésus-Marie (1892-1962), geboren unter dem bürgerlichen Namen Jacques Froissart, schloss sich 1920 dem Karmel von Avon-Fontaine an. Nach seiner Priesterweihe 1924 wurde er 1930 Herausgeber der *Études Carmélitaines.* Sein Buch *Fr. Saint Jean de la Croix* (Paris 1929) in der Reihe *Le Roseau d'or* trägt die Widmung „A Romano Guardini religieuse hommage Fr. Bruno de JM".

Charles Du Bos

Aus den Jahren 1931 und 1932 befinden sich in der Guardini-Bibliothek darüber hinaus zwei Widmungen des französischen Schriftstellers und Literaturkritikers Charles Du Bos (1882-1939). Mit Datierung zum 10. Dezember 1931 dessen *Extraits d'un journal. 1908-1928*" (Paris 1931) mit dem Eintrag „A Romano Guardini, qui verra qu'ici aussi l'Esprit de la Liturgie ne fait qu'un avec la Foi – en fraternel témoignage d'admiration Charles Du Bos Versaille. Jeudi 10 Décembre 1931". Am 17. Juni 1932 folgt *Le Dialogue avec Andre Gide* (Paris 1929) mit der Widmung „A Romano Guardini en très amical hommage Charles Du Bos Vendredi 17 Juin 1932." Bei genauerer Recherche entdeckt man, dass sich in der Bibliothèque littéraire Jacques Doucet fünf

197 Emmanuel MOUNIER, Das Schlußwort Emmanuel Mouniers, vor allem an die deut-sche Jugend, in: Dokumente 4 (1948) 99-103.

198 Abgedruckt in: Guardini. Der Mensch, die Wirkung, Begegnung (wie Anm. 19), 3. Bildseite (III) nach S. 72.

199 Association des amis d'Emmanuel Mounier (Hg.), Emmanuel Mounier: l'actualité d'un grand témoin, Bd. 2, Paris 2006, 496.

Briefe von Charles Du Bos an Romano Guardini befinden.[200] Von einem Brief vom 10. Dezember 1931 ist in der Sekundärliteratur mehrfach die Rede.[201] Du Bos, der von 1925 bis 1932 an verschiedenen deutschen, Schweizer und italienischen Universitäten lehrte, konvertierte 1927 zur römisch-katholischen Kirche. In den späten zwanziger Jahren wurde er Hauptherausgeber der von Jacques Maritain begründeten katholischen Zeitschrift *Vigile.* Geplant war, Guardini mit einzubeziehen, was aber nach der Machtergreifung der Nationalsozialisten in Deutschland nicht mehr möglich war. Du Bos starb schließlich überraschend 1939.

Stanislas Fumet

Da der Schriftsteller Stanislas Fumet (1896-1983) gemeinsam mit Maritain zu den Gründern und Herausgebern der Reihe *Le Roseau d'Or* gehörte, verwundert es keineswegs, dass sein Buch *Mission de Bloy* (Paris 1935) mit der Widmung „A Romano Guardini en témoignage de sympathie et d'admiration Stanislas Fumet" ebenso in der Guardini-Bibliothek steht wie für die Zeit nach dem Zweiten Weltkrieg sein Buch *La ligne de vie. Le caillou bland* (Paris 1947) mit dem Eintrag „Au Professeur Romano Guardini, en communion spirituelle Stanislas Fumet".

Fumet war auch mit Martin Buber bekannt und plante, unmittelbar nach dem Empfang dessen Buches *Die chassidischen Bücher* im Jahr 1928, in der Reihe *Le Rosau d'Or*" „den Teil, der für uns am geeignetsten ist", auszuwählen und zu drucken. Dazu sollte Romano Guardini um eine Einführung gebeten werden.[202] Der Plan wurde jedoch nicht ausgeführt und die französische Übersetzung erst mehr als vierzig Jahre später veröffentlicht. Dass Guardini für die Einführung angefragt werden sollte, zeigt aber, dass er schon zu diesem Zeitpunkt in Frankreich bestens bekannt war. Fumet kannte natürlich auch durch die schon im Gang befindliche Übersetzung Guardinis *Vom Geist der Liturgie*, das ja dann 1929 erschien.

Fumet, der mit Paul Claudel befreundet war, war später von 1957 bis zu seinem Tod Präsident der Société Paul-Claudel.

Nikolai A. Berdjajew

In den Pariser Kontext gehört auch noch Berdjajews *Die Philosophie des freien Geistes. Problematik und Apologie des Christentums* (Tübingen 1930), die mit „Herrn Professor Romano Guardini mit Hochachtung N. Berdjajew" gewidmet ist. Der russische Religionsphilosoph Nikolai A. Berdjajew (1874-1948) war nach seiner Ausweisung aus der Sowjetunion im Jahr 1922 zunächst im Exil in Berlin. Dort lernte er offensichtlich auch Guardinis *Vom Sinn der Kirche* kennen, denn bereits in der russischen Ausgabe von *Das Ich und die Welt der Objekte* (1923; Paris 1934) verweist er darauf. 1924 ging er

200 Fonds spécifiques: Ms Ms 23590-Ms Ms 38528: Fonds Charles Du Bos: Correspondance Ms 38049.

201 Siehe Cahiers Charles du Bos 6 (1961) 36; Gabriel Marcel/Gaston FESSARD/Henri de LUBAC, Gabriel Marcel – Gaston Fessard. Introduction par Xavier Tilliette, Paris 1985, 220.

202 Vgl. dazu: Dominique BOUREL, Martin Buber. Was es heißt, ein Mensch zu sein. Biografie, Gütersloh 2017, mit Verweis auf einen Brief von Stanislaus Fumet an Martin Buber vom 18. Januar 1928.

nach Paris und stand dort in Verbindung mit dem französischen Renouveau catholique und von dort aus auch mit dem deutschen Philosophen Peter Wust. Auch hier darf nicht übersehen werden, dass Berdjajew in Maritains Reihe *Roseau d'Or* mit *Un Nouveau Moyen-Age* (Paris 1927) einen wichtigen Beitrag leistete.

Marie Romain Rolland und Paul Claudel (ab 1938)

Von Gerl-Falkovitz 1985 noch nicht angesprochen wurde außerdem die langjährige Freundschaft mit Marie Rolland, die sich nach dem Tod ihres Mannes am 30. Dezember 1944 Marie Romain Rolland nannte. Seit 1998 könnte man aus dem *Bulletin de la Société Paul Claudel* wissen, dass die Bekanntschaft schon seit mindestens 1938 bestand, als Marie Rolland Guardini offensichtlich in dessen Berliner Wohnung besuchte: „En 1938 elle [Marie R. Rolland] découvre dans la biobliothèque de l'abbé R. Guardini Les Cinq grandes Odes: cette fois, c'est le coup de foudre."[203]

Nach dem Tod ihres Mannes widmete sie sich ganz dessen Andenken, der deutsch-französischen Aussöhnung sowie der ökumenischen Bewegung. In diesem Zusammenhang versuchte sie, Guardini stark in die Arbeit der „Freunde von Romain Rolland" (Romain-Rolland-Gesellschaft) einzubinden. Davon zeugen nicht nur ein umfangreicher Briefwechsel in der Bayerischen Staatsbibliothek, sondern eben vor allem auch die zahlreichen ihm, zum Teil auch sehr persönlich in den Jahren zwischen 1952 und 1967 geschenkten und gewidmeten Bücher.

Neben der veröffentlichten Ansprache über *Geschichte und Freiheit* bei der Gedächtnisfeier für Romain Rolland an der Münchener Universität vom 27. Januar 1952 liegen im Guardini-Archiv auch noch ungedruckte Typoskripte, nämlich *Einleitende Worte zur Generalversammlung* unter dem Titel *Romain Rolland und das Europäische Bewusstsein* (1953, GAKAB Nr. 3025) und *Zu einem Vorwort für die deutsche Übersetzung des Briefwechsels von Paul Claudel und Romain Rolland* (o. J., GAKAB Nr. 1307 und 3027)

Guardinis Rolle in der französischen und deutschen Romain-Rolland-Gesellschaft, für das von Marie Romain Rolland gewünschte „Centre Jean-Christophe" im Haus des letzten Wohnortes Rollands, in Vézeley, den dortigen Kirchenbau der Dominikanergemeinschaft benötigen eine intensivere Darstellung. Daher sei hier in diesem Zusammenhang nur noch auf einen weiteren Bezug innerhalb der Guardini-Bibliothek verwiesen, nämlich auf den für die französische Rolland-Gesellschaft Feder führenden Schriftsteller Paul Claudel (1868-1955). Dieser kam in Angelegenheiten der Gesellschaft auch mit Guardini in persönlich Kontakt. Ob diese persönliche Bekanntschaft zwischen beiden schon eigenständig früher begann oder erst durch die Vermittlung von Marie Romain Rolland zustande kam, muss hier noch offenbleiben. In der Guardini-Bibliothek findet sich als Zeugnis immerhin ein frühes Werk von Paul Claudel, nämlich *Corona. Benignitas Anni Dei* (Paris 1920) mit der leider undatierten Widmung „A Romano Guardini respectueux hommage Paul Claudel".

203 Bulletin de la Société Paul Claudel 149 (1998) 3.

Jean Guitton (ab 1941)

Der französische Philosoph und Schriftsteller Jean Guitton (1901-1999) war der erste Laie, dem auf einem Konzil das Wort erteilt wurde. Er veröffentlichte mehrere Bücher über seine Gespräche mit Päpsten. Im Blick auf Guardini ist das mit Paul VI. bekannt und daher von besonderem Interesse. In der deutschen Übersetzung von Jean Guittons *Dialog mit Paul VI.* (Wien 1967), die in der Guardini-Bibliothek steht, ist die Guardini und Dante betreffende Stelle mit einer Postkarte eingemerkt und mit Häkchen gekennzeichnet.

Guitton wurde 1937 zum Philosophieprofessor in Montpellier berufen, geriet aber 1940 in deutsche Kriegsgefangenschaft. Er war bis 1945 im sächsischen Hoyerswerda interniert. Nach dem Krieg lehrte er zunächst an einem Lycée von Avignon, erhielt 1948 eine Professur in Dijon und dann von 1955 bis 1968 eine Professur für Philosophiegeschichte an der Sorbonne.

Überraschenderweise stammt nun das erste Buch mit Widmung in der Guardini-Bibliothek aus seiner Zeit in Montpellier. Sein *Portrait de M. Pouget* (Paris 1941). Dieses ist gewidmet „à M. Romano Guardini respectueux hommage Jean Guitton Université Montpellier". Wie es zu dieser frühen Widmung gekommen ist, ist noch völlig unklar.

Außer diesem Buch Guittons stehen noch weitere sechs Bücher von Guitton mit Widmungen oder Eintragungen in der Guardini-Bibliothek - bei den Widmungen beginnend mit dem *Journal. Etudes et Rencontres 1952-1955* (Paris 1959) mit der Widmung in Erinnerung an Begegnung in Gallarate („à Romano Guardini en souvenir d'une précieuse Rencontre à Gallarate avec ma respectueux admiration Jean Guitton") bis hin zu Guittons *Le Christ écartelé: Crises et conciles dans l'église* (Paris 1963) mit dem Weihnachtsgruß „à Romano Guardini Noel 63 Jean Guitton".

Handschriftliche Eintragungen Guardinis finden sich hingegen in Guittons *Genie de Pascal* (Paris 1962) über Guittons *Dialogue avec les Precurseurs. Journal oecumenique. 1922-1962* (Paris 1962).

Andenken an eine Schweizer Vortragsreise im Jahr 1932

Der Lesekreis Hottingen in Zürich und Hans Bodmer

1932 hielt Romano Guardini am 3. Februar in Zürich einen Vortrag im sogenannten Lesezirkel Hottingen. Genaues Thema war laut Jahresbericht *Pascals Vorstellungen von der Situation des Menschen in der Welt, insbesondere gegenüber dem Unendlichen*[204] Der Präsident des Lesezirkels, Hans Bodmer (1863-1948), ein Germanist und promovierter

204 Jahresbericht des Lesezirkels Hottingen, in: Der Lesezirkel. Blätter für Literatur, Hottingen-Zürich 19 (1931/32) 5; Heinrich MENG, Begegnung mit Guardini, in: ebd. 55 (Ankündigung auf 3. Februar 1932); Romano Guardini in Zürich (eing.), in: Neue Zürcher Nachrichten 28 (1932) Nr. 29 (30. Januar), 3 (Vorankündigung); Erich BROCK, Romano Guardini über Pascal. Vortrag an der Universität Zürich, in: Neue Zürcher Nachrichten 28 (1932) Nr. 38 (8. Februar); Pascal, in: Neue Zürcher Zeitung 153 (1932) Nr. 216 (4. Februar), Abendausgabe Blatt 7 (Vortragsbericht); Romano Guardini im Lesezirkel Hottingen. Dritter Vortrag im Zyklus „Für und wider den Geist", in: Zürcher Post 54 (1932) Nr. 30 (5. Februar) 4.

Kunsthistoriker, schenkte Guardini zur Erinnerung ein Buch von Walter Muschg *Gotthelf. Die Geheimnisse des Erzählers* (München 1931). Die Widmung lautet: „Herrn Prof. Romano Guardini zur freundlichen Erinnerung an seinen Pascal-Vortrag im Lesezirkel Hottingen, Zürich, 3. Februar 1932. Der Präsident des Lesezirkels: Dr. Hans Bodmer".

Jacob Lorenz

Bei der gleichen Vortragsreise hielt Guardini an der Universität Freiburg in der Schweiz auf Kosten der dortigen Universitätsseelsorge seinen Vortrag „Möglichkeiten und Grenzen der Gemeinschaft".[205] In Freiburg übergab ihm dabei der dortige Professor für Volkswirtschaftslehre und Soziologie Jacob Lorenz (1883-1946) die deutsche Übersetzung des Buchs von Axel Muthe *Das Buch von San Michele* (Leipzig 1931), gewidmet mit den Worten: „Romano Guardini zum Andenken an die Stunden in Freiburg 4./5. Febr. 1932 J. Lorenz". Den gleichen Vortrag hielt Guardini am 5. Februar noch einmal in Basel auf Einladung der Ortsgruppe der Kant-Gesellschaft und der Studentenschaft im Hans Huber-Saal des Basler Stadtcasinos. Unter den Besuchern war der evangelische Theologe Eduard Thurneysen, Pfarrer und Professor in Basel, der wenige Tage danach am 9. Februar davon sehr kritisch an Karl Barth berichtet: „Am Freitag abend hörte ich einen Vortrag von Guardini, der schlechthin raffiniert war, aber kalt bis ins Letzte und, was mich besonders ärgerte, alle, aber auch alle theologischen Belange vollständig vermied, rein weltlich, psychologisch, so daß mir das Ganze wie ein Verrat vorkam, was es natürlich vom katholisch-theologischen Denken aus sicher nicht war. Ich ging dann, weil es mir so ganz aussichtslos vorkam, nicht zur Diskussion."[206]

Die Berliner, Freiburger und Stuttgarter „Una-Sancta"-Gruppen und die Ökumene (ab 1934)

Während die Anfänge Berliner ökumenischen Bestrebungen im Rahmen der Hermsdorfer Konferenz vom 29. bis 31. Mai 5.1934 mittlerweile gut aufgearbeitet worden sind[207], bleiben die Jahre unter Bischof Preysing sehr stark auf Max Metzgers Aktivitäten konzentriert. Dabei bietet gerade die Berliner Una Sancta-Bewegung einen Einblick in die vielfältigen ökumenischen Kontakte gerade in der Hauptstadt des Dritten Reiches unter Widerstandsbedingungen.

Guardini selbst beurteilte 1955 im Rückblick sein ökumenisches Engagement in einer Antwort auf Geburtstagswünsche durch den evangelischen Studentenpfarrer in München, Georg Lanzenstiel, eher zurückhaltend. Dieser hatte in seinem Brief vom

205 GERNER, Romano Guardini in München (wie Anm. 3), Bd. 2, 7.

206 Karl Barth – Eduard Thurneysen. Briefwechsel Bd. 3: 1930-1935 (Karl Barth Gesamtausgabe Bd. 34), hg. v. Caren Algner, Zürich 2000, 195ff., hier 205.

207 Jörg ERNESTI, Ökumene im Dritten Reich, Paderborn 2007, zu Romano Guardini 51, 62, 66, 71.

17. Februar 1955 aus einem Artikel der Februarnummer der Zeitenwende/Die neue Furche über die Una Sancta zitiert und daran seinen Dank angeschlossen, dass Guardini als ökumenische Gestalt mit seinem Werk auch die evangelischen Mitbrüder auffordere, die alten Frontbezeichnungen abzulegen, das christlich-brüderliche Verhältnis neu zu durchdenken und neu zu praktizieren. Lanzenstiel würdigte das bisher durch geschenkte Erfahrungen und göttliche Führungen Erreichte.[208]

In seiner Antwort vom 16. März 1955 bekennt Guardini, selbst nicht an der unmittelbaren Una-Sancta-Arbeit teilgenommen zu haben, weil es nicht zu seiner Arbeitsweise gepasst habe. Umso mehr freue es ihn, dass es ihm in etwa gelungen sei, die Wirklichkeiten des Glaubens so herauszuheben, dass diese durch sich selbst sprechen könnten und zwar in Einfachheit und Wahrheit und über die Unterschiede hinweg.[209]

Interessanterweise führt ein Fund in der Guardini-Bibliothek mitten in das Zentrum dieser Bemühungen und die Teilhabe Guardinis daran. Angesichts seiner nunmehr offenkundig gewordenen Teilnahme an verschiedensten Gesprächen und Vorträgen der Una-Sancta-Bewegung in Berlin und Stuttgart bezieht sich seine Einschätzung, dass er sich nicht an der „unmittelbaren" Una-Sancta-Arbeit beteiligt habe, wohl auf die gottesdienstlichen und kontinuierlicheren Aktivitäten in den örtlichen Gruppen und Pfarreien. Andernfalls müsste man sein Statement als eindeutige Untertreibung werten.

Bischof Konrad von Preysing

In ihrer Guardini-Biografie geht Gerl-Falkovitz 1985 unter Berufung auf eine brieflichen Erinnerung der Nichte Bischofs von Preysings, Elisabeth Baronin Warsberg noch davon aus, dass „Guardinis Nähe zur Jugendbewegung [...] vermutlich der Grund" war, „daß auch zwischen Bischof Konrad von Preysing und ihm keine engere Beziehung zustandekam." Im gleichen Jahr verweist Berthold Gerner auf Walter Adolphs Zeugnis, dass Guardini – im Übrigen gemeinsam mit Erich Przywara SJ, Reinhold Schneider und Georg von Sachsen SJ – zum Berliner Kreis Preysings in Berlin gehört.[210]

Wenn man die Bezüge zu Preysing in der Korrespondenz des Guardini-Nachlasses in der Bayerischen Staatsbibliothek zu Rate gezogen hätte, hätte man bemerkt, dass sich dort ein Brief von Konrad von Preysing an Guardini vom 23. September 1944 erhalten hat, in dem er Guardinis gemeinsame Andacht für solche, die verhindert sind, der heiligen Messe beizuwohnen begrüßt.[211] Offensichtlich hatte Guardini in seinem vorausgehenden Brief auf Reinhold Schneiders *Stimmen des Abendlandes* verwiesen, da ihn der Bischof bittet, sie ihm zu verschaffen.

208 BSB, Ana 342 B32-019-1.

209 BSB, Ana 342 B32-019-2.

210 Vgl. Walter ADOLPH, Kardinal Preysing und zwei Diktaturen, Berlin 1971, 17; vgl. dazu Berthold GERNER, Guardinis Bildungslehre, Darmstadt 1985, 124.

211 BSB, Ana 342 B13/021.

Guardini wiederum erinnert sich in einem Brief an Wells vom 20. September 1957, in dem es um die Verbreitung seines Werkes *Vorschule des Betens* in den Vereinigten Staaten von Amerika geht: „Das Buch ist mir selbst sehr lieb. Es ist aus Sonntagspredigten entstanden, die ich vor Berliner Studenten gehalten und nachher mehrmals durchgearbeitet habe. Der damalige Bischof von Berlin – der spätere Kardinal, Eminenz v. Preysing – hat sich damals für das Buch interessiert und es genau durchgesehen, mir auch einige Ratschläge zur Verbesserung gegeben." Ausschnitte dieses Werbebriefes wurden in englischer Übersetzung in der Zeitschrift *The Critic* als *Letter from Romano Guardini to the editor Joel Wells* veröffentlicht.[212] Allerdings wurde dort der Bezug zu Preysing nicht wiedergegeben.

Ein Fund im nicht nummerierten Teil der Guardini-Bibliothek, der Mess-, Gebet- und Gesangbuch-Abteilung, gibt nun aber einen weiteren Hinweis. In einem 1941 veröffentlichten Gebet- und Gesangbuch für das Bistum Berlin findet sich der Eintrag: „‚Quo vadis?' Herrn Professor R. Guardini in herzlicher dankbarer Verehrung Berlin I/V 41 + Konrad B. v. B.".

Nun wissen wir aus Guardinis eigenen Erinnerungen: „Allmählich machte der Kriegszustand sich stärker fühlbar. Im Frühjahr 1941 sah ich mich in Mooshausen und in seiner Umgebung nach einer Wohnung um, die für alle Fälle bereitstehen sollte, und fand sie schließlich im Rückgebäude des Tannheimer Schlosses. Wie ich sie fand, einrichtete und wieder verlor, ist eine Geschichte für sich. Ebenso, wie ich alles zum Umzug fertig hatte, die Wagen gepackt waren, durch die Verkehrssperre festgehalten wurden, ich fast zwei Monate im leeren Hause in der Chamberlainstraße wohnte, und schließlich wieder einzog. Über alles das berichte ich vielleicht anderswo, denn es gehört ebenso zu meinem Wesen, wie die Vorträge, die ich in dieser Zeit hielt und die Bücher, die in ihr entstanden. Alles gehört zusammen, und wenn man eine Sonderbarkeit wegoperierte, wüßte man nicht, welche Folgen sich an einer anderen, ganz wichtigen Stelle zeigen würden ..."[213]

Dass Guardini aus Berlin wegwollte, hat sich just in jenem Kreis herumgesprochen, den man als einen der Berliner „Una sancta"-Kreise bezeichnen könnte und zu dem evangelischerseits unter anderem der Schriftsteller Jochen Klepper gehörte. In dessen bereits 1960 veröffentlichten *Briefen an Freunde* liest man in einem Brief von Ende März 1941: „Von ihnen [Prof. Waldmann und Pater Georg von Sachsen] hörte ich, daß Guardini Berlin verläßt, weil es ihm hier zu laut ist und er die Nächte schlafen muß, was wir nicht immer können. Er geht nach Süddeutschland."[214]

Offensichtlich hat sich diese Nachricht also im Laufe des Aprils auch bis zu Bischof von Preysing herumgesprochen. Zumindest ist das eine naheliegende Erklärung für die Frage „Quo vadis?" Faktisch ging er erst 1943 von Berlin weg und bis dahin

212 GUARDINI, in: The Critic 16 (1957) 27f. Deutscher Entwurf BSB, Ana 342 B23/03-16-5 (Falter: Pantheon Books).

213 GUARDINI, Stationen und Rückblicke (wie Anm. 15), 54.

214 Jochen KLEPPER, Gast und Fremdling: Briefe an Freunde, hg. von Eva Juliane Meschke, Witten 1960.

arbeitete er weiter mit Bischof von Preysing zusammen, wie gesehen insbesondere bei der Veröffentlichung seines Buches *Vorschule des Betens*.

Reinhold Schneider

Zu dieser Berliner Una-Sancta-Gruppe gehörte eben auch Reinhold Schneider (1903-1958), bis zu dessen endgültigen Rückzug nach Freiburg im Sommer 1941. In der biografischen Schneider-Forschung kam der Aspekt seiner Berliner Aufenthalte und Aktivitäten zwischen 1933 und 1941 bislang zu kurz. Reinhold Schneider, der von 1933 an in Potsdam gelebt hatte und von dort aus oft in Berliner Adelskreisen und Kirchenkreisen unterwegs war, war dann zwar im Herbst 1937 von Potsdam nach Hinterzarten im Schwarzwald mit dem Ziel, mittelfristig nach Freiburg selbst zu ziehen, was zumindest von April bis November 1938 auch gelang. Neben vielen Reisen und Aufenthalten in Frankreich und Italien verbrachte Schneider aber mindestens noch Frühjahr und Sommer 1939 in Berlin, reiste von September an zwischen einem Freund in Dresden und Berlin hin und her, wohnte den Winter 1939/40 überwiegend bei seinem Berliner Freund Leo von König im sogenannten Maler-Haus, ebenso wie vom 17. Mai bis 10. Juni 1941. Danach kehrte er nach Freiburg zurück und zog in die nun fertig eingerichtete Wohnung in der Mercystraße 2 ein.[215] Erwähnenswert ist im Blick auf Bischof Preysing, dass dieser ihm für den 23. März 1941 eine Audienz bei Papst Pius XII. in Rom erwirkte.

1941 hatte das Propagandaministerium Schneider mit einem Publikationsverbot in Deutschland belegt. Zeitnah begann auf Vermittlung von Ludwig Winterswyl die Zusammenarbeit mit dem Alsatia-Verlag in Kolmar und umgeht so diese Beschränkung. Fortan fährt auch Schneider bis im August 1944 – meist wöchentlich von Freiburg nach Colmar, da er sich mit dem Verleger Rossé auch persönlich befreundet hatte.[216]

Die räumliche Trennung von Guardini und Schneider bedeutete daher auch nicht, dass die Zusammenarbeit zwischen den beiden aufgehört hätte. Ricarda Winterswyl berichtete zum Beispiel aus den ihr zugetragenen Erinnerungen an Ihren Vater: „In den Nächten fuhr er in hermetisch verdunkelten Zügen durch das Großdeutsche Reich. In der Aktentasche trug er dann dünne Schriften von Reinhold Schneider nach Berlin, zu seinem Freund Romano Guardini, von diesem ebensolche mühsam erstellte Blaupausen wieder nach Freiburg. Schriften, Predigten, Meditationen, Essays, die niemals hätten gedruckt werden dürfen, die aber heimlich von Hand zu Hand gingen, in geheimen Zirkeln Gleichgesinnter vorgelesen und andächtig gehört, die

215 Die einzelnen Abläufe ergeben sich aus: Reinhold SCHNEIDER, Briefe an einen Freund. Mit Erinnerungen von Otto Heuschele, Köln 1961; Maria VAN LOOK: Jahre der Freundschaft mit Reinhold Schneider, Weilheim 1965, 17; Franz Anselm SCHMITT/Bruno Stephan SCHERER (Hg.), Reinhold Schneider: Leben und Werk in Dokumenten, Karlsruhe 1973, 112 und 130.

216 Etwas mehr historisch kritisch werden die zeitlichen Abläufe und Beziehungen dargestellt bei Ingo ZIMMERMANN, Reinhold Schneider. Weg eines Schriftstellers, 1983, zu Romano Guardini 108.

Mut machten zu warten, an die Erlösung zu glauben, die Erlösung aus finsterer Zeit.“[217]

Für die Berliner Zeit ist neben den Treffen innerhalb der Una Sancta-Bewegung, wobei offenbleiben muss, an wie vielen Treffen Guardini und Schneider gemeinsam teilgenommen haben, noch eine weitere Begegnung überliefert. So berichtet Bruno K. Werner in einem Artikel *Der Maler Werner Scholz* in *Die Zeit* vom 4. März 1948 von einem Zusammentreffen mit Guardini und Schneider im Atelier von Werner Scholz: „Vor just zehn Jahren [1938], als Werner Scholz, der geborene Berliner, endgültig in sein Tiroler Gebirgstal abreisen wollte, saßen wir mit Romano Guardini und Reinhold Schneider in dem kleinen Atelier des Malers zu Berlin Friedenau und die Düsternis der politischen Entwicklung lastete schwer auf den Gesprächen. Wir sprachen über das Dämonische in der Erscheinung Hitlers und das alte Thema beherrschte die Unterhaltung: Muß der Geist in die Katakombe gehen, oder vermag er trotz des ungeheuren Druckes noch weiter zu kämpfen und sich zu behaupten? Was wird aus der Kunst, was wird aus Deutschland?“[218]

Die in Berlin begonnene Freundschaft hat sich unter anderem 1940 darin manifestiert, dass Reinhold Schneider vier seiner kleineren Werke (*Zur Zeit der Scheide zwischen Nacht und Tag*, *Der Pilger*, *Der Katarakt* und *An den Engel in der Wüste*) im Würzburger Werkbund-Verlag veröffentlichte. Zuvor schon hatte Schneider zweimal Werke Guardinis rezensiert, nämlich 1933 sein Dostojewskij- und 1939 sein Hölderlin-Buch.[219]

Nach 1945 hat diese Freundschaft bis zu Reinhold Schneiders frühem Tod am 6. April 1958 fortbestanden. Dies äußerte sich abermals in einigen Rezensionen und Würdigungen Schneiders zu Guardini.[220]

---

217 WINTERSWYL, Spiegelstücke der Erinnerung (wie Anm. 75), 81.

218 Bruno WERNER K. Der Maler Werner Scholz, in: Die Zeit (1948) Nr. 10 (4. März). Von Treffen mit Guardini in der Umgebung des Künstlerehepaars Scholz spricht auch Paul Fechter in seinen Erinnerungen, damals mit Mies van der Rohe, bevor dieser 1938 in die Vereinigten Staaten emigrierte, vgl. Paul FECHTER, Romano Guardini, in: Ders., An der Wende der Zeit. Menschen und Begegnungen, Gütersloh 1949, 159-167, hier 163f. Fechter erwähnt auch, dass Guardini ein Bild von Werner Scholz gekauft und sich sehr für dessen Bilder interessiert habe.

219 Reinhold SCHNEIDER, Rezension zu: Guardini, Der Mensch und der Glaube, in: Berliner Börsenzeitung, 4. Juni 1933; DERS., Rezension zu: Guardini, Hölderlin. Weltbild und Frömmigkeit, in: Die neue Saat 2 (1939) 298-301.

220 Reinhold SCHNEIDER, Von der Schwermut. Zu Guardinis Schrift (Rezension zu: Guardini, Vom Sinn der Schwermut), in: Die Neue Zeitung, 28. September 1949, Literaturblatt; dasselbe in französischer Sprache, in: Documents. Revue mensuelle des Questions allemandes, Offenburg(Baden)-Paris 1949, 9-10, 962-964; DERS., Gestalten der Macht (Rezension zu: Guardini, Das Ende der Neuzeit), in: Süddeutscher Rundfunk, 23. Dezember 1951; DERS., Verkündigung des Friedens. Zum Werk Romano Guardinis, in: Neue literarische Welt 3 (1952) Nr. 18, 25. September, 1f.; dann unter dem Titel: Verkündigung des Friedens: Romano Guardini, in: Curt Winterhalter (Hg.), Reinhold Schneider. Begegnung und Bekenntnis Freiburg i. Breisgau-Basel-Wien 1963, 222-226; DERS., Rezension zu: Guardini, Der Engel in Dantes göttlicher Komödie, in: Neue literarische Welt 3 (1952) Nr. 6, 25. März; DERS., Rezension zu: Guardini, Der Engel in Dantes göttlicher Komödie, in: Südwestfunk, Baden-Baden, 4. Mai. 1952.

Aus dem Jahr 1952 stammt ein Brief von Reinhold Schneider an Guardini, den Felix Messerschmid in seinem Geleitwort zu Paul Schmidts *Die pädagogische Relevanz einer anthropologischen Ethik. Eine Untersuchung zum Werk Romano Guardinis* (Düsseldorf 1973) erstmals publiziert hat.[221] Abermals wird der Brief von Felix Messerschmid aufgenommen in seinem Beitrag *Romano Guardini* für den von Hanna-Barbara Gerl-Falkovitz redigierten Dokumentationsband *Person und Bildung. Gibt es ein Erbe Romano Guardinis?* aus der Werkwoche auf Burg Rothenfels vom 10. bis 15. Oktober 1978.[222] Mit dem Datum vom 25. November 1952 schreibt Schneider in dieser Antwort auf einen nicht erhaltenen Brief Guardinis an Schneider über Guardinis Grundbefindlichkeit als „Geheimes Erdbeben", „Ringen mit antwortlosen Fragen", „Verschweigen der Tiefen, die Tag für Tag bestanden sein sollen."[223]

Im Juni 1953 fragt Schneider brieflich (12.6.1953, B 21/01-10-1) um einen Vortrag bei einer Matinée zur Uraufführung seines Stücks *Innozenz und Franziskus* in den Bühnen der Stadt Essen im Januar 1954 an, was Guardini ernsthaft erwägt, später dann aber noch absagt. In seinem Tagebuch notiert Guardini noch zum 14. Juni 1953: „Von Reinh. Schneider eine Anfrage erhalten, ob ich am Tag der Uraufführung seines Dramas *Innocenz und Franziskus* in Essen bei einer voraufgehenden Morgenfeier im Theater sprechen wolle. Vielleicht tue ich es – der Sache und Schneiders wegen ... Vielleicht über Armut und damit im Unterschied zur Armut Buddhas und der des Diogenes."

Trotz dieser Absage findet sich für den Advent 1954 in der Guardini-Bibliothek Reinhold Schneiders *Wesen und Verwaltung der Macht* (Wiesbaden 1954) mit der Widmung „in Dankbarkeit und Verehrung Ihr Reinhold Schneider Advent 54". Auch als Schneider 1956 selbst den Friedenspreis des Deutschen Buchhandels erhält, schickt er Guardini ein Exemplar des Textes der Ansprachen (Frankfurt 1956) mit dem Eintrag „in Verehrung und Dankbarkeit Ihr Reinhold Schneider 12/Okt 56".

Hans Asmussen

Der evangelische Theologe Hans Asmussen (1898-1968) und seine Frau gehörten sowohl in Berlin als auch später in Stuttgart und München zum Una-Sancta-Kreis.

In der Guardini-Bibliothek stehen von ihm allerdings nur späte Bücher aus den Jahren 1961 bis 1966, nämlich *Einübung im Christentum. Ein Laien-Brevier* (Itzehoe 1961, mit dem Wunsch „Ein gesegnetes Fest zu Ehrerbietung D. Asmussen"), *Päpstliches Konzil und lutherische Kirche. Dialog und Reform* (Stuttgart 1962, mit der Eintragung „pg 470 Der Verf."; *Selbstgespräch und Gebet* (Berlin/Hamburg 1963, mit der Widmung des Autors „In Verehrung Der Verfasser") sowie *Epistelpredigten. Meditationen zu den altkirchlichen Episteln* (Stuttgart 1965, mit der Eintragung „V. Verf./1966".

221 S. 9-13, der Brief auf 12.
222 Burg Rothenfels 1978, 31-40, der Brief 39
223 GERL, Romano Guardini (wie Anm. 9), 316.

Nach der Suspendierung als erklärter Gegner der Deutschen Christen nach deren Sieg bei den Kirchenwahlen 1933 in der schleswig-holsteinischen Landeskirche wurde Asmussen 1934 in den vorzeitigen Ruhestand geschickt. Daraufhin zog er nach Berlin und übernahm dort führende Aufgaben in der aus dem im September 1933 gegründeten Pfarrernotbund heraus entstandenen Bekennenden Kirche. 1935 wurde er Gründer und erster Leiter der am 1. November 1935 eröffneten und am selben Tage verbotenen Kirchlichen Hochschule Berlin-Dahlem. Dennoch fand Unterricht statt. Asmussen selbst unterrichtete das Fach Praktische Theologie, auch noch nachdem der sogenannte Himmler-Erlass der Bekennenden Kirche jedwede Ausbildung und Prüfung junger Theologen im August 1937 untersagte.

1938 gehörte er zusammen mit seiner Frau zu den Teilnehmern jenes Treffens im Haus von Maria Baronin von Bornstedt (1880-1946), das als Geburtsstunde des Münchener Una-Sancta-Kreises gilt.[224]

1939 wurde gegen Asmussen ein reichsweites Rede- und Predigtverbot verhängt, dennoch gehörte er bis 1941 dem Dozentenkreis und dem Prüfungsgremium an, das unter dem Vorsitz von Martin Albertz weiterhin theologische Kandidaten examinierte. Daneben wirkte er als Pfarrer in Berlin-Lichterfelde. Im Mai 1941 wurde Asmussen ebenso wie Albertz, Günther Dehn und Vikarin Elisabeth Grauer (1904–1995) verhaftet und am 22. Dezember 1941 durch das Berliner Sondergericht I im sogenannten Prüfungsprozess zu einer Haftstrafe verurteilt.

1943 holte Bischof Theophil Wurm Asmussen in die württembergische Landeskirche. Auch dort dürfte er dann bei Guardinis Vorträgen vor der Una-Sancta-Gruppe in Stuttgart um Theophil Wurm zugegen gewesen sein. Daher ist auch anzunehmen, dass er den Streit zwischen Josef Weiger, unterstützt durch Romano Guardini[225], und dem Oberkirchenrat Wilhelm Pressel, unterstützt von Wilhelm Stählin, mitbekommen haben dürfte, der sich an der Weltweihe an die Gottesmutter durch Papst Pius XII. im Oktober und Dezember 1942 und an der Weihe der Diözese Rottenburg und des deutschen Volkes an „das unbefleckte Herz der Jungfrau Maria" am 3. Oktober 1943 und an dabei verwendeten Formulierungen in den Weihegebeten entzündet hatte. Das Weihegebet für das Bistum Rottenburg hatte im Auftrag von Bischof Sproll Josef Weiger verfasst. Dieser Vorgang hat bislang nur einem jeweils

224 Paula LINHART, Der Una Sancta-Kreis Müchen, in: Heinrich Fries/Ulich Valeske (Hg.), Versöhnung. Gestalten – Zeiten – Modelle (Festschrift für P. Manfred Hörhammer), Frankfurt a. Main 1975, 181-198. Vgl. dazu neuerdings Paul METZLAFF, Der Una-Sancta-Kreis München. Seine Entstehung seit 1935 und seine Entwicklung bis 1945. Ein Rekonstruktionsversuch, in: Beiträge zur altbayerischen Kirchengeschichte 57 (2017) 7-128.

225 Von der Unterstützung Guardinis für Weiger und Sproll berichtet Wilhelm Stählin bereits in seinen Lebenserinnerungen: Wilhelm STÄHLIN, Via Vitae, Kassel 1968, 390ff., zu Guardini 390: Guardini habe die „zum Teil sehr schroffen protestantischen Urteile über jene Mariengebete" zurückgewiesen, die Angelegenheit selbst aber als Erscheinungsform romantischer Denk- und Redeweise abgetan. Auch diese Sichtweise auf Guardinis Motivation angesichts der unveröffentlichten Materialien sehr einseitig.

unvollständigen Niederschlag in der Sekundärliteratur gefunden.[226] Im Guardini-Nachlass der Bayerischen Staatsbibliothek und dem Landeskirchlichen Archiv in Stuttgart warten noch einige Briefe und Texte auf ihre Veröffentlichung.[227]

Bislang wurde auch über die persönlichen Kontakte zwischen Guardini und Asmussen kaum etwas berichtet und dies, obwohl Asmussen auch nach 1945 ein beliebter Gesprächs- und auch Streitpartner war; insbesondere auch als es um die protestantische Haltung zum neuen Dogma der „Assumptio Mariae" ging. Immerhin führte dies zu einem Schlagabtausch zwischen Josef Weiger und Asmussen, der auch in der Zeitschrift *Hochland* abgedruckt wurde[228] und den Guardini zuvor in einem Brief an Josef Weiger vom 11. Dezember 1950 ausdrücklich begrüßt hatte. „Du fragst wegen Asmussen. Ich könnte mir denken, dass eine solche Aussprache sehr gut wäre. Einmal der Sache selbst wegen, weil es wichtig ist, dass die Anderen eine richtige Vorstellung bekommen, was Marienverehrung bedeutet. Dann aber auch wegen Asmussen selbst, der es nicht leicht hat. Mir wurde erzählt, bei der Tagung der Una Sancta, die demnächst hier stattfinden soll, habe der protestantische ‚Bischof' – ich kann nicht umhin, die Anführungsstriche zu setzen; es ist zu grotesk, wenn die Protestanten von Bischöfen reden – ihm verboten, in München zu sprechen. Schön, nicht wahr? Bis jetzt hat man vom katholischen Dogmenzwang und protestantischer Freiheit geredet. Von solchen Ereignissen lernt man."[229]

Asmussen schätzte insbesondere Weigers und Guardinis Marienbücher. Guardinis *Die Mutter des Herrn* rezensierte er 1957 sogar für die Zeitschrift *Zeitenwende*.[230] Im Zusammenhang mit Guardinis Vortrag *Evangelisches Christentum in katholischer Sicht, heute. Vortrag vor einer evangelischen Gemeinde*[231] findet sich in der Bayerischen Staatsbibliothek eine Postkarte von Asmussen an Guardini vom 13. Dezember 1958, in dem er sich für die freundliche Erwähnung bedankt und um das freundschaftliche Gebet

226 Paul KOPF, Die Blutfreitags-Feiern in Weingarten 1936-1939. Ein Beitrag zum Thema „Kirche im Nationalsozialismus", in: Rottenburger Jahrbuch für Kirchengeschichte 9 (1990) 156; W. GROSS, Marienweihe im Kriegsjahr 1943. Ein Rückblick in die Geschichte der Diözese Rottenburg-Stuttgart, in: Maria – Weggefährtin im Glauben. Wallfahrtsgottesdienste. 50 Jahre Marienweihe, hg. vom Bischöflichen Ordinariat Rottenburg, Rottenburg am Necker 1993, 35-43; Thomas HANSTEIN, Sprolls Marienweihe im Jahr von Stalingrad. Religiöser Akt oder politisches Fanal? Ein historischer Beitrag zum siebten Rottenburger Bischof, Marburg 2014, 179 und 376f.; Franz-Xaver SCHMID (Hg.), Marienweihe der Diözese Rottenburg am Rosenkranzfest 1943, Lindenberg 2015, darin besonders: Pfarrer Josef Weiger – Verfasser des Rottenburger Weihegebetes, 126ff.

227 BSB, Ana 342 B4-3-182 (Causa Pressel). Im Konvolut ist ein bislang unveröffentlichtes Memento Guardinis vom 28. April 1945 enthalten, in dem er die gesamte Auseinandersetzung noch einmal aus seiner Sicht darstellt. Gerl hat 1985 aus diesem Konvolut lediglich ausschnittsweise aus dem Brief von Guardini an Josef Weiger vom 27. September 1943 zitiert (GERL, Romano Guardini [wie Anm. 9], 326). HANSTEIN, Sprolls Marienweihe (wie Anm. 226), 179, verweist auf diverse Schreiben zwischen Stählin und Guardini im Herbst/Winter 1943/44 im Landeskirchlichen Archiv Stuttgart.

228 Josef WEIGER, Assumptio Mariae. Das neue Dogma, in: Hans Asmussen/Josef Weiger, Für und wider das neue Dogma, in: Hochland 43 (1950/51) 334-351, der Beitrag Weigers umfasst 345-351.

229 Guardinis Briefe an Josef Weiger 1908-1962 (wie Anm. 26), 367f.

230 Hans ASMUSSEN,: Rezension zu: Guardini, Die Mutter des Herrn, in: Zeitwende 28 (1957) 274f.

231 Abgedruckt in: Una sancta. Rundbriefe 13 (1958) 225-233.

bittet.[232] In einem Brief vom 20. März 1961 dankte Asmussen für die Zusendung des Buches *Gebet und Wahrheit* über das Vaterunser. Asmussen sah in dem Buch ein Zeichen einer „stillen Ökumene“.[233] Am 20. November 1962 folgte noch eine Postkarte mit Dank für die „Johanneischen Meditationen“.[234] Für 1963 findet sich ein Briefdurchschlag eines Briefes von Guardini an Asmussen vom 4. Dezember 1963.[235] Asmussen gratulierte schließlich Guardini im Februar 1965 noch zum 80. Geburtstag[236], nachdem er sich schon mit dem Beitrag *Sprache als theologisches Problem* an der Festschrift beteiligt hatte.[237]

Douglas V. Steere

Die in der Ökumene gewonnene Dialogfähigkeit zeigt sich bei Guardini infolgedessen auch gegenüber Vertretern aller Bekenntnissen und christlicher Gemeinschaften, unter anderem auch gegenüber den Quäkern, zum Beispiel bislang unbemerkter Weise Douglas V. Steere (1901-1995). Steere gehört zu den wohl bekanntesten amerikanischen Quäkern in der Ökumenischen Bewegung und war von 1928 bis 1964 Professor für Philosophie am Haverford College. Bislang tauchte der Name Steere in der Guardini-Forschung nicht auf, da Briefe von ihm oder Briefentwürfe an ihn nicht zu finden sind und Guardinis Adresskartei bislang nicht ausgewertet worden ist. Darin hätte man zumindest den Namen Douglas Steere finden können, ebenso wie nun in der Guardini-Bibliothek, wo sich gleich mehrere Widmungen befinden. Zunächst gibt es ein datierten Eintrag in seinem Buch *On Beginning from Within* (New York-London 1943): „Douglas V. Steere, 15. Oktober 1943, Tübingen“; dann aus dem Jahr 1947 ein Buch von Thomas R. Kelly *Heiliger Gehorsam. Vier Aufsätze. Mit biografischen Erinnerungen von Douglas V. Steere* (Bad Pyrmont 1946) mit der Widmung „Douglas V. Steere, Christmas 1947“. Schließlich folgt noch 1957 Steeres Buch *Work and Contemplation* (New York 1957), ebenfalls datiertem Gruß „Douglas V. Steere, 12. XI. 57“.

Wenn man dann nach dem Nachlass Steeres sucht, findet man darin den Namen Guardinis als Korrespondenzpartner. Hinter diesem Eintrag verbergen sich insgesamt 6 Briefe von Guardini, zwei Empfehlungsbriefe von 1934 an seinen Bruder in Mailand und an Jacques Maritain in Paris, Steere auf seiner Suche nach religiösen Aufbrüchen in Europa zu unterstützen; dann zwei Briefe von Guardini an Steere aus dem Jahr 1937 zur Vorbereitung eines Treffens, das schließlich im August 1937 im Schwarzwald im Sanatorium Glotterbad stattfand; schließlich ein weiterer Brief aus

232 BSB, Ana 342 B4-3-002.
233 BSB, Ana 342 B4-3-003.
234 BSB, Ana 342 B4-3-004.
235 BSB, Ana 342 B11-008-1.
236 BSB, Ana 342 B33-011.
237 In: Helmut KUHN/Heinrich KAHLEFELD/Karl FORSTER (Hg.), Interpretation der Welt. FS für Romano Guardini zum achtzigsten Geburtstag, Würzburg 1965, 646-662

dem Jahr 1940 und einer aus dem Jahr 1950.[238] Aufschlussreich ist, dass Guardini Steere zwar mehrheitlich siezt, ihn aber als „Lieber Freund“ anspricht.

Wenn man in den schon seit 1962 zugänglichen autobiografischen Schriften von Steere nachliest, steht hinter diesen drei Widmungen und der für die Guardini-Forschung neue Korrespondenz eine langjährige durchaus freundschaftliche Beziehung seit dem Jahr 1934 in Berlin, mag diese auch insgesamt gesehen für Steere bedeutsamer und erwähnenswerter gewesen sein als für Guardini mit seiner Vielzahl an ökumenischen Kontakten. In seinem autobiografischen Bericht *A Chapter in Protestant-Catholic Encounter, 1918-1962* aus dem Jahr 1962 berichtet der als ökumenischer Beobachter beim Zweiten Vatikanischen Konzil anwesende Quäker nämlich von seinen ökumenischen Erfahrungen insbesondere in Deutschland: “The close of the First World War brought with it a temper of longing, in a broken Germany, for the overcoming of old divisions and for the emergence of a fresh outbreak of spiritual life. It was felt in the Quickborn movement in the Roman Catholic Church in which Romano Guardini played such a moving role, in [498] that there were two such schools of theology accessible is itself a fact of no small significance. At Berlin in 1934, I found Romano Guardini installed as a guest professor oft he Roman Catholic Church at the Humboldt University and discovered that there wer more Protestants than Catholics in his huge audiences drawn by his lectures on Nietzsche, Kiekegaard, On Dostoevski, on Hölderlin, on Dante. In the course of interpreting these popular figures, he always made an interpretation that drew out the spiritual element present and did it in such a way that he penetrated the hearers´ minds with an understanding oft he Catholic fruits oft he spirit at their best. […] [501] From 1934 when, in Berlin, a meeting at Whitsuntide (Pfingsten) was held with men like Stählin, Ritter, Nygren, Pribilla, Pietryga, and Guardini to search for common ground in the midst of their external problems, there have been countless gatherings of theologians of the two communions.“[239]

In Glenn Hinsons Biografie über Douglas V. Steere aus dem Jahr 1998[240] werden die Verbindungen deutlicher: Nachdem Maria Schlüter-Hermkes 1931 zu Vorträgen nach Amerika eingeladen worden war, lernte sie dabei Steere kennen und schätzen. Sie versprach, ihm die Türen zu den katholischen Erneuerungsbewegungen in Deutschland zu öffnen, und vermittelte ihm infolgedessen sowohl Kontakt nach Maria Laach als auch zu Romano Guardini. Daraufhin kam er 1933 zunächst nach Maria

238 Douglas V. and Dorothy M. Steere Papers (HC.MC.1174), Quaker & Special Collections, Haverford College, Haverford, PA; http://dla.library.upenn.edu/dla/pacscl/ead.pdf?id=PACSCL_HAVERFORD_HCColl1174.

239 Douglas V. STEERE, A Chapter in Protestant-Catholic Encounter, 1918-62, in: Religion in Life (1962) 497f. und 501.

240 E. Glenn HINSON, Love at the Heart of Things: A Biography of Douglas V. Steere, Wallingford-Nashville 1998. Unter Verwendung von Douglas V. STEERE, Gleanings. A Random Harvest, Nashville 1986, 21-23; sowie: Douglas Steere, Journal, 163-165; Douglas Steere, General Newsletter 6, Berlin, 8. November 1950, 7; Douglas V. STEERE, Quaker Life in Germany in the Autumn of 1940, February 1, 1941, AFSCA, GF 1940, Folder: AFSC, Foreign Service, Germany, 1940.

Laach, befreundete sich dort mit Damasus Winzen. Von Maria Laach aus war Steere auch in Bonn, wo er den damals ebenfalls mit Maria Laach verbundenen und mit Winzen befreundeten Karl Barth kennenlernte. Schließlich besuchte er in München Alois Dempf, Theodor Haecker, Franz-Josef Schöningh sowie Joseph Bernhart und ging schließlich nach Berlin, wo er katholischerseits eben vor allem mit Romano Guardini Kontakt hatte und ihn mehrfach abends in dessen Haus in Eichkamp besuchte. 1934 war er schließlich auch noch in der Erzabtei Beuron.[241] Hinson schreibt unter Berufung auf Douglas *Journal*: „Especially revealing oft he way in which Douglas went about expanding his store of insight are contacts he made in Berlin [47] with Nicholai Hartmann, Fritz Kunkel, and Romano Guardini. [...] Of like consequence were Douglas' meetings with Romano Guardini. Guardini, a Roman Catholic Guest Professor at the University of Berlin, ‚was in a way the spiritual guide of Roman Catholic life in Germany.' He had led a Roman Catholic youth group called the Quickborn in a religious revival movement. During the term Douglas was in Berlin in the spring of 1934, [48] Guardini lectured on Dostoyevsky, not only to students but also to a wide range of other people of all ages. Douglas judged, after hearing Guardini one semester, that he had ‚never heard' his equal. He had a genius for interpreting these figures in such a way that the deeper dimensions of their message were laid bare and before he had finished with a course of lectures the congruity of what underlay this message and that which the Christian message was feeling after were made ever so clear. They met often that winter and frequently talked late at night about the very ground of faith. Douglas found Guardini ‚eager to share and to compare experiences and to know as much as I in my callow beginnings in the Quaker way, could tell him about the root and the testimonies of the Quaker faith and life.'"[242]

1937 verbrachte er demnach einen Nachmittag mit Guardini während seines Aufenthaltes in Freiburg[243], der aufgrund der erhaltenen Briefe nun erstmals mit einem Sanatoriumsaufenthalt Guardinis in Glotterbad in Verbindung zu bringen ist. Schließlich sah Steere Guardini noch einige weitere Male: „Douglas visited Guardini again in 1940, when authorities had already forbidden him to preach but allowed him to say mass. During those repressive days, Guardini wrote books on prayer, the use of the rosary, and other simple religious practices. ‚He was expendable for the needs of the faith in whatever corridor life's most urgent needs drew him,' Douglas observed admiringly. Douglas saw him after the war in Tübingen and then several times in Munich. Douglas tried to visit Guardini in the hospital a few weeks before he died but he was not allowed." [244] Der Besuch in Tübingen fand 1947 statt, die Besuche in München in den späten fünfziger Jahren.

Steere war 1968 in Deutschland für die sogenannte „Richard L. Cary Vorlesung" zum Thema *„Gegenseitige Erleuchtung" (mutual irradiation). Ein Quäker-Standpunkt zur*

---

241 HINSON (wie Anm. 240), 45ff. und 131.
242 Ebd. 46f.
243 Ebd. 45ff. und 131.
244 Ebd. 48.

Ökumene. Wohl während dieses Deutschland-Aufenthaltes hat Steere vergeblich versucht, Guardini im Krankenhaus zu besuchen.

Auch nicht uninteressant ist Steeres in einer seiner Schriften erwähnte Erinnerung, Guardini habe ihn bei einem der Gespräche dazu „gedrängt", das Buch *Das Wort* der Ärztin und christlichen Mystikerin Adrienne von Speyr zu lesen.[245]

Ausblick auf weitere Widmungen

Auch für die Nachkriegszeit gibt es zahlreiche Widmungen sowohl aus dem Tübinger als auch aus dem Münchener Kontext, insbesondere von Autoren, die sich als Schüler oder Kollegen Guardinis verstehen. Da die entsprechenden Persönlichkeiten in der Regel biografisch bereits recht gut erfasst sind, insbesondere in Gerners Sozialbiografie *Romano Guardini in München* wird hier auf eine Darstellung verzichtet. Hier sei exemplarisch lediglich auf einige Namen verwiesen wie Carlo Schmid und Theodor Steinbüchel für Tübingen oder Hermann Kunisch und Helmut Kuhn für München. Dabei reichen einige dieser Freundschaften ebenfalls noch weit in die zwanziger und dreißiger Jahre zurück. Unter den jüngeren Schülern sei von Tübingen herkommend der Historiker Walter Lipgens (1925-1984) erwähnt, der umfangreiche Vorarbeiten für eine Guardini-Primärbibliografie leistete und sich um eine bislang wenig beachtete frühe Würdigung im englischsprachigen Bereich verdient gemacht hat.[246]

Hinzu kommen Widmungen, die im Kontext der Übersetzung und der Wirkung seiner Werke in andere Sprachräume hinein stehen. Ausdrücklich sei hier auf seine Haupt-Übersetzerin ins Französische, Jeanne Ancelet-Hustache, verwiesen. Sie hat auch die einführende Vorstellung vor seinem in deutscher Sprache gehaltenen Vortrag in Paris 1948 übernommen.[247]

Auch aufgrund seiner Nachkriegsvorträge in Frankreich (Lyon, Paris) und Italien (Gallarate) gab es zahlreiche Nachfolgekontakte, die sich in der Guardini-Bibliothek durch Widmungen dokumentieren lassen. Auch hier sei nur exemplarisch auf einige Namen verwiesen, von denen es mehrere solche Bücher gibt: Henri Lubac, Jean Daniélou oder Pie Duployé.

245 STEERE, Gleanings (wie Anm. 240), 29.
246 Walter LIPGENS, Wise and compassionate Priest, in: Catholic World 169 (1949) 311; DERS., Romano Guardini, a german priest and his religious writings, in: The Dublin Review 445 (1949) 80-92.
247 Klara Marie FASSBINDER, Jeanne Ancelet-Hustache, in: Hochland 48 (1955/56) 396f.

Werkrelevante Bücher und Studienbücher

Nach diesem eher chronologischen Durchgang soll in einem weiteren Abschnitt noch einmal unter dem Gesichtspunkt des Werkbezugs ausgewertet werden.

Die Heilige Schrift und ihre Exegese

Bibelausgaben und -übersetzungen

Bei den in der Guardini-Bibliothek vorhandenen Bibelausgaben tut sich zunächst die Frage auf, welche Guardini wohl besonders für seine Arbeit herangezogen haben mag. Diese Frage ist schwieriger zu beantworten, als man vermuten mag, da es ja noch keinerlei Einheitsübersetzungen gab, stattdessen eine große Auswahl verschiedener protestantischer, evangelischer und für das Alte Testament auch jüdische Übersetzungen. Zudem haben Guardini – keineswegs nur die Psalmen aus der lateinischen Vulgata – und Weiger selbst neu übersetzt und auf Übersetzungen aus ihrem Freundeskreis zurückgegriffen.

Bekannt ist, dass Guardini des Öfteren die Übersetzung des Neuen Testaments des evangelischen Tübinger Dogmen- und Kirchengeschichtlers Carl Heinrich von Weizsäcker heranzog, aber auch diese nur selten zitiert, offiziell unter Namensnennung sogar nur einmal, nämlich 1930 in *Der Glaube im Neuen Testament.*[248] In Mooshausen befindet sich davon ein eigens gebundenes Studienexemplar als Geschenk von Guardini an Weiger. In München stehen zwei Ausgaben, eine von 1927 und eine ältere von 1910 (Tübingen 1910) mit einer handschriftlichen Eintragung.

Mehrfach zitiert und empfiehlt er auch die Evangelienharmonie von August Vezin *Das Evangelium Jesu Christi* (Herder, Freiburg), zum Beispiel in *Der Herr* und in *Der Rosenkranz unserer lieben Frau.* Eine Ausgabe von 1915 dieser Harmonie *Die Freudenbotschaft unseres Herrn und Heilandes Jesus Christus. Nach den vier hl. Evangelien und der übrigen Urüberlieferung harmonisch geordnet* steht in der Guardini-Bibliothek (Freiburg 1915).

Nachweislich verwendet Guardini immer wieder die bekannte katholische Bibelübersetzung *Die Heilige Schrift des Alten und Neuen Testamentes. Aus der Vulgata übersetzt* von Joseph Franz Allioli. Diese befindet sich in einer bibliophilen sechsbändigen Ausgabe von 1839 in der Guardini-Bibliothek. Für seine biblische Hauptschrift *Der Herr* hingegen vermerkt Guardini selbst im Vorwort ausdrücklich, dass Wolfgang Rüttenauer für die Übersetzung der Bibelzitate verantwortlich zeichnet. Da er als eigenständiger Übersetzer des Neuen Testaments nicht bekannt geworden ist, kann man von einer speziell für den Herrn angefertigten Übersetzung ausgehen.

Darüber hinaus befindet sich noch, mit einem handschriftlichen Besitz-Autografen und der Datumsangabe „Romano Guardini Berlin 1935“ versehen, die *Die Heilige Schrift des Alten und Neuen Testamentes* in der Übersetzung von Hermann Menge (Stuttgart 1931) in der Bibliothek.

---

248 Eingegangen in: Romano GUARDINI, Wurzeln eines großen Lebenswerks, Bd. 3, Mainz-Paderborn 2002, 38.

Schließlich erhält er „mit herzlichen Grüßen" vom evangelischen Theologen „Otto A. Piper, Princenton, N. J." die englische Bibelübersetzung von R. A. Knox *The New Testament of our Lord and Saviour Jesus Christ* zugesandt (New York 1950). Otto Alfred Piper (1891-1982) war ein evangelischer Systematischer Theologe, der 1929 außerordentlicher Professor in Göttingen wurde, aber schon im Jahr darauf Karl Barths Lehrstuhl für Systematische Theologie in Münster übernahm. Als aktives USPD-Mitglied seit 1919 und SPD-Mitglied seit 1922 wurde er im September 1933 aufgrund des Gesetzes zur Wiederherstellung des Berufsbeamtentums entlassen. Er emigrierte über England in die USA und lehrte als Gastprofessor in Princeton. Nach dem Erwerb der US-Staatsbürgerschaft wurde er hier 1941 auf den Lehrstuhl für Neutestamentliche Literaturgeschichte und Exegese berufen, den er bis 1962 innehatte. Weder der Schenkende noch die Bibelübersetzung spielen aber bei Guardini in der Folgezeit eine Rolle.

Literatur zum Alten Testament

Mit handschriftlichen Eintragungen ist der Übersetzungskommentar *Der Prophet Hesekiel* (Göttingen 1959) von Walther Eichrodt. Vom gleichen Autor schätzte er auch die *Theologie des Alten Testamentes.* Sowohl in *Teil 1: Gott und Volk* (Stuttgart-Göttingen 1957) als auch in *Teil 2 und 3: Gott und Welt/ Gott und Mensch* (Stuttgart-Göttingen 1961) finden sich Notizen. Es handelt sich dabei um die fünfte, neubearbeitete Auflage. Guardini hatte aber auch schon mit der Ausgabe von 1933 gearbeitet. Denn in einem Brief an Hermann Kunisch von 1950, der nach einer Hilfe für das Verständnis des Alten Testaments gefragt hatte. Obwohl er dafür als nicht sehr kompetent erachtete, empfiehlt er ihm die protestantische dreibändige Theologie des Alten Testamentes von Walter Eichrodt und gibt an, dass seine eigene Ausgabe aus Leipzig 1933 stamme, er sich aber sicher sei, dass unterdes eine neu erschienen sei.[249]

In Bezug auf das Alte Testament befinden sich in der Guardini-Bibliothek mit handschriftlichen Eintragungen von Guardini außerdem noch: Hans Duhms *Der Verkehr Gottes mit den Menschen im AT* (Tübingen 1926), Paul Volz' *Mose und sein Werk* (Tübingen 1932), Abraham Heschels *Die Prophetie* (Berlin 1936) und Gerhard von Rads *Theologie des Alten Testaments, Bd. 1: Die Theologie der geschichtlichen Überlieferung Israels* (München 1957). Diese Auseinandersetzung hinterlässt aber keine unmittelbaren Spuren in Guardinis Werk in Form von Verweisen.

Literatur zum Neuen Testament

In Bezug auf das Neue Testament können aufgrund der handschriftlichen Eintragungen folgende Bücher als Studienbücher Guardinis gelten: Aus dem *Neuen Testament Deutsch* die Übersetzungskommentare zu den Evangelien nach Markus und Matthäus von Julius Schniewind (Göttingen 1937), zu den Evangelien nach Lukas und Johannes von Karl Heinrich Rengstorf und Friedrich Büchels (Göttingen 1937) sowie zur

249 BSB, Ana 342 B4-3-092.

Apostelgeschichte und zu den Briefen des Apostels Paulus von Paul Althaus, Herm. Wolfg. Beyer, Heinrich Rendtorff, Gerhard Heinzelmann, Albr. Oepke und H. D. Wendland (Göttingen 1933). Bearbeitungsspuren finden sich auch in Friedrich Zündels *Jesus. In Bildern aus seinem Leben* (München 1922), Ethelbert Stauffers *Jerusalem und Rom im Zeitalter Jesu Christi* (Bern-München 1957) und *Jesus. Gestalt und Geschichte* (Bern-München 1957). Diese Auseinandersetzung findet aber keinen ausdrücklichen Niederschlag in Guardinis Werk.

Außerdem finden sich handschriftliche Eintragungen in Ernst Lohmeyers *Das Vater-Unser* (Göttingen 1952). Von Lohmeyer hat er nachweislich auch schon die 1926er Ausgabe von *Die Offenbarung des Johannes* genutzt.[250] Aus der Reihe *Neues Testament Deutsch* verwendete er offensichtlich auch Johannes Behm, Bd. 3 (1935) (NTD, Bd. 3: Die Briefe an Timotheus und Titus; Die Briefe des Jakobus, Petrus, Judas und Johannes; Die Offenbarung des Johannes, übers. und erklärt von Johannes Behm, Friedrich Hauck, Joachim Jeremias und Hermann Strathmann, Göttingen 1935). Gegen Lohmeyer und Behm schließt er sich in der Frage der Interpretation des „Neuen Namens" Christi aber der Interpretation von Wikenhauser, Offenbarung des Johannes an.[251]

Die Kirchenväter, Heilige und Mystiker

Augustinus und Bonaventura

Bonvaventura

Dass sich in der Guardini-Bibliothek die bibliophile Ausgabe von Bonaventuras *Sopra tutta la vita del nostro Gesu Christo*" (Venezia 1701) erhalten hat, ist angesichts der Doktor- und Habiliationsarbeit Guardinis zu Bonaventura ebenso naheliegend wie der schon erwähnte Umstand, dass sich in der Ausgabe vom *Itinerarium Mentis in Deum* der von Guardini zwischen 1906 und 1913 verwendeter Stempel „R. A. Guardini" befindet. Nachdem Guardini in seiner Habilitation Bardenhewers Ausgabe von Bonaventuras *Liber de Causis* als Sekundärliteratur angeführt hat, verwundert es auch nicht, dass in der Guardini-Bibliothek Otto Bardenhewers *Patrologie* (Freiburg 1910) mit handschriftlichen Eintragungen steht.

Étienne Gilson

Überraschender könnten da schon die handschriftlichen Eintragungen in Étienne Gilsons Bücher *Introduction à l'étude de Saint Augustin* (Paris 1931), *Introduction au systeme de Saint Thomas d'Aquin*" (Paris 1927) und *L'esprit de la philosophie medievale* (Paris 1932)

---

250 Romano GUARDINI, Der Name des Menschen, in: Gläubiges Dasein. Die Annahme seiner selbst, Mainz [10]1993, 105. Ursprünglich: Der Name des Menschen. Gedanken über Apokalypse 2,17, in: Hermann Kirchhoff (Hg.), Kaufet die Zeit aus. Beiträge zur christlichen Eschatologie. Festgabe für Prof. Dr. Theoderich Kampmann zum 60. Geburtstag am 11. August 1959, Paderborn 1959, 13-21.

251 GUARDINI, Der Name des Menschen (wie Anm. 250), 105.

erscheinen, aber nur, wenn man nicht bedenkt, dass Guardini diesen Autor schon sehr früh, fortwährend und mehrfach zu seinen Studien über Augustinus, Bonaventura und Johannes Duns Scotus sowie Dante herangezogen hat.

Edgar Salin
Salins Buch über die *Civitas Dei* (Tübingen 1926) enthält handschriftliche Eintragungen, die aber keinen unmittelbaren Niederschlag in Guardinis Augustinus-Werken finden. Hinzuweisen ist darauf, dass Guardini von Edgar Salin im Jahr 1946 auch noch zwei Platon-Editionen Salins mit persönlicher Widmung (Platons *Mensch und Staat* mit „Für Romano Guardini Edgar Salin 8.8.46“ und Platons *Theaitet* mit „Für Romano Guardini Weihnacht 1946 E.S.“) geschenkt bekommen hat. Die Basler Adresse von Edgar Salin (1892-1974) findet sich in der überlieferten Adresskartei Guardinis. Bei einer darauf fußenden Internetrecherche findet man sechs Briefe und ein Telegramm von Romano Guardini an Edgar Salin aus der Zeit von 1926 bis 1965 in der Universitätsbibliothek Basel, die bislang vom Verfasser aber noch nicht eingesehen werden konnten.[252] Eine gemeinsame Verbindung bestand auch über Hans Urs von Balthasar, der die beiden von Salin ausgewählten und übertragenen Platon-Schriften in der *Europäischen Reihe* der *Sammlung Klosterberg* des Basler Verlages Benno Schwabe 1942 und 1946 herausgegeben hat.

Martin Skutella
Guardinis Ausgabe von Augustinus' *Confessionum libri tredecim* (Leipzig 1934) enthält die Eintragung „Vom Herausgeber 19.11.34“. Dabei handelt es sich um den bereits 1946 verstorbenen Augustinus-Editor Martin bzw. Martinus Skutella (1890-1946). Etwas mehr über Guardinis Bezug zu diesem heute nur noch unter den Augustinus-Forschern bekannten Altphilologen erfährt man aus einem Hinweis Guardinis in seinen Büchern *Die Bekehrung des Aurelius Augustinus* und *Der Tod des Sokrates*: „Endlich habe ich noch, und mit Freuden, eine Pflicht zu erfüllen. Herrn Studienrat Dr. Martin Skutella schulde ich, zusammen mit sicher vielen anderen, großen Dank für seine kritische Ausgabe der Confessiones, die 1934 bei Teubner erschienen ist und meiner Arbeit zugrunde liegt. Besonderen Dank spreche ich ihm aber für die Hilfe aus, die er mir bei der Übersetzung der zahlreichen Textstellen in freundlichster Weise hat zuteil werden lassen.“[253]

„Die gleiche Methode mußte auch bestrebt sein, den Text möglichst stark hervortreten zu lassen. Er wurde neu übersetzt, und Herrn Dr. Martin Skutella gebührt für

252 UB Basel, UBH NL 113: Fb 1080, Fa 3390-3393, A 16,2:66 und E 26, 175.

253 Romano GUARDINI, Die Bekehrung des Aurelius Augustinus, Mainz [4]1989, 16, dazu 19: „Die Texte nach der kritischen Ausgabe letzter Hand von Martin Skutella, Bibliotheca Scriptorum Graecorum et Romanorum, Teubner, Leipzig. Sie sind sämtlich vom Verfasser dieser Untersuchung neu übersetzt.“

die freundliche Sorgfalt, mit der er die Übertragung geprüft und verbessert hat, der angelegentlichste Dank."[254]

Franz von Assisi

Das Buch *Vie de Saint Francois d'Assise* von Paul Sabatier (1926) dokumentiert durch die handschriftliche Eintragung Guardinis eine dreimalige Lektüre, davon die erste ohne Ortsangabe (1926), eventuell aber bei seinem Aufenthalt in Assisi im September 1926, das zweite Mal im Mai 1932 in Assisi und drittes Mal in Mooshausen im Jahr 1945. Dabei steht er der Franziskus-Deutung Sabatiers insgesamt eher kritisch gegenüber, so in seiner Franziskusstudie *Über den Heiligen und den heiligen Franziskus* (1934)[255], in *Christliches Bewußtsein* (1935)[256] und in *Die menschliche Wirklichkeit des Herrn*" (1958)[257].

Handschriftliche Eintragungen finden sich außerdem in der zweiten, von Friedrich Weigand durchgesehenen Auflage der von H. Boehmer herausgegebenen *Analekten zur Geschichte des Franciscus von Assisi* (Tübingen 1930).

Mystik

Für *Die Schildgenossen* übersetzte Romano Guardini Mitte der zwanziger Jahre *Drei Kapitel aus Eckarts Reden der Unterscheidung* selbst aus dem Mittelhochdeutschen.[258] Dabei gibt er als Grundlage die erste von Eugen Diederichs im A. Marcus und E. Webers Verlag herausgegebene Ausgabe (Bonn 1913) an und verwendet dabei selbst den anastatischen Neudruck von 1925. Dieser befindet sich mit zahlreichen handschriftlichen Eintragungen in der Guardini-Bibliothek.

Auch in der Sammlung *Mystische Dichtung aus sieben Jahrhunderten* (Leipzig 1925) und in der von Willo Uhl herausgegebenen Ausgabe von *Der Franckforter. Theologia deutsch: Eyn deutsch Theologia* (Bonn 1926) finden sich Notizen.

Dass Guardini das Buch *Des graces d'oraison. Traite de theologie mystique* (1909) des französischen Jesuiten A. Poulain gelesen hat, wussten wir aus dessen Verwendung in einer Anmerkung des Vorworts seiner Übersetzung des ebenfalls von Poulain herausgegebenen Tagebuchs von Lucie Christine. In der Guardini-Bibliothek befindet sich noch das Exemplar mit handschriftlichen Eintragungen und dem Besitzstempel „R. A. Guardini".

---

254 DERS., Der Tod des Sokrates, Mainz [5]1987, 16, so auch in: Anfang. Eine Auslegung der ersten fünf Kapitel von Augustins „Confessiones", München [2]1950, 15; außerdem: in: DERS., Wurzeln eines großen Lebenswerks (wie Anm. 249), 257: „Was den Text angeht, so wurde er vom Verfasser neu übersetzt, und zwar auf Grund der kritischen Ausgabe von Martin Skutella: Augustinus Confessiones, Bibl. Teubneriana Script. graecor. et latinor. MCMXXXIV."

255 Eingegangen in: GUARDINI, Wurzeln eines großen Lebenswerks (wie Anm. 248), hier 129.

256 1935; Mainz [4]1991, 246

257 Romano GUARDINI, Das Wesen des Christentums. Die menschliche Wirklichkeit des Herrn, Mainz 1991, 80.

258 Romano GUARDINI (Übersetzer aus dem Mittelhochdeutschen), Drei Kapitel aus Eckarts Reden der Unterscheidung (aus: Ernst Diederichs [Hg.], Meister Eckharts Reden der Unterscheidung, Bonn 1913, Kapitel 3-5), in: Die Schildgenossen 8 (1928) 241-243.

Besondere Beachtung verdient die Newman- und Bremond-Literatur Romano Guardinis. In der Abteilung der Newman-Ausgaben und -Übersetzungen stehen vor allem folgende eigene und gewidmete Exemplare zu Buche: Die Ausgabe von Newmans *Meditations and Devotions* (London 1907) enthält ebenfalls Eintragungen. In dem Buch liegt, wie oben bereits erwähnt, der Totenzettel von Frau Schleußner. Die 1913er Ausgabe von Newmans *Apologia pro vita sua. A History of his Religious Opinions* (London 1913) trägt das Exlibris „R. A. Guardini Sac.".

Eintragungen finden sich außerdem in Henri Bremonds Newman-Studien *Newman. Psychologie de la foi* (Paris 1907), *Newman. Development du dogme chretien* (Paris 1908), *Newman. La vie chretienne* (Paris 1911) und *Newman. Essai de biographie psychologique* (Paris 1913). In Henri Bremonds Studie zu *Sainte Chantal. 1572-1641* (Paris 1912) findet sich dagegen ein handschriftlicher Besitz-Autograf Guardinis. Er hat sie wohl noch im Erscheinungsjahr erhalten und gelesen, denn in seinem Brief vom 22. Oktober 1912 an seinen Freund Josef Weiger schreibt er: „Henri Bremond, Sainte Chantal, Paris, Viktor Lecoffre 2 Frs. Es setzt die Biographie von Bougaud, die Du hast, voraus. Jene gibt das Tatsächliche, Bremond gibt das Problem der hl. Ch., und besonders ihrer Freundschaft mit d. Franz v. Sales. Ich gestehe Dir, daß ich etwas derartig Außerordentliches an Psychologie und Darstellungskraft der zartesten und heiligsten Dinge noch nicht gefunden habe. Und, was das Beste ist: die ausgesprochene Nebenabsicht des Buches ist, zu zeigen, wie das Natürliche im Übernat. so voll auf seine Rechnung kommt. Man kann nach dem Buch keine andere Biographie mehr mit vollem Genuß lesen."[259]

Auch die Eintragung im ersten Band der zweibändigen Newman-Biografie von Wilfrid Ward mit dem Titel *The Life of John Henry Cardinal Newman. Based on his private Journals and Correspondence*" (2 vols., London 1913) zeigt, wie intensiv sich der Mooshausener Freundeskreis von Guardini, Weiger, Knöpfler und Neundörfer in der Zeit von 1910 bis 1914 mit Newman beschäftigte. Guardini bekommt die Arbeit Wards nämlich von Karl Neundörfer anlässlich eines Aufenthaltes in Worms 1914 geschenkt. Aus einem Brief von Guardini an Josef Weiger vom April 1922 geht hervor, dass Guardini Maria Knöpfler die englische Apologia und den Ward in Mooshausen gelassen hat, zeigt aber an, dass er die beiden Bücher zurückhaben möchte.[260]

Zwei Newman-Übersetzungen von Maria Knöpfler tragen Widmungen der Übersetzerin. Newmans *Sankt Philippus Neri. Zwei Vorträge über seine Mission nebst einer Novene und Gebeten zu dem Heiligen* (München 1922) enthält die Eintragung „Zur Erinnerung an die Aumühle von der Übersetzerin 1914-22." Und Newmans *Betrachtungen und Gebete* (München 1924) die Eintragung „Weihnachten 1924 als Antwort auf die Gabe

259 Guardinis Briefe an Josef Weiger 1908-1962 (wie Anm. 26), 70f.
260 Ebd. 239: „Braucht Maria die englische Apologia und den Ward noch?"

vom Mai 1914. M. K.". Guardini selbst verfasst für die *Schildgenossen* die entsprechenden Rezensionen.[261]

Beim Quickborner und Oratorianer Werner Becker, der sich vor allem nach 1945 gemeinsam mit Heinrich Fries Verdienste in der Newman-Forschung erworben hat, lag es nahe, dass sich einiges an Geschenken in der Guardini-Bibliothek befindet. Es wurde davon oben schon berichtet.

Die neuen Funde und Zusammenhänge zeigen, dass nach den Vorarbeiten von Hanna-Barbara Gerl-Falkovitz und Alfons Knoll die Geschichte der von Guardini und Mooshausen aus beeinflussten Newman-Rezeption in Deutschland noch lange nicht zu Ende geschrieben ist.[262]

Sokrates, Buddha und die Religionswissenschaften

Sokrates (Platon)

In der Guardini-Bibliothek befinden sich mit handschriftlichen Eintragungen und dem Besitzstempel „R. A. Guardini" versehen, der für einen Erwerb in der Zeit zwischen 1911 und 1913 spricht. Platons *Theaitetos* (Leipzig 1911), *Symposion (Gastmahl)* (Leipzig 1912) und *Philebos* (Leipzig 1912). Ohne Stempel, aber ebenfalls mit handschriftlichen Eintragungen versehen sind Platons *Menon*, *Phaidros* und *Sophistes* (alle Leipzig 1916) und Platons *Gesetze* (Leipzig 1916). Mit Lesedatumsangabe „Juni 1920" versehen finden sich mit besonders umfangreichen Eintragungen Platons *Gorgias* (Leipzig 1914), *Protagoras* (Leipzig 1918), *Charmides, Lysis, Menexenos* Leipzig 1918). Auch die Ausgaben von *Laches und Eutyphron*, *Alkibiades der Erste*. *Alkibiades der Zweite*, *Kratylos*, *Euthydemos* sowie *Hippias I und II* (alle Leizpig 1918), dann *Timaios und Kritias* (Leipzig 1919) und *Phaidon: oder über die Unsterblichkeit der Seele* (Leipzig 1920) enthalten handschriftliche Eintragungen.

Laut Ludwig Winterswyl hatte bereits der Beuroner Benediktiner Odilo Wolff mit den Tübinger Theologiestudenten über Platon gesprochen, vor allem über dessen Lehre von der lebendigen Gestalt.[263] Insbesondere mit Platons *Gastmahl* hat man sich

261 Romano GUARDINI, Heilige Gestalt. Von Büchern und mehr als von Büchern, in: Die Schildgenossen 4 (1924/25), 256-268; eingegangen in: Ders., Wurzeln eines großen Lebenswerks, Bd. 2, Mainz-Paderborn 2001 (G 41), 176-191.

262 Hanna-Barbara GERL-FALKOVITZ, Die Newman-Rezeption in den 20er Jahren in Deutschland. Edith Stein im Umkreis von Maria Knoepfler, Romano Guardini und Erich Przywara, in: Internationale Katholische Zeitschrift „Communio" 30 (2001) 434-449, zu Romano Guardini besonders 437-439 mit Zitaten aus Briefen an J. Weiger vom 17. März 1914 u. 25. Mai 1914; auch in: DIES., „Herz spricht zum Herzen". John Henry Newman (1801-1890) in seiner Bedeutung für das deutsche Christentum (Edition Mooshausen. 2), Annweiler 2002, 51-70; Alfons KNOLL, „In Officio Caritatis". Leben und Werk der Newman-Übersetzerin Maria Knöpfler (1881-1927). 75 Jahre nach ihrem Tod, in: ebd 71-127; DERS., Unauffällige Spuren: Newman-Rezeption bei Wilhelm Koch, Maria Knoepfler und Romano Guardini, in: Günter Biemer (Hg.), Internationale Newman-Studien 19, Frankfurt 2006, 307-337.

263 Ludwig A. WINTERSWYL, Romano Guardini. Eigenart und Ertrag seines theologischen Werkes, in: Hochland 34 (1936/37) 362-383, hier 365.

im Mooshausener Freundeskreis auseinandergesetzt. Denn in der Bibliothek Mooshausen befindet sich eine von Rudolf Kassner übersetzte Ausgabe des Diederichs-Verlages (Jena 1913) mit der Widmung „Weihnachten 1915. R. G."[264]

Durch die Studienbücher in der Guardini-Bibliothek und insbesondere die Datierung einiger Ausgaben mit „Juni 1920" kann nunmehr eine viel länger vorausgehende Auseinandersetzung mit Platon und Sokrates angesetzt werden, bis es 1926 zur ersten Veröffentlichung seiner Studien über den *Tod des Sokrates* als Aufsatz in den Schildgenossen kam.[265]

An dieser Stelle sei erwähnt, dass auch die *Metaphysik. 1. Hälfte. Buch I-VII* von Aristoteles (Leipzig 1904) mit handschriftlichen Eintragungen versehen ist. So wie Guardini nicht nur ein Augustinus- und Bonaventura-Kenner war, sondern auch Thomas von Aquin intensiv studierte, verhält es sich auch im Verhältnis von Platon und Aristoteles.

Leider hat Guardini in späteren Fassungen eine Passage aus seinem Hochland-Aufsatz über Madeleine Sémer gestrichen, so dass diese nicht mehr in der heutigen Werkausgabe erscheint. Diese Stelle belegt eindrücklich, dass Guardini sich gegen derartige „Abstempelungen" in Bezug auf seine Person und Arbeit wehrte: „Wir leben in einer Zeit der Abstempelungen. Der Verfasser glaubt daher nachdrücklich betonen zu sollen, daß es sich hier nicht um eine Apologie des Platonismus gegenüber dem Aristotelismus, oder des Augustinismus gegenüber dem Thomismus handelt, oder irgend etwas derart. Wenn der Aufsatz eine Front hat, dann diese: Dem Angriff des gegenwärtigen Aktualismus und der von Kierkegaard herkommenden ‚negativen Theologie' gegenüber das Recht des objektiven Denkens im Christentum zu vertreten."[266]

Buddha und Buddhismus

Romano Guardinis vereinzelte Aussagen über Buddha haben für Aufsehen gesorgt. Insbesondere sein *Abgrenzungsabschnitt: Buddha* in seinem Buch *Das Wesen des Christentums* (Würzburg 1938) und seine Bezugnahmen in *Der Herr* wurden weitläufig zur Kenntnis genommen. Auch sein Plan, eine vergleichende Vorlesungsreihe über den Tod des Buddha, des Sokrates und Jesus zu halten, war beachtlich und mündete in sein Buch *Der Tod des Sokrates* und in der Ankündigung einer letztlich wohl nicht gehaltenen Vorlesung im Wintersemester 1937/38 unter dem Titel *Der Tod des Buddha. Die buddhistische Sinndeutung des Daseins und ihre Bedeutung für das Verständnis des Christentums.*

---

264 Guardinis Briefe an Josef Weiger, 1908-1962(wie Anm. 26), 177.

265 Der Tod des Sokrates. Versuch einer Deutung, in: Die Schildgenossen 6 (1926) 396-435; siehe später auch: Der Tod des Sokrates: eine Interpretation der platonischen Schriften Euthyphron, Apologie, Kriton und Phaidon. Johannes Spörl zugeeignet, Berlin 1943.

266 Romano GUARDINI, Madeleine Sémer. Eine Mystikerin unserer Tage, in: Hochland 25 (1927/28) 623-644, hier 623.

Dabei wird oft übersehen, dass er sich bereits 1926 in seinem Aufsatz *Gedanken über das Verhältnis von Christentum und Kultur* ausführlich Gedanken über den Buddhismus macht und sich dabei auf die Reden Gotamo Buddhas, auf Oldenbergs *Buddha. Sein Leben, seine Lehre, seine Gemeinde* und auf Heilers *Die buddhistische Versenkung* stützt.[267] In der in der Guardini-Bibliothek vorhandenen Ausgabe von Buddhas *Die Reden Gotamo Buddhas: Aus der längeren Sammlung Dighanikayo des Pali-Kanons*, Bd. 1-4 (München 1922ff.), befinden sich in den meisten Bänden Notizen. Im Ersten Band Erstes Halbhundert (1922) hat Guardini zudem ein Lesedatum eingetragen: „W.S. 1927/28-11.5.28". In der von Hermann Oldenberg übertragenen und herausgegebenen Ausgabe *Die Reden des Buddha. Lehre, Verse, Erzählungen* (München 1922) befindet sich der handschriftliche Besitzautograf „R. Guardini", Friedrich Heilers *Die buddhistische Versenkung. Eine religionsgeschichtliche Untersuchung* (München 1922) enthält ebenso handschriftliche Eintragungen wie Hermann Oldenbergs *Buddha. Sein Leben, seine Lehre, seine Gemeinde* (Stuttgart/Berlin 1921).

Dass er sich in dieser Zeit nicht alleine, sondern gemeinsam mit Joseph Weiger mit dem Buddhismus auseinandersetzt, zeigt Weigers Rezensionsaufsatz in den *Schildgenossen* von 1926 *Ueber die Reden Gotamo Buddhos.*[268]

Im Hintergrund seiner Buddhismus-Auseinandersetzung könnte auch seine damalige Bekanntschaft mit Joachim Wach (1898 1955) gestanden haben. Der Religionswissenschaftler und Soziologe jüdischer Herkunft promovierte 1922 über *Grundzüge einer Phänomenologie des Erlösungsgedankens* und habilitierte sich 1924 im Fach Religionswissenschaft in Leipzig, wo er anschließend zunächst als Privatdozent, 1927 als Lehrbeauftragter für Religionssoziologie und ab 1929 als außerordentlicher Professor für Religionswissenschaft wirkte. Dazu erwarb er 1930 einen Dr. theol. an der Universität Heidelberg. Aufgrund seiner jüdischen Herkunft wurde ihm im Dritten Reich die Lehrbefugnis entzogen und sein Doktortitel aberkannt. Er emigrierte in die Vereinigten Staaten und lehrte dort von 1935 bis 1947 zunächst Biblische Literatur, dann Religionsgeschichte. 1945 erhielt er einen Lehrstuhl für Religionswissenschaft in Chicago und 1946 die US-amerikanische Staatsbürgerschaft.

In der Guardini-Bibliothek stehen Wachs Studie *Meister und Jünger. Zwei religionssoziologische Betrachtungen* (Leipzig o. J. [1924]) mit der Widmung „Romano Guardini in aufrichtiger Verehrung und in Dankbarkeit zu eigen" sowie sein Buch *Mahayana, besonders im Hinblick auf das Saddharma-Pundarika-Sutra. Eine Untersuchung über die religionsgeschichtliche Bedeutung eines heiligen Textes der Buddhisten* (München-Neubiberg o. J.) mit der Eintragung „Romano Guardini in tiefer, herzlicher Verehrung zugeeignet, Juli 1925". Wach rezensierte außerdem 1934 Guardinis Dostojewskij-Buch *Der Mensch und der Glaube* und 1948 sein Buch *Der Tod des Sokrates.*[269]

---

267 In: Unterscheidung des Christlichen, Bd. I (wie Anm. 141), 164-205, 167f.

268 Joseph WEIGER, Ueber die Reden Gotamo Buddhos (Rezension zur Sammlung *Die Reden Gotamo Buddhos*), in: Die Schildgenossen 6 (1925/26) 541-549.

269 Joachim WACH, Religiöse Existenz. Zu dem Dostojewskij-Buch Romano Guardinis (Rezension zu: Guardini, Der Mensch und der Glaube), in: Zeitschrift für Missionskunde und Religionswissenschaft

Dass Guardini sich auch nach 1945 noch für den Buddhismus interessierte, zeigen handschriftliche Eintragungen in Daisetz Teitaro Suzukis *Die große Befreiung. Einführung in den Zen-Buddhismus* (Konstanz 1947).

Religionswissenschaften

Aus dem weiteren Bereich der Religionswissenschaften enthalten handschriftliche Eintragungen Erwin Rohdes *Psyche. Seelenkult und Unsterblichkeitsglaube der Griechen* (2 Bde., Tübingen 1921), Johann Jakob Bachofens *Der Mythos von Orient und Occident. Eine Metaphysik der Alten Welt* (München 1926), Walter F. Ottos *Die Götter Griechenlands. Das Bild des Göttlichen im Spiegel des griechischen Geistes* (Bonn 1929), Walter Wilis *Vergil* (München o. J. [1930]) sowie *Dionysos. Mythos und Kult* (Frankfurt 1933), Rudolf Ottos *Das Gefühl des Übermenschlichen* (München 1932), Alfred Bertholets *Das Geschlecht der Gottheit* (Tübingen 1934) und Martin Rincks *Wodan und germanischer Schicksalsglaube* (Jena 1935) und von Karl Kerényi *Apollon. Studien über antike Religion und Humanität* (Amsterdam-Leipzig 1937).

Karl Kerényi

Mit dem ungarischen Klassischen Philologen und Religionswissenschaftler Karl Kerényi (1897-1973) wird Guardini später eine langjährige Freundschaft verbinden, die sich auch in den zahlreichen Widmungen in der Guardini-Bibliothek zeigt. Da diese Widmungen Kerényis in der Regel nicht datiert sind, muss es im Einzelfall offenbleiben, wann er Guardini das jeweilige Buch überreicht hat. Die Abfolge der wechselseitigen Verwendungen deuten aber darauf hin, dass Karl Kerényi seine erste Fassung *Die antike Religion. Eine Grundlegung* (Amsterdam-Leipzig 1940) bald nach der Lektüre der 1937 bzw. 1939 erschienenen Guardini-Bücher *Der Engel in Dantes Göttlicher Kömödie* (Leizpig 1937) und *Hölderlin. Weltbild und Frömmigkeit* (Leipzig 1939) an Guardini geschenkt hat. Denn Kerényis Widmung lautet: „Dem Verfasser des *Engels* und *Hölderlins* mit lebhaftester Sympathie überreicht von Karl Kerényi Budapest XII. Zelei – n. 5“. Außerdem verweist Kerényi kurz darauf in seinem Buch *Das ägäische Fest. Die Meergötterszene in Goethes Faust II* (1941) bereits auf Guardinis *Hölderlin*.[270]

Karl Kerényi hatte 1919 in Budapest promoviert, es folgten Studienaufenthalte in Greifswald, Berlin und Heidelberg. 1927 habilitierte er sich wieder in Budapest und übernahm 1934 die Professur für Altertumskunde in Pécs. 1941 wurde er gegen seinen Willen nach Szeged versetzt. Ab 1941 nahm er auf Einladung von Carl Gustav

49 (1934) 7, 193-201; DERS., Rezension zu: Guardini, Der Tod des Sokrates, in: German books. A selective critical bibliography of publications in German 1 (1948) 48.

270 Karl KERÉNYI, Das ägäische Fest: die Meergötterszene in Goethes Faust II, Leipzig 1941, 11; so auch noch in DERS., Das ägäische Fest: Erläuterungen zur Szene „Felsbuchten des Ägäischen Meers“ in Goethes Faust II, Wiesbaden ^{3}1950, 16.

Jung an den Eranos-Tagungen in Ascona teil. 1943 wird er im Tessin als Kulturattaché tätig. Aus dieser Zeit stehen in der Guardini-Bibliothek zum einen Jungs und Kerényis gemeinsames Werk *Einführung in das Wesen der Mythologie. Gottkindmythos. Eleusinische Mysterien* (Amsterdam-Leipzig 1941) und Kerényis *Mythologie und Gnosis. Zwei Vorträge: Prolegomena und Das Wissen vom Wege* (Zürich 1942, dabei handelt es sich um einen Sonderdruck aus dem Eranos-Jahrbuch 1940/41). Beide Bücher enthalten die Eintragung „Manes auctoris C. Kerényi". Ersteres enthält zudem Anstreichungen durch Guardini. Es folgt noch – mit der Widmung „Romano Guardini zugeeignet von Karl Kerényi" sein Vortrag – *Der grosse Daimon des Symposion* (Amsterdam-Leipzig 1942), den er in der Philosophischen Gesellschaft Basel am 4. März 1942 gehalten hatte.

Guardini verweist in seinem zwischen 1943 und 1945 in Mooshausen entstanden Buch *Freiheit – Gnade – Schicksal* ausdrücklich auf das Werk von Kerényi und Jung, was bedeutet, dass er es zu diesem Zeitpunkt schon gelesen hatte. Guardini schreibt dazu: „Sehr aufschlußreich dafür ist Jungs Theorie von den die Mythen hervorbringenden Bedeutungskernen im Unbewußten: K. Kerényi und C. G. Jung, Einführung in das Wesen der Mythologie, 1941, S. 111 ff. Allerdings muß man dagegen einwenden, daß sie nicht nur, was berechtigt wäre, sich auf das psychische Moment beschränkt, sondern alles darauf zurückführt."[271]

Nach dem Einmarsch der deutschen Wehrmacht in Ungarn 1944 dissidiert Kerényi und wird durch Rücksendung seines Passes staatenlos. Von 1945 bis 1947 übernimmt er das Lektorat für ungarische Sprache und Literatur an der Universität Basel, ab 1948 ist der Forschungsleiter des C. G. Jung-Instituts in Küsnacht bei Zürich. Im kommunistischen Ungarn werden ihm die akademischen Titel aberkannt. 1962 erhält Kerényi die Schweizer Staatsbürgerschaft.

1945 und 1950 verweist Karl Kerényi in zwei seiner Schriften auf seine Lektüre von Guardinis erstem Rilke-Buch *Zu Rainer Maria Rilkes Deutung des Daseins*.[272]

1952 führte Guardini in einen Vortrag von Kerényi vor der Bayerischen Akademie der Künste ein. Das in der Katholischen Akademie in Bayern und in der Bayerischen Staatsbibliothek liegende achtseitige Typoskript ist noch ungedruckt.[273]

Mit der Widmung „Unserer Abendgespräche 8.1.52 gedenkend K. K ." schenkt Kerényi Guardini den Text *Griechisches aus Properz' Heimat* (Oslo 1952). Es folgen ein „Sommergruß K. K." in Form des Separatdrucks *Der „erste Mensch"* aus der Zeitschrift *Der Psychologe* (Heft 7/8, 1952) und „Ein Wintergruß K. K." in Form des Sonderdrucks *Strukturelles über die Mythologie* aus der Zeitschrift *Paideuma* (Heft 4, Juni 1952).

---

271 Romano GUARDINI, Freiheit – Gnade – Schicksal, Mainz ⁷1987, 176.

272 Karl KERÉNYI, Die Geburt der Helena. Samt humanistischen Schriften aus den Jahren 1943-45, Zürich 1945, 48; DERS., Labyrinth-Studien. Labyrinthos als Linienreflex einer mythologischen Idee, Zürich 1950, 62.

273 GAKAB Nr. 1308 und BSB, Ana 342 B23/01-03-10.

In diesem Jahr widmete er dann in gedruckter Form Guardini – gemeinsam mit S. Eitrem und M. Buber – die Neuausgabe *Die antike Religion. Ein Entwurf von Grundlinien* (Düsseldorf-Köln 1952). In seinem Aufsatz *Martin Buber als Klassiker* würdigte er Romano Guardini gleich mit: „Es war ein anderswoher kommender Besucher des religiös-schöpferischen Bereiches als Martin Buber, aber in der Empfänglichkeit und der Meisterschaft des richtigen Wortes mit ihm vergleichbar, Romano Guardini, der die Überzeugung mit aller Entschiedenheit aussprach, Hölderlins Dichtung sei anderer Art als jene, die sich in der Neuzeit herausgebildet hat: ein Urteil, das nicht nur das seinige war, doch in dieser klaren Fassung kaum noch vorgetragen wurde."[274]

Es folgen noch fünf weitere Widmungen zwischen 1953 und 1961, meist „in herzlicher Erwiderung" und „mit besonderem Dank" für Buchgeschenke Guardinis. Insbesondere Guardinis 1953 erhaltene Schrift *Kultbild und Andachtsbild* greift Kerényi in der Folgezeit mehrfach auf. Angesichts dieser neuen Funde wäre eine weitergehende Recherche im Nachlass von Kerényi dringend erforderlich.

Gerardus van der Leeuw

An der gleichen Stelle wie zu Kerényi und Jung verweist Guardini in *Freiheit – Gnade – Schicksal* auch auf Van der Leeuws *Phänomenologie der Religion.* Er zitiert dabei meist aus der Auflage von 1933. In der Guardini-Bibliothek findet sich die Ausgabe von Tübingen 1956, aber auch diese weist noch handschriftliche Eintragungen auf. Auch in den Werken *Landschaft der Ewigkeit* und *Existenz des Christen* sowie in weiteren Aufsätzen (z. B. in *Religiöse Erfahrung und Glaube* von 1943) verweist Guardini immer wieder auf diese Arbeit.

Karl Meuli

1943 hat Guardini aus dem Bereich der Religionswissenschaften, versehen mit der Widmung „Herrn Prof. Guardini als Editoris Donum ergebenst überreicht, Juli 1943", den ersten Band der Gesammelten Werke von Johann Jakob Bachofen (Basel 1943) erhalten. Der Herausgeber war der Schweizer Altphilologe und Altertumswissenschaftler Karl Meuli (1891-1968), der in Basel als Lehrer und Hochschulprofessor wirkte. Über Anlass und auch über eine Bekanntschaft zwischen Meuli und Guardini ist weiter nichts bekannt.

---

274 Karl KERÉNYI, Martin Buber als Klassiker, in: Neue Schweizer Rundschau 20/1 (1952) 2 (Juni) 89-95, zu Romano Guardini 92; auch in: Paul Arthur SCHILPP/Maurice FRIEDMAN, Martin Buber, Stuttgart 1963, 538-547, und in: Karl KERÉNYI, Tessiner Schreibtisch: Mythologisches, Unmythologisches, Stuttgart 1963, zu Romano Guardin 39.

Guardinis Auseinandersetzung mit der Literatur

Pascal und Caussade

Guardini setzt sich wohl seit 1913 intensiver mit Blaise Pascal auseinander. Die entsprechenden Werkausgabe von *Pensées et Pouscules* (1912) trägt das Besitz- bzw. Lesedatum „Freiburg i. Br. 1913". Handschriftliche Eintragungen finden sich in Bücher von und über Pascal, so in Fortunat Strowskis dreibändigen *Pascal et son temps* (Paris 1921ff.) Jehanne d'Orliacs *Le coeur humain, inhumain, surhumain de Blaise Pascal* (Paris 1931) und in Jean Guittons *Genie de Pascal* (Paris 1962).

Wolfgang Rüttenauer

1938 erhält er mit der Widmung „November 1938. W. R." des Übersetzers und Herausgebers Wolfgang Rüttenauer Blaise Pascals *Vermächtnis eines großen Herzens. Die kleineren Schriften* (Leipzig 1938). Mit Rüttenauer hatte Guardini schon 1937 im Blick auf Blaise Pascals *Gedanken* zusammengearbeitet. Die von Rüttenauer gemachte Übertragung (Wiesbaden1937) enthält ebenso eine Einführung wie zwei dann 1940 dessen Übertragung und Auswahl von Jean Pierre Caussades *Ewigkeit und Augenblick. Von der Hingabe an die göttliche Vorsehung* (Freiburg 1940). Guardini nimmt in seiner Beschreibung des *Heiligen der Unscheinbarkeit* selbst auf Caussades und „seine ebenso einfachen wie starken Gedanken" Bezug.[275]

Auch Guardinis Interesse für den französischen Jesuiten und Schriftsteller Jean Pierre de Caussade (1675-1751) geht über die Jahrzehnte hinweg. So finden sich noch in der französischen Ausgabe von Caussades „Lettres spirituelles" (Paris 1962) handschriftlichen Eintragungen.

Kierkegaard und Dostojewskij

Zahlreiche Bände von Kierkegaards im Diederichs-Verlag erschienenen *Gesammelten Werken* haben handschriftliche Eintragungen, dazu die Ausgabe *Der Begriff des Auserwählten* (Innsbruck 1926), die christlichen Reden *Am Fuße des Altars* (München 1920). Diese Eintragungen belegen, dass seinen Aufsätzen über Kierkegaard ein durchaus intensives Studium von Kierkegaards Schriften vorausging.

Das gleiche gilt für die für seine Dostojewskij-Vorträge und dann sein Dostojewskij-Buch verwendeten Ausgaben. Sehr viele, insgesamt acht, der in der Guardini-Bibliothek vorhandenen Bände weisen handschriftliche Eintragungen Guardinis auf.

Dante und Erich Auerbach

Schließlich befindet sich in der Bibliothek mit den entsprechenden handschriftlichen Eintragungen das für Guardinis Dante-Arbeiten von ihm selbst in seinem Text *Vorbereitung auf Dante* als „Türöffner" bezeichnete Werk von Erich Auerbach: *Dante als Dichter der irdischen Welt* von 1929: „Nun, eines Tages wurde mir ein Buch von Erich Auerbach genannt. Schon der Titel erregte: *Dante als Dichter der irdischen Welt*; sein

275 Romano GUARDINI, Der Heilige in unserer Welt, in: Ders., Sorge um den Menschen, Bd. 1, Mainz [4]1988, 216.

Inhalt aber war noch reicher als die Erwartung. Dante wurde als der im tiefsten Sinn christliche Dichter gezeigt. Als christlich aber war jene Gesinnung gemeint, welche das Konkrete nicht ins bloß Empirische abgleiten läßt, sondern es ans Ewig-Absolute bindet; und andererseits das Dasein nicht ins Ideelle auflöst, sondern es geschichtlich hält. Die Voraussetzung aber dafür ist die Menschwerdung Gottes; und darin, ob das Denken dieses Faktum – wahrhaft factum, Getanes, Tat und Wahrheit zugleich – als Maßstab in sich aufnimmt, entscheidet sich seine Christlichkeit. Da wurde mir deutlich, daß Dante jener Dichter ist, der den Menschen, die Welt, die Geschichte, das ganze Dasein ins Ewige trägt, ohne daß die endliche Gestalt aufgelöst würde. Sie wird verwandelt, bleibt aber erhalten.

Das Buch öffnete die Tür, aber ich kam immer noch nicht über die Schwelle. [...]

Jetzt schlossen sich die bereitstehenden, im Lauf so vieler Jahre zusammengefundenen Momente. Die Erlebnisfarbe jenes Menschen; das Phänomen des hohen Lichtes; die im Absoluten festgehaltene irdische Konkretion und Auerbachs Buch; das Visionäre als psychologische und sachliche Voraussetzung – sie alle schlossen sich in eins.“ [276]

Hölderlin und Rilke

Auch für Hölderlin und Rilke finden sich diese Eintragungen, bei Hölderlin im ersten Band der von Friedrich Seebaß herausgegebenen *Sämtlichen Werke* (Berlin 1923).

Die bislang erste Veröffentlichung Guardinis über Rilke war der Aufsatz *Zu Rainer Maria Rilkes Erster Elegie* in den *Schildgenossen.*[277] Aufgrund der Bibliothek kann man nun zumindest folgern, dass er sich zuerst mit Rilkes Briefen und Tagebüchern auseinandergesetzt hat, da die erschienenen Bände vielfache handschriftliche Eintragungen enthalten, sowohl die vier Bände *Briefe aus den Jahren 1902-1921* aus den Jahren 1929 bis 1937, die *Briefe und Tagebücher aus der Frühzeit: 1899-1902* aus dem Jahr 1931 als auch die *Briefe aus Muzot: 1921-1926* von 1935. Eintragungen enthält auch die von Hermann Kunisch 1947 herausgegebene Auswahlsammlung *Rilke* und die im gleichen Jahr erschienenen *Briefe an das Ehepaar S. Fischer.* Außerdem enthält auch noch das 1953 erschienene Buch *René Rilkes Prager Jahre* von Peter Demetz handschriftliche Eintragungen.

Anker Larsen und Maurice de Guérin

Bisher eher unbekannt ist Guardinis Auseinandersetzung mit J. Anker Larsen. Ein Exemplar von dessen Werk *Der Stein der Weisen* (Bremen 1924) enthält handschriftlichen Eintragungen. In der Bibliothek steht außerdem, aber ohne Eintragungen vom

276 Romano GUARDINI, Vorbereitung auf Dante, in: Die Schildgenossen 13 (1933/34) 212-215; eingegangen in: Ders., Unterscheidung des Christlichen, Mainz 1935 [nicht mehr 1963]; eingegangen in: Ders., In Spiegel und Gleichnis Mainz ⁵1953, 178-183; und in: Ders., Landschaft der Ewigkeit, München 1958, hier zitiert nach der Ausgabe ²1996, 194f.

277 Romano GUARDINI, Zu Rainer Maria Rilkes Erster Elegie, in: Die Schildgenossen 17 (1938) 170.

gleichen Schriftsteller dessen Buch *Bei offener Tür* (Leipzig-Zürich 1926), auf das Guardini in seinen Studien zu Hölderlin und Rilke öfters und ausführlich Bezug nimmt.

Guardini las auch im Werk von Maurice de Guérin. Denn im 1947 in Paris erschienenen zweibändigen *Oeuvres complètes* finden sich im ersten Band handschriftliche Eintragungen auf den ersten Seiten der Einführung des Herausgebers (texte établi et présente par) Bernard d'Harcourt (Grosbois, 19 février 1949). Guardini kennt auch die Übersetzung von Maurice de Guérins *Kéntaur* durch Rilke, denn er verweist in seiner Rilke-Interpretation auf eine Anmerkung Rilkes dazu: „Die Sage erzählt, daß einst ein Jüngling lebte, den alle seiner Schönheit wegen liebten, Linos. Er starb früh, und sein Tod brachte über alle, die ihn kannten, „„dürre Erstarrung'. Eine ‚Leere' entstand: die Leere des Weggegangenseins, des Nicht-mehr-habens. In der Anmerkung zu seiner Übersetzung von Maurice de Guérins *Kentaur* spricht Rilke von der ‚Legende derer, die früh hingegangen sind'. Es ist ‚der Ruf hinter ihnen, der alte, in der Natur hinsuchende Ruf –: das Linos-Lied, in dem sie beisammen sind und einander nicht sehen.' [39 W VI 68f.]"[278]

Philosophie und Ethik, Soziologie und Religionssoziologie

Machiavelli und Rousseau

Guardini setzt sich offensichtlich sowohl mit Machiavelli als auch mit Rousseau intensiver auseinander, denn die Ausgabe von Machiavellis *Der Fürst* (Leipzig 1924) enthält ebenso handschriftliche Eintragungen wie die ersten beiden Bände von Jean-Jacques Rousseaus *Oeuvres complets* (Paris 1885ff.). Bei Rousseau interessiert sich Guardini besonders für den Text *Sur les sciences et les arts.*

Weitere anthropologische, ethische und soziologische Studienbücher

Es würde hier zu weit führen, alle einzelnen Studienbücher Guardinis näher auszuführen. Daher muss eine Nennung der Titel und ihrer Verfasser ausreichen: Max Scheler (*Wesen und Formen der Sympathie; Christentum und Gesellschaft*); Max Weber (erster Band der *Gesammelten Aufsätze zur Religionssoziologie*), Ferdinand Tönnies (*Gemeinschaft und Gesellschaft*), Nicolai Hartmann (*Ethik*), Adolf Portmann (*Vom Bild der Natur. Ein Naturforscher erzählt*), Heinrich Scholz (*Religionsphilosophie. Eros und Caritas*), Hedwig Conrad-Martius (*Der Selbstaufbau der Natur*), Hans Driesch (*Philosophie des Organischen),* James George Frazer (erster Band von *Der goldene Zweig. Das Geheimnis von Glauben und Sitten der Völker*), Paul L. Landsberg (*Einführung in die Philosophische Anthropologie*), Bernhard Groethuysen (*Philosophische Anthropologie*), Siegfried Marck (*Die Dialektik in der Philosophie der Gegenwart*); Ludwig Klages (*Die psychologischen Errungenschaften Nietzsches*).

278 DERS., Rainer Maria Rilkes Deutung des Daseins, Mainz ^{4}1996, 63.

Guardinis Verhältnis zur Psychologie und zu den Psychologen

Guardini hat sich wohl erheblich mehr und auch länger mit Sigmund Freud auseinandergesetzt, als die Guardini-Forschung bisher ahnte, und sich in der Lektüre der *Vorlesungen über Psychologie* (Wien 1916/17) im Jahr 1918[279] und in seinem Vortrag über Freud im Jahr 1956.[280] Aus handschriftlichen Eintragungen in der Guardini-Bibliothek geht hervor, dass er sich auch danach noch zum Beispiel mit der Briefausgabe *Briefe 1873-1939* (Frankfurt 1960) auseinandergesetzt hat.

Aufschlussreich ist aber auch seine zum Teil langjährige Freundschaft mit Psychologen und Psychotherapeuten.

Frederik Jacobus Johannes Buytendijk

In den Kontext der phänomenologischen Philosophie und Kulturanalyse[281] gehört der niederländische Biologe, Anthropologe, Psychologe, Physiologe und Sportmediziner F. J. J. Buytendijk (1887-1974). Auf dessen Beitrag zur 1935er-Festschrift für Guardini verweist zwar Gerl-Falkovitz in der Guardini-Biografie von 1985, geht aber der Frage, warum dieser – neben Jacques Maritain und Mario Bendiscioli – einer der wenigen internationalen Beiträger in dieser Festschrift ist. Erst im Jahr darauf erscheint die Ausgabe des Briefwechsels zwischen Guardini und Buytendijk[282], der mit einem ersten Brief von Guardini am 26. November 1927 aus Potsdam beginnt und mit einem Brief von Guardini an Buytendijk zu Weihnachten 1966 aus München endet.

Auch aus diesem Briefwechsel geht nicht ganz eindeutig hervor, wann, wo und wie sich Buytendijk und Guardini kennengelernt und befreundet haben.[283] Buytendijk

---

279 Guardinis Briefe an Josef Weiger 1908-1962 (wie Anm. 26), 219: „Einen starken Eindruck habe ich von S. Freuds *Vorlesungen über Psychoanalyse* erhalten. Eine ganz neue Anschauung von der Weite und Tiefe des Seelenlebens gewonnen! Man kann zweifellos viel Unfug mit der Sache machen. Aber es steckt doch Hochbedeutsames dahinter!"

280 Philosophische Anmerkungen zu Sigmund Freud, in: Werner LEIBBRAND/Paul MATUSSEK (Mitarb.), Sigmund Freud. Gedenkfeier zur 100. Wiederkehr seines Geburtstags am 7. Juli 1956. Aula der Universität. Veranstaltet von der Ludwig-Maximilians-Universität und der Deutschen Forschungsanstalt für Psychiatrie, München 1956, 25-37; leicht überarb. unter dem Titel „Sigmund Freud und die Erkenntnis der menschlichen Wirklichkeit" in: Neue deutsche Hefte. Beiträge zur europäischen Gegenwart 29 (1956) 344-353; außerdem in: Jahrbuch für Psychologie und Psychotherapie 5 (1957) 97-107, und in: Ernst MICHEL/Arie SBOROWITZ (Hg.), Der leidende Mensch. Personale Psychotherapie in anthropologischer Sicht, Darmstadt 1960, 204-219; schließlich eingegangen in: Sorge um den Menschen, Bd. 2, Mainz ²1989, 85-102.

281 GUARDINI, in: Sorge um den Menschen, (wie Anm. 280), Bd. 2, 95: „Vor allem die phänomenologische Philosophie und Kulturanalyse – zu erinnern an Husserl, Scheler, Reinach, Buytendijk, Binswanger und andere – haben gezeigt, daß die Gültigkeit des Kulturwerkes, ebenso wie die Norm-Verpflichtung des Kulturaktes, niemals auf ihre psychologische Genese oder auf eine von ihnen ausgeübte Funktion zurückgeführt werden können."

282 Henk Struyker BOUDIER (Hr.), De rede van het hart. Correspondentie van F. J. J. Buytendijk met Romano Guardini. Ingeleid en geannoteerd door Henk Struyker Boudier, Zeist 1986.

283 In einem Brief vom 12. November 1953 von Buytendijk an Guardini verweist er lediglich auf ein langes Gespräch in Guardinis Haus in Berlin (BSB, Ana 342 B21-01-52).

hatte ab 1925 die Professur für Physiologie in Groningen inne und war – wie Guardini – mit Max Scheler, Helmuth Plessner, Viktor von Weizsäcker und Victor-Emil von Gebsattel befreundet.

Nun wird dieser Briefwechsel ergänzt durch insgesamt neun Schriften von Buytendijk in der Guardini-Bibliothek, die Widmungen enthalten. Ohne Datumsangabe, wohl aber bereits zeitnah, gibt es einen Sonderdruck aus der 1927 erschienenen Festschrift von Hans Driesch.[284] Der Sonderdruck ist mit „In Freundschaft V. Verf." versehen. Im Text nimmt Buytendijk ausdrücklich auf Guardinis Schrift *Der Gegensatz* Bezug (S. 83).

Aus einem Brief von Buytendijk an Plessner vom 5. Februar 1928 wissen wir, dass Buytendijk die Gegensatz-Schrift Guardinis schätzt und weiterempfiehlt.[285] Die Guardini-Rezeption Buytendijks beginnt also etwa gleichzeitig mit dem Briefwechsel und den erhaltenen Widmungen. Auch in einigen weiteren Schriften aus den Endzwanzigern verweist Buytendijk immer wieder auf Guardini.[286]

Den Gegensatz- und Spielgedanken Guardinis greift Buytendijk dann in seinem Buch über *Wesen und Sinn des Spiels. Das Spielen des Menschen und der Tiere als Erscheinungsform der Lebenstriebe* auf.[287] Die in der Guardini-Bibliothek befindliche Ausgabe von 1933 enthält die Widmung „Mit freundschaftlichem Gruss v. Verf.". Seinen Festschrift-Beitrag *Die Funktion der Teile im Bilde des Ganzen. Über die Erregbarkeit der Nerven als Lebenserscheinung* von 1935 leitet er mit einem für die innere Beziehung der beiden Denker zentralen Guardini-Zitat ein: „Im Wesentlichen handelt es sich um ein geordnetes, von einem Bauplan, von einer innerlich gegenwärtigen und wirksamen Gestalt beherrschtes Geschehen."[288]

1937 konvertierte Buytendijk von der reformierten Kirche in den Niederlanden zur katholischen Kirche. Für diese Konversion hat wohl Guardini wesentliche Impulse gegeben. Im Oktober 1938 erfolgt eine weitere Widmung in seinem Buch *Wege*

---

284 Frederik J. J. BUYTENDIJK, Experimentelle Tätigkeit und Biophilosophie, in: H. Schneider/W. Schingnitz (Hg.), FS Hans Driesch zum 60. Geburtstag, Bd. 1: Wissen und Leben, Leipzig 1927, 79-88.

285 Vgl. dazu: Joachim FISCHER, Die „Kölner Konstellation". Scheler, Hartmann, Plessner und der Durchbruch zur modernen Philosophischen Anthropologie, in: Tilman Allert/Ders. (Hg.), Plessner in Wiesbaden, Wiesbaden 2014, 89-122, zu Romano Guardini 115: „Zu der kategorialen Herausdrehung ‚exzentrischer Positionalität' aus der ‚zentrischen Positionalität' sah sich Plessner vermutlich auch motiviert durch G. Simmels ‚Achsendrehung des Lebens' (81: Georg Simmel: Lebensanschauung. Vier metaphysische Kapitel, Leipzig 1920), wahrscheinlich auch durch R. Guardinis polarem Gegensatz von ‚Innewohnen' und ‚Darüberstehen' (82: Romano Guardini: Der Gegensatz. Versuche zu einer Philosophie des Lebendig-Konkreten, Mainz 1925.), den er ebenfalls nicht erwähnte (83: F. J. J. Buytendijk spielt darauf an, als er in seinem Dankbrief an Plessner für die Zusendung des Buches nach anerkennenden Worten schreibt: ‚Nur! Warum hast du nicht die Gegensatzidee (Guardini) aufgegriffen? Das ist doch eine sehr richtige und tiefe Einsicht im Konkret-Lebendigen!' (Buytendijk an Plessner 5.2.1928, Nachlass Plessner, Mappe 34.)"

286 Frederik Jacobus Johannes BUYTENDIJK, Bildung der Jugend durch lebendiges Tun, Berlin 1928, zu Romano Guardini 3 und 16; DERS., Erziehung zur Demut. Betrachtungen über einige moderne pädagogische Ideen, Leipzig 1928, zu Romano Guardini 23.

287 Zu Romano Guardini 26f. und 151.

288 In: Karlheinz SCHMIDTHÜS (Hg.), Christliche Verwirklichung: Romano Guardini zum 50. Geburtstag dargebracht von seinen Freunden und Schülern. Rothenfels am Main, 1935.

zum Verständnis der Tiere (Leipzig o. J.). Sie lautet: „Herrn Prof. Romano Guardini in freundschaftlicher Verehrung Buytendijk October 1938". Das Guardini solche Werke von befreundeten Autoren durchaus auch liest, wird dadurch belegt, dass sich Guardini in seinen im Rahmen der Tagebucheinträge überlieferten Überlegungen zu den Gottesbeweisen, datiert mit dem 30. April 1945, auf dieses Buch beruft. Buytendijks Beschreibung des Kampfes zwischen Mungo und Kobra zieht Guardini als Beispiel für die Gestaltlehre heran, die besage, „dass das ganze Dasein von unzähligen, einander durchwebenden Gestalten bestimmt wird. Die Vorgänge können nicht aus Einzelmomenten zusammengesetzt werden, sondern werden von übergreifenden Gestalten getragen, die scheinbar Unverbundenes miteinander verbinden." Auch im Menschen sei „eine Existenzgestalt angelegt, aufgrund derer sein Wesen sich erst verwirklicht. Die Beziehungspunkte der Existenzgestalt sind der Mensch selbst, die Dinge, die anderen Menschen und endlich Gott. Natürlich ist Gott nicht nur ein Faktor in der Gestalt, sondern der Schöpfer." [289]

Die weiteren Widmungen umfassen den Zeitraum von 1948 bis 1963. Sie stehen in den Werken *Über den Schmerz* (Bern 1948), *Zur Phänomenologie der Begegnung* (Zürich 1951), *Der Baum des Todes* (Einsiedeln 1951/52), *Le Football* (Paris 1952), *Das Menschliche. Wege zu seinem Verständnis* (Stuttgart 1958) und *Erziehung zur Demut. Betrachtung über moderne pädagogische Ideen* (Ratingen 1962). In letzterem lautet der Neujahrsgruß „Mit herzlichem Dank in treuer Freundschaft Neujahr 1963 Buytendijk".

In der Bayerischen Staatsbibliothek befindet sich darüber hinaus ein Briefwechsel aus dem März 1952, in dem Guardini sich sehr persönlich zur „phänomenologischen philosophischen Methode" äußert, die durch den Tod Max Schelers und die nachfolgende „Barbarei" zurückgedrängt worden sei.[290]

Buytendijk beteiligt sich 1953 an der Rothenfelser Reihe *Weltbild und Erziehung*, die nach der Wiederauflage von Guardinis *Grundlegung der Bildungslehre* als Band 1, als Band 2 und 5 zwei Texte Buytendijks über *Das Fußballspiel* und die *Begegnung der Geschlechter* führt.[291]

Weitere psychologische Studienbücher

Im Bereich psychologischer Literatur der Berliner Zeit finden sich in der Guardini-Bibliothek handschriftliche Eintragungen in Kristian Schjeldrups *Die Askese. Eine religionspsychologische Untersuchung* (Berlin-Leipzig 1928), in C. G. Jungs *Die Beziehungen zwischen dem Ich und dem Unbewußten* (Zürich-Leipzig-Stuttgart 1933), in Rudolf Bilz' *Pars pro toto. Ein Beitrag zur Pathologie menschlicher Affekte und Organfunktionen* (Leipzig 1940).

---

289 GUARDINI, Stationen und Rückblicke (wie Anm. 15), 146, in Bezug auf Buytendijk, Wege zum Verständnis der Tiere, o. D., 188ff.

290 BSB, Ana 342 B11-043.

291 Frederik J. J. BUYTENDIJK, Das Fußballspiel: eine psychologische Studie, Würzburg 1953 (Weltbild und Erziehung 2); Begegnung der Geschlechter: ein Vortrag vor Studenten, Würzburg 1953 (ebd. 5).

Paul Matussek und der Münchner Gesprächskreis

Nach dem Zweiten Weltkrieg gilt es besonders Paul Matussek (1919-2003) zu beachten, wobei sich die beiden schon in Berlin kennengelernt hatten. Dies lässt sich aus dem Umstand schließen, dass er und Guardini bis 1938 zu den Teilnehmern von „Katakombenkreisen des Philosophierens" in Werner Leibbrands Wohnung gehörten. Sie diskutierten dort über Literatur und Philosophie und lasen Aristoteles auf Griechisch „unter Hinzuziehung sämtlicher Kommentare". Zu den Teilnehmern zählten außer Romano Guardini Kurt Riezler, Ernesto Grassi, Richard Kroner, Walter Kranz und Konrat Ziegler.[292] Außerdem gehörten mitunter dazu Richard Müller-Freienfels, Hans Rothfels und Carl Friedrich von Weizsäcker.[293] 1944 promovierte Paul Matussek (1919-2003) in Berlin bei Eduard Spranger mit einer historisch-kritischen Darstellung der Lehre vom Gewissen bei verschiedenen Philosophen und nach Beendigung der teilweise parallellaufenden medizinischen Ausbildung folgte 1946 die Promotion bei Richard Siebeck in Heidelberg. Auch in dieser Dissertation steht wiederum die Problematik von Sittlichkeit und Gewissen im Vordergrund. Diese Doktorarbeit *Metaphysische Probleme der Medizin. Ein Beitrag zur Prinzipienlehre der Psychotherapie* (1948) befindet sich in der zweiten Auflage (Göttingen-Heidelberg 1950) in der Guardini-Bibliothek und wurde von Matussek mit der Widmung versehen: „Herrn Prof. Dr. Guardini in Verehrung überreicht von Paul Matussek".

Matussek war es dann auch, der Guardini 1956 um einen Vortrag bei der Gedenkfeier zur 100. Wiederkehr seines Geburtstages in München gebeten hatte.[294]

Durch Johannes Cremerius wissen wir, dass sich im Anschluss daran Guardini und Dessauer noch häufiger in einem Kreis mit Matussek und anderen Münchner Psychologen und Psychoanalytikern getroffen haben, bei dem unter anderem die Themen „Psychoanalyse und Beichte, Wo Es war soll Ich werden, d. h., wieviel Trieb darf zugelassen werden, oder anders gefragt, ab wann in der frühkindlichen Entwicklung und in welchem Umfang müssen korrigierende, regulierende, verbietende Maßnahmen einsetzen? Weitere Themen waren Trieb und Kultur, der Begriff der Sünde, Die psychoanalytische Einstellung zur Sexualität im Erwachsenenalter, Sexuelle Freiheit in der Ehe". Dabei war man über die Haltung Guardinis und Dessauers überrascht: „Wir, die Analytiker, waren überrascht, welch liberale, offene Einstellung diese geistlichen Herren einnahmen und wie weit sie von der in der Kirche vertretenen Moral entfernt waren. Ich glaube, beide Seiten haben viel voneinander gelernt. Die Theologen versicherten, sie hätten ihre Vorstellungen von der Psychoanalyse korrigieren können. Paul Dessauer beeindruckte durch seine leise, zurückhaltende, aber äußerst

292 Angelika EBBINGHAUS/Klaus DÖRNER, Vernichten und Heilen: der Nürnberger Ärzteprozess und seine Folgen, Berlin 2001, 360 Anm.4 und 5! Vgl. Werner LEIBBRAND, Encuentro con Romano Guardini en las catacumbas de Berlin, in: Folia humanistica 3 (1965) 825-832.

293 Wikipediaartikel zu Werner Leibbrand: https://de.wikipedia.org/w/index.php?title=Werner_Leibbrand&oldid=213910869

294 Vgl. dazu den Briefwechsel in der Bayerischen Staatsbibliothek BSB, Ana 342 B12-122.

kenntnisreiche Gesprächsführung. Romano Guardini war eine beeindruckende Persönlichkeit. Er erinnerte mich an den Typus des Abbé, wie wir ihn aus den Pariser Salons des 18. Jahrhunderts kennen: sehr elegant, vornehm, distinguiert, umgeben von einem zarten Hauch von Eau de Cologne. Stets erschien er am Arm von vornehmen älteren Damen der Münchner Gesellschaft. Im Gespräch war er brillant (und genoß es) sowie von stupender Intelligenz."[295]

Zuvor hatte schon Gerner[296] auf der Grundlage von Berichten Matusseks und Cremerius' von dieser psychoanalytischen Abendrunde gesprochen. Wie er gehe ich davon aus, dass es sich bei einer öfters „mit anwesenden Frau" um Bernardine Sugg-Bellini (1901-1979) handeln wird. Matussek trägt dann 1965 mit dem Text *Dimensionen der Nächstenliebe* zur Guardini-Festschrift bei.

Weitere Studienbücher

Auch bei den Studienbüchern würde es den Rahmen sprengen alle Bücher, in denen sich Eintragungen Guardinis finden, aufzuführen. Hingewiesen werden soll lediglich noch auf Guardinis Interesse für die Biografie Otto von Bismarcks aufmerksam gemacht werden, nun auch dokumentiert durch handschriftliche Eintragungen in Erich Eycks dreibändige Biografie, 1941-1944, das Guardini nach der Lektüre in einem Brief an Josef Weiger vom 2. Januar 1948 als „ein großes Werk von drei Bänden, aber sehr flott geschrieben" bezeichnet hat: „Wenn man so liest, kann man sich gar nicht denken, daß seit 1848 erst hundert Jahre vergangen sind! Es ist – wie eine Gewissenserforschung."[297]

Außerdem sei verwiesen auf Eintragungen in Büchern von André Maurois (*A la recherche de Marcel Proust*, 1949), André Gide (*Tagebücher*, 1952), Hélène von Nolthenius (*Duecento. Hohes Mittelalter in Italien*, 1957, zu dem Guardini ursprünglich das Vorwort hätte schreiben sollen und dafür auch einen Entwurf angefertigt hat), Simone de Beauvoir (*Memoiren*, 1958). Bei den Eintragungen in der deutschen Übersetzung der Gedichte Giuseppe Ungarettis (1961) handelt es sich um einige Alternativen zur Übersetzung Ingeborg Bachmanns.

---

295 Johannes CREMERIUS, Ein Leben als Psychoanalytiker in Deutschland, Würzburg 2006, 173f.
296 GERNER, Romano Guardini in München (wie Anm. 3), Bd. 1, 560-563.
297 Guardinis Briefe an Josef Weiger 1908-1962 (wie Anm. 26), 360.

Ergebnis und Ausblick

Nicht wenige der hier vorgestellten Beziehungen und Zusammenhänge wurden durch den Verfasser erst erkannt oder durch weitere Recherchen entdeckt, nachdem ihm bei der Auswertung der Funde in der Guardini-Bibliothek Namen erstmals im Zusammenhang mit Guardini begegnet oder sie ihm zum Beispiel unter einem anderen chronologischen oder geografischen Kontext erschienen sind. Insofern ist der Erkenntnisgewinn für die Guardini-Forschung durchaus enorm.

Abgesehen von den noch nicht vollständig ausgewerteten Widmungs- und Studienbüchern insbesondere für die Zeit nach 1945 bleibt nunmehr als zukünftige Aufgabe gerade bei wechselseitigen oder freundschaftlichen Beziehungen Guardinis auch die komplementäre Auswertung der noch vorhandenen Bibliotheken und Nachlässen seiner Freunde und Bekannten, inwieweit sich auch dort von Guardini gewidmete und bestenfalls datierte Exemplare seiner eigenen oder anderer Bücher oder aber weitere Korrespondenzen finden.

Geschichtliches Erbe als historische Aufgabe

Zur Bedeutung des Freisinger Dombergs angesichts des bevorstehenden Jubiläums „1300 Jahre Korbinian in Freising“ im Jahr 2024

von Stephan Mokry

„Der Freisinger Domberg soll gestärkt werden als ein zentraler Ort der Erzdiözese, an dem viele Zeugnisse der Geschichte und Kultur des Bistums ihren Platz haben, und als ein Panorama des kirchlichen Lebens, des Betens, des Lernens und des Arbeitens.“[1] So steht es in einer Pressemitteilung des Erzbischöflichen Ordinariats München vom 1. Juli 2014, die über die ersten Überlegungen zur Neukonzeption des Dombergs informierte. Auch wenn die altehrwürdigen, massiven Domtürme den Eindruck erwecken, dass oben auf dem Berg – buchstäblich über den Lauf der Dinge erhaben – alles statisch ist und den Zeitläufen enthoben sei, diesen Eindruck widerlegt nicht nur der seit rund sechs Jahren währende Veränderungsprozess, sondern gerade der Blick in die Geschichte. Denn der Domberg war und ist (?) Zentrum der Diözese seit bald 1300 Jahren, er wächst und lebt mit den Epochen mit, strahlt auf die Region und die Menschen in ihr aus, empfängt von diesen wiederum Anregungen und Einflüsse; er ist einem ständigen Wandel unterworfen. Er erweist sich dabei je nach Zeit und Blickwinkel in unterschiedlichem Maße als Berg der Gelehrsamkeit, Veste des Glaubens und Zentrum der Macht. Da erstaunt es, dass es noch keine umfassende wissenschaftliche Darstellung der Geschichte des Dombergs mit all seinen Einrichtungen gibt. Zu einzelnen Zeitabschnitten, Themen und Institutionen kann man natürlich Bücher und Artikel finden.[2] Vielleicht hat sich – abgesehen von der

1 http://www.erzbistum-muenchen.de/page007538.aspx?newsid=26959 (13.11.2014). – Vorliegender Beitrag ist der überarbeitete Vortrag, der anlässlich einer diözesanen Religionslehrerfortbildung im Oktober 2014 im Kardinal-Döpfner-Haus gehalten wurde; damals bot es sich an, die gerade begonnenen Planungen zur Zukunft des Dombergs eingangs aufzugreifen. Da bisher zwar Vieles geplant, doch dann u. a. aus Kostengründen wieder gestoppt wurde, sind die folgenden Ausführungen weiter aktuell und bedenkenswert, gerade hinsichtlich des bevorstehenden Korbiniansjubiläums. Der Vortrag konnte mittlerweile durch eigene Archivrecherchen zur jüngsten Vergangenheit des Dombergs sowie durch einen Beitrag von Guido Treffler zur Verlegung des Priesterseminars nach München ergänzt werden.

2 Ergänzend zu der nachfolgend in den Anmerkungen belegten Literatur seien noch genannt: Sebastian GLEIXNER, Von der fürstbischöflichen Residenzstadt zum bayerischen Behördensitz. Die Eingliederung Freisings in das Kurfürstentum Bayern 1802-1804, in: Hubert Glaser (Hg.), Freising wird bairisch. Verwaltungsgeschichtliche und biographische Studien zur Wende von 1802 (37. Sammelblatt des Historischen Vereins Freising [SHVF]), Regensburg 2002, 13-140; Roland GÖTZ, Von Königsfeld bis Schreckenstein. Domherrenleben in Freising vor und nach der Säkularisation, in: ebd. 141-166.

Größe des Unterfangens – bislang auch noch niemand daran versucht, da seit Jahrzehnten als Maßstab für solch eine Unternehmung der bekannte und bewährte Bildband Sigmund Benkers angesehen werden kann, mit dem sich der Autor mit einem kunsthistorischen Fokus an ein breites Publikum wendet, in dem er aber ebenso die Geschichte konzentriert und zugleich in der von ihm gewohnten sprachlich wohl komponierten Könnerschaft darbietet.[3]

Auch vorliegender Beitrag kann die Lücke nicht füllen, aber zumindest einige Bausteine zu einer Geschichte des Dombergs liefern, um zugleich mögliche Fundamente für die Zukunft bereit zu legen, die in den nächsten Jahren grundgelegt werden soll.

Perspektiven auf den Domberg vom Frühmittalter bis zur Neuzeit

Wenn man nach der generellen Bedeutung des Ortes fragt, so erschließt sich die Bedeutung des Dombergs auf den ersten Blick quasi von selbst: Rund 1100 Jahre war er Sitz und Residenz des Bischofs von Freising, im Dom befinden sich die Überreste des heiligen Korbinian, der als erster Bischof in Freising verehrt wird. Doch es ist klar, dass nicht erst dadurch der Domberg Schauplatz der Geschichte wurde oder in heutiger Rückschau wird. Wie bei vielen topografisch auffälligen Anhöhen auch lässt sich eine bis in die Jungsteinzeit reichende Siedlungskontinuität nachweisen.[4] Der Berg war einfach ein geschützter Ort mit Überblick.[5] Leider ist bislang viel zu wenig aus archäologischer Sicht systematisch und gründlich erhoben worden. Wenn nicht Zufallsfunde, so waren es meistens Notgrabungen, teils in der schon laufenden Baugrube (z. B. des Domgymnasiums), nur auf wenige Quadratmeter begrenzt, die Stücke von der Steinzeit (etwa ab 5500 v. Chr.) bis zur Neuzeit zu Tage beförderten.[6]

3 Vgl. Sigmund BENKER, Freising. Dom und Domberg, Königstein 1975.

4 Vgl. grundlegend: Mark BANKUS, Der Freisinger Domberg und sein Umland. Untersuchungen zur prähistorischen Besiedlung, mit einem Beitrag von Henriette Manhart (Freisinger Archäologische Forschungen 1), Rhaden 2004. Bankus konnte hier auf den bisherigen Forschungen (vgl. ebd., 24-26) aufruhen. Zum Forschungsdesiderat speziell zu den Höhensiedlungen und Freising vgl. auch ebd., 17f.

5 Nur der Vollständigkeit halber sei auf Stephan BAUM, Korbinian. Das unbekannte und rätselhafte Leben eines europäischen Heiligen, Groß-Gerau 2002, hingewiesen, dessen Buch im erweiterten Untertitel „Neue Aspekte zur Freisinger Geschichte im Kontext zur Entwicklung des christlichen Frühmittelalters“ verspricht; in diesem Sinne charakterisiert Baum Korbinian nicht nur als keltisch-druidische Führungsgestalt, sondern sieht den Domberg als Erhöhung in einer Kette von Bergen und Hügeln in einer sog. keltischen Sternenstraße von der Atlantikküste bis Mitteleuropa an (vgl. ebd. 28-35), in dessen Kontext die Erklärung des in der Korbiniansvita geschilderten Lichtwunders auf dem Weihenstephaner Berg als Ufo-Erscheinungen (vgl. ebd. 60-63) eingebettet ist.

6 Vgl. BANKUS, Der Freisinger Domberg und sein Umland (wie Anm. 4), 25f., der die teils abenteuerlichen Anfänge der Grabungen v.a. beim Bau des Domgymnasiums schildert, aber auch die Vernichtung von Kulturgut und geschichtlichen Zeugnissen aufgrund fehlender Grabungen anprangert; ebd. 26-30 eine kurze Chronologie mit Erwähnung wichtiger Funde auf dem Domberg sowie ebd. 270-273 die Darstellung der prähistorischen Besiedlungsentwicklung.

Uralte Keramik ist dabei, Steinwerkzeug, Reste einer Palisadenbefestigung[7], genauso wie Scherben und Knochen aus der Abfallgrube des Domkapitelsyndikushauses vor allem aus dem 17. Jahrhundert, wodurch man den reichen Speisezettel der Bewohner rekonstruieren kann.[8] Wie dringend weitere und gezielte, auch großflächige Grabungen nötig wären, zeigen die literarischen Zeugnisse z. B. des Frühmittelalters; immerhin, es sei erwähnt, erfolgten im Zuge der Renovierung des Diözesanmuseums jüngst weitere archäologische Spurensicherungen, die die bisherigen Ergebnisse bestätigen und ergänzen.[9] Denn zum Kern der baierischen Geschichte gehört, dass auf dem Berg spätestens zu Beginn des 8. Jahrhunderts die befestigte Pfalz eines baierischen Teilherzogs stand, in deren Mauern auch schon eine Maria geweihte Kirche zu finden war.[10] Davon wissen wir eigentlich nur aus einer Quelle, nämlich aus der Heiligenvita über den ersten Bischof in Freising, Korbinian[11] – belastbare archäologische Belege fehlen meines Wissens bislang. Die Vita schrieb Korbinians dritter Nachfolger Arbeo[12]; er erweist sich in der Frühzeit des Bistums als gebildeter Oberhirte, er verfasste auch die Vita des hl. Emmeram, mit ihm beginnt sozusagen das historiografische Narrativ vom „mons doctus", vom „gelehrten Berg". Arbeo, der immerhin die Bestattung Korbinians bei Meran in Südtirol in seiner Heimat als Kind noch miterlebt hatte, setzte diesem Mann, nachdem er den Leichnam rund 40 Jahre später 768 nach Freising überführen ließ, mit der Vita noch ein literarisches Denkmal, so dass er in der Summe eine „theologisch qualifizierte Begründung des Bistums" erzielte.[13] Und darin erfährt man vom agilolfingischen Teilherzog Grimoald, der auf dem Freisinger Berg offensichtlich eine seiner Pfalzen hatte und den nach irofränkischer Art umherziehenden Wanderbischof Korbinian an seinen Hof holte, ob aus Gründen des Prestiges oder der Religion, sei dahingestellt. Und man erfährt auch, dass der streitbare Gottesmann Korbinian mit seinen klaren moralischen Vorstellungen beim Herzogspaar an seine Grenzen stieß, wenn er etwa die Eheschließung Grimoalds mit der Witwe dessen Bruders als unkanonisch kritisierte oder die zum kranken Herzogssohn

7 Vgl. Erwin NEUMAIER, Der Domberg in Freising – eine reiche Quelle für die Archäologie, in: Archäologie in Freising Heft 3/1999, 46-52, hier 46.

8 Herbert HAGN, Ein Keramik- und Glasfund vom Domberg in Freising, in: Archäologie in Freising Heft 3/1999, 73-114.

9 Vgl. zu den aktuellen Ergebnissen den Archäologie-Podcast des Diözesanmuseums unter: https://www.dimu-freising.de/folge-iii-dem-heiligen-korbinian-auf-den-zahn-gefuehlt/ (8.12.2020).

10 Vgl. Gertrud DIEPOLDER, Freising – Aus der Frühzeit von Bischofsstadt und Bischofsherrschaft, in: Hubert Glaser, Hochstift Freising. Beiträge zur Besitzgeschichte (SHVF 32), München 1990, 417-468, die der Schilderung Arbeos in der Korbiniansvita absolute Glaubwürdigkeit zuspricht; so auch schon Sigmund BENKER, Der Dom im ersten Jahrtausend, in: Joseph A. Fischer (Hg.), Der Freisinger Dom. Beiträge zu seiner Geschichte (Festschrift zum 1200jährigen Jubiläum der Translation des hl. Korbinian), Freising 1967, 1-43, hier 2-4.

11 Vgl. Hubert GLASER/Franz BRUNHÖLZL/Sigmund BENKER (Hg.), Vita Corbiniani. Bischof Arbeo von Freising und die Lebensgeschichte des hl. Korbinian (SHVF 30), München 1983.

12 Zu ihm vgl. Hubert GLASER, Bischof Arbeo von Freising als Gegenstand der neueren Forschung, in: ebd. 11-76.

13 Vgl. Peter STOCKMEIER, Das Bistum Freising in der Geschichtsschreibung, in: BABKG 36 (1985) 9-29, hier 12.

gerufene Heilerin vor Empörung blutig schlug; dabei wird en passant deutlich, wieviel (im Rückblick freilich) Heidnisches das Leben der Menschen selbstredend Anfang des 8. Jahrhunderts bestimmte und wie das Religiöse mitunter auch mit viel Machtpragmatik verknüpft war, also ein charismatischer Wanderbischof zur Aufwertung des Herzogshofes als nützlich galt.[14] Angeblich sollte Korbinian sogar auf Betreiben der Herzogin ermordet werden, konnte sich aber durch eine Vorwarnung dem Ansinnen entziehen. Diese Episoden spielen laut der Vita in Freising (auch wenn der Ortsname erst ganz am Ende erwähnt wird), man erfährt, dass der Burgberg wohl nur durch ein einziges Tor zu betreten war, dass am Tor Bedürftige bettelten, woraus auf eine unterhalb des Berges gelegene Siedlung, welchen Umfangs auch immer, geschlossen werden kann.[15] Korbinians Gefährten bildeten wohl eine Art Klostergemeinschaft auf dem zweiten Freisinger Berg, heute Weihenstephan; Korbinian selbst hatte Wohnstatt außerhalb der Pfalz im Tal, gegen Lebensende könnte Korbinian sogar auf dem späteren Domberg in unmittelbarer Nähe zur Kirche gewohnt haben, was dann vielleicht hieße, dass er tatsächlich in engerer liturgischer Verpflichtung zur Pfalzkirche stand und seine Anwesenheit notwendig war.[16] Dann dürfte vielleicht auch seine Gemeinschaft hier mitgelebt haben, man könnte von einer Art Domkloster im Frühstadium sprechen, aus dem das Domkapitel in der Folgezeit erwuchs.[17] Die anderen Episoden der Vita schildern Korbinians Jugend und sein Mönchsleben angeblich in der Nähe von Paris, seine beiden Romreisen und ganz viele Erlebnisse im Raum um Meran in Südtirol, wo er ja schließlich auch begraben wurde.

Vor geraumer Zeit regte sich gegen die gängige Darstellung der Vita Widerspruch, der im Sinne der wissenschaftlichen Redlichkeit und Vollständigkeit kurz vorgestellt wird: Lothar Vogel (derzeit Kirchengeschichtsprofessor an der Waldenser-Fakultät in Rom) legte 1998/99 am Fachbereich Evangelische Theologie der Universität Marburg eine Doktorarbeit vor, in der er mit der strengen historisch-kritischen Methode, mit der man sonst Bibeltexten zu Leibe rückt, die Vita untersuchte.[18] Demnach bliebe als historischer Kern nur der Erzählstrang zu Südtirol übrig; in Freising sei Korbinian zu Lebzeiten nicht gewesen, aus der Gegend von Paris stamme er schon gleich gar nicht, dies alles habe Arbeo nur geschrieben, um den von ihm verehrten Südtiroler Landsmann an seinen jetzigen Wirkungsort Freising historisch-literarisch zu knüpfen.

---

14 Vgl. Josef MASS, Das Bistum Freising im Mittelalter, München 21988, 39 und 41, der in Arbeos Schilderung Korbinian als Hofbischof erkennt.

15 Vgl. etwa DIEPOLDER, Freising – Aus der Frühzeit (wie Anm. 10), 420-423, besonders 422f.

16 Vgl. ebd.; auch schon BENKER, Der Dom im ersten Jahrtausend (wie Anm. 10), 2f.

17 Vgl. MASS, Das Bistum Freising (wie Anm. 14), 41-43.

18 Vgl. Lothar VOGEL, Vom Werden eines Heiligen. Eine Untersuchung der Vita Corbiniani des Bischofs Arbeo von Freising (Arbeiten zur Kirchengeschichte 77), Berlin-New York 2000. Wie zu erwarten, fand seine Arbeit lebhaftes Interesse, positiv wie negativ, so dass er in einem großen Beitrag in der Zeitschrift *Hagiographica* auf die Kritik einging und seine Thesen überarbeitete: DERS., Der Freisinger Bistumspatron Corbinian und seine Vita. Gedächtnis zwischen Bewahrung und Vergegenwärtigung, in: Hagiographica XI (2004) 157-222. Ebd., 158 Anm. 3, die Liste der Rezensionen (zehn Stück aus der Feder prominenter Fachvertreter, z. B. Störmer, Schieffer, Deutinger, Maß) sowie drei größere Beiträge, die seine Thesen kritisch würdigen oder rezipieren.

Ähnliches böte im Vergleich das Bistum Passau: Da man hier einen Heiligen als Patron brauchte, transferierte man den neben Korbinian bei Meran bestatteten Valentin trotz fehlenden Ortsbezuges kurzerhand an die Donau, was wiederum den letzten Willen Korbinians, neben Valentin bestattet zu sein, obsolet machte, der Überführung seiner Überreste nach Freising dann damals nichts im Wege stand. Wenn Vogels Analyse stimmt, dann wüsste man historisch besehen zu Freising, seinem Domberg und den Anfängen des Bistums praktisch nichts[19], erst die nach römisch-päpstlichen Vorgaben erfolgte Errichtung des Bistums Freisings (wie z. B. auch Salzburgs, Regensburgs und Passaus) durch Bonifatius 739 wäre als Nullpunkt anzusehen, weil ab da ja erst ein richtiges Bistum bestand. Wie man auch immer diese Debatte bewerten mag – sicherlich richtig ist, dass die Beschreibungen Arbeos auf alle Fälle den Zustand Freisings um 770, nicht den um 720, durchschimmern lassen. Dieser Zustand wäre aber nicht der schlechteste. Mit Bischof Arbeo begann, wie erwähnt, schließlich die rasche kulturelle Blüte auf dem Domberg. Schon bald entstand eine bedeutende Schreibwerkstatt bzw. Schreibschule, ein Skriptorium[20] – wer eine Bibliothek haben will, muss damals die entsprechende Handschrift von anderswo ausleihen und abschreiben. Dieser Büchererwerb ist zunächst nicht nur auf Liebhaberei zurückzuführen, sondern einfach notwendig: Es sind Messbücher, Evangeliare, Psalmenbücher, Predigtbücher für die Liturgie und die liturgische Ausbildung und Erziehung anzuschaffen, aber auch Heil- und Pflanzenkunden oder antike Autoren, an deren Gedichten man Grammatik und Stilistik für die eigene Autorentätigkeit üben konnte.[21] Freising zeichnete sich durch eine hervorragende Bibliothek aus, die (das ist die Besonderheit angesichts der historischen Regel) keine Klosterbibliothek war, sondern Bibliothek des Bischofs und des Domkapitels.[22] Der noch im frühen 18. Jahrhunderte gebaute barocke Bibliothekssaal ist daher überdies auch kunstgeschichtlich ein spätes und einzigartiges bauliches Zeugnis dieser Sondersituation und bezeugt den Stellenwert von Kunst und Wissenschaft im Bistum, es gibt einen solchen „bischöflichen"

19 Vgl. ebd. die in Anm. 3 erwähnte Rezension von Vogels Arbeit durch Maß; wobei anzumerken ist, dass Maß als Priester des Erzbistums München und Freising und damals Vorsitzender des Diözesangeschichtsvereins u. U. zu subjektiv und auch interessegeleitet die Arbeit in Bausch und Bogen verwarf. Es gab im o. g. Rezensionsreigen auch würdigende Stimmen, etwa durch Schieffer.

20 Vgl. grundlegend: Marianne REUTER, Schreibkunst und Buchmalerei in Freisinger Skriptorien, in: Friedrich Fahr (Hg.), Freising. 1250 Jahre geistliche Stadt, Ausstellung im Diözesanmuseum und in den historischen Räumen des Dombergs Freising (10. Juni – 19. November 1989), Bd. 1 (Kataloge und Schriften 9), München, ^{2}1989, 66-75; spezieller: Katharina BIERBRAUER, Die Freisinger Buchmalerei im 8. und 9. Jahrhundert, in: Peter Steiner/Hans Ramisch (Hg.), Freising. 1250 Jahre geistliche Stadt, Ausstellung im Diözesanmuseum und in den historischen Räumen des Dombergs Freising (10. Juni – 19. November 1989), Bd. 2 (Kataloge und Schriften 12), München 1994, 37-47; Natalia DANIEL, Tendenzen der Schriftentwicklung im Skriptorium der Freisinger Dombibliothek unter Bischof Abraham (957-993), in: ebd. 73-78.

21 Vgl. REUTER, Schreibkunst (wie Anm. 20), 67.

22 Vgl. ebd. 66.

Saal kein zweites Mal.[23] Die Freisinger Bestände an Handschriften im Hochmittelalter stehen nur knapp unter der damals bedeutenden Sammlung des Klosters Tegernsee[24], damals ein Tummelplatz wichtiger Denker von durchaus internationalem Rang, die eine entsprechende Bibliothek benötigten.[25]

In direkter Nachbarschaft zum barocken Bibliothekssaal findet sich übrigens in Freising der ehemalige Archivraum, der den ursprünglichen Aufbewahrungsort von Urkunden in der Sakristei oder im Chorraum ablöste und in seiner barocken Form ein historisches Juwel darstellt.[26] Da das Archiv sozusagen das Gedächtnis des Bistums ist, kommt ihm eine große Bedeutung zu – wobei man richtiger Weise festhalten muss, dass es mehrere Archive gab im Lauf der Geschichte (so ergab sich auch die Ausdifferenzierung hin zu Archiven des Hochstifts und des Domkapitels).[27] Im Hinblick auf Freising und den Domberg ist die hiesige Archivsituation bis zur Säkularisation vor allem aus historischer Perspektive äußerst relevant, da die Freisinger Sammlung und Aufbewahrung von Schenkungsurkunden (die berühmten Freisinger Traditionen), ausgestellt von der bischöflichen Kanzlei im Frühmittelalter, in ihrer Quantität (rund 700 Dokumente) singulär ist. Praktisch jeder Ort im heutigen Gebiet des Erzbistums, der zuletzt ein zwischen 1100 oder 1250 Jahre liegendes Jubiläum der urkundlichen Ersterwähnung feierte[28], verdankt sich dieser Beurkundungen von Besitzübergaben an die Freisinger Kirche, also den Bischof. Für enorm viele Ortschaften, Kirchen und Klöster bietet diese Sammlung die einzige Quelle ihrer frühen Existenz. Auf Betreiben von Bischof Hitto (gest. 834) sammelte der Mönch Cozroh die ihm noch original vorliegenden Dokumente und schrieb sie zur Erhaltung und Sicherung ab. Diese Traditionen, die allein schon durch die Schenkungsformel den Bezug zum Dom und zum Bischof konstitutiv ins Bewusstsein setzen, geben überdies Zeugnis von der Bedeutung diözesaner Verwaltung am Domberg. Dafür war Fachpersonal erforderlich, es brauchte Schreiber, Sekretäre usw. Die Domschulen entwi-

---

23 Vgl. Maria Rita SAGSTETTER, Zur Baugeschichte von Dombibliothek und Archivsaal des Domkapitels in Freising, in: Roland Götz (Hg.), Vom Domberg nach München. Beiträge und Quellen zu Geschichte und Beständen der Freisinger Archive vor, während und nach der Säkularisation (Schriften des Archivs des Erzbistums München und Freising 18), Regensburg 2014, 101-179, hier 101f.

24 Vgl. REUTER, Schreibkunst (wie Anm. 20), 66.

25 Vgl. das Projekt zur Edition Tegernseer Handschriften: https://www.bernhard-von-waging.uni-muenchen.de/index.html (8.12.2020); grundlegend auch die Tegernsee betreffenden Beiträge in: Franz Xaver Bischof/Martin Thurner (Hg.), Die benediktinische Klosterreform im 15. Jahrhundert (Veröffentlichungen des Grabmann-Institutes zur Erforschung der mittelalterlichen Theologie und Philosophie 56), Berlin 2013.

26 Vgl. SAGSTETTER, Zur Baugeschichte (wie. Anm. 23), 102f.

27 Vgl. grundlegend: Joachim WILD, Zur Geschichte der Archive von Hochstift und Domkapitel Freising, in: Götz (Hg.), Vom Domberg nach München (wie Anm. 23), 47-83.

28 Vgl. exemplarisch: Chronik Mintraching. 1250 Jahre Mintraching, hg. v. Festausschuss 1250 Jahre Mintraching, Mintraching 2013; ein Blick in den Bestand der Ortschroniken im Lesesaal des Diözesanarchivs in München dokumentiert mit seinen aktuellen Chroniken und Festschriften die vielen „Ortsjubiläen" aus jüngster Zeit.

ckelten sich aus diesen Bedürfnissen und erfüllten im Lauf der Zeit höchste akademische Ansprüche zur Ausbildung der Geistlichen.[29] Die Bedeutung der Freisinger Domschule in Zeiten, als es noch keine Universitäten gab, dürfte die wohl im Hochmittelalter ab dem 12. Jahrhundert aufkommende Bezeichnung „Mons doctus" für den Domberg dokumentieren.[30] Als jedoch ab 1365 in Wien und 1472 in Ingolstadt Universitäten zur Verfügung standen, sank die Freisinger Domschule herab zur einfachen Lateinschule für die elementare Bildung, die auch für den einfachen Landpfarrer genügte.[31] Für das geistige Leben wichtig wurde der Regierungsantritt von Fürstbischof Johann Franz Eckher von Kapfing 1696. Ein Jahr später begründete er ein Gymnasium bzw. Lyzeum, das 1713 unter maßgeblicher Führung von Benediktinerprofessoren philosophische und theologische Studien anbot und die vollständige Ausbildung des Klerus in Freising gewährleisten konnte.[32]

Als Sitz des Bischofs war Freising auch Sitz der dazugehörenden Verwaltung. Der Domberg bot gute Voraussetzungen, hier konnten die nötigen Räumlichkeiten eingerichtet werden, die Domherren hatten hier ihre Häuser, Wirtschaftsgebäude lagerten sich um das Bergzentrum.[33] Der Domberg wurde damit auch für die entstehende Stadt Freising ein Zentrum, nämlich ein wirtschaftliches, von dem ein gewisser Wohlstand auf die Bürger ausstrahlte[34] – die hohe Geistlichkeit und die Gebäude mussten ja unterhalten werden. Und in dem Maße, wie die Freisinger Bischöfe im Hochmittelalter in den Reichsfürstenstand aufstiegen, kam dem Domberg als weltlichem Herrschaftssitz Bedeutung zu. Mit dem geistlichen Territorium war nun auch ein – wesentlich kleineres und auf verschiedene Gebiete verteiltes – weltliches Territorium verbunden[35]; das eine war und ist also die Diözese, das andere war das sogenannte Hochstift (Stadt Freising, Grafschaft Ismaning, Grafschaft Burgrain, Grafschaft Werdenfels). Es wurde notwendig, diese Herrschaft und den Fürstenstand sichtbar zu machen. Dies vollzog sich in der Ausgestaltung des Dombergs zum fürstlichen Residenzsitz, was im Altbau des Kardinal-Döpfner-Hauses noch sehr gut nachvollziehbar ist. Entsprechend wurde auch der Dom neu gestaltet. Fürstbischof Eckher holte mit den Asambrüdern Künstler von hervorragendem Rang, um seine romanisch-gotische Kathedrale zu barockisieren. In dieser Form präsentiert sich das Gotteshaus noch

29 Vgl. hinführend: Sylvia HAHN, Freisinger Schulgeschichte, in: Fahr (Hg.), Freising. 1250 Jahre geistliche Stadt, Bd. 1 (wie Anm. 20), 122-125, hier 122f.

30 Vgl. Sigmund BENKER, Mons doctus. Wissenschaft und Literatur in Freising, in: ebd., 58-65, hier 60.

31 Vgl. ebd.

32 Vgl. ebd., 62f.

33 Zu Rolle und Bedeutung des Freisinger Domkapitels vgl. hinführend: GÖTZ, Domherrenleben in Freising (wie Anm. 2), 141-143, hier auch 166 eine Karte mit den Domherrenhöfen auf dem östlichen Teil des Dombergs 1803.

34 Vgl. exemplarisch das Schicksal der Kaufmannsfamilie Oberbucher: Günther LEHRMANN, Handel und Wandel. Die Kaufmannsfamilie Oberbucher in Freising, in: Glaser (Hg.), Freising wird bairisch (wie Anm. 2), 167-205.

35 Vgl. hinführend Georg SCHWAIGER, Das Bistum Freising am Ende des Mittelalters, in: Ders., Das Bistum Freising in der Neuzeit (Geschichte des Erzbistums München und Freising 2), München 1989, 12-28, hier 13-16.

heute, auch wenn das Äußere das mittelalterliche Gewand weitgehend bewahrt hat. Jedoch stellt der heutige Bau im Kern nicht das Original aus der Zeit Bischof Annos um 855 dar, der damals die Pfalzkirche vergrößert, wenn nicht sogar neu gebaut hatte.[36] Der Chronist Conradus Sacrista berichtet uns in seiner prachtvollen Handschrift, mit der er nicht nur Cozrohs Traditionensammlung abschrieb und fortsetzte[37], sondern eine an den Bischöfen orientierte Freisinger Bistumsgeschichte lieferte, anschaulich vom großen Brand 1159, bei dem der Dom mit seiner wertvollen Innenausstattung, etwa der Gestaltung des Korbiniangrabes, den bemalten Holzdecken und den kunstvollen Leuchtern, niederbrannte.[38]

Dieser Brand – im Jahr nach dem Tode Ottos I., des großen Gelehrtenbischofs und Kaiseronkels, der dem Domberg internationale Ausstrahlung verschafft hatte – sorgte also dafür, dass auf dem Berg mehr oder weniger komplett neu gebaut wurde. Unter Einbeziehung einiger Mauerreste im Frontbereich, entstand der neue Bau, der zunächst nur einen Turm, den Nordturm, aufwies (der zweite kam erst in der Gotik).[39] Es folgten weitere Baumaßnahmen: Auch die alte Taufkirche wurde im Lauf des Mittelalters abgerissen, in etwa an ihrer Stelle entstand bis 1319 die Johanneskirche mit Kollegiatsstift durch Bischof Konrad den Sendlinger, so dass die damit verbundenen Kleriker nach seinem Tod für sein Seelenheil Gottesdienst feiern konnten. Ebenso entstand die Benediktuskirche an der Ostseite des Kreuzgangs am vermeintlichen Grab des Korbinian.[40]

Vom Auf und Ab eines Berges ab 1800

Was sich bislang zeigte: Es entstand auf dem Domberg im Lauf der Jahrhunderte ein Ensemble an Gebäuden, die sich je nach Zeitbedürfnissen entwickelten und einander in der Summe funktional zugeordnet waren. So wurde der Burgberg zum Domberg, die Herzogspfalz zur Bischofsresidenz, die Pfalzkirche zur Kathedrale, und in der Überführung des heiligen Korbinian auf den Domberg wird der Ort theologisch gesehen überhöht, er wird gleichsam Hort des Evangeliums – repräsentiert im Heiligen,

---

36 Vgl. Walter HAAS, Der romanische Dom und seine Vorgänger, in: Fahr (Hg.), Freising. 1250 Jahre geistliche Stadt (wie Anm. 20), 17-25, hier 18.

37 Zu Conradus Sacrista und seinem Werkt: vgl. Joachim WILD, Conradus Sacrista. Ein Geschichtsschreiber des Bistums Freising, in: Otto von Freising, Rahewin, Conradus Sacrista. Geschichtschreiber des 12. Jahrhunderts in Freising, Beiträge zum 850. Todesjahr Bischof Ottos von Freising 2008 (SHVF 41), Freising 2010, 87-96.

38 Vgl. Joseph A. FISCHER, Die zeitgenössischen Berichte über den großen Brand von 1159, in: Fahr (Hg.), Freising. 1250 Jahre geistliche Stadt (wie Anm. 20), 65-97.

39 Vgl. HAAS, Der romanische Dom und seine Vorgänger (wie Anm. 36), 20-24.

40 Vgl. Hans RAMISCH, Der Freisinger Dom und seine Nebenkirche im 14. und 15. Jahrhundert, in: Fahr (Hg.), Freising. 1250 Jahre geistliche Stadt (wie Anm. 20), 26-29, hier 27.

der als Heiliger über den Tod hinaus segensreich wirkt und der Kirche von Freising eine Bestimmung gibt.

Es entstanden alle Gebäude, die eine bischöfliche Verwaltung und eine Bischofsresidenz brauchen, von der Domschule hin zur Bibliothek, von den Wirtschaftsgebäuden hin zu fürstlichen Repräsentationsräumen. Es wurde gelehrt und gelernt, Politik betrieben und Gottesdienst gefeiert, Kunst und Kultur prägten den Ort und die Region.

Doch dann kam die große Zäsur. Die Säkularisation und Mediatisierung schlugen zu.[41] Der bayerische Kurfürst nutzte die mit Napoleon getroffenen Vereinbarungen des Friedens von Lunéville 1801 weidlich aus. Als Kompensation für seine linksrheinischen Verluste gegen Napoleon verleibte er sich unter anderem die Territorien der geistlichen Hochstifte und deren Vermögen und Besitz ein. Das Hochstift Freising hörte zu existieren auf, der letzte Fürstbischof, Konrad von Schroffenberg, verließ den Domberg; rund 18 Jahre sollte das Bistum ohne Bischof sein.[42] Von der bedeutenden Bibliothek blieb so gut wie nichts, sie wurde der kurfürstlichen Hofbibliothek – heute Staatsbibliothek – eingegliedert, der akademische Lehrbetrieb am Lyzeum kam zum Erliegen, die Priesterausbildung wurde eingestellt. Die Zukunft war ungewiss. Es kam erst wieder Bewegung in die Sache, als das Königreich Bayern mit dem Heiligen Stuhl in Rom ein Konkordat schließen wollte. 1817 lag es vor. Doch war man sich noch nicht ganz klar, wie die Frage nach dem Bistumssitz gelöst werden sollte.[43] Diplomatische Gesandtschaften verhandelten hin und her. Zunächst erschien es insgesamt wünschenswert, dass das zu bildende Erzbistum seinen Zentralort in Freising hat, da hier ja bereits alle Gebäude für eine funktionierende Diözesanleitung vorhanden waren. Sogar König Max I. Joseph war dafür, aus dessen Sicht ein Bischofssitz in seiner königlichen Residenzstadt München eigentlich erstrebenswert sein musste – und womit ein jahrhundertealter Traum der Wittelsbacher endlich hätte in Erfüllung gehen können. Doch allein Papst Pius VII. blieb unbeirrbar. Es sollte im Zuge der Neuordnung der Bistümer in Bayern ein Erzbistum entstehen mit dem Erzbischofssitz in der Hauptstadt. Neue Kathedrale habe die Pfarrkirche zu Unserer Lieben Frau zu werden. Dagegen wandte man von geistlicher Seite unter anderem ein, dass man in der Frauenkirche den Pfarrgottesdiensten in die Quere komme.

---

41 Vgl. immer noch hinführend: Manfred WEITLAUFF, Der Staat greift nach der Kirche. Die Säkularisation 1802/03 und ihre Folgen, in: Ders. (Hg.), Kirche im 19. Jahrhundert, Regensburg 1998, 15-53.

42 Zur Geschichte des Bistums Freising ab der Säkularisation bis zur Begründung des neuen Erzbistums München und Freising 1821 vgl. Anton LANDERSDORFER, Das Erzbistum München und Freising, in: Hans Ammerich (Hg.), Das Bayerische Konkordat 1817, Weißenhorn 2000, 101-135. – Impulse zur weiteren Erforschung und Einblick in Arbeiten zur jüngsten Bistumsgeschichte bot im Frühjahr 2021 die historische Fachtagung anlässlich des Jubiläums „200 Jahre Erzbistum München und Freising", deren Beiträge voraussichtlich Frühjahr 2022 gedruckt vorliegen, darin auch ein Beitrag von Roland Götz mit ausführlichem Fokus auf die Entwicklung des Dombergs in diesen 200 Jahren.

43 Vgl. hierzu und nachfolgend: LANDERSDORFER, Das Erzbistum München und Freising (wie Anm. 42), 103-113.

Außerdem gebe es räumliche Schwierigkeiten, keine bischöfliche Sakristei usw. Zeitweise war die Theatinerkirche St. Kajetan mit dem ehemaligen Theatinerkloster im Gespräch, da man die Klosterräume gleich mitbenutzen könnte. Letztlich einigte man sich, dass nicht nur in der Titulatur des neuen Erzbistums zur Erinnerung an die hehre Vergangenheit der Name Freising auftauchen, sondern auch in Freising eine Bischofswohnung bleiben sollte. Man war zufrieden. Nur die Freisinger nicht, sie versuchten lange ihre Interessen durchzubringen, beim Papst, beim König, bei den Landständen, ohne Erfolg. Sie argumentierten besonders mit ihren massiven wirtschaftlichen Einbußen, seit Freising aufgehört hatte, Bischofsstadt zu sein.[44] Doch hatte man dabei auch die Geschichte wehmütig im Blick, sah die Napoleonischen Kriege als Auslöser des Untergangs, der auch durch das Konkordat nicht umgekehrt wurde. In einem Gedicht heißt es unter anderem: „Freysing! Einst in hoher Wonne; Da Dein Wohlstand schön geblüht; Warest Du des Bisthums Krone; Bis Dein Glückesengel schied. Bis die Zeit des Leidens kam, Dir die letzten Kräfte nahm. [...] Baierns Kirche hat nun Hirten, Jedes Bisthum sein Besteh'n. Unsers Dombergs edle Würden Müssen wir verschwinden seh'n. Von Korbinians heil'gem Hort Zieh'n die letzten Wächter fort. Eilf Jahrhunderte regierten Freysings Bschöf' ihre Heerd', Erzbisthumes neue Zierden Hätten unser Glück vermehrt. – Schuldlos abgewürdigt steht Unser Dom nun, leer und öd."[45]

Doch einige Jahre später gab es wieder Grund zur Hoffnung, obwohl dafür tiefe Wunden in die Silhouette des Dombergs geschlagen wurden. An dessen westlichen Ende errichtete man 1868 ein Knabenseminar anstelle des ehemaligen Dechantshofs des aufgehobenen Kollegiatstifts St. Andreas – dessen im Kern gotische Stiftskirche war 1803 abgebrochen worden –, dazu kam für die Schulbildung im ehemaligen Marstallgebäude das Domgymnasium hinzu. Zwei Jahre zuvor war in der ehemaligen fürstbischöflichen Residenz die Einrichtung eines Klerikalseminars, also eines Priesterseminars, erfolgt, und das Lyzeum für die theologische Ausbildung, das seit 1696 bis zum Hochstiftsende am Fuße des Dombergs seinen Sitz gehabt hatte, hatte mit philosophisch-theologischen Kursen nun auf dem Berg wieder seinen Betrieb aufgenommen[46], woraus sich schließlich bis 1923 die philosophisch-theologische Hochschule entwickelte. Knabenseminar und Priesterseminar, ebenso das Gymnasium, erhielten in der zweiten Jahrhunderthälfte jeweils neue Gebäude. Der Zweite Weltkrieg

44 Vgl. ebd., 101.

45 Gedicht „Etwas auf die kommenden Tage", in: Freysinger Wochenblatt Nr. 42 vom 21. Oktober 1812. Es stammt aus der Feder des Freisinger Stadtkooperators Johann Peter Paul Meyringer (1792-1849). Jüngst im Original abgebildet und mit Transkription zum Download in der online-Ausstellung des Archivs des Erzbistums zum Jubiläum „200 Jahre Erzbistum München und Freising" (www.erzbistum-muenchen.de/archiv-und-bibliothek/ausstellung-200-jahre-erzbistum/der-neue-bischofssitz/freisinger-trauer [13.3.2021]). Wohl der erste Abdruck seit 1812 bei: Anton LANDERSDORFER, „Von Korbinians heil'gem Hort zieh'n die letzten Wächter fort" (1821). Freisings vergeblicher Kampf um den Sitz des Erzbischofs, in: Ulrike Götz (Hg.), Freising und München. Nachbarn seit 850 Jahren (SHVF 40), Freising 2009, 89-109, hier 95f.

46 Vgl. BENKER, Mons doctus (wie Anm. 30), 65.

brachte eine zeitweise Unterbrechung des gewohnten Lebens am Domberg, als im Klerikalseminar ein Kriegslazarett eingerichtet war. Und es war ausweislich der Zeitzeugen ein harter Kampf, im Sommer 1945 auf die Wiederaufnahme der Priesterausbildung hinzuwirken und die Zweckentfremdung als Lazarett zu beenden.[47] Insgesamt hatte der Domberg den Krieg glimpflich überstanden, obschon am 18. April 1945 kurz vor Kriegsende noch überraschend ein massiver Bombenangriff rund um den Freisinger Bahnhof viel Zerstörung und viele Tote brachte; sogar Gebäude auf dem Domberg waren betroffen, auch hier hatte es durch Splitter Tote gegeben, etwa auf der Allee zum Berg hinauf.[48]

Die folgenden Jahrzehnte waren von den gesellschaftlichen Transformationsprozessen der Nachkriegszeit und ihren Auswirkungen auf die Kirche geprägt. Angesichts anfangs starker Weihejahrgänge nach dem Krieg und gleichzeitig desolat gewordener Bausubstanz und nicht mehr zeitgemäßer „Beherbergungs- und Erziehungskonzepte" stand das Priesterseminar bald zur Diskussion, ein Neubau wurde nötig.[49] In der Amtszeit von Erzbischof Joseph Kardinal Wendel erfolgte der schon aus damaliger Sicht nicht verantwortbare Abriss der altehrwürdigen Martinskapelle[50], um dem neuen Gebäudekomplex Platz zu schaffen. Der Autor des vorliegenden Beitrags konnte im Diözesanarchiv anlässlich des Jubiläums „50 Jahre Stiftung Bildungszentrum" 2018 erste Archivrecherchen zu den Veränderungsprozessen am Domberg ab dem Neubau des Priesterseminars bis zur 1972 erfolgten Aufgabe des Knabenseminars durchführen. Es wird nach erstem, sondierendem Blick in die zugänglichen Archivalien des Archivs des Erzbistums deutlich, wie sehr Bistum und Stadtgesellschaft immer wieder um Konzepte zur Domberggestaltung rangen, allein die gesammelten Presseartikel geben Einblick in das muntere, bisweilen diskursiv-emotionale Agieren der Verantwortungsträger. Für die eine oder andere zukünftige Forschungsarbeit zur jüngsten Bistumsgeschichte mit dem Fokus Domberg und/oder Priesterausbildung liegt hier durchaus lohnendes Material, etwa die Seminarchroniken, die mit ihren eingeklebten Fotografien, die unter anderem den Baufortschritt des neuen Seminars dokumentieren, den Alltag im Leben und Studium eines Seminaristen in einer spannenden Umbruchszeit vor dem II. Vatikanischen Konzil (1962-65) anschaulich lebendig werden lassen. Es war der neue Erzbischof Julius Kardinal Döpfner, der 1968 das Priesterseminar und die philosophisch-theologische Hochschule

---

47 Vgl. Adolf Wilhelm ZIEGLER, Seminar und Lazarett Freising 1939-1945, in: BABKG 23 (1963) 169-195, hier 188f.

48 Vgl. ebd. 176f.

49 Vgl. den Bericht zum Vortrag Thomas Forstners, der über die Priesterausbildung am Domberg geforscht hat: Straffer Tagesablauf, wenig Persönliches. Einblicke in die Priesterausbildung am Domberg in der Zeit zwischen den Weltkriegen, in: Freisinger Tagblatt (Nr. 250) vom 30. Oktober 2018, 3. Alle Ergebnisse seiner Forschungen in: Thomas FORSTNER, Priester in Zeiten des Umbruchs. Identität und Lebenswelt des katholischen Pfarrklerus in Oberbayern 1918 bis 1945, Göttingen 2013.

50 Vgl. etwa den Beitrag im Freisinger Stadtmagazin: Günther LEHRMANN, Von den Bauleuten als äußerst störend empfunden. Vor 50 Jahren: Der Abbruch der Martinskapelle auf dem Freisinger Domberg, in: FINK, Oktober 2009, S. 12f.

auflöste und die Priesterausbildung in die Landeshauptstadt verlegte[51]; es wird weiteren Studien vorbehalten sein, herauszufinden, ob es Döpfners Engagement für eine zeitgemäße Priesterbildung nicht zuletzt auf dem II. Vatikanischen Konzil geschuldet war[52], dass die gemeinhin doch eher provinzielle akademische Ausbildung[53] in Freising zugunsten der hochangesehenen theologischen Fakultät an der Ludwig-Maximilians-Universität München aufgegeben wurde, oder ob man gar einer staatlichen Maßnahme zuvorkam, da man in der unmittelbaren Nähe zur Universität München eine Hochschule in Freising immer weniger für angemessen und begründbar hielt. Wie Guido Treffler jüngst zeigen konnte, war schon unter Faulhaber die geringe Distanz zu München als Problem für die Legitimation einer Freisinger Hochschule gesehen worden, und unter Erzbischof Wendel hatte Regens Michael Höck, der zu den „Urgesteinen" des Dombergs gehörte, durchaus für eine Modifikation der Priesterausbildung und eine teilweise Verlegung derselben nach München geworben.[54] Unter Döpfner fanden schließlich ab März 1964 Sondierungen auf Bistumsebene, aber auch auf höchsten staatlichen und kirchlichen Ebenen statt, um das Ende der Hochschule und somit die Transferierung des Seminars in die Großstadt herbeizuführen (es war eine Konkordatsänderung zwischen dem Freistaat Bayern und dem Heiligen Stuhl nötig), am 2. September 1966 konnten Fakten geschaffen werden.[55] Bis heute ist die Verlegung im kollektiven Gedächtnis der Freisinger als Affront abgespeichert. Die Einrichtung des Bildungszentrums mit Tagungshaus 1968/69 brachte schließlich „Entschädigung" und beruhigte die Empörung, zumindest so lange, bis die Schließung des Knabenseminars auf die Agenda kam. Das Gebäude war marode, es stand ausweislich der erwähnten Archivrecherchen[56] die Überlegung im Raum, ein Seminar auf dem Lankesberg am anderen Ende der Stadt zu errichten mit viel Platz für Sport und Freizeit. Aus der Stadtgesellschaft regte sich Widerstand, man wollte – so anscheinend zentrales Argument – die Einheit des Dombergs wahren. Letztlich schloss man das Seminar, doch als Nebenprodukt der Diskussionen und Planungen wurde der Neubau des Domgymnasiums schließlich rund ein Jahrzehnt später realisiert.

51 Zur Verlegung des Seminars vgl. Guido TREFFLER, „Mons doctus, vale valeque!" Der Weg zur Verlegung des Priesterseminars der Erzdiözese von Freising nach München im Jahr 1968, in: BABKG 60 (2020) 377-390. – Zur Priesterbildung im Erzbistum seit dem II. Vatikanum vgl. Wolfgang LEHNER, Zwischen Tradition und Aufbruch. Priesterausbildung in der Erzdiözese nach dem Zweiten Vatikanischen Konzil, in: ebd., 391-406.

52 Vgl. zu Döpfners Konzilsengagement zugunsten einer modernen Priesterbildung bei: Stephan MOKRY, Kardinal Julius Döpfner. Ein Beitrag zur Biografie und Konzilsgeschichte (Münchner Kirchenhistorische Studien NF 3), Stuttgart 2016, 505-516 u. 522-527.

53 Vgl. Straffer Tagesablauf, wenig Persönliches (wie Anm. 49).

54 Vgl. TREFFLER, Mons doctus (wie Anm. 51), 377-380.

55 Vgl. detailliert auf erstmals ausgewerteter Quellenbasis: ebd. 383-386.

56 Zu den geschilderten Vorgängen bezüglich der weiteren Domberg-Entwicklung vgl. nun auch ebd. 388-390.

Dass damals ein Architektenwettbewerb aufsehenerregende, wohl zum Glück nie realisierte Entwürfe für den gesamten Domberg brachte, sei nebenbei erwähnt.[57] Das aufgelassene Knabenseminar beherbergt schließlich seit 1974 das Diözesanmuseum, bei dessen Eröffnung noch von einem diözesanhistorischen Museum die Rede war.[58]

Geschichtliches Erbe als Fundament und Verantwortung

Heute präsentiert sich der Domberg als ein geistig-geistliches Zentrum der Erzdiözese. Aus dem Referententeam der Stiftung Bildungszentrum des Erzbistums im Kardinal-Döpfner-Haus hat sich mit erzbischöflichem Dekret im Frühjahr 2020 die Domberg-Akademie entwickelt, die an die vielfältigen Traditionen intellektuell-akademischer Art des „mons doctus" direkt anknüpft, das Diözesanmuseum macht in besonderer Weise die Verbindung von Theologie, Kirchengeschichte, Kunstgeschichte und Frömmigkeit deutlich, wie sie der Domberg durch seine Geschichte, und nicht zuletzt durch den Dom selbst und seine Ausgestaltung vor Augen führt. Der Dom ist Ort feierlicher Liturgie, die Kirchenmusik der Domkirchenstiftung wird auf höchstem Niveau gepflegt. Ob und wie die Dombibliothek die rund 1300 Jahre alte Büchertradition am Domberg weiterführen kann, wird sich zeigen, da sie nicht mehr wie bisher Räumlichkeiten zugesprochen bekam. Nicht zu vergessen: Die Freisinger Bischofskonferenz nutzt für ihre Tagungen in der Regel Räume der ehemaligen fürstbischöflichen Residenz.

Wohin die Wege der Neukonzeption des Dombergs führen, ist noch nicht klar. Die im Sommer 2014 durchgeführte Online-Umfrage zeigte aber, dass der Domberg nach Meinung der Befragten sein geistliches Gepräge behalten solle, zugleich ein offenerer Charakter erwünscht ist. Bisweilen mag der Domberg, so könnte man die damaligen Umfrageergebnisse auch deuten, quasi zu „amtlich" wirken. Es wird spannend sein, was die Planungen und weiteren Arbeiten ergeben. Zu hoffen ist, dass am Ende auch das Bewusstsein um seine Geschichte spürbaren Niederschlag gefunden hat, so dass der Berg weiterhin Berg der Gelehrsamkeit und Veste des Glaubens ist – und sich dadurch in einem übertragenen Sinne als Gipfel der Macht, nämlich einer

57 Vgl. die Einschätzungen zum Wettbewerb: Freising und sein Domberg, in: Amperland 6 (1970) 91-95, jeweils mit Gedanken eines Kunsthistorikers (Prälat Sigmund Benker) und eines Architekten (Norbert Zanker) zu den Projekten.

58 Vgl. Hubert GLASER, Diözesanmuseum und Diözesangeschichte, in: BABKG 36 (1985) 29-48, hier 30: „Unser Museum ist geplant worden in der erklärten Absicht, eine Dokumentation der Diözesangeschichte zu bieten [...]. Diese Absicht ist nicht verwirklicht worden. [...] Ein strenges diözesangeschichtliches Programm ist nicht zu erkennen. Warum nicht? Ist es ein Rückzug in traditionelle Museumskonzeptionen? Ist es ein Rückzug aus der Geschichte? Läßt sich Diözesangeschichte überhaupt museal wiedergeben? Das ist das Problem, mit dem ich Sie heute konfrontieren möchte. Es gehört zur Standortbestimmung unseres Museums."

Macht in Demut, erweist. Hierin könnte sogar ein wichtiger Schlüssel für die Neukonzeption liegen: den Domberg als Ort erfahrbar werden zu lassen, an dem Menschsein in seiner Vielfalt willkommen ist und zugleich des Menschen höhere Berufung verheißungsvoll vor Augen gestellt wird; ein Ort, an dem sich nicht zuletzt auch und gerade die suchenden und fragenden Menschen von heute mit ihren Sorgen und Nöten wie auch Freuden und Hoffnungen wiederfinden können.

Buchbesprechungen

Dieter KUDORFER (Bearb.), Die Handschriften der Staatlichen Bibliothek sowie der Bischöflichen Bibliothek Passau, Passau 2020, 367 S.

Mit diesem Katalog liegt seit 2020 eine moderne Beschreibung der 194 Handschriften und 35 Inkunabeln der Staatlichen Bibliothek Passau und der 82 Handschriften der Bischöflichen Bibliothek Passau vor, die seit 1971 von erstgenannter verwaltet wird. Der Bearbeiter ist auf mehrfache Weise für diese Aufgabe prädestiniert, einmal als ausgewiesener und erfahrener Fachmann als langjähriger Leiter des Referats Handschriften und Alte Drucke und anschließend kommissarischer Leiter der gleichnamigen Abteilung der Bayerischen Staatsbibliothek, als mehrfacher Bearbeiter von Handschriftenkatalogen während seiner beruflichen Tätigkeit und aufgrund seiner Herkunft aus dem Raum Passau auch durch inhaltlichen Bezug zur Thematik, der er sich im Ruhestand widmen konnte. Wie im Einleitungskapitel erwähnt wird, folgt Kudorfer bei der Katalogisierung der 194 Handschriften der Staatlichen Bibliothek hinsichtlich der Abfolge dem in Zettelform vorliegenden sogenannten 2. Repertorium der Staatlichen Bibliothek (Mst. 1-142), das Leonhard Schmöller, der Leiter in den Jahren 1905 bis 1911 beziehungsweise 1925 bis 1937, angelegt hatte, sowie dem Supplement des Standortrepertoriums. Schwieriger war die Ausgangslage für den Bearbeiter bei der Katalogisierung der 82 Handschriften der Bischöflichen Bibliothek; hier fehlen nicht nur orientierungsgebende Repertorien, da die Handschriften vor nicht allzu langer Zeit erst aus dem Druckschriftenbestand separiert wurden. Vielmehr äußert Kudorfer den Verdacht, dass sich noch weitere Handschriften unter den Drucken befinden könnten, die noch nachträglich zu katalogisieren wären, da die Trennung handschriftlicher und gedruckter Bestände im Rahmen einer begleitenden Aktion, nicht aber eines systematischen Vorgangs vorgenommen wurde. Infolge der Ermangelung von Vorarbeiten musste der Bearbeiter die Handschriften der Bischöflichen Bibliothek vor ihrer Katalogisierung erst noch ordnen und dabei wählte er die Bezeichnung „Mscr." (Manuscriptum) für die einzelnen Handschriften der Bischöflichen Bibliothek.

Auch wenn sich verhältnismäßig wenige Provenienzen feststellen lassen, so konnten doch bei der Bearbeitung für die Staatliche Bibliothek 29 Handschriften dem ehemaligen 1612 gegründeten Passauer Jesuitenkolleg und seiner Wirtschafts- und Besitzverwaltung zugeordnet werden, dessen Nachfolger die Staatliche Bibliothek in Nachfolge der Fürstbischöflichen Academischen Bibliothek nach der Säkularisation geworden ist. Eine weitere Provenienzzuordnung gelingt zum Kloster Vornbach bezüglich beinahe aller genannten Inkunabeln und einzelner Handschriften, die wohl aus einer Schenkung des Passauer Domherren Johann Staindl an das genannte Kloster resultiert. Weitere vereinzelte Klosterprovenienzen nehmen Bezug auf die Klöster St. Nikola, Metten, Seeon und Altomünster.

Inhaltlich spannt sich ein weiter Bogen mit Schwerpunkt theologischer und geistlicher Texte, von Bibelausgaben (15. Jahrhundert), liturgischen Büchern (Vornbacher Missale Mitte 15. Jahrhundert), Predigten, Disputationes, Gebetbüchern, Musikalienhandschriften (16./17. Jahrhundert), Motetten (Orgelsatz von Sebastian Hasenknopf, Orlando di Lasso u. a.), Gesangbüchern, Texten zur Kirchengeschichte, Chroniken, Wappenbüchern zu Passauer, Regensburger und Salzburger Domherrn und Erzbischöfen, Amtsbüchern, Archivalien, Ordensregeln, juristischen Texten, Gutachten, Verordnungen, Protokollen, Mitgliederverzeichnissen, Briefen, Lehrbüchern, Reisebeschreibungen, Berichten über politische und familiäre Verhältnisse in Passau des 19. Jahrhunderts, biografischen und autobiografischen Schriften, Vorlesungsnachschriften, über die Belletristik (früheste Übersetzung von Boccaccios *Elegia di Madonna Fiammetta*) und lyrische Schriften hin zu naturwissenschaftlichen Handschriften zur Astronomie, Chronologie, Geografie, Geodäsie, zu Disputationes zu naturwissenschaftlichen Werken von Aristoteles, Arzneibüchern und Kaufmannsbüchern.

Chronologisch reichen die Handschriften vom 13. Jahrhundert bis zum Jahr 1973 mit Schwerpunkt des 16. bis 18. Jahrhunderts für die Staatliche Bibliothek. Die Bischöfliche Bibliothek besitzt zwar keine Bestände der alten bischöflichen Hofbibliothek, sie enthält aber eine in Einbandmakulatur entdeckte mittelalterliche *Ars dictandi*, juristische Texte des 16. Jahrhunderts und Chroniken zum Kloster Vornbach ab ca. 1600. Die Hälfte der Handschriften der Bischöflichen Bibliothek datiert in das 19. Jahrhundert.

Der vorliegende Katalog setzt nach einem Einleitungsteil (VII-XXIII) mit Vorwort, Einleitung und abgekürzt zitierter Literatur mit der Beschreibung des größeren der beiden Handschriftenbestände ein, den Handschriften der Staatlichen Bibliothek Passau, die die einzelnen Handschriften mit „Mst." mit Nummer in aufsteigender Nummerierung aneinanderreiht (Mst. 1-188 auf S. 1-214). Diesen Beschreibungen folgt die Auflistung der handschriftlichen Bücherkataloge der Staatlichen Bibliothek (S. 215-216), zum einen aus Gründen der Vollständigkeit, zum anderen, weil diese Kataloge im ersten Repertorium von 1843 ebenfalls aufgelistet waren, unter Verweis auf die aktuelle Beschreibung der Bücherkataloge bei Stephan Kellner und Annemarie Spethmann, Historische Kataloge der Bayerischen Staatsbibliothek München. Münchner Hofbibliothek und andere Provenienzen, Wiesbaden 1996. Der Auflistung handschriftlicher Bücherkataloge folgt die Beschreibung nur derjenigen Inkunabeln der Staatlichen Bibliothek, die beachtenswerte handschriftliche Texte enthalten (S. 217-239) unter ihrer jeweiligen Signatur „Inc.". Wegen des handschriftlichen Auswahlkriteriums ist die Abfolge nicht fortlaufend aufsteigend, sondern in Sprüngen aufgeführt (Inc. 5-Inc. 333). An die Inkunabeln schließt sich die Beschreibung der Handschriften der Bischöflichen Bibliothek an (Mscr. 1-81, auf S. 241-307). Am Ende des Katalogs stehen zwei Register: ein Personen- Orts- und Sachregister (S. 308-350) und daran anschließend das Initienregister (S. 351-367).

Bei der Beschreibung der einzelnen Handschriften folgt Dieter Kudorfer einem bewährten Schema: Nach der jeweiligen einleitenden Signatur „Mst." (für die Handschriften der Staatlichen Bibliothek) bzw. „Mscr." (für die der Bischöflichen Bibliothek) mit fortlaufender Nummer folgt in neuer Zeile das Kopfregest in Fettdruck in der Form, Verfasser [sofern ermittelbar]: Titel der Handschrift (Sprachbezeichnung der Handschrift) (Datierungsangabe). Im darauffolgenden ersten Absatz steht die detaillierte inhaltliche Beschreibung nach Aufbau nach Sinnzusammenhängen und Kapitelüberschriften, die entweder ausschließlich umschrieben oder umschrieben und mit vorliegenden Textzitaten kombiniert sind oder ausschließlich aus Textzitaten bestehen, je nach Vorlage. Zum Verständnis notwendige inhaltliche Erläuterungen werden ebenso gegeben. Je nach Inhalt kann es auch mehrere inhaltliche Absätze geben (evtl. auch Erweiterungen im Kopfregest). Auf diese Inhaltbeschreibung(en) folgen in einem weiteren Absatz Literaturangaben zu Handschrift, zu Inhalt und Personen, bzw. Informationen zum Abdruck bzw. zur Edition der Handschrift. Ein weiterer Absatz enthält Angaben zum Umfang der Handschrift (Lagen), zum Format, zu äußeren Merkmalen der Handschrift, wie Beschreibstoff, Einband, nachgewiesene Schreiberhände, Schreibvermerken, Widmungen, Abbildungen, figuralem Schmuck, Wappen, zu Anhaltspunkten für erschlossene Datierungen und zu Provenienzhinweisen.

Auf Grund seiner Kenntnisse und seiner langjährigen Erfahrung versteht es Dieter Kudorfer hervorragend, die Handschriften informationsreich zu beschreiben, dabei diese Beschreibungsschema minutiös durchzuhalten und zugleich die Informationen in Absätzen abgehoben gut zu gliedern und damit gut recherchierbar anzulegen. Jede Handschriftenbeschreibung verlangt nach guten Registern. Und so bietet der Bearbeiter, wie es üblich ist, ein inhaltliches und ein formales Register, nämlich ein Personen-, Orts- und Sachregister und ein Initienregister, um auch nach Textanfängen recherchieren zu können.

Ich habe mir erlaubt, das Œeuvre über das erstgenannte Register nach Zusammenhängen zu Orten innerhalb der Erzdiözese München und Freising durchzusuchen, und dabei folgendes interessantes Ergebnis erhalten: Mscr. 76: Gesuch von Pfarrern der Erzdiözese München-Freising um verbesserte Dotation. (1856). – Mscr. 27: Anweisungen für den Beichtvater des Klosters Dietramszell (ca. 1850). – Mscr. 2 (wohl Altomünster) Regula Salvatoris (18. Jh.). – Mscr. 51: Simon Blank: Der Fürstengang zu Freising (1840). – Mst. 29: Genealogie der Herrn von Letzschkau und der Hundt von Lauterbach (Anfang 18. Jh.) mit der Beschreibung von Grabsteinen in der Pfarrkirche von Brannenburg (fol. 455-463) und dort befindlichen Wappenabbildungen (fol. 437), von Ahnenbildern im Schloss Brannenburg (fol. 437-441) und Wappenabbildungen im Schloss auf fol. 140. In derselben Handschrift findet sich auf fol. 242: Wunderlicher Ursprung der … Kirchenfahrt Mariae Stern Täxa [gemeint ist das ehemalige Kloster Taxa bei Odelzhausen]. Außerdem gibt die Handschrift einen Hinweis zu Wappen auf einem Grabstein in der Pfarrkirche von Flintsbach (fol. 365). – Mscr. 77: Inventare und Exzerpte zum Erwerb von Kunstwerken (19. Jh.), mit Inventaren der Kustodie der Bischofskirche in Freising im 19. Jahrhundert (fol. 53r - 54v). – Mst. 18: Miszellaneen zu Geschichte und Staatsrecht Bayerns (um 1700), dazu fol. 806-812: Handlung so zwischen Bayrn und Freysing getroffen worden. – Mst. 3: Psalterium cum ordinario officii; hierzu findet sich im Provenienzvermerk im letzten Erläuterungsabsatz der Hinweis: Besitzeinträge Monasterij Seon [Seeon].

Allein diese kurzen Stichproben zeigen bereits den großen Wert dieses vorgelegten und nach allen Regeln der Kunst gearbeiteten Katalogs der Handschriften der Staatlichen Bibliothek und der Bischöflichen Bibliothek Passau. Dem Bearbeiter Dieter Kudorfer wird die Forschungswelt dieses Œeuvre verdienstvoll mit großem Respekt danken, bei dem sich Berufswissen, Erfahrenheit in der Handschriftenkatalogisierung und heimatlicher Bezug zur Thematik paaren. Dass es sich dabei noch dazu um eine fünfjährige ehrenamtliche Tätigkeit des Bearbeiters handelt, wie Markus Wennerhold, der Leiter der Staatlichen Bibliothek Passau, im Vorwort berichtet, möge Dieter Kudorfer zu besonderer Ehre und Anerkennung seiner Heimatregion gereichen. Möge der Handschriftenkatalog breite Nutzung erfahren.

Martin Walko

Gabriele SCHMID, Jacomo Angelini – Jakob Engel. Ein Graubündner Baumeister als Hofbaumeister in Eichstätt, mit Beiträgen von Emanuel Braun, Juri-Johannes Leuschner und Peter Leuschner (Beiträge zur Geschichte der Diözese Eichstätt 1), St. Ottilien 2019. 336 Seiten, zahlreiche Abbildungen.

Der hier vorliegende Band 1 der vom Eichstätter Diözesangeschichtsverein neu ins Leben gerufenen Reihe *Beiträge zur Geschichte Diözese Eichstätt* widmet sich dem fürstbischöflichen Hofbaumeister Jakob Engel – oder Jacopo Angelini – der in Eichstätt nach den Zerstörungen und Blessuren des Dreißigjährigen Krieges die heitere barocke Atmosphäre schuf, die auch uns heute noch begeistert. Engel legte die Grundlagen zum barocken Eichstätt, das meist mit dem Namen von Gabriel de Gabrieli verbunden wird, dem renommierten Ansbacher Hofbaumeister, dem ab 1702 neben Jakob Engel viele Aufgaben „bey denen hisig. Hochfürst. Gepäuen die Baufälligkheiten" (S. 38) übertragen wurden.

Peter Leuschner, wohnhaft in einem von Jakob Engel erbauten Jagdschlösschen, hatte anlässlich des 300. Todestages dieses Baumeisters, der 2014 in großem Rahmen in Eichstätt begangen wurde, angeregt, Engel eine Publikation zu widmen und in der damals gerade neu entstehenden Reihe der *Beiträge zur Geschichte der Diözese Eichstätt* die zu überarbeitende Fassung der älteren von Gabriele Schmid (1986) mit Ergänzungen zu publizieren. Durch die Autorin und andere wurde diese quellenreiche Doktorarbeit überarbeitet, um neue Literatur ergänzt und für den vorliegenden Band mit zahlreichen Abbildungen versehen. Dass dies alles in hochwertiger Druck- und Papierqualität möglich wurde, verdankt der Diözesanverein einer ganzen Reihe engagierter Förderer und Sponsoren; der Diözese und der Stadt, der katholischen Bank in Eichstätt, Eichstätter Firmen und Brauereien und auch der Förderung durch den Kanton Graubünden.

Denn Jacopo Angelini war am 15. März 1632 in Monticello im Graubündner Misoxtal geboren worden. Zunächst beim Festungsbau in Eichstätt tätig, wurde er 1661 als Festungsbaumeister, als „hochfürstlicher schanz und maurermeister", in die Liste der eingetragenen Meister aufgenommen. 1669 wird er zum letzten Mal als Schanzmeister erwähnt, denn nun hatte er sich – auch auf Wunsch von Fürstbichof Marquard II. Schenk von Castell – mit den kriegszerstörten Kirchen und Gebäuden in der Stadt und der näheren Umgebung beschäftigt. Turmabschlüsse, Fassaden, Umbauten, die Neu- oder Wiedererrichtung von Innenräumen waren im kirchlichen Bereich die Aufgaben, die er – unterstützt von den Baumeistern Johann Baptist Camesino und Daniel Brasch – übernahm. Die Kirchen in Abenberg, Pietenfeld, Spalt, Kahldorf und anderen mehr zeugen von der Schaffenskraft und dem Modernisierungswillen der sogenannten welschen Baumeister, die, nach dem langen Krieg aus Oberitalien oder Graubünden, auch aus Vorarlberg nach Süddeutschland eingewandert waren, dann einer ganzen Epoche ihren Stil vermittelten und eben dem barocken Baustil nördlich der Alpen zu großer, sehr eigener Blüte verhalfen. Eines der prominenten Beispiele dafür ist die Münchner Theatinerkirche.

Jakob Engel prägte aber nicht nur das Bild der Kirchen in Eichstätt und Umgebung, sondern er schuf auch zahlreiche Profanbauten – die wunderschöne fürstbischöfliche Residenz, die Dompropstei, die beiden Ulmer Höfe, den Präsidentenhof, die beiden Spethschen Höfe, aber auch die fürstbischöflichen Schlösser in Hofstetten und Greding. Er hatte zusätzlich die Leitung für die Barockisierungsmaßnahmen der großen Benediktinerabtei Plankstetten inne, einen weiteren höchst beeindruckenden Bau in der Umgebung Eichstätts, der einen längeren Aufenthalt reichlich lohnt.

Gabriele Schmid legt all das kenntnisreich in ihrer Dissertation dar, die nun bebildert, mit einem Katalog zu Baugeschichte und einem Quellenanhang versehen, den ersten Teil des vorliegenden Studienbandes bildet (S. 9-229).

Peter LEUSCHNER, dem als Initiator der Reihe Respekt gebührt, geht in seinem Beitrag zu sechs Jakob-Engel-Bauten ihrer heutigen Nutzung nach (S. 231-260), so den Spethschen Höfen am Domplatz und in der Ostenstraße, dem Eichstätter Präsidentenhof in der Pfahlstraße, dem Ulmer Hof am Eichstätter Leonrodplatz sowie dem Schloss in Greding mit seiner fast schon ins Rokoko spielenden Atmosphäre, einem wunderbaren fürstbischöflichen Refugium. Abschließend widmet er sich sehr Profanem, dem Bau des ehemaligen Ochsenhauses im Tittinger Schlosses durch Jakob Engel, einem massiven, in seiner Masse beeindruckenden Bau, der voll funktionsfähig bis ins späte 20. Jahrhundert, bis 1996, der Aufzucht der Tiere diente.

Im anschließenden Beitrag widmet sich Juri-Johannes LEUSCHNER dem Jagdschloss Hofstetten und überschreibt seine Studie mit dem Nachsatz *einem Jakob-Engel-*

Bau auf den Grund gegangen (S. 261-323). Äußerst detailliert schildert er die Baugenese, zeigt die Pläne, führt den Leser in die bautechnischen Probleme auf einem ehemals mit einer hochmittelalterlichen Burg bebauten Grundstück ein, erklärt die verschiedenen Planvorlagen und erläutert genau unter allen wichtigen denkmalpflegerischen Gesichtspunkten das ehemals stark beeinträchtigte Äußere des Schlosses. Mit ebensolcher Sorgfalt widmet er sich dem Inneren, zeigt dem Leser detailliert die Schwierigkeiten bei der Renovierung von Böden, Türen, Fensterlaibungen und anderem mehr. Ein umfassender Blick in die denkmalpflegerische Leistung und die diesbezüglichen Herausforderungen, auch bei der Instandsetzung des Innenhof-Brunnes und der Heizungsanlage im Schloss ist dem Autor hier sicherlich gelungen, ein Beitrag, der zudem hochspannend zu lesen ist.

Abschließend widmet sich Emanuel BRAUN, einer der wichtigsten Initiatoren der neuen Reihe, weiter diesem denkmalpflegerischen Aspekt – er überschrieb seinen Überblick aussagekräftig *Die Bauten Jakob Engels aus heutiger denkmalpflegerischer Sicht* (S. 325-333) und bietet hier auf knappem Raum nochmals fundierte Überlegungen zu all den relevanten denkmalpflegerischen Aspekten, zeigt vor allem aber auch das Besonders an mancher Lösung auf.

Es ist gelungen, mit diesem ersten Band der neuen Reihe der Diözese Eichstätt einen eindrucksvollen Beginn zu leisten, dem Leser fundierte Studien zu bieten, in die Architektur- und Stadtgeschichte Eichstätts einzuführen und dem Kundigen, aber auch den Eichstättern Bürgern, den hier lebenden Studenten, und der interessierten Allgemeinheit ein Fenster in die Vergangenheit und in die heutige Arbeit mit dieser zu öffnen. Sicher verdient der Band eine breite Rezeption auch außerhalb Eichstätts; er sei somit all unseren Lesern empfohlen.

Gabriele Greindl

Susanne KAUP (Red.), Mutter Ignatia Jorth. 1780-1845. Gründerin und erste Generaloberin der Barmherzigen Schwestern in Bayern. Beiträge zu ihrem Leben und Wirken, hg. v. d. Kongregation der Barmherzigen Schwestern vom hl. Vinzenz von Paul, München 2020, 309 S.

Dass der Band anlässlich des 175. Todestags der Generaloberin mitten im Corona-Jahr 2020 erschien und sich so nahtlos in den aktuellen Diskurs um die Krankenpflege einreihte, ist Zufall. Ein Zufall, der jedoch die Verdienste der Ordensgemeinschaften, allen voran der Barmherzigen Schwestern, für das süddeutsche Gesundheitswesen eindrucksvoll unterstreicht und dem Buch dadurch eine besondere Aktualität verleiht. Die Autoren Schwester M. Veronika Häusler (Caritastheologin und Generalsekretärin der Kongregation der Barmherzigen Schwestern vom hl. Vinzenz von Paul, Mutterhaus Augsburg), Dr. Susanne Kaup (Kongregationsarchivarin der Barmherzigen Schwestern vom hl. Vinzenz von Paul, Mutterhaus München) und Dr. Stefan Nadler

(Kunsthistoriker) geben auf rund 300 Seiten Einblick in das bewegte Leben von Mutter Ignatia Jorth und betten ihr Wirken als erste Generaloberin der Barmherzigen Schwestern in verschiedenste zeitgeschichtliche Kontexte und Dimensionen ein.

Das Geleitwort der Generaloberin der Kongregation der Barmherzigen Schwestern vom hl. Vinzenz von Paul, München, Schwester Rosa Maria Dick, und die Grußworte von Erzbischof von München und Freising Reinhard Kardinal Marx, Herzog Franz von Bayern, Dieter Reiter, Oberbürgermeister der Landeshauptstadt München sowie von Sœur Blandine Klein führen geschickt in die Thematik ein und unterstreichen die Wirkmächtigkeit und Leistungsverantwortung des Vermächtnisses von Mutter Ignatia Jorth im Gesundheitswesen bis zum heutigen Tag.

Der erste Abschnitt des Buches, verfasst von Susanne KAUP, widmet sich der Biografie von Mutter Ignatia Jorth. Als sinniger Einstieg in den Band wird hier Einblick in das frühe Leben, Bildung und Sozialisation der 1780 als Anna Maria Katherina Jorth Geborenen gegeben und aufgezeigt, wie diese im Jahr 1807 ihren Weg zu Barmherzigen Schwestern in Zabern findet. In einem Zusammenspiel von Erläuterungen des (kirchen-)politischen Zeitgeschehens, medizingeschichtlichen Einblicken, der dadurch geprägten Entwicklung des Ordens der Barmherzigen Schwestern sowie der persönlichen Biografie von Mutter Ignatia Jorth werden die verschiedenen Stationen ihres Lebens näher beleuchtet. Zentraler Meilenstein ist zweifellos die Entsendung nach München 1832, wo sie die Leitung des Allgemeinen Krankenhauses übernahm. Dass ihre Erfolge im Bereich der Krankenpflege nicht nur ordensintern gewürdigt wurden, sondern die Anerkennung der breiten Öffentlichkeit genossen, wird durch Primärquellen wie dem Brief der Stadtgemeinde München vom 24. Mai 1836 herausgearbeitet. Neben der gesellschaftlichen Etablierung schildert Susanne Kaup auch den Aufbau der geistlichen Gemeinschaft der Barmherzigen Schwestern in München. Der letzte Abschnitt, in welchem auch die prägenden Charakterzüge Mutter Ignatia Jorths resümiert werden, widmet sich ihren letzten Jahren in München, wo sie 1845 an einem Schlaganfall verstarb.

Schwester M. Veronika HÄUSLER gibt im zweiten Kapitel Einblick in die Krankenpflege der Barmherzigen Schwestern im 19. Jahrhundert. Das Wirkungspanorama der Barmherzigen Schwestern wird hierbei vor verschiedensten Hintergründen aufgespannt: Ganz konkret wird die Situation des Allgemeinen Krankenhauses in München 1832 geschildert, und vor diesem Hintergrund das zugrundeliegende „Pflege"-Verständnis bei den Barmherzigen Schwestern sowie die Anforderung an jede einzelne Schwester entfaltet. Hier wird deutlich, wie prägend die Ordensspiritualität für das caritative Handeln der Schwestern war und wie modern diese Ansätze angesichts der zeitgenössischen Praktiken des 19. Jahrhunderts heute anmuten. Die Fachkompetenz der Schwestern hierzu wird durch Auseinandersetzungen mit den im Krankenhaus ansässigen Ärzten über Behandlungspraxis und Umgang mit Patienten kontrastiert. Ferner zeigt Schwester M. Veronika Häusler auf, dass es sich bei den im Krankenhaus tätigen Schwestern um hochprofessionalisiertes Personal handelte. Dass nicht jede Kandidatin für die Arbeit im Krankenhaus als geeignet empfunden wurde und den intern festgesetzten Qualitätsstandards entsprach, wird hierzu an einigen Individualfällen durchexerziert.

Im folgenden Kapitel finden nun persönliches Leben und institutionelles Wirken von Mutter Ignatia Jorth zusammen und die Betrachtungen von Susanne Kaup richten sich auf die Errichtung der weiteren Niederlassungen in Bayern und Österreich. Eingebettet in den jeweiligen lokalhistorischen Kontext werden die Niederlassungen in u. a. Landshut, Regensburg, Ingolstadt, Eichstätt sowie weitere Wirkungsstätten in München aufgezeigt. Ebenso findet ein kurzer Exkurs zu den österreichischen Schwesterngemeinschaften statt. Durch die Einbindung einer Vielzahl an Zitaten und Quellenverweisen werden die einzelnen Niederlassungen charakterisiert und deren Wirkungsspektrum skizziert. Eindrucksvoll wird so die imposante Präsenz der Gemeinschaft in verschiedensten Institutionen veranschaulicht und ihr essentieller Beitrag zum Gelingen des zeitgenössischen Gesundheits- und Sozialwesens herausgearbeitet. Zudem zeigt Susanne Kaup etliche Forschungsdesiderata auf, wo weiterführende Forschung zu den Barmherzigen Schwestern und deren Wirken möglich und zugleich auch unabdingbar ist.

Nach den Lokalbetrachtungen spannt Susanne Kaup daraufhin den Bogen zu den allgemein zugrundeliegenden spirituellen und geistesgeschichtlichen Aspekten der Einführung der Barmherzigen Schwestern in Bayern. So wird das Wirken der Barmherzigen Schwestern und Mutter Ignatia Jorth in ordensinterne sowie politisch-externe Kontexte eingebunden. Das Selbstverständnis wird hier durch die Abgrenzung zu verschiedenen anderen Gesellschaftsbereichen herausgearbeitet und Ordensregel sowie Lektürekanon beschrieben. Diese fundierten quellengeschichtlichen Ausführungen finden ihre Synopse in den Frömmigkeitsformen der Barmherzigen Schwestern. Neben der Spiritualität thematisiert Susanne Kaup ergänzend die berufliche Ausbildung in den Krankenhäusern sowie die Vernetzung des Ordens mit politischen Akteuren und herausragenden Persönlichkeiten in Bayern und Bayern. Hier kann beispielsweise das Haus Wittelsbach mit Königin Karoline von Bayern angeführt werden, welche das Mutterhaus im Dezember 2020 mit einem Überraschungsbesuch beehrte.

Stefan NADLER betrachtet ähnlich wie im vorangegangenen Kapitel die „Bühne“, auf der Mutter Ignatia Jorth und die Barmherzigen Schwestern ihre Tätigkeit in München verrichteten – nämlich durch Erläuterungen und Analysen zur Bau- und Ausstattungsgeschichte des Mutterhauses und seiner Kirche sowie des Allgemeinen Krankenhauses. Von der Grundsteinlegung und Erbauung der Kirche über deren detaillierte Ausstattung bis hin zum Wiederaufbau nach Schäden des Zweiten Weltkriegs wird hier das architektonische Wirkungsumfeld der Schwestern aufgezeigt.

Im letzten Abschnitt meldet sich – pointiert gesprochen – nun Mutter Ignatia Jorth selbst zu Wort: Es bietet sich den Leserinnen und Lesern die Gelegenheit, die „Protagonistin“ des Bandes direkt kennenzulernen. Dies wird über die Aufbereitung von drei Korrespondenzen möglich, namentlich den Bericht über die Reise nach München und die Einführung im Allgemeinen Krankenhaus 1832, einen Brief an Superior

Lorenz Thomas vom 26. Dezember 1832 mit Neujahrswünschen sowie einen Brief an Mutter Vinzenz Sultzer vom 25. Juli 1833, in welchem Mutter Ignatia Jorth der Generaloberin der Barmherzigen Schwestern von Straßburg zum Namenstag gratuliert. Alle drei Dokumente sind in voller Länge sowohl als Bild des Originaldokuments als auch als Transkription abgebildet und werden durch Fußnoten ergänzt. Hierbei handelt es sich um hervorragendes Quellenmaterial, das eine ideale Ausgangslage für weitere biographische Forschung zu Mutter Ignatia Jorth und/oder dem Wirken der Barmherzigen Schwestern bildet.

Nicht nur hier wird die besondere Verwebung von Text und Bildmaterial in diesem Band deutlich. Die reiche Bebilderung des Bandes, durch welche die Texte gekonnt veranschaulicht und ergänzt werden, unterscheidet diesen Band von vergleichbarer Fachliteratur. Auch die an vielen Stellen zu finden Info-Blöcke versorgen die Leser mit nötigen Hintergrund- und Zusatzinformationen, was das Lesen sehr komfortabel gestalten. So schaffen es die Autorinnen und der Autor einen durchwegs gelungenen Band zu gestalten, der die bisher mitunter spärliche Literatur zu Mutter Ignatia Jorth und das Wirken der Barmherzigen Schwestern im 19. Jahrhundert wegweisend erweitert und einen wertvollen Beitrag zur Ordensgeschichte und Forschung über Frauenorden leistet.

Stephan Owandner

Regionale Katholizismen im 19. und 20. Jahrhundert (Rottenburger Jahrbuch für Kirchengeschichte 38 [2019]), hg. vom Geschichtsverein der Diözese Rottenburg-Stuttgart. Redigiert von Dietmar Schiersner (Themenschwerpunkt), Andreas Holzem (Rezensionsteil) und Claus Arnold (Gesamtschriftleitung), Ostfildern 2020, 472 S.

Im Jahr 2018 veranstalteten der Geschichtsverein und die Akademie der Diözese Rottenburg-Stuttgart in Weingarten gemeinsam eine Studientagung unter dem Titel *Von „böhmisch-katholisch" bis „rheinisch-katholisch" – Regionale Katholizismen im 19. und 20. Jahrhundert.* In seinem Themenschwerpunkt dokumentiert der 38. Band des Rottenburger Jahrbuchs für Kirchengeschichte diese Tagung.

Dietmar SCHIERSNER, Professor für (Spät-)Mittelalter und Frühe Neuzeit an der Pädagogischen Hochschule Weingarten, führt in die Thematik *Katholizismus und Region* ein. Der Untertitel seines Beitrags *Zusammenhänge und Konstrukte* macht bereits deutlich, dass es nicht nur um eine Einführung geht, in der er einen Einblick in die anschließenden Einzeluntersuchungen gibt. Der Autor formuliert auf deren Grundlage sieben eigene Thesen, die in höchster Konzentration die Ergebnisse bündeln. Dabei wird u. a. klar ersichtlich, dass auch den anderen Konfessionen bei der „Genese und Zuschreibung regionaler Katholizismen" Bedeutung zukommt, dass die regionale Attributierung aber auch einer „intrakonfessionellen Binnendifferenzierung" (S. 20) diente. Er erklärt auch, warum sich die Tagung auf diesen Zeitraum beschränkte:

Während von regionalen Katholizismen überhaupt erst seit dem späten 18. Jahrhundert gesprochen werden kann, wurden sie im 21. Jahrhundert zu nur mehr volkstümlichen Klischeevorstellungen.

Worin die besondere Bedeutung dieses Rottenburger Jahrbuchs für Kirchengeschichte liegt, macht Dietmar Schiersner in der Einführung bereits selbst sehr deutlich. Die Kritik, dass bislang „zwar das Milieu in der Region, nicht aber die Region im Milieu untersucht" werde, man den „Raumbezug von Kultur" ausblende, „jedenfalls aber nicht konsequent" einbinde, kann diese Veröffentlichung mit ihrem regionalgeschichtlichen Ansatz sicher „fruchtbar aufgreifen" (S. 23).

Den geographischen Reigen eröffnet Christoph KÖSTERS von der Kommission für Zeitgeschichte mit dem Beitrag *„Westfälisch-katholisch?" Historische Beobachtungen zum Wandel eines regionalen Topos im 19. und 20. Jahrhundert.* Der Autor lässt mit Hilfe vieler Zitate die Geschichte sehr lebendig werden, so z. B., wenn er Franz-Josef Ritter von Buß (1803-1878) zu Wort kommen lässt mit seinem Diktum: „Ihr Westfalen, ihr seid besser daran als viele Leute. Ihr seid nicht in jenem Wege der Aufklärung gestanden; Euch ist ein altes, einfaches, ehrenhaftes, sittliches Wesen eigen. Bewahrt dieses; [...] Bei Euch ist fester, guter Boden" (S. 37), oder den Münsteraner Bischof Clemens August Graf von Galen (1933-1946), der in seinem Todesjahr noch zum Kardinal erhoben worden war: „Wir Westfalen, wir Münsterländer und deutschen Männer vom Niederrhein bleiben treu dem Blut und besten Erbe unserer christlichen Vorfahren, bleiben treu dem römisch-katholischen Glauben" (S. 56). Kösters zeigt an Hand verschiedener Beispiele auf, wie die Konflikte zwischen preußischem Staat auf der einen und katholischer Kirche auf der anderen Seite „initialzündend auf die Gestalt eines identitätsstiftenden westfälisch-katholischen Topos wirkten" (S. 61), wobei Münster und dem Münsterland nochmals eine besondere Rolle zukam. Mit der politischen Neuordnung nach 1945 wurde diesem Topos die territoriale Grundlage entzogen. Gleichwohl wirkte die Seligsprechung Kardinal Galens 2005 identitätsstiftend für sein Bistum, aber auch darüber hinaus.

Der Leiter des Stadtarchivs Bonn, Norbert SCHLOSSMACHER, beschreibt in der Einleitung zu seinem Aufsatz *Zum Rheinischen Katholizismus* auf charmante Art und Weise das Klischeebild des liberalen rheinischen Katholiken, der sich von Rom und strengen Dogmen nicht zu sehr beeindrucken lässt. Der Autor macht zu Beginn seines Beitrags bereits darauf aufmerksam, dass erst im 19. Jahrhundert überhaupt ein annähernd geschlossener Kulturraum entstanden ist, den man als rheinisch bezeichnen kann. Er zeigt auch auf, dass es am Ende des Alten Reiches keine „rheinisch-katholische" Kultur gegeben habe. Dass der rheinische Katholizismus seit den 1830er-Jahren homogener wurde, lag nicht an einer typisch rheinischen Eigenart, sondern geschah in Abgrenzung zur nicht-katholischen Welt. Der Kulturkampf führte vielmehr zu einem neuen Selbstbewusstsein. Schlossmacher kommt insgesamt zu dem Fazit, dass es im 19. und 20. Jahrhundert keinen spezifisch rheinischen Katholizismus gegeben hat, der den gängigen Klischees entspricht. Er vermutet vielmehr, dass die Bonner Republik nach dem Zweiten Weltkrieg, näherhin in der Person Adenauers, die gängigen Stereotypen hervorbrachte.

Lena KRULL vom Historischen Seminar der Westfälischen Wilhelms-Universität widmet sich der katholischen Minderheit in Berlin, die sich um die Bewahrung der eigenen Identität in der Diaspora bemühte. Die Autorin bietet dabei einen guten Überblick über den dem Fürstbischof von Breslau unterstellten Delegaturbezirk mit den Pröpsten an St. Hedwig, von denen acht der insgesamt dreizehn Pröpste aus Schlesien kamen, drei aus Westfalen. Ausführlich beschreibt sie den sogenannten Moabiter Klostersturm 1867, bei dem sich antikatholische, antiklerikale und antimonastische Haltungen mit medialer Sensationslust und allgemeiner Gewaltbereitschaft verbanden. Dieses Ereignis und dessen Nachspiel im Preußischen Abgeordnetenhaus standen nicht nur am Beginn des preußischen Kulturkampfes, sie waren auch für die „Formierung des politischen Katholizismus in der Zentrumspartei" (S. 100) maßgebend. Der Aufsatz befasst sich auch mit der Gemeindeexpansion (mit vielen polnischen Zugezogenen) als einer Folge der Urbanisierung und der daraus resultierenden Kirchennot, die auch auf den Katholikentagen thematisiert wurde. Berlin sollte bei den Spenden für die Diaspora bevorzugt werden, um katholische Strukturen in der Hauptstadt zu etablieren. Der Beitrag macht auch deutlich, dass sich regionale Besonderheiten erst sehr allmählich etablierten.

Einen sehr interessanten Einblick in den Katholizismus in der DDR und den neuen Bundesländern bietet Josef PILVOUSEK, Professor em. an der Universität Erfurt (Lehrstuhl für Kirchengeschichte des Mittelalters und der Neuzeit). Für die katholische Kirche kann hier von einer doppelten bzw. dreifachen Diaspora-Situation gesprochen werden. Vor dem Zweiten Weltkrieg waren ca. 1,1 Millionen der mitteldeutschen Bevölkerung Katholiken. Zahlenmäßig stieg die Zahl der Katholiken durch die Heimatvertriebenen bis 1949 auf 2,8 Millionen gewaltig an (Flüchtlingsdiaspora), so dass viele Gottesdienste für längere Zeit oft in evangelischen Räumlichkeiten stattfanden, doch blieb die katholische Kirche immer noch klein. Einheimische und Vertrieben sahen sich dabei in einer protestantischen Umwelt auch mit unterschiedlichen Katholizismen konfrontiert, wobei der schlesische Katholizismus sich gegenüber anderen und auch gegenüber dem einheimischen durchsetzte, so dass „von deren Aktivitäten und Treue die Kirche in der Diaspora lebte" (S. 120). Der Autor schildert eindrücklich, wie sich die Christen insgesamt im Laufe der Zeit aber annäherten, weil alle in der gleichen „säkularen" und zusätzlich „ideologischen" (marxistisch-leninistischen) Diaspora-Situation waren.

Waldemar GROSCH, Professor an der Pädagogischen Hochschule Weingarten (Fach Geschichte), schließt mit seinem Beitrag an, wenn er den Katholizismus in Schlesien behandelt, wobei er sich vor allem der Diözese Breslau widmet, deren größerer nördlicher Teil (Niederschlesien) sich in einer Diaspora-Situation befand, während im kleineren südlichen Teil (Oberschlesien) die Katholiken die deutliche Mehrheit in der Bevölkerung ausmachten. Grosch bietet dabei auch ausführliche Hintergrundinformationen zur Lage im 19. Jahrhundert, zum oberschlesischen Bergbau und zur Sprache der Oberschlesier. Er arbeitet dabei sehr gut heraus, dass der oberschlesische Katholizismus durch die preußischen Behörden seine Definition erfuhr, die er seinerseits übernahm. Wichtig ist ihm dabei, dass im Unterschied zu Niederschlesien die konfessionelle Frage in Oberschlesien „von einem nationalen Konflikt überlagert" wurde, „der erhebliche politische Sprengkraft entfaltete" (S. 134). Das hat seinen Grund u. a. im aufstrebenden polnischen Nationalbewusstein und der unglücklichen Sprachpolitik Preußens. Grosch weist darauf hin, dass der niedere Klerus Oberschlesiens vielfach aus polnisch gesinnten Geistlichen bestand, während deutsch gesinnte Priester vor allem die höhere Geistlichkeit bildeten. Für das 20. Jahrhundert befasst sich der Autor mit der für Schlesien wichtigen Volksabstimmung nach dem Ersten Weltkrieg, mit der Zeit des Nationalsozialismus und den Folgen des Zweiten Weltkrieges, wozu auch die Zerschlagung des Erzbistums Breslau gehörte.

Mit dem Thema „Böhmisch-Katholisch", das nach dem Klischee einerseits Kirchenferne („laues Christentum"), andererseits praktizierte christliche Nächstenliebe bedeutet, befasst sich Martin ZÜCKERT vom Collegium Carolinum, der als Ausgang für seine Betrachtungen die Situation nach dem Zweiten Weltkrieg wählt, wo doch Unterschiede zwischen einheimischer und hinzukommender Bevölkerung sichtbar wurden und der Begriff eigentlich erst an Bedeutung gewann. Zückert schildert ausführlich den Katholizismus in den böhmischen Ländern. Er sieht im Zusammentreffen von Hussitenstürmen, Reformationszeit, Aufklärung und Josephinismus zusammen mit der „ethnischen Heterogenität bzw. der deutsch-tschechischen ‚Konfliktgemeinschaft'" (S. 152f.) und dem häufigen Fehlen deutscher Priester den Grund dafür, dass sich hier – im Unterschied zur Slowakei beispielsweise – eine geringere Bindung der Gläubigen an die staatskirchlich geprägte Kirche entwickelte. Der Autor beschreibt auch ausführlich die Entwicklung nach dem Ersten Weltkrieg, die zu der Situation führte, dass die eigentlich die deutliche Mehrheit stellenden Katholiken politisch und gesellschaftlich zu einer Randgruppe wurden. Allmählich entwickelte sich ein gemeinsames Bewusstsein der in der Tschechoslowakischen Republik lebenden Deutschen, der sog. Sudetendeutschen, deren Katholizismus eine Erneuerungsbewegung erlebte, in der die Volksliturgie wichtig war. Nach 1945 trug dieser Faktor mit zu Problemen mit der einheimischen Bevölkerung bei, die den Vertriebenen oft sehr ablehnend gegenüberstanden. Ein eigener Ort für die sudetendeutschen Katholiken entstand in der Ackermann-Gemeinde. Der Autor betont am Ende seines Beitrags deutlich, dass „böhmisch-Katholisch", sofern man davon überhaupt so direkt sprechen kann, nicht statisch zu verstehen ist, sondern dass es sich vielmehr um eine Entwicklungsgeschichte handelt.

Wenn sich Professor Rainald BECKER von der Kommission für bayerische Landesgeschichte bei der Bayerischen Akademie der Wissenschaften mit dem Thema „Bayerisch-Katholisch" auseinandersetzt, dann geht es ihm nicht primär um ein „kulturell-mentales Phänomen" (S. 169), sondern um das Verhältnis von Staat bzw. Gesellschaft und Kirche in Bayern im 19. und 20. Jahrhundert. Verfassungsrechtlich war Bayern religionsneutral; das Konkordat von 1817 begründete eine katholische Staatskirche, was immer wieder zu Konflikten führte und eine Neufassung des Konkordats, zu der es 1924 kam, für die kirchliche Seite nötig machte. Die große Besonderheit innerhalb des deutschen Reiches lag darin, dass die deutliche Bevölkerungsmehrheit ebenso katholisch war wie das regierende Haus (Wittelsbach), was auch zu einem patriotischen Selbstverständnis der Katholiken führte. Becker zeigt aber auch sehr deutlich auf, dass trotz dieser Grundkonstellation seit 1848 (ganz im Unterschied zur Zeit König Ludwigs I.) fast ganz bis zum Schluss eine liberale Elite „meist kulturprotestantischer Provenienz" (S. 180) in der Regierung die Geschicke des Landes bestimmte, obwohl seit 1868 die katholische Zentrumsfraktion die Mehrheit in der Kammer der Abgeordneten im Landtag stellte. Erst das Ende der Monarchie verhalf der katholischen Mehrheit politisch zum Durchbruch. 1918 gründete sich auch die katholische Bayerische Volkspartei. Der politische Katholizismus fand mit dem Nationalsozialismus sein Ende in Bayern. Nach 1945 vollzog sich ein Wandel von „Bayerisch-Katholisch" zu „Bayerisch-Christlich". Spürbar wird dies auch in dem indirekten Gottesbezug in der Bayerischen Verfassung von 1946. Treffend stellt er am Ende dieses sehr gut zu lesenden Beitrags bzgl. der Verfassung fest: „Ein Staatswesen von puristischer Säkularität begründete sie nicht."

Claus ARNOLD, Professor an der Johannes-Gutenberg-Universität Mainz (Abteilung Mittlere und Neuere Kirchengeschichte/Religiöse Volkskunde), geht der Frage nach, ob es einen schwäbischen Katholizismus gibt. Er stellt dabei fest, dass es im 19. und 20. Jahrhundert keinen katholischen „Schwaben-Diskurs" gegeben hat. Anschließend untersucht er den „Stammesbezug" bei Prof. Dr. Hermann Tüchle, Kirchenhistoriker an der LMU München und Rottenburger Priester. Er kommt zu dem Ergebnis, dass der stammesgeschichtliche Ansatz in Tüchles Kirchengeschichte Schwabens im Werk selbst kaum Berücksichtigung findet, es vielmehr später sogar zu einer Verengung auf das Bistum Rottenburg kam. Eine „schwäbische Weite" (S. 187) sieht er dagegen in Tüchles Werk *Aus dem schwäbischen Himmelreich. Religiöse Gestalten des Schwabenlandes*, wo die Mystik als gemeinsames Element eine große Rolle spielt. Arnold kommt deswegen zu dem Schluss, dass es zwar keinen schwäbischen Katholizismus „im Sinne einer großschwäbisch-alemannischen Identitätsseligkeit" (S. 192) gegeben hat, auch das Bistum Rottenburg-Stuttgart kein völliges Alleinstellungsmerkmal aufweist, dass es aber durchaus spezifisch für diese Diözese ist, dass sie viele junge Gläubige mobilisiert.

Einen interessanten Aspekt bieten Dietrich THRÄNHARDT, Professor em. an der Westfälischen Wilhelms-Universität Münster (Lehrstuhl für Vergleichende Regierungslehre und Migrationsforschung), und Jenni WINTERHAGEN vom Osteuropa-Institut an der Freien Universität Berlin, die sich mit den italienischen, spanischen und kroatischen katholischen Einwanderergemeinden befassen. Der Beitrag zeigt sehr eindrucksvoll, dass zwischen diesen Gruppen große Unterschiede festzustellen sind: In der italienischen Gruppe kam es oft zu sprachlichen und mentalitätsmäßigen Verständigungsproblemen zwischen den norditalienischen Priestern und den oft aus dem Süden stammenden Gläubigen. Auffallend ist auch, dass die Bildungsergebnisse der Kinder vergleichsweise schlecht waren. Ein Unterschied bestand auch im Interesse an Politik, das bei den italienischen Priestern gering, bei den spanischen groß war. Hier wurden auch die Eltern konsequent in die Bildungsarbeit eingebunden, um auf diesem Wege eine Integration zu ermöglichen. Bei den ebenfalls politisch engagierten kroatischen Priestern fällt sehr auf, dass über 70 % einem Orden angehörten, vielfach den Franziskanern. Die Rückkehr in die Heimat ist für den kroatischen Katholizismus ein stark prägendes Motiv. Den beiden Autoren gelingt es hier, ein sehr interessantes, lebendiges Bild dieser drei unterschiedlichen Gruppierungen, dieser „Nebenkirchen", zu zeichnen. Diesen Beitrag würde man zunächst in diesem Band nicht erwarten. Er stellt aber ganz sicher eine große Bereicherung dar.

Dem „Rottweiler Katholizismus" (als Begriff erst 1839 in der ultramontanen Zeitschrift „Der Katholik" abwertend verwendet) widmet sich Dominik BURKARD, Professor an der Julius-Maximilians-Universität Würzburg (Institut für Historische Theologie). Es gelingt ihm gut, aufzuzeigen, dass in Rottweil von Anfang an der religiöse Bereich eine große Rolle gespielt hatte. Es entstanden bedeutende Kirchenbauten, Köster ließen sich nieder. 1529 lehnte die Reichsstadt entschieden die Reformation ab. Es kam im Zeitalter der Konfessionalisierung zur einer Blüte der Frömmigkeit. Burkard bezeichnet das Miteinander von kirchlicher und bürgerlicher Ordnung treffend als „Sakralgemeinschaft" (S. 216). Das Leben in der Stadt war seit dem Ende des Dreißgjährigen Krieges von der katholischen Kirche vollkommen geprägt, deren Seelsorger gebildet und sehr engagiert waren. Im 18. Jahrhundert veränderten sich die Verhältnisse: Der städtische Katholizismus wurde „selbstbehäbig" (S. 239), die Seelsorge nachlässiger, der Eifer ließ nach, auch wenn man dezidiert katholisch blieb. Die schon früher geübte Toleranz Rottweils nahm indes nun zu. In der zweiten Hälfte des 18. Jahrhunderts wurde die Religiosität im Horizont der Aufklärung nüchterner. Mit dem Ende des Heiligen Römischen Reiches fiel Rottweil an das protestantische Württemberg. Nun änderten sich die Verhältnisse erneut. In der ersten Hälfte des Jahrhunderts entwickelten sich zwei (sich gegenseitig tolerierende) Katholizismen: ein klerikaler staatskirchlich-liberaler und ein von den Gläubigen eingeforderter „strengkirchlicher" (hauptsächlich aus Opposition gegen die neue Obrigkeit in Form des protestantischen Württembergs). Dem Autor gelingt es sehr gut aufzuzeigen, wie Rottweil insgesamt von außen im 19. Jahrhundert als liberal, aufgeschlossen und pragmatisch wahrgenommen wurde, wie aber die Katholiken zur Zeit des Kaiserreichs durch eine vor allem zugewanderte liberale, hier aber zugleich religionsspöttische, Beamtenschaft mobilisiert wurden.

Insgesamt fünf Katholikentagen (1859-1902) im Großherzogtum Baden widmet sich Elena HEIM (Albert-Ludwigs-Universität Freiburg) detailliert. Sie stellt dabei fest, dass die Geschichte dieser Versammlungen eng mit dem politischen Katholizismus Badens und Freiburgs verbunden ist. Die Darstellung macht deutlich, dass sich auf diesen Katholikentagen „die zum jeweiligen Zeitpunkt für die katholische Bevölkerung herrschende nationale und regionale Konstellation wie in einem Brennglas widerspiegelte“ (S. 262). Die Katholikentage entwickelten sich seit Bismarcks Kulturkampf immer mehr zu Foren eines ultramontanen Katholizismus. Als sich hier die Wogen geglättet hatten, wurden die Veranstaltungen genutzt, um katholisches Selbstbewusstsein und Geschlossenheit zu demonstrieren. Zugleich lässt sich an den Katholikentagen aber auch die wachsende Integration der Katholiken in das Deutsche Kaiserreich ablesen, wie die Autorin nachweist.

Mit einer ganz anderen Thematik befasst sich der sehr spannend zu lesende Beitrag von Florian REDDEKER. Auf der Grundlage der Akten der Bistumsarchive in Münster und Paderborn legt er den *Streit um die Abendgottesdienste in der Pfarrei St. Antonius in Münster (1965-1966)* dar. Fünf junge Priester, darunter der damalige Paderborner Priester und spätere Limburger Domkapitular Dr. Werner Böckenförde und der spätere Limburger Bischof Prof. Dr. Franz Kamphaus, wechselten sich in der Zelebration der sehr gut besuchten Sonntagabendmesse ab. Ihnen war es ein Anliegen, den Alltag der Menschen in die Gottesdienstgestaltung und in die Predigtthemen aufzunehmen – auf der Grundlage der Liturgiekonstitution des Zweiten Vatikanischen Konzils. Der Gottesdienst spaltete die Gemeinde in Befürworter und Kritiker, die sich bemüßigt fühlten, den Münsteraner Bischof Höffner einzuschalten. Trotz eines klärenden Gesprächs entspannte sich die Situation nicht. Kardinal Jaeger wollte seine beiden Priester, darunter Böckenförde, die zu Studienzwecken in Münster waren, möglichst bald nach Paderborn zurückholen. Seinen eigenen Aussagen nach vor allem aus Sorge um den Abschluss ihrer Arbeiten. Die Beurlaubungen verlängerte er zwar schließlich, aber Böckenförde beschloss, die Abendmessen einzustellen. Diesem Entschluss folgten die anderen. Die Erklärung vor den Gläubigen ließ erkennen, dass Schwierigkeiten mit der Bistumsleitung zu diesem Schritt führten, was wiederum Bischof Höffner ins Zentrum der Kritik stellte. Reddeker stellt fest, dass der Streit nicht hätte eskalieren müssen. Zur Eskalation trug maßgeblich bei, dass vertrauliche Schreiben in die Öffentlichkeit gelangten. Der Autor zeigt an diesem Fall exemplarisch auf, wo die Grundlinien für diesen Konflikt lagen: Das Konzil hatte zu einem neuen Selbstbewusstsein bei den Laien geführt, die Liturgiekonstitution schien sehr vieles (auch ad experimentum) zu ermöglichen, die Predigt erhielt einen neuen Stellenwert, den die Priester entsprechend nutzten. Es wurde versucht, die vom Konzil vorgezeichnete Linie des ganzheitlichen Erlebens eines Gottesdienstes umzusetzen, was nicht bei allen Gläubigen auf Zustimmung stieß, aber doch bei vielen. Bischof Höffner bat den Pfarrer der Kirche schließlich sogar darum, dass die Münsteraner Priester die Abendmessen weiterführten, allerdings „im Rahmen der geltenden Vorschriften und den Bestimmungen der Liturgiekonstitution“ (S. 278), auf die sich jedoch auch die gerügten Priester in ihrer Argumentation berufen hatten . Experimente waren bischöflicherseits jedoch kaum erwünscht.

Der vorletzte Beitrag nimmt den Leser mit in die Heilige Stadt. Der im Oktober 2021 verstorbene Würzburger Kirchenhistoriker Klaus Ganzer (1932-1921) beschreibt in seinen *Römischen Erinnerungen* seine Zeit als Doktorand bzw. Habilitand in Rom, wo er im Kolleg des Campo Santo Teutonico wohnte. Der Beitrag bietet einen schönen, sehr privaten Einblick in seine Zeit dort, wo er bedeutsame Ereignisse wie das Zweite Vatikanische Konzil hautnah miterleben konnte, und dies in einer exponierten Lage. Sehr interessant sind beispielsweise seine Ausführungen zu der Beisetzung von Bischof Alois Karl Hudal.

Den Übergang zu den eigentlichen Rezensionen bietet die von Manfred WEITLAUFF, Professor em. an der Ludwig-Maximilians-Universität München (Lehrstuhl für Kirchengeschichte des Mittelalters und der Neuzeit), verfasste sehr ausführliche Besprechung der Gedenkschrift *Der Kardinal der Einheit. Zum 50. Todestag des Jesuiten, Exegeten und Ökumenikers Augustin Bea (1881-1969)*, herausgegeben von Clemens Brodkorb und Dominik Burkard. Weitlauff stellt nicht die insgesamt 22 Beiträge der Reihe nach vor, sondern würdigt „in teils weiterem Rahmen“ den „Ertrag dieses Sammelbandes“ (S. 291). Der Leser erhält durch diese Besprechung einen sehr guten Einblick in das Leben und Wirken des Kardinals, eingebettet in die kirchengeschichtlichen Ereignisse seiner Zeit.

Den Autorinnen und Autoren ist ein buntes Spektrum gelungen, das äußerst lesenswert ist, egal ob man sich für eine bestimmte Region oder allgemein für die Thematik interessiert. Dies wird auch nicht dadurch geschmälert, dass das Ergebnis bisweilen ist, dass es bestimmte Katholizismen in der Art, wie man sie sich klischeehaft normalerweise vorstellt, gar nicht gegeben hat.

Karin Precht

Simon OELGEMÖLLER, Karl Forster (1928-1981). Katholizismus in der politischen Kultur der Bundesrepublik Deutschland (Veröffentlichungen der Kommission für Zeitgeschichte, Reihe B: Forschungen, Band 137), Paderborn 2019, XIV, 400 S.

Am 23. November 2021 jährte sich zum 40. Mal der Todestag von Karl Forster. In der Münchner Kirchenzeitung genauso wie auf www.katholisch.de fand sich eine kurze Würdigung des Gründungsdirektors der Katholischen Akademie in Bayern aus der Feder Simon Oelgemöllers. Oelgemöller kann zu Forster als aktueller Experte gelten: Er legte im Wintersemester 2015/16 im Fachbereich Geschichts- und Kulturwissenschaften der Johannes-Gutenberg-Universität Mainz seine Dissertation zu dieser markanten Persönlichkeit vor, die in dem von viel Dynamik geprägten knappen Vierteljahrhundert von 1957 bis zum frühen Tod 1981 in verschiedenen entscheidenden Funktionen und Ämtern die Kirche in der Bundesrepublik mitgestaltete. Die wissenschaftliche Qualifikationsarbeit erschien gekürzt 2019 in der „Reihe B, Forschungen“ der Kommission für Zeitgeschichte unter dem Titel *Karl Forster (1928-1981). Katholizismus in der politischen Kultur der Bundesrepublik Deutschland.* Sie gliedert sich in einen Einleitungsteil mit den üblichen Reflexionen über Thema, Fragestellung, Gliederung, Forschungsstand, Methodik und Quellenlage und in vier Hauptteile, die chronologisch dem Werdegang Forsters folgen; ein fünfter Teil widmet sich ausführlich der Zusammenfassung und Bewertung. Das ausführliche Quellen- und Literaturverzeichnis beschließt die Arbeit.

Oelgemöller erweist sich als sehr fleißiger Quellensucher. Da es keinen „zentralen Nachlass Forsters gibt" (S. 16), konsultierte er – mitunter erstmals durch Sondernutzung – zahlreiche Archive, wobei sich als Kernbestand für viele Themen u. a. das Archiv der Katholischen Akademie in München und der Bestand des Sekretariats der Deutschen Bischofskonferenz in Köln erweisen, natürlich auch die Bestände im Archiv des Erzbistums München und Freising (wobei er im Quellenverzeichnis versehentlich das Erzbischöfliche Archiv nicht erwähnt und die hierhin gehörende Überlieferung im Archiv des Erzbistums verortet, jedoch das Sigel für das Erzbischöfliche Archiv München – EAM – zur Kennzeichnung für das AEM benutzt, was aus wissenschaftlicher Sicht für künftige Nutzung von Akten, die durch die Lektüre der Dissertation angeregt wird, für die Eruierung der richtigen Archivalien zu beachten ist); er konsultierte aber auch viele andere Archive jenseits kirchlicher Provenienz, die nicht selten sehr interessanten wie erhellenden Ertrag brachten.

Es entsteht somit erstmals auf wissenschaftlicher Basis das Lebensbild dieses wichtigen Protagonisten der Katholischen Kirche in Deutschland in der Konsolidierungsphase der westdeutschen Bundesrepublik, als die Adenauer-Ära endete, die Hegemonie des bisweilen triumphalistisch-rheinländisch geprägten Katholizismus durch die gesellschaftlichen und politischen Entwicklungen bröckelte, die Sozialdemokratie eine wichtige Phase der sozialistischen Entideologisierung durchlief und die katholische Kirche mit den Folgen des II. Vatikanums und deren Rezeption mit der Würzburger Synode stürmische Zeiten durchlebte. Es verwundert daher nicht, dass dies auch im CSU-regierten Bayern zu allergrößter Verunsicherung nicht zuletzt bei Franz Josef Strauß führte, was Forster zu spüren bekam, da er sich als kirchenpolitischer Vordenker zeigt, der diese Wandlungsprozesse konstruktiv für die katholische Kirche mitgestalten wollte und insgesamt besehen – hierin kann man Oelgemöller folgen – auch erfolgreich tat. Forster war mit nicht ganz 30 Jahren Gründungsdirektor der Akademie geworden, sodann erster richtiger Sekretär der im Zuge des Konzils neu eingerichteten Deutschen Bischofskonferenz, wodurch er auch in wichtiger Funktion in der Vorbereitung der Würzburger Synode aktiv war, bevor er schließlich die akademische Laufbahn an der neu gegründeten Universität Augsburg einschlug und als Professor für Pastoraltheologie bis zu seinem Herztod 1981 wirkte.

Dass sich der Blick auf Forster einmal lohnen würde, ist somit klar. Doch aus welcher Perspektive? Die Dissertation ist – trotz des Zweitgutachtens durch den Mainzer Kirchenhistoriker Prof. Dr. Claus Arnold – keine theologische Arbeit. Dies betont der Verfasser auch in den Einleitungskapiteln; er streicht mehr als einmal heraus (auch im weiteren Verlauf der Arbeit), dass es ihm darum ging, anhand der Person

Forsters exemplarisch zu zeigen, wie sich der „Katholizismus in der politischen Kultur der Bundesrepublik Deutschland", wie der bewusst gewählte Untertitel betont, Einfluss verschaffte, sich in der politischen Debatte und den jeweiligen Diskursen einbrachte. Für Oelgemöller ist Forster hier eine Schlüsselfigur, der es darum ging, dass Kirche Anwältin für die Menschen ist, für eine allgemeine Werteorientierung der Gesellschaft eintritt (die in der Politik aus kirchlicher Sicht immer mehr zu kurz kam) und die Demokratie als Staatsform bejaht, in der den Laien ein klarer Auftrag zu ihrer spezifischen Sendung in der Welt zukommt.

Diese würdigende Darstellung Forsters überzeugt weitgehend. Die Akademietagungen seiner ersten Direktionsjahre, die sich jeweils mit der SPD und der CDU/CSU beschäftigten, waren aus katholischer Sicht durchaus epochal: Sich in einer katholischen Akademie mit den bis heute manchmal noch forsch aus konservativ-kirchlicher Ecke als „Sozis" apostrophierten Sozialdemokraten inhaltlich diskutierend in einen Raum zu setzen, erforderte – es ist heute kaum mehr nachvollziehbar – viel Mut und Überzeugungskraft; oder als kirchliche Akademie über das Christliche in den Unionsparteien zu diskutieren, darüber, wie das Verhältnis dieser Parteien zur Kirche zu sehen ist, irritierte damals enorm. Es verwundert nicht, dass Forster für viele als Vordenker sogar einer großen Koalition angesichts dieser und weiterer thematisch einschlägigen Veranstaltungen gesehen wurde, wie sie dann ja auch 1966 kam. Die ausgleichende und moderierende Art Forsters sorgte nicht wenig fürs Gelingen, wobei er sich als talentierter, politisch denkender und agierender Kopf im Nachkriegsklerus profilierte und er mehr als einmal auch für höhere Ämter als prädestiniert angesehen wurde. Dass er schon als Theologiestudent an der LMU in der studentischen Mitverwaltung führend war, erwähnt Oelgemöller explizit als mögliches Fundament für die zukünftige Tätigkeiten Forsters. Interessant – und sicherlich für die Profanhistorie und Politikwissenschaft lohnend für weitere Forschungen oder Abgleich der bisherigen – sind auch die Abschnitte, die zeigen, wie Forster als DBK-Sekretär in der aktiven Tagespolitik, so in der Frage der Bekenntnis- und Gemeinschaftsschule, die Fäden zog und wohl maßgeblich zu den dann gültigen Ergebnissen beitrug. Sicher richtig ist die Würdigung seiner akademischen Tätigkeit als Pastoraltheologieprofessor – angespornt von den Ergebnissen seiner groß angelegten Umfrage unter allen Katholikinnen und Katholiken in der BRD vor der Synode, sorgte nicht zuletzt Forster dafür, dass die soziologisch-empirischen Methoden nachhaltig in seiner Disziplin Fuß fassten.

Hier wie andernorts wäre der kirchenhistorische oder einfach nur „theologischere" Blick wohltuend; das fällt an den zu verzeihenden Unsauberkeiten bei einigen Begrifflichkeiten auf (wenn z. B. vom Dekret über die Religionsfreiheit des Konzils die Rede ist, und nicht von der Erklärung [S. 107] usw.), aber auch, wenn man sich hier und da mehr Kontextualisierung gewünscht hätte; gerade weil die Arbeit sich als historische Arbeit versteht und jenseits des kirchlichen Umfelds – so ist zu wünschen – in der Wissenschaft Rezeption finden möge. So vermissen manche Dinge Konturenschärfe, wozu auch die Kürzung der Arbeit für die Drucklegung ihren Beitrag geleistet haben könnte, etwa wenn der Eindruck bleibt, die Katholische Aktion sei von den deutschen Bischöfen nach dem Zweiten Weltkrieg quasi erfunden und eingeführt worden (S. 53f.), und nirgendwo, auch nicht im kritischen Apparat, auf Pius XI. und seine Antrittsenzyklika verwiesen wird oder die Problematik, warum im vom traditionellen Verbandswesen geprägten Deutschland die Katholische Aktion ausgerechnet jetzt in den Nachkriegsjahren hier und dort reüssierte etc. Überhaupt hätte der kritische Apparat an manchen Stellen Potential gehabt für Nebeninformationen. So sind die in der Regel für eine historische Arbeit „standesgemäß" eine halbe Seite füllenden Fußnoten mit Literatur- und Quellenangaben oft über Gebühr ausgereizt, wo man Angaben in einer Fußnote hätte bündeln können (vgl. exemplarisch S. 50-53). Es wäre damit auch Platz gewesen für etwas mehr Quellendiskussion. Warum z. B. schreibt Forster als wissenschaftlicher Mitarbeiter und Doktorand von Prof. Michael Schmaus dem LMU-Rektor Alfred Marchionini, einem Mediziner (diese Information verdankt sich der eigenen Recherche), ausführlich seinen Erfolg als Referent auf einer auswärtigen Tagung (vgl. S. 51f.)? Ist das ein objektiver Beleg für seine Bedeutung in der science community, wie es in der Darstellung Oelgemöllers erscheint? Was sind Anlass und Zweck des Schreibens, aus denen sich doch die Darstellung mit ihren wohl bewusst gesetzten Inhalten, hier offensichtlich die Betonung des eigenen Erfolgs, speist? Oder ist das Rauschen im Blätterwald, also die Resonanz der Tagungen in der Presse, an und für sich schon objektiver Beleg für deren Bedeutung? Ein paar Sätze zur Einordnung manches Autors oder mancher Zeitung in das politische wie kirchliche Spektrum wäre an einigen Stellen erfreulich gewesen, so dass nicht Lobhudelei wie Verriss durch die Presse als objektive Gradmesser der tatsächlichen Bedeutung einer Veranstaltung erscheinen (vgl. exemplarisch S. 149-151), oder damit am Ende eine bloße Presseschau dargeboten wird. Auch die häufigen Zitate höflicher Floskeln aus den Briefen wären manchmal mehr mit Vorsicht zu genießen, da sie nicht selten taktisch motiviert gewesen sein und nicht in erster Linie die absichtsfreie Würdigung Forsters widerspiegeln dürften.

Was die Dissertation nicht bietet: vertieften Einblick in das Seelenleben Forsters. Der fehlende zentrale Nachlass dürfte dies entscheidend mit bedingen, zudem gibt es offensichtlich kein Tagebuch oder eine Überlieferung dessen, was man persönliche Korrespondenzen nennt (vgl. S. 18). Hier mag im Lauf der Jahre bei Weggefährten Forsters noch manches ans Tageslicht kommen; unter anderem die nicht zur Verfügung gestellten Korrespondenzen zwischen ihm als Sekretär der DBK mit dessen Vorsitzendem Döpfner (vgl. S. 17) dürften für einige Fragestellungen künftig ergiebig sein. Wohl auch deshalb bleibt das Verhältnis Forster-Döpfner bei Oelgemöller vage. Es wäre interessant zu erfahren, ob und inwiefern Döpfner als Würzburger Bischof irgendwie an der Gründung der Münchner Akademie und der Direktorenauswahl beteiligt war (zur Ernennung Forsters insgesamt bietet Oelgemöller einen instruktiven, tiefen und quellenbasierten Einblick ins Prozedere). Immerhin hatte er selbst erst eine

Bistumsakademie in Würzburg ins Leben gerufen. Und als frischgebackener Münchner Erzbischof hatte er dann die Personalie Forster erst einmal hinzunehmen. Anscheinend wuchs da jedoch ein gutes Verhältnis, das die DBK-Zeit bis zum Ausscheiden Forsters trug. Dennoch ist der Wechsel Forsters an die Augsburger Universität etwas irritierend, Oelgemöller diskutiert die drei möglichen Erklärungsvarianten ausführlich. Interessant wäre gewesen, näher auf den Umstand einzugehen, dass sich offensichtlich im Januar 1971 mit dem Vorsitzenden des Berufungsausschusses, dem Würzburger Pastoraltheologen Heinz Fleckenstein, ein Intimus Döpfners noch aus dessen Würzburger Zeit bei Forster meldete. Die „Franken-Connections" Döpfners hätten auch Anlass geboten, das Verhältnis Forster–Strauß genauer zu beleuchten, immerhin waren Forster und Döpfner oft von Strauß geschmäht worden. Christoph Weiß hat in Vorträgen und Publikationen vor einigen Jahren auf seine Forschungen hingewiesen, wonach Döpfner als Würzburger Bischof eng mit Alfons Goppel verbunden war – und das Verhältnis Goppels als Ministerpräsident mit dem CSU-Parteivorsitzenden Strauß wiederum erwies sich bekanntlich nicht als einfach.

Zusammengefasst: Die verdienstvolle Arbeit bietet ein erstmals wissenschaftlich erarbeitetes Lebensbild Forsters mit dem Schwerpunkt auf seine politischen Aktivitäten. Sie bietet überdies den zukünftigen Forschern den Weg zu den fleißig erschlossenen Quellen und Anknüpfungspunkte gerade auch für die theologischen Disziplinen, anhand der Person Forsters und seiner Netzwerkte und Aktivitäten diverse Kapitel im deutschen Katholizismus der Nachkonzilszeit weiterzuschreiben. Aus Sicht der Bistumsgeschichte wird außerdem einer der profiliertesten Priester des Erzbistums der Nachkriegszeit in seinem Werdegang und seiner überdiözesanen Bedeutung gewürdigt.

Stephan Mokry

Chronik des Vereins für Diözesangeschichte von München und Freising e.V. für das Jahr 2020

von Stephan Mokry

Nach dem Vortrag *Briefe von Weihbischof Neuhäusler an Kardinal Faulhaber aus dem Konzentrationslager* von Herrn Fabian Flor fand die ordentliche Mitgliederversammlung des Vereins für Diözesangeschichte von München und Freising in den Räumen der Dompfarrei Zu Unserer Lieben Frau in München statt. Der Erste Vorsitzende, Professor Dr. Franz Xaver Bischof, hieß die anwesenden 24 Mitglieder willkommen und eröffnete die Versammlung, zu der alle Mitglieder rechtzeitig satzungsgemäß eingeladen worden waren. Die Beschlussfähigkeit war gegeben. Die Tagesordnung wurde einstimmig bestätigt, ebenso das von Schriftführer Dr. Stephan Mokry verlesene Protokoll der ordentlichen Mitgliederversammlung 2019.

Professor Bischof konnte in seinem kurzen Tätigkeitsbericht auf das Vereinsjahr 2020 und die bisherigen Monate des Jahres 2021 zurückblicken und betonte die Aktivität des Vereins trotz der pandemiebedingten Einschränkungen. So wurden im Februar und März 2021 die Vorträge via Youtube live gestreamt, im April fand in Kooperation u. a. mit dem Archiv des Erzbistums und der Domberg-Akademie online eine große Tagung zum Jubiläum „200 Jahre Erzbistum" statt, die Homepage erfuhr einen Relaunch und die neue Satzung wurde beim Amtsgericht eingetragen. Schließlich konnte die Edition der Pfarrbeschreibungen von 1817 nach sechsjähriger Erarbeitung am 17. Mai 2021 dem Protektor des Vereins, Erzbischof Reinhard Kardinal Marx, als wissenschaftliche Festgabe überreicht werden.

Hierauf gab Professor Bischof einen Überblick über den Stand der Mitgliedszahlen. Demnach hat der Verein derzeit 331 Mitglieder. Seit der letzten Mitgliederversammlung 2019 sind 31 Mitglieder verstorben, 26 sind zumeist wegen altersbedingten Umzugs ausgetreten, 4 Mitglieder sind unbekannt verzogen; doch waren auch 17 neue Eintritte zu verzeichnen.

Beim Totengedenken gedachten Professor Bischof und die Versammlung der verstorbenen Mitglieder, von deren Ableben man Kenntnis erhalten hatte.

Der Kassier, Herr Anton Gschwendtner, stellte darauf die Einnahmen und Ausgaben 2019 und 2020 vor. Ordnungsgemäß hatten Herr Josef Schäfer-Zeis und Herr Manfred Herz die Kassenprüfung durchgeführt. Der Kassier wurde einstimmig (bei Enthaltung seiner eigenen Stimme) entlastet. Professor Bischof dankte dem Kassier und den beiden Kassenprüfern.

Vorausblickend auf die nächsten Monate erinnerte Professor Bischof an die nächste ordentliche Mitgliederversammlung 2022, die wie gewohnt im März stattfinden soll und bei der auch die Vorstandsneuwahlen anstehen. Außerdem werde erwogen, die Bestände an alten Bänden der BABKG im Zuge einer Verlagerung ins Archivdepot nach Neufahrn deutlich zu reduzieren und für die leichtere Zugänglichkeit sukzessive zu digitalisieren. Die seit 2019 geplante Studienfahrt nach Chur soll 2022 durchgeführt werden.

Veranstaltungen 2020

18. Februar Dr. Peter Pfister: Kardinal Faulhaber und seine Erteilung der Missio Canonica an die Passionsspiele Oberammergau.

Alle übrigen Veranstaltungen des Jahres 2020 mussten aufgrund der Corona-Pandemie ausfallen.

Beiträge zur altbayerischen Kirchengeschichte

Lieferbare Bände

16	H. Strzewitzek, Die Sippenbeziehungen der Freisinger Bischöfe im Mittelalter. 1938	€ 1,- (1,-)
18	B. Bastgen, Bayern und der Hl. Stuhl in der 1. Hälfte des 19. Jahrhunderts, Teil 2. 1940	€ 1,- (1,-)
19	J. Mois, Das Stift Rottenbuch in der Kirchenreform des XI.-XII. Jahrhunderts, 1953	€ 1,- (1,-)
21/1	Lantbert von Freising 937-957. Der Bischof und Heilige. Hg. v. J. A. Fischer. 1959	€ 1,- (1,-)
21/3	Festgabe des Vereins … zum Münchener Eucharistischen Weltkongreß 1960. 1960	€ 1,- (1,-)
22/1	Forschungen zur bayerischen und schwäbischen Geschichte. 1961	€ 1,- (1,-)
22/2	Jahrbuch 1962	€ 1,- (1,-)
22/3	1200 Jahre Kloster Schäftlarn 762-1962. Hg. v. S. Mitterer. 1962	€ 1,- (1,-)
23/1	Jahrbuch 1963	€ 1,- (1,-)
23/2	Eucharistische Frömmigkeit in Bayern. 2. erg. u. verm. Auflage der „Festgabe". 1963	€ 1,- (1,-)
23/3	Jahrbuch 1964	€ 1,- (1,-)
24/1	Jahrbuch 1965	€ 1,- (1,-)
24/2	K. Pörnbacher, Jeremias Drexel. Leben und Werk eines Barockpredigers. 1965	€ 1,- (1,-)
25	Jahrbuch 1967	€ 1,- (1,-)
26	Jahrbuch 1971	€ 1,- (1,-)
27	Bavaria Christiana. Festschrift A. W. Ziegler. Zur Frühgeschichte des Christentums in Bayern. 1973	€ 1,- (1,-)
28	Jahrbuch 1974	€ 1,- (1,-)
29	Jahrbuch 1975	€ 1,- (1,-)
30	Jahrbuch 1976	€ 1,- (1,-)
31	Jahrbuch 1977	€ 1,- (1,-)
32	Jahrbuch 1979	€ 1,- (1,-)
33	Jahrbuch 1981	€ 1,- (1,-)
34	Jahrbuch 1982	€ 1,- (1,-)
35	Jahrbuch 1984	€ 1,- (1,-)
36	Jahrbuch 1985	€ 1,- (1,-)
37	Jahrbuch 1988	€ 1,- (1,-)
38	Jahrbuch 1989	€ 1,- (1,-)
39	Jahrbuch 1990	€ 1,- (1,-)
40	Jahrbuch 1991	€ 1,- (1,-)
41	Jahrbuch 1994	€ 1,- (1,-)
42	Jahrbuch 1996	€ 1,- (1,-)
43	Jahrbuch 1998	€ 1,- (1,-)
44	Jahrbuch 1999	€ 1,- (1,-)
45	Jahrbuch 2000	€ 1,- (1,-)
46	Jahrbuch 2001	€ 24,- (17,-)
47	Jahrbuch 2003	€ 18,- (12,-)
48	Jahrbuch 2005	€ 18,- (12,-)

49	Jahrbuch 2006	€ 16,- (10,-)
50	Jahrbuch 2007	€ 18,- (12,-)
51	Jahrbuch 2008	€ 16,- (10,-)
52	Jahrbuch 2010	€ 18,- (12,-)
53	Jahrbuch 2011	€ 18,- (12,-)
54	Jahrbuch 2012	€ 18,- (12,-)
55	Jahrbuch 2013	€ 18,- (12,-)
56	Jahrbuch 2015	€ 18,- (12,-)
57	Jahrbuch 2017	€ 18,- (12,-)
58	Jahrbuch 2018	€ 18,- (12,-)
59	Jahrbuch 2019	€ 18,- (12,-)
60	Jahrbuch 2020	€ 18,- (12,-)

Studien zur altbayerischen Kirchengeschichte

1	K.-L. Lippert, Giovanni Antonio Viscardi 1645-1713. 1969.	€ 2,- (2,-)
2	J. Maß, Das Bistum Freising in der späten Karolingerzeit. Die Bischöfe Anno, Arnold und Waldo. 1969.	€ 2,- (2,-)
3/4	L. Weber, Veit Adam von Gepeckh, Fürstbischof von Freising 1618-1651. 1972.	€ 2,- (2,-)
5	H. Hörger, Kirche, Dorfreligion und bäuerliche Gesellschaft, Teil 1. 1978.	€ 2,- (2,-)
6	J. A. Fischer, Die Freisinger Bischöfe von 906 bis 957. 1980.	€ 2,- (2,-)
7	H. Hörger, Kirche, Dorfreligion und bäuerliche Gesellschaft, Teil 2. 1983.	€ 2,- (2,-)
8	N. Keil, Das Ende der geistlichen Regierung in Freising. 1987.	€ 2,- (2,-)
9	A. Landersdorfer, Gregor von Scherr (1804-1877). Erzbischof von München und Freising in der Zeit des Ersten Vatikanums und des Kulturkampfes. 1995.	€ 37,- (24,50)
10	Die Freisinger Dom-Custos-Rechnungen von 1447-1500, 2 Bde. 1998.	€ 50,- (33,-)
11	F. Sepp, Weyarn. Ein Augustiner-Chorherrenstift zwischen Katholischer Reform und Säkularisation. 2003.	€ 29,- (20,-)
12	S. Buttinger, Das Kloster Tegernsee und sein Beziehungsgefüge im 12. Jahrhundert. 2004.	€ 14,- (10,-)
13	I. Zwingler, Das Klarissenkloster bei St. Jakob am Anger zu München. Das Angerkloster unter der Reform des Franziskanerordens im Zeitalter des Dreißigjährigen Krieges. 2009.	€ 29,- (20,-)
14	M. Karg, Die St.-Anna-Bruderschaften im Bistum Freising. Ein Beitrag zur Frömmigkeitsgeschichte Altbayerns. 2014.	€ 30,- (20,-)
15	I. Zwingler, Zwischen Ordensdisziplin und Selbstbehauptung. Der Fall der Münchener Klarissin Magdalena Paumann (1734-1778). 2015.	€ 30,- (20,-)
16	Die Pfarrbeschreibungen der Erddiözese München und Freising von 1817, 3 Bde., 2021.	€ 120,- (90,-)

Bezug durch den Verein für Diözesangeschichte von München und Freising e.V., Postfach 33 03 60, 80063 München, Telefon 089/2137-1346. Die Preise in Klammern gelten für die Mitglieder des Vereins.